U0680722

中国近代
思想家文库

◎

熊月之 编

郭嵩焘卷

中国人民大学出版社
·北京·

总　序

对于近代的理解，虽不见得所有人都是一致的，但总的说来，对于近代这个词所涵的基本意义，人们还是有共识的。一个国家、一个民族走入近代，就意味着以工业化为主导的经济取代了以地主经济、领主经济或自然经济为主导的中世纪的经济形态，也还意味着，它不再是孤立的或是封闭与半封闭的，而是以某种形式加入到世界总的发展进程。尤其重要的是，它以某种形式的民主制度取代君主专制或其他不同形式的专制制度。中国是个幅员广大、人口众多、历史悠久的多民族国家，由于长期历史发展是自成一体的，与外界的交往比较有限，其生产方式的代谢迟缓了一些。如果说，世界的近代是从 17 世纪开始的，那么中国的近代则是从 19 世纪中期才开始的。现在国内学界比较一致的认识，是把 1840 年到 1949 年视为中国的近代。

中国的近代起始的标志是 1840 年的鸦片战争。原来相对封闭的国门被拥有近代种种优势的英帝国以军舰、大炮再加上种种卑鄙的欺诈打开了。从此，中国不情愿地加入到世界秩序中，沦为半殖民地。原来独立的大一统的中央集权的君主专制国家，如今独立已经极大地被限制，大一统也逐渐残缺不全，中央集权因列强的侵夺也不完全名实相符了。后来因太平天国运动，地方军政势力崛起，形成内轻外重的形势，也使中央集权被弱化。经历第二次鸦片战争、中法战争、甲午战争、八国联军入侵的战争以及辛亥革命后的多次内外战争，直至日本全面侵略中国的战争，致使中国的经济、政治、教育、文化，都无法顺利走上近代发展的轨道。古今之间，新旧之间，中外之间，混杂、矛盾、冲突。总之，鸦片战争后的中国，既未能成为近代国家，更不能维持原有的统治秩序。而外患内忧咄咄逼人，人们都有某种程度"国将不国"的忧虑。

"天下兴亡，匹夫有责"，读书明理的士大夫，或今所谓知识分子，尤为敏感，在空前的危机与挑战面前，皆思有所献替。于是发生种种救亡图存的思想与主张。有的从所能见及的西方国家发展的经验中借鉴某些东西，形成自己的改革方案；有的从历史回忆中拾取某些智慧，形成某种民族复兴的设想；有的则力图把西方的和中国所固有的一些东西加以调和或结合，形成某种救亡图强的主张。这些方案、设想、主张，从世界上"最先进的"，到"最落后的"，几乎样样都有。就提出这些方案、设想、主张者的初衷而言，绝大多数都含着几分救国的意愿。其先进与落后，是否可行，能否成功，尽可充分讨论，但可不必过为诛心之论。显而易见，既然救国的问题最为紧迫，人们所心营目注者自然是种种与救国的方案直接相关的思想学说，而作为产生这些学说的更基础性的理论，及其他各种知识、思想，则关注者少。

围绕着救国、强国的大议题，知识精英们参考世界上种种思想学说，加以研究、选择，认为其中比较适用的思想学说，拿来向国人宣传，并赢得一部分人的认可。于是互相推引，互相激励，更加发挥，演而成潮。在近代中国，曾经得到比较广泛的传播的思想学说，或者够得上思潮的，主要有以下几种：

（一）进化论。近代西方思想较早被引介到中国，而又发生绝大影响的，要属进化论。中国人逐渐相信，进化是宇宙之铁则，不进化就必遭淘汰。以此思想警醒国人，颇曾有助于振作民族精神。但随后不久，社会达尔文主义伴随而来，不免发生一些负面的影响。人们对进化的了解，也存在某些片面性，有时把进化理解为一条简单的直线。辩证法思想帮助人们形成内容更丰富和更加符合实际的发展观念，减少或避免片面性的进化观念的某些负面影响。

（二）民族主义。中国古代的民族主义思想，其核心是"非我族类，其心必异"，所以最重"华夷之辨"。鸦片战争前后一段时期，中国人的民族思想，大体仍是如此。后来渐渐认识到"今之夷狄，非古之夷狄"，"西人治国有法度，不得以古旧之夷狄视之"。但当时中国正遭受西方列强的侵略和掠夺，追求民族独立是民族主义之第一义。20世纪初，中国知识精英开始有了"中华民族"的概念。于是，渐渐形成以建立近代民族国家为核心的近代民族主义。结束清朝君主专制，创立中华民国，是这一思想的初步实现。

第一次世界大战爆发，中国加入"协约国"，第一次以主动的姿态参与世界事务，接着俄国十月革命爆发，这两件事对近代中国的发展历程造成绝大影响。同时也将中国人的民族主义提升到一个新的层次，即与国际主义（或世界主义）发生紧密联系。也可以说，中国人更加自觉地用世界的眼光来观察中国的问题。新生的中国共产党和改组后的国民党都是如此。

民族主义成为中国的知识精英用来应对近代中国所面临的种种危机和种种挑战的一个重要的思想武器。

（三）社会主义。社会主义作为一种模糊的理想是早在古代就有的，而且不论东方和西方都曾有过。但作为近代思潮，它是于19世纪在批判近代资本主义的基础上产生的。起初仍带有空想的性质，直到马克思和恩格斯才创立起科学社会主义。20世纪初期，社会主义开始传入中国。当时的传播者不太了解科学社会主义与以往的社会主义学说的本质区别。有一部分人，明显地受到无政府主义的强烈影响，更远离科学社会主义。直到五四新文化运动兴起之后，中国人始较严格地引介、宣传科学社会主义。但有一段时间，无政府主义仍是一股很大的思想潮流。中国共产党的成立，从思想上说，是战胜无政府主义的结果。中国共产党把在中国实现社会主义乃至共产主义作为自己的奋斗目标。此后，社会主义者，多次同各种非科学社会主义思想的信仰者进行论争并不断克服种种非科学社会主义思想的影响。

（四）自由主义。自由主义也是从清末就被介绍到中国来，只是信从者一直寥寥。直到五四新文化运动兴起，具有欧美教育背景的知识精英的数量渐渐多起来，自由主义始渐渐形成一股思想潮流。自由主义强调个性解放、意志自由和自己承担责任，在政治上反对一切专制主义。在中国的社会条件下，自由主义缺乏社会基础。在政治激烈动荡的时候，自由主义者很难凝聚成一股有组织的力量；在稍稍平和的时候，他们往往更多沉浸在自己的专业中。所以，在中国近代史上，自由主义不曾有，也不可能有大的作为。

（五）激进主义与保守主义。处于转型期的社会，旧的东西尚未完全退出舞台，新的东西也还未能巩固地树立起来，新旧冲突往往要持续很长的时间，有时甚至达到很激烈的程度。凡助推新东西成长的，人们便视为进步的；凡帮助旧东西排斥新东西的，人们便视为保守的。其实，与保守主义对应的，应是进步主义；与顽固主义相对的则应是激进主义。不过在通常话语环境中人们不太严格加以区分。

中国历史悠久，特别是君主专制制度持续两千余年，旧东西积累异常丰富，社会转型极其不易。而世界的发展却进步甚速。中国的一部分精英分子往往特别急切地想改造中国社会，总想找出最厉害的手段，选一条最捷近的路，以最快的速度实现全盘改造。这类思想、主张及其采取的行动，皆属激进主义。在中共党史上，它表现为"左"倾或极左的机会主义。从极端的激进主义到极端的顽固主义，中间有着各种程度的进步与保守的流派。社会的稳定，或社会和平改革的成功，都依赖有一个实力雄厚的中间力量。但因种种原因，中国社会的中间力量一直未能成长到足够的程度。进步主义与保守主义，以及激进主义与顽固主义，不断进行斗争，而实际所获进步不大。

（六）革命与和平改革。中国近代史上，革命运动与和平改革运动交替进行，有时又是平行发展。两者的宗旨都是为改变原有的君主专制制度而代之以某种形式的近代民主制度。有很长一个时期，有两种错误的观念，一是把革命理解为仅仅是指以暴力取得政权的行动，二是与此相关联，把暴力革命与和平改革对立起来，认为革命是推动历史进步的，而改革是维护旧有统治秩序的。这两种论调既无理论根据，也不合历史实际。凡是有助于改变君主专制制度的探索，无论暴力的或和平的改革都是应予肯定的。

中国近代揭幕之时，西方列强正在疯狂地侵略与掠夺殖民地和半殖民地，中国是它们互相争夺的最后一块、也是最大的资源地。而这时的中国，沿袭了两千年的君主专制制度已到了奄奄一息的末日，统治当局腐朽无能，对外不足以御侮，对内不足以言治，其统治的合法性和统治的能力均招致怀疑。革命运动与改革的呼声，以及自发的民变接连不断。国家、民族的命运真的到了千钧一发之际，危机极端紧迫。先觉分子救国之心切，每遇稍具新意义的思想学说便急不可待地学习引介。于是西方思想学说纷纷涌进中国，各阶层、各领域，凡能读书读报者，受其影响，各依其家庭、职业、教育之不同背景而选择自以为不错的一种，接受之，信仰之，传播之。于是西方几百年里相继风行的思想学说，在短时期内纷纷涌进中国。在清末最后的十几年里是这样，五四时期在较高的水准上重复出现这种情况。

这种情况直接造成两个重要的历史现象：一个是中国社会的实际代谢过程（亦即社会转型过程）相对迟缓，而思想的代谢过程却来得格外神速。另一个是在西方原是差不多三百年的历史中渐次出现的各种思想学说，集中在几年或十几年的时间里狂泻而来，人们不及深入研究、审慎抉择，便匆忙引介、传播，引介者、传播者、听闻者，都难免有些消化不良。其实，这种情况在清末，在五四时期，都已有人觉察。我们现在指出这些问题并非苛求前人，而是要引为教训。

同时我们也看到，中国近代思想无比的多样性与复杂性呈现出绚丽多彩的姿态，各种思想持续不断地展开论争，这又构成中国近代思想史的一个突出特点。有些论争为我们留下了非常丰富的思想资料，如兴洋务与反洋务之争，变法与反变法之争，革命与改良之争，共和与立宪之争，东西文化之争，文言与白话之争，新旧伦理之争，科学与人生观之争，中国社会性质的论争，社会史的论争，人权与约法之争，全盘西化与本位文化之争，民主与独裁之争，等等。这些争论都不同程度地关联着一直影响甚至困扰着中国人的几个核心问题，即所谓中西问题、古今问题与心物关系问题。

中国近代思想的光谱虽比较齐全，但各种思想的存在状态及其影响力是很不平衡的。有些思想信从者多，言论著作亦多，且略成系统；有些可能只有很少的人做过介绍或略加研究；有的还可能因种种原因，只存在私人载记中，当时未及面世。然这些思想，其中有很多并不因时间久远而失去其价值。因为就总的情况说，我们还没有完成社会的近代转型，所以先贤们对某些问题的思考，在今天对我们仍有参考借鉴的价值。我们编辑这套《中国近代思想家文库》，希望尽可能全面地、系统地整理出近代中国思想家的思想成果，一则借以保存这份珍贵遗产，再则为研究思想史提供方便，三则为有心于中国思想文化建设者提供参考借鉴的便利。

考虑到中国近代思想的上述诸特点，我们编辑本《文库》时，对于思想家不取太严格的界定，凡在某一学科、某一领域，有其独立思考、提出特别见解和主张者，都尽量收入。

虽然其中有些主张与表述有时代和个人的局限，但为反映近代思想发展的轨迹，以供今人参考，我们亦保留其原貌。

所以本《文库》实为"中国近代思想集成"。

本《文库》入选的思想家，主要是活跃在1840年至1949年之间的思想人物。但中共领袖人物，因有较为丰富的研究著述，本《文库》则未收入。

编辑如此规模的《文库》，对象范围的确定，材料的搜集，版本的比勘，体例的斟酌，在在皆非易事。限于我们的水平，容有瑕隙，敬请方家指正。

《中国近代思想家文库》编纂委员会

目　　录

导言 …………………………………………………………… 1

日　记 …………………………………………………… 1
与翁叔平谈洋务（1876）…………………………………… 3
与慈禧太后对话（一）（1876）…………………………… 3
与慈禧太后对话（二）（1876）…………………………… 4
与慈禧太后对话（三）（1876）…………………………… 6
游香港（1876）……………………………………………… 6
游新嘉坡（1876）………………………………………… 10
游锡兰、印度（1876）…………………………………… 14
记马格里述萨克敦岛（1876）…………………………… 17
与马格里谈西洋船主（1876）…………………………… 17
与刘和伯论洋务（1876）………………………………… 18
记马格里述西洋对待俘虏之道（1876）………………… 19
记各国旗式（1876）……………………………………… 20
游苏尔士（1876）………………………………………… 23
与马格里论土耳其改国政（1876）……………………… 25
记马耳他岛（1876）……………………………………… 26
参观英国电报局（1877）………………………………… 28
参观小学（1877）………………………………………… 29
参观英国博物馆（1877）………………………………… 30

参观英国钱币厂（1877） ……………………………… 32

游伦敦故宫（1877） ……………………………………… 34

参观英国监狱（1877） …………………………………… 35

参观英国工艺学校（1877） ……………………………… 37

听英国学者演讲热学（1877） …………………………… 39

赴下议院听议事（1877） ………………………………… 39

听英国学者论天文（1877） ……………………………… 40

参观英国法院（1877） …………………………………… 41

听英国学者讲电学（1877） ……………………………… 42

参观博物院（1877） ……………………………………… 43

参考英国税务管理（1877） ……………………………… 45

游水晶宫（1877） ………………………………………… 46

考察地理学会聚会（1877） ……………………………… 47

观英国赛马（1877） ……………………………………… 48

记英国学者介绍矿石（1877） …………………………… 49

记化学知识（1877） ……………………………………… 51

参观英国机器（1877） …………………………………… 52

参观英国御医馆（1877） ………………………………… 54

陪巴西国主听音乐会（1877） …………………………… 55

参观英国农业机械厂（1877） …………………………… 55

参观格林威治天文台（1877） …………………………… 57

赴英国三处茶会（1877） ………………………………… 59

听英国学者谈矿物学（1877） …………………………… 60

听土耳其公使谈国际形势有感（1877） ………………… 61

参观英国该尔斯医院（1877） …………………………… 62

参观赛洋枪会（1877） …………………………………… 63

参观光学仪器（1877） …………………………………… 64

记日本公使述明治维新（1877） ………………………… 65

述英国训练流浪儿童（1877） …………………………… 66

参加英国人茶会（1877） ………………………………… 66

参观英国洋枪局（1877） ………………………………… 67

述西洋活字印刷书籍（1877） …………………………… 69

参观英国监狱（1877） …………………………………… 70

参观甲敦炮台（1877）　···　70

记述西人种树之法（1877）　··　72

参观格尔林治矿厂等处（1877）　·····································　73

游水族院（1877）　···　75

记西人游英吉利海峡等事（1877）　··································　76

记印度宗教风俗（1877）　···　77

参观何罗威监狱（1877）　···　78

录西人卫生知识（1877）　···　79

述西报论吴淞铁路等事（1877）　·····································　80

述电气电话（1877）　···　80

参观电气厂（1877）　···　81

述西人论环球人物（1877）　··　84

记日本公使述日本维新（1877）　······································　84

论英人治理香港事（1877）　··　85

参观伦敦市政厅（1877）　···　86

与威妥玛论中国政治（1877）　···　86

述日本注重发挥领事之商业功能（1877）　·························　87

记马格里述西方科学史（1877）　······································　88

述古希腊隐士事迹（1877）　··　88

参观牛津大学（1877）　··　89

述英国科学家（1877）　··　93

述张力臣论洋务（1877）　···　94

论报纸与国政（1877）　··　95

论英国政治（1877）　···　95

论西洋宗教（1877）　···　98

论古今变局与应对之方（1877）　······································　99

论日本外交应对有方（1877）　···　100

述俄国彼得大帝变法图强（1877）　···································　100

评沈葆桢毁弃吴淞铁路（1877）　······································　101

论泰西国政（1877）　···　101

参观西洋小学（1877）　··　102

述严复谈西学（1878）　··　104

与威妥玛议中国官场（1878）　···　104

记西报述西洋各国勋章及文明程度（1878）……………… 105

述西国治安与断案（1878）…………………………………… 106

述留德学生素质（1878）……………………………………… 107

述严复与张力臣西学观之分歧（1878）…………………… 107

述海德公园任人辩论（1878）……………………………… 108

听英国学者谈声学（1878）………………………………… 108

论华北五省灾情（1878）……………………………………… 109

论英国两院制（1878）………………………………………… 111

听严复等述西学（1878）……………………………………… 112

与西人述被参缘由（1878）………………………………… 113

参观英国火药机器局（1878）……………………………… 113

议俄国刑法（1878）…………………………………………… 115

与威妥玛谈洋务（1878）……………………………………… 116

议论古今变局（1878）………………………………………… 116

参观巴黎万国珍奇会（1878）……………………………… 117

游法国荣军院（1878）………………………………………… 117

游大会场（1878）……………………………………………… 119

论英美工人罢工（1878）……………………………………… 120

论英国破格擢拔人才（1878）……………………………… 120

记电话（1878）………………………………………………… 121

记英人述太平洋岛屿情形（1878）………………………… 122

观英国舞会（1878）…………………………………………… 122

述英国舞会（1878）…………………………………………… 123

游格林威治学馆（1878）……………………………………… 123

论同治中兴人才特点（1878）……………………………… 124

述德皇被刺（1878）…………………………………………… 125

述西人订婚礼（1878）………………………………………… 125

参观英国医学博物馆（1878）……………………………… 126

与英人论中西进身路径（1878）…………………………… 128

参观英国荔榛园花会（1878）……………………………… 128

记英人北极探险（1878）……………………………………… 129

比较中西政治（1878）………………………………………… 129

读西报论中国赈灾事（1878）……………………………… 130

参观织线厂（1878）……………………………… 131

游克虏伯机器局（1878）……………………… 132

游荷兰（1878）…………………………………… 134

游比利时（1878）………………………………… 136

论西国研求道路治理（1878）………………… 137

参观法国国立图书馆（1878）………………… 137

参观法国下水道与气球（1878）……………… 138

参观凡尔赛（1878）……………………………… 140

参观三希学馆（1878）…………………………… 141

与威妥玛讨论《烟台条约》（1878）………… 142

与英国外相辩论《烟台条约》（1878）……… 143

论西洋犯上作乱（1878）……………………… 145

论西方重视向他国学习（1878）……………… 145

评论中国禁止人民出国游历（1878）………… 146

与巴兰德论中国洋务（1878）………………… 146

照相记（1878）…………………………………… 148

游苏格兰（1878）………………………………… 149

评意大利国主被刺事（1878）………………… 158

述刘锡鸿奏参事（1878）……………………… 159

述刘锡鸿出洋事（1878）……………………… 160

录西报论中国出使欧洲使臣（1878）………… 161

有感泰西照相等新法（1878）………………… 164

与英国外相沙乃斯伯里论洋务（1878）……… 164

参观英国邮局（1878）…………………………… 165

论西国税收（1878）……………………………… 166

与马建忠讨论泰西天文学（1878）…………… 167

听罗清亭等谈留欧学生课程与才能（1878）… 168

观西洋戏法（1878）……………………………… 169

评俾斯麦行政（1878）…………………………… 170

辞别英国君主（1878）…………………………… 170

辞别英国首相毕根斯由（1879）……………… 172

记西人重视海洋学（1879）…………………… 173

与西人论泰西政教风俗（1879）……………… 173

论耶稣教（1879） ……………………………… 174

论泰西政治得失（1879） ……………………… 175

与西人讨论脑相学（1879） …………………… 176

与傅兰雅论中国学习西法（1879） …………… 177

记西人述脑气（1879） ………………………… 178

与傅兰雅论英国殖民（1879） ………………… 178

与傅兰雅论中国人心偷敝（1879） …………… 179

比较儒释耶三教（1879） ……………………… 180

论秦汉以后夷夏关系（1879） ………………… 181

与友人论洋务（1879） ………………………… 182

论清廷政治（1879） …………………………… 182

回籍轮船受阻（1879） ………………………… 183

记余佐卿谈洋务（1879） ……………………… 184

回乡谢绝酬应（1879） ………………………… 184

记乡民保守（1879） …………………………… 184

与张力臣谈洋务本末（1879） ………………… 185

自述能见洋务之大（1879） …………………… 185

批评湖南官员办理洋务失当（1879） ………… 186

自述坚持谈洋务（1879） ……………………… 186

与友人论谈洋务之亟（1879） ………………… 187

论湖南风俗（1879） …………………………… 187

论道听途说之害（1879） ……………………… 188

述遭人揭帖诋毁事（1879） …………………… 188

论出使人才素质（1879） ……………………… 189

论曾纪泽气质（1879） ………………………… 189

记友人论左宗棠曾纪泽气质（1879） ………… 190

被人造谣招引洋人来湘（1879） ……………… 190

述友人论古今人物（1879） …………………… 191

由曾纪泽日记品评洋务人才（1879） ………… 191

论湖南官员（1879） …………………………… 192

与友人论为官之道（1879） …………………… 193

论湖南风俗民情（1879） ……………………… 193

论丁日昌素质（1879） ………………………… 194

论当代四逸（1879）·· 195

论人心风俗（1879）·· 195

遭匿名书攻击（1879）·· 196

与洋人周旋当以理相处（1880）··· 196

在禁烟公社演说（1880）·· 196

论禁烟会宗旨（1880）·· 198

论立君为民（1880）·· 198

吟诗述经世怀抱（1880）·· 199

记禁烟公社演说（1880）·· 199

读晁景迁传（1880）·· 201

论大禹铸鼎象物（1880）·· 202

论学问本原在立身制行（1881）··· 202

在思贤讲舍演讲风俗人心（1882）····································· 204

记曾国荃论自强（1882）·· 205

论中西谋利之别（1882）·· 206

论四民之业（1882）·· 206

论讲学宗旨（1883）·· 208

论君臣之义（1883）·· 210

议君德与臣道（1883）·· 210

论人心、风俗与气节（1883）·· 211

演讲禁烟公社宗旨（1884）·· 213

演讲人心风俗（1886）·· 214

奏　疏 ···217

请置战舰练水师疏代·· 219

各省抽厘济饷历著成效谨就管见所及备溯源流熟筹利弊疏····· 220

请酌量变通督抚同城一条疏·· 225

条议海防事宜·· 227

奏参岑毓英不谙事理酿成戕杀英官重案折附上谕················· 233

请以王夫之从祀文庙疏·· 235

办理洋务宜以理势情三者持平处理折附乾隆四十一年上谕······ 236

拟销假论洋务疏··· 238

请禁止鸦片折附上谕·· 242

请饬总署会商驻京公使严订神甫资格以免发生教案片 ·················· 245

续陈禁止鸦片事宜折附上谕 ······································· 246

请纂成通商则例折 ··· 249

新嘉坡设立领事片 ··· 251

请派员赴万国刑罚监牢会片 ······································· 253

办理洋务横被构陷折 ··· 254

俄人构患已深遵议补救之方折附上谕 ······························ 256

法扰越南宜循理处置折 ··· 260

因法事条陈时政疏 ··· 262

论河务疏 ·· 267

诗文集 ·· 271

宋儒订正古易考 ··· 273

读《论语》二则 ··· 273

读《孟子》 ··· 275

文中子论 ·· 276

《礼记质疑》自序 ··· 277

《大学章句质疑》序 ··· 279

《中庸章句质疑》序 ··· 280

王实丞《四书疑言》序 ··· 281

《绥边徵实》序 ··· 282

《罪言存略》小引 ··· 283

《十家骈文汇编》序 ··· 284

重刻瞿唐来氏《周易集注》序 ····································· 285

《古微堂诗集》序 ··· 286

张小野《梦因阁诗集》序 ··· 286

《熊云渠先生时文》序 ··· 287

唐悫慎公《省身日课》序 ··· 288

黄海华先生《玩灵集遗诗》序 ····································· 288

《小瑯环园诗集》序 ··· 289

蜇存《罗华山馆遗集》序 ··· 290

彭笙陔《明史论略》序 ··· 291

丁冠西《中西闻见录选编》序 ····································· 292

龙皞丞《坚白斋遗集》序 ………………………………… 293

陈右铭观察赠别诗序 …………………………………… 293

赵君靖《悔初集》序 …………………………………… 294

金眉生《烟雨寻鸥图卷》序 …………………………… 295

募修上林寺小引 ………………………………………… 296

重刻《历代循吏传》序 ………………………………… 296

书《海国图志》后 ……………………………………… 298

《名贤手札》跋后 ……………………………………… 299

《诵芬书屋文集》序 …………………………………… 299

《湘阴县图志》序 ……………………………………… 300

《三礼通释》序 ………………………………………… 308

复张竹汀 ………………………………………………… 310

上陈尚书 ………………………………………………… 310

再与笏山 ………………………………………………… 311

复方子听 ………………………………………………… 312

上沈尚书 ………………………………………………… 313

复何镜海 ………………………………………………… 314

复潘伯寅 ………………………………………………… 315

与李少荃中丞 …………………………………………… 316

与曾沅甫 ………………………………………………… 317

致笙陔叔 ………………………………………………… 318

伦敦致李伯相 …………………………………………… 319

致沈幼丹制军 …………………………………………… 324

复姚彦嘉 ………………………………………………… 326

致李傅相 ………………………………………………… 329

复曾沅甫宫保 …………………………………………… 331

致李伯相 ………………………………………………… 334

致李傅相 ………………………………………………… 336

再致李傅相 ……………………………………………… 339

致彭宫保 ………………………………………………… 341

复李次青 ………………………………………………… 343

致曾宫保 ………………………………………………… 344

致李傅相 ………………………………………………… 344

致李傅相 ··· 346

致黎莼斋 ··· 348

答黄性田论学校三变 ································· 350

与友人论仿行西法 ··································· 350

致瞿鸿禨信三通 ····································· 352

致金安清 ··· 357

送朱肯甫学使还朝序 ································· 360

送陈右铭赴任河北道序 ····························· 361

相国曾公六十寿序代 ································· 361

送李申甫方伯西归序 ································· 362

送陈右铭廉访序 ····································· 363

刘韫斋中丞八十寿序 ································· 364

李筱荃尚书六十寿序 ································· 366

李次青六十寿序 ····································· 366

志城五十寿序 ······································· 368

曾文正公墓志 ······································· 369

陈母李太夫人墓志铭 ································· 370

岳麓书院碑记 ······································· 371

船山祠碑记 ··· 372

聂仲芳心斋跋 ······································· 373

铁路议 ··· 374

铁路后议 ··· 375

和张笠臣人日对雪 ··································· 376

戏书小像 ··· 376

玉池老人自叙 ······································· 376

郭嵩焘年谱简编 ····································· 398

后记 ··· 417

导　言

　　他曾镇压太平天国运动，与曾国藩、左宗棠、李鸿章交谊甚深，得慈禧太后和恭亲王奕䜣赏识，却仕途坎坷；他曾担任中国第一位出使西方钦差大臣，为求国家富强鞠躬尽瘁，却因先知先觉而不见容于当世；他清廉自守、忠厚耿直、忧国忧民，却不得朝廷赐谥。此人便是晚清著名政治家、外交家和思想家郭嵩焘（1818—1891），他的一生充满了传奇和悲剧色彩。他晚年作诗曰：

> 世人欲杀定为才，迂拙频遭反噬来。
> 学问半通官半显，一生怀抱几曾开？①

　　此诗可视为其传奇与悲剧一生的写照。先让时光回到 1818 年，循着他的足迹去解读其传奇而又悲情之一生。

一、书香门第，广结师友

　　郭嵩焘，1818 年 4 月 11 日出生在湘阴城西一个家道中落的书香之家，乳名龄儿，学名先杞，后改名嵩焘，字伯琛，号筠仙，亦作云仙、芸仙、筠轩、仁先，因曾居住在湘阴城东玉池山，故别号玉池山农，晚年改为玉池老人，有书屋名养知，学者又称他养知先生。其父家彪，字春坊，性善，精医，为湘阴一儒医。其母张氏，系长沙张鹏振之女，性格文静，克己奉人，善持家。郭氏兄弟三人，仲弟昆焘，叔弟仑焘，皆有名于时。

　　郭嵩焘幼时在家跟随父亲粗习句读，11 岁从塾师习帖括之学。14 岁从学于伯父家瑞，同年湘阴连逢水灾，郭家田租无所出，有时甚至到

---

① 郭嵩焘：《戏书小像》，见《郭嵩焘全集·诗集》，卷十五，211 页，长沙，岳麓书社，2012。

了忧无米之炊的地步，然郭氏学业未曾中断。1835 年就读于仰高书院，与仲弟昆焘同补博士弟子员，步入科举的门槛。1836 年，就学于长沙岳麓书院，1837 年中举。至此，郭氏科举生涯都很顺畅，之后的会试则连续四次名落孙山，至 1847 年第五次会试，才中道光丁未二甲第二十九名进士，改翰林院庶吉士。郭氏秉赋聪慧，又勤学刻苦，所以在 20 岁之前已在同辈中小有名气，也陆续结识了一些讲求经世致用的才学之士。

在湘阴仰高书院读书期间，他结识了吴英樾。英樾字子略，亦字西乔，郭氏称他"为文劲悍，锋芒逼人"①。他们相互切磋，互为畏友，学业大进，先后都成为进士。郭嵩焘在湘阴读书期间，还可能已结识左宗植、左宗棠兄弟。左宗植（1804—1872），字仲基，精于天文，曾考订《开元占经》；左宗棠（1812—1885），字季高，曾就读长沙城南书院，师从贺熙龄，不专重制艺帖括，而兼习义理经世之学。由于同乡，加上治学路径相似，郭嵩焘与左氏兄弟结为至交。在《玉池老人自叙》中，郭氏记其与左宗棠"至交三十年，一生为之尽力"，但当他署理广东巡抚时，左氏对其挖苦戏弄，并参劾使之去位，郭氏为此抱憾终生。

1836 年，郭嵩焘就读于长沙岳麓书院，时任书院山长为欧阳厚均。欧阳重"有体有用之学"，不拘泥于"文艺之末"，治学倾向于经世致用。在岳麓书院就学期间，郭嵩焘结识了几位重要朋友，包括刘蓉、曾国藩、江忠源与罗泽南。刘蓉（1816—1873），湖南湘乡人，热衷治学而非科举，"尤务通知古今因革损益、得失利病，与其风俗及人才所以盛衰，慨然有志于三代，思一用其学术以兴教化"②。曾国藩（1811—1872），湖南湘乡人，郭嵩焘认为他"穷极程朱性道之蕴，博考名物，熟精礼典"，"平居抗心希古，以美教化、育人才为己任，而尤以知人名天下，一见能辨其才之高下，与其人贤否"③。江忠源（1812—1854），湖南新宁人，好读经世书，以名节自砥砺，郭氏与江相识于道光十七年参加乡试时，为同榜举人。罗泽南（1807—1856），湖南湘乡人，曾长期在家乡授徒讲学，其门生多为镇压太平军时名将，郭氏通过结识罗泽南，进而结识了其弟子，扩大了社交面。郭氏曾在《玉池老人自叙》中回忆与刘、曾、江、罗初识云：

---

① 郭嵩焘：《诵芬书屋文集序》，见《郭嵩焘诗文集》，100 页，长沙，岳麓书社，1984。
② 郭嵩焘：《陕西巡抚刘公墓志铭》，见《郭嵩焘诗文集》，389 页。
③ 郭嵩焘：《曾文正公墓志铭》，见《郭嵩焘诗文集》，385～386 页。

初游岳麓，与刘孟容中丞交莫逆，会曾文正公自京师就试，归道长沙，与刘孟容旧好，欣然联此，三人偙居公栈，尽数月之欢，怦怦然觉理解之渐见圆融，而神识之日增扬诩矣。其后与江忠烈公、罗忠节公游从长沙，颇见启迪。此皆二十余年事也，已晓然知有名节之说，薄视人世功名富贵，而求所以自立。数十年出处进退，以及辞受取与，一皆准之以义，未尝稍自贬损，于人世议论毁誉，一无所动于其心。①

此后，郭与刘、曾等人成莫逆之交。

五次赴京师会试期间，郭嵩焘又结识了一批师友，其著者当推唐鉴和李鸿章。唐鉴（1778—1861），湖南善化人，为当时理学名家之一，为曾国藩之师，严于修身，平易待人。郭氏在 1844 年至 1845 年之间在京师拜见唐鉴，得以结识这位声名鼎鼎的前辈。② 李鸿章（1823—1901），安徽合肥人，郭嵩焘通过曾国藩与李鸿章结识于 1845 年在京应会试之时，此后郭李亦成好友。

这些游历和交游，丰富了郭嵩焘的学识，扩大了他的社会基础，对其往后人生道路起了重要作用。与此同时，郭嵩焘也对曾国藩、左宗棠、李鸿章成就镇压太平天国"战功"，从而仕途亨通、名声大显，起了一定作用。参与镇压太平天国起义是郭嵩焘一生中最重要的政治活动之一。

二、筹办水师，筹集军饷

郭嵩焘的官宦生涯起于太平天国运动兴起之时，他虽未和曾国藩、左宗棠、李鸿章等人同入咸同将相之列，却亦是书生因"军功"起家。1851 年，太平军起，1853 年，郭嵩焘劝曾国藩办团练以保卫家乡抗击太平军，旋入曾幕，于是年 7 月率湘勇赴南昌，赴援被太平军围困在南昌的江忠源，也于同年 11 月以援助江西功，特授翰林院编修。此后四年，他大部分时间在曾国藩幕度过，直到 1858 年供职翰林院。翌年郭嵩焘入值南书房，旋即奉命随僧格林沁办理天津海防而入僧幕。后因与僧意见不合，郭离僧幕回京并因病乞回籍休假。1861 年复入曾国藩幕，1862 年授苏松粮道，次年擢两淮盐运使，8 月署理广东巡抚，1866 年

---

① 郭嵩焘：《郭嵩焘全集·文集》，卷二十六，777～778 页。
② 郭嵩焘曾在《唐悫慎公〈省身日课〉序》中提及"道光甲辰、乙巳间，谒镜海先生京师"。

因官僚倾轧被罢官回乡。在曾幕襄助军务和在粤凡三年，郭氏主要与太平军相周旋，筹办水师、筹集军饷以抗击太平军。

在镇压太平天国运动过程中，郭嵩焘虽不像曾、左、李那样领兵挂帅，驰骋沙场，却也不失为一个重要人物。

首先，他是创设湘军的策动者。1852年底至1853年初，太平军围长沙，克武昌，攻九江，士气高涨，帆如叠雪，樯若丛芦，蔽江东下，直捣南京。清廷形势危急，急命在籍侍郎曾国藩就地办团练以镇压太平军。曾国藩得旨后，以母丧守制为托，拟请张亮基代奏恳请终制。郭嵩焘赴吊曾国藩母丧，闻知曾已具疏力辞朝廷之命后，力劝曾国藩出山，说以"公素具澄清之抱，今不乘时自效，如君王何？且墨绖从戎，古制也"①。并以保护桑梓为辞，请曾父出面劝子，终于说服曾国藩赴省帮办团练。曾国藩由此以办湘勇、创湘军起家，并成就"中兴名臣"之功业。

其次，他是湘军的重要谋士。从1853年至1857年，郭嵩焘大部分时间在曾国藩幕中度过，是曾国藩倚重的人物，湘军的营制编定，重大战略决策，他均参与其中，其最重要的建议是倡议筹办水师。

郭嵩焘在赴南昌援江忠源，捕获太平军俘虏审问时，得知太平军号称船只十余万，官兵皆舟居，出没无常，进退迅捷，清军苦无水师战舰，哨探难进，防守无凭，屡战屡败。因此，他向江忠源建议"非急治水师，不足以应敌"。江恍然大悟，大为激赏，嘱郭氏代拟《请置战舰练水师疏》。郭详细呈述制战船、购洋炮、治水师的重要意义，提出方案呈请朝廷"宜饬四川、湖北、湖南各督抚制备战船百余只，一以广东拖罟为式，每船计可载兵五十名；饬广东督抚购备夷炮五百斤、三百斤者合千余尊，以奉到饬旨之日起，克期三月，一例齐备，陆续放至武昌，以备调遣"②。除此之外，呈请调集闽、浙、粤等处水师营兵，参与镇压太平军。清廷对此疏十分重视，即命各地照办。曾国藩也以筹备水师为己任。郭氏制战舰、购洋炮、治水师的意见，具有扭转清军与太平军局势的全局性意义，太平军从此失去了水上优势，而清军的水上劣势则得以弥补。

再次，他是湘军筹饷的关键人物。湘军初创时，兵饷无着，经费拮

---

① 郭廷以：《郭嵩焘先生年谱》，83页，台湾"中研院"近代史研究所，1971。
② 郭嵩焘：《郭嵩焘奏稿》，2页，长沙，岳麓书社，1983。

据，郭嵩焘以筹饷为己任，首先提出"劝捐"，继而提出"厘捐"和"盐捐"，为筹集军饷四处奔走。他到益阳、宁乡等处，劝捐筹饷，不到一月便得银十余万两。另外，他在苏松粮道、广东巡抚任上，大力整顿厘务，派捐劝输，继续解决湘军及其他清军的军饷问题。虽说曾国藩曾发布著名的《讨粤匪檄》，声称湘军不仅是为保卫大清而战，更是为保卫名教而战，使"凡读书识字者，又乌可袖手安坐，不思一为之所也"①，在当时一部分知识分子中具有号召力，但是，郭氏在派捐劝输过程中，操之过急，譬如广东原来每年收抽厘捐只得 70 万两，郭到任后，剧增到 140 万两，搜刮过甚，难免使当地士绅心生反感，他们特编一副对联讥讽他与时任两广总督的毛鸿宾：

> 人肉吃完，唯有虎豹犬羊之廓（郭嵩焘）；
> 地皮刮尽，但余涧溪沼沚之毛（毛鸿宾）。②

激烈的骂声，正道出郭嵩焘筹饷的卖力和效率，使得清军有饷得解燃眉之急，郭氏也因此受到清廷的赞扬。

最后，他还亲自带兵镇压太平军。除前文提及的郭嵩焘于 1853 年 7 月，与罗泽南等人率湘军 1 400 多人出长沙，赴南昌解江忠源被困之围外，郭氏在任广东巡抚期间，也曾参与镇压太平军。1865 年，太平天国康王汪海洋因天京失守，转战闽、粤边境，并购买一批船只炮械，准备渡海袭取台湾。时任广东巡抚的郭嵩焘，飞檄沿海军队加强防守，搜获了汪海洋购买的炮械，并调集重兵，约同左宗棠所督清军合围，终于在 1866 年全歼太平军汪海洋余部。郭氏因此获清廷赐"二品顶戴"。另外，郭氏还曾捕获太平天国森王侯管胜。侯某原守镇江，兵败后，挟其资财，由上海潜入香港，边做生意，边运军火以接济太平军余部，在香港被人认出，密报于郭，郭假香港当局之手，捕获了侯管胜。侯被解到广州，直立不跪，郭嵩焘将其"绑赴市曹，凌迟处死"③。

在镇压太平天国运动过程中，郭嵩焘自始至终都起了关键作用。郭嵩焘、刘蓉二人在曾国藩幕襄助军务，始终不领薪水，不求保举，郭廷

---

① 曾国藩：《曾国藩全集·文集》，232 页，北京，西苑出版社，2010。
② 赵烈文：《能静居士日记》，见《太平天国史料丛编简辑》，第 3 册，414 页，北京，中华书局，1963。
③ 郭嵩焘：《郭侍郎奏疏》，卷六，49～51 页，载沈云龙主编：《近代中国史料丛刊》，第 16 辑，台北，文海出版社，1968。

以有郭、刘"两人风义及与国藩情谊,洵非常人可及"①之论断。时人有论:"发逆之平,始于湘乡相国(曾国藩),而终于左文襄(左宗棠),实公(郭嵩焘)始之终之也。"②这道出了郭嵩焘在镇压太平天国运动中的地位。

三、深究洋务,出使西方

郭嵩焘是近代中国向西方学习的先行者。他的思想经历了一个由以"天朝大国"自居,到正确认识中西关系的过程。1840年,郭嵩焘二次会试报罢,在京护持曾国藩病,待曾大病初愈,旋即于是年九月应新授浙江学政罗文俊聘,出京赴浙。这一年,恰是鸦片战争爆发的一年,郭嵩焘对东南沿海的战乱了然于心,他于此时赴浙充当幕僚,无疑有参加抗英斗争的思想准备,有《出都杂感》诗为证:

> 碣石盘陀突骑横,高秋海上耀绥旌。
> 似闻使者持金节,早见司农计水衡。
> 万里岛夷浮水至,一星参伐傍霄明。
> 旅獒不入王都贡,坐见烟尘四海清。
>
> 高城断角晓来喧,蒇是流离不复论。
> 枚叔只应思茂苑,张骞翻见出河源。
> 防秋士马西风惨,横海蛟鼍白昼昏。
> 磨盾从戎真自许,好谈形势向鲛门。③

此诗显示了青年郭嵩焘投笔从戎、抵御外侮的爱国热忱,也表露出此时他还未了解西方情形,在中外关系上未脱离一般士大夫认为无需西方奇技淫巧的窠臼。但亲历战争前线,目睹英法列强以其坚船利炮打开中国大门之后,郭嵩焘认识到了解西方情形的重要性。

1855年,郭嵩焘为筹措军饷而赴江南,游历江浙沪,其中外关系观也渐而发生变化。特别是上海之行,他游览了上海租界和墨海书馆等地,目睹"夷情"之井然有序,颇"震诧之"④。他逐渐认识到经理洋

---

① 郭廷以:《郭嵩焘先生年谱》,108页。
② 洗宝干:《记平发逆汪海洋事》,见《玉池老人自叙》前附,17页,载沈云龙主编:《近代中国史料丛刊》,第11辑,台北,文海出版社,1966。
③ 郭嵩焘:《郭嵩焘诗文集》,576页。
④ 曾国藩:《曾文正公书札》,卷六,21页,清光绪二年传忠书局刻本。曾国藩致书左宗棠提及:"往时徐松龛中丞著书,颇张大英夷,筠仙归自上海,亦震诧之。"

务"循理"之重要性，日后在僧格林沁幕期间极力对外主和，并认为与洋人交涉应注重信义。在广东巡抚任上，他也陆续办理一些与洋务相关的事件，譬如与荷兰公使交换条约等。由于他的主张不被社会认同，以及官场排挤倾轧，郭嵩焘在交卸广东巡抚一职后，闲置家居达 8 年之久，读书著述，掌教城南书院。

当清廷重新启用郭嵩焘时，等待他的却是因 1875 年马嘉理案而赴英国赔礼道歉的不光彩使命。1875 年，他奉命出使英国，后来被明定为出使英国大臣，兼任出使法国大臣。这使郭成为中国历史上第一位常驻西方的钦差，开创了中国外交史上的新篇章。

郭氏出使，在中国近代外交史上的开创性意义，主要体现在以下两方面：

其一，郭的出使开创了近代中国向外国派常驻公使之先例。古代中国以中央大国自居，认为四方皆蛮夷之地，历来只有外邦纳贡称臣，而无向外派常驻公使。至晚清时，在郭嵩焘之前，中国也曾派出几个使团赴欧美：1866 年，派遣斌椿等随赫德游历欧洲，可称为中国官方派到国外观光学习的第一个使团；1866 年底，志刚、孙家毂随美国人蒲安臣出访美、英、俄等 11 国，向有约国家递交国书，谈判修约事宜，与美国签订《蒲安臣条约》，可称为中国派往外国递交国书、签订条约的第一个使团；1870 年，因天津教案，崇厚等专赴法国赔礼道歉，可称为中国派往外国赔礼道歉的第一个使团。这些使团，任务虽有所不同，却都是临时性专使，并非常驻。从郭嵩焘开始，中国才有了正式的驻外公使。

其二，郭嵩焘使英，奠定了中国的出使制度。继郭氏之后，中国又陆续派陈兰彬使美，何如璋使日，刘锡鸿使德，崇厚使俄，驻外使馆次第成立，中国外交呈现一片新景象。与此相适应，使馆人员配备、经费开销、出使人员薪俸等，都制定章程，形成制度。斌椿出游、志刚等出访之时，因事属临时，未有定制，所带人员无定额，所需经费亦无法核定，均由总税务司赫德先从关税中垫支，用后报销。自郭出使，总理衙门特奏定出使章程，规定出使期限为三年，经费由关税拨发，出使人员有出使大臣一员、副使一员（后从国际通例取消）、参赞二员、随员若干，出使人员的品级、薪俸亦有具体规定。为了收发、管理出使人员的信件，清廷还在上海专设文报局。

郭嵩焘出使英、法首尾共两年，主要办理了以下几起外交事件：

第一，奏请设立领事馆。1877 年，郭嵩焘奏请在新加坡等华侨较多的地方设立领事，列举华侨备受外国欺侮而得不到祖国保护的惨状。1878 年，清政府采纳郭的提议，在新加坡设立了第一个驻外领事馆，委派广东人胡璇泽为领事，此后，中国又陆续在旧金山、横滨等地设立了领事馆。领事馆的设立，可以解决华侨在外相关问题。

第二，交涉英国太古洋行轮船撞沉江西盐船案。1875 年 11 月，英国太古洋行轮船"敦信"号，在江西彭泽狮子山撞碎华商周复顺等所雇盐船，致使盐船沉没，并溺水手二名。经上海英国按察司衙门审断，令太古洋行赔银一万两，英商不服，声言回国上诉，却拖延两年之久，未见回音，亦未付偿款。周复顺等禀求郭嵩焘协助查询。经郭嵩焘与英国外交部交涉，最后按照原定数额赔偿，此案于 1877 年底遂告了结。

第三，交涉太古洋行趸船移泊事件。此事起因于英国太古洋行趸船停泊在镇江英租界对面江面上，影响江流，冲坍江岸，镇江关道要求移泊趸船以便查清坍岸原因，经总理衙门与英使威妥玛多次交涉，均告失败。总理衙门将此事派郭与英政府交涉，郭于 1877 年 6 月照会英外交部，经他多次亲至英外交部反复辩论，甚至与威妥玛争吵，并查阅西方国家有关船坞的条例，询问英律师和精通江河之道的营造司，了解西方处理此类事件的情况，终于以理责问英国外交部，使其理亏，被迫饬太古洋行趸船移泊。

第四，交涉厦门怡记行商人枪杀渔民案。1876 年，怡记行雇员安托鸟在福建莆田无故杀害厦门渔民。安氏原籍南美洲，案发后逃匿，总理衙门照会英国驻华公使，要求怡记行交出凶手，英使以安氏不是英国人而置之不理，事逾两年无结果。总理衙门将此案交郭嵩焘办理，郭于 1874 年多次照会英国外交部，要求调查此案，并列举英国在中国的诸多不平等之行，揭露了英国领事欺压虐待中国人民的罪恶行径。郭指出，像厦门枪毙渔民一案，按照西例应由中国自行审讯，但因凶手系英国商行雇员，中国不能自讯，而领事官又以凶手非英国人，一再推脱，则无论关系多少中国人命，皆不能有讯办之一日，难道中国人就应该任人欺凌？① 1878 年 10 月，郭嵩焘经过据理力争，虽未惩办凶手，却终于为死者争得抚恤银，了结此案。

第五，交涉华工免税案。1878 年 7 月，英国殖民地加拿大维多利

---

① 参见郭廷以：《郭嵩焘先生年谱》，695～698 页。

亚埠向华侨征税每人每年 40 元。华侨无力承受，联名向驻美使馆求助。驻美公使陈兰彬以加拿大属英殖民地，将此案移交给郭嵩焘。郭照会英外交部，据情以告，要求免征华侨税银。是年 11 月，英外交部照复郭嵩焘，已转咨理藩部核办。①

第六，交涉英船华工案。1878 年 7 月 21 日，英国商船"拉多丽号"7 名闽粤华工受英国船主欺凌，不堪忍受，欲辞职而去。船主不允，克扣薪水。华工向驻英使馆呈诉求救。郭获悉后，派人至该船查询，并与英国政府交涉，经英国政府出面，该案得以妥善解决，华工获准辞职，所克扣薪水也如数发还。

郭嵩焘在出使英、法期间，经常参观考察议院、工厂、学校、博物馆等地，接待、访问学者和各界名流。他通过自身对西方政教、风俗、学术、商情的考察，不断将自己对改革中国落后现状的见解发回中国。他提醒李鸿章注意学习西方教育、冶矿、铁路、电报等创制；奏请朝廷严禁鸦片；呈请朝廷纂辑通商则例，以免在中外交涉事务中无例可依而吃亏；请求朝廷派人参加万国刑法公会，参与国际事务。使西期间，郭嵩焘兢兢业业，作为从落后挨打又虚骄自大的中国走出去的第一位公使，他遇事循国际公例，据理力争，尽可能捍卫国家主权，维护民族利益和尊严。因此，郭氏深受英国人民的赞誉，西报也多次刊登赞赏他的报道。在他卸任归国前夕，伦敦、巴黎两都人士，颇为依依不舍，称其不愧"国使"两字。

四、矛盾与挫折：世人之攻击

虽然西人对清廷派出的第一任公使郭嵩焘赞誉有加，但国人的态度却截然相反。因为出使西洋，以及对西方有不同于当时传统士大夫的认识，郭嵩焘多次受到国内时论攻击。

第一次，因接受出使之命。虽然中英、中法《天津条约》有两国互派公使的条文，但只见外使进，不见中使出。究其原因，除经费、人才等问题外，最重要的是人心问题。当时许多士大夫仍严守夷夏之防，视西方各国为蛮夷之地，把与洋人打交道视为奇耻大辱。当清廷任命郭嵩焘为出使大臣后，很多朋友劝他推卸此事，保全名声，郭认为出使西方任重道远，国家正值多事之秋，理当为国效劳，答曰"数万里程途，避而不任，更有艰巨，谁与任之！"但是，并不是所有士大夫都有他那样

---

① 参见郭廷以：《郭嵩焘先生年谱》，710 页。

的见识，讥笑辱骂声接踵而至，同僚视之为汉奸，甚至于连同乡都不愿承认他的湖南人身份。更有惜其才者，李慈铭叹曰："郭侍郎文章学问，世之凤麟，此次出山，真为可惜，行百里者半九十，不能不为之叹息也。"① 郭嵩焘对出使西洋会导致晚节不保，知之甚明，感叹自己以老病之身，奔走七万里，京师士大夫与乡里父老，"相与痛诋之，使不复以人数"。更有甚者还特地编对联加以讽刺：

> 出乎其类，拔乎其萃，不容于尧舜之世；
> 未能事人，焉能事鬼，何必去父母之邦！②

认为郭嵩焘见识不同常人已属不该，与洋人周旋更是悖逆伦理。这一方面显示了当时天朝大国的观念在士大夫中仍占统治地位，另一方面也说明此种观念一统天下的局面已被打破，已有人开始向这个传统观念挑战了。

第二次，因弹劾岑毓英。郭嵩焘被任命为出使英国大臣之后，英国要求清政府俟马嘉理案办妥之后，再赴英道歉，使得出使延期。郭被任命为署兵部侍郎，在总理衙门行走，办理对外交涉事，他上奏折参劾云南巡抚岑毓英，指控他在马嘉理案中负有重责，应"交部严加议处，以为恃虚骄之气而不务沉心观理考察详情以贻累国家者戒"③。他援引《周礼》，提出今日西洋各国并非蛮夷之地，应以国家、宾客之道待之，认为朝廷如果主动处理岑毓英，可以取得外交上的主动，可使英人无可乘之机，不然，在洋人威逼胁迫之下再来处理，只会失利更多。诚然，郭对马嘉理一案有比较清晰的分析，要求处治岑毓英个人，争取外交上的主动，免使国家遭受丧权辱国之害。只是，蓄谋已久的英政府也不会因清廷处理岑毓英而善罢甘休，放过马嘉理案这一攫取更多利权的机会。

当然，传统士大夫不能容忍郭嵩焘援引《周礼》，以礼对待西洋人，也不能容忍一个天朝上国的守疆大员因杀死几个洋人而遭受责罚。郭的参折一出，舆论哗然，"汉奸"、"贰臣"之骂名更是铺天盖地。甚至连他的老乡时任两广总督的刘坤一也对此举甚为不满，认为他参劾岑毓英，循英使之意，"内外均不以为然"，这一举动使他没有面目归湖南，

---

① 郭廷以：《郭嵩焘先生年谱》，526 页。
② 王闿运：《湘绮楼日记》，第 5 册，6 页，长沙，岳麓书社，1997。
③ 郭嵩焘：《请将滇抚岑毓英交部议处疏》，见《郭侍郎奏疏》，卷十二。

亦无以对天下后世。① 此事一出，湖南人的确视郭为败类，把一些与其无关的坏事也推到他的头上。郭呈上参劾折之后数月，湖南举行乡试，有谣言外国传教士来湘传教，当时湖南尚无通商口岸，洋人足迹稀少，考生得知此谣言后，径直把此事归罪于郭，恶言相向，并扬言放火烧屋。他的门楣上也被人贴上"天主教大教士郭寓"的标语。湖南巡抚王文韶不敢触犯众怒，最终此事不了了之。

第三次，因撰写《使西纪程》。《使西纪程》是郭嵩焘从上海赴伦敦途中 51 天的日记。总理衙门曾奏请饬令出使大臣将沿途所见所闻之各国风俗、政教、军备、经济等情况，详细记录，以备咨送国内。郭抵达英国后，将旅途日记整理寄回国内，希望能助国人打开眼界。此书在同文馆出版之后，引起轩然大波。书中如实记录郭对西方文明之赞扬和对中国虚骄自负的批评，此等逆耳忠言，难以被士大夫接受。协办大学士、军机大臣李鸿藻"大为不平，逢人诋毁"。编修何金寿更是据此奏劾郭嵩焘，说其"有贰心于英国，欲中国臣事之"②。清廷随即诏命立即销毁《使西纪程》字版，禁止印行。1891 年，郭嵩焘死后，李鸿章奏请朝廷赐谥，却因郭"出使外洋，所著书籍，颇滋物议"之由，被断然驳回。

第四次，为副使刘锡鸿之攻讦。郭嵩焘与刘结识于署理广东巡抚之时，认为刘是一人才，评价刘虽"过刚无礼"，但"亢直无私"③。因此，他曾向朝廷保荐过刘锡鸿。两人偕同出使之后，刘抓住郭与洋人交往的几件小事与郭争执，说郭沾染夷狄习气，丢尽天朝颜面。起初，郭对刘表示谅解，把刘的无礼视为性格问题，认为刘锡鸿"直性，又兼怀牢骚抑郁之心，亦无怪其然也"④。然而，刘锡鸿得知郭的《使西纪程》被何金寿奏请毁版之后，对郭的攻击也更为加剧，曾特地向清廷奏发郭的"十大罪"。一、奏折列衔，副使上不加"钦差"二字，为蔑视谕旨；二、游甲敦炮台，披洋衣；三、据日记中"以备他日考定旗式之一助"，谓意欲改变国旗颜色；四、见巴西国王，擅自起立致敬；五、遵从洋人风俗，效仿洋人持伞不持扇、不识洋字亦捧戏单、改用银盘银罐盛糖酪

---

① 参见刘坤一：《复左中堂》，见《刘坤一遗集·书牍》，卷六，1802 页，北京，中华书局，1959。

② 王闿运：《湘绮楼日记》，第 6 册，25 页。

③ 郭嵩焘：《郭嵩焘日记》，卷二，310 页。

④ 郭嵩焘：《郭嵩焘日记》，卷三，166 页。

奉客等，不以忘本为耻相；六、"以中国况印度，日为洋人言之"；七、擅改国家礼制，效洋人尚右；八、无故与威妥玛争辩启衅；九、抱怨朝廷，对自身仕途遭遇"心怀怏怏"，"言之切齿深恨"；十、锐意学习外语，并令其如夫人梁氏一起学，以妇女四出应酬，坏乱风俗，有损中国闺教。① 郭刘矛盾，表面上似乎是个人意气之争和性格不合，实则反映了当时中国革新和守旧两种思想的激烈斗争。

世人对郭嵩焘的四次攻击，内容不一，反映出来的问题却相同，即如何看待当时的西洋和中国。完成工业革命步入资本主义时代的英法诸国，遇上仍以自然经济为主导的中国，一个穷兵黩武、大举侵略，一个腐败无能、受尽欺侮。在此种社会现状面前，郭嵩焘认为英法诸国政教修明，不是未开化的夷狄，中国实现富国强兵应面对现实，在反对侵略的同时，学习西方的先进之处，讲求应付之方，扫除虚骄之气，这无疑是顺应历史潮流的时代要求。守旧士大夫之攻击，除了反映他们坚守天朝大国之迂腐观念，固守成规，自欺欺人之外，更从反面证明变革这样的社会阻力重重和郭嵩焘的见识难能可贵。

五、赋闲家中：倡导洋务，讲求人心风俗

1879 年，曾纪泽接替郭嵩焘任出使英、法大臣，郭自英、法归国，抵上海，返长沙，决心引退，以著书讲学度过晚年。郭于 1891 年 7 月病逝于长沙，葬于湘阴县东七十里老冲坡之飘峰，留有《养知书屋遗集》、《使西纪程》、《罪言存略》、《玉池老人自叙》、《郭嵩焘日记》等 20 余种著作。

郭嵩焘赋闲家居期间，并非不问世事，而是讲学于思贤讲舍、创立禁烟公社，讲求人心风俗，继续倡导洋务，自谓"不可不谈洋务"，"欲使人稍知其节要，以保国有余"②。他赋闲 12 年期间，主要做了以下几件事：

其一，为俄法事建言献策。1880 年，郭嵩焘与曾国荃等致书论崇厚擅自与俄国签订丧权辱国条约之失，并向朝廷奏陈俄约补救之方：一、左宗棠"讲求地理之学，经营西域，已逾十年，形胜险要，悉能详知"③，收还伊犁由左宗棠核议；二、"遣使议还伊犁当径赴伊犁会办"；三、议驳《伊犁条约》，暂听从俄人驻扎，万不能急速收回；四、因英

---

① 参见郭嵩焘：《郭嵩焘日记》，卷三，692～693 页。
② 郭嵩焘：《郭嵩焘日记》，卷三，860～861 页。
③ 郭嵩焘：《俄人构患已深遵议补救之方折》，见《郭嵩焘奏稿》，393～394 页。

法与俄素有矛盾，"驻扎英、法两国公使，不宜遣使俄国"；五、定议崇厚罪名当循万国公法行之；六、"宜斟酌理势之平，求所以自处，而无急言用兵"。1884 年中法开战之前，郭又与友人论法越事，并上书清廷，认为法扰越南事宜循理处置，通商云南，一针见血地指出"就安南事势言之，当有救援弹压之师，不当有防堵之师，明知非利害所系故也。若论云南通商，事势所争，尤在议论，决不在于用兵"[1]。

其二，创立禁烟公社，讲求人心风俗。郭嵩焘在出使英国期间，发现英国一些富有正义感的士绅成立"禁烟会"，以在中国行鸦片贸易为耻，并主动与其联系，希望在中国推行禁烟运动。郭嵩焘多次奏请禁止鸦片烟，指出"其地（英国）士绅会议，犹谓烟土贻害中国，引以为咎，倡言禁止。中国人民肆行吸食，略无悔悟，其势非严督抚以督率州县，不能望有转旋"。但因官场腐败，而且鸦片贸易涉及英国巨额商业利益，郭的建议虽得到朝廷的肯定，却并未实行。归国后，郭嵩焘便在湖南设立禁烟公社，倡导人心风俗，以期从自身及周围亲友做起，渐行渐远，以至对国家有所裨益。1880 年，他与朱昌琳等人议设禁烟公约，每年会集四次，并认为当稍储公费。"黄子寿固持异论。于是定吾与宇恬、力臣、子寿各醵钱三十缗为之基，交由宇恬（朱昌琳）经理。"[2]他刊刻《禁烟公社条规》广为散发，指出"自鸦片烟流毒中国以来，人心风俗，日益败坏，不复可问"，申明禁烟公会的宗旨，"重在人心风俗"[3]。

郭嵩焘深感世风"嚣"、"猾"、"无理"之不良，提出重兴质朴、实在等传统美德和风气的重要性。他指出山西和陕西商贾，较之其他省份商贾，胜在人心风俗："山、陕人之智术不能望江、浙，其权算不能及江西、湖广，而世守商贾之业，惟其性朴而心实也。性不朴则浮伪百出，心不实则侵盗滋多。浮伪侵盗盈于天下，朋友不相顾，父子兄弟不相保，而欲以揽天下之计，权四方之利，谁可与持久者?"[4] 在商业初兴的时代，良好的"人心风俗"，还有助于形成好的商业道德，以盈持久之利。

① 郭嵩焘：《法扰越南宜循理处置折》，见《郭嵩焘奏稿》，400 页。
② 郭嵩焘：《郭嵩焘日记》，卷三，925 页。
③ 郭嵩焘：《郭嵩焘日记》，卷四，23 页。
④ 郭嵩焘：《郭嵩焘诗文集》，553 页。

六、特立独行：悲剧性的思想先驱

郭嵩焘过人的世界眼光，是由他敏锐的思想决定的，他的悲剧也源于其敏锐的思想和过人的见识。这是他生不逢时的不幸，也是那个时代的不幸。郭与一般洋务派的思想不完全一样，是晚清为数不多的清廉节俭、特立独行的思想家，主要表现在以下几个方面：

第一，批评单学西方坚船利炮的军事方面，提倡全面学习。1877年，郭嵩焘在英国致书李鸿章，批评他办洋务只重视西方军事，不注重其他方面的学习。郭认为"盖兵者末也，各种创制皆立国之本也"，即西方的富强，军事不是"本"而是"末"，更重要的是教育、冶矿、采煤、铁路、电报等诸多方面。郭嵩焘并不是反对学习军事，而是从国家富强的轻重缓急出发，认为军事力量与其他诸多方面密不可分，中国的现状腐败不堪，如果没有其他方面的发展，单单学习军事方面，会造成学不能致用，无法使中国走上富强的道路。

郭嵩焘的这一思想，早在出国以前就形成了。出国之后，他多次与日本驻英公使交谈，对比中日两国学习西方的方式——日本在明治维新之后派人到英国学习，内容不拘一格，法律、电报、铁路等各种技艺都有涉及，学习兵法所占的比重甚少，而中国派往西方的学生，则主要研习西方兵法——认为中国应当像日本那样，注重各种技艺的学习，而不仅仅局限于兵法。然而，李鸿章并未采纳郭的建议，仍按原计划重点在学兵法。事实证明郭的见识是正确的，李鸿章在日后也接受了不少他的意见。

第二，批评官督商办，主张商民自办。早在 1875 年，郭嵩焘就认为官督商办，费繁利少，尤其挫伤商民积极性，提出"天地自然之利，百姓皆能经营，不必官为督率。若径由官开采，则将强夺民业，烦扰百端，百姓岂能顺从？"① 郭认为铁路最好也像西方那样，由商民自行办理，后来他考察到中国与西方国情有别，赞同李鸿章自行修筑津沽铁路，起示范作用，使朝野上下均得以渐识铁路之便，进而扩大修筑范围。郭的这些见解颇有见地，历史证明洋务派的官督商办民用企业有很多弊端，经营、管理、财政等都掌握在官员手中，所需费用出自府库，所得利润则任意侵吞，商人投资往往不获利，严重阻碍了民族资本的发展，因此，他提出应以商民自办取代官督商办。可以说，在中国近代史

① 郭嵩焘：《与友人论仿行西法》，见《养知书屋文集》，卷十三，载沈云龙主编：《近代中国史料丛刊》，第 16 辑。

上，郭嵩焘是最早对民用工业官督商办政策提出批评的人。

第三，认为政教为本、工商为末，要求学习西方政治制度。1875年，郭嵩焘在《条议海防事宜》中说："西洋立国，有本有末，其本在朝廷政教，其末在商贾，造船制器，相辅以益其强，又末中之一节也。故欲先通商贾之气，以立循用西法之基，所谓本末遑而姑务其末者。"① 1890年在致书李鸿章时，他对比中西政治制度指出：泰西之国，大事"皆百姓任之，而取裁于议政院，其国家与其人民，交相维系，并力一心，以利为程"；中国则官民之间隔阂太甚，"无其本而言富强，只益其侵耗而已"②。

综而言之，郭嵩焘的"本末论"主要表现为以下两个方面：一方面，他所说的"本"，主要指国家的政治制度，军事、边防、机器制造等皆为"末"；另一方面，他认为"立国之本"，关键在于设议院，通民情，君民上下一心，不学习西方之"本"，只效仿其"末"，只会空耗精力和财物。批评洋务新政只效仿西方之末，而不务其本，要求改革政治，为中国民族资本主义发展开辟道路，是早期改良派思想的主要内容。可以说，郭嵩焘是早期改良派的先驱。梁启超曾把郭与魏源等人并称为中国讲求西学的先驱，认为郭是洋务运动时期"最能了解西学"之人。

第四，清廉俭朴，不畏人言。郭嵩焘从政多年，任过不少肥缺，却以清廉著称，他在曾国藩幕府帮办湘军时，与曾享有同等薪水、另外支用不限的待遇，但郭筹饷四处奔波，他与刘蓉两人在曾幕多年，未曾支用一钱，亦不求曾保举。出使英、法期间，除了薪水和房租两项之外，其他费用，均自掏腰包。他曾说："廉者，君子所以自责，不宜以责人；惠者，君子所以自尽，不宜以望于人。"③ 郭认为，国家之坏，一个重要的原因在于吏治腐败、风俗败坏，他以清廉自勉，讲求人心风俗，希望通过个人的努力为挽救世风献上绵薄之力。

晚清士大夫中，有识之士不在少数，但多顾虑名声而不敢直言，像郭嵩焘这样既有见识，又不畏人言，以国家利益为重的人，微乎其微。郭以国家利益为重，不为求保全自身而迎合统治者。他一生当中主要有两件最为重要的政事：一为镇压太平天国运动，一为出使西方。这两件政事，无论在当时，还是在今世，都使他毁誉参半：当时以镇压太平天

---

① 郭嵩焘：《条议海防事宜》，见《郭嵩焘奏稿》，345页。

② 郭嵩焘：《致李傅相》，见《养知书屋文集》，卷十一，载沈云龙主编：《近代中国史料丛刊》，第16辑。

③ 郭嵩焘：《玉池老人自叙》，见《郭嵩焘全集·文集》，卷二十六，771页。

国运动为有功，以出使西方为有罪；今世以镇压太平天
国运动为有罪，以出使西方为有功。然而，以郭自身的立场而言，他并不觉得这两件事
相互矛盾：镇压太平天国运动，出于维护名教、忠于朝廷、报效国家的
目的；出使西方，同样是出于忠于朝廷、报效国家的目的。

郭嵩焘在中国近代史上的地位，在于他有勇猛无畏的担当精神，毅
然冲破习俗阻碍，第一个出使西方，直言不讳地批判虚骄守旧的思想。
出使西方，正确认识中西关系，使他在当时声名狼藉，他却泰然处之，
不畏人言。他在给沈葆桢的信中表示："生世不过百年，百年以后，此身
与言者之口俱尽，功名无显于时，道德无闻于身，谁复能举其名姓者？
区区一时之毁誉，其犹飘风，须臾变灭，良亦无足计耳。"[1] 他也曾自谓
"流传万代千龄后，定识人间有此人"[2]。百年以后，他的名字确实被世
人广为传诵，他的日记和各种著作被整理出版，他的思想价值被众多学
者研究和肯定，他的识深见远的先行者、思想家的形象日益高大。

七、本书编选原则

本书内容分日记、奏稿、书信和诗文四部分，日记部分选自湖南人
民出版社 1982 年版《郭嵩焘日记》第三卷和第四卷，并参考岳麓书社
1984 年版钟叔河、杨坚整理之《伦敦与巴黎日记》等加以校勘；《使西
纪程》选自光绪铁香室本；奏稿部分选自岳麓书社 1983 年版杨坚校补
之《郭嵩焘奏稿》；书信部分选自上海图书馆编辑、上海古籍出版社出
版的《历史文献》第七辑和第十五辑；诗文部分选自《养知书屋诗集》
和《养知书屋文集》。

日记部分本无标题，书中小标题为编者所加。日记前之年月，由编
者补入者，用（）标出，以示区别。诗文部分本无句读，书中标点为编
者所加。

所收论著，以原貌为准，凡肯定原文误植者，后加〔〕，凡肯定脱
字者，后加〈〉，并将正字、脱字注于〔〕、〈〉中；凡衍文用【】标出；
凡缺字或原件难以辨认者，用□标出。

原文文中小字夹注，改用（）标出，以区别于正文；选文原编者文
中注释，改为脚注，置于页底；本书编者所加注释，亦为脚注。

---

① 郭嵩焘：《致沈幼丹制军》，见《养知书屋文集》，卷十一，载沈云龙主编：《近代中国
史料丛刊》，第 16 辑。
② 郭嵩焘：《玉池老人自叙》，扉页，载沈云龙主编：《近代中国史料丛刊》，第 11 辑。

日记

与翁叔平谈洋务①
（1876）

光绪二年，岁次丙子，春二月癸卯朔。兵部值日，兼吏部验放，入东华门听宣。下午诣陈筱航、周荇农两前辈、潘伯寅②谈。伯寅处晤翁叔平③，相与谈滇案始末。吾谓京师士大夫每议总署之过秘，亦未尝不欲求知洋情也。方今十八省与洋人交涉略少者，独湖南与山西耳。能知洋情，而后知所以控制之法；不知洋情，所向皆荆棘也。吾每见士大夫，即倾情告之，而遂以是大招物议。为语及洋情，不乐，诟毁之。然则士大夫所求知者，诟毁洋人之词，非求知洋情者也。京师士大夫不下万人，人皆知诟毁洋人，安事吾一人而附益之？但以诟毁洋人为快，一切不复求知，此洋祸所以日深，士大夫之心思智虑所以日趋于浮嚣，而终归于无用也。

与慈禧太后对话（一）④
（1876）

（光绪二年二月）初九日。兵部值日，蒙召对，劻贝勒带见。问："日来总理衙门办理几案？"对："德国福建西洋山劫案、英法两国夔州税案，日来正在办理。"问："各国公使可时常到署？"对："时常有公事来署会议。"问："威妥玛可时常到署？"对："威妥玛有公事亦时常来署会议。"问："近来可提起云南一案？"对："近来不曾提起。据臣愚见，洋患已成，无从屏绝。惟其意在通商为利而已，亦望中国富强，而后利源可以不匮，无致害中国之心。要在应付得法，使不致有所要挟。经洋人一回要挟，中国亦伤一回元气。所以应付之法，在先审度事理，随机以应之，不可先存猜嫌之心。"问："他们只是得一步进一步？"对："得步进步是洋人惯技，然要须是有隙可乘。若一处之以理，遇有争论，一以理折之，亦不至受其要挟。洋人性情在好胜，在办事快便，在辩论有

---

① 选自《郭嵩焘日记》，第三卷，11 页。
② 潘伯寅：即潘祖荫（1830—1890），字在钟，号伯寅。
③ 翁叔平：即翁同龢（1830—1904），字叔平，号松禅。
④ 选自《郭嵩焘日记》，第三卷，14～15 页。

断制。得此三层机要，未尝不可使受范围。"问："京城办理洋务比外面为难？"对："外面未尝不需索，总须随事以礼自处，使不至为所胁持。臣与洋人交涉久，颇谙悉其性情。大约凡事必争先一着，是办理洋务第一要义。"问："日本与高丽情形何如？"对："日本遣其开拓使黑田由松花江出高丽之东。闻总税司赫德言，日本使入高丽境，高丽仍拒不纳，现尚未有动静。"问："应怎么办法？"对："臣等曾与日本公使言：高丽不愿通商，不应去找他。李鸿章亦如此驳斥他。渠言不求通商，但求使臣到高丽时一加接待。高丽却是负气不相接待。"太后因与勖贝勒言高丽事甚悉。问："日本公使系何名？"对："森有礼。"问："森有礼闻极狡猾？"对："威妥玛性情暴急，以刚胜；森有礼以柔胜。其坚强狠忍，遇事必要于成，却是相同。"问："他们系简第一等坏人来中国作哄？"对："日本向来负强，近来专意学习西法，意在兼并，高丽兵力恐不能敌。"问："高丽逼近东三省，极是可虑。"对："从前法、美各国兵船到高丽，高丽总是堵击。西洋通商，无处不到，因高丽病弱，亦不甚属意。此次日本与高丽寻衅，诸国未尝不暗中怂恿。"问："洋务事可曾问文祥？"对："一切仍是文祥主持，近来却是病。"问："闻说病甚重？"又向勖贝勒赞其细心勤慎。对："文祥实是国之元臣，病根却是深，可虑之甚。"

与慈禧太后对话（二）[①]
（1876）

（光绪二年七月）十九日。寅初入东华门，至九卿朝房小坐候起。魏赓臣已前至枉候。已而传柏王带见，进入月华门。卯正，军机大臣始下。从柏王至养心殿东暖阁跪安毕，问："李鸿章烟台三次来信，见否？"曰："皆已见得。"曰："此事怎么样？"答："李鸿章信言威妥玛议有章程，数日即可定局，想此数日必有信。"问："威妥玛实是难说话。"答："据臣愚见，滇南正案必与一了。正案了，则凡所要挟皆可据理以折之。正案不了，即要挟多端，终久据此为口实，永无了期。"曰："然。"问："所要挟实在有不能答应者？"答："要挟最大者，无过口岸。给与一口岸，便已跨越千数百里。而所得口岸租地，至小亦须十余里，都化为洋地矣。此重要挟为最大。"问："赫德替中国办事，尚有心腹否？"答："赫德是极有心计的人，在中国办事亦是十分出力。然却是英吉利人民，岂能不关顾本国？臣往尝问之：君自问帮中国，抑帮英国？赫德言：我于此都不敢偏袒，譬如骑马，偏东偏西便坐不住，我只是两边调停。臣问：无事时可以中立，有事不能中立，将奈何？赫德笑言：我固是英国人也。可见他心事是不能不帮护英国。"问："威妥玛、梅辉立两人本领如何？"答："威妥玛负气，却是阳分人；梅辉立更是深沉。"问："汝病势如何？"答："臣本多病。今年近六十，头昏心忡，日觉不支，其势不能出洋，自以受恩深重不敢辞。及见滇案反覆多端，臣亦病势日深，恐徒使任过，孤〔幸〕负天恩，不敢不先辞。"问："此时万不可辞。国家艰难，须是一力任之。我原知汝平昔公忠体国，此事实亦无人任得，汝须为国家任此艰苦。"又顾柏王言："他于此实是明白，又肯任劳任怨，实亦寻他几个不出。"又谕云："旁人说汝闲话，你不要管他。他们局外人，随便瞎说，全不顾事理。你看此时兵饷两绌，何能复开边衅？你只一味替国家办事，不要顾别人闲说。横直皇上总知道你的心事。"因叩头："承太后天谕，臣不敢不凛遵。"又谕："总理衙门那一个不挨骂？一进总理衙门，便招惹许多言语。如今李鸿章在烟台，岂不亏了他，亦被众人说得不像样。"答："李鸿章为国宣劳，一切担当得起，此岂可轻议。"曰："然。"谕："这出洋本是极苦差事，却是别人都不能任。况是已前派定，此时若换别人，又恐招出洋人多少议论。你须是为国家任此一番艰难。"慈安太后亦云："这艰苦须是你任。"往时召对，慈安太后不甚发言。此次引申慈禧太后之旨至五六次，大率此类也。问："汝在南边到过几处？"答："自广东北至直隶各海口，臣皆普遍走过一回。"柏王奏言："曾从奴才父亲办过天津军务。"问："可是咸丰年间？"答："咸丰九年。"问："汝在南书房几年？"答："只一年余。"谕："尔须天天上总理衙门。此时烟台正办着事件，时常有事商量。你必得常到。"又问："现在服药否？"答："正在服药。"问："然则尚须调养？"答："正在调养。"曰："如此你便间一两日一至总理衙门，于调养亦不相碍，却是得常去。"大致如此。然所以慰藉之，反覆申明，有重述四五次之多者。在家安排面辞之言，竟是不能说，惟能感激懔遵而已。

与慈禧太后对话（三）①
（1876）

（光绪二年九月）十五日。已蒙召对，六额驸景寿带见。太后问："何日启程?"对："约以十日为期，不出廿五日。"问："几时可到?"对："由天津而上海而香港，始放大洋，计期四十五日可抵英国。"问："此事当为国家任劳任怨。"对："谨遵圣旨。"问："汝二人须要和衷。"对："是。"问："到英国一切当详悉考究。"对："英国无多事可办，专在考求一切，此是最要紧事。"问："所调各人，想皆系所素知?"对："是。"问："随人须要约束，不可滋事。"对："所调各员，大率是谨饬一路，然亦不可不防其滋事。"问："汝心事朝廷自能体谅，不可轻听外人言语，他们原不知甚么。"对："不知事小，却是一味横蛮，如臣家于此已是受惊不小。"太后复加抚慰，遂与云生②各跪安而退。

游香港③
（1876）

（光绪二年十月）廿一日。早至香港。旁注：上海，赤道北三十一度三十分；香港在赤道北二十二度十二分；京师，赤道北卅九度五十四分。香港总督铿尔狄④遣其中军阿克那亨来迎，且请至署相见。约以二点钟往。水师总兵蓝博尔得来晤，曾于总署见之。所部飞游营旁注：炮台二所。兵船六只当回国，候予至一见即行矣。午刻，偕刘云生、黎纯斋、德在初、凤夔九乘坐铿总督所派十桨小船登岸。至则大列队伍以迎。广东领事罗伯逊⑤亦迎于江次，为叙寒暄。遂乘四人舆至总督署。水师提督赖得、副提督阔伦布、按察司斯美尔斯皆集，其余大小文武官约二十余人。铿总督述及学馆训课凡四百余人，因请一往视之。斯按察又述及化学馆之盛。酒罢，遂诣学馆。总教习斯爵尔得，副教习法那、铿尔陪同周历学堂五处。每堂可坐百人，一教习主之。课中国《五经》、《四书》及时文

---

① 选自《郭嵩焘日记》，第三卷，60～61页。
② 云生：即刘锡鸿，原名刘锡仁，字云生。
③ 选自《郭嵩焘日记》，第三卷，66～69页。
④ 铿尔狄：Sir Arthur Kennedy。
⑤ 罗伯逊：R. Robertson。

者三堂，课洋文者一堂，洋人子弟课《五经》、《四书》者一堂。课《五经》、《四书》者，中国教习也；课洋文者，西洋教习也。其课诗文，则名为小课，皆限有期日。规模固宏远矣。以江次列队相候已久，不及一赴化学馆。中军阿克那亨又陪送至舟次。致丁禹生①、冯竹儒、唐景星②、徐雨之③及上海税司吉罗福信凡四缄。附寄家信二函，一托之冯竹儒，一托之唐景星。附寄朱香苏及志城④二信，又寄笙陔叔一信。是夕有英商轮船入泊，直撞船艄，声如震霆，尾窗多坏。一小船悬挂船尾，遂成两橛。梦中惊醒，移时神始定也。香港居民十三万余人，西洋约六千人，在中国居住人数，以此为最多。

廿二日。以修船耽延一日。香港总督铿尔狄及罗伯逊、阿克那亨来船回拜。因语及学馆，云皆国家经费也，嫌其规模尚小，尚欲另立一馆，扩而大之。此皆为各人读书识字自赡身家之计，学习一二年，粗能有得，往往自出谋生，所以能有成立者少也。英国学馆通计所教课者三百余万人。语及出使，曰："此邦交之常。待人与所以自处，无所歧视。此间监牢，收系各国人民之有罪者皆然，惜不得一往观。"因告以今日不能开行，尽思一往观也。乃仍约派肩舆来接。台湾领事柏卓安来见，京居十余年，容貌语言，略似中国人。申刻，罗伯逊、阿克那亨陪游监牢。设正副监督，正督以事他适，出迎者监牢副监督达摩森也。屋凡三层，皆有铁栅扃锁之，罪犯重者在上层。下层一人一房，上层三人一房。被褥、盥盆之属毕具。毡毯日叠板上，整齐如一，不如式者减其食。所收系有西洋人，有吕宋及印度人，通计三十余名，而中国至四百七十四人。当日犯赌博者又四十人，另有罚款二百元至四五元不等。旁注：人饭一盂，小鱼四头。收系久者肉食，饭亦精。收系久者七年、五年，少或五日，亦有终身禁锢者。办法亦略分三等：有锢闭者，有久羁课以织毡毯者，有运石及铁球者。运铁球者三处：一西洋人，一吕宋人，一中国人，皆以兵法部勒之，或五人为队，或十人为队，每日以两时为度。运石者一处，则所犯较重者也。别有女囚一处，皆一人一房。达摩森导令遍游各监牢及运石及铁球处，有至百余人布列一处者，举手示之，皆趋就行列，或至三列，立处截然齐一，皆举手额角以为礼。即禁锢室中，

---

① 丁禹生：即丁日昌（1823—1882），字禹生，又作雨生，号持静。
② 唐景星：即唐廷枢（1832—1892），字建时，号景星，又号镜心。
③ 徐雨之：即徐润，字润立，号雨之，别号愚斋。
④ 志城：即郭嵩焘之叔弟郭仑焘。

启外牢门扬声喝之，皆起立，当门垂手外向，节度整齐可观。牢外设浴室一。中设礼拜教堂一，囚人环立听讲。设病犯就医牢一，又收检病故人犯堂一，所至皆以松香涂地板，不独无秽恶之气，并人气亦清淡，不使人作逆也。禧在明①云："从前人犯皆课令出外工作，如筑垣、修路之属。铿总督乃始禁锢之不令工作，运石、运铁球，皆所以苦之。"其禁闭者，房设一铁轴，令手运之，日万余周。旁注：日运万四千转，有表为记，不如数者减其食。亦所以劳其筋骨，导其血脉，使不至积郁生病，规模尤可观也。其刑具有锁有杻，皆以械足者；有鞭，用绳为之，五十鞭则皮裂矣。其变诈反复乱风俗者，则刺其颈为"○"，驱而逐之，不得至香港。亦有用刀削其"○"，以膏涂之，疮愈而成斑，亦经巡捕查获，执而囚禁之者。所以不可及，在罚当其罪，而法有所必行而已。香港英国铁甲兵船二，提督赖得、副提督阔伦布领之，亦以驻扎三年为期。一名奥大喜阿斯，一名飞多尔日曼奴尔。飞多尔日曼奴尔为意大利皇帝之名，英人尊之，取以名船。法国铁甲兵船一，美国兵船一，又有英国小兵船。马格里言，英国副提督名洼尔尊，属往拜之。比回拜，则仍阔伦布也。所坐公司船名大礬廓尔，船主名拍罗旁注：巴拉。得。前云柏里斯，误。王春晓镇军、杨春林、宋△△、李香陔、丁子俊、蔡默斋均来见。俞吉甫亦遣其门人刘子垣来见，亦一书复之。

附：《使西纪程》相关内容②

（光绪二年十月）二十一日。至香港，在赤道北二十二度十二分。视上海近九度有奇，而寒燠迥异，皆改着薄绵衣。英国水师总兵蓝博尔得来晤，曾至总署一见，所部飞游营兵船当回国，留候予至即行矣。香港总督铿尔狄遣其中军阿克那亨以四人舆来迎，偕刘副使、黎参赞及翻译官乘坐所派十桨小船登岸。炮台声炮十五，大列队伍，作军乐以迎。广东领事罗伯逊，旧识也，亦迎于岸次，为叙寒暄。遂乘舆至总督署。文武官集者二十余人，通名姓者：水师提督赖德、副提督阔伦布、按察司斯美尔斯。询及学馆，适其地大学馆总教习斯爵尔得在坐，约陪同一游。酒罢，遂适学馆，并见其副教习法那、铿而两君，皆总司学事者也。凡分五堂：课中国《五经》、《四书》及时文三堂，课洋文一堂，洋

---

① 禧在明：Walter C. Hillier，爱尔兰人，英国外交官，汉学家。
② 选自郭嵩焘：《使西纪程》，光绪铁香室本。

人子弟课《五经》、《四书》者一堂。每堂百人，一教习主之。课《五经》、《四书》者，中国教习也；课洋文者，西洋教习也。堂分十列而空其前，每列设长案，容坐十许人，以次向后，层累而高，其前则教习正坐相对。亦有教习中坐而左右各分五列者，要使耳目所及无一能遁饰。其课《五经》、《四书》，皆有期限，而于诗文五日一课，谓之小课，犹曰此术艺之小者，五日一及之可也。其规条整齐严肃，而所见宏远，犹得古人陶养人才之遗意。闻别有一化学馆，方拟往视，而阿克那亨告言："岸次列队相送，已候久矣。"因即回船。铁甲兵船复声炮十五，作军乐相款接。法国兵船亦作乐以和之。记同治癸亥由海道赴广东巡抚之任，所见香港房屋，仅及三分之一。十数年间，街衢纵横，楼阁相望，遂成一大都会。居民十三万余人，西洋人户六千。东西炮台各一。铁甲兵船二：一曰奥大喜阿斯；一曰飞多尔日曼奴尔，意大利君名也，英人尊之，取以名船。是夕，有英商轮船入泊，直撞船艄，声如震霆，坏后窗丈许。有小船悬挂船尾，遂成两橛。后窗稍高，不及水，使当船身，危矣。

二十二日。以修船耽延一日。香港总理铿尔狄及罗伯逊来报见。语及学馆规模之盛，叹曰："是皆贫人子弟，学习二三年，粗能有得，往往自出谋生，所以能有成者少也。"因论西洋法度，务在公平，无所歧视；此间监牢收系各国人民之有罪者，亦一体视之。问："可一往观乎？"欣然曰："可。"即顾阿克那亨以肩舆来迎，而属罗伯逊陪行。其监牢设正副监督，至则副监督达摩森导以入。屋凡三层，罪犯重者在上层。下层一人一房，上层三人一房，禁锢者扃其门。每屋一区，或自为一行，或相对两行，皆设铁栅扃钥之。房设小木榻当中，如人数，衾褥、毡毯、巾帨、盘盂毕具。日叠衾毯榻上，整齐如一，不如式者减其食。其所收系，有西洋人，有吕宋人及印度人，通计三十余名，中国至五百一十四人，别有罚款二百元至四五元不等。收系久者五年、七年，少至或五日，亦有禁锢终身者。办法亦略分三等：有锢闭者，有久羁课以织毡毯者，有运石及铁弹者。运铁弹者三处：一西洋人，一吕宋人，一中国人，皆以兵法部勒之，或五人为队，或十人为队，每日以两时为度。运石者一处，则所犯较重者也。其禁锢者，房设一铁轴，令手运之，每日万四千转，有表为记，不如数者减其食。人日两食，饭一盂，小鱼四头。收系久者，肉食，饭亦精。别有女囚一处，皆人一房。达摩森导令遍游各监牢运石及运铁弹处。有至百余人环立一院中，举手示之，皆趋就行列，或三列四列，立处截然齐一，举手加额为礼。即禁锢室中，启外牢扬声喝之，皆起立，当门垂手向外，节度整齐可观。牢外设浴堂一，人日一就浴。中设礼拜堂一，七日礼拜，囚人环立听讲。病馆一，以处病者，一医士掌之。又收敛病故人犯堂一。所至洒濯精洁，以松香涂地，不独无秽恶之气，即人气亦清淡，忘其为录囚处也。禧在明云："从前人犯皆督令工作，筑垣墙，修补道路。铿总督乃始禁锢之不令工作。运石若铁弹及转铁轴，皆所以苦之，亦以劳其筋骨，导其血脉，使不至积郁生病。"其刑具有锁有杻，皆以械足者；有鞭，用绳为之，五十鞭即皮裂矣。其变诈反复乱风俗者，则刺其颈为"○"，驱而逐之，不准留香港。亦有用刀削其"○"，以膏涂之，疮愈而成斑，亦经巡捕查获，执而囚禁之。在罚当其罪，而法有所必行而已。

游新嘉坡[①]
（1876）

（光绪二年十月）廿八日。雨。午至新嘉坡，行七里〔百〕二十里，在赤道北一度二十分。过一岛曰好斯白尔，有一灯楼。好斯白尔，大西洋始寻地来中土之人名也。蔡瑞庵国祥、月卿国喜兄弟管驾扬武兵船，适先数日至，偕黄浦人胡璇泽[②]来见。其地英国总督哲威里[③]遣兵官就问何时上岸，示以三点钟。该兵官传总督之命，言上岸必派队迎接，请改订四点钟。而所派马车四辆已至，乃约先至胡璇泽处，相其花园风景。因偕云生、纯斋、在初、夔九及马格里先至胡氏花园。奇花异草，珍禽怪兽，及所陈设器物，多所未见。所陈设有鹳鹤卵十余，皆大如碗；有染成灰蓝色，用银厢之，作供具者。蛇卵四，皆大如鹅卵。羚羊头一，双角并存，皆向下三盘乃伸而上。外羚羊角、野牛角、犀牛角、鹿角各一对；鹿角长几三尺。又鱼须一，长七尺许，色如象牙骨而盘结瘦削。鱼腮一。白马蚁二，用玻璃瓶贮水养之，长约二寸。有两石卵藏之，上凿一孔通饮食，剖卵乃得之，谓之白蚁王也。其余东洋石器为多。有石山一，云为日本富紫〔士〕山。鸟有采鸾四，青鸾二。六脚龟一，长逾三尺。白壳龟二，背中高，紫花斑文，首足色亦白。狗熊一。豪猪一。袋

---

① 选自《郭嵩焘日记》，第三卷，70～73 页。
② 胡璇泽：英文名 Mr. Whampo，新加坡华人领袖。
③ 哲威里：William Jewois，当作哲威斯。

鼠一，头及前二足似兔而大，腹及后身则大逾数倍，后二足膝向前跪，不能伸，然视前足犹长逾倍，尾长二尺，行则跃起如飞。云其腹下有袋，故谓之袋鼠。此其略可记者也。旋至总督哲威斯署内，其意气视铿尔狄尤相亲也。因见其夫人及其二女。夫人亦贤明，慰问甚勤。其领队迎接者名摩里雅斯。归过其炮台，盖因山为垒，凡二重，其中将台一，兵房四，云可容五百人，现止一百三十人。家眷房二排。以居官及兵之有家眷者。兵房后皆为厨房。藏兵器房二。饭堂一。习书堂一。治养病人堂一。大炮五六尊，皆有炮台，有火药库。小炮皆有架，置之墙端。千里镜一具，别为一屋，以便了望。其制度规模，与中国所名为洋炮台者绝异。旁注：尽南处一山，尚有炮台一所。兵头带炮兵者曰米噶尔斯，带步队者曰林芝，皆游击也。步队习洋枪以辅炮兵。洋兵上等三日一洋元，每日三角三分，合银二钱四分；次者四日一洋元，每日二角五分，合银一钱八分。将弁有家眷者，俸薪足以养之。兵有家眷者，洗衣缝纫，自食其力。

廿九日。雨，雷。哲总督又派车来迎，并派其翻译必麒麟陪同游历。因先至扬武船回拜蔡瑞庵，兵皆升桅开炮。比登舟，始知司训练者，英兵官拉克斯摩也，指示一切甚详。并引至其学堂，训练闽广学生二十人。又为操试炮兵，转动至捷；又升桅开炮以相送，皆英兵官主之。旋至洪家花园，盖闽广人公地也，花木鸟兽，尤多而奇。有虎一、豹二，一花文豹、一金钱豹。用铁圈笼之，外施铁网步障。狗熊一。山狗三。其豺狸、黄鼠、松鼠、山獭之属，各以铁网为屋，与鸟雀相间，周环约二十余间。鹦鹉四种：一白，一灰色，一绿，一红，又有绿色而两羽红者。鹰三种：一白，一苍，一灰色。雉三种：一彩文，一苍，一棕黑色相间。鸽种甚多，最奇者翠鸽。异鸟如青鸾、山鸡、大冠，似家鸡。山雀、水雀。一种采文而头蓝色或红色者善鸣；一种似水凫，头有毛一丛，甚长而细。猿属多种，有红面者，有灰色者，甚驯。长短皆各不同。其一甚巨而狞，用铁圈笼之，黄毛长四寸许，则所谓金丝狨也，最不易得。花木多不知名，开花或红或黄，有大如碗者，有小如蛾者，亦全不知为冬日也。葵蒲数十如张扇。罗汉松高数仞，盖地如钟，绝奇。藤萝如墙拔地立，或如九折屏风。巨松高入云际，距地尺许，横出五枝，悬针周匝如盘，每尺许辄出数小枝，远望如数十级浮图罗列深林中，皆奇景也。又制铁盘如伞，引藤络其上，十年后必复成一奇景。始知以上数者，皆人力为之，究不知何以能如此也。园甚大，有积水一泓，极清，小舟四五，游泳其中。然并无一坐基，岂有待耶？回过按察司署，任是官者茉里布，方踞堂皇听事。吾与云生列坐其旁，余人皆立。堂高五六尺，如月台。其下列长案如弓，两造讼师及录供者、传语者，环坐向上。两旁设木阑二，云为词证者立其中。设小几八，待讯者坐候。外施阑干，以待人观听。规模亦甚清整。总督哲威斯约三点钟枉过，尚有大学馆一，小学馆五，旁注：内有女学馆一。不及一往观也。新嘉坡约二十万人，西洋人不过二千，番人及印度人盈万，余万〔皆〕闽广人也，而粤人较多。据胡璇泽云，广属人已约七万之多。总督所辖凡三处，再四〔西〕为麻剌甲，再西为槟榔屿，则海中之一岛也。由麻剌甲而西，稍北为威诺斯里①，与槟榔屿相对，亦英埔头也，并归其所辖属。新嘉坡有英国兵船二：一名儒那，总兵波兰管带；一名马古稗，副将安生管带。是日申刻开行。

附：《使西纪程》相关内容②

（光绪二年十月）二十八日。雨。午初，行七百二十里至新嘉坡，在赤道北一度二十分。早过一岛曰浩斯白尔，有灯楼。浩斯白尔，大西洋始寻地来中土者也。马格里告言：扬武轮船已前至新嘉坡。甫至而蔡提督国祥与其弟国喜偕黄浦人胡璇泽来见。黎召民有信致胡君，遂以交之。英国总督哲威里遣兵官以二马车来迎，且请稍迟至四点钟，以凭传令各营列队。乃约先诣胡氏园。奇花异草，珍禽怪兽，及所陈设，多未经见。玻璃巨匣函羚羊头一，双角并存，皆向下三盘，乃伸而上。野牛角、犀牛角、鹿角各二，鹿角长三尺许。鱼须一，长七尺许，色如象牙，盘结坚瘦。鱼腮一。白蚁二，用玻璃瓶贮水养之，长约二寸；有两石卵藏之，上凿一孔通饮食，剖卵乃得之，谓之白蚁王也。蛇〔鸵〕鸟卵十余，大如斗。蛇卵如鹅卵者四。鸵鸟二。彩鸾二。六脚龟一，长逾三尺。白壳龟二，紫花斑文，背中高如峰，头足色俱白。狗熊一。豪狗一。袋鼠一，头及前二足似兔，自腹至后二足则大逾数倍，后足膝后折，着地不能伸，然视前足犹高逾倍，尾长二尺，行则跃起如飞，腹下有袋，故谓之袋鼠。京师德国公使署曾见鸟兽异种图有此。随偕刘副使、黎参赞至总督署见哲威里与其夫人并其二女，其意气视铿尔狄尤相亲也。夫人亦贤明，慰问甚勤。其领队兵官名摩里雅斯。归过其炮台，盖因山为垒，凡二重。其中将台一，兵房四，每房可容百余人。家眷房

---

① 威诺斯里：Wellesley，威斯利。
② 选自郭嵩焘：《使西纪程》，光绪铁香室本。

二列，以处官及兵人之有家眷者。兵房后为厨房。藏兵器房二。饭堂一。习书堂一。治养病兵房一。大炮十尊，皆有炮台，有火药库。小炮置之墙端，皆有架。大千里镜一具。将台前墙最高处，别为一屋，以便了望。其制度规模与中国炮台绝异。兵有炮兵，有步队，步队习洋枪以辅炮兵。带炮兵者曰米噶尔斯，带步队者曰林芝，其职皆视游击。兵分二等：上者三日一洋元，合银二钱四分；次者四日一洋元，合银一钱八分。将官有家眷者，俸薪足以养之。兵人家眷，洗衣缝纫，自食其力。此为山北炮台，下临市肆。山南尚有炮台一。

二十九日。雨，雷。哲总督又遣马车来迎，并派其翻译必麒麟陪同游历。先至扬武船，兵皆升桅声炮。比登舟，司教习英官拉克斯摩，指示一切甚详。并引至其学堂，训练学生二十人。又为演试炮兵，指授阵法，仍升桅开炮以相送。必麒麟导至洪家花园，闽广人公地也。花木成林，有水一溪，极清幽之致。有虎圈一、豹圈二，并张铁网为外障。狗熊二。山狗三。猿九，有灰色者，有红面者，身臂或长或短，其种各异。其一甚巨而狞，用铁圈笼之，黄毛长四寸许，则所谓金丝绒也。其豺貍、黄鼠、松鼠、山獭之属，则制铁网为屋，周环约三十余所，与雀鸟相间。中植花木，五色缤纷。鹦鹉四种：一白，一灰色，一红，一绿，又有绿色而两羽红者。鹰三种：一白，一苍，一灰色。雉三种：一彩文，一苍，一棕黑色相间。鸽种甚繁，最奇者翠鸽。异鸟如青鸾、山雀、水雀。一种山鸡，彩文而头蓝色或红色，善鸣。一种似水凫，头有毛一丛，甚长而细。而吾于其中得奇景三：一、罗汉松，高数丈，覆地如钟，披视其中，松身合抱，枝皆盘曲而中空，条叶外护，乃极繁密；一、藤萝，障天如巨屏，凡数所，有曲折如九叠屏风者，皆拔地直起，高数仞，四无凭倚，花叶周环扫地；一、长松，高入云际，凡十余株，距地尺许，横出五枝，悬针周匝如盘，每尺许辄出数小枝，远望如数十级浮图，罗列深林中，皆奇景也。又制铁盘如伞，引藤络其上，盖新种者，十年后必复成一奇景。始知以上数者，皆人力为之，究不知何以能然也。至蒲葵张叶如巨扇植立，则此间所在有之。其诸花木来自各国及诸番者，皆插牌标记，足见此园魄力之大矣。前至香港，有导游花园者，谓当观览其实政，不以游赏为娱，今无意中得此奇景，亦殊惬心。回过按察司署，任是官者棐里布，方踞堂皇听事。吾与云生列坐其旁。堂高五尺，如月台，其下列长案，如弓曲抱。两造讼师及录供者、传语者，环坐向上。两旁设木阑二，云为词证者立其中。设小几八，待讯者坐候。外施阑干，待人观听。无刑扑之威，而规模整齐严肃，不闻喧嚣。尚有大学馆一，小学馆五，内有女学馆一，以总督哲威里约三点钟答拜，不及往观。新嘉坡约二十万人：西洋人二千，番人及印度人盈万，余皆闽广人也，而粤人较多。据胡璇泽云，广属人已至七万之多。总督所辖凡三处：西为麻剌甲；再西为槟榔屿，则海中之一岛也；麻剌甲之西，与槟榔屿隔海相望，为威诺斯里，并归其所辖属。新嘉坡有英国兵船二：一名儒那，总兵波兰管带；一名马古稗，副将安生管带。哲总督申初枉过，即时开行。

游锡兰、印度[①]
（1876）

（光绪二年十一月）初六日。午正，行八百六十四里，在赤道北五度四十分。伦敦东八十一度十五分。风力稍平。而洋医断柳树仁为痘症，禁锢极严。仆辈住中舱者，皆不得至后大舱照应伺候，仅留龚振之一人在后大舱照料，又不得至中舱及厨房照料饭食，并茶水一切亦不得自由矣。当悬病旗，以听锡兰处分。不谓全船受此一人之累，抑何运蹇至此！是日又行二百一十九里，抵锡兰。有小舟来引路者，皆用圆木刳其中为舟，或刳成三四间不等，每间仅容一人，纳双足其中而坐其上，旁施横木，首尾各系树株，束之舟上，巨浪中亦无欹侧。其地按察司路司马力阔、总兵克拉尔克来舟，传总督之命，属预备公馆，已早部署完备，邀至岸小住。而船主巴拉得约明日大早换船，十二钟后即日开行，乃辞路司马力阔，告以明日开船稍晚，即当一走候。医院亦派医生来视柳树仁，即令前赴医馆，并陈裁缝递送茶水者亦应留此，候过两礼拜乃能放行。使刘和伯等为之解说，不能允从。尚赖钦使不能扣留，否则并船上须扣留两礼拜，船人齐受累矣。乃婉谕陈裁缝，令其宽心居此，亦甚费调处也。锡兰出宝石，登舟索买者甚众，制造亦颇精也。

初七日甲子。寄家信，并致冯竹儒、唐景星、朱宇恬及志城四信。辰刻过船，船名北夏窠尔[②]，云为印度极北省名，前船大礜廓尔则印度极南省

---

① 选自《郭嵩焘日记》，第三卷，75～77 页。
② 北夏窠尔：Perhawar，白沙瓦。

名，西人名船多类此。船主怀得。视前船较大，而新造成甫二年也。十一
点钟上岸，户部司布莱司放船来迎。炮台响炮十五，西洋所以待一等公
使者也。按察司路司马力阔、总兵克拉尔克并迎于海次。询知地名高
诺，总督格雷戛理驻扎科伦布，距此二百四十里。锡兰岛周回千余里，
泊船处其形如臼。上岸不出逶南一角，至按察司寓处小坐。总督派中军
谈布来此迎迓，因陪游近地佛寺及按察司所管监牢，并派土司狄习拉瓦
为之前导。监牢不及香港规模，而精洁则同。大监八所，每所监十七
人，日间督使工作。罪犯重者，禁锢别为一院，每房一人。女牢一院，
凡二所，每所亦十七人。亦有病馆。寺佛〔佛寺〕二所，一在山阜，稍
盘而上，一则沙地。屋皆卑狭，中惟槊〔塑〕卧佛一尊、侍者二尊。僧
施黄布以帷其身，而偏袒右臂。索经观之，皆贝叶为文，以绳贯其中，
而用锦袱袭之。字皆作连"○"式。令寺僧诵之，微近剌麻梵音，而
"南无"二字极明显。殿旁皆有白塔，前列石幢，树旛其旁。西洋并以
释迦生长锡兰。疑释迦弟子迦叶、文殊、普贤皆谓别生一世界，或此岛
迦叶所生，释迦自生印度。今东印度安额河，南东〔东南〕流出孟加
拉，即佛书所谓恒河也。如来生长自当在东印度。而锡兰之崇信佛教，
自是佛门弟子传流如此。椰子遍地成林，寺僧剖椰子为茶以供客，云椰
子充饮、馒头树结果充食，得此无忧饥渴。婆罗树、贝叶树所在有之。
其沙地者，询其寺名，曰："瓦路喀拉马。"问此何义，曰："此谓沙地，
僧人建寺耳。"至此，行游半日，不见中国一人矣。闻岛中亦尚有粤人贸易
于此。旋至按察司处午饭。有利如洋行商人毛里逊来见。路司马力阔亦
告知其家住伦敦之堪普屯坊南威拉巷第十五号，其子方习讼师，可以往
觅之。炮台一所，即克拉尔克所辖，兵凡四百人。泊高诺者，仅夹板商
船十余，无兵船。法国兵船一，云往来西贡者也。

附：《使西纪程》相关内容①

（光绪二年十一月）初六日。午正，行八百六十四里，在赤道北五
度四十分。又行二百一十九里，抵锡兰。其地按察司路斯马力阔、总兵
克拉尔克传总督格雷戛理之命，约至公馆小住。以舟中一切须检理，辞
之。泊船锡兰之南尽西处一海汊，地名高诺②，总督驻扎科伦布，相距
二百四十里。医院遣医来视柳树仁，即令前赴医馆，并递送茶水之陈炳

---

① 选自郭嵩焘：《使西纪程》，光绪铁香室本。
② 高诺：Galle，加勒。

祥一体扣留，以防传染。仆从无多，乃留二人。锡兰一应用费，议定由公司行垫付，俟抵伦敦归还。受累无可言者。锡兰渡船皆刳木为舟，有至四五间者，每间仅容一人，纳足其中，而身坐其上，旁施横木，首尾各系树株，束之舟上，巨浪中亦无欹侧，盖犹上古刳舟之遗制也。

初七日。辰刻过船，名北夏窝尔，视原船大逾倍，而新造成甫二年。船主怀德言："北夏窝尔、大攀廓尔，皆印度省名，一在极北，一在极南。"西洋名船多此类。船务监督布莱司放船来迎，路斯马力阔、克拉克尔迎于岸次。炮台声炮十五，西洋所以待头等公使也。至按察司寓处，总督派中军谈布来此迎候，因陪游近地佛寺及按察司所管监牢，并派土司狄习拉瓦为之前导。监牢不及香港规模，而精洁则同。大监八所，每所监十七人，日间督使工作。罪犯重者，禁锢别为一院，每房一人。女牢二所，亦为一院，每所亦十七人。亦有病馆。佛寺二所，一在山阜，稍盘而上，一在沙地。屋皆卑狭，中惟椠〔塑〕卧佛一尊、侍者二尊。僧施黄布以帏其身，而偏袒右臂。索经观之，皆贝叶文，以绳贯其中，而用锦袱袭之，文皆作连"○"式。令寺僧诵之，微近刺麻梵音，而"南无"二字极明显。殿旁皆有白塔，前列石幢，树旛其旁。西洋并以释迦生长锡兰。疑释迦弟子文殊、普贤皆谓别生一世界，或此岛文殊、普贤所生，而释迦自生东印度。今安额河，东南流出孟加拉，即佛书所谓恒河也。如来生长固当在东印度。锡兰崇信佛教，自是佛门弟子流传如此。椰子遍地成林，寺僧剖椰子为茶以供客，云椰子充饮，馒头树结果充食，得此无忧饥渴。其沙地者，问其寺名，曰："瓦路喀拉马。"问此何义，曰："谓此沙地，僧人建寺耳。"旋至按察司处午饭。有利如洋行商人毛里逊来见。锡兰岛周回千余里，高诺当其西尽处。有炮台一所，兵四百人，克拉尔克所辖也。至此，行游半日，不见中国一人矣。狄习拉瓦指示一楼房曰："此故王宫也，近已鬻之商人。"问："王宫何为出鬻？"曰："以贫故耳。""何以与民居错杂？"曰："英官管辖此地，其王无权，寄寓而已。"问："其王安在？"曰："不知所往。"西洋之开辟藩部，意在坐收其利，一切以智力经营，囊括席卷，而不必覆人之宗以灭其国，故无专以兵力取者，此实前古未有之局也。

记马格里述萨克敦岛^①

（1876）

（光绪二年十一月）十一日。马格里述及红海口外英国新置一岛，名萨克敦，旁注：禧在明谓之苏克得拉，即《瀛寰志略》之索哥德拉。距亚丁一千五百里。过亚丁，入红海口三百五十四里，有岛曰柏林^②。旁注：禧在明谓之毕尔伶。法使有至亚丁者，言其本国谋踞柏林岛，本海中荒土。英兵官驻亚丁，闻其语，黾夜遣所部将官率兵十余，先至其地树旗。逾两日，法使乃至，已先为英有矣。新开河亦以四百万余英镑得之埃及。于是径西直抵新嘉坡，口岸埔头一属之英，控有西洋全势。英人谋国之利，上下一心，宜其沛然以兴也。

　　附：《使西纪程》相关内容^③

（光绪二年十一月）十三日。马格里言："红海口外英国属岛名苏克得拉，距亚丁一千五百里，计程距此二百余里。海道广阔，不能望见。"又言："入红海三百五十四里，有岛曰毕尔林。法使其至亚丁者，言其国人寻得此岛，犹荒土也，方谋据其地开垦。亚丁以闻于孟买总督，驰檄所部将官，领兵十余，黾夜至其地树旗。逾两日，法使至，见英国旗帜，废然而返。"英人谋国之利，上下一心，宜其沛然以兴也。

与马格里谈西洋船主^④

（1876）

（光绪二年十一月）十二日。与马格里论船主测量之精。因言西洋各国有商部大臣，有船政学馆。学既成，商部试之，得高等，乃令充当船主，其次分司各执事，皆有等第，以次历试之，或至再三。充船主者，必高等也。造船之家，无敢私请船主者。凡船出海口，商政大臣必视其船所载之货、所坐之人不至逾量否。货逾其船之数，人逾其房铺之

---

①　选自《郭嵩焘日记》，第三卷，78～79页。
②　柏林（岛）：Perim Island，丕林岛。
③　选自郭嵩焘：《使西纪程》，光绪铁香室本。
④　选自《郭嵩焘日记》，第三卷，79页。

数，皆禁制之，违者罚。凡造船，商政大臣亦视其工程坚固否，与所用之木良楛何如，必皆如式，而后定其行海年限，或十年至二十年。不如式者禁不得行海，违者罚。其行海所雇水手，所带食米，必使足数，以船身丈尺定人数多寡，不如数者禁不得出海。人日给米、盐、肉食，皆有程式，不如式者罚。船主出海，则船人赏罚皆假以行，一切听命焉，而日记其所行于册。其有辩争，商部大臣据其所记处分之。西洋以行商为制国之本，其经理商政，整齐严密，条理秩然。即在中国往来内江，船主皆能举其职，而权亦重，优于内地官人远矣。宜其富强莫与京也。

附：《使西纪程》相关内容①

（光绪二年十一月）十二日。与马格里论及船主测量之精，因言西洋各国有商部大臣，有船政学馆。学既成，商部试之，得高等，乃令充当船主，其次分司各职。事皆有等第，以次历次〔试〕之，或至再三。充船主者，必高等也，造船之家，无敢私请船主者。凡船出海，商部大臣视其所载之货、所坐之人不至逾量否。货逾其船之数，人逾其房榻之数，皆禁制之，违者罚。凡造船，商部大臣亦视其工程坚固与所用之木良楛何如，必皆如式，而后定其行海年限，或十年，或二十年，不如式者禁不得行海，违者罚。其行海所募水手，所带食米，必使足数，以船身丈尺定人数多寡，不如数者禁不得行海。人日给米、盐、肉食，皆有程式，不如式者罚。船主出海，则船人赏罚皆假以行，一切听命焉，而日记其所行于册。其有辨争，商部大臣据其所记处分之。西洋以行商为制国之本，其经理商政，整齐严肃，条理秩然。即在中国往来，船主皆能举其职，而权亦重。所以能致富强，非无本也。

与刘和伯论洋务②
（1876）

（光绪二年十一月）十三日。刘和伯言：京师谈洋务者，只见得一面道理。吾谓道理须是面面俱到，凡只得一面者，皆私见也，不可谓之道理。南宋以来，边患日深。而言边事者峭急褊迫，至无以自容，不独

---

① 选自郭嵩焘：《使西纪程》，光绪铁香室本。
② 选自《郭嵩焘日记》，第三卷，80页。

汉唐以上规模不一讨论，直举国势之强弱、事机之得失，皆无足关其意。惟一意矜张，以攘夷狄为义，而置君父于不顾，必使覆国忘〔亡〕家，以自快其议论而为名高。数百年竟无有能省悟者，则宋儒之乐持虚论而不务求实际，有以阶之厉也。铲除此等议论，而后人心风俗可几于古。其去道理固远矣。所谓道理无他，以之处己，以之处人，行焉而宜，施焉而当，推而放之而心理得，举而措之而天下安。未有若南宋以来之议论，蠲弃天下国家而取快纷纷之口，若是之烈者也。宋之所以弱，明之所以亡，诸君子贸焉无所得于其心，乌足与言道理哉！

附：《使西纪程》相关内容①

（光绪二年十一月）十八日。刘和伯言：谈洋务者只见得一面道理。吾谓道理须是面面俱到，凡只得一面者，皆私见也，不可谓之道理。所谓道理无他，以之处己，以之处人，行焉而宜，施焉而当，推而放之而心理得，举而措之而天下安。得位者效其职，身任焉而不疑；不得位者明其理，心知焉而亦不敢恃。尊主庇民，大臣之责，胥天下而务气矜何为者？凡为气矜者，妄人也；匹夫挟以入世而人怒之，鬼神亦从而谴之，此足与言国是乎？如是而去道理滋远矣。区区愚忧，不惜大声争之，苦口言之，以求其一悟。愿与读书明理之君子，一共证之。

记马格里述西洋对待俘虏之道②
（1876）

（光绪二年十一月）十四日。马格理言："西洋交兵，不杀俘虏。其在官者，皆有文凭佩之身，被俘出示文凭，则以官礼处之。饮食居处以官为差。或与约不再任战，即纵遣之。被俘者不允所约，则禁制之使不得逃，俟战事毕而后释归。或允不任战，及归，又请领兵，主兵者责其失信，常至罢黜。盖各国常视彼此所以相处之厚薄以为报，不欲失信于敌。既允不任战而又遣之战，则以后被俘者，敌人皆引为前鉴而不复纵遣之，而受其害者多矣。故于此常守信，不敢有违焉。"即此足见西洋列国敦信明义之近古也。

---

① 选自郭嵩焘：《使西纪程》，光绪铁香室本。
② 选自《郭嵩焘日记》，第三卷，80～81页。

附：《使西纪程》相关内容①

（光绪二年十一月）十四日。马格里言："西洋交兵，不杀俘掳。其在官者，皆有文凭佩之身，被俘出示文凭，则以官礼处之。饮食居处以官为差。或与约不任战事，即纵遣之。被俘者不允所约，则禁制之使不得逃，俟战事毕释归。或允不任战，及归，又请领兵，主兵者责其失信，常至罢黜。盖各国常视彼此所以相处之厚薄以为报，不欲失信于敌。既允不任战而又遣之战，则以后被俘者，敌人皆引为前鉴而不复纵遣之，而承其害者多矣，而又有失信负约之名，故于此常不敢违。"亦见西洋各国敦信明义之近古也。

记各国旗式②
（1876）

（光绪二年十一月）十八日。德在初开载各国旗式，略录其大概。如：美利坚旗，长方，横分十三层，六白七红，近杆处蓝地绣金星三十七，盖其国分三十七部，所以为旗识也；其合会同心旗，长方正蓝，周列三十七星；水师提督，长方正蓝，中列四金星；副将三金星，作钝角形，其下或蓝或红或白，中列二星或一星以为等差；水师船主，四角列四金星，惟旗色正白者星色蓝；航海旗常挂者，锐角长条，前半正蓝十一金星，后半上红下白。俄罗斯旗，长方，前半正白，斜横蓝十字，后半横分白、蓝、红三色；水师提督，正方白旗，横斜蓝十字。瑞典旗，正蓝，黄十字，右角近杆处另一十字，横黄、竖蓝、镶白边，一〔十〕字中空处又各分红、蓝二色；水师提督，锐角形，下黄上蓝，近杆亦有花十字。日耳曼旗，长方正白，中横黑十字，每画又分五行，三黑二白，十字中心黑围内一金莺，十字右边上半近杆处，另横分黑、白、红三色，中心又一白边黑十字。丹国旗，长方正红，白十字；水师旗同，惟近杆处加一小白十字；其水师提督旗，十字中心又画金王帽一、黄王帽三。法兰西旗，长方，竖分三行，前蓝、后红、中白；水师提督，平方；航海者三角长条。英吉利旗，长方正蓝，四分之一近杆上半加红色白边，横斜二十字，如六出花；水师旗，长方正白，红十字，近杆上半

---

① 选自郭嵩焘：《使西纪程》，光绪铁香室本。
② 选自《郭嵩焘日记》，第三卷，83～85 页。

角蓝地二红十字；其驻守各口者，长方正白，中蓝，横斜二白边红十字。西班牙旗，长方，横分五行，三黄二红；水师提督，正方，上下红，中黄，近杆画一金王帽，帽下径圆，左白右红，红边一金塔，白边一红狮。奥地利亚旗，长方，横分三行，上下红，中白，上行正中一金王帽，围以十二银星，中行正中另一方旗，亦上下红，中白，围以黄边；水师提督，平方，近杆上角另添三横，二黑一黄。意大里旗，长方，竖分三行，中白，左红，右绿，中心另一红方，蓝边白十字；水师提督，近杆绿色边加三白圆光；副将二圆光；参将一圆光。葡萄牙旗，长方，左白右蓝，中一红地，画金王帽，帽下一小红方，黄边，上及左右七座小黄塔，当中又一小白方，中列五小蓝方，作十字形。比利时〔脱"旗"字〕，长方，竖分三行，中黄、左红、右黑；水师提督，平方，于黑行近杆处加四白小圆方〔光〕；副将三白圆光；参将二白圆光。荷兰旗，长方，横分三行，中白、上黄、下蓝；水师提督于上行横四白圆光；副将三白光；参将二白光。希腊旗，长方，横分九行，四白五蓝，其上半近杆另成一方，蓝地白十字；水师船，十字中心加一金王帽。土耳其旗，长方正红，近杆上半另一长方，红地白边，中一白星；水师船，中一星，旁立一月牙，皆白色。墨西哥旗，长方，竖分三行，中白、左红、右绿；水师提督，平方，中一飞鹰，口含一蛇，爪踏枝叶。秘鲁旗，长方，竖分三行，中白，左右红。埃及旗，长方正绿，中立白月牙。波斯旗，长方，中白镶绿，中画一狮，黄色，前左爪举刀，蓝色，背荷日，带金光。日本旗，长方正白，中一红日；海船，长条鱼尾，前后白，中黑。暹罗旗，长方正红，中一白象。瑞士旗，长方正红，中一粗白十字。罗马教皇旗，长方正白，中一大花，状如两钥匙交成十字，上架一蓝地金花帽，下一椭圆，金边，内分四钝角，二蓝地金狮，二红白各二行，上下左右相错，又下二枝花叶上湾〔弯〕，长及钥头，钥下有穗，帽与枝下亦有飘带，皆红色。此外商旗时有不同，诸小国及各国所属之部落，亦有旗帜异色者，以难于别晰，不详录。然要皆长方，横宽七八尺，竖长四五尺。其桅顶常挂之旗，或宽一尺，长至八九尺。杆竖则旗横，故以幅之长短为横宽，而以其正幅为直长。桅顶受风，宽一尺者仅用一幅布系之于杆，使不至为风缠绕也。各国兵船旗，有用长幅，末作两叉如鱼尾式者，有锐角者，有三角者，有三角之尖仍作两叉者。商船旗尤多用长幅，无用尖角旗者。有恶病则竖黄旗，各口候之，即以医至，相戒禁舟人不令往来，行海各国皆同此例。中国旗式于此太为失考，其用尖角旗，亦自古无此制也。

　　附：《使西纪程》相关内容①

　　（光绪二年十一月）十九日。德在初查开各国旗式，略录其大概。如：美利坚旗，长方，横分十三层，六白七红，近杆处蓝地绣金星三十七，其国分三十七部，所以为旗识也；其会同合心旗，长方正蓝，周列三十七星。俄罗斯旗，长方，前半正白，斜横蓝十字，后半横分白、蓝、红三色。瑞典旗，正蓝，黄十字，右角近杆处另一十字，横黄、竖蓝、镶白边，十字中空处又各分红、蓝二色。日耳曼旗，长方正白，中横黑十字，每画又分五行，三黑二白，十字中心黑围内一金莺，十字右边上半近杆处，另横分黑、白、红三色，中心又一白边黑十字。丹国旗，长方正红，白十字。法兰西旗，长方，竖分三行，前蓝、后红、中白。英吉利旗，长方正蓝，四分之一近杆上半加红色白边，横斜两十字，如六出花。西班牙旗，长方，横分五行，三黄二红。奥地利亚旗，长方，横分三行，上下红，中白，上行正中一金王帽，围以十二银星，中行正中另一方旗，亦上下红，中白，围以黄边。意大理旗，长方，竖分三行，中白，左红，右绿，中方另一红方，蓝边白十字。葡萄牙旗，长方，左白右蓝，中一红地，画一金王帽，帽下一小红方，黄边，上及左右七座小黄塔，当中又一白小方，中列五蓝小方，作十字形。比利时旗，长方，竖分三行，中黄、左红、右黑。荷兰旗，长方，横分三行，中白、上黄、下蓝。希腊旗，长方，横分九行，四白五蓝，其上半近杆另成一方，蓝地白十字。土耳其旗，长方正红，近杆上半另一长方，红地白边，中一白星。墨西哥旗，长方，竖分三行，中白、左红、右绿。秘鲁旗，长方，竖分三行，中白，左右红。埃及旗，长方正绿，中立白月牙。波斯旗，长方，中白镶绿，中画一狮，黄色，前左爪举刀，蓝色，背荷日，带金光。日本旗，长方正白，中一红日。暹罗旗，长方正红，中一白象。瑞士旗，长方正红，中一粗白十字。罗马教皇旗，长方正白，中一大花，状如两钥匙交成十字，上架一蓝地金花帽，下一椭圆，金边，内分四钝角，二蓝地金狮，二红白各二行，上下左右相错，又下二枝花叶上湾〔弯〕，长及钥头，钥下有穗，帽与枝下亦有飘带，皆红色。其各国水师船旗、商船旗又各不同。水师亦视官品崇卑为画色多寡之等。诸小国及各国属部旗帜亦时有异同，以难于辨晰，不详录。

　　　　────────

　　① 选自郭嵩焘：《使西纪程》，光绪铁香室本。

然要皆长方，其长处为横，以杆竖则旗横，故横当幅之长短，而以其正幅为竖。横长约七八尺，竖四五尺。其桅顶常挂之旗，竖长而横缩，以桅顶受风，其长处系之于杆，使不至为风缠绕也。兵船旗或用长幅，末作两坴如鱼尾式，亦有锐角者，有三角者，有三角之尖仍作两坴者。旗身皆方，未尝用斜幅作尖角式。有恶病则竖黄旗，所至之海口候之，即以医至，禁舟人不得上下，行海各国皆同此例。因考《周礼》九旗，有通帛者，则一色者是也；有杂帛者，则错五色者是也。《尔雅》曰："长寻曰旐，继旐曰旆〔斾〕。"郑康成谓旐末为燕尾，则长幅末作两坴者是也。西洋不必师古，而天地自然之文，无中外一也。九旗之等，以丈尺为差，其制皆长方。古旗无用斜幅者。惟令旗尖角，以便卷舒。国旗尖角，似不足式观瞻。窃意古旗皆有旒，而今无之。旒即所以为镶也。出使西洋，自当避其所忌。宜加红帛为旒，而仿古制为升龙降龙，绘二龙于旗。存此以备他日考定旗式之一助。

游苏尔士[①]
（1876）

（光绪二年十一月）廿一日。卯刻，行五百一十三里，抵苏尔士湾口，距苏尔士八里，距苏赛江口六里。苏赛江即挨及之新开河也。地为亚细亚、阿非利加两洲一线相连处，广约三百里，介红海、地中海之间。同治初，法人赖赛朴以机器开河通舟楫，宽六丈，深不逾三丈，费至七八千万，同治三年兴工，九年始竣，计七年之久。皆由各国商人醵金为之。以地属挨及，蠲与三分之一。来往征船税，按成分收其利。同治十三年，挨及以千二百万金鬻之英人，于是英人合前所出公费，约得全股之半。适有轮车赴苏尔士，偕刘云生、黎莼斋、刘和伯、张听帆、德在初、凤夔九诸君一试之。至苏尔士洋行小坐。行主特尔勒，亦英人也。洋楼及民居多土筑，屋皆平顶，远不如西洋各口埠头之繁盛。居民衣皆长衫而无襟，自下笼其首而衣之。妇人则冒其首，以前领当鼻，用藤联合之，着于鼻端，惟露两眼于外，沿街趋走，即乞丐亦然。饮水仅一井。法人于其地开造花园，而用机器引水，相距五里，未能一往。因雇一小舟回湾口，见开河机器船二具，一登视之。其一两船相并，设机器

---

① 选自《郭嵩焘日记》，第三卷，86～87页。

其中，高三丈许。中为铁桥，广六七尺。两船相距，适足容桥。引桥上下，可入水丈许。取泥铁筐三十余，环桥上下，辘轳转运，状如水车之龙骨。桥顶承以铁柜，旁设铁沟，约五六丈许，横出，承以铁柱。两旁为铁条，交午若疏眼篱。取泥转至桥顶，倾入铁柜，即从铁沟流出。亦取土机器之巨观也。其一一船中设机器，亦高三丈许，旁设铁枧，极宽而短。马格理云此专取沙，恐未然。疑两旁土不必远出者用之，盖两船相济以为用也。机器多已损坏，仍有数十人守之。左近立一石人，高丈许，云二百年前法人名瓦琛汉者，始通两海相距之路，立石以记之也。红海以两岸皆红土，山无草木得名。夕阳返照，见山色红紫辉映，如胭脂图画，亦一奇景也。

附：《使西纪程》相关内容①

（光绪二年十一月）廿一日。卯刻，行五百一十三里，抵苏尔士湾口。地为亚细亚、阿非利加两洲一线相连处，广约三百里，介红海、地中海之间。同治三年，法人赖赛朴以机器开河通舟楫，广六丈，深不逾三丈。凡七年始成，费至七八千万，各国商人醵金为之。以地属埃及，蠲与三分之一。往来征船税，按成分收其利。同治十三年，埃及以千二百万金鬻之英人，于是英人合官民所出公费，约得全股之半。适有轮车赴苏尔士，为埃及一市镇，距湾口八里。偕刘云生、黎莼斋、刘和伯、张听帆、德在初、凤夔九一往试之。至苏尔士洋行小坐。行主特尔勒，亦英人也。洋楼及民居多土筑，屋皆平顶，远不逮西洋各口埠头之繁盛也。居民长衣无前襟，自下笼其首而衣之。妇人则冒其首，以前领当鼻，用藤纽合之，着于鼻端，惟露两眼于外，即乞丐亦然。饮水仅一井。法人于其地开造花园，而用机器引水，相距五里，未能一往。随雇小舟回湾口，见开河机器二具，登视之。其一两船相并，设机器其中，高三丈许。中为铁桥，广六七尺。两船相距，适足容桥。引桥上下，可入水丈许。取泥铁筐三十余，环桥辘轳用转，如水车之龙骨。桥顶承以铁柜，旁设铁沟，约五六丈，横出，承以铁柱。两旁为铁条，交午若疏眼篱。取泥转至桥顶，倾入铁柜，即从铁沟流出。亦取土机器之巨观也。其一一船中设机器，亦高三丈许，旁设铁枧，极宽而短。马格里云此专取沙，恐未然。疑两旁土不必远出者用之，盖两船相济以为用也。左近立一石人，高丈许，云二百年前法人名瓦琛汉者，始通两海相距之

① 选自郭嵩焘：《使西纪程》，光绪铁香室本。

远，立石以记之也。红海以两岸皆红土为名。夕阳返照，见山色红紫辉映，如胭脂图画，亦一奇景也。

与马格里论土耳其改国政①
（1876）

（光绪二年十一月）廿五日。午正，行七百八十九里，在赤道北三十二度五十一分。伦敦东二十七度三十九分。雨，郁热，亦时见日。日西而虹东见，长数丈。距赤道视上海远至一度许，而了无冬意。北界土耳其，南界的黎波里，亦土耳其属国也。船主见示《波赛日报》，中言英、俄各国公使为土耳其会商塞也维②兵事。土主不允分国，而大改国政，一准西洋法度行之。如设立上下议政院，及官有专司，及民讼不准逾日，凡数条。尤要者，用官不分别回人、土人，而民间习教，或回教，或耶稣、天主，一听其便，不为禁制。予谓："土国苏尔丹能有悔祸之心，乱其有豸乎？"马格里曰："亦视所行何如耳。非徒出一示、下一令以求悦于民而遂足以已乱也。"其言亦殊可味。

附：《使西纪程》相关内容③

（光绪二年十一月）二十五日。午正，行七百八十九里，在赤道北三十二度五十一分。雨，郁热，亦时见日。日西而虹东见，长数丈。地距赤道视上海远至一度许，而了无冬意。船主见示《波赛日报》，中言英、俄各国公使为土耳其会商塞也维兵事。土主不允分国，而大改国政，一准西洋法度行之。如设立民会，置议政院，及官有专责，及民讼刻期听断，凡数条。尤要者，用官不分别回人、土人，而民间习教，或土教，或耶稣、天主，一听其便，不为禁制。予谓："土国苏尔丹能有悔祸之心，乱其有豸乎？"马格里曰："亦视所行何如耳，非徒出一示、下一令以求悦于民而遂可以已乱也。"其言亦殊有味。自波赛西行，北界土耳其，南界的黎波里，亦土耳其属国。

---

① 选自《郭嵩焘日记》，第三卷，89～90页。
② 塞也维：Serbia，塞尔维亚。
③ 选自郭嵩焘：《使西纪程》，光绪铁香室本。

记马耳他岛①
（1876）

（光绪二年十一月）廿八日。丑刻，行三百八十四里至马里他②岛，在赤道北三十七度。伦敦东十四度。北为意大里所属之西治里③岛，其南正与的黎波里都城相值。是早，总督思得洛班喜遣其中军讷耳泗、多逊二人来请登岸，并遣马车来迎。过两重炮城，至总督署。局势雄阔，街市整齐洁净，楼房高至五层六层，栉比相望，迥非锡兰、亚丁等处气象。至则各官皆集，水师提督鲁阿得、总兵葛兰达二人官为尊。思总督曾用兵广东，久处中国，其夫人亦贤。饭毕，陪游左近一炮台，共炮一百二十门，旁注：每炮一尊，前置炮子数百。重十八吨者六尊，每吨千八百斤，计重三万二千四百斤。身围逾丈许。其中高炮台一座踞山顶，尚有巨炮三尊，不及往看。一重三十六吨，其二各重二十五吨。马里他岛形如"臼"字，其中别出一山，环列炮台十一所。所见者，左枝守口一炮台也。防兵共六千人。铁甲船三：一曰得法思得深，一曰合得思伯尔，一曰陆泊耳得。岛长五十四里，纵三十里，而横出枝脚泊船，湾曲四五。其中设有机器局并船厂，洋船修整皆于此岛，为英国地中海第一重镇。其岛初属法兰西，英人踞而有之。近因土耳其之乱，调兵防俄罗斯，铁甲船驻希腊之脑比里亚者凡二十有五。总督署盘旋而上，规模绝大。有议事厅二：其一张镜；其一悬线制洋画巨幅十六，每幅丈余，绣狮、象异兽皆如生。又一长厅藏古军器刀、剑、枪、杵之属，悬挂四壁。有始制大炮一尊，铁质而中有铜胎，用绳络之，加漆其上。余小炮数十尊。其架枪四枝，状如抬枪，长丈许，熟铁为之，后门纳子，为军器之稍近者，然亦三百余年矣，知西洋后镗枪已起于明之中叶。又古石炮子圆如斗者十余。而中置玻璃罩五：一为阿剌伯回部初强时，与马里他番人战败所得刀斧；一为回人所用喇叭，可回旋者；一为七百年前教师所诵经；一为马里他王印绶及册文。其余古磁器若瓶、若卷筒、若瓮者无数，皆作花纹，质粗而轻。自石级盘旋而上，历数厅，状如甬道，两旁槊〔塑〕古军士被甲执兵而立。藏军械厅亦然。中有石像，盖方柱而凿

---

① 选自《郭嵩焘日记》，第三卷，91～92 页。
② 马里他：Malta，马耳他。
③ 西治里：Sicily，西西里。

人首其上，法君拿破仑第一之像也。询问岛间大学馆二所，小学馆三十四所。监牢二所，其一专拘系兵人，以兵六千余与土人错居，不能无争讼也。以船主催促甚急，不能往观。思总督云：此间古迹甚多，而无缘强留一二日相与一纵观，为歉然也。未刻，开行。

附：《使西纪程》相关内容[①]

（光绪二年十一月）二十八日。丑刻，行三百八十四里，抵马尔他岛，在赤道北三十七度。北界意大里之西治里岛，其南与的黎波里都城正相值。地形如臼，中出一山，四周环拱之。长四十五里，纵三十里，横出枝脚泊船，湾曲四五。中设机器局，环列炮台十一所，英国地中海第一重镇也。初属法兰西，英人踞而有之，各口兵船并于此修治。其地总督思得洛班喜，遣其中军讷尔泗、多逊二人以马车来迎。炮台声炮十五。过两重炮城，至总督署。局势雄阔，街市整齐洁净，楼房高至五层六层，栉比相望，迥非锡兰、亚丁等处气象。至则各官皆集，水师提督鲁阿得、总兵葛兰达二人官为尊。思总督久处广东，年六十余，须发浩〔皓〕白，其夫人亦贤，为留饭。陪游左近一炮台，共炮一百二十门。重十八吨者六尊，每吨千八百斤，计重三万二千四百斤。身围逾丈许。其中高炮台一座踞山顶，尚有巨炮三尊，不及往看。一重三十六吨，其二各重二十五吨。每炮一尊，前置炮子数百，若将临敌者。防兵共六千人。铁甲船三：一曰得法思得深，一曰合得思伯尔，一曰陆拍尔得。近因土耳其之乱，调兵防俄罗斯，铁甲船驻希腊之脑比里亚者二十有五。总督署盘旋而上，规模绝大。有议事厅二：其一张镜；其一悬线制洋画巨幅十六，每幅丈余，绣狮、象异兽皆如生。又一长厅藏古军器刀、剑、枪、杵之属，悬挂四壁。有始制大炮一尊，铁质而中有铜胎，用绳络之，加漆其上。余小炮数十尊。其架枪四枝，状如抬枪，长丈许，熟铁为之，后门纳子，军器之稍近者，然亦三百余年矣，知西洋后镗枪已起于明之中叶。又有石炮圆如斗者十余。而中置玻璃罩五：一为阿剌伯回部初强时，与马尔他番人战败所得刀斧；一为回人所用喇叭，可回旋者；一为七百年前教师所诵经；一为马尔他王印绶及册文。其余古磁器若瓶、若卷筒、若瓮者无数，皆作花纹，质粗而轻。自石级盘旋历数厅，状如甬道，两旁塑〔塑〕古军士被甲执兵而立。藏军械厅亦然。中有石象〔像〕，为方柱而凿人首其上，法军〔君〕拿破仑第一之像也。询问岛

---

① 选自郭嵩焘：《使西纪程》，光绪铁香室本。

间大学馆二所，小学馆三十四所。监牢二，其一专拘系兵人，以兵六千余与土人错居，不能无争讼也。船主催促甚急，不能往观。思总督云：此间古迹甚多，而无缘强留一二日相与一纵观，为歉然也。未刻，开行。

参观英国电报局[①]
（1877）

（光绪三年）二月初一日丁亥。信部尚书满刺斯约赴波斯阿非司—得利喀纳福[②]观电报。管电报者非舍得。凡分数堂：伦敦一堂，所辖各部二堂，分三岛辖部及沿海辖部。各国一堂，新闻报一堂。凡传电报，先至总司电报处，分别送归各堂，又分别何部何国海口。有电报一座隶一海口者，有数座隶一海口者，视事繁简为之。凡设电报数百千座，每座一人，垂髻女子至八百余人。电报各异式，而总分三等。一设二十六字母，用指按之，此旧式也。一盘纸转而运之，以着点长短成文，而视其断续成句，此新式也。二者皆及见之。一辨声知字，运用尤灵，其机尤速，此又新式之尤奇者。其前为电报牌约千余，视其座之数。其下盘电线，皆用数目标记之。再下亦设牌，引电线入池，强水盒过电气者列其前，又一人司之。前堂左旁设送信气筒，纳信其中，顷刻即得回信，大约不出伦敦数十百里间。又左旁一堂设送信气筒，专及本局，盖总司电报处用以分送各堂者。其下为机轮，收气桶中，引入铁管，用轴与为薄激，一嘘一吸，来则吸之，去则嘘之，而于气筒旁安设电报。每发信，先用电报止其来信，钟鸣牌出，互相通报。机轮火柜又在其前，所用煤亦安轮自行，转入柜中，停匀不断。机轮及火柜，各设一人司之。送信气筒，两堂共十余具，每具一人，皆十二三龄童子也。又至新闻报处，用一电报分递三处，问彼处天气阴晴。一曰厘倭尔铺拉[③]，回言天气甚好；一曰满车斯得[④]，回言阴晴有雾；一曰博明噶玛[⑤]，回言天气好。才问而三处回信齐至。用铁笔录之，一书得五六纸。叩其故，则用黑纸

---

① 选自《郭嵩焘日记》，第三卷，157～158 页。

② 波斯阿非司—得利喀纳福：Post Office-Telegraph，邮电局。

③ 厘倭尔铺拉：Liverpool，利物浦。

④ 满车斯得：Manchester，曼彻斯特。

⑤ 博明噶玛：Birmingham，伯明翰。

一张为引，上铺白纸一张，下铺白纸二张，书其上，影入黑纸，即透下二层。再铺黑纸一张，又可透下二层。亦足以云神奇矣。并非舍得导之游览，而满剌斯及其副理得皆陪行。

参观小学①
（1877）

（光绪三年二月初一日）是夕，至客来斯阿士布达洛学馆②观其晚餐。掌馆者阿剌博得。初谓小学生七百人，堂餐静肃，止矣。至则男妇观者数百人。阿剌博得正坐，旁立持绿竿者十余人。前设食案十六，凡七百人，分列十六堂，堂共一食案。计设食案四行，每行相连四案，左右环坐三四十人。教士宣讲，鼓琴作歌以应之。歌三终，皆跽而持经，乃起坐就食。食毕，教士复宣讲，鼓琴作歌如前，乃分堂而出。每堂一童子两手持二烛前导，一负食筐者继之，而后两两相并行。其前二人，一卷桌布挟之，一肘食篮，次第至掌馆前鞠躬为礼。皆着长衣，束腿，云此衣古制也。此馆已设三百五十年，衣服礼制相传未改。持绿竿者，皆捐户也。五百磅以上给与一竿，得荐人入馆：并年十五以下者，大率世家贫无资、孤苦，则学馆收而教之。日三餐，衣履皆学馆给之。其学亦分天文、数学、兵法诸事。高等者给银印，缝之左肩，询之皆习兵法者。年十五以上，送入大学馆，衣食犹馆中资给。可谓盛举矣每年用七千余磅。持乐器者数十百人，亦两两相并，别为一队。询其所歌之辞，则先祝君主天佑，次及大太子，次及诸子及公主，次及百官，次及绅士，又次则云始创建此馆者，为渠等就学之源，其德不可忘也，愿天佑之。中国圣人所以教人，必先之以乐歌，所以宣志道情，以和人之心性。闻此歌辞，亦足使人忠爱之意油然以生。三代礼乐，无加于此矣。

---

① 选自《郭嵩焘日记》，第三卷，158～159 页。
② 客来斯阿士布达洛学馆：Christ Hospital。

参观英国博物馆①
（1877）

（光绪三年二月）初九日，克罗斯约游布利来斯妙西阿姆②书馆。克罗斯以事不至，遣其侍郎珥白尊、幕府密斯弗得照料。陪游者白尔叱、德罗巴斯。其管鸟兽者阿姆客剌得斯。威妥玛言：阿姆博物通神，得鸟兽一骨，可以揣知其情状。初时人不信，既而得其全骨合之，信然。其书馆藏书数十万册，皆分贮之。古书有在罗马先者，有刻本，有写本，分别各贮一屋。其余书籍，列屋藏庋。有专论乐器者，有专为藏书目录者。其藏书目录，或新收入，或移置他处，辄改记，亦十余人司之。最后一圆屋，四围藏书六万卷。中高为圆座，司事者处其中。两旁为巨案曲抱，凡三。外皆设长横案，约可容千余人。每日来此观书者六七百人。四围藏书分三层，下一层皆常用之书，听人自往取观；上二层则开具一条授司事者，司事者书其所取书于牌，分别门类，各向所掌取之。其余藏庋古器数十院，亦各分别门类。金石刻则皆来自麦西，罗马、希腊次之。所刻石像与石碑所刻像，与汉石阙刻像正同，其文亦与挨及石柱文同。有全取古墓左右石及上石刻文，并墓门嵌之壁上者。古碑有作剌丁文者，有作希腊文者，皆各为一院。英国博古之士多能辨识。又有石方柱，高尺许，四面各宽六尺许，皆有字，若中国篆文，可辨者甚多，如"王"字、"十"字之类，则篆文与楷书并同，而白尔叱独云此石柱字极难辨识。细阅之，似其石四面皆合成，不知其何用也。罗马石碑一方，字体又别。所刻石像，或高丈许，或高尺许，分别各国罗列，不可以数计。有为人首长髯而兽身者，高丈许，长亦称之，云罗马国王宫前所置也。石棺数具，皆有刻文。有里、面并刻文者，其上盖为人形僵卧，效其尸。刻石有绝精者。有为两妇人，一坐，一斜卧而倚其身，衣纹折叠并曲肖，而遗其首，亦自罗马来，皆数千年物也。其他金石竹木、鸟兽虫鱼螺蚌，以及古磁瓦器，罗列数万种，各分数院贮之。中国玉器、磁器及古剑之属，亦多至数百件。石品奇者尤多，五色斑斓夺目。有粗石中忽含小宝石一枚，或红或绿或异色；有一小石中含

---

① 选自《郭嵩焘日记》，第三卷，161～164 页。
② 布利来斯妙西阿姆：British Museum，不列颠博物馆。

至三四枚者。或石中含树叶，有肖枇杷叶者，有肖海棠叶者，有肖芭蕉、棕榈及他竹木。及各种鱼及大虾、鼍龙，长或丈余，盖海底遗骨，沙石淘荡，积久而凝结为石，含骨其中，与他小石之肖形者又异也。又有大巨粗石二，用玻璃罩之，馆人尤珍视，云此二石自天坠下，其旁碎石无算，皆收贮之。或曰火山爆石飞堕，或曰此星月中山崩，近距地球，受而承之。其鸟、兽、虫、鱼，皆取其皮胃〔冑〕之而塞絮其中，一皆如生，大者盈丈，小者径寸。海狮、海马、犀牛、旄牛、旄毛〔牛〕出北冰海，皮毛皆作腥气。野牛、野豕皆大逾丈，其若羊，若马，若犬，有小至二三寸者。小鸟若翠鹬，或长不及寸；鸡鹡有二三寸，张翅如蝴蝶者。蝴蝶、猿猴，种类尤多而奇。有鸟如鸦而花文，入夏两翅旁生毛若芦荻，高六七寸，以洋文求之，多至六七字，不暇译其名也。尤奇者，一兽骨高逾丈，嘴尖若橐驼，四蹄有爪，长七八寸，身旁巨骨，与石无异，云地中掘得之，不辨为何物。疑盘古未开辟时所有，限〔陷〕入地中近万年，骨皆化石。象牙并头骨无数，有长至八尺五寸者，伦敦城外二十里掘土得之。又印度掘得一具，南美利加掘得一具，牙皆变石，色灰黑。又一具上下齿俱全，如覆钟然，下唇垂二尺，两牙贴唇边下垂，长尺许，形尤异。阿姆云："伦敦、印度、南美利加，考之古籍，从未云产象。象牙长八九尺，尤所未闻，而牙骨皆与石黏合，必开辟以前有此，沦入土中。"其穿山甲一具，状如石缸，尾长二尺许，鳞甲皆已化石，则竟疑为盘古以前物矣。竹木或根或叶，或截成板片，有长二三寸而枝叶盘挐如千年古干，有巨板大数围而木心坚细有文，较紫檀、花梨尤润。形色各异，不能辨其名。其一木板中起文如水波，叠至四百五十层。馆人云："一岁一层，木生四百五十年矣。"其小长方板或如象牙，或如紫漆，用以供纸镇绝佳。更有一板片，外包粗皮，中细文如黄杨，形近车轮，而盘旋如云之散布，并宽寸许，形状绝奇。又一种圆木而中心方，色黄。又一种中空有节如竹。皆生平所未见。枫球及松球有又〔大〕如斗者。松球尤多异形。又一种状如松球，外作包，每包中含子一颗，大如李，色黑，剖其中，得象牙一圆，可斲为小葫芦及杯、瓶以盛物。此皆《尔雅》所不载，西洋自为之名，无能得其义，未暇译也。古铜、古器，碎片亦收贮之。有铜人一尊，高尺许，价三千磅。有铜人首一具，甚巨，价七千磅。又小黑玉一件，大不逾寸，斲为人首，价五百。馆人云："非玉，乃玻璃也。"问此物有何异，云："底面有字，为罗马古字，已逾二千年矣。"中国官窑磁器最多。有古剑一口，青玉柄，剑端刻字二行一云"龚室掌宫之剑"，一云"宫〔玄〕光"。疑"玄光"为剑名。"龚"为古黄字。黄室之名，或汉武帝时用公玉带之言建明堂，其中为太室，因有"黄室"之名耳。凡历三时许，未能遍游。每至一院，亦但流览及之。其藏中国书籍，别为一屋，竟不及往观。其地礼拜二、礼拜四两日禁止游人，余日纵民人入观，以资其考览。博文稽古之士，亦可于所藏各古器，考知其年代远近，与其物流传本末，以知其所出之地。而所藏遍及四大部洲，巨石古铜，不惮数万里致之。魄力之大，亦实他国所不能及也。尤奇者，挨及掘得古石棺十余具，中有尸骨完具者，皆用冒韬而袭之，头足俱可辨，盖岁久，练帛与骸骨相为黏合，略具人形而已。皆用玻璃盛之，列置左右为古玩。亦见古人袭尸之具，所用缯质赪杀，远至麦西，其制亦略同也。又意大里掘得古城一座，由数千年前地陷所致，其中器具尚多完备，有玻璃镜十余方，模糊斑驳，而人物形质如生，较之挨及石刻，绝有往古近今之别，知此城失陷在周秦以后也。其诸瓦器所模人形，则皆古制，以瓦器流传，较之玻璃及磁器尤远。馆藏书籍及凿石及古碑刻在楼下，余皆在楼上。德克伦斯云："每年开支金洋十万磅，供此馆之用。"盖收买各种古器，至今亦尚未已也。

参观英国钱币厂①
（1877）

（光绪三年二月）十四日②。利如洋行刊木多约往观铸钱、造票两银局。先至罗亚尔敏特③。罗亚尔，译言御制；敏特，译言鼓铸也。观所造佩宜铜洋，凡历数机器厂始成。初至熔铜炉，烧土成缸，置铜其中，加炭其上，入炉熔之，用机器提出。旁置倾熔铁沟，沟凡数十间，倾铜铁间内，用机器推之，顷刻铜尽，沟间皆满，遂成铜板长片，厚寸许。次入机器轮压之，每压一次，下轮二分许，四五过，厚如铜洋之数，即光如镜矣，次入圆铁式机器，即成钱式。其机器分新旧二式：旧式，铜片用人力推之；新式则自运送，省力且速。再入洗钱机器，用水和沙入大圆桶，倾钱其中，机动而桶自转，借沙力荡之。倾出，再用糠

---

① 选自《郭嵩焘日记》，第三卷，167～169 页。
② 十四日：日记前一天为"十四日"，后一天为"十六日"，此处"四"应为"五"。
③ 罗亚尔敏特：Royal Mint，皇家造币厂。

屑搓洗，乃入车边机器，以铁面光而周围剪截之迹未化也。机器甚小，为长枧直溜而下，至枧口，左用铁圆曲限之，右为轮，一转而周围皆截齐，即随而下，约一分钟工夫车万余枚。再入一小机器称其轻重。其机器绝奇：四面皆嵌玻璃，长尺许，宽五寸弱，上施铜板为高孔。置钱其中，每下一钱，铜板下机器即推送至前，施立秤其中，过秤，复推送至桶中。桶下衔三齿，而立秤下有小机器若矛头，宽约二分。钱重则矛头当上齿而桶内倾，钱轻则矛头当下齿而桶外倾，轻重适均则桶平而当中齿。下置三厨，各随其轻重入厨中，毫厘不能爽也。稍有轻重，皆废不用。至此乃入上下幂文机器，其机器亦有新旧二式。旧式如大磨，四周机器十余具，旁为高孔。置钱其中约百余枚，每钱下，即推入铁模压之，随坠入前窍中，顷刻而尽。新式则机器横出，不用压而用合，故无声。馆人云："旧模压万七千枚即坏，须更换；新模可至三万余枚。"旧模十余架，新模才三四架，盖新得之，故所造无几。其精益求精如此。
旁注：国家赏功银牌亦在此铸造。其金洋及大小银洋并同此式，而金银皆先过秤，秤可数千两，而丝毫加重即倾侧，视前针定其轻重，不施人力也。陪同相视者，曰非曼尔，曰赫拿。次至盘喀阿甫英兰①，即银局也，主洋票出入。其造票别为一纸局，造纸成送局，由百万至五磅，各为机器印之：银数及图记及号数，凡历四五机器乃成一票。其机器与中国所用织布机具略同，而式较长。每机器一具，两端交互用四小儿司之，每端左右，一下票，一收票，皆有数。机旁置表一盘，中分四盘计数，累十而得百则百针移，累百而得千则千针移，累千而得万则万针移。阅其表针，即得所印票万千百十若干之数，一票二票不能隐匿也。发票及收票皆分柜司之，而所收票日或万余。询之，是日发去金磅至一兆六万余磅。收票即裂角，并凿一孔收藏之，逾五年乃销毁。凡有遗失，皆可查考，以所收票皆注明经手来历也。日置一箱而标记其数，凡用四大屋储之，深黑不可辨识。其已印成之票及金磅共存一屋，小柜百数十层累置之，凡存六十余万兆。所收之钱，并入机器秤其轻重，凡机器十余具。轻者别入一机器剪裂之，废不用，以年分稍久，分量渐轻，出入参差，不便民用也。所至金钱狼藉满室，从无盗取者。入其金银二库。金为长方片，每片造金洋八百五十磅，二百片为一车，凡二十车，而德、法、俄、美及意大里、土耳其所用金钱，各为布袋盛之，分别各

---

① 盘喀阿甫英兰：Bank of England，英格兰银行。

国，多者至五六十袋，每袋可数千磅。银库则木箱纵横罗列，尤若不甚经意。所制票及金洋、大小银洋，各处行使不同。如印度、新金山及香港等处，一皆分别制造。利权操之国家，远近权衡，略无旁溢。所用秤有前置罗盘，专视盘针所指以知其轻重者。其古今钱式，别为一屋储之。中国钱、刀、货、贝之属，亦至十余种，皆用玻璃罩盛之。四旁为高柜，置其国千百年所用钱模。可谓好古不忘本矣。【陪游者】陪同相视者，曰奇伯斯，曰达尔佛，曰巴格。别有一大银局，定银价低昂者，经过其门，未入视也，其名曰罗亚尔珥喀斯詹叱①。

游伦敦故宫②
（1877）

（光绪三年二月）十九日，偕云生、莼斋、和伯、在初、夔九游韬尔阿甫伦敦③，八百年故宫也，今为藏洋鸟枪、洋刀之所。其力查第三④弑其君义德瓦第五⑤处，及显理第八⑥杀其后数人，守者皆能指其处。旁注：入第二重宫门，有楼极高，导行兵士指言：曾杀某君于此门外。及见《英国志》，查尔斯当明季，与民为仇，逃之苏格兰。叛党以金四十万鬻之苏将利文，弑之法台前。其宫名灰的好室⑦，王即位日，起居于此。是所言即查尔斯也。其宫墙厚丈六尺，外环挡房，视今宫为壮阔。凡入门数重，至内宫，槊〔塑〕为骑马像，皆旧君及各名将。而藏古兵器有远至千余年者。西班牙、土耳其旧王所着铠甲，及诸国留贻兜牟、甲铠、刀戟之属，罗列数屋。其铜炮有雕镂花纹，小枪有左右斜出子者，及他兵器，奇形异式，至近亦一二百年物也。其国所具刑具亦藏其中，皆旧式也。上楼二层，藏洋枪六万杆，洋刀称是。皆为木架，上有限，下有托，环树洋枪其中，每架约百余杆，约数十百架。辄空数尺为甬道，铁光眩目，而固整齐。其外城有一楼，中为小铁栏环之。守者云："故王宫，收系大臣有罪者。显理第八杀其后，亦拘系于此，其后以刀刺其名于壁，至今字迹

---

① 罗亚尔珥斯詹叱：Royal Exchange，皇家交易所。
② 选自《郭嵩焘日记》，第三卷，170～172页。
③ 韬尔阿甫伦敦：Tower of London，伦敦塔。
④ 力查第三：Richard Ⅲ，理查三世。
⑤ 义德瓦第五：Edward Ⅴ，爱德华五世。
⑥ 显理第八：Henry Ⅷ，亨利八世。
⑦ 灰的好室：White House，白厅。

犹存。"一千五百年后，其宫遂废，计在显理第八之后矣，又曾毁于火。藏古兵器内有琉璃架，藏石一方，斑驳陆离，云其宫被焚时刀剑宝石熔化，若石质天成。宫外楼房，今为兵房，居炮兵百五十人，洋枪兵七百人，其名曰克伦那地尔①。克伦那者，译言火弹也，旧时英人善用此器以名兵，今仍其旧。伦敦置兵凡九营，此为第三营也。归过达迷河地道，便往一观。凡置高梯九十五级，出达迷河之底，开火轮车道。○阿伯尔特尔过谈，前礼部尚书，亦世爵处上会堂者。晚邀同事诸君至亨格勒尔色尔克斯观马戏，极天下之巨观。尤奇者，一六七龄童子立马上跳跃，不知何以造成此种伎俩。此地分外争奇，无所不有。园中晤英商白非利耻，自言在天津一见，不复能记忆。唐景云谋在伦敦建设宏远洋行，托白非利耻为之照料也。○韬尔故宫始入内城门，右侧有一屋，中置大玻璃罩，藏君主礼冠六及诸金器，有若金刚杵者，又若灯、若鼎、若敦牟之属十余事。君主至今会堂，有二人执杵前导，即此。其冠，紫绒为之，上下四隅皆厢宝石及金刚钻为饰。其一上嵌金刚钻大如鸽卵，值二百万磅，君主亦常取以为佩。其冠则礼服用之。阿剌伯既卒，君主不御礼服，而自初皆置之此屋。耶稣复生之次日，纵百姓休息，故宫礼物兵器亦得纵观，辄三十人一兵士领之入，更番出入。此邦一切君民相与为欢乐，无所私秘如此。

参观英国监狱②
（1877）

（光绪三年二月）廿三日。克罗斯遣其侍郎溜意斯及其幕府密得弗斯得，陪视丼〔丼〕敦威拉监牢。主监官色拉文伊毕逊，所收系一千一百六十五人。凡屋四区，上下五层。其下一层为黑狱，梗法不听约束者闭之黑狱中，减其食。自平地起为四层，如花瓣四出，每区左右得屋七十二间。依地势为之，亦有多出数间者。第一层织布，屋各置机一张，或成幅为衾，或度长短为巾而空其隙，或粗疏为绤。凡犯人亵衣、巾、被之属，皆自织之。第一〔二〕层织毯，屋各置一木架，张毯其上。第三层制造皮鞋，钉、钻、绳、板之属毕具。第四层析棕与毛分之，以供制毯

---

① 克伦那地尔：Grenadier，近卫步军第一联队士兵。

② 选自《郭嵩焘日记》，第三卷，175～177 页。

之用。毯有供卧者，有供当门铺地者，其制皆粗。各署当门铺地皆取给于此。每层置一狱吏监之。自工具外，屋各一床、一被、一毯、一几、一案。案小，倚门角张之，上置书数帙，而架板于壁，支诸器具，盘盂大者则置诸地。黎明起，树床于门背，叠衾毯于架，盥洗毕就工。辰正饭，赴礼拜堂诵经，复就工，未初饭。每区后各有隙地，铺石为圆围。午饭毕，就圆围逞步，宣导其郁气。圆围或二或三，中为短墙间之，每围三层，层各逾三倍，间五六尺一人。约一点钟，复入就工，至夜复饭。日三饭，就工以六时为率。再后隙地右为圆屋一区，铁栅环之，筑墙为甬道，约甬道十余，凶强不服约束，则令食后逞步其中，而狱吏坐圆屋中监之。中为数厂：一铁厂，铁工十余人，冶铁为锅及大铁板；每区四层，铺地用之。一白铁器具厂，即洋铁，制为壶、瓶、箱、匣。一木厂，各有工木〔十〕余制造器具，皆犯人也。盖凡入监，必考知其工艺，分厂充役。其无艺者，就其心力所能为，课使习之。制布、制毯及诸工作，入狱后学习，十常逾九。又有洗衣厂，犯人衣服分区记数，洗而烘之叠之，皆分派供役，亦有吏监之。左为病馆，医士一人经理，每房一人，衾被之属皆温洁。病重者置之楼上，亦每房一人。其一大厅，设卧榻十，则以处病重不能生者。四区最下一层，中为厨房，置饭锅十座，引水气以治饭。前设大铁柜二，每柜四间，可容番薯数石，亦引水气蒸之。治面食一屋，则设一火柜，列面食烘之。犯人三饭皆面食。早佐以阿非茶。午为正餐：肉一方、汤一盂、番薯五枚。晚佐以小面粥。日治千五六百人食，亦皆犯人为之，而精洁无烟火气。惟别一屋置大木水沟洗涤盘盂，地砖稍见水湿而已。厨后水气机屋凡三：一火门、一机器、一汲水机器。井深四十尺，汲而上之。煮饭及沐浴、茶水，或引水气，或取水，皆以机气〔器〕运用。每房一间，皆设响铃，以备犯人或有急传唤；而响铃分区记数，每房门旁悬一牌，编列字号，铃响则牌自张，即知某房传唤。精妙微至，一至于此！主监官居前楹，右旁为礼拜堂。犯人日一诵经，礼拜日则再诵，以耶稣立教，专示改过，务使犯人领解此义。堂分左右二间，间有长几五十，几容十人，两堂千人。前为教师〔士〕诵经案，旁设琴一张，上施铜管十余。因属一鼓之，始知琴旁皆设机器，鼓琴引其机器纳气管中，若笙若笛，若钟若铙，赴声应节，铿锵满屋，惟旁一人推引风箱，纳气入之琴房，以供其嘘吸。前十六夜阿刺伯哈纳乐器馆听琴，未能就视，尚不知其用之巧也。前设浴堂。犯人始至，先就堂澡浴，更换衣服，衣裤棕色，即以所制毯为之，可以一望而别，知其为犯人也。其故衣服并发回其家。色拉文伊毕逊云，伦敦监牢九处眉批：据马格里所开监名：一曰每他娄拍欧立田，即京城监也，与此异名；二曰牛该；三曰西笛，华语谓之城中监也；四曰色力考安的；五曰句巴斯非拉达；六曰米拉班克；七曰盘岛威拉；八曰毫司敖伍靠雷克慎；九曰毫司敖伍狄坦慎。，国家所设，此与密尔邦二监而已，收系五年以上，乃入其中。余七处皆民建而设官司之，以系轻犯及须断遣者。内毫司敖伍靠雷克慎①，收系幼童犯罪者；毫司敖伍狄坦慎②，收系待审人犯，则别一规模也。二监犯人有需发往波斯莫波〔斯〕、波尔兰两处海口充工作者，以满九月为期乃发行，行则须械系之，以防逃越。其械具别置一屋，枪刀罗列，云防犯人或谋聚逞，即用以系之。有九尾鞭，用绳为之，凡九。犯人有殴辱所管狱官者，鞭之，鞭辄皮裂；非是，不轻用刑也。前檐上设望楼，四区屋道毕见，以凭了望，自第四层起凡百余级乃上达。询知监牢一切工作皆犯人为之，亦一奇也。观其区处犯人，仁至义尽，勤施不倦，而议政院犹时寻思其得失，有所规正。此其规模气象，固宏远矣。凡在其室工作，皆反楗其门，临食乃启门。食毕，诵经及后院散步毕，仍返室工作而楗其门。其在厂十余人任工作，则一狱吏监之。散步亦监之，在厨司食皆监之，终无敢交一言。一监中狱吏数十人，询其职，当兵逾十年，诚实知事理，选充狱吏。主监官色拉文伊毕逊，头等宝星，亦充下会堂绅士。西洋官职有等威、有阶级，而无所为资格也。

参观英国工艺学校③
（1877）

（光绪三年二月）廿八日。麦华陀先约赴波里得克尼克英斯谛土申④观机器，犹言格物局也。波里者，译言多也；得克尼克，译言受益也；英斯谛土申者，局也。凡局皆有公会，多或千余人，少亦数十，而必签十余人为总办，其名亦曰尚书，西语为得勒客多尔斯⑤。别签一人坐办，其名亦曰参赞，西语为色克力达理⑥。此局坐办名侯尔。其专函

---

① 毫司敖伍靠雷克慎：House of Correction，感化院。
② 毫司敖伍狄坦慎：House of Detention，拘留所。
③ 选自《郭嵩焘日记》，第三卷，179～180 页。
④ 波里得克尼克英斯谛土申：Polytechnic Institution，工艺学校。
⑤ 得勒客多尔斯：Directors，理事。
⑥ 色克力达理：Secretary，书记。

来约者，约翰盘也。洋人皆以姓称，故专曰盘；欧洲以东生植百物皆博通。此次格物局愿捐机器，充入上海格致书院，亦由盘一人劝合之力。所约麦华陀及阿尔科克、威妥玛、巴尔弗尔①，专以其久居中国，约来一陪。阿君前充中国公使，巴君则始通商时充上海领事者也。斯谛文森亦至，皆素识者。其外则头等宝星特列发尔云，及其妹内里荷兰得。凡得宝星，其称皆曰塞尔②，而皆以姓传，其名加之姓上，不以相称。如威使则曰塞尔达摩威妥玛，阿使则曰塞尔勒色弗尔得阿尔科克，所称但姓而已，不系以名也。以下则称密斯得，犹中国尊称曰先生。官及有学问者名之曰密斯得。是日约者六人：一曰约翰彭，工制机器；一曰沙模达，有造船厂；一曰曼皮；一曰占莫斯弗尔斯得，工制造；一曰端阿尔斯科里，火轮船行主；一约翰宜克森，有煤厂。皆称之密斯得。得宝星曰塞尔，世爵曰罗亚尔。是日阅机器三具、光镜一具。云凡色以白为质，而五色自具其中；以分光镜区别之，五色自见。分光镜多用三角式或四角，边薄边厚，其光斜射而后五色备具。其用影镜照山水人物凡二处，亦戏具也，而其中皆具有学问，可以推知其由。光镜及机器三具皆允送入上海格致书院。别有戏人一具，上系二绳，前后摆荡则人自跳跃，或上或下或倒翻，竟不知所设机器如何转运。馆人云："此戏具，他处无有也，皆本局人以意造成之。"下凿一池，深丈许，悬铁钟，其旁四围嵌玻璃，钟上亦嵌玻璃，可以透光，内容四人，钟旁略施木板，可以纳足。浸入池中，两耳鼓气如雷鸣，入水中即耳痛甚，盖钟上一皮管透气入水中，鼓气入钟内，其力甚劲，年老气衰，不能受也。钟下见水奔腾，竟无涓滴泛入钟内。钟上铁绳并浸入水者三尺许。旋过马尔铿小坐，见所藏刀枪绝精，玉器、铜器、磁器，得自中国为多，皆奇珍也。有玉荷叶缸一具，经火毁，其色如瓦，极轻。又木器数具，皆已化石，其重亦如石，云出自印度一山中，遍山木皆化石，不知始何年也。马尔铿三世将家，有名于时，威林登公与其父尤交好。所得奇珍，多出师各国所收获也。年七十余，而意气如云，出示各种，备致殷勤。

---

① 巴尔弗尔：George Balfour，1843 年首任英国驻上海领事。
② 塞尔：Sir，阁下。

听英国学者演讲热学[①]
(1877)

（光绪三年二月）廿九日。斯博德斯武得函约赴罗亚得英斯谛土申[②]，听定大论热学。亦诸学者公建，专务实学。定大顷定礼拜四日一会讲，因往观之。集者数百人，坐次高下相环，而缺其前一面，设具〔巨〕案，左右遮护如柜。定大立其中，论火轮机器以热生力，亦可由力生热。设木上下相关，而贯曲铁圆柱其中，以手转之。上为圆孔，倾铅末其内，铁转愈病〔疾〕，则上孔热发而铅熔如汞。倾水其内，加盖则腾沸，其气上冲，盖偾〔溃〕起二三尺。又粗铁线一根，持铁椎疾椎之，铁线热发，可以引火。铁钻一具，引木板疾钻之，即火发。玻璃瓶贮水，颈粗盈握，握固而引机疾转之，其水内沸，上加木盖，亦偾〔溃〕起数尺，皆以力生热之意也。又用玻璃罩置表其中，上安一巨针，若指南针然，置之柜外而系电气镍〔线〕。其旁用铜器一具，上有圆围，中安小铜板，亦纳电气，而引电气线贯其端。另用一木杵，上施铜板，磨令热，引就铜器圆围中小铜板，则针右转。磨冰引冷气就之，则针左转。此则不知其何义也。亦有光镜一具，用小玻璃管贯水其中，色红，反照之，引入热气，则水上升，引入冰气，则水下坠，与指南针左右转同义，又用光学以明热学。此邦学问日新不已，实因勤求而乐施以告人，鼓舞振兴，使人不倦，可谓难矣。

赴下议院听议事[③]
(1877)

（光绪三年二月）三十日。阿什百里邀赴下议院听会议事件，多研诘政府及各部。堂设正坐，若各署堂皇然。前有巨案，上方列坐三人，主记载；左右列长榻五行，上下施榻，容十许人；前廊亦设榻三行。是日集者四百余人。有致诘各部院事，先指名知会，至则相与诘辨，而以土耳其一案为最著。有议院绅阿定敦，先知会政府毕根士由，毕根士由系上议院绅，是日亦至坐听。发论凡数千言。每有中肯綮处，则群高声赞

① 选自《郭嵩焘日记》，第三卷，180～181 页。
② 罗亚得英斯谛士申：Royal Institution，皇家学院。
③ 选自《郭嵩焘日记》，第三卷，181～182 页。

诺。其兵部尚书哈尔谛辨驳其误，亦数千言，语尤畅朗。次议绅阿葛尔得复申阿定敦之说，亦数千言，徒诘政府因循坐视，不能出一计、定一谋，其言颇强坐以无能。大抵英政分立两党，一主时政，为新政府毕根士由一党；一专攻驳时政，为旧政府格南斯敦一党。其议政院坐位竟亦分列左右，右为新政府党，左为旧政府党。而列入新党者常多，亦权势所趋故也。其主议院事者，谓之斯毕格①，坐正中堂皇。始就坐，斯毕格赞称静坐止言谈，即有应称起立，论所诘事。答者俟其语毕，起立申辨。其有要紧事件，斯毕格起传其名，令早自陈说。凡有言皆起立，其余皆坐，语毕退就坐，乃继起应之，无敢傫言者。下议院，洋语曰好斯曷甫恪门斯②；上议院，洋语曰好斯曷甫乐尔知③。上议院斯毕格为克尔恩斯；下议院斯毕格为伯兰得。

听英国学者论天文④
（1877）

（光绪三年三月）十一日。铿尔斯邀观显微镜及论天文。其言四十七倍月当一地球，一千三百地球当一土星，七十万兆地球当一太阳。月中两火山，山皆中空成洞，以火发石出故也。其中空处广四十里，深三里，山高九里，以用千里镜向明处照之，其一面暗，则山影也，以是测其高。又有山无水，亦无气，以水气蒸而为云，月中无云，故无水，无水则亦无气，以是测其寒。知凡星皆有人，惟月中无人，以寒不能生故也。其月〔室〕中悬五星图，又悬测光气各图，黄者为铅，青者为铁，向日照之，知日中所产与地球略同，以与其气相应也。又言日本近年开设电报信局，发信至廿五兆。英国一千零八兆为最多，法国次之，美国又次之，德国又次之，俄国又次之，日本第六。即此足见其贸易之广，事务之繁，与其人才学问之盛。惜不能通知语言，惟从马格里考求一二语而已，余多不能悉也。是夕会中所识者，上野景范、费音利得数人而已。又哈布尔一人，回数〔教〕也，住英国三十年，谈论极快。

---

① 斯毕格：Speaker，议长。
② 好斯曷甫恪门斯：House of Commons，英国下议院。
③ 好斯曷甫乐尔知：House of Lords，英国上议院。
④ 选自《郭嵩焘日记》，第三卷，190～191页。

参观英国法院①
（1877）

（光绪三年三月）十三日。禧在明友人哈栗斯邀观审案堂，凡四处。一曰林庚新②，其官曰罗尔觉斯谛斯③。觉斯谛斯者，译言公道也。承审四人：曰占模斯，曰噶里斯，曰结色拉，曰巴格里，而占模斯为之长。其幕府曰金铿斯，陪同指示。是日噶里斯以病未至，虚承审一席，占模斯即延予入坐。张案如弓，外抱稍高。其下列坐三四人，亦张案外抱，则小官之录供者。又下则小讼师之刺取案由者，坐皆外向，无案。再下列长案向上，其前三四层，皆讼师也。后为民人，亦列案数层。小坐即辞去。其右为律堂，总管名司吉讷尔，藏书四万帙，学律者集处其中七百人。司吉讷尔告言：伍廷芳即在此学律，哈栗斯亦学律者。中有饭堂，有治事堂，有燕坐堂。过街为存案处，旁注：其名为豪事阿甫【黎】颇布力喀雷阔尔斯④。豪事，屋也；颇布力喀，译言公也；雷阔尔斯，译言案也。犹谓房屋所盛之公案也。主者结色拉，其副曰哈尔谛。列屋四层，层二十二屋，凡存旧案八十八屋，分地分年列号记之，而听人相就抄案，亦分数堂列坐其中。最后一层藏诸古迹，有巨册二，盛以琉璃匣，一千零八十五年所记英国田土册也，字皆剌丁文，相距八百年矣。又显理第七盖造宫殿与工人立约包工一册；又与法国立约一册，法王系以金印，大约五寸，厚八分许；又罗马教主给显理第八文册，系以金印，大约寸许；又今君主维多里亚始即位受戒教师〔士〕文册。其文首列教师〔士〕问："须发一誓，愿否？"答曰："愿。"因示戒曰："即位后一切按照英国法律，能否？"曰："能。"曰："一切当依公道以仁义行之，能否？"曰："能。"曰："宜保护耶稣，能否？"曰："能。"曰："凡教师〔士〕世爵应享之利，并宜照旧，能否？"曰："能。"于是画押其下，而载当时所授官名于册，而以誓单黏其上。又登车至米达拉坦布拉⑤、应勒尔坦布拉⑥。米达拉者，中堂；应勒尔者，内堂；坦布拉，译言堂也。总管名安得森。中堂、内堂学律者各三四百人。而中

----

① 选自《郭嵩焘日记》，第三卷，191～192页。
② 林庚新：Lincoln's Inn，伦敦四法学院之一。
③ 罗尔觉斯谛斯：Royal Justice，皇家法官。
④ 豪事阿甫颇布力喀雷阔尔斯：House of Public Records，档案馆。
⑤ 米达拉坦布拉：Middle Temple，中院。
⑥ 应勒尔坦布拉：Inner Temple，内院。

堂由与西班牙战，海中掳得其船无数，取以建此堂也。其中一礼拜堂，圆屋可坐千余人。又有一堂名格雷新①，相距二里许，亦有学律生。凡学律四处，悉统于林庚新。二曰魁英斯班迟②，三曰艾克斯才克尔③，四曰阔尔大阿甫铿门普力斯④。三处审案堂别为一屋，所至魁英斯班迟一处，承审三人：曰科本恩，为律师之有名者，其官为罗尔基甫觉斯谛斯⑤；基甫者，犹言总理也。曰海洛尔。曰勒什哈栗斯。云此三堂皆依律断案者，律文与案情不能相准，乃移送林庚新以理准之。觉斯谛斯虽亦统于铿恩斯，而不归其管辖，岁时分巡各处，以平其讼。

听英国学者讲电学⑥
（1877）

（光绪三年三月）十四日。谛拿尔娄约至其家听讲电学。收贮电气八千八百瓶。略记其言电学精处。其一，以小铜丝分引电气，谓之耽误，可以耽误至万分。耽延愈多，则受电气之力愈微。制小木箱贮铜丝而插牌其中，由一分至万分，分牌记之。安设电报，中途有断处，亦可由分数以推知其里数，而知其断处当得几万几千几里。其一，张玻璃管引电气，而硝强⑦、磺强⑧、盐强⑨为色各异，入管内辄成小轮，或斜射如鱼骨，以气之纾疾为光之疏密，力愈弱则光愈散。其一，引轻气以敌电气，张玻璃管吸取轻气纳入之，而引电气过其中，则成小圆轮，疏疏落落。用水银压之，吸轻气外出而光又聚。其一，电气相接而过，稍空分秒则中断，尽引八千八百瓶之电气则力厚，穿空而过，可及三分寸之一。其一，化水为气，以分数验之，气愈多则力愈紧，用两铜锥系金丝其端，鼓气以通电气，约历时一分半，双引电气至锥端，其声相薄如雷，而金线立化。白金丝化成一小粟，黄金丝则化入玻璃片，若界画然。化气多

---

① 格雷新：Gray's Inn，伦敦四法学院之一。
② 魁英斯班迟：Queen's Bench，高等法院。
③ 艾克斯才克尔：Exchequer，由王室度支局产生的法庭。
④ 阔尔大阿甫铿门普力斯：Court of Common Pleas，民事诉讼法庭。
⑤ 罗尔基甫觉斯谛斯：Royal Chief Justice，皇家首席法官。
⑥ 选自《郭嵩焘日记》，第三卷，193～194 页。
⑦ 硝强：硝酸。
⑧ 磺强：硫酸。
⑨ 盐强：盐酸。

少，其及①可及若干万里，皆可以分数测之。其一，电气之力化为吸气。安指南针于架，前后两轮，约电气线数十重，引电气过而针自动移，亦视所引气多少为所移分数。据谛拿尔娄言，与斯博得斯武得各有所入门径，而其归则同，彼此常互相证也。问所著书，皆未刻，而云言电学以葡斯克森为最佳。询以电气入玻璃管而成轮花，何也？答曰："此自然如此，其理尚未能格也。"又出一木盒，有玻璃瓶十余，装药其中，状如铅粉，向明处照之，摄入光气而成五色，置暗屋中，益明显，须臾而散。言照相镜惟成黑白二色，不能具五色，加入此药乃具五色，然不能久，再过数年，当有法使其色久而不变。吾于此等学问全不能知，姑记其所言如此。

参观博物院②
（1877）

（光绪三年三月）廿六日。麦华陀、盘尔邀游铿新登博物院。先过威多尔斯，观所制小机器，自云凡机器要紧处有二：一曰平，二曰丝厘秒忽分辨明析。所制铁圆盘，为三足木架盛之，上下凡二架，中为孔，纳杆其中，两相合而摩荡之，即相粘合，盖平则能粘也。云初为钢铁圆饼，磨使平，涂朱其中，用纸拓。稍有圆颗或朱所不到，即就其处刮之。须先制三饼合之。以二饼合，不能辨其沙颗之或在上或在下也，故须中间一饼，次第合而验之。为小机器，可析一寸为十万分。凿木为槽，长二尺许，架两铁杆其上，两端有轮，前轮可推其铁杆进退，后轮惟转动其杆心以定秒忽。两杆相对，其端不逮五分，光平如镜。如以一寸物衔其中，则推其前杆向外，距后杆一寸，以试一寸物相衔与否，而验其秒忽之差。恰相衔，两杆与物相抵，犹可以人力运取之，可纳而入，亦可抽而出也。稍宽一秒，则不能相衔，稍紧一秒以上则相衔，以次加固，而人力不能施。其大盘以一百分当一秒，积一百分而转动其小盘一齿，凡二十五齿则得二千五百分；又积二千五百分，复转动其小盘一齿，凡四十齿而加密得十万分。是以一寸之积，析至十万分，析〔秒〕忽分辨益微。言凡机器之相合而固者，由其分析微也。又制一小轮，用钢铁为质，而胎柔木其中，毂与辐皆然。轮廓包柔木数分，外以钢覆之。云轮力柔，崎岖山径

---

① 及：疑作"力"。
② 选自《郭嵩焘日记》，第三卷，199～202 页。

不忧震簸，初悟得此法，未试行也。随至铿新登，其尚书名三弗，亦世爵，陪游厅院十余处。凡院皆为玻璃罩以取明。其前数院，凡各国所建之坊，俗谓之牌楼。若石幢，若门楼，若亭，若石楼，形似塔，高峻有楼房。奇丽宏壮者，皆仿为之。一火炉状如巨屋，上有飞檐，左右护炉亦如巨壁，云意大里国王宫式也。一礼拜堂，石门楼，左右三门雕刻精奇。一铜门，匡〔框〕及门高广皆逾丈，镂刻繁密，别一礼拜堂门也。一石幢，围丈余，高十余丈，皆琢为花卉人物，分造两段植院中。一麦西古王冢，亦仿其式为坟，皆砖为之，四面为牌楼，而别为牌楼植其旁，则依其丈尺为之。又为楼房一区，中为巨屋，四隅为飞桥，用阑围之，云阿非利加一国王听政所，屋四隅皆勋爵侍立处也。其他铜坊、铁楼及诸奇制，不可胜述。巨壁张画一幅，极四大部洲最高房屋罗绘其中，以礼拜堂为最，伦敦已有高至五十丈者。南京琉璃报恩塔，其高得半而已。其金器、银器、多君主宫中所用，金盘有大至六七尺者；银桌、银盆，云皆印度国王器也，灭印度时得之，皆存于此。古铜器、玉器、磁器，分屋贮之，所见已数万种。铜佛一尊，高丈许。铜钟四具，形制并同，上环乳五层，制造颇精，云皆购之日本者。其一钟刻有金刚经，云正德辛卯制，并僧衔署"临济正宗"，与三钟之为日本物同一形式，绝奇。铜鹰一具，作搏击势，羽毛皆张，亦云日本物，以千磅购得之。其他磁盘一具，仅及五寸，购之百磅；磁塔一具，购之五百磅，其地博古者能辨其为千余年物也。按：中国磁器始自南唐，不及千年。佛塔缘自唐时，印度诸国已前有之，西洋无有也。印度磁器必不先于中国，此可疑。磁器大小尤多，自中国、东洋以至泰西各国，并及阿非利加，所有新旧磁器皆罗致之。即中国磁器，若巨盘，若瓶，大或数尺，小或二三寸玩具，皆绝精。其珍奇若琥珀缸及花树，玛瑙池缸，蓝晶紫晶瓶、盘，参错玉器中，用玻璃巨罩盛之，所见已不下十余处。各国古乐器为一屋，大小刀、剑、矛、戟为一屋，错绣、针黹为一屋，中国蟒服亦皆有之。略亦流览，不能遍及。饭堂三处，游人饮食皆便，其堂壁柱，皆磁为之。最后楼上贮藏磁器尤多，花草五色及翎毛，其光外浮者，皆英国所制也，磁质不能及中国，而此则过之。各国磁器推中国第一。再入则画院，张画数屋，亦相就临摹。书屋二区，亦多相就读。而后设画馆二堂，一画师主人〔之〕。男女各为一堂，堂分十余屋，屋皆列长案，亦有散置小几，纵横列架临摹者。其一堂为台，画师立台上，就台壁以青石为壁以粉笔纵横界之，为远近向背高下之势，以开示画理；而后列坐一屋，四壁悬挂泥塑〔塑〕人首，或一手一足，或花朵，亦有张镜画一草或一盘或一山，各随其心意所向摹之。凡数日，得其向背之势，乃分屋习之，水山〔山水〕则兼水石树木；人物则泥塑〔塑〕男女，或立或坐，或手持器具张望，或曲立回顾，亦各随其所好临摹之。数日得其形似，而后令习山水花卉者临摹古画，人物则雇一人高坐其中，诸画者或正向或侧向摹之，必肖其人之神，乃为有得。男妇学画者皆然。大率每日十点钟起，三点钟止，不逮三时之久，而各以其全神注之。是以西洋写真及山水，远近向背，曲尽其妙。询之三弟，此院岁支用款三十万磅；而画院教习男女三百人，及他学馆归此馆管属者尚有数处，岁消〔销〕约二百万磅，其中三十万磅则专支销此馆用费也。西洋专以教养人才为急务，安得不日盛〈一〉日？

参考英国税务管理[①]
（1877）

　　（光绪三年四月）初二日。金登干约游英兰得类非纽。类非纽者，译言税务也。尚书斯谛文森，其副赫里斯，幕府戛尔勒得。斯谛文森以病，遣其副与幕府陪行。所造凡三种：一、税单；一、信票；一、产业及制造器物凭约，而各处汇单、汇票亦附焉。凡税课交纳于此，惟海关各就关所完纳。非但岁课而已，家业传付子孙及亲友，皆有约据，由国家颁给，而视其产之多少纳税，大约二十而取一分。或以风疾入风馆，亦简料其家，由官存贮而给契以俟其愈，按所存数还之。或制造新法，得专司其贸易，署名为记，亦由国家颁给而纳税焉。其造税票有地，完税有地，盖印有地。其盖印处列柜为之，各以数多寡分列。纳税盖印至五点钟止，则有一人就柜旁小木橱开钥视之，即得所盖印数。盖橱内四小孔，孔皆有牌记，凡四字周转，近柜一孔十转而第二孔始一转，以次为千百十之数。先日一千二百三十四，本日一千五百六十七，即知用印三百三十三颗，而得其所收税数，不爽锱铢。

---

　　①　选自《郭嵩焘日记》，第三卷，205～206 页。

游水晶宫①
（1877）

　　（光绪三年四月）十二日。水晶宫总办贝尔叱函约往游，洋语谓之克立斯登巴雷司。克立斯敦，译言水晶也。适莼斋、在初、夔九、和伯、彦嘉、听帆、湘甫及马格里公邀李丹崖、日意格一饭，并邀至水晶宫，予亦因入一分。由维多里亚地方乘坐轮车，过代模斯江桥至克拉奔，向东行至兰海，过两小山，车路适出水晶宫后。贝尔叱迎于车次。入门皆玻璃为屋，宏敞巨丽，张架为市，环列百余，其前横列甬道，极望不可及。中列乐器堂，可容数万人列坐。旁注：其右又一小乐器堂相对，亦容数百人，别为一院。左为戏馆，就坐小憩。又绕出其左，为水晶宫正院。巨池中设一塔亭，高可数丈，吸水出其顶，旁为海神环立，所乘若龙，两眼吸水上喷，高约数尺，张口吐水，日夜济湃，大树环列数十株，水晶宫最胜处也。曲折相接为巨屋，模仿各国形式：一埃及，一希腊，一罗马。希腊、罗马两院中，列石为人约数百，皆至精细，而罗马大礼拜堂及他室屋，多为模张之石台上，铁栅环之。日思巴尼亚建造阿剌伯回教殿堂，尤为奇丽。刻立各国石人象，连屋累院，目不暇给〔接〕。又下入地底，亦有养鱼虾海物玻璃屋十余，有蟹形甚奇，身足皆带刺。凡环戏馆一周，转出甬道，向右亦有一院，为石池，置玻璃塔其中。树木颇繁密。石山曲折相连，每山坳塑〔塑〕番人数辈，或北墨利加，或南黑〔墨〕利加，或澳大利洲及阿非利加番人，有生而曳下唇使长至四五寸，或纳木杵其中，皆丑黑狰狞，略具人形而已。又多为禽兽、树木，用玻璃巨匣盛之，形如一小屋，凡列十余座。连画、张画数千，则用以求鬻者。别有一院为意大里模式。近年意大里掘地得古城一所，器物珍宝多存者，为图数十以纪异。小小玩具数十，及地中沙土，皆存贮之，亦嗜古之一端也。转出一巨楼，向水晶堂前门稍左。贝尔叱以事他适，遣其副戛尔定勒尔陪游，云贝尔叱约是夕看烟火，即在其处。其外地敞数十里，横列四巨池，前一圆池尤巨。回过织花机器厂，所织状如飘带，为人物花卉，比诸绣工之至精者。每一机器织十二幅，颜色各别，随所用线为之经丝，十二幅并同，机器之用全在纬丝。列屋为肆，百货具备，有专罗列中国器物者。就馆为食。饭毕，戛尔定勒尔

---

　　① 选自《郭嵩焘日记》，第三卷，211～214 页。

邀至前楼看烟火，贝尔叱、艾约立的叱均在此迎候。艾约立的叱为希腊人，以〔亦〕总办之一。询知水晶宫凡七千余股，集费一千五百万构成此宫，其间有须收息者。近年制造修葺，费用日烦，息银多不时给。坐定，月出，极望数十里不见星火。俄而爆声发，直上如箭，约及数十百丈，散为五色繁点，而其下万火俱发，爆声四起，或散为五色繁点，而色相杂，又各不同。或如繁星；或如孤月直上；又如气球，随风横行至十余里，其光转绿，转红，又转白，如日光射人，月明亦为所夺。已而光渐微，则一光圆中又裂为五色，圆光四出相激，又散为小圆光。其平地中万火俱发，有叠至四五层者，其光亦数变，约刻许乃息。忽爆声从地发，直冲而上，如万爆轰裂，现火牌楼一座。忽又爆声齐发，现宫殿一座，矗立山端，众树环之，言此温则行宫也。以君主明日生辰，方居温则行宫，用以志庆。忽又爆声齐发，现君主一像，颇酷肖之。忽又爆声连发，直上丈许，横出又丈许，成白色一道，忽奔腾而下，如瀑布之坠于崖端，火光四扬，远望之疑为水气之喷薄也。忽又爆声连发如转珠，少顷，现出五色花亭一座。忽又爆声连发，亦如转珠，现出五色大球一颗，腾空圆转不息，尤为奇绝。忽又爆声自地直冲而上，散为千万爆声，其光如金蛇万道腾跃。忽又爆声直冲而上，散为万点明星，方惊顾间，又冲而上，再散为万点明星。亦有冲上丈许，忽东出数尺，爆声随发，其光如月；又转而西出，爆声复发，其光亦同。往复六七次，如火龙之旋转，左右两座相为冲击，真奇观也。最后数十道齐冲而上，或如月，或如星点，或散为五色繁点；而五池周围巨火齐发，红绿相间，其光屡变。池中水一线上冲，激高逾丈许，或四五道并激，心目交眩。已而巨火中各冲出五色圆颗，其大如月，高不过丈许，腾跃而出，络绎相间，五池相环，约千百圆颗，互相击并，亦逾刻许始息，仍上冲散为五色繁点。此间奇景绝多，尤无若此次烟火之诡变者。仍由轮舟〔车〕回寓，已逾十二点钟矣。

考察地理学会聚会[①]
（1877）

（光绪三年四月）十六日。晚赴阿立科克地理会宴，洋语曰奇约喀

---

① 选自《郭嵩焘日记》，第三卷，215 页。

剌非尔苏赛意地①，奇约，地也；喀剌非尔，谓图写之；苏赛意地，会也。即前赴老儒会处，设席亦同。酒毕，阿立科克起三酹。初颂君主，次颂太子及宗属，次颂各国钦差，而称鄙人曰："喜得老友来为中国第一次钦差，甚愿长住，以敦和好。"土耳其公使莫拉射司巴沙起立致词，大致谓土地以人为主，合天下计之，同一人也，何山何水，问焉不知，犹人之有田业而不能知其处也。地理会之设，所以最有功学者。然地理大端有二：一有常，山水原隰，有常者也；一无常，国界有分有合，有废有兴。因及俄人之谋侵占土地，立言颇极简当。次珥里斯发问探寻地道者二人：一勒尔斯，即前岁穷北冰海总兵；一本的达宁新，由印度穷西藏，尽摹其道里形胜，往来冰山，又为土人之窘，几死。勒尔斯答言，而宁新未入宴，约尔代答。约尔者，即威妥玛同学旧友也。次地理会帮办发问舍利曼；善金石之学，掘得希腊古碑古器至多。次后敦赞颂阿立科克，群起大诺，满饮，遂毕。近年寻阿非利加中土地颇饶，有大湖潴水可资灌溉，而其俗专以掠买人口为事。英人颇思经理之，而大太子为之主，地理会出金洋五百磅资其办理。英国之市惠无已，而志亦大矣，方之成汤使毫众为葛伯任耕，殆未有以加也。公使与会者：荷兰公使德必兰、波斯公使那赛木麻拉克木、日本公使上野景范。而喀什噶尔新至之赛阿德雅古布亦与会，余多不能知也。

观英国赛马②
（1877）

（光绪三年四月）十八日。珥白尊赛马会为英国第一胜日，俗谓之德尔比代③。代者，译言日也，德尔比伯以赛马著名，因以名日。偕莼斋、和伯、夔九、听帆及马格里往观。先日雇马车驻围场旁，而坐轮车由维多里亚至珥白尊，过克拉攀，分路至密叉摩，望水晶宫正当其东，约行六十里。赛马场宽约十余丈，长十余里，两旁树立木栅，观者数万人。马至者数百匹，分五场赛之，惟第二场十七匹为最多，余不过数匹而已。马虽多，不敢赛也。第一场马四匹，所着衣冠各分五色以为表识，先齐马首平列，按辔徐行二十余步乃驰。凡五里置一望楼，前树表

---

① 奇约喀剌非尔苏赛意地：Geographical Society，地理学会。
② 选自《郭嵩焘日记》，第三卷，216～217 页。
③ 德尔比代：Derby-day，德尔比赛马日。

杆，上为圆牌，一人坐望楼上，见杆前马首以定胜负，辨其衣冠，即知其何人何马。距杆约百余步则大驰，往往从后一跃而前，而旁观者大诺。第一场世爵冷斯谛尔胜，马名秋里亚毕箴。第二场马十七匹为一大场，前胜者三人：首世爵华尔摩斯，马名锡勒飞欧；次英里斯，马名科伦阿尔得；又次马耕奇，马名罗比类。法国有马名沙莽者，极雄骏，群推第一，编列第二大场，竟不及与前三名之数。第三场马五匹，世爵杜恩胜，马名英森斯。第四场马八匹，武员马喀尔胜，马名盘里拉西。第五场武员洼谛娄胜，马名内里冷利。市买玩具、食物及歌唱乞钱者络绎于道，几于举国若狂云。马车舆人酗酒，不知所往，候至日夕，仍附轮车回寓。是夜再赴德尔比格非尔茶会，所见来逊斯、美国大兵官。三多斯觉尔叱赫那、世爵，其父现官爱尔兰总督。莆里兰得、曾与往返〔还〕，送所著书。阿立拉克诸人。英国旧有赛马会，与会者常数千人，岁一赛马为戏，每以五六月之交第三礼拜行之，三四日乃已。国人用此为赌局。

记英国学者介绍矿石[①]
（1877）

（光绪三年四月）十九日。旋过危地马拉公使及李丹崖。住车林克罗斯公馆。兼至敦兰得处考问土石，得睹所藏石数千种。自云所藏六千余种，不能遍观也。又陪至京斯葛里叱医学馆，分堂教习共三十所，约千数百人。敦兰得兼教习金石之学，所管石一百厨，厨或数十种，或数百种，厨上设大架，置诸巨石。旁注：所藏石，各国皆有之。金产则意大里、古巴，及新、旧金山，及本国。大约产金土石、产银土石及产铜、产铁、产铅、铅分黑白二种。产硫磺、产水银、产砒各数十种，而产铁为多。敦兰得能分别所产成数，多至九成，少或二三成。其炼银者率至一吨土炼银十两，多至二十两，所以为贵重。金则多浮出于外，不待炼。炼铜土石皆绿色，为受养气而铜绿浮见，亦有紫铜、紫银，色同，以其质轻重辨之。西洋有紫银、白金，皆较常品为贵重也。铁质有带铜色者，其铁产尤佳，或深黑如漆，相粘若葡萄，大者若乳，长而细若柱，皆佳产，可出铁九成。有银矿、铁矿及水银三种，皆黑色，形质并同。问何以分辨，敦兰得曰：考求纯熟即一望知之。因述新金山开矿，有深黑土若

---

①　选自：《郭嵩焘日记》，第三卷，217～220 页。

石，以为铁产也，炼之，无有。或曰铜也，如其法炼之，亦无有。乃取此石还英，求得博物者问之，曰：此水银也，用峻火炼之，则皆化为气上升，随烟所着处仍成水银。因取寸管炙炭于下吹之，水银溢出如泻，如是此矿水银，岁常值数百万。其他石或具五色，若赭石、滇黄、松绿，及若晶色白，而明暗百变。或若碎石丛聚；或若小冰柱；或如冰花，繁细如发；或如小圆叶堆聚；或叶稍大而扁；或如鱼骨，节节相衔。其他五色花纹若青田、寿山图章石，种类至数百种。其五色宝石，有含入沙中者，有产石中者，亦有巨沙若石，中含小金刚钻，繁密如粟，有光。敦兰得能辨知各沙土与养气合则为何石，与炭气合为何石。硫磺入铁中则铁气薄，而产铁亦不佳。又有各种石中含生物，大者若蟹，若龟，若鱼，若鳗，若蚌；蚌又分里、面，皆具波皱文。小者若蝉，若虾，若蜣螂，若蟋蟀；亦有若蟹钳，若鱼齿、鱼骨一二节。亦有小管小虫，不辨其为何名。尤奇者，剖石一方，中小鱼长寸许，形状毕具，至数十百头。或衔小蚌数百，皆已化石，而蚌甲仍耸出，与石相离，随锯而解。亦有石中衔诸介虫，若螺，若蚌，剖石而本质尚未变者，大小亦数百种。又有巨石大如瓮，小螺蚌丛处其中，挑出辄成一小孔，有小如粟者，其未挑去者仍攒聚无数。又出示粗布一方，状若麻毯，曰火浣布也。其丝出石中，类绵而软，若带潮者，取试之火不化。因取一石出示，稍类石羔〔膏〕，若数层相叠，曳之则丝出如线。云今宝石若猫儿眼，其中皆出丝；水晶若中有物动荡者，皆丝也。又有石一片，椭长五寸许，高三寸许，状如水晶，取以照字，皆成两行。因画一"十"字照之，横竖皆两，昂其首照之，则竖者两而横一，用其椭处向上照之，则横者两而竖一。曰："此分光石也，石灰与炭气合成此。"取以照诸石，随其高上〔下〕作五色。其煤质坚如石，作花草纹，有若树者，有若草本者，亦有作诸虫鸟形者。有巨叶一片或如蕉，或如蒲葵，或如圆大叶有筋，其中含螺蚌者甚多。敦兰得云："煤矿得若螺、蚌、龟、鱼，即煤尽矣。"盖数万年前江海深处，地既下陷，填塞海中，水族毕处其下，久皆化为煤。至见水族形，必在极下一层，此矿即宜封闭。亦有结石至数里，中衔诸物形者，殆不可以年数计也。又石如螺旋，节节成文，而盘若蚯蚓，不辨为何物，大小至数十，敦兰得掘地得此无算。盖盘古以前有此物，天地再辟，此物不复生。又有象齿，长逾丈，齿纹犹具，而半化为土石，质坚而形如朽木。胫骨一具，长若①五尺，云开辟以前，象形质当较巨也。于此颇多创闻。询其学馆三十堂有无异同，曰："堂各一学，无有同者。"问："安得如此之多？"曰："如语言文字，在欧罗巴有德国、法国、希腊、犹太、西班牙等国；在亚细亚有中国，有印度，有东方诸国。"问："何以无俄罗斯及美利加、阿非利加诸国？"曰："各国皆有学问，而俄罗斯及阿非利加无之。语言文字必兼学问，非是无可教者。美利加与英国同，奥大利与德国同，故不更立学。"医学有草木，有生物，有人身体；身体又分形质、血脉二者。有内治法，有外治法及刀法，皆各专习一艺。其天文、地舆、电学、化学、算学、兵法、律法及工艺之属，皆有学，备具于此堂。问："岁费若干？"曰："二万余磅。"问："此尚不为多。"曰："各堂规条亦不同。如中国语言文学，则斯丹登久居中国，回英后特立此学以教幼学之习华文者，经费皆所捐办。斯丹登所教金石之学，则学者各备束修来见。"其堂亦如音乐堂，为圆屋环抱，高下列坐六七层，教师为台坐讲，讲生操铅椠录其音，以资习炼〔练〕。敦兰得云："十余年前此堂藏石多于妙西恩博物院，今远不及矣。"予曰："所见妙西恩金石不如此堂之多。"答曰："公所见未遍，亦但观其所陈设者而已。其所藏岁有增加，每年添置各种以十余万磅为率，收藏安得不富？"

记化学知识②
（1877）

（光绪三年四月）廿一日。与马格理论敦兰得之学，因略及英国言化学，分别本质不变者凡六十三种。养气、炭气、轻气三者为之大纲，合金石，则化分而析之，而气之本质自在。其诸生物，本质不变，五金之属为多。如璜〔磺〕强水化银成自来火，用机器收出强水，即仍为银。中国言金、木、水、火、土五行，西国言地、水、火、风四大；近言化学者，谓地、水、火皆无本质，养气与淡气合而成水，土、火尤杂诸气如水干之即不能还本质，养气与淡气③合亦自生水，故无本质，与诸气合，即化分之，仍还本质。惟金类为繁：金、银、铅、铁，种类极多。西学

---
① 若：疑作"约"。
② 选自《郭嵩焘日记》，第三卷，221～222页。
③ 淡气应为轻〔氢〕气，水为氢、氧两种元素组成。

于铜类分列①紫铜、白铜二种：紫铜曰科白尔②，白铜曰尼客尔③。紫铜合铅则为黄铜黑白铅并同，合尼客尔则为云南白铜。铜合炭气变绿，合养气生绣〔锈〕，曰铜绿，能毒人。其五金之属，各有本质，而所用各别。略记数种：一曰色里西恩④，加养气为火石，名色里戛⑤。一曰马克西恩⑥，微似白铜，练〔炼〕成薄片可燃，加养气为石灰。一曰戛尔西恩⑦，加养气为石灰。炭一分、养气二分为炭气，又加炭气为石。一曰博大西恩⑧，投水中变火，加养气为碱。西人于此推求化学，以辨五金之种类。

参观英国机器⑨
（1877）

（光绪三年五月）初六日。贝林斯约游印度船务〔坞〕，遣其幕府得拿以小船迎于上会堂江次。前适闻盘言，格林里叱⑩轮船机器厂相距不远。因约盘同行。先至格林里叱，尚在印度船务下数里；开厂者奔姓，即以奔名厂。其帮办功拍及奔陪行，所历刮磨柜马及转轴大机器一厂、刮磨小件机器一厂、制造泥模及熔铁一厂、捶炼熟铁一厂、铸〔锯〕木机器一厂，或铸〔锯〕成板，或凿成轮，或锯为曲饼，随木理为之，皆运用机器，至为迅捷。凡五厂。又锯〔铸〕螺纹大小钢钉一厂。附刮磨大机器厂旁，并为一厂。其刮磨机器皆用钢齿，用推盘送之使出，则钢齿一刮，又收之使入。收常速而出常迟，为钢齿着力处，机器运送略与舒迟。近威多得斯别制一机器，钢齿能自回合：出则钢齿向内，迎而刮之；入则钢齿复旋向外，迎而刮之；转运又较速，一机器可以当三。奔云：厂中新样新器，皆威多得斯所制也。询之，凡制造轮船机器凡二十厂，所游览四分之一而寸〔已〕。厂大七十亩，奔家世守此厂，已及百年。复由小轮船

---

① 列：疑作"别"。
② 科白尔：Copper，铜。
③ 尼客尔：Nickel，镍。
④ 色里西恩：Silicium，硅。
⑤ 色里戛：Silica，硅土。
⑥ 马克西恩：Magnesium，镁。
⑦ 戛尔西恩：Calcium，钙。
⑧ 博大西恩：Potassium，磷。
⑨ 选自《郭嵩焘日记》，第三卷，230～232页。
⑩ 格林里叱：Greenwich，格林威治，又作格林里治。

回至船务，洋语曰印地安刀克①；印地安即印度也；刀克即船务。其地名狗洲，代模斯江环绕狗洲三面，此厂正当洲起处，左右皆通江。洋语呼狗曰道克，因以道克为厂名。船务总办威克南曼、包尔斯迎于江次。西洋官局及私局皆设总办，而名其首曰尚书。威克南曼为前尚书，包尔斯则将代贝英斯者。其船务凡横开三江，通名西印度。初止二江：一卸货船务，一上货船务。后又添开一江，在南，并添设栈房，以备卸货。其上稍东又开二江，名东印度。贝英斯云："七十年前，印度货船皆泊外江，河道为之壅塞，因开船务河，名印度船务。嗣因船至日益加多，分置东西两船务，其通合为一厂五十四年矣。"其始开河设栈房，共费二百五十万磅，以百磅为一股，共二万五千股，所占地约十余里。百货屯集栈房，绕船务江凡四道，中国及东洋货物亦多于此起卸。沿代模江船务凡四处，以此为最巨。初至北栈房，见所列货物样式，凡三百种，约分谷类如火麻、赤小豆之属；金石类如藤黄、赭石、铅、锡之属；草木类尤繁，有入药者，有入染者，有供食用者。其大宗则胡椒、红糖、棉花、羊毛、老姜、茶叶，而尤以酒为多，除屯贮数屋外，又开一地窖，藏至数万桶，每桶约五百斤，皆自印度来者。询之贝英斯，酒税至重，每桶值八十三磅，而纳税乃至六十磅。酒至，起入栈房，报明关税司，籍其数，俟其交易得值，乃上税。其酒房，栈房与关税司各加锁为记。所藏数万桶，随出随入，无有屯至一年者。其由国家发给兵食者，兵人每日酒二两。皆加水：开池倾酒其中，引水和之，以五成为率，而用铜杆试之，用薄铜为杆，中设一球，其端倒入，亦安铜饼，验其浮沉，而以冷热表合之。酒力胜则浮。为酒稞〔课〕重，故先交易后税，亦以恤商也。而船务之责，亦于是为重焉。其起货皆用机器，楼房三层，皆用机器引上，人坐其中亦然。堆货小车亦用机器，左转则伸而上，右转则曲而下。机厂相距里许，设大轮转轴以激水，水筒高逾高②，用铁围桶压之，水满则铁围桶浮而上升。各栈房所用水力机器，皆从厂中激水注之。而评量货物轻重，开地为方井，设木架其中，用小车引物置架上，足胜二百吨，计三十六万斤。井旁设柜置秤，刻为分数，视其锤上下以辨轻重。糖桶则铸铁为沟而锐其首，穿桶取视之；铅、锡则引水力机器削视其里而记注其成数，发之各行户，即以为式。贝英斯云："口岸聚有万国货物者，惟英国为最盛。"然此船务货物，印度居十之九，其梨木、红木及诸木板，随处堆积为尤多。是日

———

① 印地安刀克：Indian Dock，印度码头。
② 此句疑有脱误。

所见机器，尤以引重机器为最奇：铸铁为夹梁而曲其端，高可二丈，悬挂铁钩，可胜四十吨；旁竖小铁管四，下有机关，一引钩高下，一移梁或左或右；稍一推之，而数十万斤之重，可以随意运动，故曰奇也。两处皆略观大意，就所及见者录存之。

参观英国御医馆①
（1877）

（光绪三年五月）初十日。晚赴罗亚尔科里叱阿甫非西升斯②茶会，译言御医馆也：罗亚尔，御也；科里叱，犹言大学馆；非西升斯者，医士也。尚书奔尔特陪视。各器具绝奇，有用木器如机，上为横木可低昂，其中悬丝，更系一横木，端竖铅笔，其末纵横交互，左右两足安铁饼其下，机动则左右两足交相推荡，用手按横木使低，悬丝随左右两足摆动，而铅笔就纸作圈，千态万状，如纱如縠，如回文锦。询其故，则以验音乐之调否也。铁饼匀则音调，一上一下则圈有疏密而音不调。又有铜架一具，尤小，中仅一足，其用则同。其五色宝石多不知名，有色似白石，向光处则中红绿点如粟，其光射目。金刚钻或大如枣，或小如粟，堆积满案。有淡白花文瑙玛〔玛瑙〕缸一具，高二丈许，大尺许，下有柱承之。皆巨观也。折光显微镜数十具，形制各异，所照皮血，皆医术也，足皮、肺膜及所患疮血无数。小虫大二分许，用水养之，盖水蛆之属也，四足，腹下有肉翅如悬乳，映水照之，血注如浆，漾洄不息。水草长数分，映水照之，随其筋脉有血灌输，如珠走隙中。体察入微而探讨入神，直穷于思议矣。有一瞽目者，读书观图，用手扪之，知其所读何书、所观图何地。又用铜尺压板作书，皆取二十六字母，以点画横斜多少相别识；图则以起伏为山水之分。其学堂，阿密里叱主之，亦英国之善士也。言此法可行之中国，虽瞽而读书办事之功皆可不废。此邦格致之学，无奇不备，可以弥天地之憾矣。

---

① 选自《郭嵩焘日记》，第三卷，234～235 页。
② 罗亚尔科里叱阿甫非西升斯：Royal College of Physicians，皇家医师学院。

陪巴西国主听音乐会[①]
(1877)

（光绪三年五月）十五日。晚赴哈里多尼亚跳舞会。即苏格兰会。马克斯威诺邀请甚勤，勉一应之。伯尔斯为之主，所见亨得里、荸里南得、密得数人。巴西恩布洛夫妇并至会堂，学生列队作乐以迎之。恩布洛者，译言皇帝也。

十八日。法国公使邀陪巴西国主听音乐，坐定，始见门隙数人侧席而坐，巴西国主夫妇在焉，或时起就妇人谈。西洋君民尊卑之分本无区别，巴西国主至舍其国邀游万余里外，与齐民往还嬉戏，品花听乐，流荡忘返，亦中国圣人之教所必不容者矣。

参观英国农业机械厂[②]
(1877)

（光绪三年五月）廿二日。安生邀至意伯斯维叱[③]倭尔威尔倭克司观农田机器。意伯尊维叱〔意伯斯维叱〕距伦敦东北二百里，海口有江名倭尔威尔，安生机器厂适在江口，因以为名。倭克生〔司〕，译言工役也。由栗温浦斯得利坐轮车，卅八里，过郎恩甫，为伦敦苦酒作行，西人名之皮爱[④]。又百三十里，过噶吉斯得，为漫令噶里地方，遍地皆花，为方长畦，五色辉映。询知栽花留子，城中富室花草皆出于此。又三十里，过司笃客山，约长一二里许，出山数十武，即意百里维叱〔意伯斯维叱〕也。厂副拉毕尔迎于轮车行预备车房，厂主安生赫德迎于噶吉斯得。先至农器所。盖厂数所，设席其中，并各小坐处，设音乐迎送。安生之弟，及颉非利斯，及梅尔得拿，及议院科布洛，及有尔庚、谛拿二人，皆久居中国者，余多未通名，眉批：询问梅尔："此地监牢几何？"曰："往时二所，今所用一所而已。"问何以故，曰："近年学馆日开，触法者日少，一所已有余矣。"予宾然敬礼其言。而安生为其地巨族。询问此厂原

---

① 选自《郭嵩焘日记》，第三卷，237 页。
② 选自《郭嵩焘日记》，第三卷，239～241 页。
③ 意伯斯维叱：Ipswich，伊普斯威奇。
④ 皮爱：beer，啤酒。

始。安生之祖，凡四十余万磅，共四大股分，安生兄弟居其二，其一则赫尔德颉非利斯也。其管理机器厂为安生从弟。亦有弟别设机器厂于尺尔西，是日亦来会。观农田机器数种。一、刈麦机器：铁剪廿余齿，就地刈之，上设四耙，飞转若轮。每一剪，则耙压至后板上而推之地。用两马曳之以行，每一点钟刈麦四亩。一、刈草机器：凡三具，皆用两马力。其一刈草而堆之地；其一数十长齿斜曲，掀草上腾，摊而晒之；其一数十长齿曲兜，聚草成束。一、犁田机器三种：用机轮者二，用马力者一。用机轮者为轮车二具，前后各一。开田为长丘，约百步，设犁车其中，两端各系以绳。前机轮舒绳而后轮收之，则犁之后端俯至地而前端仰；后机轮舒绳而前轮收之，则犁之前端俯至地而后端仰。前后相与迎送，惟移行左右而已。浅犁前后各九齿，深犁前后各三齿；浅犁掀土使起，即中国之初犁。深犁始成畦。马犁亦三齿，一马则一齿。一、出麦机器：用火轮一坐，用草为薪，不用煤。转皮条以运机器。前置机器箱如木柜，后出麦，前出麦杆。一人坐后端，取麦束从中轮压下。旁有风轮，亦中国风车式。后悬麻袋三：中袋皆完善者，其压碎者出左袋，土石及麦壳出右袋。其草壳轻者皆由风轮扬使旁出。其麦杆则压入轮下，即从前板推转而出，堆于柜前。此机器尤佳。乃回至厂，行江次，观吸水机器：一用木枊，一用皮条，略似上海所购水龙车，而机器较大。于是历观机厂七八处。锯木机器四厂，及〔与〕前格林里叱所观奔厂机器又各不同。又巨木围〔圆〕围七八尺，巨〔锯〕成寸许木板，用锯齿十八，得板十九。一机器兼四十人之力，而神速又复倍之。铁厂亦四处。木轮外加铁围：开地为池，中设机轮浮于水面，置木轮其上，以其外围投火柜中烧使红，钳置木轮上，即套入，即压轮入水中，池水为之沸腾，铁围得水收敛，非人才〔力〕所能出入也。管厂者亦名安生。又邀至其家小酌，设席长松下，花木围绕，极幽雅。骤雨忽至，又至其家小坐。是日主人到处张棚悬旗，款接极隆。居民观者万人，各免冠为礼，男妇相为依依，老怀亦为之增恋。其地亦有船务及各机厂，皆不能遍观。

参观格林威治天文台[①]
(1877)

　　（光绪三年五月）廿三日。阿尔百斯洛得、贝英斯邀至格林里叱[②]，赴格拉发尔夏尔会饮。其酒馆临代模斯江，极幽胜。盖利如行每岁七月一会，其主人尚有洼铿沙。因偕刘云生先至罗亚尔阿伯色尔法多里[③]，伦敦观星台也。阿伯色尔法多里，译言观看也。由车林噶罗司坐火轮车约半点钟，至格林里叱换车。其地有小山，星台在山颠，屋甚小，而山下余地极宽，多古木。先至观星显远镜，镜长丈六七尺，形如巨炮。旁设两轮，悬置一小屋中。镜下开深沟，以凭俯仰，左右前后上下皆设小梯，前开窗向南。右旁壁安显微镜十余。壁凡二层，中空逾二尺许，悬灯其中。内壁为圆孔，安镜，外壁灯左右各安显微镜，斜向内壁。圆镜内轮，分秒细如发，从显微镜窥之，每秒余地容寸许，云可于一寸中析至数十万分秒。显远大镜上安电报，每测一星，即发电报通知左屋坐钟处。前安转轮，每一点钟分秒详注其上，电报至，则转轮上纸着一小孔，视其所值之分秒，即知每时若干分秒，当为何星南见，以辨其迟速秒度之差。又一小屋悬钟，通电报于伦敦四境，每至一点钟，针力压电报法〔发〕条，则钟应而四境之钟并应。其上为圆屋，植竿屋顶，悬十字架竿端，报钟则电气过，钟旁铁条下压，而铁架相枝拒者皆下，十字架亦随以下，四境亦皆应之。圆屋旁为测风圆屋二所。一定风向：置罗盘屋中，随针所指，以知风向。屋顶亦植竿，竿端一巨针，与罗盘内针相应。罗盘下横一铜尺，为细齿数百，内向盘下一通条，外安刻齿小轮，以转盘内之针。屋顶风力吹针南向，盘内针随以南指，则轮转而铜尺所刻之齿亦随以转。尺下悬笔一枝，压纸一张，用乌纸界之。每格分向，以南、西、北、东为次，盖针皆右转也。笔端向纸值南格中，即为南风。笔画不出格，则风力和平。出格多少，可以辨风力之柔劲。风力压物，以斤计之。约出格一分，即风力压至一斤。一辨风力大小迟速：亦为圆屋，悬铜条其中，中安螺丝转机器。屋顶亦悬竿，竿端架十字转木，随风周转。风力愈劲，则转愈速，转急则内螺纹机器亦随以转，而

---

　　① 选自《郭嵩焘日记》，第三卷，241～244 页。
　　② 格林里叱：Greenwich，格林威治。
　　③ 罗亚尔阿伯色尔法多里：Royal Observatory，皇家天文台。

铜条上伸。铜条上亦安笔一枝，压纸一张，画为小纵横格。横格计远近，每格当英里五十。直格计时辰，每格当一点钟，而分计其秒数。后设时辰表以验时。风力缓则率一二时乃行五十里。十字架转急，则内机器随转而伸，而行愈速。三竿皆出圆屋之上，当星台最高处，可以从远望之。门左为三层楼，上为圆屋，亦设显远大镜，而架大转轮，随天右转。其中一层设水力机器以转轮，轮前当窗处亦设显微镜以视轮之秒数，其分秒亦细如发，从镜窥之乃可辨。旁设煤气灯以照夜，观星率至夜间一点钟也。其圆屋四周皆为玻璃直板，高三丈许。上覆玻璃，亦为直板，一以机器开闭，而另设一机器推使周转。显远镜机转斜、转仰窥俯测，一以水力机器运之。转轮旁安一铁管，上有螺丝转，外转则水机自激而行，内转则闭。观星者坐一椅，设木架转旋，可以随显远镜左右，其高下亦以机器推放。水力机器有巨轮转旋，旁植铁管，轮旁亦有铁管。由管内吸水入轮柱中，冲入轮围小管，则水直射外铁围，其力回激而轮自转，上安机器，推运显远镜大轮。其下一层，则水师各营送时辰钟试验以取准，凡钟表数百具。水师钟表皆供国家之用，例应送验。钟表店制造诸器不能送验也，徒以格林里呫时辰钟为伦敦各处所取准则者，其试验尤精，每得一钟表最准者，由格林里呫定其等差，即声价为之顿增，是以皆乐得其一言以取重，而相与出奇争胜，技艺亦因以日进。其试验有热度寒度之不同，以得热气流动则行加速，得寒气凝滞则行加迟，须是寒热如一，行乃有准。其热柜贮热水其下，上置钟表数十具，加盖其上。寒柜置冰亦然。其钟屋下有大时辰钟一座，置之地中，以四时气适均，寒暑无所加损，格林里呫所以取准时刻分秒者，必以此钟为定。别至一高楼，列巨案十余，则西历一千八百七十四年十二月初八日为同治十三年甲戌十月某日金星过日，此间至今推测未尽，所遣至中国及南北美利加、东至日本、南至澳大利洲，形状各别，皆为图说，盈数十巨册，所费已逾四万磅，尚须一二年工夫乃可毕事。其推法至八年后仍须一过日，此后则须逾百年之久。八年后当西历一千八百八十二年，惟北美利加一隅于金星入日度与出日度可以全见，余地惟能一见而已，并先为图志之。其天文馆尚书为爱约里，遣其幕府克立斯谛陪同指点。旋过格林里呫阿斯毕达尔[①]，盖先为赡养老兵及伤废者病馆，已而改为此堂。院宇极为宏敞。惟至一巨厅，观所悬水师功臣像及绘具诸战迹，所知威林登公及陆森数人而

---

① 格林里呫阿斯毕达尔：Greenwich Hospital，格林威治医院。

已。余处皆未能游，以雨，且须赴阿尔百斯洛得之召也。是日会者三十人，阿尔百斯洛得及贝英斯各起为颂祝之言，予亦起应之，具言两国相为和好之意，并以致谢。所识惟威妥玛、阿里克、金登干三人。

赴英国三处茶会[①]
（1877）

　　（光绪三年五月）廿四日。赴得温尺尔公茶会，地名折西格直，西南二十余里。园林之广阔，世无有也。入外栅门，行三里许乃见房屋。屋后古木乔松，参天蔽日。数百年松树尤多奇致。杂树编篱，异花成田，园景百变。前行数百步，见一溪。沿溪行，有桥跨其上。石栏数十丈，出入深林中。约数里，复得一桥，园景终未能穷也。桥端晤多尔马叱新格类尔，亦议院绅士也，曾得头等宝星，极以鸦片烟流毒中国为大憾。得温尺尔公尚有园林在伦敦北，地名夐得威尔士，闻风景更胜。得温尺尔公远祖母，百余年前美名为英国第一，有老画师格甫斯白拉为之写真，一时称为绝笔。近为人用刀划取之以去，英国称为异事。晚赴罗亚尔开得密倭甫阿克斯、[②] 连十余屋悬画数千。罗亚尔利成斯波丹里克夐尔得[③]两处茶会。一为画会，一为利成园花会。波丹里克，译言种植也。张幔为甬道，纵横交互，两旁悬灯，通计不可以万数也。花盛处辄张巨幔，置音乐其中，而以玻璃花屋为上乐。灯尤盛者二处：一、环池为屋，悬灯三四层，掩映水中，一望无际。池旁烟火如炬如月，相为照映。一、栽花满地，环绕五色玻璃灯钉，后为土山，高下左右，灯钉罗列。前结灯钉为彩棚，广十余丈。亦巨观也。彩棚左张幔为回廊，列案置玻璃小瓶及各种盆景花草，亦有编花为勒及床檐者。随土山右转为花池，累土为台，或圆或方，或曲抱，五色花光，护蔽其上，以千万计。晤巴理生、哈得生二人。巴理生居中国二十余年，能华语；哈得生亦英国老画师也。

---

　　① 　选自《郭嵩焘日记》，第三卷，244～245 页。
　　② 　罗亚尔开得密倭甫阿克斯：Royal Academy of Arts，皇家美术学院。
　　③ 　罗亚尔利成斯波丹里克夐尔得：Royal Regent's Botanic Garden，摄政公园植物园。

听英国学者谈矿物学①
（1877）

（光绪三年五月）廿六日。赴斯古得阿甫买英斯听施密司谈藏学，其帮办立格斯亦陪同指示。所见石数万种，略为铜产、铁产、煤产、锡产、黑白铅产及宝石，宝石亦有五金化者，而石灰化者为多；其紫色蓝色及冰纹水晶，多石炭所化者。及烧磁瓦各土；及异色石不入五金产者。集小方石为圆桌、长方桌。数石中有似藤黄、赭石及寿山、青田各石者；亦有似玛瑙者；亦有白石起水波；白石黑纹，如小菊花丛聚，施密司云："此石珊瑚所化。"有巨盘大八尺，状似茄色。玛瑙巨瓶高二尺许，青黑色，遍绕赭色蛇纹，而起丝如毛，施密司云："此石出伦敦之北，天下所无。"有赭石如云，及青石黄石可为柱者。有黑石可开薄片，覆屋以当瓦者。其他所见各石及石中含螺蚌虫鱼，若草叶者，各处皆有之。象牙长丈许，半化为石，云出自盘古前者，亦各处皆有之。尤奇者，石中含诸巨蚌全化为石，及螺纹盘屈如带，施密司云："此种当及二万年。"其杂虫及螺蚌形体不能全具，施密司云："此种洪荒无人时，但有虫鱼，当在七八万年前，不复可以推测也。"其铜石有似古铜片，云可得铜九成二；其整绿起颗如珠，云可得铜八成；长方小铜块和土成球，云小铜块可得铜八成，合土计之，不过二三成矣。石带铜色如金及带绿色者，云不过一成。其辨析甚微。其英国全土，初作绛色约二丈，次浅青约丈许，次深青、次白约及百丈，次红，次浅白；凡测至二千六百余尺。各处大致略同，而高下参差时有不齐，云地气有偏陷也。其纽开斯、朗喀什、科林洼尔各煤厂，皆凿石肖其山势，及开煤浅深层数，凡列数十处。其开煤有四法：一、从上开一圆孔直下，必另开一孔以泄气。一、横出山腹开成小巷，纵横四达，而留中方如柱，使支地以不至倾陷，俟煤尽处，始渐次挖出中方，山势亦随以下陷，乃始尽煤之藏。亦有留长方柱者，所开煤道稍窄，地势下压，而煤道中土逼使上踊，则中方柱坚若铁石，不复能开挖。一、长方柱宽，煤道亦宽，则无下压之虞。凡此四式，皆经历试而始知之。施密司管理大太子科林洼尔铜铅各厂，于藏学为至深。云此馆创建不及四十年，首发其议者谛拿贝斯，其

---

① 选自《郭嵩焘日记》，第三卷，245～247 页。

后充尚书者，墨尔寄生为最著。其土石专为窑厂之用，不入五金者别为一院。而收贮磁器亦数千万种，挨及、希腊古磁为最多。中国磁器亦有之。其初亦皆模仿中国之制，而不得其法。有威叱武得，以精思得之，所贴留瓶壶十余事，光润精细，人物花卉皆浮起，真神迹也。所见机器三具。一、开孔机器：山石坚不可入，则横穿数十孔而后可施凿。一、施键机器：既穿孔，则施键以裂之，用水力机撞击。一、挖山：长方中轮，旁施开挖之具，亦用水力运动之。其余机器式凡数十具。吸水机器三，皆以水力激轮使转，压铜管以吸取地中之水，可及数十丈。铜管式尤多，大小浅深，各为之式。其开孔出运土石，皆为木板屋，系长缆，用机器转轮以曳出之。有上下木板两层，每层可容四车。而或虞缆断下坠，两端各安一合笋机器以约绳，绳上升，机器亦仰而缩；绳坠，机器亦随以张，可以钳两旁之土，使不至直坠而下。又有深入数十丈不能施梯，用活梯递转而上下，其法以巨木相衔至数十丈，外用机器推而上下，每隔丈许施一木板，穴地至丈许，亦开一隙地使可容人。初坐第一层木板至隙处小立，转而第二层。不劳手足之力，而数十丈深阱出入可以自由。凡为楼三层，其上二层皆藏各处各〔所〕得之土石。据称英国每年遣五十人分赴所属地土及各国考验土石，藏贮此馆中，亦三十余年矣。其上一层，专贮图册。每开一山，出煤或五金，层数多寡，皆为图记之。通计所开山四千余处，山藏已尽者四百余处，凡藏图二千余幅。以现开之山不能尽为图，而已尽之四百余处其图皆备，以防后来之误开也。中国沿海产土〔土产〕亦有一图，起奉天至广东，煤及五金分别记之，而山东所记为最多，即产金亦数处也。管理图记者名亨德。另有瑞士国一盐山，居民开挖至七八层，亦为一木式而空其中，用玻璃套成层数，而图其形式于上。亦有盐化石者，状如水晶及浅紫色水晶，及成冰柱纹者，并与石灰化者无异，而其味咸甚，仍可以化盐。

听土耳其公使谈国际形势有感[①]
（1877）

　　（光绪三年五月）廿八日。礼拜。雨。诣日本、波斯、土耳其三国公使，其人皆有学识，久习各国情形。具言欧罗巴制器之精，不能不以

---

　　①　选自《郭嵩焘日记》，第三卷，248页。

为法，而尤以电报为首务。三国所行竟皆同。土使言："五十年前，土国一无所知。电学始行，土国即仿为之，而后及机器局，而后及学馆，及兵法，而后及铁路，近更及其政教，是以犹能与俄人一战。使非此二十余年之功力，则惟束手听命而已。今日与俄人逼处，为所觊觎者，独中国与土耳其国耳。愿常存俄罗斯三字于心，不可一日有忘。"闻此悚然。

参观英国该尔斯医院①
(1877)

（光绪三年六月）初三日。至该尔斯阿斯毕得②，为巴辉约往，盖一医馆也。其总理名斯谛拿，经理银钱名勒毕登。收养病者六百余人，尚有闲空地，盖所容七八百人。大率外科为多，内科亦五分之一。外科分三种：一折断手足者；一生而残废；一骨髓内腐，其症皆深于疮毒。其次则眼症，别为一院，盖诸病者所居皆喜轩敞，而眼疾宜黑暗不见日光。内科则痰咳及腰臂痛、头痛。外、内科妇女皆别为一屋。每屋皆两旁设榻，足相抵，而中余丈许，约二十余人，设一妇主持，贫户而为右族者充之。用女仆三人照料。其中幼孩亦最多。医药厅一，亦分内外科。诊视病者厅一，分内外室：外厅设广坐，坐候；医者在内厅。次第入视，轻者给药，重者留治。其留治者别送一厅，又有医者视其所患应归何屋，分别送入。每屋皆有洗沐处，及澡堂，及厕屋。外科宜洗净者，亦设磁盆，大、小、尖、扁，凡头足身臂，各有所宜。窗壁光华，床褥精洁，间以花草，红绿相映，或盛设古铜花磁，不知为病者所居也。又有用电气治病者：人手持电线，则电气从此手以达彼手，引手就之，则为之震动，伸指可以点灯。又有玻璃罩一铅器，中设车轮以当阳光，车轮旋转不息；用物障之，轮即停。斯谛拿云："此光力也，近年始试出之。或云热力，尚未能推知其所以然也。"陈设人身骨体，及取出所患之病症，凡两院，统曰安那多米法尔妙西因③。妙西因者，陈设之意；安那谓裂取之；多米法尔则割截之谓也。学馆二处，以教学者。一、骨髓中有病，宜割截者，设一榻其中，学者环坐至六七层，病者卧榻上，关键其手足，用药迷之而施刀锯之功。所用锯齿及大小刀，陈列一小室

① 选自《郭嵩焘日记》，第三卷，251～253 页。
② 该尔斯阿斯毕得：Guy's Hospital，该尔斯医院。
③ 安那多米法尔妙西因：Anatomical Museum，解剖陈列馆。

中。又有白金钻，用电气灼使红以代锯，云恐锯时血出太多，用白金钻烧断之，可以免血横溢。其截去手足及膝盖者甚多，由其骨已先腐故也。一、病死者，剖视其腑脏及筋络所得病，亦环集学者，使见而知之。询知每年用费二万余磅。厨屋宏敞而尤清洁，每日食千人。一千五百年前，商人名该尔斯①者，以遗资捐置此馆，岁入二三万磅，是以岁常有赢余，逐渐加增房屋，犹用原捐商人该尔斯以为名，而肖铁像于门外。又有阿斯谛里古巴②，数十年前外科最有名。又有白尔来③，亦名医，素患腰疾，自视小便以辨症，遂传为常法。皆肖像堂内。其代模斯江边名恩邦克门得，犹言堤塘也。肖一像名伯鲁勒尔④，则以浚河修桥著名者；代模斯江底火轮车路亦所承修也。西洋相习为奇巧，其风尚有由来矣。

参观赛洋枪会⑤
（1877）

（光绪三年六月）初四日。雨。欢格立夫世爵，如伯约赴温薄尔登看赛洋枪会，翟拿所为导意者也。地广十余里，支账房架百余座，欢格立夫亦支账房，如巨宅。又有办事厅屋一，饭堂屋一，皆广数亩，用玻璃为之，亦巨观也。欢格立夫及武员费勒布斯陪同观看，演枪数处：一、削木为鹿，用机器推使左右用〔行〕。两旁各设大木白鹿一，两人坐地斗枪法，各以十枪为度，以中当心红圈者为上。鹿左行则举红旗当左白鹿，以示所中处；凡斗枪，正〔中〕当心红圈以四成论，稍偏三成，中外轮二成，再远当一成。鹿右行则指示右白鹿。一、卧地，四百步中垛，每发一人。由三百步至一千步，以次试之。一、十垛平列，每发十人。一、三垛平列，每垛中黑、上下白，十人攒聚一处演放，每发三十人。询知赛枪者皆民兵也。英国兵分三等：正兵九万余人，团兵三四十万，民兵二十万。团兵者，乡村市镇各自为团，每岁官操三十日，给予口粮，一归武员管辖。民兵无官操，不归武员管辖，而军火一颁之官。翟拿管民

---

① 该尔斯：Thomas Guy，1643—1724。
② 阿斯谛里古巴：Astley P. Cooper。
③ 白尔来：Barry。
④ 伯鲁勒尔：Brunel。
⑤ 选自《郭嵩焘日记》，第三卷，253 页。

兵千人，则官信局送信力夫之愿充民兵者。送信力夫四五千人，愿充民兵者千人。自西历七月初起，以赛至十五日为度。其君主颁赏银瓶一座，各商及各镇亦制造银器充赏，每值二三百磅。旁注：分类给赏，则尚书主之。通以成数计之，或成数一二人适均，则加赛三次；又均，又加赛。而欢格立夫伯为赛枪会尚书。询知赛会者不过七八百人，十余日汰存六七十人，而经费所出，一以枪数计之，每枪一响，捐一施令，而给予子药。通计收得二万余磅，子药及盖造棚厂，外施木墙，内曳绳围，凡费万六千磅，所余储以备下界〔届〕之不足。此间魄力之大，他处所未有也。

参观光学仪器①
（1877）

（光绪三年六月）初九日。斯博得斯武得约至所居古摹班克观光学，相距六十里。由车林克罗斯坐火轮车，行二十七里，过一山，约三里许。即赤斯尔哈尔斯得，法主拿破仑后所居地也。又行十三里，罗尔斯塘；南行至苏尔斯塘。凡两山，中间两崖壁立，皆此一山相联属。约十余里。北曰罗尔，南曰苏尔。出山数里，地名赛文倭克斯。其地古有坚木树七株，因以为名。赛文者，七也；倭克为坚木名。凡十五里至古摹班克。中间一小学馆，男女学生环立相迎，亦有张旗置茶箱、茶钟以为表识相迎劳者。斯博得斯武得遣其地〔弟〕迎于车林克罗斯，而自以马车迎于赛文倭克斯，亦可谓致敬尽礼矣。斯博得斯武得先邀看光学，皆用水晶及玻璃小片，用灯一座，置镜数具其前，照之皆成五色，变化离奇。其玻璃厚条，用人力紧压之即成五色；弛其力，则但现白光一条而已。其画光六片及花朵及山石者，照之皆五色，斑斓错杂；稍一推移，各色皆变。光学中亦兼热学，其理本相通也。其园林之盛，约围十余里。有古松一株，四人合抱，计围二丈余，云一百五十年前物也。沿途田禾茂密，树木交阴，远山如画，弥望葱倩。希腊署公使宅罗谛阿斯云："观此气象，便知数百年不见兵戈之扰。"谅哉言也。

---

① 选自《郭嵩焘日记》，第三卷，256 页。

记日本公使述明治维新①
（1877）

（光绪三年六月）初十日。日本乌叶公使来谈，因询其设官。近十年所定，凡分三院：一曰正院，政所以出也。设大政大臣一人，左大臣一人，右大臣一人，参议一人，皆一等官；二曰元老院，以议政者，其君选择致仕官及有声望者为之，凡二十人，亦名议官；三曰大审院，亦名法官，若中国之刑部，古廷尉职也。其正院所属凡分十省：一曰大藏省，二曰外务省，三曰内务省，四曰陆军省，五曰海军省，六曰司法省，七曰工部省，八曰宫内省，九曰文部省，十曰教部省。每省设卿一人，亦一等官；大辅一人，二等官；少辅一人，三等官。各省所属曰局，或七八局，或四五局。如大藏卿，犹唐尚书省之户部尚书，所属局曰出纳局，曰租税局，曰造币局。旁注：凡分七八局，略记其三而已。局设一官司之，司出纳者即名出纳头，四等官也。其宫内省管礼仪，所属有式部头，即专司仪式者也。惟教部以神道为言，略仿西洋牧师、神甫之例，最尊曰阿叱毕灼；所司教则开辟东洋主教之人，其名曰天照皇大神，则全属渺茫无稽矣。所设学馆，则统于文部。大率官职皆仿西洋而略异其制，如西洋上下议院皆民举，东洋议官则君廷举者也；西洋按察司官不甚尊而无统属，东洋别设一院尊之。其户部、工部及水陆兵政皆统于正院，又与西洋当国者一人、其余部院各有专职而统归于当国者之党，制异而用意实用。其司法官亦分三等：曰大审院，一等官；曰上等裁判所，凡六人，二等官，亦谓之总理，如中国各省设立按察使司是也；曰中等裁判所，二十余人，是为三等官，如国初之有各府司理官是也。各处设立管辖官，亦曰县令，其副曰参事，皆朝命为之，又与西洋设立梅尔及哈得门，一出民政者稍异。其分职曰官，曰位。位犹中国之品，《唐书》所谓阶者是也。此则尚援旧制，为西洋所无。

---

① 选自《郭嵩焘日记》，第三卷，256～257 页。

述英国训练流浪儿童①
（1877）

（光绪三年六月）十七日。阅视所购各国器具，并赴气接斯得尔兵船看操，盖皆收养幼童之无归者，使司管驾之法。凡二船，每船一百八十九人，总办洼尔得斯，帮办计意斯。询知每日五点半钟起梳洗，六点钟用饭，饭毕诵经，分段扫洗舱板，九点钟分班读书操演，所演上桅曳绳及飞跃击刺之法。船旁用木架浮水面，四周以板拦之，以练习泅水。十二点钟午饭，一点钟分班读书操演如前。四点钟毕，或读书，或跳跃，听其自便。皆绅民集资为之。所坐兵船给自国家，仍帮给管教官薪水。不独以备水师之需，即民船水手亦皆出其中，舟中衣鞋皆自为之，皮工、缝工择使学习。逾二十艺成，当出受雇，仍给以衣服及粗布袋一具。此邦陶成人才，无微不至，国势方兴未艾也。

参加英国人茶会②
（1877）

（光绪三年六月）二十日。格尔尼为施密斯意斯邀往其二伦布洛地方茶会。先至阿里克三达巴雷司，旁注：地名武得格林，在伦敦之北。其制略同水晶宫，而园地较广。参赞觉恩斯陪同游观。又晤罗伯鲁斯，亦园主之一也。阿里克山达为大太子妃名，巴雷司犹宫殿也。园地有球场、射圃及秋千架，及圆屋如伞，旁设木马木筐，用汽机激使环转如飞，男妇或跨马，或坐筐中为戏。前开三湖，树木丛密。旁注：有栗树一株，广荫数亩，用铁栅环之，数百年物也。又开一园，用日本板屋为一庄，有小庙一、小楼一，并去岁美国百年大会购之日本商人者。栽花满地。养鹰十余、鹭鸶十余，各设一座绦系之。又买酒板屋一，购之瑞典国商人者，形制绝奇。旁设铁篱，养孔雀二、白雉二。前为音乐厅，甬道为铁阑相望，悬小玻璃盏灯。询之，园地周环约十里。又有试马场、斗车场、演炮场。试马场有巨屋相联，以处观者。又有饭厅一、马戏圆厅一、意大里

---

① 选自《郭嵩焘日记》，第三卷，259 页。
② 选自《郭嵩焘日记》，第三卷，260～262 页。

渔人木皮板屋一。最后乃至巴雷司正屋。玻厅〔璃〕大厅相连，杂植花
木，中有巨池激水，略仿水晶宫式。画厅及卖买厅皆极繁盛。音乐厅二
处，各容数千人。戏厅一，亦容数千。有美国夫妇二人，驾一小舟，长
丈许，宽四尺余，由美国牛约开至伦敦，约五十七日，遇暴风七次，抵
伦敦才十余日也，张布幔置船其中，夫妇二人皆在。询之，一水手也，
其妇居兰格兰，以此游行大海中，亦一奇也。随至施密斯意斯宅，园地
亦胜。设厂布席其中，会者三四百人，而中为台，以坐吾与刘云生数
人，执礼甚恭。设音乐，琴工达摩生，其君主乐部中之选也。施密斯意
斯馈书数种，作歌祝祷中国万年安乐，意尤厚也。旁注：卜雷斯威林亦馈
《约》书，托施密斯转交。至是始知其会名安友会，洋语曰苏赛尔得阿甫费
林得斯[1]；苏赛尔得，译言会馆也；费林得斯，译言友也。一曰毕斯苏赛尔
得[2]。毕斯者，平安无事之义。其会创自二百年前，专意劝其国安辑民
人，无相侵夺。英主嘉乐士恶之，相与逃至北美利加，就野人买地置
屋，以垦山为生，所居曰奔色尔番意亚[3]。色尔番意亚者，希腊古音，林
也；奔者，人名，劝其会友逃避。又益开广土地，今为非拉得尔费亚[4]部。
犹中国之一省。其后国人知其为善也，乃稍归。一千八百五十四年俄土
交争，其会人径诣俄国献书，以侵夺为戒。施密斯意斯、格尔尼、鼾百
里皆其会中人也。施密斯意斯开设新报局一，洋语曰卜利谛斯威尔克
曼[5]，盖劝工人为善。又使持此书鬻之，以劝工作小民。另设一新报
局，而于其家绘图镂板，连屋累柜，一以劝善为义，所馈书册皆此
类也。

参观英国洋枪局[6]
（1877）

（光绪三年）七月初一日甲寅。金登干约赴维多里亚巴尔克洋枪局，
而遣博琅陪行。局名伦敦思摩尔阿尔密斯铿白尼，思摩尔，译言小也；阿
尔密斯，译言军器。尚书巴尔勒得，帮办班得。费尔得及巴尔勒得之弟陪

---

① 苏赛尔得阿甫费林得斯：Society of Friends，朋友协会。
② 毕斯苏赛尔得：Peace Society，和平协会。
③ 奔色尔番意亚：Pennsylvania，宾夕法尼亚。
④ 非拉得尔费亚：Philadelphia，费拉德尔菲亚。
⑤ 卜利谛斯威尔克曼：*British Workmen*，《英国工人报》。
⑥ 选自《郭嵩焘日记》，第三卷，264～266页。

游。其枪杆皆由珥百里叱铸成，是以此局但有机器，不开炉。其膛径用倒键，膛内机篁〔簧〕及枪身、钢托、钢环、钢束，大小十余事，一以机器为之。内、外膛径及环、托皆炼钢，炼钢亦开小炉。用压力机器一压而成，而后施刮磨，经三四机器乃始光洁。枪身先车外壳数段，立木为架，植枪其中，上下有牡键之，中施圆围，倾松脂围内令胶固，而后入机器车其内膛，历数机器，光洁如式，乃车为螺丝纹。小如膛径、法〔发〕条，及枪身所用小牡及螺丝转，皆用机器次第刮成之。枪身木壳及下曲木兜，皆治以机器。一枪之成，凡用机器二十余。机器轮大小二座，大者五百马力，小者二百马力。其所用车轮小机器，亦皆自制。工匠身价为最昂。云能制造机器为上工，一礼拜工价二磅；此外皆下工也。车膛及环围合笋处，皆有成式，嵌合不动。于机器旁别设一机器，纳入成式中，用相钳制，机器环转，不能逾成式之外。是以膛径机簧，万杆一例，无毫厘出入。其国家所制枪，由兵部派员一人，携带工役十余，陈列机器成式，枪身大小、钢质，皆先以成式合之。即所用螺丝转，稍有抵牾，即饬更造。每试一器，辄钤一印，及枪成，钤印兜柄而始定。其出火机挑，以力重七磅为率，以机器试之，刻轻重分秒其端。力轻则出火太易，力重又虞爆裂。膛径、机簧、钢胎亦然：以锯试之而校其刚柔，以使适宜。其枪标以测远近高下，亦以机器试之，微其〔有〕偏削，皆斥去之；机器尤精，云其平不失微忽也。又派员一人演放初成枪杆。演放一次，用药五磅者，加七磅试之，而纳置柜中以防炸裂。既成，又试之，亦纳置柜中而后取去。连试十余次，乃始收用。每一礼拜铸枪三百五十杆，多或五百杆。兵部节节试之，无稍容隐。班德云："日前兵部忽提出十杆，至恩费尔得官局亦取十杆校之，尽二十杆并木兜、膛径拆散而交和之，随收并成枪，无一不合笋者。"此所以为精也。枪名亨利马梯尼。亨利、马梯尼，二人名。亨利始为枪膛螺旋纹，即所谓来福枪也。后膛倒键则马梯尼为之。二人皆现在，每制一枪给与八先令。英人步兵用之，马兵则用斯来得枪施铜帽者。英国初用恩费尔斯枪，恩费尔斯，造枪地名。闻德国制造后膛枪，亦未知其利也。已而德国与奥国战而奥军败，其故由后膛枪施法〔放〕便利。西洋诸国皆大恐，尽仿为之，而英国新制枪数十万杆，乃下令能出新法改为后膛枪者，赏银二万磅。于是各以所思得新法献之兵部。兵部校其法，斯来得为最善。其法盖截去枪兜，别造膛径火门，所费不过一磅，而施放合宜。于是英国所造后膛枪皆依其式，名斯来得枪。相距仅及十余年，亨利继创为螺旋纹，马梯尼始改为今式。其枪口用六方者，则威多尔斯所创也。威多尔斯与阿密斯敦齐名，而罗布尔在兵部力护阿密斯登，遂为乌里叱总管。已而所铸大炮不良，因求退，自设炮局纽开斯。至今英国言枪炮者，以威多尔斯为最著云。

述西洋活字印刷书籍①
（1877）

（光绪三年七月）初三日。简多马约赴达克斯登塞尔里布来申②会。达克斯登【生】于一千四百七十七年始以活字板印刷书籍，历今四百年，国人创为此会。塞尔里布来申，犹言相与表章光显之也。活字板创自日耳曼人古登伯尔克，英国用其法印书，则自达尔斯登始也。其会汇集印刷书籍种种机器，及以前所用诸法，及各国印书之法，又汇集三数百年书籍及古今所刻刷人物山水诸图书，及以前印书之著名者。斯博得斯武得亦列置古书一柜，约数十百种。询知斯博得斯武得世为其国家印工，至斯博得斯武得乃以学问著。闻其最著名者，一为舍色斯毕尔③，为英国二百年前善谱齣〔剧〕者，与希腊诗人何满得④齐名。何满得所著诗二种，一曰谛雅得⑤，一曰阿锡得⑥。其时有买田契一纸，舍色斯毕尔签名其上，亦装饰悬挂之。其所谱齣剧一帙，以赶此会刻印五百本。一名毕尔庚⑦，亦二百年前人，与舍色斯毕尔同时。英国讲求实学自毕尔庚始。其所列机器，有用煤气，有用风力，有用水力，出奇无穷。其机器有刷书，有叠纸，有制造字模，有排字，亦出奇无穷。其用电气排字者曰克罗斯，用机器排字者曰莫尔拉，曰戛斯登稗音，曰哈得尔百里，曰阿里琐弗，曰色尼非尔曼，各出新意为之。亦有绘图兼刻石者，皆奇。

---

① 选自《郭嵩焘日记》，第三卷，267～268 页。

② 达克斯登塞尔里布来申：Caxton Celebration，卡克斯顿纪念会。

③ 舍色斯毕尔：Shakespeare，莎士比亚。

④ 何满得：Homer，荷马。

⑤ 谛雅得：*Iliad*，《伊利亚特》。

⑥ 阿锡得：*Odyssey*，《奥德赛》。

⑦ 毕尔庚：Bacon，培根。

参观英国监狱[①]
（1877）

（光绪三年七月）初五日。偕莼斋、在初及马格里观纽该脱监牢，盖隶之梅尔者。创建三百余年，制度不甚宏敞，系囚百五十人，女囚五十人。房楼四层。其下一层有浴堂，囚始至就浴，即居下一层，遣医视之，有无恶疾，以凭异居，一宿乃转入上房。女囚别为一院。囚房前有屋数间，间设两椅。初至有所辨诉，准招讼师至，相对筹商，外人不能闻也。女囚亦然。旁设栅栏二重，亲友来视者立外重，狱吏处中监视之。外设礼拜堂一，饭后散步院二，分别上下两等人。罪重者缢之，轻者扑之，皆别为一屋。扑有木橱，关其手足；缢有皮围，键手于腰而锢其足。凡缢者敛而埋之一院中。问每岁录重囚几何，曰："不过一二人。"拘禁一年以上者，录送荓〔荓〕敦威拉监牢，或锢禁，或分遣各海口充工，犹中国之发遣也。梅尔所管狱凡二，一纽开脱，一呵罗威。近议院以梅尔所管狱科罪轻重不能划一，议归并国家遣官经理，云以明年西历二月为期。伦敦梅尔所属阿尔门二十六人，有理事厅二，梅尔、阿尔门日常就之听断。其下所属科门刊色尔曼[②]二百二十人，专理衔道，分别管辖。巡捕督办斯密斯出册求题，为书："此系囚处隶之梅尔，创造已三百余年，规制严谨，系囚无多。观其用心曲折，一主于劝戒，而若有甚不忍者，使人油然生其仁爱之心，亦足以见留贻之远且厚矣。"便过森波尔教堂，其礼拜堂楼高六百二十级，伦敦第一高处也。

参观甲敦炮台[③]
（1877）

（光绪三年七月）初九日。兵部洼得生知照，十点钟由维多里亚轮船行，往观甲敦炮台。约行百四十里，至罗吉斯得，亦英京东南一部也。有耶稣堂，相传已八百年。古城临美得威江，过江为甲敦。又南为

---

① 选自《郭嵩焘日记》，第三卷，268～269 页。
② 科门刊色尔曼：Common Councilmen，市公务局理事。
③ 选自《郭嵩焘日记》，第三卷，270～272 页。

白罗莫敦，即旧所设炮台处也。炮台皆旧式，其地亦非冲要，今为教练兵丁之所。驻军四千，其为英诚里亚①一千六百人。英诚里亚者，充工役之兵，在炮兵上；百工之事皆精习之，如掘濠、开地道、造浮桥，大而造建一城，或厂屋，或攻城机器，或开修铁道，叱嗟立办，百物具备。其地统兵者名珥斯敦，掌管学堂者名斯多克斯。学堂教习兵法及交战、制造所需，及照相以察山川形势。五里治制造军器，亦有学堂，岁选学艺精者充甲敦学堂上舍生，大率皆兵官也，凡四五十人，亦择将弁精练各事十二人，分堂教之。有会讲堂一，可容二百余人。书厨一，分间藏各国图，最下为中国及东洋图。随取数幅观之，有《京城全图》，有《京城以南图》，有《由京城北达山海关图》，皆有经纬线，图画颇极工细，凡数十百幅。斯多克斯约先赴教场，观所练兵令建造房屋。营副总管克白登马治陪同坐车，而自骑马为前导。至教场，遥见红衣兵五队，队凡数百人为方阵，植立不动。已而闻螺鸣数声，五队分驰而下，总兵珥斯登与各兵官骑马居中队前，军乐数百人居中队后，铙铎并作，驰行数百武。又鸣螺数声，军乐各散分五队后。又鸣螺，每队分为二，折而东趋。居东者徐行，以次及居西者，疾折而环转，整队齐进至小辕门，军乐趋居前队，皆散分，四人为一列，入辕门，乃分归各营。又至炮台对垒处，盖筑炮台为濠以拒敌，其敌亦掘濠开地道以毁炮台，枪炮互施。攻者蓄意夺隘，守者尽力堵濠。濠宽二丈许，深八九尺，其下为沟，深又数尺；每距丈许，垒土铺树枝，又垒土，凡四五层，以防炸弹入濠中，仅伤及一段，不虞旁及。每岁秋练习月余，攻守之具皆备，一若临敌然。左旁为大厂二，以备大雨时操习，其中亦各设攻守之具，而形式绝小，存其意而已。又至炮城外濠，观操棉花火药。树木为栅，宽厚五六寸，近护两旁若门楣，厚逾一尺。用棉花火药九磅，倚门置之木板端，引电气施放，轰然一声，所树木皆掀起，折成二三段。濠中安铁路一段，用棉花火药轰之，铁路冲起数丈，宽凡三寸许，中为沟，厚约五分，两旁护铁约寸五六分，折断约八九寸。云九磅之力抵常药五十磅。斯多克斯邀至办事厅一饭。随坐小汽轮船至乌得防姆，相距约十六里，英诚里亚兵于此习造浮桥，亦每岁秋练习一月。旧式皆用圆铁筒长丈许，中空，浮水上，用铁链系其两端，而上施木板，可以列队渡江。其后造小木方船，铺板其上，尤较平稳。船旁安两轮，亦可附汽轮车载

---

① 英诚里亚：engineer，工兵。

运军装。其后又制小皮船，中铺篾席，两端安板可坐。船设小桨二，重约三十余磅，一人之力可以负两皮船。收合置之车上，尤易运载。可以造浮桥，亦可四五人坐一舟飞渡。凡三式俱备。其兵官亦着皮靴，终日驰行水中。西洋兵法一务实用，无以虚文演习者，所以政教修明，而人才因以日出也。同行者马格里、博浪。皆为勉强周旋刘君之计，而终日受其陵铄，竟莫测其用心也。

记述西人种树之法^①
（1877）

（光绪三年七月）十四日。容春圃自美国之哈富递到一函，由美人那忒立送交，盖奉铿勒谛喀得美国之东一部名。总领命，历游英、法、德、意诸国，求种植之方者。因问："美国树植最盛，尚待赴各国考求乎？"答曰："美国树植之盛，由地旷人稀，天地自然生成之力。数十年后，地产尽矣，必有匮用之一日，急应先事谋之。种植之法有三利：一、备造船制器之用；一、公地不能开垦，无不可以种植；一、树木茂盛，收纳水气，可以引雨，种植繁者无忧旱。"因问何国种植为最，曰："二百十五年〔脱"前"字〕，英人有名廛珥费林者，著书言种植之利绝精，英国争效之。今宰相毕士根由〔毕根士由〕之父曰德塞拿尔力，著书言英国兵船之盛，其功当归之廛珥费林，以讲求种植之法自廛尔费林始也。英世爵有阿沙拉者，住苏格兰之北，手种树二十七万兆〔株〕。其家三世讲求种树，合计凡六十兆。所种皆拿尔叱^②，法国及意大里之交有高山并产此，盖松别种也，瑞士亦有之。阿沙拉专种此种松，云有三利：一、易长；一、坚结，即置之潮湿地亦不莓〔霉〕烂；一、随地可以种植，不问土之硗瘠，可以栽插小本，亦可种子。美国西部近年亦种之，三年长高一丈，十八年而成树，可以裁用。"西洋讲求种树之法，遍历各国以求之，其勤如此。

---

① 选自《郭嵩焘日记》，第三卷，273～274 页。
② 拿尔叱：larch，落叶松。

参观格尔林治矿厂等处[①]
（1877）

　　（光绪三年七月）十六日。早致李湘甫信。希斯、阿得里陪游各矿厂。初至格尔林治铁矿。其地为世爵喀难非尔田土，希斯租以治矿。稍具冈岭起伏之势，而实平地也。开地若井，下深四十丈，视矿产厚薄，深者可及数百丈。此矿甫开六年，始及四十丈。织铁为绳，系木架上，下容二车，用机器转而上下。又设一吸水机器，以引取矿中之水。凡设机器皆有屋，距矿井甚远，所见吸水机器二座，大率一矿井必有一吸井〔水〕机器也。询知所租地得十二见方英里，中国三里当英国一里，十二见方英里，合中国之地得横十二里，纵九里。计所出铁纳租，约计十四年铁产将尽，始议所定租价为买地之费。问所租地横十二里、宽九里，能不旁溢乎？曰："上下皆有界限，不能逾越邻田，亦以时遣人入矿丈量。"问初开田耕种，何以辨知其为铁矿？曰："以四至之地准合之，如东西数里外有铁产，视其矿地高下，而审度其矿产层数，或平出，或斜出，两相准合，其中矿产皆可推而知也。"又云："斯达法尔得地形如锅，四围地皆高出，而矿产所出皆旁高，蜿蜒下折而中趋，故以为斯达法尔得为矿产所聚。凡分南北两部，北部七区，南部较广，得十余区，人谓之黑地，以矿产所聚，日夜烟气熏蒸致然也。"问观山势土色，可以知矿产乎？曰："此不易言，须是外出浮见，而视其脉理所趋，以知矿产远近厚薄，依类推求。所悟在虚处，而所徵验却只在实处，不能凭空推测也。"所取矿土皆黑光而半带黄色，云可出铁四成。治窑取土烧之，令硫磺气自行飞去。凡铁矿中多杂硫磺，硫磺多则铁质愈上〔下〕，亦脆而易折，故须先用火力逼出硫磺气，土铁相为和杂如炭，而铁质始净。次至福达格尔林，则治铁厂也。其地为阿尔里田土，出煤，希斯租以冶铁治砖。为冶铁炉五座，高六丈，围三丈，外施铁为围，其上结砖为顶，旁开火门四，悬铁板障之，日夜烧煤八十吨，冶铁四十吨。倚炉为砖屋，左右皆空，各施木架一具，亦用机器转而上下。矿厂所烧土铁转运至此，并车置木架中，转至上层近炉处，铺铁板为道，推至所悬铁板前，倾入炉中，车为铁板所格，无虞火气冲出。凡倾煤一层，倾石灰石

---

　　①　选自《郭嵩焘日记》，第三卷，275～278 页。

一层，然后倾土铁一层，煤与土铁分量相准，石灰石得三分之一。每土铁八十吨，冶之得四十吨。云石灰石所以分土铁，使不得和杂，无此，铁质亦不能净也。前设气筒，贯入五炉中，盖火力得风乃猛，压气贯入炉中，以助火力。炉旁设压力机器二座，压水气贯入气筒以达炉中，又于气筒下治砖为屋收火气。各炉结顶其上，火气不能上腾，砖屋旁有吸气筒，吸炉中火气蓄而伏之，令其气冲入气筒，以虑气筒所收凉气，助火力稍弱，倒吸火力以助之，而其气始烈，皆由其心思悟得者也。其下有门以出铁，每日夜出铁二次，乃成生铁条，运入一炉中，与火炉相连，旁设机气〔器〕，逼火入炉，则生铁消化如水，持铁杵搅之，久而渐浓，遂成熟铁。入重机器捶之成圆饼，又锻冶成块，入压力机器压成铁片，俟其冷，入截铁机器截成长方板。又连十余板入炉锻之，再入压力机器，或为圆条如柱，或方长条，或为巨板，或为小圆条。圆条、长片则截去两端，巨板则四周皆截令平。小平〔秤〕一座，可量至数万斤。询之希斯："冶铁何以不就铁矿？"曰："铁与煤分量适均，其运力同也。然生铁须再入炉乃成熟铁，又经数次炼冶，或成长铁条，或铁板，或铁片，每铁一吨，用煤加至数倍，是以炼铁必就煤矿，不就铁矿，为所取用者便也。"次至毕达尔菲，就其办事处午饭。再至戈尔登铁厂，观冶铁炉出铁之法：划灰为横沟八九道，外旁为大直沟以通之，每横沟一道，连开小直沟十余道，长约二尺许，地势皆后高而前下，距冶铁炉约丈许。通炉前出铁火门为巨沟，倒倾而下，其上为巨桥，旁施铁闸，以出煤土。开火门，则煤土与铁奔涌而出，煤土涌出铁桥，而铁自成水，直注下沟，红光一道，奔注大直沟中，穿入最下横沟。须臾，各小直沟皆满，则推土堙塞其横沟，并堙前直沟，使贯入第二重横沟中。顷之，各横直沟皆满，而铁尽矣。盖每为沟，以二十吨为准，计铁三万六千斤。仍封闭出铁火门。希斯云："铁厂规模略同，而出铁有时，所以毕达菲尔一饭乃来此者，专为一看出铁情形也。"其煤铁厂皆有书室，有图以记所开矿情形并其功程。其福达格尔林厂悬挂一图，取以相赠，则所记开矿深至四百丈，凡得六十一层，出铁者八层，出铜及杂石亦数层，余皆煤也。深者三四尺，浅者尺余，云其下层数尚未尽，惟不能辨知其多少耳。其所开矿工程，各为一图，以五色笔记之，每年开深若干尺，纵横若干尺，出煤铁若干，详注其旁。凡开四厂：铁矿一厂，煤矿、炼铁三厂。然煤中亦常出铁，铁中亦有煤，而铁矿余地治砖，及引水管数十窑，皆以供四厂造炉盖屋之用。而取矿中所出土治甬道数百丈，高出地丈余，以行车马。二矿租之人，二矿自置之土。其以自置之土充矿者，得英地二千亩。每亩合中国六亩。四厂役工五千人。附近数十村庄皆所役工。为专置一学馆，学生常二百余人，并工役家子弟也。其矿地约值一千六百余万磅，机器房屋不在此内。其初在煤矿充工，出身甚微，以精能致富，惟能辨知矿产而已。因至其家晚饭，屋宇华美宏敞，亦所罕见。引入盥濯处，连房曲折十余，皆设盆盂盈案，架张巾，柜置溺盂，以供客便旋。其园林之盛，围十余里，编树为墙，墙通数门，曲折引人入胜。树木丛密，途径湾环，名为"中国园景"，西洋无此景也。垒枯木若太湖石，倚山盘旋参错。古树林中忽见怪石罗列，中开一池，朱栏环其一面，引水通桥，前为屋数楹，仿中国式为之，而加藻绘。屋后为深洞，转出洞，崖石障天，流水淙淙出石壁下，尤为园景之最深幽者。

游水族院①
（1877）

（光绪三年七月）廿四日。为西历九月初一日。姚彦嘉以李湘甫生日，会同黎纯斋、张听帆、德在初、凤夔九，约至罗威尔阿魁尔里亚姆水族院夜游，邀同一行。又见异族一二种。一环出五指如佛手柑，色黄亦类柑，亦有灰纹色者。其下一面五指皆有边，中出短须，色白，微似葱头须。洋人名之星鱼，以其形圆，横出五指亦圆式，如星之光芒四出也。一背如鳖甲而软，分两橛，上圆而下微椭，旁有齿，若龟甲背中有两眼，盖即以所负之背为首也。上甲含十二足，前二足甚短，其下十足皆长五六寸，形如虾足。下甲甚厚，含叶八九层。仰行水中，十足齐动，下八叶亦翻动如扇。听帆云："宁波有之，土人呼之厚鱼。"外池蓄一龟，大逾八尺，四足张如扇。又一池蓄鳄鱼四，头如鼍，身如蝘蜓，长约四五尺。上下数层，并装皮毛为鸟兽形，抟土为鱼，各数百种，奇形诡状，一一如生，并用玻璃柜、匣装饰之。又有巨猴二，大者高六尺，云出阿非利加，其生年才三岁半。院中杂陈百戏及乐歌，白羊二，白犬二，猴四。羊、犬皆能跳圈缘梯。又为圆轮令羊立其上，轮转而羊亦随之以转。又为高柱，上安一盘，羊连合四足立盘中，周环围转。又令猴分骑羊、犬列队以驰。已而二人挟二童子翻筋斗，神妙变化，不可

---

① 选自《郭嵩焘日记》，第三卷，280～282 页。

端倪。两足立肩上，悬空一筋斗则立其头上；又悬空一筋斗，一人曲腰，立其腰上。或三人矗立，或三人骈立，或头与头相连，上下倒立。又三数人各骑独轮，纵横驰突。已而列灯数百，罗列台上，一人骑独轮车纵横灯火之中；已而收灯，挟三刀飞舞若流星，而独轮车骑行不辍；已而释刀，持三火炬飞舞如前；已而一人跃而上，一人跃而下，而独轮车骑行亦不辍；又或两人合骑，左右各踏一轮而驰，穷极变化。最后一妇人出，驰行空中，盖有铁丝在空中，亦绳技之类也。中悬一竹板，左右系绳悬屋顶，屋高六丈许，坐立竹板上飞动流转。或悬一足；或曲一肘；或仰卧竹板，手足皆下垂，左右摆荡丈许不稍停；或坐竹板，两手抱肩，随之摆荡。已而直缘至屋顶，解下其绳，在屋顶斗栱中悬足翻筋斗，真绝技也。已而倒跌而下，凡六丈，坠入布兜中，一跃而起。屋檐旁悬巨炮一尊，又踏铁丝入炮中，已而火药轰发，声如巨霆，此妇人者又冲入布兜中，一跃而起。盖炮中有法〔发〕条，先解法条冲妇人出，火药乃随发也。真令人惊心动魄矣。询知此妇名瑞萨尔，其最精于幻戏者名马士格林，二人并有盛名。

记西人游英吉利海峡等事[①]
（1877）

（光绪三年七月）廿五日。礼拜。马格里告言：“先数日有嘎非尔者，由英浮海至法国，海峡宽六十里。去岁曾与喀布登威伯斗胜，喀布登者，译言船主也。威伯一浮而过，嘎非尔仅及半途而力已绝。凡浮海皆有一船随行，力绝则船人曳出之，饮食亦置船中，半途给食。今岁乃浮过也。”英人专意求胜乃如此。因又言：美人威斯登善走，与人斗胜，辄连一月半月无能及者。近与爱尔兰人窝里烈赌胜行三千里，约每一点钟行三里，计日行七十二里。每点钟行三里毕，可以少息，不准多行，亦不准前后挪移，约四十二日乃满三千里之数。其法开场丈量，中设一屋，约周几转乃得一里之数。两人相并行满三里，乃至屋一息，饮食偃息皆以三里之余隙为之，昼夜不辍。两边各置彩，国人亦多置彩相助者。昼夜派人轮守，必尽四十二昼夜之力乃获彩，其不及者皆为负也。其置彩亦有公私之分，公者为胜者助喜，私者则两边亲友互相鼓励，胜

① 选自《郭嵩焘日记》，第三卷，282 页。

以助之，不胜仍各取还，以两人皆尽四十二昼夜之力则两胜也。国人踊跃争胜，无所顾惜，竟成风俗矣。今岁窝里烈与威斯登赌行三千里，威斯登负屈。凡此小戏，亦奇闻也。

记印度宗教风俗①
（1877）

（光绪三年七月）廿九日。印度马得拉斯人吉谛来见。询其教，曰："维希拉②。"问何义，曰："是有三：一曰伯麻拉〔伯拉麻〕③，二曰维希拉，三曰希发④。本一教也，而分析为三。伯麻拉，始造物者也；维希拉则保全此物；希发则毁坏此物者也。而各有所宗主。其经曰《米鲁》⑤，相传亦三千年，距维希拉时不远，所言皆条例也，立身、治国及刑罚皆具。其行教者曰伯拿明⑥，最尊。"问即波斯火教乎，曰："非也。火教原始曰梭洛阿斯得⑦，皆起自佛以前。"问印度何以不尊佛教，曰："佛起东印度，维希拉教衍自西印度；印度两教并行，而维希拉源流更远，亦名印度教。"问其教异同，曰："不食牛肉、不饮酒同，余皆异。自英国据有其地，开立学堂，所讲皆实学，印度人始悟其教虚言不足信，是以所立其教之神象三亦皆废，然其风俗至今不改。"问风俗何如，曰："人民分党太严，如伯拿明党最尊，次则士，次则兵，其下百工技艺及执贱役奔走，皆各为类。结婚姻、交游，各于其党。非其党，食饮不相通。风俗流传数千年，不能尽改也。英人所禁者二事：一、人死火化，以其妻从；旁注：有三四妻，以正妻一人从。一、将死置诸海岸，潮至拥下，以为登天，更相庆。英人立法严禁之，余皆不禁。其法西不得过印度河，南不得出海；违者屏弃之。今惟此一端，人各自弛其禁，而衣服制度一听所便，而惟西洋高冠加其首，则以为忘本。于是二十年来游历西洋者，别立一教，曰伯麻拉苏马尔治，苏马尔治者，译言会也，仍存伯麻拉之名，而更立一会以宽其禁，结婚姻及交游可以从所

---

① 选自《郭嵩焘日记》，第三卷，284～285 页。
② 维希拉：梵文 Vishnu，毗湿奴。
③ 伯拉麻：梵文 Brahmā，梵天。
④ 希发：梵文 Siva，湿婆。
⑤ 《米鲁》：梵文 Manu 之音译，即《摩奴法典》。
⑥ 伯拿明：梵文 Brahman，婆罗门。
⑦ 梭洛阿斯得：Zoroanter，琐罗亚斯德，所创之教即拜火教。

便。"此教竟为自来所未闻。其妻曾再至英国，著书一帙，以叙所历风景之异。其女子皆知学，殆胜于中国也。

参观何罗威监狱①
（1877）

（光绪三年八月）十三日。偕彦嘉、湘甫及马格里往视何罗威监牢，梅尔所管辖也。狱官名科莆纳②，亦有正副，正者曰威得洛尔，副者曰爱克尔，二人均陪游。大致与各监牢同，而尤以课工为事。狱房四百二十，系者三百五十人；女狱房六十二，系者二十人。工分三种：曰铁工，曰木工，曰泥工。狱中所需用皆课工为之。其制造则帽、衣、鞋、或皮或线二种。毯；或棕或线二种。棕有棕绒、棕毯、棕绳，线有线袜、线毯、线手套、线袋。缝工、制工，无一不备。其精工天秤，及缝制各种小机器，皆课工为之，而制棕毯为大宗。每岁所货，除资本外，得赢余四千三百余磅，而棕毯率千余磅，约居三之一。各种线制多出自女工。又辟地为园，种番薯及菜；亦抟土为砖，开窑烧作。狱中无所资用则出鬻，用车推运。造饭及打扫洗抹，皆课囚充之；洗衣则课女囚。吸水机器不用汽机，而用人力。作翻叶轮，用三四人踏之，分两班，前设木橱二列，每间容坐一人，约踏半点钟换班，则下坐橱中，析棕使分。凡课囚作工艺皆有常度，常度之外加制者，按所值给以工价。囚日三食，皆面具，惟午食有肉，有汤，有番薯，大率日费四佩宜。月食十施令。通计囚一名岁费三十六磅，狱中一切费用皆包括无遗。每日五点钟起，六点钟早饭，上礼拜堂，九点钟工作，十二点钟午饭，二点钟工作，六点钟晚饭，七点钟在房课晚工，晚上九点钟看书，十点钟睡。【皆】各工皆派员监之，多者四五员，少者一员。各员有职司，率三日一值宿。询之此狱才设立二十六年，伦敦各狱所用棕毯及各狱官衣履多出于此。各囚衣裤敝者，辄裁为小方，裹棕缝之，以供洗抹之具。其棕丝细碎不适用，和土为砖，可入炉和煤烧之。威得洛尔云：狱中所需，无一取给于外，而凡物事琐碎零散，皆使适用，无弃物也。又自言在此管理监狱，然实是一大掌作，役使百工技艺而筹其出入，综核无遗。大率罪犯重者转入荓〔荓〕敦威拉监牢，此所系至久者十二年。囚皆照像于册，而记其所犯及所定收系年月。内一小童子，窃食面饼二枚；两妇人，一窃送信小印花二十一，假他人名致信，为人所控；又一童子年稍长，诓骗人，

---

① 选自《郭嵩焘日记》，第三卷，292～293 页。
② 科莆纳：Governor，主管。

则收禁二年；一壮夫晨起不着衣，当门立，为巡捕所执；偷窃、作伪及无礼者，男女老幼并科以罪，用意尤可尚也。屋旁有石楼高出数丈，询之威得洛尔。曰：此气管也，能引各房人气上升，若烟管之用，吸气使烟不至旁溢。所以系囚数百人，从无致病者，恃此气管之摄气使外散也。

录西人卫生知识[①]
（1877）

（光绪三年八月）廿五日。为西历十月初一日。洋医师惟善在初译为施密斯，盖洋姓也。送书数本，盖教士之习医者也。论居室之要有五：一、引生气除炭气。气有四：曰养气，曰淡气，曰湿气，曰炭气。生气百分，养气居二十一分，淡气居七十九分，斯为中和之气。炭气与炭同类，一出于人之呼吸，一出于火之焚烧，在生气不过千分之一。凡有血气之类，独吸炭气即死。宜多置明窗，透宽天井，晨起即启户牖，室中勿惧冷，冷即生气。西洋置火炉于墙穴内，竖烟筒直冲瓦顶，取其迎门风吹送炭气，由中散于外也。二，水缸须用盖。盖上勿置菜蔬，恐落入腐烂。底水勤舀，随时洗擦，免积沉泥。三、疏沟壅不可暂停。平时渣滓留心，勿弃入沟中，使倾入之水随到随流，何致潮气遍生。四、当修洁器皿，不染纷尘。踏板须嫌勺土。勿闭空房，常移闲物。衣裳褥枕，晒晾时殷。少不如斯，便引浊气。五、透光亮。居室必通日热，引地气上升。谓之居室五要。衣裳宜勤换，助皮发汗，可化肺痰，可减肠泻。中土有服经年久而不更换者，此大忌也。届冬御棉，亦时濯除其气。西洋服羊毛毡衣，取便浸水可洗。寒冬步骤跳跃，令血脉周行，气热体和，不必重裘。且忌紧系，常令松活。衣裳遇湿，即须重洗晒干，慎勿忍穿。饮食宜多少适宜，宜精洁最忌腐烂，经胃热炽，亦足以发毒气，宜有定时胃之功用与精神相表里，精神常健于上半日而疲于下半日，故胃在上半日能化一日食之六，在下半日仅可消一日食之四而已。瓜子、花生、瓜、豆、腊肉、烘鱼、腌鸡鸭、盐蛋，难于消化之物宜少食；菜蔬肥腻、葱蒜韭薤熏辛之物宜少食。食周一时，饮茶以消其滤滓。饮酒亦待食周一时之后，斯味淡而永。权量衣裳，调停饮食，爱养精神，谓之保身三要。又录戒洋烟方：广木

[①]　选自《郭嵩焘日记》，第三卷，299～300 页。

香末，值烟瘾发时，装入旱烟袋吸之，自止。

述西报论吴淞铁路等事①
（1877）

（光绪三年九月）初九日。李丹崖邀同黎莼斋为里吉曼之宴，稍示重九佳节，数万里外相与会饮为欢，以刘云生在坐，心恶其人，屏而避之。德在初亦托病不往。乃稍治酒，邀德在初、黄玉屏小叙。在初又译示《代模斯》新报二段，论吴淞铁路毁，诮中国之愚，感慨系之。因论及上海修造马加理石像，用宁波花石，高三十六尺，以志不忘。并及舟山一千八百四十一年至四十六年五年内官员兵丁死事者建造石牌〔碑〕，多已损坏，石碑左右，民间起造房屋，谋设围墙护之，当请命国家办理，以保将来。舟山者，定海也，亦略见定海三镇之功。洋兵被戕者立石，以表其功也，而于中国地方树立，亦可为疚心者矣。中国士大夫于此不知引为耻，而多为矜张无实之言以自豪。如刘云生等辈，盈中国天下皆是也。虽有圣者，其如此冥顽不灵之士大夫何哉！

述电气电话②
（1877）

（光绪三年九月）初十日。赴刊伦践毕谛之约，见其参赞格里，始知其为电气厂办公地也。陈设电报多种，内有数种为所创见。一、木盒一具，上有轴柄可以推运，旁纳电线。推运数周，则电火发，击小木杵有声。启视盒中，惟一圆石轮，其转运之轴藏纳石轮中，用热力发电，引入电线中。一、电气盒长约二尺，中安强水六十瓶，上有三小机器，旁安电线二，上缀海泡花。引按太阳穴，可以去头风。一、壁挂一牌，为十六小圆圈，分十六宅记号，下安十六响铃，依号数按其响铃，则内有小红牌冲浮圆孔中，即知某宅传呼。牌下一小机器，应声按之，红牌自下，知其为应声也。一、小机器中安四盘，各记数目。左一盘为十数，次为百数，次为千数；右一盘为万数。环插小牌四路。电报其中或

---

① 选自《郭嵩焘日记》，第三卷，307页。
② 选自《郭嵩焘日记》，第三卷，307～309页。

有折断，则电气自回，引牌以测其里数，即知电线折断在何地。其右置高木匣一具，前为圆孔，护以玻璃，中悬小镜，当孔左设玻璃管灯，制木屏障之，纳玻璃圆管横出者于其中，与右座悬镜之小孔相对，镜光反射，正当玻璃管上。电线包裹橡皮，系而试之，以知其走气与否。其法纳电气悬镜木座中，令满系电线，其旁通入计里机器中，而插牌以隔其气。悬镜木匣中，电气无所泄，则悬镜光正圆不动，其光或左或右，动荡不定，则气泄也。以移左右若干秒，或分，或寸，以知泄气之多少。镜端安小吸铁石一枚，以引电气。匣中有铜杵外出三寸许，上安横铜梁。格里取所佩钥贴近铜梁，铜梁随之而低，而悬镜光尤闪转翻动。西洋取用电气，穷极心力搜索，出奇无穷。近年卑尔所制声报，亦用电气为之。上下楼由右引至左，相距约数十丈，安置电线，各设小木案以便凭坐。两端为木杵圆柄，纳电线其中，约长三寸许，上有圆盘，径二寸许，凡两层。内层缩小五寸许，上为圆孔，径八寸，衔马牙铁饼其中，薄仅如竹萌之半，上下并贴薄锡，中安铁柱，用电线环绕之，安置柄中，铁饼距铁柱中间不及一秒。据格里云："人声送入盘中，则铁饼自动，声微则一秒动至二百，声愈重则动愈速，极之至一千，与耳中之膜纳声者同一机杵〔杼〕。声在耳中，如锥刺之，则自知痛，痛不在锥也。铁膜动，与耳中之膜遥相应，自然发声。"然其理吾终不能明也。令德在初居楼下，吾从楼上与相语，其语言多者亦多不能明。问在初："你听闻乎？"曰："听闻。""你知觉乎？"曰："知觉。"请数数目字，曰："一、二、三、四、五、六、七。"惟此数者分明。而格里与洋人相与谈，应如响。耳目聪明实亦有过人者。

参观电气厂[①]
（1877）

（光绪三年九月）十二日。赴色尔弗尔敦电气厂。与其参赞格里同至芬觉尔治，乘坐汽轮车至其地。向为荒野，色尔弗尔于此开创电气局，如是工匠环居者数千户，遂成一都会。其厂地亦自为街市。格里导游十余厂，尚未莅其半也。凡水雷一厂，皆用电气发药，而微分三类：有由炮台相准开放者；有听其自发者；有用船引带以冲敌者。其由炮台

---

① 选自《郭嵩焘日记》，第三卷，310～313 页。

施放，先于海湾安纵横测量镜各一，纵若干杪，横若干杪，与所安水雷正相值，各由电线通报乃发药。安水雷若干尊，各引电线记其次第，而悬小铜钟为号，撞水雷激动其电气，则钟自鸣，而未施放引药电气，药仍不发也。其形或圆如桶，或上大下削如瓶。其不用人力施放，听敌船撞之而药自发，别为一种。亦有其形如鱼，用船引之直撞敌船。其引水雷之船，亦安机器其上，舵桨并随机器转动，不用人驾驶。电气盒一厂，并用强水发电气。制造电气机器一厂。已成机器试用电气一厂：其中有纵横火轮车路，通报各路无出某道以避来车及前有险境应停轮机器二种，凡汽轮车路皆用之。纽合电线机器一厂：凡用小铜丝七根纽成，中为主丝，另用胶敷其上。其法置胶桶中，竖立一管，引铜丝从管中出，旁设六小辘轳，引丝至管口，纽合为一，若结绳然。电线加浆皮机器一厂：引电线出一铁坐中，旁有左右立柜，置浆皮其中，用火力压至热，逼入中坐小铜具。电线入口，小仅容线，出口中空一段，两口管相对，入口管连外壳与出口管孔正相当。浆皮受压，随电线入出口管，即缠护如带。前设水槽约数丈，以浆皮乘热气柔软可压，冷则质坚；既缠护电线，急欲其坚，故令入冷水连转数槽，以防滑裂。又转从机器上回至所出铁坐前，用辘轳收转之。试验浆皮电线一厂：以恐浆皮缠裹不固，或其中小有破裂，即有〔又〕另转一周。其法用所收转辘轳置入一机器中，其前另安一辘轳，由后曳至前收转之，一人立其中，用手勒之，以验其缠固与否。电线外加松胶机器一厂：引电线入机器端，置茅其中，机发轮转，则茅自相缠结。四旁周转安铁线辘轳七，结茅出口，铁丝即与缠固，引前再入一茅管中，结茅如前，即入一石灰槽，出槽则松胶从上淋下，凡两过松胶车轮，转入一大轮围。两人在轮围中，一人曳电线环绕，盘置围中，可络至数百层；一人倾石灰水其上。格里云："海中安电线，动辄万里，皆用巨轮围盘载，恐其或有纠结也。"压力电气一厂：用机器转一铜轮，外用木桶盖之，施电线其上，使其铜轮磨转极热，以发电气。接逗电线仪式一厂：电线逗笋之法，削出铜线数寸，用铁丝缠合两端，加浆皮其上，凡五六转，使其由薄而厚，以相固结，而与两端原有之浆皮亦数次粘合而益坚。制造浆皮二厂：浆皮如旧木块，入机器柜中划削之，状类铇木皮，倾入水槽淘洗净尽，入铁轮机器压之，久之粘合如面，再入有齿铁轮压之，而后入压力机器压收其水气。其一厂所收浆皮块，形如朽木，云巴西国所产也。浆皮压力机器所历四厂：有一轮排齿兼搓压者，有两轮相转者，有三四轮递转者，有压成厚块者，有薄如竹萌者。制造浆皮器具四厂。器具大小，百种具备，并有小大钱式。格里云："中美利加使用钱文，皆由此厂制造。"制浆皮雨衣二厂：有呢、绸、线布三种，并中铺薄浆皮，加里可以御雨。格里云："国家岁制万余袭给军士。俄、土交兵，土人亦制万五千袭。每礼拜可成三千袭。"制造浆皮绸机器一厂：其绸略如中国之绢，张铺压入机轮，转浆皮傅其上，凡五六转，光滑如江缎，淡黄色，可以制单衫御雨。其五六转加入一种油，其辣气直刺入人眼。格里云："此油最损目。"格里为置酒相款。随入一暗室，引电气入，中置一玻璃坐灯，发光射人目如日。用暗镜护眼就视之，则制炭如箸植其中，上粘玻璃匣，中空约分许，即于空处发光，下柱尖如针相刺，其光外环。格里云："日光刺目，其本光也。月、星之光皆借光。是以五色从日下观之，皆自发其本色，月及灯烛前观之，则黄白不能分，青绿不能辨，为灯、月皆借光，而五色之本光反为之掩。电气亦本光，是以五色本光毕见，其功比日。"又至代模斯江边试放棉花药三饼。一置江侧水底，深六尺，引电气发之，惟水声腾奋，上冲凡丈许，不闻药声。一悬一巨舟端，使贴水，引电气发之，声如巨雷，江水下陷成臼。一置岸侧而中衔铁管装药，引电气发其药，则火燃如败灰。格里云："棉花药视常药力大五倍，然必用电气激发其力。若非电气激发，则其火发如灰，并不上腾，亦无暴烈之声。"是日遇游厂者数辈，有章斯敦者，云三十年前在中国，与布娄登同时，即前来见之九十一岁老翁。正中国初议禁烟构祸时也。格里之子尤精于电学，询以电学书，云罗阿得、莆来明金根二种最佳。罗阿得专言其理，莆来明金根兼及用法。格里云："凡电气皆从煤力发出。煤者，太古以前自有生气。日光不知生自何时，然固自生也。煤之发光亦自生，故功与日并。英人讲求电学，日益求精，然其理终不能推求至尽处，亦如人力所至，终究有止境。要此一种电气，其用最广，直是取用日日生新。即如火轮车一事，比之马车加速三倍。人人趋事赴功，以一倍计之，则是生四十年便做得八十年事业，何利如之！"其言颇多可听者。指南针盘南指，引电气过其上，则针横出，相距数分许，其吸力皆能及之。电气在针盘上则针右旋，在针盘下则针左旋。格里云："言电学者人人知之。而其理无人能辨知者。"格里又言："英国三十年前茶、酒税并重，近来茶税大减，原初意茶、酒二者，均民食所不必需用，近知茶为有益，不可少，惟酒无益，是以酒一格伦抵十磅完税，然实一格伦抵八磅资本不逾三施令，而完税至十三施令，茶税初收每磅四施令，近收六佩宜而已。当时每茶叶一磅值价一吉尼，近不过二施令。收税视旧八分之一，茶叶减价遂至十分之一。近三十年，规模视前又加胜也。"

述西人论环球人物^①
（1877）

（光绪三年九月）十三日。克尔路克尔曼来见，年七十八，凡行绕地球四周。言苦地球太小，致屡次周转中国，至粤东三次、上海二次、北京一次。又往看万里长城，出关至宣化府。言中国无汽轮车，行路大难，见古书所言，中国文教开创四千余年，处万国之先，独一切使用西法，最处万国之后，人皆笑之，意谓此最不宜，宜及早施行，无再迟缓。询以所莅各国何处为胜，曰："意大里及日思巴尼牙之南，水土最佳，又苦人物无多可谈者。"问人物何处为胜，曰："法国最胜。"曰："英国人物岂尚减法国耶？"曰："英国多是淡漠相遭，不如法国友朋相聚欢笑。英国苏格兰拉思噶固为胜也。"

记日本公使述日本维新^②
（1877）

（光绪三年九月）廿八日。斯谛文生、密斯盘来见，以合淝伯相命徐雪村、傅兰雅会议上海博物院办法，意欲于此开立学馆。傅兰雅以告密斯盘，因会同斯谛文生来言："如此则中国自行购办一切，英国阿萨密不得与闻。"乃复议从小开一局面，以二万磅为限，由中国购造，或多或少，依照增减，由英人承办，即以二万磅承息六厘。所有陈设机器，各自运往，中国一切不问，并约拟一章程见示。适日使上野景范在坐，因问："日本一切取用西法，亦设有博物院否？"因言："东京近三年盖造一院极宏丽，名博览会。日本三岛分三府三十五县，各悉其物产分置院中外国亦听入，按地段缴纳租价，而官计其本利，为定一价，按所陈货刊刻准单，视市价稍平。入观者皆给钱乃听入。于是趋市贸易皆集院中，为东京第一繁盛之区，国家亦因而收其利。隶之内务省，所谓劝业博览会者是也。此亦炫奇会之一端，故名内国博览会，专会聚本国

---

① 选自《郭嵩焘日记》，第三卷，313 页。
② 选自《郭嵩焘日记》，第三卷，327～328 页。

物产。"因问："各国开设炫奇会，日本赴会，国家公用几何？"曰："每次出国帑三十万圆，并约不可逾此数。"曰："然则各国此会，间岁一开，所费不亦多乎？"曰："奥国此会耗费极多，约略计之，至少亦二十万元，为各商人贩运各物，出鬻者无多，其本大耗。去岁美国此会出入两足相抵。"问其章程何如，曰："国家为租炫奇会院房屋若干亩，转租之商人。其物产有运之商人者，有运之国家者，如五金、土、石及木质坚韧种类之别，国家为收聚以相比合，其运费皆国家承认。商力不足则贷之国家，各视所出鬻，得息几何，按数输之国家，以收其息，是以所鬻多则利厚。"曰："三十万元用款，能尽收还乎？"曰："所争差无几。大率国家遣派户部侍郎一人经理其事，亦有支消〔销〕；在本国各处收集物产，亦有使费。所耗不过如此。"问："西洋章程同否？"曰："不同。西洋但需一官经理，承租房屋若干，而商民自向经理处定租若干丈地，经理者准所租地分给，大率请租二十丈，给至十五丈而止。以西洋商民自知其中利益而争赴之，官但为之经理而已。"明年法国炫奇会，经理者大太子，已三赴法国营度其地。西洋以商务为本，君民相与崇尚如此。

论英人治理香港事①
（1877）

（光绪三年十月）初三日。纽雅芝过谈。新报载香港四事，阅之怃然。一、新理香港波伯亨里西专欲以宽化民，不施夏楚，而犯法者益众，终至盗贼风行。于是乃许按司用刑。自云历任各处，未尝用刑，于此颇乖其意趣。一、属部尚书喀尔拉尔芬言，据各属地文报，系囚之多，无若香港者，因何至此，饬一报明其原由。一、外部尚书德尔比咨，据波伯亨里西管理中国寓藉〔籍〕人民西洋装束：住英国地界，归英国管束；其归中国，仍听中国管束。一、香港对过九龙嘴亦驻有小英官。有在九龙嘴外犯事者，乡人执送小兵官，转送之香港。接西洋律法，非所属地，不得科罪，乃纵遣之。至是其国家特诏，犯事在属地外者，亦一律科罪。凡在〔此〕四事，皆由中国处理无法，以致一切无可筹商。洋人之心日远，中国之势亦日以积轻，殆将无复转移之望也。

———————————

① 选自《郭嵩焘日记》，第三卷，333～334 页。

参观伦敦市政厅①
（1877）

（光绪三年十月）初五日。晚为梅尔邀赴吉尔得和尔②会宴，梅尔衙门名。吉尔得，译言会也；和尔，译言堂也。会者八百余人。为曲长案，前设直案六，两旁各设五案。梅尔姓葛登。译言棉花也。设音乐颂君主毕，问陆军，哈尔谛回答；问水军，施密斯回答；问乡军，罗伦谛尔回答；罗伦谛尔③，乡军总名，犹言心所愿充。一名末里沙④，则可以调发赴所属地，其任尤重。次问公使，土使莫拉射司巴沙回答；次问罗尔得占斯，律例尚书之名。铿恩斯回答；次问国政，毕根司由回答。毕根士问梅尔，梅尔回答；德尔比问前梅尔，前任怀德回答。次问上议院，立吉门公回答；次问【次问】毕灼伯，伦敦毕灼回答；次问按刑司，罗尔得基甫觉尔得尔回答；按司主首之名。次问下议院，罗斯噶得回答；次问阿得门⑤，细得尼回答；次问舍利夫⑥，罗地叱回答；次问讼师，梭利斯多尔占得洛尔⑦回答。梭利斯得，犹言刺事。占斯洛斯，其总领也，亦讼师主首之名。德尔比又问内里梅尔勒斯，所以颂言梅尔夫人也。梅尔回答毕，又设跳舞会，自宰相、尚书、各国公使、按刑司、阿得门、舍利夫、舍利夫二名，为梅尔之副。两议政院、牧师、讼师，下至绅商，并集于一堂，可云盛会矣。又兼男妇错杂，音乐肆陈，而所问答之辞，率举所管事务得失及今昔情形，反覆数千言相为质证。虽近谐戏，而道存焉，未可厚议也。

与威妥玛论中国政治⑧
（1877）

（光绪三年十月）初六日。威妥玛、禧在明来谈，并交到翻译文件，

---

① 选自《郭嵩焘日记》，第三卷，335～336 页。
② 吉尔得和尔：Guild Hall，伦敦市政厅。
③ 罗伦谛尔：Volunteer，志愿兵。
④ 末里沙：Militia，民兵。
⑤ 阿得门：Alderman，市参事会员。
⑥ 舍利夫：Sheriff，执行官。
⑦ 梭利斯多尔占得洛尔：Solicitor-general，位次于检查长的司法官。
⑧ 选自《郭嵩焘日记》，第三卷，336～337 页。

因言翻译亦是紧要事件，应须酌添一员。语以近请销差，威惊问故，曰："在此无能裨益，分应销差耳。"威因论俄土战事，意谓如何？曰："日见新报数则，极为土国危之。"威曰："良然。强弱之势本不敌，然所以致困者，坐无援耳。""何以无援？""以太少内修之功，其被侵伐，人皆快之，是以谓之无援。"语以莫射拉〔莫拉射司〕巴沙言"近三十年一切循用西洋法度"，似非无意内修者。威曰："在官者黩货，讼狱刑罚，不一究心，百姓穷困无告，何谓内修？尽有一二才略能任事敢战，而无一实政及民，其本已先拨，西洋于此谓之乱国。吾在中国久，略谙其情形，殆亦类此耳。"吾谓中国有胜于土耳其者，亦尚有不及土耳其者。如仿行西洋兵制，设立议政院，此所不能及也；以礼自处，无胜人之心，亦不至遽撄强敌，此为胜之。威曰："吾非谓俄人遽有觊觎之心。其用兵土国，财殚力竭，亦须数十年生聚乃能自强。但论中国，能内修，虽有强敌何害？其不能内修，东西两洋皆敌国也。中国地利尽丰，人力尽足，要须从国政上实力考求，而后地利人才乃能为我用，以收其利益。购买西洋几尊大炮、几枝小枪，修造几处炮台，请问有何益处？近年稍知讲求交接矣，而于百姓身上仍是一切不管，西洋以此知其不能自立。土耳其可为殷鉴。"吾谓："中国只是议论繁多，不求实际。在事诸公亦止为议论劫持。我在此实系无所裨益，是以急请销差。"威曰："此却不可。在此极是有益，久后当自知也。"其言语可云耸切，因略记之。

述日本注重发挥领事之商业功能①
（1877）

（光绪三年十月）初八日。日使上野景范偕其参赞金司殴、副领事葛摹机来谈。问："日本商人在美国几何？"曰："无有。""然则设领事何为？"曰："是大有用处。日本在英国购买机器及船炮，岁款甚巨，需有人经理。其借用英款在此料理，与在本国争差甚远。凡此，公使亦可任之，然须与商贾往来熟习，须住城内，公使住城内为不宜，又不能时与商人往还交接。银钱一切，领事经理，而公使为之主持通报，庶两相济。又日本商人无住英国者，而每岁货物交易亦常数百千万，领事可以

---

① 选自《郭嵩焘日记》，第三卷，338 页。

推考百货盈虚，达知本国，权衡物价之轻重，以为制国用之本。是以领事为必不可少。"日本仿行西法，尤务使商情与其国家息息相通，君民上下，同心以求利益，此中国所不能及也。

记马格里述西方科学史①
（1877）

（光绪三年十月）十八日。马格里言：二百年前意大里人格力里渥②精天文，始推知五星及地球均绕日而行，太阳居中统摄之。时罗马教皇主教谓其与耶稣教书违背，系之狱，而其说渐行于西洋，治天文者皆宗之。百余年前英人瞻勒尔③以痘症为害，颇穷其旨，因见取牛乳人出痘皆轻，推知牛亦出痘，取其浆试之，亦起颗如痘，因推穷其脉络而创为牛痘之说。英国医者大哗，其说竟不能行。瞻勒尔既没，英人精医理者乃推衍其说行之，其法遂遍及各国。故以为心得之理，晦于一时，而必显于后世也。

述古希腊隐士事迹④
（1877）

（光绪三年十月）廿一日。礼拜。希腊数百年前有名谛窝奢尔斯⑤者，隐居一岩穴中，敝衣草履，负暄以为温。希腊主闻其名，就见之，问曰："先生穷若此，吾能为之援。"谛窝奢尔斯以手挥之曰："若无当吾前隔断太阳光，使不得照我。我但求若早去，不望若援也。"其居止惟以一灯自随，出则提以行。人问白昼以灯行何说，曰："吾遍求一好人不可得，故引灯以求之耳。"希腊文学盛于西土，如诗人河满及谛窝奢尔斯，皆有高世之行，而安贫乐道，遗弃一世，有类古高士之所为。西洋人无此一种风骨。亦略见希腊文教盛时，与中土高人逸士相颉颃也。

---

① 选自《郭嵩焘日记》，第三卷，344 页。
② 格力里渥：Galileo，伽利略。
③ 瞻勒尔：Edward Jenner，琴纳，又作詹纳·日纳尔。
④ 选自《郭嵩焘日记》，第三卷，346～347 页。
⑤ 谛窝奢尔斯：Diogenes，第欧根尼（约公元前 404—前 323），古希腊哲人。

参观牛津大学[①]

（1877）

（光绪三年十月）廿四日。里格约为阿斯福之游。英国大学馆以阿斯福[②]、堪百里治[③]二处为最胜。由拍定登乘坐汽轮车一百五里至类丁，又七十五里至阿斯福，寓居兰多甫客邸。询知阿斯福学馆凡二十有一：一曰由尼法希谛，凡学馆曰科里治[④]；其总学馆得主考试，曰由尼法希谛[⑤]。此学馆建立最久，因以由尼法希谛为名，约已千年。住馆生一百九人；二曰巴里尔，住馆生一百九十六人；三曰弥敦，住馆七十六人；四曰林根，住馆六十六人；五曰珥克斯得，住馆一百七十二人；六曰阿里尔，住馆八十三人；七曰魁英斯，住馆一百人；八曰纽科里治，纽者新也，此学馆初起以新学馆为名，至今沿而不改。住馆一百三十人；九曰阿勒苏尔士，住馆五人；十曰马克得林，住馆一百一人；十一曰巴里斯罗斯，译言铜鼻也。住馆一百三十一人；十二曰科尔博斯客立斯谛，住馆六十人；十三曰客来斯觉尔治，住馆一百五十四人；十四曰得林意谛，住馆九十六人；十五曰森约翰，住馆一百一十人；十六曰基色斯，住馆五十七人；十七曰哇单，住馆五十二人；十八曰百尔伦白洛克，住馆八十四人；十九曰乌尔斯得，住馆九十八人；二十曰吉白里，住馆一百四十二人；二十一曰哈尔得莱尔得，住馆六十九人。每住馆生各一住房、一读书房，二房相联，极精洁。所学天文、地理、数学、律法及诸格致之学，皆择其所艺已成者试之乃得入，各以类设师程督之，率十许人从一师。每学馆设一学正总理。亦谓之尚书。又总设一尚书曰沾西洛尔[⑥]，岁一更易。今年沙乃斯百里侯实为阿斯福学馆尚书。又一副尚书名曰歪斯占西洛尔[⑦]，亦岁一更易。苏爱尔为纽科里治学正，兼任歪斯占西洛尔，是以具名邀请。未刻，诣纽科里治赴苏爱尔之召。会者二十余人，并各学馆学正及教师之著闻者。是日凡游学馆三：一、马克得林，其学正曰武礼。学馆建立三百年，而正楼柱石雕刻人物，形状诡异，皆不能举其名。一、阿

①　选自《郭嵩焘日记》，第三卷，348～354 页。
②　阿斯福：Oxford，牛津。
③　堪百里治：Cambridge，剑桥。
④　科里治：college，学院。
⑤　由尼法希谛：university，大学。
⑥　沾西洛尔：Chancellor，大学名誉校长。
⑦　歪斯占西洛尔：Vice-chancellor，大学副校长。

勒苏尔士，其学正曰礼敦。有大书堂，藏书甚富。总管马克斯木拉，注有印度佛经，名《非达经》①，云尚在佛千年以前。其字略近西洋，与所见锡兰梵经绝异，殆犹西洋通印度后文字之变也。一、克来斯觉尔治，其学正曰立得尔，陪游礼拜堂及厨屋。又游大学堂一，名曰波里安，藏书五十余万帙。总办葛克斯，言西洋藏书以法国巴黎为第一，伦敦妙西因次之，此又次之。所藏各国书皆各为院，中国书亦为一院。有巨册百余，长方四尺许，为英国地图，街市屋宇及乡村民舍及田亩畦畛，方斜零畸皆具。询之，近年所具，其工至今未竣也。各书手抄未刷印者，别为一院。每日男妇相就观书约五十人。其前别为圆屋一区，皆石为之，上下两层，铁梁铁板，铺泥沙尺许，盖板其上以防火。缘学堂禁止灯烛，凡夜读书者就圆屋中，藏书亦数十橱。葛克斯云："此所藏皆近人著述。凡书成必首纳献一部，伦敦妙西因亦然。故此数十橱无用价购者。"圆屋最上一层结顶，旁四周为飞檐，铺以铅板，外为石栏，可以望远，阿斯福一城皆在眼中。其旧城尚余一段，约数十丈，厚七八尺，锹〔甃〕以砖，上为雉堞，在纽葛里治左旁。苏爱尔云："初建学馆时，梅尔言：此段旧城古迹，当责学馆保护。是以三百年完好如故。"又赴舍尔多里安西尔得，听克格〔里格〕讲《圣谕广训》。其地为听讲之所，前圆后方。方处为平台，中设巨椅，学馆占西洛尔坐其上。两旁设椅三层以待上宾，坐予占西洛尔之右一席，西洋所以示敬也。其前圆屋男妇环听。里格云：《圣谕》十六条，分四次讲毕，此四条特留候鄙人来游，相与一观。设案平台左旁右角。初言中国钦差第一次来此，以志欣庆之意；次及《圣谕》十六条，尚有四条待讲。于是宣汉文曰："第十三条，戒匿逃以免株连；第十四条，完钱粮以省催科；第十五条，联保甲以弭盗贼；第十六条，解仇忿以保身命。"而后用英语申讲《圣谕广训》，男妇三百人，寂不闻声。每讲至佳处，则群鼓掌唱诺。亦足见我圣祖德教流行之远也。是夕，里格邀茶会，所见皆各学馆学正、教师。外数人，一名类音，云善诗；一名哥尔文施密斯，甚有文名而常与时忤，徙居美国，久亦不合而归。闻所著书多嫉世之言，盖亦古狂者流也。是夕仍不成寐。

廿五日。里格言，歪斯占希洛尔在波里安书堂给已试举人冠服，兼考试秀才，约往一观后陪游各处。往则大堂设平台，苏爱尔中坐，左右

---

① 《非达经》：即《吠陀》。

稍下各一人旁坐。举人九人，前跪受戒，起着长衣后，披厢红背兜巾，仍环跪受戒而退。英国此礼惟施之耶稣堂，考试给冠服，乃施之歪斯占希洛尔，不能达其义也。次则各学馆教师领就试学生，多或四五人，少或一人，排立歪斯占希洛尔前，曲躬述就试名，数约四十余人。退而历口试、笔试二处，别有监试者。其口试则监试三人与就试一人对坐，问以古事。马格里听知问语，以罗马几世教皇，或云病殁，或云被刺死，毕竟何者为是？见于何书，可以证知其死状？其答语不能详。笔试则监试一人高坐，试者四十余人，各以一小案相向坐，随所艺试之。凡三试。初曰博秩洛尔①，犹秀才之意。次曰玛斯达②，犹举人之意。次曰多克多尔③。犹翰林之意。并岁一试，而试者各以年限，必历三年乃得试翰林。翰林亦重前三名，首曰西尼尔朗克勒④，次曰色根得朗克勒⑤，又次曰色尔得朗克勒⑥，统名曰得来波斯⑦，犹中国之言鼎甲也。其三试并阿斯福学馆生，外人不得与。学馆占希洛尔亦岁遣人周莅各处学馆，试其学艺高下而纪录之。其经遣试录取，亦与阿斯福学馆一例历试。所给执照，虚为之名而已，并不一关白国家。而自初试博秩洛尔学艺胜人者，岁得给奖异银一百磅。其试至翰林，得留学充当教士〔师〕，曰卜鲁，其称曰卜鲁非色⑧，犹言先生也。三试章程，盖亦略仿中国试法为之。所学与仕进判分为二。而仕进者各就其才质所长，入国家所立学馆，如兵法、律法之属，积资任能，终其身以所学自效。此实中国三代学校遗制，汉魏以后士大夫知此义者鲜矣。其学馆曰科尔治；总学馆主试曰由尼法希谛，隶伦敦者三：曰阿斯福，曰刊百里治，曰得兰莫。近年伦敦亦立由尼法希谛学堂，凡各学馆艺生皆得试。隶苏格兰者四：曰爱敦白拉，曰阿白尔定，曰拉斯噶生，曰安得鲁。隶爱尔兰者一，曰得布伦。而阿斯福学馆缘始，则自千数百年前天主教师〔士〕创为之。盖其时通知学术能文者，惟教师〔士〕为能然也。如纽科理治，缘始威里姆阿甫威堪摩，温吉斯得之毕灼白也。其冠帔、约指、手套，犹存十余

---

① 博秩洛尔：Bachelor，学士。
② 玛斯达：Master，硕士。
③ 多克多尔：Doctor，博士。
④ 西尼尔朗克勒：Senior Honorary，最高荣誉学位。
⑤ 色根得朗克勒：Second Honorary，二等荣誉学位。
⑥ 色尔得朗克勒：Third Honorary，三等荣誉学位。
⑦ 得来波斯：Tripos，荣誉学位考试。
⑧ 卜鲁非色：Professor，教授。

事，用玻璃匣盛之。学馆基产皆其所留贻也。克来斯觉尔治①，译言基督会也。缘始戛尔谛拉尔、乌尔喜，天主大教师〔士〕也，当显理第八时权势最盛，建立学馆约及四百年。至今各学馆学正，亦多牧师为之。○里格邀同苏爱尔午膳。遂至格拉伦敦卜来斯印书局。格拉伦敦辑查尔斯第一被弑事为一书，消〔销〕行甚广，厚积资产，临卒尽蠲所有，立一印书局。新旧印书机器凡数院。总管曰毕格尔得何尔，精勾股算术。西洋印书皆用检字法，集各国文字印刷所有书籍，凡为剌丁，为希腊，为印度，为波斯，为日本，为阿剌伯，凡文字与欧罗巴所传字母异者皆备，中国检字法亦具焉。其书板分铜、铅二种，并用检字法，用厚纸浸水拓之，烘干而字皆浮起，夹入铁板中，三方界以铜而虚其上，熔铅灌之，而板立成。然铅板不受压，故不能经久。因用薄铜片压成板，浸强水中，引电气练〔炼〕之，傅以铅，厚薄惟所施，则成铜板。局分东西两厂。左厂专印福音书，积纸数屋，先灌水浸之，压使干而微带潮湿，乃受印，连机器二三十座。印既成，分别整齐之，第其章数，又送入一院，次第合并之。妇女及童稚等所役亦数百人。毕格尔得何尔云："每年所印福音书，纸宽六尺可铺英里三千，若宽八寸可绕地球一周。"问："福音书所在有之，安置此？"曰："此遍行各国。"前游印书会，格兰斯敦陈列福音书一帙，而标识其上云："此书无奇，却有一奇语：昨夜尚是整张纸，裁成数百叶，刷印装潢成一巨册，只用十二点钟工夫，今早已成书矣。"即此厂所印也。○次至阿客难德妙西因，所历视不过数种。管金石者曰布利谛斯为治，管鸟兽及虫鱼骨者曰罗里斯登。其金石与虫鱼合化及骨成石者，云皆得自阿斯福土中。石板中衔鱼、兽骨，所在有之，而此所见尤奇。有形若鲸鱼而尾极长，状如狮子尾，又复歧出。有头颈如鹅，而身尾皆鱼，又生两翅。有巨鱼中含旋螺，大逾碗。有前半磅礴磊魂，而后身鱼骨及尾皆具。又鼍鱼上腿骨长逾丈，骨半为石，得之土中，凡十余具，莫辨为何物。嗣得三丈余鼍鱼，折视其骨，始知为鼍鱼上腿骨也。其长三丈余，而腿骨不逾七寸。土中所得大至百倍，则鼍身之长可知。象牙湾〔弯〕曲上抱，长丈许，毛长尺许，并从土中理出，推测得之，云皆在开辟以前。其诸角、骨，奇形诡状，不可殚述。马宝大如球者亦十余，一球剖其半，皆浅毛长寸许者结成。又转至一虫院，其司事曰韦斯武得。聚各国虫类万余种，蝴蝶一种又至数千。最奇

① 克来斯觉尔治：Christ Church，牛津大学学院之一。

者翠蝶，反复视之，五色皆具，云出印度。蝶子大逾尺，毛长数分。蝎子尺许，两齿如角外抱。蜂窝大如巨东瓜。皆巨观也。又有阿克兰者，引入一书堂，上下两层。上层辨各国土性与色，以知其所宜及人民所以受病之由。下层各国动植物类图册。偶检中国鱼类图册，所画皆金鱼也，亦至数十种之多。○次至阿布色尔法多里①天文堂。其总管曰毕灼尔得，天文士之最著闻者。入门登梯，两壁画日星行度。毕灼尔得指谓曰："此百余年前初见中国书，言：'春分日中见鸟星，秋分夜中见虚星。'西洋不辨其为何星，因上推四千年前春秋二分昼夜之中当见何星。推者不一，近已推得二星。"予笑曰："西洋推测精微，其用心勤矣。然言理非也。《尚书》所记二十八宿之中星，羲氏司东南，和氏司西北，因二十八宿行度所次，以测四时之中气也。并非谓春分日中独见鸟星，秋分宵中独见大火星也。"毕灼尔得亦以为然。凡为面南显远镜一具，为圆屋测量显远镜一具。其一具用反照法，谛拿娄所手制也，费至二千磅。谛尔娄以目力不给，不敢窥测天文，乃输之阿斯福天文堂。其一具下置机器钟，上为圆屋，用机轮推转，其迟速并与各星行度相应。每测一星可至数日夜，更替审伺之。予问："白日可以见星乎？"曰："惟金星易见。"乃属其司事寻审，久顷，走报曰："得之矣。"急往窥之，正南见一半月，光色甚淡。金、水二星在地球环绕之内，距日为近，其光皆有圆缺，以行度远而光小，不如月之易辨也。毕灼尔得求手记之以为信，乃书曰："某以西历十一月廿九日申初见金星大如半月，正当南。此行得见金星于日未西时。"徐雪村所谓金星多随日，惟入日度则光伏，其旁照处，日间可以见之。信不虚也。六点钟回伦敦，计行四十二里，至地布角得换坐一车。

述英国科学家②
（1877）

（光绪三年十月）廿九日。英国讲实学者，肇自比耕③。始时，欧洲文字起于罗马而盛于希腊，西士言学问皆宗之。比耕亦习剌丁、希腊之学。久之，悟其所学皆虚也，无适于用实〔实用〕，始讲求格物

---

① 阿布色尔法多里：Observatory，观象台。
② 选自《郭嵩焘日记》，第三卷，356 页。
③ 比耕：Bacon，培根。

致知之说，名之曰新学。当时亦无甚信从者。同时言天文有格力里渥①，亦创为新说，谓日不动而地绕之以动。比耕卒于一年〔千〕六百二十五年，格力里渥卒于一千六百四十二年。至一千六百四十五年，始相与追求比耕之学，创设一会，名曰新学会。一千六百六十二年，查尔斯第二崇信其学，特加敕名其会曰罗亚尔苏赛也得。罗亚尔，译言御也；苏赛也得，会也。而天文士纽登②生于一千六百四十二年，与格力里渥之卒同时。英人谓天文窍奥由纽登开之。此英国实学之源也。相距二百三四十年间，欧洲各国日趋于富强，推求其源，皆学问考核之功也。

述张力臣论洋务③
（1877）

（光绪三年十一月）初五日。礼拜。张力臣著《蠡测卮言》十卷，专谈洋务。先刻第二、第三两卷见寄。论西洋格致会分十五家：一、天文、算学；二、重学及机器之学；三、测量家学；四、植物学；五、农务学；六、数学，谓考校货物出入多寡之数也；七、世务学；八、声学、热学、光学、电学；九、天时、风雨、寒暑之学；十、地理学；十一、化学；十二、地内学，谓辨别方物也；十三、金石学；十四、人学，谓族类、肥瘠、寿夭之别；十五、医学。明季英人吉利巴始悟电气，分干湿、金石、草木诸种。嗣是迭相祖述，电学大著。至道光时，英人惠子敦、意人戛色利始创设电报。又言机器大端，一曰水运；二曰火运；三曰水火运。此外又有金运、石运、人运、牛马运四种。金运以钢发轮，石运以重物引机，盖水运之余事也。大者莫如汽机。遇有不能设汽机之处，则以人与牛马代之，则汽运之余事也。凡水、火、汽运，总不越发机转轮而已。挈提西学本原，最为简括。

---

① 格力里渥：Galileo，伽利略。
② 纽登：Isaac Newton，牛顿。
③ 选自《郭嵩焘日记》，第三卷，359～360 页。

论报纸与国政①
（1877）

（光绪三年十一月）十六日。《戴模斯》新报极论正月十七日开会堂视常年早至三礼拜为不宜。以云用兵，是惊众也；不用兵，俄人得以议其后，谓其谋己也。《摩宁波斯》新政〔报〕则以事势言之，宜及早用兵，谓俄人一得土国之利以开其端，德人必西侵比利时、荷兰、丹国；意人必南侵突尼斯。二国之助俄，非为利俄也，亦自为利耳。宜先截止俄人兼并之心，以保全诸国。所言亦皆有见。西洋一切情事，皆著之新报，议论得失，互相驳辨，皆资新报传布。执政亦稍据其所言之得失以资考证，而行止一由所隶衙门处分，不以人言为进退也。所行或有违忤，议院群起攻之，则亦无以自立。故无敢有恣意妄为者。当事任其成败，而议论是非则一付之公论。《周礼》之讯群臣、讯万民，亦此意也。

论英国政治②
（1877）

光绪三年十一月十八日己巳。冬至。当西历十二月廿二日。旁注：英国立斯得斯贵尔地方，并法人居住。略考英国政教原始：议院之设在宋初，旁注：英自汉时始立国，即有议会，多以教师〔士〕操其权，历久而规制益详。距今八百余年。至显理第三而后有巴力门之称，一千二百二十五年，当宋理宗绍定五年。即今之上议院也。一千二百六十四年，令诸部各择二人，海口择四人入巴力门会，为今下议院所自始。上院名罗尔德，世爵之称也；下院名高曼。义德第三即位五年，一千三百三十一年始分上、下议院。军国大事，先咨之高门士，以达上院，而后自行之，其长曰斯比格。买阿尔之设今称梅尔，买、阿二字之合音也，在一千一百八十年后，当宋孝宗淳熙时。设立伦敦买阿尔衙门，令民自选。又越百余年，旁注：亦在义德瓦第三时。当元之中叶，始令听讼者由如力③代证枉直。如力者，地方良民也，为今律师代质所自始。一千四百年后，始用罗经定方向，用自鸣钟定时刻。

---

① 选自《郭嵩焘日记》，第三卷，368 页。
② 选自《郭嵩焘日记》，第三卷，370～373 页。
③ 如力：Jury，陪审员。

英人加斯敦始镂版印书。其时考象纬者推验灾祥，由此而益勤于测候；言物化者讲求黄白点化之术，由此而益明物之本质。以上诸法皆由中土流传西洋。一千四百八九十年间，显理第七时始造纸；开通东西海道，多造战舰，置炮其上。显理第八当明武宗正德时，造船容万三千石，置炮百二十有二。一千五百四十七年义德第六即位，商人始立公会，以辟地行贾为事。一千五百八十三年女主以利沙伯时，实明神宗万历十一年也，商人立公会，通亚细亚东方，始至中国，周历印度数部。于是地中海东方海口皆设领事官。置会馆伦敦，曰"伦敦至东印度商人会馆"①，通商各国。亦于是时设立公使。英人有倍根者，著书考察象纬术数。一千六百二十三年，惹迷斯第一旁注：为英兰两部合国之始。始创造新闻纸。其后查尔斯第一即位，国变多故，而学艺始盛。哈尔非②为血络周流之学，而医术益精。哈略③测水星过日，而推测之术益验。观象仪器，及格物家讲求化学，实事求是，多兴于其时。一千六百五十三年，当顺治十年，格朗挖立，始运地中海东方棉花制造布匹，立伦敦大信局。又三年，禁止平民开信局，命大臣主之。一千六百七八十年间，查尔斯第二时，修明律法。沙非斯伯烈创定哈别斯高伯斯④之律以除虐政。是时议院已分二党，附和朝政者朝党也，名曰多利；违异朝政者野党也，名曰辉格。一千六百九十四年威廉第三时，立医院于格林里治，养兵船军士受伤及老病者。又前一千六百六十年，查尔斯第二建一会堂曰劳尔婆塞也的，言王会也。集天文、算学之士其中，厚饩之。其著闻者曰包以尔，曰何格，曰瓦立斯，曰巴罗，曰哈力。始为光学者曰纽敦。创作远镜者曰克勒格力。先为反照之器，明行星、定星旋转排列之理，曰弗兰斯得。哈力考察彗星往还别一轨道，按时而见。一千六百七十五年始建观星台。一千七百二十年法王驱逐耶苏教，来英者五万人，织作呢羽细布及诸奇巧由此始。一千七百三十五年若尔日第二时，当雍正十一年，瓦尔波立商税之法，置藏货之室，货出始纳税。一千七百五十二年始行新历。旧历以三月二十五日春分节为岁首。有哈力生者，修正时辰表，可测经度；献于朝，酬二万金。塞耳寒斯伦家有博物院，朝廷出资购之，博物院肇始于此。斯米敦建一塔于以的斯敦海口，顶置灯，标识往来舟楫，海口引

---

① 伦敦至东印度商人会馆：东印度公司。
② 哈尔非：William Harvey，哈维。
③ 哈略：Edmund Halley，哈雷，又作哈力。
④ 哈别斯高伯斯：Habeas Corpus，人身保护法令。

船灯杆肇始于此。一千七百五十六年，当乾隆二十年，英商在印度加尔各搭为孟加拉所袭，执一百四十六人。麻德拉斯垒主格来茀，败孟加拉部长于伯拉西，遂据有孟加拉，为英人据有印度之始。一千七百六十九年若尔日第三时，当乾隆三十四年，始开煤矿，以火轮器汲水。英人名瓦的①者，始创火轮舟车之利。一千七百八十五年始用火轮器织布。一千七百八十一年，天文士黑尔舌②测得新行星名于拉纳士。一千七百八十九年作大远镜，能测前所未见天空列宿。一千七百九十六年医士日纳尔立种牛痘法。一千七百九十年厚亚德修明图圜之法。一千八百七年始用气学，以媒〔煤〕气代烛。一千八百十一年造火轮船行海，实嘉庆十六年也。旁注：是时火轮船惟行近海，至一千八百三十八年，当道光十八年，始开火轮船至美国纽约克。一千八百十六年，英人带非制一灯球，入矿开采，免于引火。一千八百一年始造人丁册籍，每十年一修。国中各处立官塾。一千八百二十九年造火轮车。旁注：一千八百三十八年由伦敦至北名罕东路始成，凡三百五十里。时造火轮器者勒尼，识草木者邦斯，考求物质者带味③，画工艺斯得茀西里，觅新地者格拉克。一千八百三十八年始设电报法通线。一千八百四十年，当道光二十年，立公司通信之法，由火轮舟车递送。一千八百五十一年始造博物玻璃院，名曰格勒得格西比申④，绵亘三里，各国方物依地球纬度陈列。计英国之强，始自国朝，考求学问以为富强之基，亦在明季，后于法兰西、日耳曼诸国。创立机器，备物制用，实在乾隆以后。其初国政亦甚乖乱。推原其立国本末，所以持久而国势益张者，则在巴力门议政院有维持国是之义；设买阿尔治民，有顺从民愿之情。二者相持，是以君与民交相维系，迭盛迭衰，而立国千余年终以不敝，人才学问相承以起，而皆有以自效，此其立国之本也。而巴力门君民争政，互相残杀，数百年久而后定，买阿尔独相安无事，亦可知为君者之欲易逞而难戢，而小民之情难拂而易安也。中国秦汉以来二千余年适得其反，能辨此者鲜矣。

---

① 瓦的：James Watt，瓦特，一作华脱。
② 黑尔舌：William Herschel，赫歇耳。
③ 带味：Humphry Davy，戴维。
④ 格勒得格西比申：Great Exhibition，大博览会。

论西洋宗教①
(1877)

　　（光绪三年十一月）十九日。西洋尊事教主，委国以听之，人心之所趋向，有不可以理解者。推求其故，知其固有自来也。天降下民，作之君，作之师，二者并尊。无君则人伦无所统属，无师则聪明智慧者无所诱启。西洋诸国开辟之初，人民风教，多原始东土。如英国初崇德雷教，亦主轮回之说，实与佛教同源。希腊、罗马，立国最早，其教皆原于摩西，而摩西以以色列族立国犹太，自衍其教，未尝强诸国从之。是以希腊、罗马各主教名。而希腊义纳姑来自迦南，开文教之先，至今犹祖犹太教。罗马当两汉时兼并诸国，有大一统之势。会是时耶苏兴于犹太，为其国人为〔所〕夭阏，罗马王独推崇其教，雄长诸部，督使从之。而教士专习文字科条，讲说推行，遍及诸国。于是罗马剌丁文字，遂为西洋各国文教之祖。英部当罗马盛时，为所踞者数百年，其教亦以大行。建造会堂，定立科条，凡建国立政之经，如农田水利、医师方术、百工伎艺，皆教士为之创始。至唐之中叶，以格伯收合诸部，建立英国。旁注：以前名比利敦。其时教已盛行，而文章典制及诸兴作，一操之教士。今阿斯弗、堪白里治两处大学馆，创建已逾千年，正当英人立国之初，皆教士为之主持，至今犹然。其国之政俗科条，无一不出于教士。而自初创建会堂，统君民而约禁之，是以国家大权，教士得以操持历千余年，人民心意之归向，已素定矣。而罗马又立教王以总摄之，以故其权久而不替。教王既主各国教权而阴制其柄，因以肆志纵欲，诸国亦渐苦之。一千五百年间，当明之中叶，英人有味格里弗者，始著书辟之。日耳曼教士路剔因之创立耶苏教，谓之波罗特士②。波罗特士者，誓不从罗马教之谓也。盖罗马教之积敝，而人民日思变计，路剔之创立教名，诚亦末流补救之术也。然自初罗马教之行于诸国，皆有功蹟教化于民，导人以信从之。既分立两教，于是怙权争胜之心，日挟其术以求逞。乃各私立会名，分布徒众，蔓延于亚细亚诸国。以传教为民，诸从罗马教者相与导扬之，以广己而造大，而教王又实为之主持。日思巴尼

---

① 选自《郭嵩焘日记》，第三卷，373～375 页。
② 波罗特士：Protest，基督新教。

牙人名意格纳希珥斯罗尔窝拉，创立热索亦得①会，法人语耶苏曰热索。明季利玛窦奉之以行于中国。嗣是会名繁兴，传教东土各国，率请命教主，奉其教会名目以行于其所适之国。中国重开天主教之禁，而传教京师者，又为拉萨立斯得会。教分而其传教亦愈切。英人名罗马教曰加特力，名耶苏教曰波罗特士，但当时求去罗马教积弊而已。罗马教传之东土，日益加广，波罗特士教亦相与仿而效之，于是耶苏教会亦兴。即伦敦三国教会亦异。伦敦官教曰意毕斯哥稗里安②，苏格兰官教曰卜来斯毕谛里安③，皆食官禄；不食官禄曰英谛并〔井〕丹得④。其间各私立会，名目繁多，有曰麦托的士⑤，有曰巴比的士⑥。近年教士四出传衍，与加特士教⑦争胜东土。盖不独非路剔立教之意，亦非耶苏推衍摩西立教之本旨矣。

论古今变局与应对之方⑧
（1877）

（光绪三年十一月）二十日。晚与彦嘉、湘甫、在初论刘云生之凶悖。彼亦直率其性耳，而不知关系大局，无若刘云生为害之烈者。盖自南宋以来，士大夫以议论争胜，中外之势相持，辄穷于所以自处，无论曲直、强弱、胜负、存亡，但一不主战，则天下共罪之。七八百年，尽士大夫之心相率趋于愚妄，而莫知其所以然，则亦南宋诸儒议论繁多之过也。西洋之局，非复金、元之旧矣，而相与祖述南宋诸儒之议论以劫持朝廷，流极败坏，至于今日而犹不悟，鄙心实独憾之，不惜犯一时之大忌，侃侃焉谋举国计边防之大要正告之天下，外以服强邻之心，内以尊朝廷而安百姓，而举国无知者，乃至被京师一时之诟毁，使此心无所控诉。刘云生皆亲见之，亦饫闻鄙人之议论，于洋务亦若粗有知晓。鄙心怜其穷困京师，进退狼顾，挈之出洋。一闻李兰生议

---

① 热索亦得：Jesuit，耶稣会员。
② 意毕斯哥稗里安：Episcopalian，监督教会、圣公会。
③ 卜来斯毕谛里安：Presbyterian，长老会。
④ 英谛并〔井〕丹得：Independent，自立会。
⑤ 麦托的士：Methodist，美以美教派。
⑥ 巴比的士：Baptist，浸礼会派。
⑦ 加特士教：Catholic，天主教。
⑧ 选自《郭嵩焘日记》，第三卷，375～376 页。

论，遂至反戈相攻，不遗余力。然则鄙心终无以自明，而刘云生屈身数万里与洋人周旋，而其议论亦如此，亦终无复望有能省悟者矣。鄙人乃以是郁郁成病。彦嘉徒以刘云生谬妄不足较，用相慰勉，岂有当于鄙人之心哉！

论日本外交应对有方^①
（1877）

（光绪三年十一月）廿五日。日本公使上野景范以各国设立信局，一由其国家经营，通商口岸不得私设信局。日本通商口岸，英法两国皆各设立公司轮船信局，收递各国信书，非各国通例。应一切由本国信局收发。其实公司轮船，惟英法二国有之，不能不设立信局以司收发。若由日本收发信件，则递信由公司轮船，而递信之利归之日本，亦属未允。而彼此相持，各据所见，亦皆足以自成其说。上野景范辨论此节，已经年矣。顷凤夔九诣日本参赞长崎道至，始知由日本派有专使一员来英会议，谋另定立条约。而所派者为美国人，为能通知各国律法，可以据事争论也。日本勇于兴事赴功，略无疑阻，其举动议论，亦妙能应弦赴节，以求利益。其勃然以兴，良有由也。

述俄国彼得大帝变法图强^②
（1877）

（光绪三年十一月）廿七日。俄国之强，缘始毕德^③。其初尚未知舟车枪炮之利。毕德变姓名居英国三年，学习武里治铸造之法；及德尔弗斯得造船局，手自操作，与工役同寝处。又以荷兰富强，往观其政教风俗。阴求奇技有智能者厚结之，约同赴俄国。归而重任所偕者数十人，广开制造局，讲求练兵经国之计。以开垦地利所费多，乃兼募西洋各国富商，令其占山开矿，与约二十年自备机器人工，而令本国人充役，所带人工以岁减一成为率。本国人技艺有所得者，令充补一成之数。二十年期满，所用皆本国人，矿务一切皆归本国。任听各国富商占

---

① 选自《郭嵩焘日记》，第三卷，377～378 页。
② 选自《郭嵩焘日记》，第三卷，379 页。
③ 毕德：Peter，彼得。

山，擅二十年之利，而本国利源于是大开。人工技艺，取用不穷。真豪杰之举也。俄国故都曰摩思噶①，毕德以其距海远，不能通商贾之利，徙治都城波罗的海滨，曰森毕德百尔客②。百尔客，译言城也；森者，圣也。言圣者毕德之城。大变风俗，广通商贾，兼立富强之基。往时俄人皆蓄发，毕德下令仿各国剪发。于是日使人持剪巡行，见发长者辄与剪之。自是制造技艺之精，遂与诸国相挌〔埒〕。自毕德时即言君士但丁一城应归俄国管辖，盖度马摩拿海峡属之土耳其，则黑海必不能畅行。自毕德至今二百年，一循用其法度而推扩之。所以注意土耳其，犹毕德之遗言也。

评沈葆桢毁弃吴淞铁路③
（1877）

（光绪三年十二月）十三日。《伊茀宁斯丹得》④ 新报痛诋沈幼丹毁弃吴淞铁路，谓其名足与希腊珥纳多斯塔特斯同垂不朽，而以番达尔⑤称之，洋语谓之苗顽也。沈幼丹于此事，实不解其所谓。相距数万里之远，虽有毁骂，不见不闻，固可泰然自得，独难为奉使居此者地〔居此地者〕耳。然自此两年来，遭闵既多，受侮不少，此事荣辱，与吾何涉？更可泰然处之。而以幼丹一意毁弃铁路，致中国永无振兴之望，则亦有气数存乎其间。屈原曰："委厥美以从俗。"幼丹非不知西法之宜勤求，而"从俗"之一念中之，委弃其生平而不顾。"岂其有他故兮，莫好修之害也。"凡从俗者，皆不知好修之咎也。

论泰西国政⑥
（1877）

（光绪三年十二月）十八日。与李湘甫就李丹崖、罗稷臣谈。丹崖言："西洋人心风俗，有莫知其然者。法主麦马韩欲援立拿破仑后，仍

① 摩思噶：Moscow，莫斯科。
② 森毕德百尔客：St. Petersburg，圣彼得堡。
③ 选自《郭嵩焘日记》，第三卷，388页。
④ 《伊茀宁斯丹得》：Evening Standard，《旗帜晚报》。
⑤ 番达尔：Vandal，汪达尔人。
⑥ 选自《郭嵩焘日记》，第三卷，393～394页。

为君主之国，于是尽罢以前执政，改举两议院爵绅，各部长亦多更置。已而爵绅力持从民主，麦马韩知其不能胜也，悉复执政之旧。其各部长为君主之党者，上言君党应避位，皆各受代以去。君主民主，截分两党，不相假借。平居周旋，往来相善也，一与议国政，两党各树旗鼓，相持不能下，而以人数多者为胜党，亦遂敛然退听，无挟气以相难者。亦不知其何以能然也？"吾谓："西洋君德，视中国三代令主，无有能庶几者；即伊、周之相业，亦未有闻焉。而国政一公之臣民，其君不以为私。其择官治事，亦有阶级资格，而所用必皆贤能，一与其臣民共之，朝廷之爱憎无所施。臣民一有不惬，即不得安其位。自始设立议政院，即分同、异二党，使各竭其志意，推究辨驳，以定是非，而秉政者亦于其间迭起以争胜。于是两党相持之局，一成而不可易，问难酬答，直输其情，无有隐避，积之久而亦习为风俗。其民人周旋，一从其实，不为谦退辞让之虚文。国家设立科条，尤务禁欺去伪。自幼受学，即以此立之程，使践履一归诚实。而又严为刑禁，语言文字一有诈伪，皆以法治之，虽贵不贷。朝廷又一公其政于臣民，直言极论，无所忌讳。庶人上书，皆与酬答。其风俗之成，酝酿固已深矣。世安有无政治教化而能成风俗者哉？西洋一隅为天地之精英所聚，良有由然也。"

参观西洋小学①
（1877）

（光绪三年十二月）十九日。何满安得科罗尼亚尔苏塞也得斯古洛②小学馆教师得宁约往一游，乃与订是日未刻。至则简多马夫妇先至枉候。其总办珥温斯、帮办占生陪游各学堂。四岁以下为一堂，七岁以下为一堂，十岁以下为一堂，十五岁以下为一堂，皆妇人教之。十五岁成童讲求数学、化学、气学，则皆有师。妇人之学有专精，亦司教事。得宁与科格兰分教妇女之授读为童子师者。盖凡妇女入学五年，粗有成，可以授读，则就此学馆课以授读之方。如传授某艺应如何入门，如何分别次序，如何立言开导，使童子易明。如是两年。初年就科格兰，专示以立言之方；次年就得宁，则于各艺又进言其理。两年学成，国家

---

① 选自《郭嵩焘日记》，第三卷，394～395 页。

② 何满安得科罗尼亚尔苏塞也得斯古洛：Home and Colonial Society School，本国和殖民地协会学校。

遣人就试之，取中者记其名，乃令入各小学馆授读，试其能否，然后给以文凭，听人延请课读。凡共聚三龄以上童子千一百人，妇女学习课读者二百余人。所见各堂规矩，四岁以下一堂约五十人，授字母者三十人，教手法者二十人。字母教以点画，牌列二十六字指授之，先通其音，而后令审音以求其字。又散书小方纸掷于地，令检求之。皆列坐小台基，每指一人，则趋而下，检字如法乃还坐。教手法，环坐一案，令举左，则各树左手；举右，则各树右手；双手齐举加于顶，各置一泥球于前，取球加于顶；又加于鼻；皆随呼而二十人者应声举手无或爽。七八岁以下一堂二百人，为台基者二，环坐者四。台基上下相向，一示以黄黑狸，一示以牛皮之用。狸能捕鼠，其头圆，其尾能竖能曲，其足有爪无蹄，以肉行地，故无声，其毛顺至尾则滑，反抹则涩。每举其端，使自思而得之。牛皮坚韧，用石灰水浸之以去其毛，而揉使软，则可以制器物：为履以便足，入水不濡，又坚耐久，亦可为冠。皆先引其端，旁推交通，使之反隅。环坐者：一用方纸画其中，析为十二行，纵横用两色线编制为方纹锦；一栽长方纸使折成匕；一和泥为丸使按成篮、成碗，或圆如梨、如苹果，或叠数瓣如花；一为小方木十，使记数。皆妇女一人分教之。又有总教习一人执短杆教之歌，以杆击柱为节：或举手，或叠手，或拍掌；轻重疏数，皆视所持杆点画相应。十一二岁以下一堂约五六十人，教之算数。十四五岁以下一堂约二十余人，教以寒暑表之用。言二百年前意大里人制小管入水银其中，下虚三十寸，则水银倒泻之亦不倾，为其吸力足以相摄也。入热度则水银涨而溢行，因以为寒暑表之用。询以各种教法，日当一易，曰："此其比例无穷。亦设立一妙西因，译言博物院也。各缘其类，分日教之。"因往视其博物院。各种土、石、鸟、兽、皮、骨、丝、枭、麻缕，为厨十余贮之。其十五六岁女子习针黹者二三百人，数女师教之。其习授读者，则皆十八九女子也。询以此馆创①黎洛尔斯，距今四十二年。国家岁有资助，岁用可七千磅。其教法专取之博斯多洛机，专开诱童子耳目，使之聪明。其门人萧洛格又推广为练习手法，如四岁以下童子检字以诱其目，弄丸以便其手，皆其遗意也。西洋成就人才，使之为童子时嬉戏玩弄一以礼法，又群萃而歆起之，以不至生其厌斁之心。殆亦尽善尽美矣！

---

① 此处疑有脱字。

述严复谈西学①
（1878）

光绪四年戊寅岁正月初一日辛亥。元旦。为西历二月初二日。格林里治肄业生六人来见，严又陵宗光谈最畅，馀则方益堂伯谦、何镜秋心川、叶桐侯祖珪、林锺卿永叔、萨鼎茗镇冰。询问读书章程：每日六点钟分赴各馆听讲，礼拜一上午九点钟重学，十一点钟化学，下午三点钟画炮台图。礼拜二上午算学、格致学，电学赅括其中。下午画海道图。礼拜三上午重学，论德、法两国交战及俄、土交战事宜，下午无事。礼拜四与礼拜一同。礼拜五与礼拜三同。礼拜六上午论铁甲船情形，如克罗卜新造铁甲船，紧勒炮口，使子出而炮身不后坐，以为非宜，谓子出后坐之力最大，是使船身先受伤也。论炮弹情形，如弹有平顶、尖顶之分，尖顶自能深透，而不如平顶者，以子出必斜飞，尖顶尝掠铁甲而过，不能深入，平顶斜飞则轮边之力逾劲，且能入水不上激，以铁甲船在水面者尝厚，入水处尝薄，尖顶入水则其尖向上，激而上冲，不如平顶之直行，而凡尖顶过三十五度，其力愈微故也。下午无事。在家读书有疑义，听讲毕就问所疑，日尝十余人。各堂教师皆专精一艺，质问指授，受益尤多。或听讲时无馀力质问，则录所疑质之，以俟其还答。诸所习者并归宿练习水师兵法。而水师船又分三等：一管驾，一掌炮，一制造。管驾以绘图为重，掌炮以下以化学、电学为用，而数学一项实为之本，凡在学者皆先习之。此西洋人才之所以日盛也。严又陵又言："西洋筋骨皆强，华人不能。一日，其教习令在学数十人同习筑垒，皆短衣以从。至则锄锹数十具并列，人执一锄，排列以进，掘土尺许，堆积土面又尺许。先为之程，限一点钟筑成一堞，约通下坎凡三尺，可以屏身自蔽。至一点钟而教师之垒先成，余皆及半，惟中国学生工程最少，而精力已衰竭极矣。此由西洋操练筋骨，自少已习成故也。"其言多可听者。

与威妥玛议中国官场②
（1878）

（光绪四年正月）廿九日。威妥玛来谈，自述病状，谋将息二三月；

---

① 选自《郭嵩焘日记》，第三卷，406～407 页。
② 选自《郭嵩焘日记》，第三卷，436～437 页。

不能告愈，即辞驻京公使之命。予因劝之行。威妥玛叹曰："亦不敢料中国情形如何，度北五省灾荒如此，恐民穷必至生乱。"因言近见新报，中国全无意求进，实是可虑。因问何事，曰："吴淞铁路已撤，已闻两江督部照会丹国公司撤去上海电报。各国公请中国铸造银钱，廷议交南北洋转商各省；群起议驳，以为不便于各官征收折色也。看此种种，万事废惰。"吾谓："君能谙知中国情事，而不能知其底蕴。"威妥玛曰："亦知之。闻两宫甚厌薄洋人。"吾曰："两宫前苦无人能将利病得失告知。然大小事一付之政府，未尝自主也。恭王能谙悉一切情形，而苦不能任事。"威问何故，吾曰："直苦人言厐〔庞〕杂，不敢任耳。"威曰："亦知之。动辄怕说是汉奸。合淝伯相亦是半明半昧。"吾曰："合淝尽透澈。"威言："吾与办事甚多，纯是一种猜疑。"吾曰："合淝直是不能主持，无从直切定议。但使恭王肯任事，外得合淝助之，天下事尽可为。中国地利、人才原自不乏，勿轻视也。"威曰："我持论亦如此。政府无人便无如何。"吾亦不能置对也。

记西报述西洋各国勋章及文明程度[1]
（1878）

（光绪四年二月）初二日。新报载：英廷遣世爵阿伯尔宽鼾木尔登赴意大里致送其新君宝星。询知西洋各国制造宝星，制度各异。其君佩之，其与国之君亦常互相赠答。英人所制宝星名曰斯达尔[2]，凡二种：一曰斯达尔嘎尔得尔[3]，一曰斯达尔巴斯[4]。巴斯者，译言澡洗也。故事：赏给宝星必沐浴以朝，因以为名。嘎尔得尔者，译言系脚带也。实始于义德瓦第三，距今五百余年矣。义德瓦为太子时赴跳舞会，沙乃斯侯夫人脚带忽坠于地，英人于此以为大失颜面，方愕眙间，义德瓦第三代取，跪而系之。旁有议其非礼者，义德瓦第三誓曰："苟有异心，当得恶报。"及即位，乃专制为宝星。其制为云帔围前后膺，从左肩以加于右胁，而系宝星当胸，别为足带系于膝端。其君及赏给世爵以下有功者凡共二十有五，遂为定制。有缺而后补之。以下乃有巴斯，凡三等，

---

① 选自《郭嵩焘日记》，第三卷，438~439 页。
② 斯达尔：star，勋章。
③ 嘎尔得尔：garter，勋章之一种。
④ 巴斯：bath，勋章之一种。

以赏诸有功者。其赠送各国主,凡得恩伯腊①四人,恩伯腊者,译言皇帝也;曰俄罗斯,曰普鲁斯,曰奥大里,曰巴西。得京②六人,京者,译言国主也;曰意大里,曰丹国,曰荷兰,曰葡萄牙。凡赠送宝星,使臣加宝星于藻,捧而入,其君拱立发誓。以义德瓦第三誓言载在宝星,亦明两国无异心之义。阿伯尔宽乃前进,取足带跪系之其君左膝。近年波斯国主游历伦敦,君主亦赠以宝星。《代谟斯》新报颇訾之曰:"哈甫色维来意斯里③,何足以当宝星也?"盖西洋言政教修明之国曰色维来意斯得④,欧洲诸国皆名之。其余中国及土耳其及波斯曰哈甫色维来意斯得。哈甫者,译言得半也,意谓一半有教化,一半无之。其名阿非利加诸回国曰巴尔比里安⑤,犹中国夷狄之称也,西洋谓之无教化。三代以前,独中国有教化耳,故有要服、荒服之名,一皆远之于中国而名曰夷狄。自汉以来,中国教化日益微灭,而政教风俗,欧洲各国乃独擅其胜,其视中国,亦犹三代盛时之视夷狄也。中国士大夫知此义者尚无其人,伤哉!

述西国治安与断案⑥
(1878)

(光绪四年二月)初二日。以粤人勒麻尔案,遣马格里询之巡捕官马克端拿尔得,云以案端重大,已转送倭尔比里。倭尔比里,即刑官也。询其初审曰代模斯廓尔得⑦。廓尔得,译言堂也。分街道为堂,当即阿得门听断处。西洋听断,两造均有讼师代之陈辨事理,曰巴立西得尔⑧。又有探事者曰梭立西多尔⑨,以供奔走之役。凡投讼,先求得梭立西多尔,以情告之。梭立西多尔辨其曲直得失,曰若者宜据以为言,若者宜隐之。其宜隐者不以告巴立西得尔,巴立西得尔代之质辨;惟告

---

① 恩伯腊:emperor,皇帝。
② 京:king,国王。
③ 哈甫色维来意斯里:half-civilized,半开化的。
④ 色维来意斯得:civilized,文明的。
⑤ 巴尔比里安:barbarian,野蛮的。
⑥ 选自《郭嵩焘日记》,第三卷,439~440 页。
⑦ 代模斯廓尔得:Thames court,泰晤士法庭。
⑧ 巴立西得尔:barrister,律师。
⑨ 梭立西多尔:solicitor,初级律师。

以近理之词，使据以为言。其投讯廓尔得，梭立西多尔亦可代之质辨。倭尔比里则必讼师经过考试乃听上堂，即巴立西得尔是也。巡捕总司曰苏伯尔英敦丹得阿甫波里斯①。伦敦凡事一任之巡捕。凡雇用马车遗置什物其中，必由其马车送缴巡捕总司，或由某处上车，或由某处下车，一并呈报。巡捕总司即行通知，并致送章程单四款：一、开明姓名里居；一、报明某月某日几点钟；一、报明地方；一、报明所失物样式。其遗失箱箧者并送验钥匙。凡金银珠宝之属，十磅以下每磅给三施令，衣服杂物十磅以下每磅给二施令半，十磅以上由巡捕总司估计给赏，不及磅者以一施令为率。逾三月无索取者，准马车领回使用。以昨得巡捕总司亨得生信，云马车报称："有人至公馆下车，移〔遗〕伞车中"，属往认取，后附章程单，为録其略于此。此皆英国之掌故也。

述留德学生素质②
（1878）

（光绪四年二月）初四日。与丹崖谈及卞长胜、王得胜、朱耀彩三人在德国水师学习恐不相宜。丹崖乃具言斯邦达陆营学习之刘方圃、杨得名，屡犯事故，贻笑实多。此辈起自兵弁，本无赖子弟，刘芗林以此诳合沤伯相，而不知其贻累也。卞长胜由威列斯哈芬船调至启尔船，船人皆下视之。有浩斯者，曾充中国参赞，语李丹崖："德人最敬重中国人物。自得此七人，群怀薄视之心。"李丹崖告以在营员弁，本非上品。浩斯言："如所云，以告兵部，必益加薄视。七万里学习兵法，乃如此轻率耶？"闻之惘然而已。

述严复与张力臣西学观之分歧③
（1878）

（光绪四年二月）初九日。严又陵指驳张力臣《瀛海论》凡四谬：谓铁路数年为之不足，一夫毁之有余，非中国所宜造，是一谬；谓机器代人力，日趋淫侈，二谬；谓舟车机器之利，后来必转薄而更废，三

---

① 苏伯尔英敦丹得阿甫波里斯：superintendent of police，警察总监。
② 选自《郭嵩焘日记》，第三卷，441 页。
③ 选自《郭嵩焘日记》，第三卷，444～445 页。

谬；谓中国有各国互相牵制之势，海防非所急，四谬。此皆《瀛海论》中篇语，谓之谬，良然。然力臣三论大旨，先举欧洲各国形势，次论西法之未易举行，终详与西洋交接之宜。立言之旨，固自有在。西洋制法，亦自有本末。中国大本全失，西法从何举行？勉强行之，亦徒劳耳！力臣于此，本有难言之隐，又方以是邀时誉，而于人言亦多有顾惜；其不能深知机器之用，则亦其所习本不在此也。严又陵知舟车机器之宜急行，亦未必遽为特见，高出人人也。其辟力臣论十字架及天主之名乃特妙，以为力臣之言："'天主'二字，流传实始东土。"不识所流传者其字乎？其音乎？其字 Roman Catholic，其音则罗孟克苏力也，何处觅"天主"二字之谐声、会意乎？又引左季高之言："东西有，中国不必傲以无；东西巧，中国不必傲以拙。人既跨骏，则我不得骑驴；人既操舟，则我不得结筏。"只此数语，掉罄〔罄〕已尽。

述海德公园任人辩论^①
（1878）

（光绪四年二月）十四日。罗斯噶得问言："海得巴连日喧哄，亦曾往听者？"答以未往听而颇闻其略。盖英人有名尼克罗般得者，格兰斯登党也，或谓前水师部尚书哈尔得尔芬之亲属，日集海得巴花园论俄、土事，意在助俄灭土。英民不服，乃相率大诟之，听者日哗，言者亦日求竟其说不为止息。其嚣如此，亦异闻也。罗斯噶得言此在他国必力禁之，英国一二百年来，于此独示宽典，不禁人民之非议朝政，一恣其所为，以为不过践踏一坪草、断折数株树枝而已，不能为他害也。海得巴园，亦其国主之囿也。

听英国学者谈声学^②
（1878）

（光绪四年二月）十九日。晚赴斯博得斯武得之召。酒罢，同至罗亚苏塞也得会堂听定得尔谈声学。谛拿娄为之主。首观电气三四种，一

---

① 选自《郭嵩焘日记》，第三卷，449 页。
② 选自《郭嵩焘日记》，第三卷，452～454 页。

种制白金线长二尺许以通电气，激水轮以发之，则白金全体俱红，火光灼人，轮停，火亦随熄。一种发电气圆如月。满堂煤气灯照如白昼，电气一发，如日中天，煤气灯光顿收，望之才如火点而无焰。最后讲引船灯楼激火发声之理。盖西洋各海口皆设灯楼引船，光照数十里。而每值海雾，灯光皆隐不见。西洋人相与设法，传声雾中以引船，而定得尔穷究此理尤精，英人各海口置灯多资其考证，而仿制其式，集男妇讲习之。引煤气为灯，前衔铁管，如喇叭形。煤气上腾高尺许，旁有小管，一人鼓气吹之，则光下缩，动荡开合，以发其声。灯柱立管不及寸，而声已足震耳，而用喇叭式微收其声而后放出之，故可以及远。其喇叭前口，又制为圆式及直线式，以较其声之抑扬与所及之远近。西洋博物之学，穷极推求，诚不易及也。据马格里译定得尔之言，称英国以通商为务，其初洋船行海，朝廷亦未尝经理，有善士指示礁石所在，燔柴以表之。已而筑为墩房，燔柴其中，偶值风雨，则亦时至停罢。已而创置油灯，又周环为六灯以收养气，而光愈明，制造精矣。已而改为煤气。已而改用电气。国家于此多方考求，近二三年乃尽电气之用。然所能致者光也，而雾气足以蔽光，即十日之明亦能隐之。于是又谋以声学济光学之穷。而声莫巨于炮。炮身长短各有宜：长者力足以及远，药力助送之，其势专，则其发声不宏；愈短则声愈震。国家因为行之武里治炮厂讨论，定尺寸之式，使足以及远，引船者辨声而知所避就。又凡光气专达之处，前有所蔽则光阻，声学亦然。恐有蔽而声阻也，乃复制为火箭，上冲则发声及远。因论及回声之说。如登山一呼，必有应者，声出而为山所阻，则其声回而相应。非独山能阻也，天地之空气有冷热刚柔，冷气常坚凝，而热气软，声益软，而气载之以及远，忽为坚凝之冷气所拒，其声亦回。乃出煤油灯试之：引火高至尺许，旁通软皮管，一人持吹之，则光闪灼，为之缩小，其前为玻璃开口筒，吹气触火，激荡而成声；其前为煤气管数十，引火发其光，吹气为火光所遏，不能发声，而灯柱中火焰仍高尺许。以明冷热气坚软不同，而热气大逼，则上能回声也。西洋各国专设墩房衙门，名曰特伦里底候司。候司者，译言屋也，谓司墩房屋也。

论华北五省灾情[①]
（1878）

（光绪四年三月）初三日。金登干过谈，以将往巴黎，就商一切应办事宜。又论中国北五省灾荒情形，咎及官员贪私营弊，国家又不务讲求格致之方以开辟利源，而论北五省黄沙土最宜稼穑，一年收成所出之

① 选自《郭嵩焘日记》，第三卷，466～469页。

谷，即可供应数年之需，惟土质轻松，中间孔罅渗漏，不能多受雨水，专恃天行雨水灌溉。德国有男爵理和道芬，曾经履视中国北省地方，言各处沙土平铺，下厚五十丈。山间空罅，沙土则填补之。道路崎岖，沙土则平易之。大地高低层叠，时有水溜穿割，而水溜不能在沙土内存留，其势下渗至硬处始止，是以沙土之内并无泉源，须下通至四丈及五十丈不等乃可以得水源。因思最善灌溉之法，惟有用机器汲水上行以利用。中国此等技艺全不讲求，国家又无可筹之款。通计北省地方，幅员约二十五万方里，所言洋里，每里当中国三里。地面居住之人不能引水上升，一季无雨，即忧干旱，则惟下临近水之处，就沙地河岸间以资灌溉，地气亦和暖无患也。因思春秋时列国疆域尽于河南北，谓之中国。吴东界于淮，楚南极于江，于时谓之蛮夷，而物产地利之厚，乃皆在河北。西洋人以北五省土田最宜稼穑，自古已然，信不诬也。据《汉书沟洫志》，禹疏九川，陂九泽，功施乎三代。自是之后，荥阳下引河东南为鸿沟，以通宋、郑、陈、蔡、曹、卫，与济、汝、淮、泗会。于楚，西方则通渠汉川，于齐则通淄、济之间。至于他引水溉田沟渠甚多。魏史起引漳水溉邺，以富魏之河内。秦用郑国，凿泾水，自中山西抵瓠口为渠，并北山，东注洛，三百余里。于是关中为沃野，无凶年。汉武帝时，引渭穿漕渠，起长安，旁南山下，至河三百余里，以转漕，渠下民田万余顷又得以溉。其后河东守番系，穿渠引汾溉皮氏、汾阴下，引河溉汾阴、蒲坂下。汉中守、汤子印穿褒斜道五百余里。又发卒穿洛水〔发卒穿渠；据《汉书》〕自征引洛水至商颜下。自是朔方、西河、河西、酒泉皆引河及川谷以溉田。关中灵轵、成国、沣心渠引诸川；《地理志》：灵轵渠在周至，成国渠在陈仓，沣水出沣谷。东海引巨定；泰山下引汶水，皆穿渠溉田。大〔太〕始中，赵中大夫白公复奏穿渠，引泾水，首起谷口，尾入栎阳，注渭中，袤二百里，名曰白渠。宣帝地节中，行河使郭昌以河分为屯氏河，水势北曲，皆邪直贝邱县，恐水盛，堤防不能禁，乃各更穿渠，直东，经东郡界中，不令北行，渠以通利。是自武帝以来，经营西北水利勤矣。后汉都洛阳二百余年，惟明帝永明中王景修汴渠，起荥阳，东至千乘海口，千余里，十里立一水门，令更相洄注，无溃漏之患。魏晋迭兴，而西北州郡割据战争，皆为异域。后魏刁雍为薄骨律镇将，唐灵武郡，今之灵州。上言："富平西三十里有艾山，南北二十六里、东西五十四里，凿以通河，似禹旧迹。其两岸作溉田大渠，广十余步，山南引水入此渠中。今此渠高于河水二丈三尺，河水侵射，往往崩颓，而水不得上。艾山北，中有洲渚，水分为二。请于河西高渠之北八里、分河之下五里，平凿渠，广十五步，深五尺，北行四十里，还入古之高渠。即修〔循；据《魏书》〕高渠而北，复八十里，合百二十里。所凿新渠口，河下五尺，水不得入。又求从小河东南岸斜断至西北岸，计长二百七十步，广十步，高二尺，〔丈；据《魏书》〕绝断小河。小河之水尽入新渠，水以充足，溉官私田四万余顷。"裴延俊为幽州刺史，范阳郡有旧沈渠，径五十里；渔阳燕郡有故戾诸堰，广袤三十里；皆废毁多时。延俊自度水形营造，溉田万余顷。知后魏立国之基，迈于南北两朝矣。然刁雍以艾山渠为禹旧迹，非也。禹功在治水，引河使就下，未尝开渠引河，使上行以为民利也。大抵皆汉武帝时言水利者所开造。班史固谓他小渠及陂山通道者不可胜言也。是以杜佑以河渠疏利美武帝之功。至唐时，关中犹号为沃野。而观唐时转漕京师，率由河入洛，以达于渭，而江、淮以南由汴入河。洛、渭至唐时犹为大川。禹之涤九川、陂九泽，悉九州之地皆为之陂以畜水，而引而泄之于川。天时地脉疏泄勤，则水潦之归墟有所翕聚，而流行愈畅。河北水利之失，由南北朝割据纷争，历隋、唐无能一加修复，至五季而遂尽遗其故迹。宋至南渡，倚东南数州之地经营兵食，而天时地利亦遂蕴聚于东南。元、明两朝四百年，一循南宋之旧，号江淮财赋之邦，而北五省沃饶之区，一听其化为沙壤硗瘠。沟渠之利、耕耨之功，悉废不讲。善夫魏李悝之言曰："理田勤谨则亩益三斗，不勤则损亦如之。"地方百里之增减，辄为粟百八十万石。北五省方广万余里，无与经营，国势安得而不虚弱也？罗斯噶得曾问："中国御旱亦有术乎？"曰："东南备旱有湖池陂堰，西北无之。至于多植树木以引水气，使不为旱，至西洋始知有此说，中国未闻也。"曰："开河浚渠，平时预谋之，遇旱尤可用以代赈。中国亦行此乎？"予愧无以应也。

论英国两院制[①]
（1878）

（光绪四年三月）初四日。英国议院分两党，其持异议者格兰斯登主之，上议院为首者曰格兰非尔，下议院为首者曰哈定敦。安友会人卜

---

① 选自《郭嵩焘日记》，第三卷，469～470 页。

来得与科布敦同诣议院之持异议者，属阻止俄、土用兵之议。凡会中人数众多，而公举一二人言事，名之曰德比尔得升①。及见，格兰非尔晓之曰："吾意不乐用兵与君同。虽然，言之无益也。一千八百五十七年用兵中国，两议院争持甚力，议绅波尔克毕得竟至请散会堂，戛然而去。其时议请不用兵者，人数多于用兵者，然终不能相胜。吾在议院久，国家定计用兵而能匡正者，实亦无几。况其于国事本有关系者乎？"西洋议院之有异党相与驳难，以求一是，用意至美。而如格兰斯登之助俄倾土，阻挠国计，亦云过矣。而其分党有同有异，则亦始终不变其说。惟有大议，缓急轻重关系稍巨，则亦常于集议之先更自分党。凡持异议者，先起自陈，愿附众议；既毕，校其人数多寡以定行止。而其著名为首者，不乐变易其说以相附会，又念此事之不可以更持异议，则往往托故先行，若自示未经与议者。其负气而不相下，又可笑也。

听严复等述西学②

（1878）

（光绪四年三月）初七日。早邀李湘甫、姚彦嘉、德在初、凤夔九、张听帆、黄玉屏、罗稷臣及马格里、贺璧理为面食作生日。格林里治学馆严又陵、方益堂、叶桐侯、何镜秋、林钟卿、萨鼎著来贺，因留面食。严又陵议论纵横，因西洋光学、声学尚在电学之前，初作指南针，即从光学悟出。又云光速而声迟，如雷、电一物，先睹电光而后闻雷声。西士用齿轮急转，不能辨其能〔为〕齿轮；引电气射之，悬幔其前以辨影，则齿轮宛然，可悟光之速。西士论光与声，射处皆成点。声有高下，光有缓急，则点亦分轻重。凡所映之光影，皆积点而成者也。传声器之法，即从此悟出。又凡声与光皆因动以致其用，其动处必成文。西士制方铜板，下用铜柱擎之，以旋螺合其笋，而合笋处必稍宽松，使含动势。布细沙其上，舒两指按铜版〔板〕边，张丝为弓弦，从右向铜板边挳之，则上沙析分为四方，每方皆有花纹，其形式并同。而每一挳则花纹必一变，以挳处及左方按处用力有轻重，沙之随动而成聚散者必

---

① 德比尔得升：deputation，代表。
② 选自《郭嵩焘日记》，第三卷，473页。

各异其状，其机妙全视所动之数。西士于动力亦以分秒计之。又论地球赤道为热度，其南北皆为温度。西士测海，赤道以北皆东北风，赤道以南皆东南风。洋人未有轮船时，皆从南北纬度以斜取风力，因名之通商风。其故何也？由地球从西转，与天空之气相迎而成东风；赤道以北迎北方之气，赤道以南迎南方之气，故其风皆有常度。

与西人述被参缘由①
(1878)

（光绪四年三月）初八日。密斯盘编次英国设立信局原由，因论："天下事只为不知，便生怪惑。西洋所以致富强，中国无肯依行，惟不知故也。当明著其所以然，刊行之天下，使人人皆知其为利益，则得失利病较然于心，自然知所信从矣。凡事莫难于创始，非独中国然也，西洋各国亦莫不然。英国初造信局，大抵传递军报，岁费三千六百磅，不过人夫、马车，递送爱尔兰等处都城而已。已而通民人书信皆得收送，以冀收还信贷，弥补国家用款。渐次设立汽轮船公司及汽轮车行，传递书信遍天下。即汽轮船公司，国家岁给资至八十万磅，而所收信费乃至六百余万。通计初次传递人民书信所收信资，视今几二十倍，以次递减，仅及二十分之一，而国家所得信费亦岁有增加，遂为筹饷之一大宗。"严又陵言："中国切要之义有三：一曰除忌讳，二曰便人情，三曰专趋向。"可谓深切著明。鄙人生平所守，亦不去此三义，而以是犯一时大忌，朝廷亦加之贱简，谁与知之而谁与言之！密斯盘谋就鄙人见闻所及，刊刻新报，晓示中国士民。因告以前岁自上海开行沿途日记钞送总署，以致被参。刊刻新报，殆非鄙人所敢任之。密斯盘亦相与怃然，叹息不已。

参观英国火药机器局②
(1878)

（光绪四年三月）十五日。为西历四月十七日。密斯盘约往何尔火药机器局，因偕吴〔李〕丹崖、罗稷臣及马格里由车林壳罗斯附汽轮车

---

①　选自《郭嵩焘日记》，第三卷，474 页。

②　选自《郭嵩焘日记》，第三卷，480～482 页。

至达尔得弗尔得。厂主贝克威斯迎于车次，并备马车至其厂，治酒相款。询知何尔设此局已阅百年，近何尔物故。有百尔得，亦厂主也，相与陪游。印度制造火药机器，派员监视，名启尔得斯，亦同游。凡分二厂：一厂制造沙模及倾铁，如轮盘、研锅、气筒、大机器，皆熔生铁为之；一厂兼铁工、木工。其具以研锅、研轮为最大，用双轮相对，一内一外，周回研之。中安铁筒，驾轴以运轮，后施铁铲。双轮环锅转运，而铁铲从后抄火药使聚至轮下，为一巨器。其他扎火药使成块又磨使光，又有两齿轮相对，搓而揉之；其齿轮一用铁，一用木。贝客威斯云："两铁相磨则生火，是以用木与铁相交互。凡研火药小机器用旋螺钉者，并用铜钉，以防铁钉或误坠火药内，致研磨生火也。"其研轮熔成后，截去粗边而刮轮围使光，用一机器巨轮，旁驾两研轮，一截边，一刮光。中轮行甚迟，盖下有小轮四五相衔，小轮转数周，始移一齿，而其力绝大。此外研石机器一，投火石巨块钢臼中，须臾而成粉。询之，用石粉以抵沙磨，其工力尤细而精。钉汽筒厂一，上为大圆筒，下安四足，水力汽从四足透入汽管。贝克威斯云："汽筒以此式为最佳。汽轮船用此式，从无炸裂者。"又有画馆一，凡制各种机器，先画为图式，而后度其大小分秒，制造木模，乃始倾铁为之。其木模别为二楼贮之，大小约数万件，皆有标记。所制机器一有损者，用电报通知，即可检查木模另制，接榫处无不符合。天津东厂制造火药机器，皆此厂所造。有图一橱，木模皆备。贝克威斯云："天津研轮犹用整铁。近年始铸造空心轮，力尤大。"问何故，曰："此皆熔铁为之。整轮边先冷而轮身后冷。冷者缩而热者涨，缩涨之力不匀，轮力亦因之以有强弱参差。空心轮套模其中，铁质不厚则冷力适均。"又引至机炉处，曰："全厂机器皆由此炉运动。"而汽筒甚小，所以转运之力，在炉旁一机轮也。又有制造机炉汽筒小套轮者，围径不过尺余。贝克威斯云："造此小套轮者名阿什比，居此厂五十余年矣，其工力速而精。"乃取一轮令阿什比拆视之。予初以为整铁轮也，启旋螺钉五，用机器揭出其盖，始知其中空而制为钢格六出形，每出用巨旋螺钉顶一钢片，其形曲而侈。又拆其外围，则外套一钢皮不过分许，内环钢围二重，每重约五六分，一重整围，一重两段合围。其散力大于外套者二寸余，力束之，使两端紧合，纳之外套中，犹余分许不能全合。整围口在一方，两段围口各斜出两方。问何以不用整轮。"整轮磨久则必销缩。用软钢环擎其中，则随销随涨，钢皮又从内顶之，是以无销缩之虞。"大抵西洋之用钢铁，取其至刚也，而以柔道行之，是以其力停匀而其功可以经久。贝克威斯言："英国各会之设，起于二千年前。国君苛征，头会箕敛，家有盖藏，必搜刮及之，是以百工技艺各立公会，凡有赢余，纳之公会中。其后设立议绅，蠲除苛敛，而各会相沿，仍而不废。久而达官巨绅皆籍名会中，非复原始命名之意矣。各会皆有存储，其用有三：一修行善举，一开立学堂，其一以为岁时酒食之费。然本会亦有应办理事件，如所入之鱼会，日常派三人周视鱼行，有馁败者，禁不得市买〔卖〕。"予因语以去岁各会枉邀者约计四五：一鱼会，一泥匠会，一制大呢会，一金工会，一商会；以各会皆有主名，中国公使无因与会，辞不往也。至是，始闻知其本末。贝克威斯云："今年甚望钦差来与此会。"因问以鱼会监察鱼行，各会想皆能有应办事件。贝克威斯云："不能尽知其详。然如金工会，凡制造金器者必加盖小印，今时辰金表外壳内方有小图记，即金工会所加盖也。"

议俄国刑法①
（1878）

（光绪四年三月）廿一日。闻俄国近事有绝奇者：其都城统领名格力波茀，一日有妇人维尔拉者来见，格力波茀出见之，甫近前，维尔拉袖小洋枪击之创。执就刑司质讯，问何冤，曰："无冤。""无冤何以谋致之死？"曰："枪击之而已，亦无意致之死也。"问何事，曰："年十八时，无故捕系之狱两年，愤甚。比见新报有系狱者，其事与少时所受略同，则格力波茀之所为也。追思少年之愤，于此一发泄耳。"西洋律法，凡死刑以上，刑司延请绅士十二人公议之。其所延绅士多少咸集，于中派十二人，以其名诏囚，囚曰："某某与吾为夙怨。"则随改派，复诏之囚，乃集讼师具事状，详录供词以授之十二人，其名曰纠里②。纠里会议有参差，出告刑司曰："某某议不合，以某事疑。"刑司因复申论其所疑者，再交之。议毕，刑司始具状上之内部，内部以告于其君，科定罪名，下之舍利福而行刑焉。刑重者缢之狱而已，医者为诊其脉息，具结申报内部。俄人一千八百六十三年亦改用纠里议罪之例，而维尔拉妇人竟得释。出狱时，民人数千万人护之以行，大欢。或曰：俄人所以不敢

① 选自《郭嵩焘日记》，第三卷，485～486页。
② 纠里：jury，陪审员。

施刑，为民不服也。或曰：俄人实明释之，随捕而流之赛毕尔里亚①。赛毕尔里亚近黑龙江，俄人于此放流罪犯。即此亦见俄国政刑，不及欧洲各国远也。

与威妥玛谈洋务②
（1878）

（光绪四年三月）廿三日。古得门、威妥玛次第来谈。古得门为作山水小幅，先拟一稿就商。威妥玛每见，咨嗟叹息，伤中国之无人，其言且曰："中国不当轻视洋务。自我观之，较之前数年尤为急迫。只一俄罗斯已够枝持。安得有一如李中堂者主持其事乎？且求得一爽快，不似近年之晦气。"吾谓："何不早回京，为吾国家一陈之？"威妥玛曰："吾不敢避烦，苦先不能见信。"吾谓："君气太盛，人皆畏避之。应须平心静气，推陈事理，必能见听。"

议论古今变局③
（1878）

（光绪四年三月）廿四日。金眉生为《六幸图》而自叙其生平：一曰贫，二曰多病，三曰生儿鲁，四曰耳目无恙，五曰读书粗能记，六曰遍识天下才人。余荫甫为之叙，亦自谓生平著书之多，得力于三无：其一无钱，其二无官，其三无能；而自愧其不及者二：读书苦不能及一也，寡交游二也。而又谓："眉生幸者六而不幸者一，在多能又转而言多。多能亦一幸也。请益六幸为七幸。"极有意趣。薛公静序谓："中国大变二：秦并天下，划封建为郡县，海内大势尽易，三代政法扫地略尽，此一变也。泰西强国并峙，与我殊洲，旷古不相闻知，一旦狎至中土，趑重洋数万里如履户阈，与秦汉以来所谓边患乃绝异，此又一变也。天道久而必变。变之至自天地，圣人能④无如之何。持吾不变之道以待变，则变亦无如圣人何也。"可谓能独见其大矣。

---

① 赛毕尔里亚：Siberia，西伯利亚。
② 选自《郭嵩焘日记》，第三卷，488～489 页。
③ 选自《郭嵩焘日记》，第三卷，489 页。
④ 能：疑作"亦"。

参观巴黎万国珍奇会①
(1878)

（光绪四年三月）廿九日。为西历五月初一日。于是日开设万国珍奇会。外部瓦定敦致送与会票一纸，因偕李湘甫、姚彦嘉、德在初、联春卿、李丹崖、陈敬如、马眉叔及马格里、日意格、斯恭塞格、高氏亚同往。至门，有兵官导之入，至大圆屋一所，周回向外。各国公使坐位凡分三段：公使夫人居中，右为公使，再右为公使随员。前为平台，张设甚盛。适当公使夫人之前，即伯理玺天德坐位也。至二点钟，伯理玺天德至。日思巴尼亚前王，及英太子、奥太子，及各官及两议院绅，从者百余人皆立。主会克朗斯宣诵辞，叙述伯理玺天德之意，又接宣颂美之辞。伯理玺天德亦有复辞。持仗兵周回甬道及左右经纬各道，侍立约万余人。声炮百余。乃从圆屋右趋下，出甬道，过桥，至陈设各国百货玻璃屋。约七十八②区，纵横为轨道，每区中又自为轨道。陈设约及十之六七，修理屋宇工程亦多未毕，而百物罗列，奇光异采，焜耀夺目。伯理玺天德循轨道环行一周，各官及公使皆步从。出正门，因便至中国陈设货物处，晤赫德、赫政、吉罗福、金登干诸人。其英国相识者：阿里克、格兰威尔、上议院，同日渡卜郎海。密勒里、水师提督。赖敦、画士。□得，制造农器机器。及总办英会之俄温，与大太子同寓。又总办俄会高得弗，亦王爵，并各就谈。旁注：占宜斯新报局安颉尔陪同各厂游览。会厂跨森江③，《瀛寰志略》曰"时引"，两音相比合，亦切韵也。百货罗列，并在江南岸，北岸为大花园。各国并择地建造官厅，以为议事游宴之所。是日为法国大会，入夜并树旗张灯为庆。相偕至市肆一游，马车填壅，人民丛集。新报言出游者约五十万人。

游法国荣军院④
(1878)

（光绪四年四月）十一日。礼拜。与丹崖、莼斋、敬如游勒森发里

---

① 选自《郭嵩焘日记》，第三卷，493～494 页。

② 七十八：疑作"七八十"。

③ 森江：Seine，塞纳河。

④ 选自《郭嵩焘日记》，第三卷，499～501 页。

得①，盖收养老兵及受伤者。其地又名妙舍达谛亥，亦博物院之名，而所收皆数百千年军器，及各国制造之不同者，大率盔甲、刀剑、火枪各数百千种。新式军器及一千二百年所得土中军器，大率由粗而精，而近二百年所造枪杆及火门机器，岁有变更，罗列至数百种，亦足见西洋精进日新而未有已也。大率二百年以前，军士皆有甲，制钢为之。二百年以来，火气〔器〕日新，则临敌接战，专务便捷，渐至废甲不用。各以其时为军士装束，以表记之。而所塑〔塑〕阿非利加、亚墨利加所属土番及各海岛番人，凡四十余国，而赤体者居其半，文身雕题，及别为额具、唇具、穿鼻装齿，奇形诡状，无一不具。中国及日本、印度亦错杂其间。印度及日本二人，中国五人。对之浩叹而已。其收贮各国兵器，有中国万二千斤铜炮二尊，咸丰九年惠亲王监制，天津所用以办防堵者也。圆明园所得黄金甲一幅〔副〕，黄缎制绣，两肋为黄金牌相比，动则成波文掩映，下为金环若水波，即所谓琐〔锁〕子甲也。兜鍪一，用东珠为项。旁置如意二具，其一满绿，其一白玉，而白玉柄上方镌云："执中建极，调元化民，协年丰，大吉昌。"——御制句。下方镌云："绵恩恭进"。又有小插刀一柄，极精巧，皆用金钢钻厢之，盖犹高庙所得之西洋者也。其下左右悬刀剑、大小洋枪。所属御用悬牌者二，镌字者三。悬牌者一为枪，题曰"叶铁枪"；一为刀，题曰"奇锋"。镌字者，一曰虎神枪，乾隆壬申年为之记。为乾隆十七年。记文甚长，大致言：圣祖每猎遇虎，必发此枪击之，百击百中，因以"虎神枪"名之。壬申九秋猎塞上，左右云"有虎"。虎驰入穴，发枪击之，虎负痛跃出。施〔旋〕复咆哮而入，再发，中之，殪。因记其事如此。后又三十三年丙午，为乾隆五十一年。复为诗镌之，云："东入自伊逊，沙冈当围始。西进由卜克，斯则围末矣。过闰节气凉，北鹿向南徙。鹿多虎随至，逐逐其常理。一人报伏嵋，策马率先已。峻坂按辔登，崎岖陟廿里。去岁丛薄中，今乃平冈屺。目中有全形，较去岁易耳！神枪圣祖贻，兑戈和弓拟。百发必百中，一中万人喜。非我不辞劳，家法绳无弛。乾隆丙午季秋月，永安莽喀殪虎作。"下兜正方镌九字云："万年至宝。子孙永宝用。"其下两小方图章，一曰"八徵耄念"，一曰"自强不息"。又下镌六〔四〕字云："嘉庆御用。"枪身长四尺六寸，制造极精。一曰威烈枪，嘉庆十八年林清之乱，宣宗所用以击贼者也。亦镌一诗云："不数

---

① 勒森发里得：Les Invalides，荣军院。

当时突火枪，熙朝武备制尤良。发机连毙逾垣贼，飞弹双擒能语狼。威烈嘉名恩肇锡，斗星妙用习无忘。戬兵肄武俱佳话，合以皋比珍重藏。嘉庆癸酉九月十五日连毙逆匪之枪，蒙恩赐名'威烈'。道光壬午录旧作。"盖道光二年镌字者也。一曰铦锋大刀，上刻清文："张库阿穆巴楞蒸，重六十五两。"康熙年间内制。另行镌云："咸丰御用。"其余军器甚多，皆无镌刻。旗三面：其一四方旗，其一尖角龙旗，其一八卦离卦旗。见此未尝不咎当时诸臣误国之深也。因相偕至布阿得卜郎园一游。游车凡数千辆，十余里中未尝间断。勒森发里得中为礼拜堂，后又一礼拜堂，为拿破仑葬处。从礼拜堂下穿入一大石池，环池四周为深檐石壁，刻教书故事。前为石柱。径中为深池，石阑环之。中为石台，赭色。上承长圆鼎，云拿破仑第一棺在其中。所用石多出意大里、瑞士等国，其花纹石、青石两项所用尤多。天主堂四石柱皆花纹整石，四壁雕刻人物皆白石，上下层铺地亦白石，亦时以五色石厢之。浩费逾巨万。老兵院设总带、副带；总带为乞休总兵勒克黎阿，副带为受伤守备高单。是日未及知会，惟高单在院，陪游竟日。

游大会场[①]
（1878）

（光绪四年四月）十二日。偕丹崖、莼斋、春卿至大会场。先由桥北西角门入，因至公所小坐。王承荣、马锦章二人陪同游历。公所陈设华丽，牌楼亭榭，金碧辉煌。日本则以槿篱环之，中设小屋数区，隙地皆种花草、牡丹、矮柏各十余本，并移植古树数株，皆西洋所无，视中国为有清雅气。随过桥，至会厂，陈设机器惟英、法、美三国。英人卜林斯创制机炉水汽筒，易柜为筒，凡数一[②]立筒透入大气筒中，其力尤巨。又美人为引气夹轮之法，专用之汽轮车，遇有警急，立时可以止轮。其法于机炉轮上设十余气箭，纵横用管通之，而下安键轮机器，前后各一，轮旁复施一总键以纳放水气。气放而外散，则轮键自开；纳气其中，则紧逼其键，使前后夹之，而轮不复能转动矣。其纳放水气，只在炉旁一纽，开则放，合则气自内逼，一施手而轮即止。又矿厂上下柜

---

① 选自《郭嵩焘日记》，第三卷，501～503 页。
② 一：疑作"十"。

房夹力机器，盖柜房上下左右各系一绳，引之升降，绳断而柜房下坠，常至伤人；或断其一，其一力单，无不随之断者。因为夹力机器，绳伸则夹力开，上下自由；绳断则夹力合，旁设立柱以受夹。近年矿厂柜房皆用此法。此外机器无虑千余种，亦多新法。而织绣机器亦多至十余种，亦有用女工者。印度妇人织花纹锦，约百余线缕纵横抛合，亦神技也。凡遍历各国所陈设物事。俄国松绿石、青精石所制圆桌及花瓶花盘，有高八九尺者，真巨观也。瑞士之钟表。丹国之以化学分化五色。希腊之格物学三种：一、石品之奇异者；一、土墌；一、草木之学。木质佳品尤多，并具五色，坚细光滑。其花叶各摘一小枝，长不逾五寸，粘之片纸上方，而注其名品于下，而置其木品于旁，并裁取其小枝，长可数寸，精致绝伦。希腊夙以学问著闻，今犹昔也。其诸铜器、玻璃各器及他新奇，则亦不胜纪录矣。

论英美工人罢工[①]
(1878)

（光绪四年四月）十八日。礼拜。英国织布机厂曰满吉斯得[②]，曰百兰弗尔得[③]。白兰弗尔得工匠数十年前纠众滋哄，减工加价。近年机厂以贸易日渐消落，与工匠议仍照旧价，工匠不允，遂至停机。于是工匠大汹，毁机厂而爇厂主房屋。西洋政教以民为重，故一切取顺民意，即诸君主之国，大政一出自议绅，民权常重于君。去年美国火轮车工匠毁坏铁路，情形与此正同，盖皆以工匠把持工价，动辄称乱以劫持之，亦西洋之一敝俗也。则〔然〕用人行政一与民同，而议绅得制其柄，则又有可为程式者。

论英国破格擢拔人才[④]
(1878)

（光绪四年四月）十八日。礼拜。去岁曾遣一武官威勒斯里赴俄营探刺军情，俄营待之无礼，因诉之本国外部，转达俄国外部以正之俄

---

① 选自《郭嵩焘日记》，第三卷，506 页。
② 满吉斯得：Manchester，曼彻斯特。
③ 百兰弗尔得：Bradford，布雷德福。
④ 选自《郭嵩焘日记》，第三卷，506～507 页。

皇，俄营为之谢过。至是沙赖斯百里因擢以充奥国头等参赞。议绅引向
例：凡充参赞驻扎其国，必熟习其国山川地势物土民情，以次递迁。威
勒斯里一武员，素未习各国交接之礼，而遽授头等参赞，此必沙赖斯百
里以与夙好，破格为之，未可训也。罗斯噶得答言：“沙乃斯百里曾语
及此：与威勒斯里故不相识，察其才能，固足胜此，不以例也。”其君
民上下相与考求如此，是以所用必当其才，而无敢以私意援引，此西洋
各国之所以日趋强盛也。

记电话①
（1878）

　　（光绪四年四月）十九日。马克里过谈，语及明日随同金登干赴巴
黎，以赫德病症，邀往诊视。随赴罗苿得斯阿陀卫、洛克斯两处茶会。
罗苿得斯阿陀卫邀视传声机器，美人格力音贝尔所创造也，本爱登柏里人
也，迁居美都不及二十年。爱谛生为之演试。拆视之，式如三寸小牒，练
〔炼〕薄铁片如竹萌嵌其中，安铁针其下，上施巨口筒高二寸许以收纳
声，另为铜圆筒，环凿针孔，用轴衔之。右端安机爪，上树铜片相对，
如两旗相比，下垂铁权。机爪上下转动，则机发而旗转，轮亦自动，推
传声机器近逼转轮，则针触筒孔，自然发声。询之爱谛生，云：凡声非
在外也。入耳中自有声，触人声而成语言。益所以成声者，由耳目②有
薄萌，感声而自动，声愈大则动愈疾，以是能辨知其声之高下清浊。格
力音贝尔因悟耳之所以闻声者，其声自具，而自其耳窍纳入之，以触动
耳萌，是以外来之声，皆自其耳萌而生，因是以悟传声之法，其妙处皆
视其铁萌之动。其始之受声而动有迟速；其后之发声，由针触轮而激动
其萌，亦与受声之迟速相应。传声之法，张吻向巨口筒琅琅言之，多或
数十语，少或数语。用铜罩覆其上，铜罩如下牒式，巨口筒仅覆铁萌。口向
前而针向后，下有机关推使出入。既传言，纳之筒中，加罩覆之，推使
其针紧逼轮孔，而后发机转动，则所传之言皆自罩中一一传出。有为长
歌者，亦以歌传出之。有两人接续传语，亦接续传出。中间稍间，一一
符合。爱谛生以此筒传语，数万里外无或爽者，真神技也。

---

① 选自《郭嵩焘日记》，第三卷，507～508 页。
② 目：疑作“内”。

记英人述太平洋岛屿情形①
（1878）

（光绪四年四月）十九日。洛克斯处晤法尔格生，自述英国兵船测量海道，曾附之以至中国。环地球一周，凡历三年有半。初由阿非利加之南以达澳大利洲，又极南至南冰海，旋历南洋诸岛以至香港，乃东出日本，由太平洲〔洋〕至亚美利加之西，又绕出其东地球环海处，涉历一周。言由澳大利洲至纽西兰，旁注：其会城曰贺伯尔得。又南行六千里，至一岛，曰赫尔得，山有大鸟如鹅，成群不畏人，翅短不能飞也。所见此鸟为多，无居民。其他小鸟，亦皆短翅，苍蝇亦然，故虫、鸟皆无能飞者。其南冰山高数十丈，无树木，草生地坚韧如铁，人立其上不为屈。又有一岛名纽吉拟，土人皆穿鼻，横木其中，两端嵌野猪牙，湾〔弯〕曲而上至两眼旁。行海中，于海底深十里外漉出物事甚多。予因语及多音比处见海中所得螺蚌之属数百种，有小如粟者。法尔格生曰："多音比处所得，皆浮之海面者。此所见皆漉之海底。"问所得何物，法尔格生曰："有一事亦所宜考求者：有一种石，易化石灰。西人以显微镜测之，盖皆小蚌结成，以此知开辟以前必系海地。今海中此种石已常有之，其洼深处形状且各别。其初螺蚌相结聚，尚有能蠢动者；再深则肉质皆化，所存小壳而已，然形质皆可辨；再深则形质亦渐化，然与石体尤有辨也；再深则与山石无异。益信开辟以前海陆之地互易为信而有徵也。"

观英国舞会②
（1878）

（光绪四年四月）廿一日。晚赴柏金宫殿跳舞会。男女杂沓，连臂跳舞，而皆着朝服临之。西洋风俗，有万不可解者。自外宫门以达内厅，卫士植立，皆有常度，无挽越者。跳舞会动至达旦，嬉游之中，规矩仍自秩然。其诸太子及德国太子，皆与跳舞之列。以中国礼法论之，近于荒矣。

---

① 选自《郭嵩焘日记》，第三卷，508～509 页。
② 选自《郭嵩焘日记》，第三卷，510 页。

而其风教实远胜中国，从未闻越礼犯常，正坐猜嫌计较之私实较少也。

述英国舞会[①]
（1878）

（光绪四年四月）廿三日。赴罗特治、现充阿得门。罗斯两处茶会。罗特治跳舞会，男妇填涌，衣冠诡异，兼备各国之制，杂以番服及北墨利加野人。有一女子冠锐头冠，高逾尺，询之则英国百余年前遗制也。又有一女子高冠切云，为异色十余叠，询之，法国主路易第四制为此冠式，各家皆制备此种衣服，以待会集。此所谓儿戏耳，然数百年冠服之制，及五方异俗，下及番苗衣冠形状，摹拟恍惚，亦可为览古及考察各土服制之一助。五色斑斓，光怪陆离，照耀一室，视诸茶会为殊观也。

游格林威治学馆[②]
（1878）

（光绪四年四月）廿九日。偕李丹崖、罗稷臣、姚彦嘉、李湘甫、德在初、张听帆及马格里同游格林里治学馆。先至严又陵寓所。方益堂、叶桐侯、何镜秋、林钟卿、萨鼎茗诸人并迎于途次。又陵出示测量机器数种。又薄铜圆片二事，一大一小。大者有边棱，嵌松香片其中；小者有柄，用相推荡。再以兽皮毛揩松香片，而用上小铜片贴其上，以一指按之，即持柄起铜片近下边分许，即发电气。云此为阳电。用指按之，以阴感阳，而后电生。干电、湿电二者，皆有阴阳之分。又陵、益堂二人相陪至学馆。尚书为提督舍得威尔、总教习为赫尔斯，皆故相识者也。其甲必丹[③]管事之称。丹毕尔总司学馆事，首出迎迓。舍得威尔、赫尔斯陪同游历各堂。算学教习罗登、格致学教习雷洛尔、机器教习桡、炮台教习拟敦、驾驶教习阿尔本、海图教习臧生，并又陵诸人所从受学者。学馆凡分四区。左上一区学堂。右上一区画象：历朝水师将领并悬像于此。最著名者乂尔生，与西班牙、法兰西前后百二十余战，卒以伤殒。绘其战绩至十余图。其下为饭堂，前通客厅及击球厅数所。右

---

① 选自《郭嵩焘日记》，第三卷，512页。
② 选自《郭嵩焘日记》，第三卷，515～517页。
③ 甲必丹：Captain，海军大佐。

前为教堂，其下即击球厅也，中有甬道，伏地通行。左前为妙西因，数百年所造船式皆在其中：由夹板而铁皮，而轮船，而暗轮；由四五炮眼而【炮】平面炮台；由拦炮墙而用活板；其船式具备。始为铁甲大船，驾炮百八十门，名魁音，则开长池蓄水，置船其中，实为一千八百四十一年也。又诸积学深思，谋所以避炮弹及水雷之险，而又坚利足以冲敌船，铸铁为长蚌形，上为圆平顶而不受炮，下浅而不及水雷，其式亦多种，而并未制造。凡屋数重，皆船式也。其地故为王宫。若尔治第二时与法人战，士卒受伤者多，乃置以为留养伤病将弁院。维多里亚即位数十年，无甚兵事。至一千八百七十一年，改为教习水师学馆，岁费国用二万五千余磅。所历学堂，仅数学及炮台、机器、格致四处而已。严又陵等所受学者六处，余皆不能详，如炮台学堂凡二处，其一处以教数学之深入者，又陵等亦尚未能入也。又有意大里及德国语言文字学堂。曾一过德国学堂，受学者亦十余人。舍得威尔邀至其家，瀹茗相款。行一二里，送至外栅门，出学馆之后，右为制造机器小厂，左为收养各国水手病馆，盖承收养伤病之遗，别为一堂处之，乃推广为公病馆。各国公使岁有捐款，亦皆以国家捐助为名。中国亦允岁给捐款二十磅。其左为教习水手学馆，凡一千五六百人，地势更较广。以日已就夕，不能往游。

论同治中兴人才特点[①]
（1878）

（光绪四年五月）初五日。与丹崖言：同治中兴之业成于楚人，而自当时诸公各以战功致通显，后遂无继者。合肥伯国陶成皖才，远驾楚人而上之。所设机器局，皖人掌其事，于军械、机器多所考求，是以皖才日盛，而楚才日以泯焉。曾文正气量远大，其幕府多文学，而无一楚人，各局乃有之，以楚人办事结实可靠，而文学之选固不逮江浙也。曾文正固一出之以公心。左季高则且以能屈抑楚人自表其公，而反私矣：私其一身之声名，而利不及人。如刘毅斋战功卓著，凡克一城、复一堡，叙战功皆刘为冠，而自初承其季父刘松山一军，即以道员接统，历七八年，荡平全甘回乱，移师出关，先复乌鲁木齐，而南八城以次克复，始终以道员领军，不晋一阶。至克复喀什噶尔，始请开缺以三品京堂候补，而以边才求之吕庭芷、

① 选自《郭嵩焘日记》，第三卷，533～534 页。

吴清卿诸君。一意阻遏刘毅斋之功，使不得自显，尤所不达其意者也。

述德皇被刺①
（1878）

（光绪四年五月）初六日。阅巴黎新报，载德皇初二日为刺客枪伤，自头面以下嵌入肌肤者三十八铅丸，幸丸小，未中要害。德皇年八十，屡被行刺而无戒心，至是竟伤面颊，及腕、腿皆有伤。多至三十六②铅丸，恐亦未确。旁注：顷柏灵新报言德皇左臂受伤七处，右臂二十处，背六处，面项八处，实四十一处之多。枪内皆小铅子及铁钉。云其刺客前后皆撒克桑人，现获者名罗尔林，先二日至柏林，语其主人妇曰："日内当有人谋害德皇。"主人妇曰："此有何益？德皇死，其子继位。于刺者何有？"罗尔林曰："继位又刺之，十余刺而其种类尽矣。"主人妇亦不度行刺者之即为罗尔林也。西洋立国，有君主、民主之分，而其事权一操之议院，是以民气为强。等威无辨，刑罚尤轻。其君屡遭刺击而未尝一惩办，亦并不议及防豫之方，殆亦非所以立教也。

述西人订婚礼③
（1878）

（光绪四年五月）初六日。瞻伯尔之女配定婚满达究，约至礼拜堂送亲。旁注：堂名森麦里。集者数十人。男女各有知交五六人陪伴。女皆择美者，服饰如一。教师〔士〕出堂诵经，男女及陪伴者皆跪。因次第问男女相爱乎？互相照顾乎？事相助、病相恤乎？得失利病能相终乎？各如其言应之，则令男出一戒指呈视，教师〔士〕持女手，令男约其左指。复上堂诵经，男女亦随上跪听。既毕，入一小阁，贺客皆从入。出一巨册，书男女名姓生年其上，客至者皆与署押。凡二册。询之，一存教堂，一上之国家，以知人数。凡男女生，皆至教堂接名，嫁娶则书名，埋葬各就所书名之教堂。是以男妇生没，无一爽者。客至者，男常衣，女则冠服，皆尚白。署押毕，始相与执手为贺。

---

① 选自《郭嵩焘日记》，第三卷，534～535 页。
② 六：疑作"八"。
③ 选自《郭嵩焘日记》，第三卷，535 页。

参观英国医学博物馆
(1878)

　　（光绪四年五月）初八日。莆娄尔约游科里治阿甫色尔占斯②，犹中国之太医院也。设两尚书：一主内科，曰贝尼得；一主外科，曰柏尔克得。设有考求医学之妙西因，莆娄尔实掌之。并召集各名医为茶会，所见魁英、何尔庚、并著名老医士，数十年前已著书行世。马格理初学医，即读其书。威勒士、即捐资运埃及古碑者。希满；为司丼〔丼〕色尔威尔士总办，即上议院前之大病房也。外则多音比、斯梅尔斯。始识莆娄尔于多音比宅。其妙西因缘始，由名医亨得刻有石像在院。积数十年心力，徵求考验，临卒以输之太医院。嗣是岁有增益，凡数万品，大如象、鲸，小如蚊、蚋，皆收贮其皮骨。人身全骨至数十具，髑髅首骨千余，各国种类皆有标记。西洋各国与中土脑壳皆圆满，西洋深目，目框骨皆倾下，中土圆平，可以辨知之。其亚美利加、阿非利加两地番民脑壳，皆小而削。北亚美利加有自少束其头令扁，或束为长头，令其头后出如瓜，至有束之疾，破其脑骨以死者，皆穷测其所以然，收其骨为验。其五脏肠胃及周身筋络，则用玻璃瓶蓄水贮之。受胎自半月渐积至成人，及怪胎，或一身二首，或两胎而胸背相连，或二胎三胎相纠结，及不具人形者。遇有小产及怪胎，悉取而收贮之。以次陈列至数十具。最奇者，一长人骨，约九尺许，取置之地，仅各及其肘而已。其人有名姓里居，及生前所着履，亦置其旁。一短入骨，以指测之，约一尺二三寸，似初生胎之最小者，而满口齿俱全。其诸鸟兽虫鱼，巨细皆备。凡分四院，覆以玻璃，骨大者置院中。鲸鱼有长至二十丈者。其一院专储异兽骨，得之土中，为世所无。亦有巨鸟，五爪长尺许，胫骨如象而无翼，云皆出洪荒以前也。院四周为四层楼，皆为巨厨倚壁，前置长案，罗列玻璃盒以贮诸小品。莆娄尔取人手足指骨及诸鸟骨兽骨，下至虫鱼，以观其用，其理皆同。盖自腕骨歧分为五，亦各分五节，与鸟足无异，兽迹〔趾〕或五或三，或二或一，而胫骨之上亦常有五小骨相倚，而其下并合为一，是以其行疾而远。鱼翅之小骨相比，亦与人手足同。其五脏之分，惟人心与鸟兽之心，中房不同。人心为四房，以灌输周身血脉。始纳血于右管，盖饮食

---

　　① 选自《郭嵩焘日记》，第三卷，539～541 页。
　　② 科里治阿甫色尔占斯：College of Surgeries。

之精液，色尤清也。沉而入下房为血。而后递激而出于左管，以达于肺。又吸而入其下房，乃始绕行以达于周身，而散为脉。鸟兽之心二房，鱼则一房而已。鹿骨十余具，其角百余。其一具得之圆明园，为阿里克送入太医院者。茀娄尔云："鹿角开枝皆前向，独此后向，为鹿中异品。"象牙成螺旋者数具，云此象齿之病也。指示之，其内皆朽。盖齿内方有腐蛀，则生力弱，外方生力强，其长常倍，腐蛀者力不能逮也，而牵掣其生长之机，因之旋折相就。沙鱼须左出。茀娄尔得沙鱼头嘴数十，剖视之，其右皆暗藏一须，雌者左右须皆暗藏。南亚美利加得一左右须并具者，此创见者。又有刀鱼者，长嘴，长锐如刀，见巨舟以嘴冲之，能穿分许铁甲。入木五寸许，其力不能拔出，必自折其嘴。洋舟受创，以为礁石也。验之，知为刀鱼嘴所冲击，亦辄挖其受伤处存贮为验。其余海中螺蚌，及石华、海草之属数百品，然皆含动物之性：或由虫化，或其草复化虫，及草品中之能食息者。如瑚珊〔珊瑚〕，石也，西人谓皆虫质粘合结成：其始结也，黑白相间，已而为纯白，已而为黯红色；始结时，虫质尤可辨也。其诸奇形诡状，不可殚述。又有虫草合者：上形如土狗，无足，其下有柄，含白须数十茎，长尺许，坚白如马鬣。茀娄尔云："其须非草质，亦非生物之质，盖火石之属也。"又有穿地鼠，长可三寸，背负坚介，当首处锐，其下为浅白。鼠无尾，而上介直下，如藤牌蔽其后，去介，又有硬骨圆如上介含其内。茀娄尔云："锐首以利穿土；恐人之袭其后也，为圆壳护之，而又坚能拒物。"亦天地生物之奇理也。凡齿皆有根，而小儿换齿无跟〔根〕，由内齿与之相抵，日磨月烁，以销其跟〔根〕，而齿自脱，内齿乃相踵而出。亦辄析小儿齿跟〔根〕验之。耳内之发声者，有细膜相遮护，下至虫豸皆然，悉取而陈列之，或小如粟。而人耳症或虚或实，皆割存之，以辨证其理，凡八百余具。所陈设与铿新敦妙西因同，而其意旨稍别。铿新敦各处在侈陈美观，以资考证而已。此处则主于辨证异同，循求脉络，以推究其所以然，而悟人身骨节血脉之相为维系灌输，所以为医学之源也。凡治医者，岁必于此试之。必得高第，授以文凭，乃始听令行医。又有爱敦百里人名立斯得者，医学尤精。西人破骨之法，不敢擅开膝骨，以恐风入其中，于法不得施治。立斯得云："风入不为患也，所患太空中尘埃野马，皆生质也，入膝骨中相为生育，故无治法。"立斯得能炼药为水，以洗太空中尘埃，就所坐处洗荡尺许之地，可以容足，破骨施治，一无妨碍。其法辄验，一时颇宗信之。

与英人论中西进身路径①
（1878）

（光绪四年五月）十一日。赡斯过谈，居中国二十余年，颇悉中国风土人情，自云生子十人，位置学业，使各有所托以成名，亦殊不易。吾谓西法学、仕两途相倚，不患无以自立，此较中国为胜。赡斯言："文武两途员缺有定制，而求仕进者日增。学成而待用，亦苦阶级之不易攀跻，闲废为多。惟律学为人民料理词讼，可以自食其力。其仕进有阶，其从容燕处亦足资以为生。"吾谓西洋律学、医学皆可以求仕，学成亦可以治生，故托业者多。赡斯言：充武员至中国，知中国当兵者皆尚椎鲁，无文学。西洋必使学成而后充兵，近乃知有文学者多浮猾，故凡充兵者皆试其力，不试以文学。此亦中国所早见及者，西洋近始知之。因论中国最轻视兵。吾谓中国尚文而贱武，凡横暴者，相与以兵目之，言可畏悸也。正惟视之轻，是以为兵者亦皆不自立，以成乎偷敝之习。此亦中国之弊也。

参观英国荔榛园花会②
（1878）

（光绪四年五月）十二日。荔榛园花会，其参赞苏尔比约往。支帐为围数重，万里〔品〕罗列。大率木本、草本二种。而草本之中又分数类。有由种植者，有野生者，有近芭蕉一类、冬萎而春生者。木本则或有叶；或有条无叶，其形如松者；或抽条，或抽针，枝叶诡异，凡二十余品。花或红或白，或丛生如管，或圆如球，或尖瓣繁密如蓬麦，而皆松类也，别为一种，云出爱尔兰。大者如芍药，如玫瑰。芍药仅见，云出意大里。小者如豆，如粟。其色有红，有蓝，有黄，有白。种类极于四大洲，而多以人力养成之，大于常品，或至逾倍；圆叶具五色，层起如云，多成之人力者也。杜鹃一围，约盈万本，红白照耀，皆园产也。余花则或他园主或人家所蓄植，移运于此，相为斗胜。仙人掌一种，奇

① 选自《郭嵩焘日记》，第三卷，543～544 页。
② 选自《郭嵩焘日记》，第三卷，544 页。

形诡状至数十品，亦多着花，碎红掩映，皆奇观也。

记英人北极探险①
（1878）

（光绪四年五月）十二日。晚赴立莆来茶会，晤鼓得拉甫，询及去岁同游五里治之副使，若甚薄其为人者。予因力赞其能，以为之解脱。又山德斯、雷尔二人，数相见，顷始问知其名。数十年前英人始寻北海者，名法兰克林，去冰海数年无信，屡派船探寻不可得。其妻以吁之海部尚书，而回言："相距已十余年，想死冰海久矣，寻亦无益。"其妻乃自毁家求之，最后得一船，而雷尔为其船医士，奋然往探。出入冰海，经历危险，同舟死亡相继，欲返者数矣。雷尔固请前。最后得一岛，汹而登，则见一小舟覆地上，揭视之，有白骨数具，旁有器物数事，并得当时笔记，乃始收得其遗骨。雷尔之名，因是大显。今见之，须发皓然而精气尤强，适见美国纽约新报，言有依登者，近已赴北冰海穷探北极，以竟法兰克林未了之功。西人立志之专，百挫不惩，遇事必一穷究其底蕴。即北海冰雪之区，涂径日辟，天地之秘，亦有不能深闭固拒者矣。

比较中西政治②
（1878）

（光绪四年五月）二十日。晚诣李丹崖、罗稷臣谈。三代以前，皆以中国之有道制夷狄之无道。秦汉而后，专以强弱相制，中国强则兼并夷狄，夷狄强则侵陵中国，相与为无道而已。自西洋通商三十余年，乃似以其有道攻中国之无道，故可危矣。三代有道之圣人，非西洋所能及也。即我朝圣祖之仁圣，求之西洋一千八百七十八年中，无有能庶几者。圣人以其一身为天下任劳，而西洋以公之臣庶。一身之圣德不能常也，文、武、成、康四圣，相承不及百年，而臣庶之推衍无穷，愈久而人文愈盛。颇疑三代圣人之公天下，于此犹有歉者。秦汉之世，竭天下以奉一人。李斯之言曰："有天下而不恣睢，命之曰以天下为桎梏。"恣

---

① 选自《郭嵩焘日记》，第三卷，545 页。
② 选自《郭嵩焘日记》，第三卷，548～549 页。

睢之欲逞，而三代所以治天下之道于是乎穷。圣人之治民以德。德有盛衰，天下随之以治乱。德者，专于己者也，故其责天下常宽。西洋治民以法。法者，人己兼治者也，故推其法以绳之诸国，其责望常迫。其法日修，即中国之受患亦日棘，殆将有穷于自立之势矣。中国圣人之教道，足于己而无责于人。即尼山海人不倦，不过曰"往者不追，来者不拒"而已。佛氏之法，则舍身以度济天下，下及鸟兽，皆所不遗。西洋基督之教，佛氏之遗也。孟子之攻杨墨，以杨墨者，佛老之先声也。孟子独知其为害之烈，所以为圣人也。而其言曰："逃墨则归于杨，逃杨则归于儒"，以杨氏之为己，尤近于儒也。《中庸》之言曰："成己，仁也。成物，知也。性之德也，合内外之道也。"必如此而后足以尽圣人之能事。圣贤不欲以兼爱乱人道之本，其道专于自守。而佛氏之流遗，至西洋而后畅其绪，其教且遍于天下，此又孔、孟之圣所不能测之今日者也。天降下民，作之君，作之师。三代圣人所以不可及，兼君、师任之。周之衰而后孔、孟兴焉，师道与君道固并立也。自六国争雄以讫于秦，而君道废。自汉武帝广厉学官，而师道亦废。程、朱崛起一时，几近之矣。承风而起者，自宋至明数十人，而其教未能溉之天下，则以君道既废，师道亦无独立之势也。西洋创始由于教士，至今尤分主朝权，不足为师道也，而较之中国固差胜矣。

读西报论中国赈灾事①
（1878）

（光绪四年五月）廿三日。礼拜。阿尔拉尔得为捐助中国灾荒会之参赞，寓书马格里，以《代模斯》新报刊刻书信三通，其中有"哲·纪"②者，以二十六字母衍出第一字以标识之，未全载其姓名也。痛诋天坛采办巨木，合银十余万两，以为虚糜款项，置民生疾苦不问。阿尔拉尔得谓此信大有碍于赈务，为拟一稿辨论之，而于中国情事则固不能知也。因属马格里寄复一书，推论二事：一、国家颁赈山西一省已逾百万；直隶、河南、山东、陕西各有赈款；官民捐输，又在此外。而此五省钱粮豁免与缓征，两三年来又已数百万。而以玩视民瘼訾之，此过也。天坛

---

① 选自《郭嵩焘日记》，第三卷，550～551 页。
② 哲·纪：J. C. 。

工程本属要需，而其采办木料，实在五六年前。巨木长十余丈，皆出深
山僻远之区，运出大江，动需一两载，而由各处采办，以符工部所开丈
尺，亦需一二年之功，实在以前数年，需用经费开支已久，而以虚糜款
项责之，此尤过也。吾以中国人，目睹伦敦绅民捐助中国情形，不欲更
加驳辨，仍属阿尔拉尔得为剖辨之。而《代模斯》所刻上海来信，持论
有极精透者：一论罪己诏书，谓天灾流行，人力无从干〔幹〕旋，而中
国于此绝不一为经画预备之计，其责实无可辞。如开河浚川，引水灌输，
此预防之策也，中国一无经营。电报、汽轮车以通消息，以利转输，此
临事补救之方也，中国一无讨论。至于铸造银钱，取便民商，外国之交
易无阻，其利小，中国之居积有资，其利大，又一切峻拒之，以为中国钱
法，外国不宜干与。以此一切袭常蹈故，自取坐困之势，至是犹无省悟，
为患将何已也？一论中国人民禁使出洋，其弊终至于使人掠取为奴仆，而
无有正名挈眷谋生外洋者。英国既收取澳大利洲，凡有挈眷承往开垦，国
家皆资助以行。中国坐听人民数百万日充饿莩，而出洋则严禁之。贫民私
出外谋生，稍有赢余，裹负以归，各国尤深嫉之。是以美国之旧金山，与
澳大利洲新金山，至有遏截华人前往之议。将来一切驱回中国，其隐患尤
深。其他议论尚繁，俱切中中国情弊，阅之慨叹而已。

参观织线厂[①]
(1878)

（光绪四年六月）初二日。高底亚陪赴勾柏兰织线厂，监督洼尔塞
尔告言："是厂建自路易第十四，今约一百五六十年矣。"自门两旁以达
内厅，并张挂旧织。织室约二十余，而现制织者不及十架。并大幅，长
七八尺以上。每幅织者三人，次二人。皆先量其幅之长广，悬线室端，
每线引绳曳之。又量其纳线之长短，约其绳为一束，间一线约之，用相
参伍。其精妙处尤在配线。花草、人物、衣饰，皆有里面，有重叠，有
参差，各以浅深异色别之。先画一底本，悬之壁端。每制一方，长不过
数寸。就底本摹出一段，专量其纳线之度为界限，勒以墨。其织室皆外
向就明，织者坐暗处，用摹本从外映之，循其界限，加墨于线，以为纳
线之节。其浅深异色，一依底本为之。西洋制造皆用机器，独此用人

---

① 选自《郭嵩焘日记》，第三卷，555～556 页。

力。大率中幅必二三年乃成，巨幅有至九年十年者。岁支经费二十万法兰，织工五十余人。初学织者，择年十岁以上，先令学画。厂左有画院，人物、花草，抟土为式，或整或散。制造、宫室，亦分尺寸程度。一柱之微，亦杂取各国旧式，如考据家一名一物，皆有本原。其初学织，先令辨色。织为长方，宽寸许，长三寸，五色间错，名曰第一程。次则阔长方，仍分五色，令一色之中浅深相衔，映合自然，名曰第二程。次则织为如意式，令肖物形，名曰第三程。次则花叶相错，名曰第四程，皆尺方幅为之。次则肖人，一手五指有屈伸，肘腕有向背，阔尺而长三尺，名曰第五程，或首，或股、足分为之，并同此式。仍与画理交相考证。至是乃使制小幅物事。其织工五十余人，并有家室居厂中。所居室有小院，杂植花木，以舒畅其心气。详其制造之意，皆所以讲求术艺，陶成人才，于国家适用处不必适当也。线有丝，有羊毛，而染色为织厂所尤究心。首分五色，一色之中浅深变化数十，而所化之色，又各推衍至数十。其红与蓝杂，青与黄杂，参错为异色，推衍以至无穷。凡为色二万二千品，标五色浅深为总图，记以数，因是以推衍，又各记以数，并于络织小杼端注明。线尽，执杼往取，无或爽者。其染色皆用化学，是以力省而用广。洼尔塞尔邀至其家，在厂右小院中，花木茂密，居室极清幽闲远。为致茗果，兼馈小织件二方。

游克虏伯机器局①
（1878）

（光绪四年六月）初五日。爱意灼非爱勒斯陪同至厂。克鹿卜亦先至。旁注：名曰亚里非勒克鹿卜。武里治总办、提督容赫斯弃〔荓〕得并在坐。饭毕，司宾嘎格门陪同游历各厂。所见压力机器及炼铁机器，及炮身小件机器，并与各处炮厂同。惟炼钢二厂，向颇闻知其法，至是始一见之。并引煤气，鼓之以风，火力逾倍猛烈。其一大炼：悬巨桶铁架中，桶式横受，下腹赢而上缩，首尾皆翘起。尾通二管，一引煤气，一纳风。合煤与铁置桶中，而引煤气熔化，鼓风内灌，以助火力。用铁铫安柄万②丈，一人执之，以试钢候。再行猛风鼓之，令桶首起立而风管

纳风上激，其势溃溃薄，铁火星从桶口腾出如散花，即钢成矣。乃引机器转铁桶，至桶口前倾之，顷刻盈十余桶。其一小炼：为泥坛，纳铁与炭其中而封其口。先置暖坑烘之，而后取置之灶。灶内安板铁〔铁板〕，凿孔其上，排列泥坛，激风力鼓之，上覆铁片，连次为盖。较之大炼为时久，出钢亦少，而钢质尤良。武里治铁炮皆钢胎，外裹熟铁，工费较省。克鹿卜用全钢为之，是以炮质轻而坚，而费尤巨。所历二十余厂，粗观其大略。大率以铸炮及舟车铁轮、铁甲及火轮车路四者为大纲。其治火轮车路，成钢后入炉煅之，引入压铁机器，车轮上下七八孔，由粗而细，自圆而扁，再后作"工"字形，七八传而轮路已成丈数尺，为时不过分许。其外炮式一厂，炮弹一厂，新旧式皆备。火药一厂，排列各国火药式，云以德国藕孔火药为最良。英国惟用石块火药，以其工力较省也。尽一日之力，所至尚不逮二十分之一。嘎格门告言：克鹿卜之父为铁工，曾开设一小铁局，旁注：起于一千八百一十年。其父死时，克鹿卜年十四龄，旁注：是为一千八百二十六年。负债累累，而铁局之地不盈亩，克鹿卜仍其业守之，至年二十以后，乃推求得炼钢法，而其钢大行。其用泥为坛，取之德境以北，并由推求试验而得之。适会英人初开火轮车路，各国争效之，克鹿卜乃用其冶钢之法修造火轮车路。又十余年，厂地日辟，乃始制造钢炮。其父初居屋，为房四间，尚存厂内，岁加堊治。又有二十年前初造大钢炮，俄国派员来观，特建一屋以处之，今为文案所。而克鹿卜少时所制压力机器及熔铁锅，形模极大，而不及近时之灵巧，皆存置厂内，以资后人之考证。凡为厂地四百划克打，每见方千尺为一划克打。火炉大小一千六百四十八座，汤炉大小二百九十八个，又开矿用者一百三十四个，汽锤大小七十七座，拉钢机器一十八付。厂用马力机器二百九十四架，合一万一千匹马力。矿用马力机器一百一十九架，合五千九百三十匹马力。厂用机器一千六十三付。每日烧煤一千八百吨，每日用水一万五千三百方法尺，每日各厂煤气灯二万一千二百一十五盏，用煤汽〔气〕二万四千七百方法尺。大铁路长三万九千法尺，轮车机器十四架，车五百三十七辆。小铁路长一万八千法尺，轮车机器一十架，车二百一十辆。电线长六万法尺。局、站四十四处。救火水龙八架。煤矿四座，每日出煤三千吨。五金矿大〔山〕五百六十二座，已开者二十九所。役工五千人，厂内监工及有名职司七百人，总监工二十人，总办文案五人，司宾四人各国交易来往周旋，并归经理。总办七人，其职视各国之部丞相：一总理银钱出入，一总司工数，一经理工役病痛及有他故，一管理购置各国物事，一总理营造，一总司煤务，一总司铁务。凡有事务，总帮〔办〕七人、司宾四人会议，酌量其事之缓急轻重，白之克鹿卜行之。其不能定议，则各摅其所见，上之克鹿卜，以俟其裁度。在厂工役万余人，各以名数编次，给与腰牌。每日分左右厂门收取腰牌，以记人数而登之册，依名数次第悬之厂门内走廊下，日暮散工，各就走廊取携以去。其规模亦宏敞矣。晚就所居园宴宿，距厂约十里，极山水花木之胜，供张尤极丰赡。自厂旁十余里间，建造房屋六千五百所，以处工役，并红砖为墙，玻璃为窗，屋或二层三层。又有面馆、酒馆及购置百物，皆供工匠万余人之需，而平其价，各设总办经理之。旁注：凡设客店一，酒馆八，造荷兰水厂一，煤汽厂一，造面包厂一，日用物件大店一、小店二十二，病馆一。所见厂局，殆未有能及此者。是日适演炮，邀斯邦达营学生查连标至，因留同饭。

游荷兰①
（1878）

（光绪四年六月）初七日。遍历拉海都城。街道侧狭，房屋高不过三层，亦近朴实。市肆无多而整齐洁净，所至如一。市心立荷〔阿〕兰治石像，为八达之衢，地极宏阔，树木林立。阿兰治者，明季荷兰为西班牙所并，阿兰治力战拒之，为西班牙人刺死。荷兰之得复立国，阿兰治之力也，为刻像以纪其功。兼游荷兰王后花园及荷兰国王市肆，及色亥斯、阿克得比两画馆。荷兰王后花园，旁注：荷人云，都城名园可游者七，此其一也。为其王后所建。有屋一行，连为六七厅，有名中国厅、日本厅者。中国厅四壁张中国织绣，高逾丈，其长通四壁，约四五长〔丈〕，中国无此巨幅也。下及几榻，皆中国织绣为之。日本厅亦然，陈设漆具尤工丽。最后一跳舞厅，宽广六七丈，四壁图绘阿兰治战绩，亦一巨观也。国王市肆由其国主出资本，广置珍奇百物，古铜古磁多至数千品，宣德、成化巨瓶亦陈列数具。此中国所必不为者，西洋公行之，不为异。油画两馆：色亥斯为国家所置；阿克得比则国中画师收藏名笔，出以供国人赏玩，馆仅一层，所张数百幅而已，然皆珍品。其国王方游阿克得比，民人男妇皆不避，惟相戒不陵越其前。予亦守此戒，相

---

① 选自《郭嵩焘日记》，第三卷，561~563页。

见亦不为礼。询知其王为基央莫第三，形貌亦极魁梧。其王居前立阿兰治铜像，前为其太子花园。王有别宫，距都城百余里，都城王居，间一至而已。其太子客居巴黎六七年不归，亦不议婚，闻其意思为徜徉之游，不乐承袭王位。随出南城，至得勒莿得，为其国人文所萃。夹道林树葱郁，绕以长溪，时见游艇，五六人红巾白服，坐而荡桨。车人云："此皆儒人，着榜人衣以自取适。"得勒莿得民居益繁，街益狭。溪水贯其中，间以树木，微似吴苏三塘风景，而精雅过之。其地礼拜堂为诸王坟墓。正中一高亭，覆以铁棺，则阿兰治葬地也。回过阿兰治旧居，今为兵房，宿兵三百余人。阿兰治为荷兰王基央莫第一诸大父行，亦公爵。所居楼下为饭厅，饭厅前有耳房。西班牙人遣人刺阿兰治，伏耳房中，伺其下楼，手枪击之，枪子二洞腹而着之壁，今犹在也。而纪其岁月于旁，为一千五百八十四年七月初十日。至今得勒莿得于是日张灯作会，盖诸文人用此以志不忘而张其美烈。今岁七月十日，实为此月之十一日。沿溪皆植铁杆，环置玻璃灯，间以旗帜，人家门首或制彩棚张灯，土人但名为文士会也。询问荷兰学馆，以裕泰克特为第一，凡共二千余人，即昨初入荷兰境所经历者，一千八百三十一年英、俄、德、法诸国于此会议，比利时立为自主之国，亦荷兰一巨镇也。得勒莿得次之，凡八百余人。拉海都城又次之。以汽轮车开行，不及久留。过何得满班摩，市肆极繁盛。闻荷兰大镇为安摩斯得阿丹摩，地濒北海。次即何得满班摩，以临拿摩尔斯江，亦出北海，通舟楫，兼有江海之利。荷兰之云北海，即大西洋海也，以在都城北，因名北海。而荷兰北境，自宋时已沦于海，其名曰舒多，遂为荷兰内海。林尼江由法境绕出德境，以出荷兰都城之北，其出海口高出荷兰都城二十里。中间筑城作坝以捍水，有三坝层叠而下。启栅放水，则都城尽为鱼鳖。其南沟洫不如北境之多，林木亦稍逊，而大川巨浸皆在南境。所过何得满班摩江、湾尔江、荷兰斯谛江，并水与地平，一望阔远。而荷兰斯谛江广至十余里，有桥曰施门得非尔，稍当江身狭处，计法尺二千六百尺。车行桥上，如出水涯，可手掬也。荷人以此桥分南北，桥北曰北荷兰，南曰南荷兰。当时通比利时为一国，南境斥广，今则越江以南，属地无几。其边界名窝新达，再南珥申，即比利时税关也。荷兰初并于西班牙，再并于拿破仑。一年〔千〕八百三十年，基央莫第一始复立为自立〔主〕之国，迄今三世。比利时北境与荷兰气象无异。过汪非尔海口，有巨溪通海，惟见舟樯林立海汉。再过抹玎伦，则地势逶迤高下，不若荷兰之平衍。晚至比利时博里克塞来①都城，是日大风，寒甚，游历穷日夜，困倦殊甚。

游比利时②
(1878)

（光绪四年六月）初八日。礼拜。遍历博里克塞来都城。衢道广阔，市肆繁盛，屋宇皆穷极雕镂。西洋名比利时都城为小巴黎也。所见礼拜堂五六处，其名洛登类得非勒，为礼拜堂之最巨者。往视，男女参错，鸣铙诵经。旋过比利时国王类沃布里第一铜表，当都城最高处，俯视廛肆如覆盂。表高十余丈，园〔围〕丈许，铸类沃布里第一立像其上。表中空，可缘而至其巅。一千八百三十一年比利时始立国，造立王像，以志勋伐。续至妙西因罗亚尔博物院，所见凡四种：一油画，一禽兽体骨，一矿产，一书籍。即油画一院，加多荷兰两画馆数倍。物产、书籍各为一院。院内上下二十余厅，所陈设不减英、法博物院也。又至费尔尼织纱局，专织妇女领、袖及后帔，专织纱为之，为人物花卉，工细绝伦。手内〔巾〕一方，长不逾尺，直一百法兰。后帔有直三千法兰者。其局女工四十余人，云别有一厂千数百人。通行西洋诸国，以织纱惟比人为之最工，他国不能及也。又至议政院，与王宫正相对。中间一大花园，景地绝胜。右为上议院，左为下议院，并起自一千八百三十一年。上议院六十九人，下议院百四十人。视荷兰加增一倍之多。下议院中座开会堂时国王坐其处。上立类沃布里石像。上议院中座上绘比利时国神，其旁环立九女神，则所分九部也。又于九部地方，各系以事，以明其国家本务如此：或农，或猎，或制造，或医，或画学，或商，皆寓重视民事之本意。两议院并有会议座次，有客厅，有燕息厅，有诸科房，若中国之六科。规模颇极壮丽。而下议院每厅皆有油画，详叙荷兰、西班牙战绩，拿破仑与奥、英相持战迹，所以记比利时与荷兰分合之由，及后立国之原始。又有西班牙与土耳其战迹，则或比利时前属西班牙事迹也。画皆巨幅峥嵘，鬼神下降，刿目怵心。二点钟，附汽轮车过莽斯、喀费两处，即为比国边境。再南费尼，入法兰西境，有税关。再南毕新尼，始与前赴克鹿卜车路交合。李丹崖、李湘甫、联春卿、马眉叔及马格里并

---

① 博里克塞来：Bruxelles，布鲁塞尔。
② 选自《郭嵩焘日记》，第三卷，563～564 页。

迎于家尔谛洛尔车行。

论西国研求道路治理①
（1878）

（光绪四年六月）初九日。严又陵自大会厂回寓，带示亚维林修路汽机图说，内引一千八百七十一年修理道路诸会所论事宜。西洋考求政治民俗事宜，皆设立公会，互相讨论。自顷十余年，考求益精，公会亦益多。即平治道路一节，周历英、法、德、荷、比五国数千里之地，并平铺沙石，明净无尘。广或数丈，狭或三四尺，雨水泄之两旁低处，行者张盖而已，无着屐之烦也。火轮车、马车道路交互上下，不相悖害。城镇行者如织，并出车路两旁，铺石高寸许以示别。长途因火轮车之利，无担负者。《国语》言："司空以时平易道路。"《月令》亦有"循行国邑，周视原野，道达沟渎，开通道路"之文。是三代盛时尤修此政，而未一详其法。罗马初兴，兼并诸国，所至必开通道路，言凡道路一遵罗马之式修治，方得为罗马属地。西洋道路之平广，由罗马开之基也。迨今千余年，火轮车行，而通山越涧，穷极工力。城村道路岁一修治，规模阔大。而犹设立公会，相与考求其实，期于利国便民，而益以弥缝其缺。天下之大宝三：天时也，地利也，人情也。西洋于此穷极推求，而国家不敢擅其威福，百官有司亦不敢求便其身家。即平治道途一节观之，而知天维地络，纵横疆理，中国任其坏乱者，由周以来二千余年无知讨论，此亦天地之无如何者也。

参观法国国立图书馆②
（1878）

（光绪四年六月）十六日。高的亚陪游比弗立若代葛安那学那尔③，法国藏书处也，为西洋第一富藏之区。总办谛理勒，亦最有名。所藏凡分四院。挨及、希腊古碑及二千年前房屋雕刻人物，到处陈列，与汉时礼堂图及石阙遗像形式正同。其四院：一曰古钱。法国二千余年金、

① 选自《郭嵩焘日记》，第三卷，564～565 页。
② 选自《郭嵩焘日记》，第三卷，568～570 页。
③ 比弗立若代葛安那学那尔：Bibliothèque Nationale，国立图书馆。

银、铜三种大小钱式，远及各国，如中国及安南、日本皆备。宝星印信，变易多端，并存其式，杂及珍宝，并环列石刻、古铜、古磁、古瓦大小数千事。其爵杯有为犀、象首曲着案，后为环柄，斜抱枝拒，云此挨及古时酒缸也。亦有为角觚者。其瓦器尤多中国遗式。用此知挨及二千年前必与中国通，其文字亦古篆籀之遗。守者云："古器物十万余，择其尤者陈列，不过六千。"二曰图画，亦兼及各国。平定两金川巨册，云系西人用铜板为之，绝工细。又康熙二十五年图书〔画〕帝王圣贤名臣像百数十幅，藏之兴德寺，常岫为之题后。兴德寺不知在何处，今人亦无知者。又有大天文地球二架，高约丈许，有机运动。其天文作四十八象，或如狮，或如鱼，或如宝带，以观星气。《梅氏丛书》亦言及之。二〔三〕曰抄书，九万卷，各国书籍分屋贮之。凡五六厅，或两层三层。其本国书籍则皆抄写无板者。中国书二万四千帙，凡为目录四巨册，明板佳者甚多。四曰刻板书，是为藏书。正屋有大圆厅，容三百余人，设几案以俟相就观书者，高约三丈，四围设橱贮书。后有平台，护以曲栏，为主书者坐处，旁设目录数十巨册。左旁高架四，用二十六字母编书名小片，宽广二寸许。每架安小匣数十，依次盛贮其中。观书者取以付主者，按号取付。向后一门，入则直望无极，左右各为小间，三面贮书，凡十四间，上下五层。其旁又有小木梯曲折而上，约百余级。上则直视更远，亦左右为小间，三面贮书，凡五十四间。当中两巨屋，贮水龙救火器具。其右一门，云尚有一进，此与〔与此〕五十四间者相并。可云宏富矣。凡藏书二百二十余万册，分二十九类。如化学、医学、律学、史学之类，其名目甚烦，容再详考之。据谛理勒言：院中每岁开支六十万法兰，修理屋宇不在其内。大率每年收买各种约二十余万法兰，而各家著书及所画图册，必送存底本，每岁率得二万余种。其近人著书论中国事宜，旁及土产矿务，检查目录亦得四百二十余种。

参观法国下水道与气球[①]
（1878）

（光绪四年六月）廿五日。巴黎布勒非[②]约看地沟。通城溷清及诸

---

① 选自《郭嵩焘日记》，第三卷，579～580 页。
② 布勒非：Préfet，市长。

浊污并引入地沟而注之海。从夏得里戏馆前下梯入地道，前临森路易江。小车八辆次第至，每日游时①，以时来往其间。下为地沟，车止处，用铁孔板覆之。旁为水筒，通城食水皆由此引出。上为电线及传信吸气筒，车前及地沟两旁并燃灯。两人曳车以行，铁道两轮跨地沟为界。转入旁道，地尤狭，行尤急，凉风习习然，寒甚。两旁有引水沟，引各家沟水汇入地沟。有地道。雨甚，沟水奔腾而下，则地沟皆溢。所在为地道，可以缘梯而上避水。有旧沟两层。地沟之起，已百余年，拿破仑第三又开深四五尺，旧沟形式仍而不废。行约五里许，至泼雷斯谛拉康戈尔得，舍车而舟行。沟道较宽，两旁有铁栏。舟容十余人，亦两人曳之行，中悬回光灯以照行人，出入沟道污浊之中而无秽气。舟人云："沟深六尺许。"问亦有清水引入乎，曰："此皆沟水，无他清水引入也。"至马狄仑教宫前，又缘梯而出。李丹崖及各学生严又陵等十八人皆从。〇回至鲁法博物院旁大院阅视气球，法人西华所制之大气球也。其帮办谛桑跌导至气球前。凿地深数丈，四周为阶级上下，皆木为之。中为引绳车轮，所以系球者。纳绳车毂中，又制一小横轮，使大轮随以左右，防风急气球动荡，车毂所衔之绳不能坚持，故使随风左右。其转绳轮轴相距数丈，从地道引绳，收放皆以机器推转轮轴。旁施一小机器，恐机器转动或稍疾，别为小齿啮轮轴，使转动不易，以枝拒之。气球径法尺三十六尺，每尺抵中国尺三尺一寸。用气一万二千立方尺。气球用布七层为之，补合其缝，上加白油胶合之。四周结绳，下垂巨绳无数，系圆木车一，周围可坐五十人。用软皮管纳气而系塞其口。车上有量气表，气盛则球下有铜托，引绳曳之，可以稍泄球中之气。旁有造气机器，一高铁桶驻〔注〕磺强水，用水和之使清，磺强水得水即燃，故须徐徐以清水调之为淡磺强水。加入新喀，形如白铅，其实金属也，西人名之新喀②。即化成气，名爱觉生③，气之至轻者也。盖水为轻、养二气结成，磺强水加新喀能食养气，养气为磺强水所食，则轻气无所附丽，而水皆化为气以上腾，乃吸入一铁桶中，用水涤之，于是轻气渣滓销融，而气皆至清，乃吸入一皮管中，以吸入气球。谛桑跌云："新喀太费。所用以化气者，即铁屑也。"气球能提廿五吨之重。合球与绳索及圆木车共十四吨，又加铁锚六吨。铁锚者，以恐风力猛而绳断，则用铁锚勾球底

---

① 时：疑作"弋"。
② 新喀：zinc，锌。
③ 爱觉生：hydrogen，氢。

之绳使下沉，常备而不用。转绳机器用三百匹马力，可以操纵四万克罗克郎，每一克罗克郎抵中国廿四两之重。而气球所受仅及一万克罗克郎，故皆有余力以相制也。询问所项〔须〕用费取之何处，曰："皆西华所费也。"问费几何，曰："已用八十万佛郎矣。"是日所阅历二节，一入于地，一登于天，亦一奇也。

参观凡尔赛①
（1878）

（光绪四年六月）廿八日。皇上万寿，在公馆行礼。华塞②梅尔巴尔得朱门约往华塞游历议政院。偕李丹崖及日意格、马格里及严又陵等六人赴华塞。过巴客布来得及赛布两地，市镇均极繁盛，而赛布为制造磁器厂，是以贸易尤剧。巴尔德朱门迎于车次，遂偕赴议政院，知为路易第十四旧宫，盖故别殿也，路易第十四始治以为长居之所。至路易第十六被弑，改为民主之国，遂因其宫设立议政院。各厅均张油画，大或数丈，小者一二丈，多为路易十四小像，及纪其战功，兼及前后战功，雄奇精妙，数百年名将精神会聚于此。所张不下数百幅，及石刻各像亦百余事。有礼拜堂一，云路易第十四葬此。右为上议院，左为下议院。而上议院三厅，张挂油画为巨观。两议事堂规模略同。惟英国议堂中设巨案，议者案旁立谈，此间则立台上为稍异。正中为路易第十四故居，前为长厅，后连数厅为住屋。又后折而左，为皇后宫，连闼洞房，陈设俱极精洁。左前连二厅，有拿破仑坐像，所张画则拿破仑始即位及其战迹，皆名笔也。宫园极广大，树木葱郁，环水池无数，皆激水使喷薄，高丈许，间以花草。宫地倚山，四周环抱如城郭，左右两石阶皆逾百级，形势壮丽。赛布稍西，亦有巴来得华赛，译言华赛王宫也。树木山势亦佳，而宫无存。旋至巴尔得朱门处午食，上议政院坐办得刚北为设酒相款。有名巴斯者，三十年前屡议驳，拿破仑第三执而流之荒岛。拿破仑既废，释归，仍入上议院。又有名戈得里者，则武员掌官者也。

---

① 选自《郭嵩焘日记》，第三卷，581～582页。
② 华塞：Versailles，凡尔赛。

参观三希学馆[①]
（1878）

（光绪四年六月）廿八日。下午西至三希学馆。旧为女学馆，路易十四集世家女子教之歌，时往听之。其后废为武学馆。学馆总办为提督阿立庸。又有总查者，为一等提督格兰商。陪游者则甲必丹坤塞门也。来学者皆兵官也，试其所艺而后入，凡七百五十人。分设四堂，监学者环立中厅，则四堂皆可照料。每日五点钟起洗沐，先习所艺而后早食，八点钟入学。略见所肄书，有炮兵规制，有队伍规制，有练习身法图式，有意大里、日耳曼语音文字，及营规、地图诸书。十一点钟午食，一点钟至四点钟由教习讲授。凡分二堂，始入一年者一堂，二年以后一堂。入视，则始一年者教以旧新枪式，使辨其利钝得失，及子炮功用。二年者，教以炮台建造之宜。凡为教习六员、帮教习二十四员。六员各有专司：曰炮兵，曰炮台，曰队伍，曰技艺，曰测量地势，曰绘图。此外学习意大里、日耳曼语音文字，及调养身体之法，则帮教习传授之，不列入教习款目。其演试刀枪及跑马，别有武员视参将、游击八人主之，各以时日演习。大约一点钟至四点钟功课，并分日由教习讲授。为演习刀剑厅一，四壁悬刀剑及手套、面具，各标名其上。所以用手套、面具，恐刀剑纵横，或至划伤。教习兜胸分挂其中，以教习听人刺其胸，以为格拒之式，亦妨〔防〕其有误伤也。画馆一、病馆一，饭堂二，其一左右列案四十四，每案坐十二人，可坐五百二十八人，其一较小。卧房四。每房横设四床，直上至三十、四十不等。提督阿立容邀请看试马。一玻璃巨厅，用浮泥铺地以防马驰失足，上方树铁柱为门以止马。平列小几数十。有顷，一人骑马前导，则教习也。后分二行随入，左右各十二马，左皆青马，右皆白马。入即平列，向上免冠为礼。教习立马左方传令。左右驰骋，或分或合，纵横交互，一听教习传令，立时改变。人马相习，转折变化，自然应节。已又向上免冠，乃驰出。次则教习自试其技。凡马八匹，亦以一马立左方传令，皆教马使之腾跃驰逐，或举前足，或举后足，或四足齐举，亦左右纵横，连番腾跃。令出，即七马同时应声转换。已又免冠驰出。又有九马排比而入，亦教习自试者也。并不传令，九马或连行，或分三行，由左横行而右，又由右横行而左，或时交互错杂以行，变化随意，从容中节。已而其中一人连

---

① 选自《郭嵩焘日记》，第三卷，582～584 页。

声传令，马或转头向上，或又折而向下，或周环疾驰，或跨越腾跃，或交互转变，使人眼迷心慑。旋又至二厅，一为新旧炮台式，一为新旧枪式。又为相马法，相其皮骨及蹄及齿，以知其老壮，各有教习司之。询知三希向有学馆三：一农田学馆，一通商学馆，一草木学馆，竟不能一往。其武学馆岁支经费二百万法兰。又至三希炮台，中一层稍高，前后分二层，皆有深濠。上层炮台向外，其后二层皆兵房也。其下尚有二层。炮台向外之炮，大不过一二吨，而用小枪及开花炮为多，所以护濠沟尤力。每沟曲处，皆有枪炮房护之，以防越沟而入。即进至中层，尤为扼险拒守之计。最下二层，以备藏伏及出奇之计。所用炮不甚大，据云防海须大炮，此之防守与陆战无异，惟用炮车驾炮而已。盖往时巴黎环城设炮台，巴黎、伦敦皆无城，惟指人烟辐辏处为城而已。普鲁斯之攻巴黎，炮台兼〔坚〕守不下，普人遂环城扎营以困之。至是展开五十里之地，周环设炮台十三处，三希其西一面也。每炮台驻兵三千人至五六千人。修建已逾四年，工程浩大，今尚未完工也。询知现驻兵三百人，兼司工役。

与威妥玛讨论《烟台条约》①
（1878）

（光绪四年六月）三十日。往拜沙乃斯伯里、毕根士、施密斯、威妥玛、阿里克、金登干，所见威妥玛一人。语及《燕〔烟〕台条约》，其辞绝悖，相与愤争而罢。其言："中国违悖条约，是其惯相。此次《烟台条约》先免通商口岸厘金，原与旧约不符，应候各国议准。各国现尚无一允准者，其势不能听各国通行免厘，英国但守通商口岸之理。"吾谓："此两事原应英国主持。旧约纳子口半税，洋商久已遵行，不得为悖条约。至于华商，本属中国人民，应听中国约束。德、法诸国万不能勒免中国厘金。使能免厘，各国条约原有一体均沾之文，亦岂有英国独守通商口岸之理。此不过借端延宕，非事实也。且当时初定条约，照会各国，适德国更换条约之期，力持免厘之议，数月不能定局，乃亦不复置议，而先催办口岸免厘，既催办口岸免厘，则是燕〔烟〕台所定条约，德国早已允矣。条约明言口岸免厘及洋药税、厘并徵两项，应候各

---

① 选自《郭嵩焘日记》，第三卷，585～586 页。

国会议。今条约各项久已照行，即口岸免厘，应候各国会议者，亦已开办。独洋药一节，全由英国主持，至今不一议准。中国竟无从开办，实不足昭平允。"威妥玛大怒，言："且候中国再杀一马加里再说。现有英国人从北海回言：广东一省并停止子口半【口】税，意在寻衅。吾旦夕回中国，议论方长。请勿早计。"吾谓："燕〔烟〕台定立条约已逾两年，其取受中国之利，早已开办，独洋药厘捐中国稍有利益，延搁至今。此公事过不去。吾以滇案来此两年，迄今滇案未经画押议结，吾更何颜自处？此于私义亦过不去。"威妥玛言："君自奉命出使，并无饬议催《燕〔烟〕台条约》之文。"吾曰："固也。《燕〔烟〕台条约》由君与李中堂定议，吾何能与闻。议结两年之久，仍至悬搁，亦断非中国意料所能及，亦何能使我饬催。吾自见此件未了，即使事有缺，无面目自立耳。"威妥玛言："吾自有办法。当径取旧约行之。此件条约一并扭毁。"吾谓："此条约君自定之，吾〔君〕自毁之，于我何与。即欲毁此约，亦须明白开陈。一昧压搁，吾所不解。"其横如此。他日回中国，议论恐未了也。

与英国外相辩论《烟台条约》①
(1878)

　　（光绪四年七月）初四日。偕马格理至外部见沙乃斯百里，及谛盘生、色克伦公、金登干诸处。谛盘生语及刘云生，有慨乎其言之直，谓中国国家宜早换人，必有益处。呜乎，国家亦何不幸，而引此种戾气，以使贻笑外人也。诣外部询问《烟台条约》："君主应作何批定，耽延如此之久，想此时必有定议？"沙乃斯百里言："条约除厘金、洋药二项外，原可作为全结。以此二条应会商各国，是以不能定议。"吾因言："居此两年，所以未及催问，正因德国方引厘金为言。谓俟德国定议，此件条约必无他说。自六月接总理衙门来文，德国巴公使以议换约未定，已经回国。而自去春巴公使议免厘，中国势不能接允，巴公使亦遂不提及此项，而刻期催办租界免厘，距今已历年余，足为各国准允条约之明证。"沙乃斯言："德国巴公使催办租界免厘一节，此间尚不及知。如此，便应行文德国询问。"吾谓："行文德国必不可少，然似未宜延至两年之久始行询问。一移转间，又须费多少工夫。窃以为为日太久，不

---

　　①　选自《郭嵩焘日记》，第三卷，589～591 页。

宜再有耽延。”沙乃斯白里言："各国原始皆不答应，本国直亦不能独定。"吾谓："《烟台条约》后，中国行文各国，惟德国嘖有烦言。然租界免厘，德国实催请办理。是会商各国二条内，此条最有交涉，开办已历年余，各国均无异言。独洋药厘捐未曾开办，则应由英国主持，与各国无涉。"沙乃斯白里言："所以会商各国，并不是全凭各国办理，不过条约所言如此，应得会商。若以洋药言之，中国近年遍种罂粟，国家若有意引导之，未尝示禁。本国于此只看作一种贸易，并不以为害人之物，以中国原已广种罂粟，岁岁加多，无已时也。必欲加增厘税，禁使不能贸易，是以国家不能议准。"吾谓："初得总理衙门来文，正值柏灵会议之时，以为此件条约，早夕必可议准。近见新报载阿门得一段议论，知其必足以惑听。贩运烟土，原系印度一宗大贸易，而在中国却实为害，此由中国人民不自振作，于印度无尤。至于广种罂粟，实在一千八百五十九年洋药开禁之后。近因山西灾荒，推考其原由，以种罂粟占出地亩，丰年已不足食，一遇荒歉，为害尤剧，是以朝廷因山西巡抚之请，通饬禁止栽种罂粟，何尝有意引导之？一千八百五十九年甫开鸦片烟之禁，征收税则，本极轻微，内地鸦片亦是一例征收。而内地所制鸦片，力量远不如印度，穷民将就吸食，稍有力者均以吸食印度公班烟为名。此种加税，不过禁止偷漏而已，何足以断绝来源，使不得贸易？"沙乃斯白里言："中国不爱吸食内地鸦片，吾亦闻之。所以不能议准，知中国地方官视此为利薮，诚虑肆意征收，漫无限制。"吾谓："中国地方官于国家未经定立章程之件，可以任意征收。国家明示章程，地方官势亦无从任意征收。"沙〔乃〕斯白里言："若然，何以不明定数目？"吾谓："李中国〔堂〕原议定立数目，威公使执意不肯，是以未定。"沙斯〈乃〉斯白里言："李中堂定数若干？"吾谓："记是一百两。"沙乃斯白里言："如此实是太多，所以人人言中国谋禁绝此种贸易。"吾谓："中国鸦片烟税即增至十倍，亦尚不及印度之多。是以历任公使阿里克、威妥玛均有加税之议。增加多少，自有权衡，亦须是得商人允准，万无一加厘捐便能禁绝之理。"沙乃〈斯〉言："阿里克、威妥玛之议加税，并属私见，非国家之意。"吾谓："贵国国家于此从何与闻？阿里克、威妥玛在中国久，实自觉收税太轻。"沙乃斯言："此事总应饬令驻京公使查明定议。"吾谓："此件条约原由驻京公使定议，何待更查。耽延日久，徒使中国应办事件不能开办，公使在此，亦觉无颜。"沙乃斯百里："除此两条，先将各条议准，以便回复总理衙门何如？"吾谓："各条早经开办，议准与否，全无关系。即条约内会商各国两款，其租界免捐一款，亦经开办年余，惟未经议准洋药抽厘一节，中国至今不能开办。各国所得利益取之中国者，一一照行，独于中国应得利益，积压两年，恐亦非持平之道。"沙乃斯白里言："我当具一文请俟钦差回复，再行覆议。"吾谓："外部文件，必应照款回复。惟恐所闻未必周详，我当详悉具一文，以凭贵衙门核办。"沙乃斯白里言："如此正好。"吾意盖虑接允来文而后回覆，或延至十余日亦须候之，不如径自具文之为愈。居此两年，与外部议论事件，均不过十余语，以外部一切不肯驳论，无从申述。此次辨论《烟台条约》不能支展，遂得尽情一相辨驳。三点钟往见，比出门，已逾五点钟矣。

论西洋犯上作乱①
（1878）

（光绪四年七月）廿一日。新报载：俄国总理巡捕提督梅藏邹威②被刺。乘马车至，刺刀其胸，复乘马车驰出，至今未查获。西洋犯上作乱视为固常，由民气太骄故也。德皇两次被刺，一曰书得尔，一曰罗毕林，均无供。法国民党、君党猖猖相争，而君党之中，又分为三：一曰嘎里党，千年以前之贤君也，犹中国汉、唐之裔；二曰路易党；三曰拿破仑党。民党亦分为三：一、择统理〔领〕世爵之中；一、尽人择之；一、统贫富无分，金帛皆公用之。又有中立一党，惟贤之是从，君贤则从君党，人民所择之统领贤则从民党。人心之浮动，又甚于中国之求富贵利达者，亦岂非危道哉。

论西方重视向他国学习③
（1878）

（光绪四年八月）廿三日。新报载：英国水师部尚书派水师官学总办巴那毕及水师官安其呢尔④赖得来赴巴黎大会，考核水师军器，以求

---

① 选自《郭嵩焘日记》，第三卷，605 页。
② 梅藏邹威：今译美津策夫，俄国警察总监，1878 年被刺死。
③ 选自《郭嵩焘日记》，第三卷，634 页。
④ 安其呢尔：engineer，机械师。

有益实用。各国人材政教如此之盛，而勤勤考求，集思广益，不遗余力。中国漠然处之，一论及西洋事宜，相与哗然，以谓夸奖外人，得罪公议；至唐景星寓书李丹崖，切切焉以评论西人长处为大戒。中国士大夫愤愤如此，虽有圣者，亦且奈之何哉！

评论中国禁止人民出国游历①
（1878）

（光绪四年八月）廿五日。上野景范、格吕南、阿尔堵过谈。格吕南问中国接待洋人情形，吾谓："此与西洋不同。西洋以游历交接为义，已成风俗，各国互相款接，不为异也。中国关徽禁不许民人私行出入，无至外国游历者，是以一见衣冠非时制，即相与惊骇，拦截阻遏之，其势万不能相容；亦由其耳目见闻蔽于一隅，骤难开导。稍后一二十年，其见解自当稍异。"格吕南言："万国公法新报专录各国情事异同，此段议论亦当载上。"吾谓："西洋接待宾客，致情尽理。载入此段议论，徒形中国气局之小，于中国颜面亦不雅观。请暂付之不论不议之列，正当徐徐开悟耳。"格【南】吕南言："钦差所言极平允，当谨志之。所谋载之新报者，且作罢论可也。"

与巴兰德论中国洋务②
（1878）

（光绪四年八月）廿七日。巴兰德枉过，言："闻柏灵钦差已撤回，代者李凤苞，其人曾至柏灵，皆称其谦雅。"吾谓："去年七月见刘钦差为人万不足称公使，请改派李凤苞。总署以初派定，不肯骤换。吾自以衰病，求回京养病，乃并刘钦差撤回。"巴兰德言："既郭大人有此说，吾不妨直言。柏灵中国钦差，真是遍三十国公使衙门，下及民人，皆怀厌恶之心。吾国外部告言：节次驻京公使报称中国办事之难，亦未能深知其故，及见中国钦差蓄意抵牾，其势万难与处，方悟驻京办事之苦。"吾谓："此却不然。刘钦差性情心术直是顽劣，中国亦无与比，未宜一

---

① 选自《郭嵩焘日记》，第三卷，635 页。
② 选自《郭嵩焘日记》，第三卷，637～640 页。

概论之。德国谛盘生亦虑刘钦差之偾事，劝我至柏灵见监国太子，一为解说。"巴兰德笑言："郭大人自当别论。吾在中国，已闻伦敦皆相倾服。如能一往柏灵，无不相见欢欣。谛盘生两弟与吾至交，所虑正同，其平素议论载之日记，亦颇见过。"因问："从何见之？"曰："总理衙门刻有一本，云专送朝廷大官，我亦得之。"问："书卷几多？"曰："不多，大率所记皆在伦敦时，不及柏灵以后事。"问："其中议论云何？"曰："无他，一力拦阻人前进而已。亦不说坏西洋，止说中国万不能行。于上海博物院指斥尤力，谓导使洋人操持中国利权。其心必不欲使中国窥见西洋好处，甚是怪奇。吾在中国已闻其人平素劣迹甚多，居伦敦专造此等语言，尚无恶名，至柏灵乃尽发露。"吾谓："此最害事。中国人眼孔小，由未见西洋局面，闭门自尊大。公使涉历各国，正当考求其有益处，不似刘钦差身行数万里，见闻尽广，一意反手关自己大门。"巴兰德言："德国与中国交涉少，俄、法、英三大国环逼，铁路、电报、汽机已开，其势必难阻遏。中国不办，各国必有自办之一日。"吾谓："一二十年后，此风渐开，必能仿行，今日尚难与言。"巴兰德言："此总须朝廷大官主之。吾视总理衙门非为中国办事，乃是千方百计为中国生事。俄国日久必有事故。"吾曰："愿闻其略。"曰："俄使闻喀什噶尔事务极顺，先照会总署会议伊犁事。两月无回信，迟之久，而蒙古西有劫掠俄商辎重一案，俄使请总理衙门赶催查办，不应，忽于是时照复议伊犁事，俄使报曰：'候蒙古劫案办理完毕乃能议此。'又不应，于是俄使遂行。逾数日，乃照复其署公使，允办蒙古劫案，而俄使已早出京矣。此所谓无故生事，坐失事机者也。"吾谓："闻喀什噶尔诸酋若白彦虎之属，均逃往俄国，总理衙门照会俄使转达本国送交，议论不合。"巴兰德言："此说未闻。所闻皆系颠倒反复，于我亦然。方议回国时先至总署，告以所议换约事，有已定议者、有允商办者，作为一起，未允者一起。今愿先定其见允者。总理衙门允派参赞、翻译二员前往会定。次日往，则辞不允。翻译归云：'中国实是反复，请勿再议。'吾遂出京。其先议船钞以四月为期，吾意往来日本、新嘉坡一次，四月期内应免征。总署允诺，且谓既免征，听从何往皆勿论。及往定议，乃复翻异。"吾谓："此恐传言之误。总署〔理〕衙门不应轻易许人如此。"巴兰德言："当时实笔载之，并以为质问。如此类事，我可以数至百起之多，何云传言误也？"因论："左中堂有意前进，购买西洋机器，招致工匠赴甘肃。"问："何以知之？"曰："由胡光镛经手在德国购办，是以知之。"问："何等机器?"曰："一制造绸缎,一开矿,一开河。李中堂亦开办不少,近设立大沽电报。朝廷于此当纵使为之,不必更加拘束。"吾谓："朝廷于李、左二公尚不肯有牵掣。"巴兰德曰："不然。吾见李中堂云:所欲办者甚多,往往为朝议所持。"吾曰："良然。朝廷议论太杂,所以李、左二公开办大事乃一奏闻,其小处直自为之,不敢招人议论。"巴问："此何故?"吾谓："中国幅员太广,地大民殷,一切须有成法,遵行已三千余年,本不易言变通。而自天津定约至今二十年,并值圣躬幼弱,大臣无敢主事者。此须候至十余年亲政后,能考求变通,始可望有前进之机。"曰："郭大人此时亦有办法否?"吾曰："有之。中国律例不能违也,军机大臣主持朝政,尽容变通。一切不拘以成法,但责成督抚了事而已。朝廷以责督抚,督抚以责地方官,而尤以通民气为先。一切新政,皆鼓舞百姓为之。其源尤在学校,学校章程必应变通。"巴言："吾在中国久,粗谙其情状,如郭大人所言,直是一字不能加,一字不能减。"吾谓："旧岁函致总署:中国二三千年皆与外国争强弱,西洋局面却是不同,其国势皆极强,而无争强之心,一意推行其长处,使天下皆知仿效。一切可以取益,而不必存猜嫌。所以与巴大人谈论一切,坦直言之,亦无所庸其嫌疑。愿巴大人深谅此等情形,稍俟之皇上亲政之后,从容劝导,勿遽以逼迫为之,反致无益有损。"

照相记[①]
(1878)

(光绪四年九月)十六日。李丹崖、姚彦嘉谋合公使署文武随员同照一相,乃诣伦敦佛多格勒非克照相馆。其主人名非利柏尼,为列案花园草地,坐者十一人,武弁立者四人,凡照至七次之多。照相之法起于四十五年之前,其时仅能影相于镜,入夜照之,不能当日——光盛则影晦矣。三十年以前乃能由镜转傅之铜片,若刻板然,犹未甚明显也。盖凡物皆能留影,如铜板,磨令光,置钱其上,少顷,去钱用热水喷之,则钱模毕现。西人于此悟物之留影,在设法以显出之。摄影于镜,其力更足。其能传之纸端,则近三十年始悟得者。往见谛拿娄言:"往时照

---

① 选自《郭嵩焘日记》,第三卷,649~650页。

相，绫缎花纹皆可照出，惟不能传其色，但有黑白二色而已。近乃悟留色之法，然尚不能经久，虽知其法，不常用也。更历数年，当能悟得传色经久之法。"泰西遇事求进无已，中土人无从希其万一也。

游苏格兰①
（1878）

（光绪四年九月）十九日。赫德、傅兰雅次第过谈。赫德中国语言极平正，而于吾言往往不过十得二三，所不能辨者常至八九。言辞之钝拙，不能自尽其意；即其稍能自尽者，人亦不能得其意之所向。甚哉，语言之拙之不宜于世也。是夕，与李丹崖、马格里为苏格兰之游，至游斯登车栈附轮车，竟夕未尝停轮。

二十日。六点钟至嘎斯得尔斯，稍一停轮，以此地有三道，西去兰拿尔、得布拉斯，并于此地改附轮车也。中去爱登白拉，名密得罗连；密得者，译言中也。东去哈定登，名意斯得罗连；意斯德者，译言东也。西去林立斯戈，名威斯德罗连；威斯德者，译言西也。哈定登濒海，相距远，无汽轮车。西路逖长，汽轮车两道皆西去也。闻罗连地方人民善耕作，英国治田者以此地为最胜。七点钟，至爱登白拉②。东旁有石山高峻，建炮台其上，直上有画馆，造屋如希腊式。马格理言："爱登白拉城一名摩登阿森斯③。阿森斯为希腊故都城名；摩登者，译言新也。苏格兰始慕西〔希〕腊风俗，建造房屋亦仿为之，又为学士文人汇聚之地，以为有希腊风也，故名之新阿森斯。"所寓客栈即在炮台左近，名巴尔摩拉尔，即君主宫名也。随偕丹崖及马格里往拜爱登白里梅尔，及色尔阿里克三台格兰，盖爱登白里犹里法斯谛④学堂总办也，旁注：西洋学馆，小者曰斯科尔，犹言授句读也；大者曰科里治，犹言学馆也；最大曰犹里莆斯谛，则考试给文凭者。与约往游学宫。先至爱登白里喀色尔，为旧时炮台，自英伦、苏格兰并为一国，仅存其名，为兵房而已。喀塞尔，译言军垒也，筑垒石山之上，地势亦极雄阔。设兵四百人。总办游击名罗敷，陪同游历。有曼斯克马巨炮，口径二十寸，时犹用石为弹，

---

① 选自《郭嵩焘日记》，第三卷，651～664 页。
② 爱登白拉：Edinburgh，爱丁堡。
③ 摩登阿森斯：Modern Athens，新雅典。
④ 爱登白里犹里法斯谛：Edinburgh University，爱丁堡大学。

造自一千四百八十六年，至一千四百九十七年安置拉尔鼽地方，为拒守之炮。其后并英伦为一国，至一千七百五十四年送入伦敦。一千八百二十九年仍取还爱登白里，安置于此。盖内膛用孰〔熟〕铁为直条而外炼熟铁为横围，当时亦称精制矣。其前小礼拜〈堂〉一，一千一百年马利王后所建，以其地旧为王宫而建立耶苏堂也，惟内衔石门犹旧物。又至一小屋，藏宝物八事：一、王冕，一千三百年苏王伯鲁斯时所制，若日治第二即位时犹一戴之，冠顶及周环衔大珠十余颗。一、袜带宝星，颈围衔宝石三十余方，光艳夺目，为占摩斯第一时所制。一、金钢钻制成一人骑马手刺一龙佩褋。一、金钢钻悬珠佩褋。一、红宝石约指。并占摩斯第二时物。一、镀金柄水晶杵，一千五百三十六年占摩斯第五即位时所执。一、宝刀长八尺许，罗马教皇以赐苏王。一、花杵，苏王时管理地方官所执。苏格兰既合英伦为一国，国人虑此宝物并移归伦敦也，乃制巨木箱，盛而埋之土中，建屋其上，有诗人色尔洼尔格兰斯所著书言之甚详。后百余年，始据其书求得之。随至军火院二处：一、旧时盔甲枪剑；一新式刀枪，而藏亨利马梯尼枪至一万五千杆，刀剑亦称是，可谓厚积矣。旋至由理法斯谛学馆。色尔阿里克三台格兰引见数人：一、色尔罗白尔格尔类斯谛生，年八十六，充当教习五十余年，精神犹矍铄也。一、色尔威诺达摩生。一、科仑伯娄恩，为化学教习。询知馆生二千四百人，分四十八堂；教习三十七人，以兼充者多也；其余小教习每堂二三人不等，皆各以时至学堂听讲。时当解学之期，学生无几至者。随游学馆妙西因，所至不过三分之一，大率常见之物外，所新见者甚多，如鸟兽院猿猴一种，有尖鼻如鸟嘴，有长尾逾身有半者，有大尾如松鼠者，有赤面赤股而前身长毛如狮、尾下丛毛亦如狮者，奇形诡状，多所未见。穿山甲一类，有全身整甲旋轮如螺者。所见异兽尤多。土石一类，有大块翠玉极鲜明，而实翠色玛瑙也；有翡色缸；有花纹玛瑙而中衔一圆石如玉。多奇品。又有大小石长条，持一端，中软如衔笋，而两端俱硬；持其中端，则左右两中端如衔笋，而两端仍硬。云出自北亚美利加山中，其地水族虫豸及兽骨土石指目为太古以前者连屋累栋，而沙石上鸟兽迹或三指，或二指，或如人掌，皆出深山中。始为沙地，久之坚结为石而爪迹尚存，真可谓奇古矣。其机器及铜门石柱，或仿制，或模其形式，并极天下之巨观。而海口所设灯式如灯台，并存其制度。有建立海心石板上者，皆凿石为欹斜棱角，令相衔合笋，微削而上，高至十余丈，云海潮乘风，每见方一尺其力抵三吨，而石墩能不受其冲击。下及磁器、铜器、玉器，皆极繁富。景泰法兰巨磁无数，而日本铜鼎，意大里铜盘、铜台，高至丈许，形制尤奇丽。日本铜鼎，其下范铜为云，中盘两龙及螃蟹数十只，上承四足；鼎两耳各为十凤，颠倒相衔；上立一鹰张羽，翎毛皆纤细具备。可云奇制。色尔威诺达摩生言："奉国家命环游大海，考求所产物植。凡三年，得奇品一万五千余事。著书亦数十卷。"就视之，出玻璃瓶二十余，并大洋海中，或深至五里以外，用铁网网得之者。真奇闻也。一、形如皮具，五棱，下为足，上为乳，其数皆千百，犹动活也。一、足长八九寸，约十一二茎，但有足无身，足上皆生小乳。一、形如菌，而茎极长，菌中皆小孔，盖海虫窠也。一、形如水泡，有茎而下衔须，其形如玻璃丝而碎刺人。一、琉璃丝相结如碗，有四足若乳，手执之刺人。一、石卵下衔长柄，有节如鱼骨。略记数种，以广异闻。晚，科里来见，盖密斯盘函托照料，日间来见两次，并值外出也。是日所见尚有三事：一、北冰海鲸鱼，下唇宽而无齿；南海鲸鱼，下唇削，两行齿排列，相距四寸许。大率唇长二丈有奇，而宽不逮二尺。一、黑石：围径五寸，高不过三尺，为大树截成一段，积久而化为石。云出自煤矿，若此类者尚有之，而此煤矿旋为海水灌入。石面黑而光，亦奇品也。又有大树一围，长丈许，其下截断，皆化为石，而其端状如鱼首，不类树兜，遂据以为鱼属，云太古以上一种鱼，今无有也。一、各国制造诸物。内美利坚番人所制盘碟及缸、碗、筐、篚之属，有用豪猪刺制成者，有藤制者，工极细而亦具五色花纹，乃知番人之聪明，正亦无奇不备也。

廿一日。科里开示游历单，并请陪行。梅尔博意得为预①马车。伦敦梅尔名罗尔得梅里。苏格兰名罗尔得拍洛莆克斯，盖犹从其旧名也。阿得门名曰贝里。其职任并同。凡游旧王宫一，名曰和里路得，向归刊木登公照料。左旁天主堂，一千一百二十八年苏王创造，后稍修葺行宫，以备游幸，因相承为王居。占摩斯第四以后遂长为宫殿。一千五百余年，路得倡为耶苏教，苏人瀂洛克生遥与相应，改习耶苏教，遂毁天主教堂，苏女王马利居此。其后查里第一兼王英地，为国人所杀。大将克郎莫尔②实主兵，焚毁王宫，惟马利所居宫独存。其卧房及其梳妆及饮食处相连。数屋皆极小。而卧房前后二间，其前间为国人相与谋杀马利佞臣立吉若，血迹犹存，用小墙间之，云马利因其臣立吉若被恶于此，令蔽以墙，不欲见也。皆在王宫之右。有长厅，极宏丽。王宫之左，修饰完洁，君主

① 此处疑脱"备"字。
② 克郎莫尔：Cromwell，克伦威尔。

每过，常宿此。所张画并织线巨幅，桌椅亦然，并三百年前苏主故物也。一、故苏格兰议政院，今为按察司讯刑地。凡设刑司十五人，以二人为之长，名曰罗尔得贝西登。凡十五人，所讯断或有不公，经再具控，即令十五人会审，而以贝西登为之主持定谳。是日两贝西登均听讼于此，并往一观。其律师总办陪同指示，旁注：其官名曰谛音。又有一人为梅尔属官，迎送照料，其名曰马克弗尔生。并导至其藏书处，上下两层，长厅相连，云所藏三十万帙，为爱登白里第一藏书处。一、科尔登山监牢。创建于一千七百九十二年，距今不及百年。左一所建于一千八百二十五年，右一所建于一千八百四十六年。总办刊木登克斯谛陪游。其初至待讯、未定罪者居前一层，并为狱房，不课以工，而愿治工作者亦听之。其礼拜堂听讲，凡已定罪名，为高台次第列坐；而下一层为木间，前为阑干，每入一间，敞其门可以外视，而外人皆不及见之，为其罪名未定，故为隐蔽之，以养其廉耻。其女监牢，最上一层准携带小儿，而断自一岁以下需乳食者。如一岁以上，知识日开，不欲使见监牢情形，亦以养其廉耻也。男女皆课以工作。旁注：收系约五百人。所制棕毯、线毡、线袋及手巾、线袜，皆有常课，其工细者织花。男子则兼及木工及铅铁。泰西监牢皆此一例。游历学馆凡二：一曰觉尔治赫尔若得何士毕得尔[1]。何士毕得尔者，谓学而兼养赡也。赫尔若得为占摩斯第六冶金之工。宫中所需器用及手饰皆使掌之，遂致巨富。一千六百二十四年遗属以其家专建学馆，专收苏格兰白颉斯[2]。白颉斯者，犹言土著也。凡为金三万六千磅以置房屋田产，而自二百余年以来，地产日昂，岁入已至三万六千。苏格兰此类学馆甚多，所闻知者，曰赫里若得，曰洼得生，曰端罗森，曰格来斯比，曰斯究尔得，皆所谓何士毕得尔也。赫里若得学馆凡收养童稚二百十人。设立教习十人，五人居馆中，五人日一至讲授。自五岁至十四岁，以年为限，而在学久暂不论。过十四岁，试得优等，再留二年，即送入爱登白里犹里弗斯谛大学院，而仍资给其膏火，岁以十人为率。送入大学院时，其学问品行兼佳者，给与金牌而为之题名于壁端，以嘉宠之。所学曰算学，曰希腊、剌丁各种学问，曰英、法各种学问。又以其经费分置学馆十九所。其总办洛克多尔界得弗尔著书详论其原委，并见赠一帙。一曰类里斯科里治[3]，收女子七岁以上至十八岁一千二百人，墨尔森昧

---

① 觉尔治赫尔若得何士毕得尔：George Harold Hospital，乔治·哈罗德救贫院。
② 白颉斯：burgess，市民。
③ 类里斯科里治：Ladies's College，女子救贫院。

登何士毕得尔所分之学馆也。墨尔森杠伯里①之名，盖出自商人公会，集资为之，凡分置学馆三，此其一也。办理洛克多尔卜来得引至各堂，每堂四壁张画几遍：有为舆地者，有为动植物者，有为器具者，有为制造机器者，有为画学者，有为算学者，有为商学者，其商学所张之画曰日记之式，曰银钱出入之式，曰存钱之式，曰放钱之式，曰总记之式，皆为簿本张于壁。有教音乐及歌者。询之，为堂四十，男女教习六十人。大抵教字及诸浅学，女人为之；算乐〔学〕及制造仪器，则宿儒专门之学为之。即其所以教女子【子】者，皆中国士大夫所未闻见者也。薄暮，循科尔登山御路而归。御路者，君主车马所经行，循山开路，不逾丈许。绕城北行约三四里，远望弗斯江由苏格兰出东海，大江也。晚归，旧梅尔华尔沙、提督密格尼并来顾。密格尼为伦敦旧识，其家循弗尔江而东约二十里，约往一饭，以急切成行，属马格里以一函辞之。苏格兰所属大学院爱登白里始于一千五百八十二年，占摩斯第六所创建。再北森丹得鲁，始于一千四百十二年；森丹得鲁为苏格兰主神。伦敦主神则森觉尔治也。距江北一府，即以主神为名。阿伯定始于一千四百九十四年，格喇斯噶始于一千四百四十三年占摩斯第二时。并在爱登伯里创建大学院之前。

廿二日。与李丹崖、马格里步至拉什拉尔格拉里画馆，拉什拉耳，译言国家也；喀拉里者，楼也。谓国家所建画楼也。总办罗伯逊引游。画厅六七所，皆古今名迹。中有克恩斯波罗画一美人如生，值万磅。别有一馆，专藏槊〔塑〕像及旧石像，以待学画者描摩〔摹〕。其前为挨及、罗马及希腊旧时物事，磁、瓦、铜、石之属约数千万种，挨及古碑尤多。亦有苏格兰二千年以前碑，其石椭圆，锐顶，字与今多异同。亦有数女子在其中摹写古瓦器图，盖此二馆专为学画者计也。未刻，起程赴布类尔阿萨尔，由威发斯车栈西行，过威尔罗连、拉尔噶得，至斯得林，亦有炮台建立山端，与爱登伯里炮台相望，并为二百年重镇也。再西过弗斯江，至白尔斯。君主巴尔摩拉尔宫由此分路：经北为巴尔摩拉尔，西北行为布类尔阿萨尔。所居店亦曰阿萨尔阿曼斯。接阿萨尔公信，知方出门，属其主事罗伯逊相陪，大约在此须留一日也。是日致姚彦嘉一信。

廿三日。罗伯逊来见，并告阿萨尔公遣其经理山林树木马嘎立克陪游。因雇马车至其布类雅开塞尔住宅。其外垣甃石为之，周围约二十

---

① 墨尔森杠伯里：Merchant Company，商人协会。

里。开塞尔者，译言土堡也。盖阿萨尔传世七代，当查里第一时，屡经变乱，其居屋皆用以自守。墙厚逾八尺许，两旁新造之屋皆所自植松名拉叱①者为之。周环甬道长数十丈，两壁皆安鹿角，约数千万具。其跳舞厅长十余丈，四壁以鹿角为饰，参差环列，亦逾千具。联鹿角为几，并制为万点星灯。即挂圈亦制鹿角为之，不杂铜铁。其鹿角尖白如象牙，削去其外皮，可与象牙混，高大视中国逾倍，皆其山产也。旁注：所陈设中国磁器、铜器无数。有八叶屏风二架，高八尺许，宽约二丈，一为西湖景，一为龙凤云物山水，疑皆大内物也。其余刀枪盔甲，罗挂满壁。有屯谛公挡胸，为枪弹所伤，盖查里第二时威廉第三嗣位，两家党与互争，屯谛助查里第二，中枪，遂没于阿塞尔宅，其遗棺亦即葬其所居园中，所名为倭尔得布类雅勒色里者也。其园有泉，有池，有洲岛，有花圃，有种树所。询知拉叱松种法：以春三月种子熟土中，用粪土菜地，先种罗卜一年，不宜新粪也。逾二年，分栽成畦；又逾一二年，高可及尺，始移栽山上。所栽山宜干土，宜朝北，宜斜坡以达山巅，虽瘠土无嫌也。旋至其种树处，名曰迭尔得法来斯得，犹云栽松林也。凡行数十里，皆所种拉叱松，间以苏格兰本地松。有经砍去者，名曰布类雅洼尔：耳〔其〕未砍者，名曰克里尔阿拉尔得。又出山，沿嘎尔江行，至卜鹿阿观瀑布。由平地以至瀑布山口，约三里许。凡见瀑布四叠，其下皆有潭，深者三四丈，亦奇景也。尽一日之力，所行皆阿萨尔公山地，其畜牛、牧羊及所养鹿处皆有常所，立周陟为限。每秋九月猎狐兔野鸟，皆在鹿地。马嘎拉克云："阿萨公山地，须两马车驰行三日乃能尽。"抵暮还寓，罗伯逊复至，兼送阿萨尔公小照，因属马格里为一书谢之。阿萨尔住端克尔得山庄，相距六十里。闻其地种松尤盛。始诗人卜仑斯来观卜鹿阿瀑布，留诗一篇，以山左右宜多种树为言。时阿萨尔之祖故以植树为务，乃因其言，沿嘎里拜山口直上至瀑布，两山皆种树极繁密。至今乡人犹传诵其事。

廿四日。由阿萨尔阿曼斯附火轮车赴拉斯噶②，至百尔斯换车，一路并行山谷中，树木丛密，溪流出山石间。阿萨尔公所居端克尔得，正当百尔斯中路，风景殊佳。抵百尔斯，地势乃觉平衍，仍转至斯得林，过弗斯江西行，至拉斯噶，寓居马克立瀚客栈。往拜拉斯噶伯洛弗斯

---

① 拉叱：larch，落叶松。
② 拉斯噶：Glasgow，格拉斯哥。

得①，犹伦敦之梅尔。名科仑斯，相待颇殷勤。并拜旧任贝尔。因相与至花园一游，观园亭激水之景。适遇小雨，还寓。园名威斯恩得巴尔克，译言西头花园也。

　　廿五日。礼拜。市人皆上耶苏堂，路无行人。午后始有人迹，并由耶苏堂出，男妇步行，竟日不见马车，知此间奉教之尤谨也。是日凡可游之处闭门休息，乃偕丹崖及马格里至市心名觉尔治斯魁尔，观所刻石像。斯魁尔，犹言街心四方处也。中立石柱一，上为色尔洼尔斯噶得像。左右骑马者各一，右为君主，左为柏林斯阿剌伯尔得，君主之夫也。立者六人，一曰占摩斯瓦得；二曰亨得里贝尔；三曰倭苏洼尔得，为议政院绅；四曰罗尔得克来得，平定印度统领；因其功最大，因取江名为之封号。五曰色尔瀍摩尔，与拿破仑交战时统领；六曰罗伯得毕尔。贝尔、瓦得二人，皆拉斯噶制造机轮原始者，名最著。闻其墓并在尼各洛布利斯，因往一游。其地为商会捐以为葬者，每葬皆给地价，因用以收养穷无告者。瓦得、贝尔二坟，云旧皆葬此，近皆迁依其祖坟。是山高上，万冢累累，盖西洋之北邙山也。葬处或为屋，或亭，或柱，或碑，或为牌楼，各随其意为之。随至阿里克三台花园，俗名之意斯巴尔克，谓东头花园也。转至金斯巴尔克，译言国君花园。过客来得江，至魁音斯巴尔克，俗名扫斯巴尔克，犹言南园也。因查拉斯噶初有小江过海，谓不足以资转运也，集议开江，广逾旧江三倍，深二丈二尺，筑石岸一万千七尺②，用至五百五十万金磅。合中国银一千六百万零。大率此江开道后，其地日益繁盛，距今不过七八十年也。其记载可考者：一千八百一年，人数七万七千；一千八百七十二年遂增至五十七万九千。七十年之间人数增加八倍，其生聚之盛可知，而其源实由开通客来得江始。百年前有名多克得卜来克者，通化学，偶煮茶，见开水腾沸，所用洋铁壶，其盖为水所冲，至自揭起。因用铁条压之，水沸甚，并铁条揭去。又加一铁条，旋亦揭去。因是悟热力之大，私制一器，用热力压气以转轮。其时占摩斯瓦得方为铁工，卜来客所制器日久损坏，令瓦得为整理之。瓦得观其压气之法，谓可大用之而得大效，因悟以水柜蓄水，以气筒激气而鼓火力助之，以是得气轮机器之法。一千七百八十三年，瓦得始开制造局于拉斯噶，创造运火机器，即今汽轮舟车之缘始也。一千八百十二年，亨得里贝尔始制造火轮船于客来得江试之，其船名康觅得。康觅得

---

① 伯洛弗斯得：prefect，知事。
② 一万千七尺：疑作"一万七千尺"。

者，泰西语谓之彗星，言其气筒烟上腾，如彗星之焰也。是以泰西制造汽轮实始于拉斯噶。瓦得、贝尔二人之名亦因以不朽。其客来得江泊船大步〔埠〕头曰布陆米拿。拉斯噶地势，高下皆平冈，龙行度处也。客来得江横贯其中，以出西海，故其地山水为胜。其所开花园，稍植花草为游憩之所，种树甚少，高者不过六七尺。惟南园远距城市，其山地尤为广阔，中筑一台，亦稍随山势起处为之，高约数丈，中树一竿悬旗，可以眺远。

廿六日。伯洛法克斯科伦斯预备马车，偕同瓦得生陪游各厂局。一、爱尔登船厂。厂主达摩生赴伦敦，帮办毕尔斯先引观所造铁船，云为西洋第二船，其第一船名格立谛斯登，并商人集公司为之。其高搭跳板五层乃登其上，计长四十八丈，宽四丈六尺，吃水二丈六尺，马力六千匹，云每点钟行二十一英里计一时行一百二十六里。旁有新造铁甲兵船，视之渺乎小矣。随至造船机器厂，并玻璃屋，凡设机器桥厅三层。毕尔斯云："英国造船机器以此为最巨，厂工用至五千人，可以同时并造十三大船。"一、魁英斯船务〔坞〕。以旧船务〔坞〕地基稍狭，重开一船务〔坞〕，估工一百五十万磅，工未逾半也。拉斯噶商会开河及船务〔坞〕，曾用费五百余万磅，岁收息银约三十万磅。其船务〔坞〕通客来得河，用铁桥为门，船出入开桥，用机器转动之。左旁砌石为平台，用铁墩盛桥，安置平台中，令其圆转，灌水其下，用压力机器激水负铁桥之墩，以恐下安铁或石，相磨久必多滞涩，惟水力运行无碍也。旁注：总办坞工名氏德导游挖坞及筑堤处，凡深二十四尺，以铁筒高六尺、"❋"圆径约六尺，用四片合成之。挖取筒中之土十之八，又加铁三十余吨，压令入土，至坚石底，乃填土加石为基，以成石堤。过客来得江，用火轮船桥，盖为桥式而两端支铁如缆，中设汽炉，南北两岸一冲而过。支铁处可以自相维系，每一渡河，可以载六车八马如行平地。看一船务〔坞〕，得两桥奇式。眉批：李丹崖云：是厂机器不同于他厂者，一为木杆起重：以练达于屋柱，皮带动之，可以左右高低，能胜十吨。一为平旋之赞〔钻〕架：架宽高丈许，中有旋柱，架之上格，旁有革轮，中有侧接迟轮，甚便于用，为本城尼尔生所造。一为多刀之旋刨：轮宽一丈五尺，空径宽七尺，周置刨刀四十余，接迟轮移之，可以刨极大之件，且可同时内外刨光，惟各刀配合整齐殊非易事。一为水力压成泡钉：以钉舌接水力，通至汲水处；直立铜柱，上贯圆铁重二三吨，以渐上浮，用时坠落其加钉之锅，以取重汽机起落之。一为边钻：旁立铁双桥高丈余，中贯螺柱，横加钻机，可上可上〔下〕。一、英得斯得尔妙西因，所谓制造博物院也。云拉斯噶制造备具于此。大率丝、麻、毛线，分配五色，供服饰之用者为多。旁注：制造总汇，兼备众工：羊毛工曰吴尔；棉花工曰考登；铁工曰爱仑；造船工曰昔必得令；

造药材工曰开密克尔；油烛工曰帕力芬；陶冶工曰泡脱来。略分其类：一、机器；一、矿产；一、地产；一、化学造色之法；一、医学配合之法，如海带中炼出一种黑砂，亦六十二种专质之一，始于法国得拿尔；即现治化学得拿尔之父。又煤气用下煤渣，用化分之法，自生各种颜色，其用无穷。凡言制造，皆化学家为之经始，各种强水、各种火药无一不备。云制浆皮树炼火药，其力更大于棉花火药。以为时太速，不一细考，略询一二而已。一、拉斯噶犹尼法斯谛①。始于一千四百四十三年，而新造者不及八年，费至一百二十万磅。国家助费十二万磅，民捐二十万磅，爱尔登船厂亦捐五万磅，余皆学馆存款为之。集生徒二千，教师七十人，以医学、化学二者为尤胜。旁注：藏书厂上下两层极宽，藏书万五千帙。所观威烈斯达摩生博物学馆、电气学馆。试演光学，用玻璃影射成五采。大抵五色皆自光生，无本质。其电报又用委宛文，不用点。询之，拉斯噶通至美国之纽约，已改用此种电报矣。旁注：委宛文即曲线也。云通远处此法最捷。其曲线用旧法，而电机则创新式，一用平锌大电气运机，一用多管小电气通报。电器较繁，而却能省时。又制指南针一具，用活盘而安六针，左右排列，其针不动，定向为准。法国大会以此针盘为合用，赏给金牌。其旁亦有妙西因，鸟兽鱼虫金石皆备，仅一浏览而已。卜来克所创制水力机器，汲水转轮高不过二尺，存此以志汽轮之缘始，并刻瓦得、卜来客二人石像其中。随赴科仑斯午饭，同席阿得门多林斯，前任梅尔贝音，卜林斯伯洛学馆总办之称。铿尔得，教习得布类斯、瓦得生。又至罗亚尔珥克斯占治②，拉斯噶商会公所也。郡〔集〕一市之人，讨论货值于此，聚者数万人，群相赞诺为礼。傍晚乃一过特布尔登。制造毡毯局凡二所：一专用人力，凡七百人；一专用机器，凡四百人。所织工细者，兼用丝茸二种，巨细花样，十光五色，焜耀动目。旁注：用人工者二种：一为全用毛线织成之线缎式；一为丝经毛纬织成之锦式）。

　　廿七日。瓦特生，其官名曰色底占伯仑，译言引导官也；见梅尔必由其引导，犹中国之有中军官。又有马尔武得，其官名曰珥克斯究森尔，凡重罪须裁决者，由其监视画押。陪游海尔巴汽轮车厂，总办立得陪游。此厂不由公司，故亦名曰瓦尔生布来渣，布来渣译言兄弟也。所制汽轮车机器，岁以一百四十架为率，大者重五十五吨。所已制成二架，并重四十五吨，价三千磅。凡制轮一厂，制外铁壳一厂，制汽柜汽筒一厂，制杂件一

---

　　① 拉斯噶犹尼法斯谛：Glasgow University，格拉斯哥大学。
　　② 罗亚尔珥克斯占治：Royal Exchange，皇家交易所。

厂，制螺丝钉一厂。其车辐用碎铁烧化，每一辐连上散镂收合之，而加内外毂施用双轴，其正轴仍居中，旁轴毂薄，其一旁厚逾倍，以取匀称，诸地车轮绝异也。凡机器轮轴转者并同式。次意铿莫登印花洋布局，织布机器并与满吉斯得同，惟每幅才二尺八寸，盖专用为印花也。其铺床织花及五色花毯则较宽。始由花棉而弹成叠，而抽条，而络丝，而散为细丝，而排纱，而叠杼，而织成布，多皆女工为之。凡分两局，共用千一百人。其印花颜色一用化学，用卜罗林化水一漂，各种颜色俱极鲜明。其织花本仿效中国成式，法人名侧嘎者自出新意，另为花纹，以丝镂记之而凿小孔于纸，以为之底本，用铜丝分镂，倚〔依〕法织之，力省而功倍。其机器之奇在分条析镂，一有断裂，全机俱为所罣，即止不行。西人巧思，出奇无穷。意铿莫登者，即其主人之名也。次至赫颉生斯古诺女学馆，总办洛克里得导至各学堂。八龄以下入学二年者为一堂；十龄上下入学四五年为一堂；十二三龄习算，课以加减乘除之法为一堂；十四五龄学画、学针黹者为一堂。其课针黹及十二龄以下，女师为之，余皆老年宿学。亦有武员一人，专教步武踏歌，一以兵法部勒之，分合驰骤，向背反复，妙中程式。询之，女学生八百五十人皆本市人。别有赫颉生男学馆，一千二百人，仓猝未暇游也。科伦斯既派瓦得生陪游，又派一人导引；以为仆隶也，为其笃老，询之瓦得生，则亦官也，其名曰卜娄恩，官称徒恩勾斯倭非色尔。是日酉刻开行，科伦斯送至车厂；至白里克近海，为伦敦、苏格兰分界处，格来登拿格林正在其西。夜半抵纽开斯，寓居司得升火堆尔客栈。

评意大利国主被刺事①
（1878）

（光绪四年十月）廿五日。送闽咨乌石山案外部照会，就便诣旁斯莆得及意大里公使美那布里亚，以闻意大里国主又有避〔被〕行刺者刃伤之案，一往慰问。自今年以来，德国主两被行刺，日思巴尼亚主，又今意大利主，其一始婚而鳏，其一则新嗣位者也，皆无因而遭此难。而意大利，〈主〉致被刃伤，其宰相凯鲁理受伤尤重。盖意主及其后及其子类布拉斯王及宰相凯鲁理同车至类布拉斯，有数人拦舆递书，内有一

---

① 选自《郭嵩焘日记》，第三卷，687 页。

人手小红旗，下衔短刀，直向车内划伤意主左臂。凯鲁理立起格之，并手捉行刺者之发，因划伤凯鲁理左腿。执讯之，其人名吉瓯瓦尼巴萨兰底，故穷民也，为人司庖，无故解所着衣，易刀一柄，为贼伤其国主之计。秘鲁前任伯理玺天德及上议院巴尔兜，闻亦同时被刺。欧洲民气骄横无忌，亦一奇也。俄国亦又〔有〕屡次谋杀官吏之案。其立法既宽，君民上下之体亦相习为简易，其民亦遂敢于犯下〔上〕如此，足知治民之难也。

述刘锡鸿奏参事①
（1878）

（光绪四年）十一月初一日丙午。礼拜，为西历十一月廿四日。刘和伯自柏灵来见，并带到李丹崖一信，因历数京师由吴子重托张翰卿荐刘云生处，始往见，即称："我自调人，郭某却自不愿。然亦不可不往一见，但道曾从我受业而已。"指数其蓄意十余事。第一险毒处：英国蓝书载威妥玛一信，叙赫德述我一段议论，马格里以告我，我即以语刘云生，乃急私托人购觅蓝书一部，藏之箧中。刘和伯亦称其可悸，盖据以为交通之实证也。险诈百出，而固莫测其倾陷之为何意。共奏参十款，指为十大罪。蓝书一款，专附之折后，并载明蓝书咨送总理衙门。直欲见诬以逆谋！刘和伯于所列款目，记忆参差，约略言之：第一款谓折奏列衔，副使上不加"钦差"字样，为蔑视谕旨，并摭指初至伦敦自请撤回副使一折，我曾为劝阻之，影射其语言，据以为藐玩朝廷。其余诸款忘失其次第。其一甲敦炮台批〔披〕洋人衣。其一摘日记中议论黄旗一事，以为黄旗国制，擅议更张，并据日记中"以备他日考定旗式之一助"，谓不知所云他日者系属何日。真可谓深文周纳矣。其一汇举十余事，据以为崇效洋人。所云效洋人张伞，则我并无伞；效洋人不用扇，则伦敦终岁重棉，何以扇为也？其一谓以中国况印度，日为洋人言之。奇哉！奇哉！不知其何以丧心病狂造为此言也。其一效洋人尚右，以为不遵国制。其一谓无故与威妥玛辩争，指为启衅。刘云生所据以相难者，专为阿附洋人，至是忽指出启衅一节，直欲张四面之网，施连环之枪，使之不得遁矣。其一违悖程朱。其一怨谤，立言尤为可恶，中

---
①　选自《郭嵩焘日记》，第三卷，691～693 页。

云：以一运司而署巡抚，以一臬司而授侍郎，国家何负于郭某，而终日怨谤云云。闻之令人发指。第十款谓以妇女迎合洋人，令学洋语、听戏，指为坏乱风俗。其肆意诬蔑如此。尤奇者，姚彦嘉竭力营办一茶会，其中相识妇女，亦令侍人在楼后迎迓，伦敦新报言之；赫德夫人与金登干夫人邀看大会一次，某〔其〕日男妇游者数万人，皆以一点钟起，乃定九点钟往，十一点钟归，并预备小车周行一次，巴黎新报言之。刘云生并译其新报函达总署，而多造为诬蔑之词，谓到处酬应款曲，握手为礼。如刘云生者，亦可谓穷极天地之阴毒险贼矣。其夸张变幻，诈伪百端，则固不足论也。

述刘锡鸿出洋事①
（1878）

（光绪四年十一月）初四日。刘和伯语及初见刘锡鸿，及今七月奉旨申饬之日，两年之间，蓄意媒孽构陷，无微不至，一经申饬而神气沮丧，不复言矣。其无赖如此。初所知者：沈相荐其乡友孙君，为何子峨充当领事。刘生闻，急诣沈相，以月致四十金延课其子，并许为捐通判分发。沈相欣然，令辞何子峨而就刘，而刘生遂据以为藏身之固、泰山之靠矣。其武弁二人，一贺姓，张翰卿所荐，江西武举赴会试者；一纪姓，张菊泉所荐，直隶平民也。并从总署求得之，而顾云："曾随营管理帐目。"此二事已出人意表。至是问刘和伯："亦张翰卿所荐耶？"曰："然。""何以称老师？"曰："刘所命耳。"因述及始托吴子重荐随出洋，吴子重转托张翰卿，刘生欣然允之。往见，告曰："我为副使带人，郭某岂能参与。渠自不愿，我自带。我可以不问，汝亦可以不见。然同出洋，自须一见，但称曾从我受业而已。"当时颇惊讶其言，而不能不以老师称之。闻此乃更奇。又述张玉堂，其妹婿也，久乃知其托名。盖其人在家小经纪，刘君家居，常蒙周济，又为营葬其父母，而亦诚实善营运。刘生出洋，视为营运贸易而已，招张玉堂为经理，又恶其为市井之交也，托为妹夫以自解。至柏林，自视贵极而骄，又肆意陵藉之。人皆为之不平，谓为妹婿，又营葬其父母，何自屈辱如此？张乃嗫嚅言："本非妹夫也，渠自托为此名耳。"于是相与怂恿之，令相反报。张因与

---

① 选自《郭嵩焘日记》，第三卷，694～695 页。

辨，数发其阴私，刘生乃大屈伏，自后竟不敢相陵。诚不意其穷奇至此！与一商人相比而称之以妹婿，是可欺也，孰不可欺？廉耻之遗，于是扫地尽矣！

录西报论中国出使欧洲使臣①
（1878）

（光绪四年十一月）初九日。接严又陵信，译示蒲日耳大约即贝伯尔游历日记，载喀什噶尔俄古柏事首尾，因论中国能日图治强，则亚细亚一洲，中国与英、俄当成鼎足之势。以大势论之，英、俄皆胜取荒残之地，而中国奄有亚细亚之半，地广且腴，其民人众强，要为亚细亚全洲之主。统计三国大势，两倚则一孤。此次伊犁争端，倘令俄国慨然持还中国，则二国邦交固而印度孤矣。但俄国此时必不能行，是何故也？一是俄国前后占据中亚细亚，地皆荒卤，得不偿失，惟伊犁最为饶足，难免万分靳惜。二是以兵家形势而言，伊犁最为要隘。三是俄京新报近说：伊犁决不可还，盖中国与欧洲诸国交接数十年，从未受过此等体面，今一如此，后与办事必难为继，现时只有推诿，中国原来不甚爱惜土地，迟久当忘之矣。俄人心计如此，中国主意又以为得喀什噶尔、不收还伊犁，于成功有缺，似又不肯放松。即俄人强据伊犁，中国以重师镇驻，伊犁亦常有摇动之势。此事日久日坏，两国之隙日深，而印度与中国且为唇齿相依，犄角之势又成。宜未雨绸缪，趁中国未甚强之时，及时结好于中国也。又译示《代模斯》新报载："中国初次遣派驻英钦差大臣将起程离英，于中英交际史册之中为第一紧要关键，【愿】不能不一详论之。从前中国尽有遣使致命之典，然至特简使臣驻节他国，中国历来俯视一切，无不视为可惊可笑之一事。未经天津交兵以前，中国待西洋各国尚不足侪缅甸、安、暹之列。西商到华者，经中国皇帝哀悯远人，听从沿海觅食，其战舰则视同盗船，来不知何由，去不知何往，驿骚海疆，强索国帑而已。世爵高福、佩带宝星葛兰德用兵时，中国但言驱逐外夷。所颁上谕，何堪偻指？后来各国之兵，直抵京城，占据安定门大街，世爵额尔金指定和约，大减中国自欺之见。然而其自大之心，终不能改。至今与中国人论彼时入京，是京里人开城给我们进去，

———————
① 选自《郭嵩焘日记》，第三卷，697～701页。

则十人中难得一人不斥为妄谬。其识事者则由此而知西洋利害，不可以他蛮夷视之，倘不谋所以善处之法，终非稳局。又经许多翻难避就，始允不照上邦允许下邦之式，而相视为与国。各国遣使驻扎北京，勉强多时，方如所请。其时中国遣使各国，尚未及持此议论；即持此议，中国亦决不能安然允从。此等事，中国视为最失国体之一端。故中国不特无人允行，并无人敢议及，一议及而以为辱国矣。逮后西洋船至中国日多，商务日盛，交涉之事亦日繁，于是中国亦有数大臣渐知时事新局。同治皇帝亲政时，各国钦差合请朝见，免其跪拜叩头，与各国朝廷等。此事为中国绝大创局，然亦以见中国之知西洋情事日深。此后中国遣蒲恩林踩勘各国，亦无甚关紧要。又后崇钦差赴法兰西谢天津教堂一案，而此次郭钦差因云南马加理案向君主致谢中国皇帝悼惜此案之心。郭钦差官阶甚高，晓畅欧洲事体，故中国朝廷遣副此奇创之委任。现闻离英在即，特为议论中英两国往来遣使之谊。郭初来时，有中官刘姓者副之，此人后往柏灵驻扎。所可怪者，中国朝廷同时将此两人召回，其中自是大有因委。初时想系中国必欲派一与西洋作对者驻英，如撤毁吴淞铁路，阻止中国进益一党人复有作为。但其改派驻英之人现已就道，看来中国尚无此等意见。因是揣度二人同召回去，必是起于不睦交参；当刘在伦敦时，本报已数次说过，盖至今尚未息也。若使此情果实，中国必谓两使不和，恐伤中国体面，故两两撤回。西洋之人则以为中国不查究此事谁是谁非，但守中国一例议处之老办法，为可怪异。其意不过欲平两党争竞忮忌之心，实非定结此事之道。惟望执政大臣不能定夺、不肯定夺之事，以新任大臣之所阅历定结之。郭钦差此行，凡在英法两京见过者均为惋惜。然或渠任已满，自请回国，亦未可知。渠是第一个中国驻英之钦差，论事如其所见，所详报者皆所得于西洋而有益于中国之事。其尤可称赞，令人思其为国之苦心，在将外国实事好处切实说尽，以求入于偏疑猜嫌中国人之耳。此辈真是误叫做读书人，徒知餍中国古昔之糟粕，而弃欧罗巴第十九百年之粱〔粱〕肉也。再渠此行在联络两国交谊，而于此为能不辱命。即中国人刻下不知此意，日后当自知之。渠为人和平诚实，鉴别事理之当，足壮外国人心志，使之看视中国异于昔日。似此看来，此后英国于中国交好，当日以永固无疑，然皆郭之功也。但渠职称矣，而渠之瓜期亦已届。或中国为欲别派一人亦来一观起见，才能学问不必论，年岁已视郭为盛，待用之日正长，其有益后来更远大，然此人须谢郭为渠开一好路也。其处置吴淞铁路一事，人皆知之。中国阻止进益之党不作他事，止以禁止改变为务。毁弃铁路主议何人，不可得知，闻共有七人。史册内载历来开创有七个圣人，似此可编列'七愚'姓名，传之后世。年来论及吴淞铁路，嬉笑怒骂兼而有之，想此亦必伤郭之心，一则为其国人之愚，一则为国之使而视其国之为人笑骂也。郭有一语最中我等心坎，言：'中国大而未通。'不料与郭同来之柏灵公使，同观同想而不同心，谓电报铁路虽于不慊于心之夷鬼有用，于汉人全不相宜。中国最念禹治水。夫禹治水，直将遍地漫漫之水清出几条线，使江河各归各路行走，然后得有许多田地来种五谷，一心只要奠安百姓，何曾是守成法？大禹有知，定必驳斥此辈之谬。从前中国有个皇帝，恐民智之日滋，因而焚书坑儒，至今传以为笑。阻止铁路之人，亦必贻笑后代无疑也。如郭之为人，中国用之，其益不浅，我等亦更欢喜。接任之人为所荐代，必能举行所应行之事。此次回国，并得将渠所见真实，宣解与中国人听。素闻曾侯晓畅洋务，即其地位，与出使亦复相称。渠系中国故侯曾中堂长子。曾中堂才能人所共知，虽云袭其父之侯爵不必袭其父之才能，然民知日新，则或较胜其父，未可知也。渠从未受官，惟于其父总督两江任内帮理庶务，后丁忧三年，今始起复。既未出仕，可无官场气习前来英国也。李钦差以署使前往德国，想不过暂时署理而已。盖中国此时当知星使须选有资望而与在朝诸大位声气贯通者，方能照事平论，不虑排忤。李署使不能归入其列，以其谱系仕宦言之，向来资望皆浅。前任刘钦差亦缺此两层。既然如此，则虽有见到处，亦未必能有胆量发摅所知，真实语言，亦知所谓真实者不合朝廷执政大臣之心，则得失计较之私，不能不俯就时论，以违背事理之真。更有一事须说者，英、俄、法三国既派有名望使臣，则德国一席似亦不宜轻视，盖相形见绌，即德国亦不能不存是心。此次遣使俄国之崇公，其地位极崇，又复拊拊天亲，其遣派出洋，中国亦大有郑重崇奖之意。我等极欲推求中国遣派此种优使，或是为俄强大，抑或别有他故。英、法与中国交涉事务十居其九，然止以一使兼之，则此番举动，在俄必有极大事故矣。常念中国如渴睡初醒人，遇事惝怳，不甚分明。或是认识俄国为强邻压境，又因伊犁尚在俄国，如物在典当中，特派优使以餍渥俄人之心，而谋速取还此地。然中国须晓得这边亦是一样要紧也。中国以为收回质于俄国之地，事之成否全在所派钦差之事权轻重，吾意尚思劝令中国人知悉：实在办事之才能亦所急需，而中国时苦缺少实在办事之才能也。"德在初所译大致皆同，而语特烦琐，惟其中云："甚盼郭钦差回国于执政大臣中得一要位,参与机秘"等语,两人所译亦同,而予实耻登之简牍也。

有感泰西照相等新法^①
(1878)

(光绪四年十一月)十七日。去岁闻谛拿娄言近得新法,镜中取影能具五色,然未见也。顷姚彦嘉、张听帆见摩里照相馆已用其法,于镜面映取各种颜色;然但能映之镜面,而不能摄其色以映之纸面。更茬一二年,必又有法摄取之。又言电报局近有新法,能传各种文,旁注:英人贝克歪斯所创造之法。即华文亦可传递数万里外。其法尤奇妙,尚当一诣视之。

与英国外相沙乃斯伯里论洋务^②
(1878)

(光绪四年十一月)十八日。往拜沙乃斯伯里、书瓦洛莆、马克端拿及赴浩尔斯茶会。沙乃斯言:"闻钦差将回中国,心殊歉然。但愿接印者亦如钦差为人,使两国和好日增深固。"答言:"曾侯通达有才干,且能谙习语言文字,实远出鄙人之上。在此两年,国人相待至优厚,办理交涉公事亦有条理。所苦多病,不能求益。孤〔辜〕负所见多少好处。"沙乃斯言:"钦差此次回国,幸为贵国国家言:英国实愿与中国交好,无他意也。"答言:"屡次函报,正同此意。窃度今时大势,中国必应与英国交好,以取连衡之势。"沙乃斯言:"实系如此。"因问新嘉坡领事文凭,是否即由藩部径递新嘉坡,抑当由公使发递?沙乃斯言:"此事竟未经手办过,尚须一考问。钦差之意,是要经手发递耶,抑由英国国家发递耶?"答言:"中国向未设立领事。所以问者,正欲考求各国通行章程办法。"沙乃斯言:"如此,请候查明回报。"复问:"福州乌石山焚毁教堂一案,昨经两次具文,想已览悉。"沙乃斯言:"均已转行各处。驻京公使及领事亦均有呈报,然尚只说得一半截。两次均有照复文件,应候汇齐核办。始终看不出以前情节究属如何,及乌石山地是否

---

① 选自《郭嵩焘日记》,第三卷,705页,

② 选自《郭嵩焘日记》,第三卷,706～707页。

在约单之内？"答言："实属约单之外。"沙乃斯言："无论在约单内、在约单外，百姓遽行拆毁，实是不合西洋办法。"答言："百姓见小，易于一逞。福州督抚亦自奏请查办。即昨回复督抚函信，亦如此切嘱照例惩办。"沙乃斯言："闻钦差此段议论，甚是感激。然教务中情节，实是不易分明。百姓滋哄，亦事所常有。窃观中国国家之意，于教务实多屈抑，未经查照条约保护。"答言："如何保护说不得，如何屈抑更说不得。自天主教开禁之后，百姓习教与否，国家一切听之，本无相屈抑之意。惟自起初天主教开禁时，教士一意劝人入教，所收纳多属无赖，扰累实多，四川、贵州两省受害尤剧。是以百姓于此尤相疾怨。"沙乃斯言："此等必所不免。要须中国国家申明条约，令不得干与公事，不应纵容百姓滋哄。"答言："此等亦是稍失条理。其发端甚微，稍有参差，便生事端。近来湖北教案，我所以许允回中国一为了之。彼此情节须与清理。"沙乃斯云："极是。"因复申言："滋事约有两节：习教者既凭借教师〔士〕之力，滋扰百姓，教师〔士〕又凭借国家保护之力，遇事多所过为。如乌石山之侵占营建，亦其一端也。"沙乃斯闻之怃然，遂不语，徐曰："苦尔加之事能就绪否？"苦尔加者，西洋以为伊犁之名也。答曰："尚无端倪。此事恰不易办理。"沙乃斯言："地入俄人之手，正恐不易索还。"答言："伊犁地土饶沃，西域天山南北二路尤以此为重镇。"沙乃斯言："如此，尤不易置议矣。闻左中堂近亦已物故。"闻此甚惊，因问："此语从何来？却未闻有此信。"沙乃斯言："见人信言及之，亦不记从何处见此。"答言："此却关系重大。左中堂刚断而见事极明，于俄人亦颇相交好，虽日与争论而自能知其缓急轻重。他人处此，尤难措手。"沙乃斯曰："良然。"因言李中堂、左中堂两相为国家柱石，万不可少。沙乃斯曰："我意亦是如此。"

参观英国邮局[①]
（1878）

（光绪四年十一月）十九日。晚为满剌斯约赴信局看发信，其局总办墨里时陪同指点。医士斯谛得故与张听帆交好，亦陪行。尽三点钟之久。至八点钟，收发信俱完毕。凡日发信百余万，用一千一百五十人，

---

① 选自《郭嵩焘日记》，第三卷，707～708 页。

而条理完善精密，从无失误。大率城内各街皆有分局，递送本城各信，其远信汇送总局，截至五点钟止。六、七点钟，总局收之，按时加给信资，始收盖印。凡设四长案齐信，递送一处清检之，分东、西、南、北四所。在本国者各分地段汇辑；其递送各国别归一厂，并送发信处装入麻袋，亦分四所，用溜梯装入车箱，分送各路火车。其收外来之信，在本城者，亦按地段，由各分局递送；俱扣定时候，无稍停留，逾时者有罚。又分立二所：一曰病所，凡封面破烂，概予修整，破烂甚者为加封，若治病然；一曰死所，凡有臭恶者、如鱼、兽、虫、鸟。有防〔妨〕害者如水、火药。皆不收。或外加封不知为何物，而封破外露，即送入死所，另函传知递信处，使自取。又有二所尤奇：其一，信面有奇趣者；或画为人物，奇形诡状。其一，文字不可辨认者，有数人巧思能辨认之。又有新报书籍内私藏函信，亦清出之。墨里时云："日收新报书籍凡数万，而稽查者十二人，势不能遍及。而每一礼拜约得罚款四五十金磅，盖一有私藏，即并所寄书籍皆准信件轻重罚金给资。"凡诸百物不逾尺者皆可寄，另一处堆积之，极有意趣。而其条理之密，不误递一信，不差误一时，亦足见其人事之精善矣。

论西国税收①
（1878）

（光绪四年十一月）二十四日。新报载：法国巴黎都城每年所收杂税以备修理街道工街〔程〕，几与国家正课相勒〔埒〕；本年开支公费已至二千五百四十万之多，按照民数均摊，每人约出一百一十法兰，其地丁关税每四口之家约出八百法兰。其累可知。闻明年器具之税增加二三倍；租税每百征收十一，明年又拟加至三十。杂税如此任意增加，皆地方工程之用也。泰西富饶，与其民俗之乐于输将，即此可见，然而财用亦太侈矣。伦敦梅尔之下，有阿得门分管地段；巴黎则统归一所经理，名之曰公会。所征收即居民日用百货之杂税也；较之中国厘税约加五倍，而无有言其苛扰者，亦一奇也。

---

① 选自《郭嵩焘日记》，第三卷，711 页。

与马建忠讨论泰西天文学①
（1878）

（光绪四年十一月）廿五日。与日意格、马格里、马眉叔由斯得讷斯莆车栈附车至舍隆，观珥贝尔类酒局。主人曰德莆讷日，款接甚殷。车次与马眉叔谈所习数学，因言法国数学尤胜，其国家设立拉古尔代恭得，代恭得，译言算学，拉古尔言衙门也，英国名之波尔得。凡出入之数，由代恭德衙门核算，乃颂示议院。每岁出入及所支俸薪，均自开报，无有隐饰，尽人知之。天文士测出各星，皆积算而知。英人侯实勒始推知天王星行度，至一千八百二十年，法人歪立爱见其行度又有差，于是又推知其上更有巨星相摄，又测出海王星。至歪立爱又测出金星与日相距中又有一星。法国医士类斯嘎尔布闻而测量窥见之，犹未能定也。近年美国洼得生、英国禄吉尔始共寻得此星。近法国天文士嘎意得又推知木、土二星中当有一星，因其行度相距太远，亦积算而知之。凡此诸星皆为日气所摄统，合之以成一世界。月与地球相距六万英里。合中国里数约计十八万里。日轮径度视月与地球相距凡七倍，合五星及地球及天王、海王二星，仅及日轮径度八分之一，是以能统摄之。日中五金具备而不能生人，为其热力太盛之故。凡五星、地球，中心皆有热力，久而积土渐厚，则结一层壳，壳愈厚则生物愈广。日轮纯是热力，五星、地球承之以生物，其功主施，而不能持载。月之承地亦然。天文家测月中无水，以凡水气皆上腾为雾，故测五星者不能得其高下纵横之势，惟月中山峰了然，是以知其无水，亦不能化生也。日之光气，阅时五分而至地。而北斗七星中之枢星，其光气三年而至地。其尤远者，无从测度。天汉中之积星，其光气若隐若现，所谓远莫能及也。夏秋之交夜见，冬春昼见，由侧视之而承其光，当顶则光散。流星者，两星相触而散，一星或化为数星、数十星。必于夏秋之交见者，黄道、赤道相交处，地球于是时实相承望，诸星纵横行度，每相遇于两道之交也。其言似诞，然亦略见天地之广大矣。

---

① 选自《郭嵩焘日记》，第三卷，713 页。

听罗清亭等谈留欧学生课程与才能^①
（1878）

（光绪四年十一月）廿九日。留罗清亭及克罗苏学生改习矿务者四人与之谈。凡矿学六堂，三日一周。同学者六十余人。每日九点钟至十一点钟为早课，十二点钟至二点钟为午课。第一日早课炼冶五金，午课地塽。第二日早课机器，午课石质。凡石质皆立方，或四方、五方、六方，或尖斜，皆有常度，可以规合地质，推算而知之。盐澄清水中则结为立方体；硫磺澄清水中则结为中方而两头尖：皆本质之有定式者。第三日早课机器，午课物质生化之次第。地球中心皆火，火山之发，即内蕴之地中者流进而出者也。地震亦由此。往往由地震掀翻地塽。凡矿产层塽之有参差者，皆由掀翻之故。地之常质约计三十余层，可于地塽中推验生物之沦化者、如螺蚌虫鱼之含石中者。骨格之具存者，以辨知其地产而测其年岁之久远，与生物之质之后先次第。入地愈深则其积年亦愈久。礼拜三、礼拜六两日早课机器。又专论制造之工，其间丝厘秒忽，分析微茫，亦兼数学。而炼金〔冶〕五金之法即化学也。数学之用无穷，总其要曰：加、减、乘、除。化学之用亦无穷，总其要曰：分、合。询及英法两国肄业生所成就与其志愿，略开示数人：曰魏瀚，曰李寿田，曰吴德章，皆匡时良才也；制造则杨廉臣、林怡游、郑清濂；数学则陈兆翱；水师良才曰刘步蟾，曰方伯谦，曰萨镇冰，曰何心川。问林泰曾如何，曰："林泰曾、林永升、叶祖珪办事精细，而胆略不及刘步蟾等。大约主兵以刘步蟾为良；专守海口，布置于平时，林泰曾等三人亦为胜。"问萨镇冰年最轻，体气亦瘦，能任将耶？曰："体瘦而精力甚强，心思亦能锐入，能比他人透过一层。"问："严宗光宜何用之？"曰："以之管带一船，实为枉其材。"曰："何宜？"曰："交涉事务，可以胜任。"问："陈季同酬应明干，能胜公使否？"曰："是其识解远不逮严宗光。"姑录存其言以俟考。

---

① 选自《郭嵩焘日记》，第三卷，715～716 页。

观西洋戏法①
(1878)

（光绪四年十二月）初四日。晚偕黎莼斋、联春卿、马格里至那白尔沃丹戏馆。那白尔沃丹，即侯登之名也。侯登父有巧思——白克兰得、慕里两处所见，一奏乐者，一习绳技者，皆三寸许纸人而神形宛肖。侯登又用其电气机器为戏具，其变幻亦略与中国等。如搜取在坐戒指三四次，愈出愈奇：一次取一戒指，一手巾约之，纳入酒瓶中，已而倾酒升许，不见戒指、手巾；其右屋檐下悬一盒，取下，其中凡次第套盒五只，最后一小盒，用钥启之，戒指、手巾并叠其中。一次凡取三戒指，各用红绳系之，已而取铜锅一只，破三鸡蛋倾入之，加火酒一盂，用火燃之，焰高尺许，取红绳所约戒指次第投之，覆以铜盖，已而揭其盖，飞出三鸽，项下各系一戒指，送就各人前剪下之，又摩鸽腹，得一巨鼠，长七八寸。一次出屋一栋，高二尺许，宽称之，深不过一尺，煤气灯环点数百盏，火光小如豆。中为门，两旁为窗户，右旁窗户中一人在内和面。中门忽开，先出一人在门了望，旋入，复出一女人，送出单片十余张，则面包馆所鬻酒肴单也。坐客十余人，各索面包、饼及杂点并酒，凡出酒十余缸、面食十余事，各应声而出，皆用盘盛之，倚门立，取下其酒食，则反身闭门而入。已而向坐客取一大银洋值五佛兰，纳钱盘中。"此值五枚太多，须退还三枚。"反身出，则盘贮小洋三枚。已而向坐客取一戒指，出小盒一只，令客投戒指其中，加锁，令客并钥持之，自取小杵，盒盖上一击，戒〔告〕客曰："试启钥视之。"则戒指已失所在。已而召屋中人出曰："此系请客，不可索钱，当并还之。又有客失去戒指一只，亦须为觅还。"反身出，一洋银、一戒指皆在盘中。又取坐客小表一具，纳入小袋中，向石桌猛击，曰："表碎矣！"扪之，有碎玻璃声。中桌置一巨玻璃盘，中安莲花蕊一朵，已而向莲花蕊指挥，花蕊尽开，中立一人相拱揖，左手携所取小表还之客。又桌中置盒一只，呼开则开，呼闭则闭，或作六次及三次徐开或径开；中出一人，跳出盒外，作一戏具，跳跃翻跌，然手不一离拿〔盒〕，已而纳小管口中，则能奏乐应节，又纳烟管口内，则能吸烟。或曰："此用电气为之。"又出一小儿，用竹筐覆之，燃枪一击，则筐失而小儿立戏台对面

---

① 选自《郭嵩焘日记》，第三卷，719～721 页。

门中；又绕至台上，置之正中桌上，仍用竹筐覆之，揭筐亦失所在。最后出一人，状如阿非利加丑人，虬髯而长，袭红衣，出三巨箱，大小相衔，先开视其小者，随覆之，加钥用皮条谨束之，举置之中箱，又加钥，系以皮带，又举置之外大箱，加钥，纵横约绳四五束；用两巨麻袋，先将虬髯者从足套入，上结绳紧束其口，又取一袋从头套入，结绳其下，口亦紧束之，而后举而置之木箱上，用帐覆之。少顷开视，则两麻袋及两绳束置木箱上，而人不见。启箱三重，则此虬髯者曲颈拳手，卧内箱中，以箱长不逾四尺，而虬髯者长且七尺也。中国亦有此种戏术，侯登又多以电气机器为之，尤为奇巧也。

评俾斯麦行政[①]
(1878)

（光绪四年十二月）二十日。礼拜。新报载：德国毕斯马克立法严禁私会，并及新报及议绅之诋毁朝政者，欲于两议院专派三十人稽查，有诋及朝政即捕系之。德人大哗，谓如此不如竟废议绅。至是始知德国之立议政院始于一千八百四十五年，盖甫及三十二年之久也。西洋之设议院，实创自英国。各国以次仿行之，而德国为最后。其间有利亦有病，民气过昌则主权日替。德国谋收主谋〔权〕，毕斯玛克遂欲以一人之力，遮遏一国人之势使不得相抗。操之过急，则将溃而四决以成乎乱，操之缓则终无济也。蒙意德主于此当急下罪己之诏，勤问民疾苦而宣布之，俾知君民所以相维系之意，以冀相与感化，维持于不敝。纵不能遽如英国之阔大，一切包罗孕育之，要亦须有以固结民心，涵濡导化，未宜更激之使动。毕斯玛克于此，倘亦所谓不学无术者哉？

辞别英国君主[②]
(1878)

（光绪四年十二月）廿五日。与张听帆、马格里同赴阿思本行宫告辞。西洋通例：接任公使呈递国书，前使陪行以示告辞之意。而据新

---

① 选自《郭嵩焘日记》，第三卷，738～739页。
② 选自《郭嵩焘日记》，第三卷，741～743页。

报：君主往阿斯本行宫，至二月杪始回温色尔行宫，朝会之期当以三月，是曾劼刚接见尚未知何日，其势不能久候。闻阿斯本行宫山水尚佳，欲就便一往观，因与沙乃斯白里商定，携带家室诣阿斯本接见，一践前约。君主欣然允许。以已刻至维多利亚车行，由其国家预备专车，送至波斯穆斯。予与听帆及马格里一房，家室一房，沙乃斯白里一房，外无他人。上怀苏亚尔魁英小火轮船。船主曰华尔克勒尔，次曰歪烈，相待至恭。阿思本行宫在歪得岛，洋语曰爱尔阿甫歪得，横约百里，纵百二十里，狭处四十里。地势逶迤，树木丛密。君主以其坐车二乘，迎于舟次。出入林木约三里许，至阿思本宫。宫官家尔得拉尔导入一厅。世爵夫人巴尔克亦导家室入一厅。予就视之，则君主治事厅也，以闻中国妇女步履艰难，因使坐候于此。而君主以次就见，初见家室，相与慰劳，告以远方劳苦，必得少坐饮食，兼指示其三公主毕尔得立斯曰："此公主也。"亦相与问劳。次至予所候厅，相与鞠躬。因言："闻将回国，心殊歉然。未知以何日启程？"答言："约在半月内。"又言："远道来此，心甚感激。"答言："托庇宇下，已届两年，现因销差回国，必得恭诣告辞。"又言："甚喜一见，且得接见钦差类里。居此日久，常思一见不可得。若径归去，未免使人伤心。"答言："中国妇女无朝会之礼，所有盛典概不敢与，今旦夕回国，以私接见，得蒙赏准，实是感悦。"又言："愿祝一路平安。中英两国应得交好，甚愿此后交谊日益深固。望以此意达之中国大皇帝。"答言："承君主盛意，谨当代陈总理衙门，奏知大皇帝。"因相与鞠躬而退。家尔得拉尔问马格里："钦差类里能同席乎？"马格里告以中国礼不同席。家尔得拉尔言："如此，当别设一席。"已而巴尔克太太邀予至所设席处，环立妇女六七人，询之，皆世爵夫人也。其间名费克斯者告予："去岁温色宫曾同席。英例凡三月一值班，幸又相见于此。"于是随同巴尔克至饭厅。沙乃斯百里、宫官、命妇咸集。家尔得拉尔语予："四太子立约波尔告言：钦差饭后须通知。想是欲一相见。"饭毕，因导见四太子，形貌极清秀。诸太子皆充水手兵官，而四太子独以文弱不任武事，读书甚富。言："两年未一相见，心常抱歉。兹闻其将归也，是以愿承间一见。"答言："甚喜一见。兼闻四太子学问宏富，愧未能以时求教。"笑言："此钦差夸奖之词，甚愧不足当此。"因询行期及路程迟速，及能坐船不为苦否，意甚勤勤也。

辞别英国首相毕根斯由[①]
(1879)

（光绪五年正月）初四日。诣车林壳罗斯迎接曾侯，比至，得电报仍由维多里亚车行。奔驰竟夕，雨雪严寒，相与驰抵公馆，时尚未曙也。治酒食相款。仍邀陈松生、曹逸斋、联子政、左子兴、陈莘耕、萧介生、杨如斋、李芳圃同席。旋偕马格里往见毕根斯由。言："每见钦差必喜，今日乃甚悲，缘钦差此来为辞行也。"吾言："居此两年，深蒙款待优渥。比因销差回国，不能不一告辞，是以来见。"毕根斯由言："吾与各部尚书及宫官三十余人朝夕共事，闻钦差之去，皆各惘惘如有所失，不独我一人抱歉而已。"吾言："英、法两国交谊并同，而英国相待为独厚，使此心深怀耿耿。"毕根斯由言："吾此数月内每见君主，辄言及钦差为人而深惜其去。"吾言："此由毕根斯由相视之厚，是以通国之人，上自君主，下及官绅，皆加异视。"毕根斯由："回中国后务请达知中国朝廷，罗尔得毕根斯由委实倾心愿与中国交好，绝无他意。但望中国体谅此心，当不至有参差。"答言："前日见君主，所言亦同。居此两年，习见官绅勤勤之意，亦实能互体此心，可以共信。此次回国，必将罗尔得及君主之意达知本国朝廷，以求两国交谊日加深固。"毕根斯由言："自信管理国家事务，万不至有蹉跌。即令蹉跌，无能取容于英国，尚当径投入中国。"马格里言："此系与中国钦差深相结好之意。"答言："万无此事。果能前往中国一游，深所庆幸。"毕根斯由："英国人于钦差敬慕无异言，使通国人闻其将去，皆各依依，亦向所未有。"答言："深感国人相待之诚。在中国时即闻罗尔得毕根斯由之名，幸获承教两年之久，每见新报所持议论，无一语不担斥两，所办事件，无一处不深合机宜，实所服膺。愿赐一小照，俾持归悬之案端，以志向慕。"毕根斯由言："深谢钦差相待之意。"即顾参赞科里取一小照，自书名，起授嵩焘："此次枉顾，永远不能相忘。亦愿钦差受此小像，记忆英国有此一相好朋友，长无相忘。"因相握手慰劳而退。毕根斯由为英国名相，年七十余，西洋各国相视以为豪杰之才，而每与嵩焘言，未尝不重视中国，以逮其使臣。此次情意拳拳，语长心重，不敢断其为诚心投契，而

---

① 选自《郭嵩焘日记》，第三卷，748～750 页。

接其言论，领其意旨，使此心怦怦为之感动。

记西人重视海洋学①
（1879）

（光绪五年正月）廿一日。眷口附载法公司阿纳谛尔船，十九日由马赛开行，至是日十一点钟始至。公司船行言必有他事耽延。询之，果以由马赛开行，与他船相撞，折断绳缆及小船一只，修整至一时之久。莼斋、眉叔与鼒百里同送上船。船主名伯鲁兰，又有总办者名拉斯都尔。鼒百里引见英人布类里，以化学著名者也，专穷究水土生化虫物，著书凡数十种，皆国家为之刊刻。问："此行由锡兰历中国以至日本，亦国家所命乎?"曰："此自游历，非国家命也。"问："国家刊刻所著书何意?"曰："国家考求海中生质，岁费金镑七千，约以十年为期。以渠究心虫鱼之学为专门也，所得生物，必以谘之，因为刊行所著书。"问："海中生物无关国家大计，考求何为?"曰："是有大用。凡生物皆有宜，由水土之气所化也。得其生物之性，亦可辨知其水土之用。往年英国电线通至美国之纽约，忽然中断，由其海底产硫磺，浆皮裹铁线为硫磺所蚀而生锈，则电气不能过。于是改用铜线。嗣是岁常遣船探测海道及海中生物，凡海道浅深及土性物性之宜，推测穷究其来由，是以风雨晦冥中不辨海道，亦可缒取其沙土及水中生族，用显微中〔镜〕照之，知为何种沙石所生化，以推测其海道所经，而辨知其道里方向。"西人格致之学，所以牢笼天地，驱役万物，皆实事求是之效也。

与西人论泰西政教风俗②
（1879）

（光绪五年正月）廿七日。与删布洛论法政："议政纷纭，数年未定，近时更换伯理玺天德，国是其稍定乎?"答言："未也。往时麦马韩主兵日久，尚有威望。今克来威起自议院，冠服如平民，人视之等耳，性情又和易，诚恐议论将日繁，日异月改，变更方未有已。"问以宜如

① 选自《郭嵩焘日记》，第三卷，766 页。
② 选自《郭嵩焘日记》，第三卷，771～772 页。

何而后可以安定国家,曰:"须强毅有断制者压伏一切。议论各属民主,要须略存君主之意,而后人心定,国本乃以不摇。"因言泰西政教风俗可云美善,而民气太嚣,为弊甚大。去年德国、意大里、西班牙屡有戕君谋逆之案,俄罗斯亦数伤毙大臣,亦是太〔泰〕西巨患。曰:"民主之意甚美,然须甚①去兵、去刑罚,尽斯民而归于仁善,如耶苏立教,视人犹己,人人相忘于浑噩之天,乃为无弊。而人心万有不齐,其势不能截然使之齐一,即人之一身有前后左右,而着力处尤在右手,即用法亦有参差,一手五指亦须是有长短。民主立国,无分贵贱上下,强天下之不齐以使之齐,则将截中指以补小指,使体骨皆失其用,而虚为一体同视之名,其势恐万难持久。"吾谓此须如瑞士,并民主之名乃可行。删布洛言:"瑞士小国,人数无多,不与各国立崖岸,各国亦度外视之。然每年亦须举数人分持国政,常至喧争数日不能决,赖其力薄,不足滋生事端,终亦不见有好处。"似其为言亦属君党,而理固莫能外。

论耶稣教②
(1879)

(光绪五年正月)三十日。夏莆思白里见赠《新约》书,每读不能终篇。舟中奉读一过,凡传福音者四,曰马太,曰马可,曰路迦,曰约翰,皆阐扬耶苏之遗言也。《使徒行传》五,曰保罗,曰雅各,曰彼得,曰约翰,曰犹太〔大〕,则各述所传教之意。路迦叙事明爽,约翰所传多指证语,与诸家稍异。保罗是基督教门第一大辨才,犹佛氏之有迦叶也。耶苏始受洗礼于约翰,而卒为使徒。然约翰为犹太王所戕在耶苏前,当别有一约翰,而混而一之。保罗始为犹太禁耶苏教,后乃皈依。犹太〔大〕、雅各、比得、马太,皆在耶苏十二弟子之列,而犹太〔大〕受犹太人贿,导以拘系戕害之,而仍附之以传教。大抵基督教门原本摩西,而西方佛氏之流传以慈悲为宗,以生死祸福为说,其教流遍西土,虽各自立宗主,而宣播推衍不离此旨。其诸神异之迹亦多祖佛氏之说,倚托幻相,命之曰神通。而援天以立教,犹近吾儒本天之意,视佛氏之广己造大,受天人供养者,亦有间焉。传曰:"天降下民,作之君,作

---

① "甚"字疑衍。
② 选自《郭嵩焘日记》,第三卷,773~774页。

之师。"三代以前为君者，皆兼师道而为之，名曰天子，继天以统理下民者也。西方榛蒙始辟，无君师之统，而为民信从者，民辄归之。摩西因以列色〔以色列〕一族，而王有西土。耶稣继之，以代天阐教为言，而终以自毙，亦当时情势之必然者也。天子者，承天以统理百姓，而固不敢私天以为之父，为夫万有之生，皆天主之。私天而名之父以行教，而擅作君之权，且欲尽四方万国而统治之；赖有一死，其徒一附之耶稣，无敢更自托为天之子者，其名乃至今不废。自来行教者被祸之惨无若耶稣，而西方服其教，千八百余年君人效其职，百姓亦以遂其生。其精深博大，于中国圣人之教曾不逮其毫厘，而流弊固亦少焉。乃相与竞奉耶稣以为天之子，而君人皆退听，其教亦以大昌。诚哉，无以易也。

论泰西政治得失[①]
（1879）

（光绪五年）二月初一日乙亥。删布洛言及法国改立民政，日事纷更，官无常守，等威陵夷，水陆兵将皆可经营求得，不必才能；因论及美国政务，尤为烦乱，以民制君，纪纲倒置，为弊滋甚。吾谓："中土圣人辨上下以定民志。无君臣上下之等，则民气浮动，不可禁制。近年德、意、日诸国疾视其国政〔君〕，动至谋逆，未尝不因法国改立民政，群思仿效之。"傅兰雅言："泰西戕君之案又别一义。德国刑司讯问，直言以贫故，思造非常之谋以立名。确是如此。往年英国亦数出此案。宰相某请自讯之，推鞫〔鞫〕甚至。国人谓其必从严也。已而缚之市中，褪去其衣，令一老妪持木棒扑其臀竟日，遂纵遣之。嗣是数十年无犯此者。"盖泰西人最喜奇迹，君臣之分未严，相视犹平等也，与中国政教原自殊异。而观删布洛之言，深怀忧危之心，则以法兰西强国，立君千余年，一旦改从民政，群一国之人挈长校短，以求逞其志，其势固有岌岌不可终日者矣。

---

① 选自《郭嵩焘日记》，第三卷，775 页。

与西人讨论脑相学①
（1879）

（光绪五年二月）初四日。删布洛善言医理，以心思智虑皆出于脑，而心为血道总汇，吸血而输之脑以助其运用，如机轮之有气炉，所恃为用者机器，而收纳水火之气以助其机器之用者，气炉也。故人之生死系乎心，心气停则血脉壅塞而生机以息，而聪明智慧一主于脑。何以言之？凡人有所思，心神全注于脑，以脑为思虑所从出也。与人接谈，必面向之；闻声则回顾；皆脑气之用。盖通声音者耳也，运思虑者心也，而其相向不求与耳对、与心对，而但与额对，由脑气之翕张在额，即与人周旋应接，亦脑为之用也。脑左右相比而中通一脉，至前额微开。每有深思，则额脑合，收敛固结，以能使思虑深入；既思得之，心思为之一弛，而额脑复开。是以人之思虑全系乎脑。思虑有息时，故脑气可以息；生机无息时，故心气不能暂息。人睡而神宁，宁者脑也。脑息而心不与同息，即睡亦脑为之用。吾谓脑主藏，故记性在脑；心主运，故神明在心。凡喜怒哀乐之发，而心辄为之动；动者心也，非脑也，此其显证也。傅兰雅言：泰西一种学问，名曰莭临洛洛基②，犹言智慧识解所从生也。初时格致家颇深诋之，近始多主其说者。其言以为凡人性情学问，皆主于脑。博采泰西图象，兼及中国名人，以类附之。凡精数理者，其脑自眉骨以下皆突出，而目深入。能诗者其额脑皆直上。善为子孙计者其后脑常丰。以至能音乐及诸嗜好，皆于脑辨之。禽兽亦然。如鹤及孔雀及鸡，雄者其脑皆突起，则性傲。人性亦然。泰西有精于此术者；一厂主被窃，厂工数百人，无从查考，乃令遍相厂工，各视其两耳上插入发际脑骨，凡得五人，语厂主曰："五人皆能行窃，其间一人尤甚，必此无疑也。"厂主诘之，果然。此即中国相法，而泰西一以归之脑，故凡智愚贵贱寿夭，皆可于其脑辨之。大抵脑多而重者，贵相也。望而辨其轻重，则又是泰西一种学术。深求而极论之，皆可以通神明、穷造化，亦以其中本有自然之理在也。删布洛又言："人目力所极，视白者常大于黑。置白、黑二丸于地，以为黑丸小、白丸大。即涂两圈于

---

① 选自《郭嵩焘日记》，第三卷，778～781 页。
② 莭临洛洛基：Phrenology，脑相学。

纸亦然。"试之，果信。盖黑者其光内敛，白者其光外溢。老氏知白守黑之旨，亦内敛之义也。

初五日。与删布洛申论观脑之说，始知其于莕临洛洛基究心有年矣。自言所见各国人，一望而知其学行。谓鄙人额脑直，必以文学名世。"又凡耳目五官之用，皆脑气之发现也。多少德行好处，皆可推见。其生平所至，能了事务，尽事之条理，怡然涣然，相悦以解，而不乐悖忤勉强。"近时朝贵皆谓鄙人脾气重，自视全无脾气，而在官无一日不与人抵牾，亦莫测其所由，乃为删布洛数语说尽。金眉生曾寓书相规，以为言忠信、行笃敬，虽蛮貊之邦行矣，近时朝局不然，非言不忠信、行不笃敬，即万无以自立。每读之怃然，可以与删布洛一段议论参看。删布洛又言，德相毕斯玛尤精于莕临洛洛基之术。驻法参赞陈报一切情形，偶以事属其弟具草缮发，毕斯玛视其字迹不类参赞所为，谛观之，叹曰："此美才也，吾何以不知其人？"因函诘："具草者何人？当一来见。"其弟林多回柏林见之，毕斯玛谓曰："吾视君书迹，固心疑之；今果与君貌相称。当出办事，不当自投闲散。"林多言并未过考，无出办事之阶。毕斯玛因谕令应考，果获中选，因遣充西贡领事。毕斯玛之为贤相，于此亦见一斑。因论："德人奋起有为，其相亦皆应之。头平而方，两旁有棱角：此等脑骨，必能一往直前，求达其志而后已。观德人骨相，应此等脑气者为多，是以其人才方日起月盛。"其言皆为有见。

与傅兰雅论中国学习西法[①]
（1879）

（光绪五年二月）初七日。傅兰雅言："上海翻译洋书，已刻者四十二种，译而未刻者尚多。初意分别各种学问，辑为丛书百种，其后译刻日繁，淆杂纷歧，而电学一类尚无一译成者，欲编次西学丛书竟不可得。"因论："上海广方言馆，一切皆为具文。初设英文一局，后又设法文一局，现存不过数人，而课幼童二十人，大致犹一蒙馆而已。外设矿学一局，机器一局，驾驶一局，皆洋人主之，而不通汉语，就学者又皆

---

① 选自《郭嵩焘日记》，第三卷，782～783 页。

不通洋语，因另设一通事，日以开支薪水为事，未尝问及功课。惟护局勇丁五十人，延洋师教以兵法，演放枪炮，差有实际。"凡事创始难，创始而即为具文，整顿尤难。闻傅兰雅之言，深用慨叹。

记西人述脑气[①]
（1879）

（光绪五年二月）初十日。删布洛问傅兰雅："钦差亦曾带兵乎？"傅兰雅曰："渠文官，未尝与闻兵事。"删布洛曰："不然。吾视其目光，必曾经历战阵，无可疑者。"傅兰雅因举以问鄙人，答言："曾带兵救援江西，居围城一月。生平矢石如雨中驰突四五次矣。"傅兰雅大惊，言："实不知有此。"因问删布洛何以知之，曰："平时注目下视，每发言一顾，目光直射有威棱，以是知之。"曰："是亦应脑气乎？"曰："目中精光，全出脑气。凡患青盲者，脑气伤也。"因问张听帆何如，曰："是能深思。弗临洛洛基图画古今圣哲像大致如此，为其能深思也。是其脑气近之。"问姚彦嘉何如，曰："法人脑气有类此者皆善言，是必能言论。"泰西不主相法而主脑气，所言乃多隐合，听帆实能深思，彦嘉实能言。亦一奇也。然固不主贵贱寿夭之说。彦嘉问年寿，曰："是不能知，然观君躯干大于人，最忌安弛，宜习劳动。习劳即寿徵也。"其言亦近理，所以异于中国之术士也。

与傅兰雅论英国殖民[②]
（1879）

（光绪五年二月）十二日。英人属地开辟经营，可谓极人事之劬劳，而穷尽天时地利之功用。即一舟一车，载客几何，价值几何，并著为定章，悬之通衢，又各于其舟车牌示其等差节目，使不得有欺饰，宾客远至者尤便之。规模固宏远矣。而征税亦繁：人口岁纳三施令；房屋大者六陆比；二施令稍弱为一陆比，亚丁以东皆用之。结草为屋稍成规模亦三施令；惟穷民茅屋无规模者不收税。船大小皆六陆比；本地渡船、渔船及运货入

---

① 选自《郭嵩焘日记》，第三卷，785～786 页。
② 选自《郭嵩焘日记》，第三卷，788～789 页。

内江，征税并同，其大小亦略相等也。马车一辆五陆比；畜犬一头四佩宜；树园丈尺有定数亦六陆比，以次递减至二三陆比。条理细密而无出入，人亦安之，则以凡事务取便民：开浚河道，防禁盗窃，营建学馆，收养病民，又以余暇为苑囿游观，使人民有以自食其力，欢欣鼓舞以乐从其令也。询及科仑波博物院亦开支国家经费，即取之其地各项税饷也。与傅兰雅论英国建属部数万里，外创始经营，以何为先？傅兰雅曰："是有本源。大率创始教师〔士〕，经营缔造者皆商民也。教师〔士〕行教，专务搜辟荒远之地，导民以从之。所至先习其语言，以考知其山川险塞及土地所宜与其人民习尚，则皆已得其要领矣。于是商民承之以与市易，乃渐开立口岸，赁地为居室。积久而情伪攻取，瑕衅日生，于是而有战争攻夺。商民之力不足，则国家以兵助之。构衅至于再三，乃以削其地，黜其君，建法更始，立为属部。无勤师袭远之劳，亦并无拓土开疆之见，所取便者，通商口岸及可以停泊船只。至并其地而收服之，则事势之渐而人情国势之与为推移，昏明强弱之分，与其因应曲直之理，相推相激，以成于所不及料。所收各属部情形大略相同，而原其觅地之由，一皆自教师〔士〕始也。"教师〔士〕传教而与国事相因，亦使狂獠〔獉〕顽犷之习，一变而为富庶。中国章句之儒，相习为虚骄无实之言，醉梦狂呼，顽然自圣。宋、明两朝之终于衰弱，澌然以尽，诸儒议论之力为多。呜呼，中国之所以不能自振，岂不由是哉！教师〔士〕化异己而使之同，中国士大夫议论则拒求同于己者而激之使异，其本源已自殊绝，宜其足以病国也。

与傅兰雅论中国人心偷敝[①]
（1879）

（光绪五年二月）十三日。傅兰雅言："在上海目睹两事：同治十三年日本兴师台湾，沿海戒严，因派一轮船驻扎吴淞江口，以备不虞。凡共管驾兵弁三百余人。令甫下，以病告者六七十人。迟久乃开行，而告退者半，逃逸者亦半。比至吴淞，存者二十余人而已。乃更募乡民补之，其官弁亦多另补。此一事也。一曰至铸枪厂，见用开通内膛机器，一童子司之，凡小件机器，西洋多用童子司之，上海亦仿用其法。惟用车口机

---

① 选自《郭嵩焘日记》，第三卷，789～790 页。

器长二寸许，轮转不息。因诘童子：'此当开通内膛。舍长用短，是不求通也。'童子窘不能对，因曰：'吾每月工食三元，仅够用此机器。'问何意，曰：'不过挨延岁月而已，横直总办不能知，莫吾诘也。'此又一事也。上海曾建言：'此与南京两制造局，机器略备，厂地亦尚宏阔，当租给洋人制造应用机器；仍定立合同，遇有兵警，奉文三日即当移迁，以为制造枪炮之用。如此，则机器不至朽蚀，工匠亦无散失之忧，而可节省浮费，且岁得租价，稍收购买机器利息。'"其言可谓沉痛。泰西制造机器所应取效者，岂值〔止〕枪炮而已哉？人心风俗，偷敝至于此极，即有枪炮，亦资寇兵而赍盗粮而已。然且相为欺诬浮滥，处之泰然。闻傅兰雅之言，为之悼叹。

比较儒释耶三教^①
（1879）

（光绪五年二月）十四日。傅兰雅云："英国亦有役鬼之术，名美斯麦意斯模^②；美斯麦即行此教者之名也。其法亦妇人为之：用符咒使人僵卧不省事，而能与鬼神酬答。"《旧约》书亦载此事，是其术已行之耶苏前也。亦时用以治病。中国名之祝由科。耶苏治病之神，能使死者复苏，当即用此法。福音书言：为耶苏使徒，令负十字架从行。则是十字架为耶苏行术所用，所至必以自随。犹太王即因其行术之所用，施之极刑以毙之，其事至明显。大率耶苏术士，而其为教，主于爱人。其言曰："视人犹己"，即墨氏兼爱之旨也。因推而言之曰："天主生人。物之生，皆天司其权，而以人为最灵。天之于人，犹父之于子也。人之生世，继绍乎天以成其事业，实有继事述志之责，故其自视常若天之子，而凡同为人以并生于天地之间者，皆兄弟也。"其旨亦近于《西铭》，而得其理之一，而不达其分之殊。吾儒亲亲仁民，推而放之四海，其性同也。惟其理之一也，而必待推而行：家、国、天下，自然之分；由己以及人，由近以赅远，其分不能不殊。是以仁至而义即行乎其间。佛氏知仁而不知义，以有舍身救世之说。耶苏救世之言即本于佛氏：病者疗之，饥者食之，迷者觉之，惟务导之以信，一信而百善从之。佛氏固曰

---

① 选自《郭嵩焘日记》，第三卷，790～791 页。
② 美斯麦意斯模：Mesmerism，梅斯梅尔电术，催眠术。

"信受"，其理无以易也。惟不达其分之殊，是以人人引而亲之，而终不足与治天下，而托为以色列之族，鼓愚民以从其教，而卒以毙其身。其徒推衍其说，宗耶苏为天之嫡子，固亦非耶苏立教之本旨矣。佛氏广己造大，即象以寓教，而屈天以从己；摩西主天而禁事偶像；耶苏益原天以和同乎天下，其视人之生犹一本也，固不能逮佛氏之精微，而其言固切近而可深长思也。要其以治病济人为事，始终一术士而已。术之精者通于道，谓之有道之士，亦其宜也。其徒彼得广行其教于罗马，借耶苏之死以为替人受罪，其意谓耶苏以济人为心，而因以加之罪，是为人而受罪也。展转流传，而皆失其故矣。传其教者遂一以行教为义，至于趋死而不顾。旁注：使徒约翰、雅各死于犹太，保罗死于罗马。耶苏以一死而昌其教于泰西诸国，亦岂非天哉。

论秦汉以后夷夏关系①
（1879）

（光绪五年二月）廿六日。秦汉以来二千年，夷狄为患中国，曰匈奴，曰羌，曰氐，曰乌恒，曰鲜卑，曰突厥，曰回纥，曰吐蕃，曰契丹，曰女真，曰蒙古，由边患而入处内地，而割据，而有天下。综其大势言之，匈奴、蒙古二者实相为始终。其余忽盛忽衰，忽分忽合，中国失其御而乘之以逞，非果能为害中国者也。匈奴之强，蚕食东胡、月氏，臣属西域，拓地逾万里。蒙古起北方，跨有西域，以达印度，然后卷甲东趋，荐中国而大一统。自匈奴时，已几有亚细亚全土之半，而极于西陲，蒙古乃尽抚而有之，绵延至于今日。然其始荐西方，而尊信佛教，既全有西域之地，又沿谟汉默之教，流布中土而衍为回教。其陵躐天下，挞伐而役属之，一用其强力兼并，非能有绥动天下之略也，方因其所习之教，以为转移，是以其德泽流遗，未尝一溉于人心以济世用，而中国圣人之教，亦但资之以涂饰文具而已。匈奴灭而蒙古兴，蒙古衰而欧洲各国日新月盛以昌于中土。秦汉以后之中国，失其道久矣。天固旁皇审顾，求所以奠定之。苟得其道，则固天心之所属也。茫茫四海，含识之人民，此心此理，所以上契于天者，岂有异哉？而猥曰："东方一隅为中国，余皆夷狄也。"吾所弗敢知矣。

---

① 选自《郭嵩焘日记》，第三卷，814～815页。

与友人论洋务[①]
（1879）

（光绪五年三月）初八日。于景星处见唐道绅，为景星从弟；于勉林处见曾文典，为劼刚从弟，在机器局管支应。与勉林、芝田粗论西学馆事宜，当稍议章程，由合淝爵相酌定。居今日而思统筹全局，以求利益国家，其势诚有难行，为衮衮诸公深闭固拒，以力遂其苟偷旦夕之私，虽有圣者，无如何也。要当各视其愿力为之；愿力所及，能尽一分，必少收一分之益。人人积此心以相徇，其利亦溥矣。此区区之私，所以徘徊顾念而必求一行所见也。西洋政教、制造，无一不出于学。中国收召虚浮不根之子弟，习为诗文无实之言，高者顽犷，下者倾邪，悉取天下之人才败坏灭裂之，而学校遂至不堪闻问。稍使知有实学，以挽回一世之人心，允为当今之急务矣。

论清廷政治[②]
（1879）

（光绪五年三月）廿七日。曾清泉名德麟，任盐捕都司已十五年。始自京引见回任，由海道至沪来见，予不乐衣冠，又值早膳，因留一饭。语及京师传述太后日披阅雍正上谕，意欲以严厉整饬天下。黎简堂至保定，闻开缺之信，入京具呈，吏部为之奏请，吴江相国因上言："朝廷于此，宜有恩施。"太后怒作色，遽曰："无多言！"吴江嗫嚅而退。数年以来所行政类然。各省查办案件，使命四出，相望于道。尝以谓宪庙之严，皆出于明，惟其明也，是以群吏百官，各称其职，事无不举，又承康熙六十年重熙累洽之后，以忧盛危明之心，为综名核实之政，震厉天下，使民不倦，其本源固已厚矣。值人才委靡、风俗颓敝之余，与其过而失之严也，宁过而失之宽。盖严者所以行其缺也，不明而严，为害滋大。自道光以来，贤否举措，犁然有当人心者盖寡。同治初元，恭邸始赝大政，日怀戒慎恐惧之心，振拔人才，考求实效，天下颙颙望治，

---

① 选自《郭嵩焘日记》，第三卷，823 页。
② 选自《郭嵩焘日记》，第三卷，835～836 页。

以成中兴之功，实六十年来所仅见者。金陵甫经报捷，而言官急以收回朝廷大权，为猜防导谀之说，以眩乱朝廷之听。群臣容禄保奸，苟偷旦夕，以任事为戒，上骄下谄，粉饰太平，相与据以为至德要道，不悟其非。天地闭而贤人隐，民气郁塞，盗贼肆行，坐视而不为之所，而徒欲以严治之，黠者巧遁于法外，能者掩饰于目前，而端人直士，一举动而蒙议干谴，莫能自辨。援是而行之，未有不趋于危乱者也。此可为大惧者也。

回籍轮船受阻①
（1879）

（光绪五年闰三月）十五日。北风。正以轮船为士绅所惊讶，而南风方劲，又不能不令拖带，幸有此北风为之解化。会蔡蓉仙、蔡儒珍枉送，一切未能清理，乃令轮船拖至青泥望，以免迟滞。二点钟抵省，泊舟草潮门。接意城书，则两县以轮船不宜至省河，属书阻之。吾笑谓："非此北风，轮船定须至省。有相阻者，当牌谕：'轮船不至省河，并无此种例禁。'吾以请假三月回籍，不宜在外久延。会值夏日南风，总督以所造之船拖送，尤属正办。诸君之意，以为非洋人通商地方即不得用轮船，吾亦不敢与校。惟请示诸君：轮船应退至何处？所有坐船，诸君应如何设法拖上？一听示办。"士绅之狂逞，实由官吏愦愦，导而引之，真可笑也。比由舟登岸，濡延两时之久，仅崇星陔方伯、夏芝岑观察一差帖迎候而已。而裴樾岑实亲枉谈，因告以："湖南官吏素尊，不能邀迎。然吾此行，奉旨赏假回籍三月，钦差之命犹在身也，而自巡抚以下，傲不为礼如此。无他，以吾奉使出洋，宜从薄待。诸君方以士绅之交哄为公义，然则区区奉使数万里，允为干犯名义矣，诸君贱简之，亦宜然。而士绅至于直标贱名及督抚之名，指以为勾通洋人，张之通衢，国典王章，悍无所顾，此风何可长也！乃不惟不一查办，且从而扬其波，若视鄙人为真干犯名义者，是且奈之何哉。"

---

① 选自《郭嵩焘日记》，第三卷，853～854页。

记余佐卿谈洋务①
(1879)

（光绪五年闰三月）十六日。晚次，余佐卿、汤小安枉过。佐卿为刘霞仙中丞第三女夫，曾劼刚僚婿也，于洋务能见其大。而其言则谓："办理洋务不待远求，能于吏治民生，清厘整饬，即洋务思过半矣。"又言："湖南人阻拒洋人入城，稍有心时事者皆忧其召祸，然诸人所持者公义，尤忧其以公义号召，而奸人乘之以便其私，且有揭竿环起之一日。是以湖南之可忧在民乱，于洋人何有哉！"其言皆切中时务。

回乡谢绝酬应②
(1879)

（光绪五年闰三月）十七日。朱宇恬、香荪枉谈。香荪赠诗云："朝来庄舄抛黎杖，喜见班超入里门。体国经纶公未老，避仇身世我犹存。忧心悄慢逢春剧，热泪淋浪带酒吞。莫更裂眥谈往事，肯容疑谤道才尊。"气格苍老，字字惬心。意城亦交到袁宇文见忆五律四章。袁叔瑜亦有奉怀诗。到家谢绝酬应，即故人相过从，亦辞不见，而一二至交枉顾久谈，辄尽一日之力，精力亦觉不支也。

记乡民保守③
(1879)

（光绪五年闰三月）十八日。罗筱垣过谈，言及丙子秋焚毁上林寺，其源由崔贞史欲怙众人狂逞之力毁撤机器局，约期会议，人知机器局奏请设立，不宜毁，一泄其毒于上林寺。王夔石以上林寺由我创修，闻其毁，大喜，急据之以为士气，从而嘉奖之，又令首府出示揭寺僧西枝之罪，驱逐拿办，为之扬其波，而于毁庙滋事、乘机纵掠之士民，一置不问。自是而民气之坏乃益不可支，至于动辄榜示，揭督抚司道之名，指

---

① 选自《郭嵩焘日记》，第三卷，854 页。
② 选自《郭嵩焘日记》，第三卷，854～855 页。
③ 选自《郭嵩焘日记》，第三卷，855 页。

斥为勾通洋人。蔑法玩上，导民于乱，而湖南乱机之动，至是而益烈。古人有言曰："朝不保夕。"诚哉其不易保也。相与怃然增慨而已。

与张力臣谈洋务本末^①
（1879）

（光绪五年闰三月）十九日。张力臣、彭仲莲、余佐卿、袁叔瑜次第过谈，遂尽一日之力。力臣于洋务所知者多，由其精力过人，见闻广博，予每叹以为不可及，然犹惜其透顶第一义未能窥见。至是问及西洋政教风俗本源之所在，且谓合淝伯相及沈幼丹、丁禹生诸公专意考求富强之术，于本源处尚无讨论，是治末而忘其本，穷委而昧其源也；纵令所求之艺术能与洋人并驾齐驱，犹末也，况其相去尚不可以道里计乎！力臣聪明胜人万万，闻言即能深求，不易得也。

自述能见洋务之大^②
（1879）

（光绪五年闰三月）廿三日。本府何相山、长沙令王实卿、善化令张子钰馈满汉筵席，因邀周幼安、朱宇恬、周闻之、李仲云、黄子寿、子襄及意城早酌。子寿相戒以不谈洋务。予谓："左季高言洋务不可说，一说便招议论，直须一力向前干去。季高近日在德国购买机器，织布、织羽呢，招集西洋工匠至二百人，真是一力干将去。然吾犹惜其舍本而务末。即其末节，亦须分别重轻缓急。织布、织羽呢，何关今时之急务哉？吾于洋务，稍能窥见其大，自谓胜于左季高。又无任事之权，只凭所见真实处，详细说与人听，激动生人之廉耻，而振起其愤发有为之气。亦实见洋人无为害中国之心，所得富强之效，且倾心以输之中国，相为赞助，以乐其有成。吾何为拒之？又何为隐情惜己，默而不言哉？所以言者，正欲使君辈粗见中外本末情形，庶几渐次有能知其义者，犹足及时自立，以不致为人役耳。"子寿之戒不言，所据世俗之见，无足取也。

---

① 选自《郭嵩焘日记》，第三卷，855 页。
② 选自《郭嵩焘日记》，第三卷，856～857 页。

批评湖南官员办理洋务失当①
(1879)

（光绪五年闰三月）廿七日。张力臣、黄子寿、易子风次第来见。力臣、子寿谒见汴生中丞，述其言，以为上情不能下达，欲令传语三书院士子，以明在官者阻拒洋人入城，亦同此心也，于中剖析良莠之分，谓洋人果欲入城，方将借重三书院之力阻拒之，能言拒洋人者皆良民也，而无端出揭帖诬诋官长，必非三书院士子所为，此直莠民耳。其言正不知隔几重魔障！吾谓此等见解，军机大臣类然，即总署办理洋务三十余年亦然，于邵汴生何尤焉。推而上之，南宋诸君子及明季议论，如弄空枪于烟雾之中，目为之眩，手为之罢，而终一无所见。明人之言有曰："当国者如醉卧覆舟之中，身已死而魂不悟，忧时者如马行画图之上，势欲往而形不前。"南宋迄今八百余年，终无省览，皆所谓身死而魂不悟者也。

自述坚持谈洋务②
(1879)

（光绪五年四月）初二日。是日，宇恬馈盛肴，因约罗小垣与易梯衢、陈又愚、易淑子、易玉峰、叔辉、周浥藻会饮。小垣属见人不谈洋务。吾谓并不见人，然固不可不谈洋务。所以谈者，欲使人稍知其节要，以保国有余。苟坐听其昏顽而已，不动兵则坐削，一旦用兵，必折而为印度。此何等关系，而可不言乎？世俗之说，但谓不知言之人不可与言。此为无关系言之。苟有关系，忍坐视乎？彼于中国强且逼，然其意犹然尊视中国，略无猜忌之意。诸公乃视言及洋务为忌讳，然则将听其终古昏顽而莫之省也？果可以昏顽终古，则自洞庭以南，蠢蠢之三苗至今存可也，而其势固必不能。传曰："铸鼎象物，使民知神奸，以能使魑魅魍魉莫能逢之。"夫惟其知之也，以先知觉后知，以先觉觉后觉，予于此亦有所不敢辞，于区区世俗之毁誉奚校哉！

---

① 选自《郭嵩焘日记》，第三卷，858页。
② 选自《郭嵩焘日记》，第三卷，860～861页。

与友人论谈洋务之亟^①
(1879)

（光绪五年四月）初七日。黄子寿招集朱宇恬、陈舫仙、张力臣、余佐卿及意城同聚养知书屋会饮，盖仿张力臣例也。子寿相戒以不谈洋务。吾谓洋务与他事不同，正惟举天下人不知，又方以为忌讳，相顾而不敢言，而其入处中国，盘结已深，固必无能拒而远之。日日与之相处，而日怀猜防之心；人人受其欺侮，而人存菲薄之见。即令其安然听受，而已不可以终日，又况其用心之坚，久而不化，用力之强，洞而必穿，其往迹凿凿可见，其未来之患且有累积而日深者乎！所以酿成三十年之大变，惟无一人知之故也。诚知之，则亦可以弭祸于几先，而稍存国体，以不至贻笑天下矣。吾是以发明此义，惟恐人不知之，以为苟且缄默，规免人言之嚣而自附于明哲，吾所不敢知也。子寿以为言之无益，且先求内治，以图所以自立。佐卿言：内治无他，政教而已，办理洋务，正今日行政之一端，岂能不讲求？其言最为中肯。

论湖南风俗^②
(1879)

（光绪五年四月）初九日。大雨竟日。余苹皋亦治席相就，邀同张力臣、黄子寿、余佐卿及意城会饮。因论各省人心风俗，尤以湖南为最坏。或问其说，曰嚣，曰猾，曰无理。动辄聚众狂逞，乃至小户穷民虐使一婢一养媳，亦相与毁其室以为快。各省无此嚣也。往时拜客至一菜园，延入，主人故不相识，岸然陪坐。回拜徐芷源，三年皆于别院。已而与达山约往，亦相招承，而以出外辞。始一追求之，则徐芷园宅尚隔数武。皆取以相戏弄而已。各省无此猾也。至于犯上无理，则尤不可殚论。黄子寿言，道光以前风气不如此，此由乱后各省避地湖南，集江、浙各省坏风气而成。予曰："惟如此，是以尤可惧也。而溯其源，则王荆石十余年酝酿之功，专务阻塞正气，以导扬顽民之戾气，而不悟其非，以致有此。传曰：'国家将亡，必有妖孽。'

---

① 选自《郭嵩焘日记》，第三卷，862～863 页。
② 选自《郭嵩焘日记》，第三卷，863～864 页。

吾楚不幸，遭此妖孽，所谓天也，非人也。然而吴江所以乱天下之功，亦于此窥见一斑矣。"佐卿言今时考求洋务知其理者，于益阳得二人，一曰周志钦，一曰萧希鲁，皆尚能读书观古。此外天分稍高者亦尚有之，学力则皆不及也。

论道听途说之害①
（1879）

（光绪五年四月）十一日。张力臣函告：陈俊臣并未到省，其世兄为厘局所持，假其名以图自庇。因忆昨日刘朗山来见，亦言日前赴院禀到，乃其世兄所为，俊臣实未回省，予力斥其妄，朗山亦不敢置辩。至是始知朗山之言为确。予之斥朗山，所谓道听途说者也。士大夫之论事，儒者之言道，大率类此。势力胜人，遂以劫持一时议论，而自申其说，若予之斥朗山是也。是以天下事非目悉，而以人言定其有无，是非未有能当者也。

述遭人揭帖诋毁事②
（1879）

（光绪五年五月）初四日。罗麓笙自县城来，带到李镜浯一信，述及蔡蓉仙、周霞仙、易静山、樊延龄猖獗情形，谋欲使我示以警戒。此非吾事也。稍明正论，维持公事，于毁誉诚所不计，而亦岂能徇一二人之私，贬斥诸生以取快乎？闻诸生有揭帖訾毁鄙人，麓笙云索之李镜浯，镜浯言已交瞿景伊带省。景伊昨来，询及诸生议论，亦皆引避不以告。此非惟不明事理，其视人恩怨利病，泛然无所与于其身，意在引嫌，不招人怨而已。以此望之时贤，所见同也，于瞿景伊何责哉！镜浯、磐西，亦竟匿不以告，麓笙往索，且推之瞿景伊，此其于切己之事犹多所瞻顾如此，宜其不能堪事矣。是日亦接蔡蓉仙一信。麓笙亦由瞿景伊处取示揭帖一纸、控呈一纸。揭帖直诋鄙人不顾。麓笙云：出周霞仙手笔。学校之失教久矣，岂独湘阴哉。

---

① 选自《郭嵩焘日记》，第三卷，864 页。
② 选自《郭嵩焘日记》，第三卷，875 页。

论出使人才素质①
（1879）

（光绪五年五月）初六日。龙皡臣遣其世兄砚仙索观所批《离骚》及《史记》。《离骚》仅携得姚氏选本，又海外无书可以考证，惟据其词以通其义而已。然处忧患之中，迍遭侘傺，无所控诉，以身所莅，上窥屈子之心，较之先儒述屈子之言无关其身之利病者，自有浅深疏戚之辨。因所注《离骚》，泛论洋务情形，砚仙所见，似较胜于乃翁。询之，上年赴京，由沪乘坐轮船，略与洋人相习。故常以谓遣使必通知洋务，正今日朝廷之蔽也。所以遣使者，欲使所闻所见，与洋人习，而后能因委以求源，据事以通情。一人知之，其亲若友，推之而得十人；十人知之，其亲若友，推之而得百人。知者日多，则洋务安坐而理，无复有挠之者矣。故知洋务者，当用之以理洋务，而出使当择不知洋务而好议论者，可因而奖进栽成之。朝廷于洋务自不求知，亦不更求其人。以理洋务之有交涉者，而惟用之以出使，安有当哉！

论曾纪泽气质②
（1879）

（光绪五年五月）初十日。陈程初、袁守瑜、余佐卿次第过谈。佐卿亦述王云生之言，以劼刚性情行谊为虑，言所以不敢赴伦敦之召，亦自度负性，非能和忍者，恐必至隙。末因论劼刚专喜自用，如有所计议，他人能窥其意境之所在而先言之，则又别出一意，以自怗其智，不肯随人。生平公子气已是十成，又益以名士气十成，兼二气之良能，是以陵驾一切，无有在其眼底者。其才略能干事，其魄力亦能任事，而其意气用事太甚，所至必不能合宜。持论极允。然犹有甚虑者：从员如刘开生之明通，左子兴之精爽，曾省斋之稳练，亦皆美才，而不尽其用；用事者，一市侩之陈莘耕，讲求禅悦之杨仁山。讲求禅悦，则常遁身是非功过之外以求解脱，市侩则逢迎为恶而已。亲信者导谀，疏远者怀怨，以保令名，难哉！此吾所尤深虑者也。

---

① 选自《郭嵩焘日记》，第三卷，876～877 页。
② 选自《郭嵩焘日记》，第三卷，881 页。

记友人论左宗棠曾纪泽气质①
（1879）

（光绪五年五月）廿三日。左伯翼、罗小垣枉过久谈。和朱香荪四次枉诗。自以香荪吐属隽永，得之天资，非所能及，感其勤勤之谊，固不能不一报和也。小垣言："左季高才气一时无两，而喜极其才力之所至，竭情为之，不留余地处人，亦不留余地自处。凡事皆作到极尽处，非载福之资也。曾文正包孕万有，非其天资之果有余也，实成之于学力。声名富贵已极，而恢恢乎有余地以自存。独劼刚一变而为刻削，才望更远不及左季高，而行事喜推极尽处，先世之遗泽，有斲丧而无培植，其弊甚于左季高。"吾喜其言之笃切，因录存之。

被人造谣招引洋人来湘②
（1879）

（光绪五年五月）廿五日。约裴樾岑、朱香荪、黄子寿、张力臣、余佐卿及意城一会谈，以闻周树藩来省散布谣言，称总理衙门现咨有洋人由广西至湖南游历，一皆鄙人招引，期以眩惑无知浮动之人心，以图狂逞，其心万不可恕，为书致徐云渠、王雁峰、何伯元三院长，晓示三书院诸生，以冀不为周树藩谣言所惑。黄子寿一力阻难，所言有不可解者。徐窥其意旨，则以原书论上年科场滋事，发端黄共安，子寿欲为黄共安掩饰其迹，独示立异，以图遂其庇护族人之心，而能持之以坚，始终固守其说。始悟省城人心之深曲，不顾大局，而惟一念之私，盘结以求必遂，其端皆起自士大夫，而遂成为风俗。即令圣贤生于其间，非渐摩涤荡数十百年之久，殆难与化此积习也。

---

① 选自《郭嵩焘日记》，第三卷，888~889 页。
② 选自《郭嵩焘日记》，第三卷，889 页。

述友人论古今人物①
（1879）

（光绪五年六月）初十日。朱香荪邀同裴樾岑夜酌，述及何镜海之言："古今人物分四等。上一等道德事功合一，今无其人矣，有亦必不出而任事。其次以道德行其事功，随所往而必穷。其次苟务为事功而已。又其次营求富贵；只此一种人充塞天地之间。于此有能立事功者，其人已夐乎远矣。而用其与世推移之心，以赴事机之会，要止是三等人。进而上之，则必扦格龃龉而不能入。人才所以不古若，非必时数之为之也，政教人心之积，流极而不可复反，圣贤所无如何者也。"此论似创而实确。

由曾纪泽日记品评洋务人才②
（1879）

（光绪五年六月）廿二日。适周氏女生辰，家人亦为之治席为寿。刘伯固送康侯回自上海，见示曾劼刚日记一本，讥刺鄙人凡数端：一论文报局为不可行；一论新加坡领事自筹经费为不便；一论赁居公馆专为节省经费之计为不宜；一论褒奖严宗光太过，长其狂傲矜张之气。虽属有意相诋，而犹近事理。至论姚岳望挑唆播弄，彼此均有怒声，知某知姚之诈，未至成衅，则直意为高下而已，不置〔值〕与一辩也。日记中录马眉叔一信，却甚有见地。述考试政治对策八条。第一条问万国公法，都凡一千八百叶，历来各国交涉、兴兵疑案，俱存其中。第二条问各类条约，论各国通商、驿信、电报、铁路、权量、钱币、佃渔、监犯及领事交涉各事。第三条问各国商例、商会，汇票之所以持信。于以知近今百年西人之富，不专在机器之创兴，其要领专在保护商会，是以铁路、电线、汽机、矿务，成本至巨，要之以信，而众檠〔擎〕自然易举，金银有限而用款无穷。以楮代币，约之以信，而一钱可得数百钱之用也。第四条问各国外史，专论公使、外部密札要函，而后知普之称

---

① 选自《郭嵩焘日记》，第三卷，896 页。
② 选自《郭嵩焘日记》，第三卷，901～903 页。

雄，俄之一统，与夫俄、土之宿怨，英、法之代兴，其故可缕缕而陈也。第五条问英、美、法三国政术治化之异同，上下相维之道，利弊何如？英能持久而不变，美则不变而多弊，法则屡变而屡坏，其故何在？第六条问普、比、瑞、奥四国政术治化。普之鲸吞各邦，瑞之联络各部，比为局外之国，奥为新蹶之后，措置庶务，孰为得失？第七条问各国吏治异同。或为君主，或为民主，或为君民共主之国，其定法、执法、审法之权，分而任之，不责于一身；权不相侵，故其政事纲举目张，粲然可观。催科不由长官，墨吏无所逞其欲；罪名定于乡老，酷吏无所舞其文。人人有自立之权，即人人有自爱之意。第八条问赋税之科则，国债之多少。西国赋税十倍于中华，而民无怨者。国债贷之于民，而民不疑。其故安在？年终考试文词，兼考试格致之学，统西洋今日情势言之，如炮之有前镗后镗，孰优孰劣？弹之贮绵药火药，何利何弊？附船之铁甲，有横直之分；燃海之电灯，有动静之别；水雷则有拖带、激射、浮沉之不一，炮垒则有连环、犄角、重单之不同，均无定论。是军法之无新奇也。煤瘴之伏矿中，无定法可免；真空以助升降，无善术可行。此矿务之犹有憾事也。机织之布，敏捷而不耐久；机压之呢，耐久而不光滑；机纺之绸，价廉之〔而〕无宝光。此纺织之犹待考求也。下至印书、酿酒、农具，大抵皆仿奥、美二国炫奇会之旧式，并未创有新制。至于电线传声与电报印声，徒骇听闻，究无大益。眉叔天分高出一切，于西法初涉其流，便怀易视之心，殆犹中土虚骄之气然也。其欲以所见闻汇为一篇，名曰《闻政》，分列八门，一曰开财源，二曰厚民生，三曰裕国用，四曰端吏治，五曰广言路，六曰严考试，七曰讲军政，八曰联邦交，似欲假西法以附于中土。语经济之学，其名近似，而于西洋立国之本，固亦未有当也。

论湖南官员①
（1879）

（光绪五年六月）廿三日。晚过朱香荪谈，语及王夔石在湖南以屈抑士绅为义，而遇有强狠负固者则惮之，人众则惮之，挟端求逞则惮之。所惮者，不惟纵之而已，曲承其意，导迎其势，以使知感而后

---

① 选自《郭嵩焘日记》，第三卷，903～904 页。

已。以是求悦宵小之心，使不至为吾害，其机至深，其情至诡，而自以为能。涂朗轩亦倾情倒意以效之。窃以为秦汉以后之天下，立法以劫持人心而已。王者导民情使无不达；秦汉以后之天下，一以法整齐之，民之情达与不达弗计也。王者顺民欲使无不遂；秦汉以后之天下，一以法禁遏之，民之欲遂与不遂弗问也。惟然，故所以致治之道无他，导扬民之善气而遏抑民之恶气，而无余事矣。盖所以劫持天下者，法也；导扬民之善气而法乃利，遏抑民之恶气而法乃行。及其衰也，专以法导扬民之恶气，而阻塞天下之善机，而乱亡随之以起。若王燮石者，所谓导乱之尤者也。以此为末世之人才，则亦乱亡之机也。其言极为明决。

与友人论为官之道①
（1879）

（光绪五年六月）廿四日。子瀞急求署任，今书戒之。大致言做官是极难事，候补尤难。太寂寞则无以自立，煊赫又招忌。大约才、望二者不可少。才者赋之天，望则须以人力致之。子瀞做官之才尽有余，惟虑用才太过，必致损望。故才有余必务敛约：一曰以俭约持躬，二曰以谦虚接物，三曰以谨慎临事。守此三者，皆所以为养望之道也。当事本无真性情，学识亦有未足，爱憎喜怒都无一定准则。甚虑可以位置处愈多，而愈怀疑，但当求所以自立之道而已，不必更较得失。积累之久，固亦必无可遏抑之理。此等正须从大处观之。盖所言多从子瀞短缺处推勘以明其理也。

论湖南风俗民情②
（1879）

（光绪五年六月）廿七日。彭博山、张雨珊、罗筱垣次第过谈，为述及何镜海之言："皖人之起，方兴未艾，而楚才一败无余。"问何故。曰："皖人互相推举，有拔而起之，莫挤而止之。楚人日寻戈矛以相贼伤而已。稍有名望，必益为垢毁所集。凡家庭骨肉相贼害，其家之覆亡可立而待也。则凡省、部相为贼害，其省之倾颓亦必可立而待也。"生平所至，提奖湖南人不遗余力。湖南人所以报之，亦诟毁不遗余力。乃至具奏王船山先生崇祀文庙两庑，自揣所言不足取信朝廷，政府诸公视王夔石文章道德，百倍胜于鄙人，特请饬湖南巡抚开具事实册，咨送其遗书。礼部以一书托之省城诸公，凡三十余人，无一回信者。顷归家询之，则李辅堂一人实倡其议，谓船山不足入两庑，诸人噤不敢声。其待二百年前乡先达、理学名儒如此，于并世之人何有哉！以是益知湖南人之不足与提拔也。雨珊因言："京师湖南人以周荇农、徐寿蘅为巨擘，在京承其言论，盖皆持尺寸之见，挟意气之私，而不足与达观昭旷之外，此外悠悠者更何论哉。湖南亦自苦人才太乏，无如何也。"禹珊此言，亦殊警动。

论丁日昌素质①
(1879)

（光绪五年七月）初十日。接李筱荃六月廿九日信，始知丁雨生疏辞会办海务，以六不胜任为言，未识所言之何事。观其疏辞，知其自处有本末也。初与张力臣、张子寿论禹生会办海防必不肯轻任。力臣笑曰："禹生，功名之士也，不出何为？"吾谓："禹生任此，此其生平亦无足观矣。禹生，吏才也，决不足以将兵。凡苛察之才，以将兵无不偾事者。兵者，齐众人之耳目，以受命一人者也。苛察烦碎，以饬吏事有余，以治军旅，必无幸矣。而言海防，又辽远而无止期，亦并不知从何着手。南洋接连五省，三督四抚，相与临制，以一会办之大臣，张空拳，拥虚号，奔走周旋于七督抚之间，尤无所施其力矣，禹生质性尤非所能，以是知其决不肯出也。"

① 选自《郭嵩焘日记》，第三卷，911页。

论当代四逸①
(1879)

（光绪五年八月）廿七日。寄丁禹生、李勉林、姚彦嘉三信，并各寄《罪言存略》、《禁烟公社条规》、《尊行公社小引》凡三种。前寄阎丹初，欲绘为《四逸图》，一彭雪芹宫保，一阎丹初司空，一丁禹生制府，其一则鄙人也。四人者，各怀利济之心，居有为之地，朝廷亦有意向用之，而自度其志愿，终无能求当于今之人，以稍有裨益国家，则急奉身而退，徜徉以遂其志。政府诸公亦心忮其志事之异，以为无所利益于己也，亦乐听其远引而不之惜。于是四人者，乃竟成为今时之四逸。颇欲绘而传之，昭示后之人。致丁禹生书，亦言及之。并属令各以小影见寄。似今之世，求欲合此为五人而固不可得也。吾与丁禹生皆以官禄为养，不愁窘乏。雪芹则镯弃所有，而以清介自处。丹初终身不名一钱，复乎远矣。其才望声名，各有参差，要其道同，其志同，视今时仕宦者，渊然有以自异也。三信并托黄泳信〔清〕转递，亦以一书寄之。

论人心风俗②
(1879)

（光绪五年九月）初六日。罗小垣同至河西余氏山，阅曾外祖墓地。与小垣谈时事，因论及朱香荪议论，欲使人为一高士而已，我意不然。人生所处，随境而施，亦不必先持意见。凡持意见者，皆以为名也。吾何乐争一高士之名哉？大抵人生大小求有益处，居乡里须求有益人心风俗。小垣因言有益人心风俗，正须渐摩积久为之，非可求速。鄙意不然。凡风气所趋，人心为之波靡，正须一二强有力者推而挽之，又须有人响应景从，而后可以转而之正，久之而成为风俗，此乃所谓积渐之效也。若更有一强有力者，导天下为靡靡之音，人心方乐趋之。孔子不能正季、孟之僭，孟子不能攻齐宣之心，况在中才以下者乎？居今日而欲

---

① 选自《郭嵩焘日记》，第三卷，930 页。
② 选自《郭嵩焘日记》，第三卷，934 页。

挽回一世之人心，非得在上位者端其表而正其防，使皆耸然而听命，未有幸而能取效者也。

遭匿名书攻击[①]
(1879)

（光绪五年九月）初八日。早接刊刻匿名书，云《伪校经堂奇闻》，訾及鄙人商量张力臣开设校经堂，不讲时文试帖，而讲天文算学，其计狡毒。世风败坏至此，可为痛哭。谋为韩文公火书污宫之一法。末言清内奸以杜外患，当各出高裁卓见，筹善后之规。其文笔似非愚民所能为。动谋聚众称乱，真属骇人听闻。惟能付之不问而已。

与洋人周旋当以理相处[②]
(1880)

（光绪六年二月）十八日。与力臣论及洋务，力臣言孙稼轩亦能知之。吾谓孙稼轩知洋人之可畏而已，而洋人之不必畏，稼轩恐尚未知也。今之号为知洋务者，如董蕴卿、崇地山，所见并同。其余学士大夫放言高论，去孙稼轩辈识解尚远。与洋人周旋，一以理自处，则视洋人固无足畏者。能及此，无几人矣。而在坐者力臣知之，意城亦知之，小垣一至上海亦能知之。一时士大夫相与愤愤然，漫无考究，岂惟其学识之陋，俗敝民顽，君骄臣谄，外有以炫其聪明，内有以耗其精魄，终古汶汶，反复沉锢，圣人复起，亦无如之何矣。

在禁烟公社演说[③]
(1880)

（光绪六年二月）廿三日。张力臣倡议补行禁烟公社，会集者熊鹤村、傅青余、李仲云、陈程初、左锡九、黄子寿、张力臣、唐鲁英；新入社五人：任宇田、瞿子玖、韩勉吾、邓弥之、罗小垣；及吾与意城。

---

① 选自《郭嵩焘日记》，第三卷，935 页。
② 选自《郭嵩焘日记》，第四卷，21 页。
③ 选自《郭嵩焘日记》，第四卷，23～24 页。

周幼庵、龙皞臣以病，朱宇田以避生日，余佐卿以赴苏州，张子容则本乡居也，瞿子玖亦以赴乡辞。凡吾与意城及黄杭生，会者十五人。传梆及响磬如初会仪。鄙人开讲，以设立此会之旨，原重在人心风俗。苏东坡云：运数所以长【修】短，在风俗之厚薄，而不系乎富与贫。自鸦片烟流毒中国以来，人心风俗，日益败坏，不复可问。吾辈家居，无整齐教化之责，无赏罚之权，要须实实认定鸦片烟之为害，必不可稍有沾染。虽其蔓延及于天下，而吾辈十余人之心，必为之力障其流，以使后人知所警惕。所以每年按季一会，为平日酒食徵逐，相为燕乐，未尝一有检束之功，提撕警觉之害，必于会时一发明其义，庶冀鸦片烟渐有止境，人心风俗亦可渐次归于纯实。左锡九申讲，因力言鸦片烟为害之烈，尤在烟馆。中丞初禁夜灯，为益已多。近闻有查禁烟馆之谕，而论者且谓烟馆贫民，不可绝其生计。不知保全四百家生计，而承其害者且至数万家。但能禁绝烟馆，准保三十年必无有吸食鸦片馆〔烟〕者，此实第一要着也。鄙人原讲：锡九之言，允为禁馆①要着，然皆有司之事，非吾辈所能勉强。非得中丞实有整顿之心，出令禁烟亦具文而已。中丞主持于上，仍须府县奉行于下，府县奉行不能如法，亦徒以扰民，而曲意包庇，以资差役之需索，不能为益，而反多损。故夫禁绝烟馆，善政也，万非吾辈所能主持其议。坐中诸公或值中丞语及，相与赞成之可也。吾辈但当加意子弟亲友，积诚以感之，设法以禁之。统士民而悬之禁例，有司者之权，非吾辈所能干与。要之禁烟之法，舍锡九此议，亦直无可措手。而在官者行之，亦有直捷之法，绝无苛扰牵连，但示限一月，令在城烟馆一例封闭，如仍敢开设，即将其房屋没归公产，如此则令行矣。即吾辈亲友中，有房屋赁开烟馆，亦当竭力劝导，使知此项赁钱之必不可取。总之，鸦片烟例禁久开，一切缓以期之，严以谕之。烟膏烟土，听从贸易，无可示禁，独禁烟馆开烟而已。凡锡九之言，皆有司者之事也。因语陈程初：中丞必欲禁烟，一官两绅督办有余。官则刘定甫观察，绅则左锡九、罗小垣。中丞如语及此，尽可以此说上陈。

---

① 馆：疑作"烟"。

论禁烟会宗旨①
（1880）

（光绪六年六月）初七日。禁烟公社会议，致祭濂溪周子，是日为周子忌日也。会者熊鹤村、周幼庵、傅青余、李次青、李仲云、黄子寿、陈程初、张力臣、左锡九、韩勉吾、罗小垣、任宇田、瞿子玖及意城共十五人。照旧传帮响磬。吾言：初立是会时，原忧鸦片烟之为害蔓延日广，与亲友家庭谋自行示禁之方，原不敢望之士民，不意李玉阶中丞竟能主持禁绝烟馆，诚为中丞之善政，然左锡九于其中奋迅维持，厥功甚伟。吾尤虑官政之行，每历一任则其局立变。吾辈设立此会，期相与勉力维持于下，以求要诸久远，庶几大弊既除，诸事皆可徐为清理，人心之浮伪者，皆可徐归于纯实，风俗之凉薄者，皆可徐返于善良。语毕，诸君更无申讲者，因相与交互一谈而罢。

论立君为民②
（1880）

（光绪六年七月）初八日。雨。宋儒疑孟子者李盱江、司马涑水，而余隐之皆为之辨，朱子又更申论之。然于二先生所以致疑处，皆未有以发明也。孟子言政曰："民为贵，社稷次之，君为轻。"天生民而立之君，所以为民也。三代圣人所汲汲者，安民以安天下而已。自战国游士创为尊君卑臣之说，而君之势日尊。至秦乃竭天下之力以奉一人而不足，又为之刑赏劝惩以整齐天下之人心。历千余年而人心所同拱戴者，一君而已。因是以推及三代。因是而并衰周之世责以大一统之义，且以是苛及孟子，其大旨反覆归宿惟在于此。虽余隐之之辨，亦不敢直讦其不然也。此宋以来论古者之一大蔽也。

---

① 选自《郭嵩焘日记》，第四卷，61页。
② 选自《郭嵩焘日记》，第四卷，69页。

吟诗述经世怀抱①
（1880）

（光绪六年八月）十七日。晚次，朱香荪、罗小垣、盛夔甫又过谈。香荪见示小诗云：飓风吹浪浪滔天，簸跌江湖大小船。渔父不知溪水涨，芦花深处独酣眠。吾谓此诗有外视天下之意。方今天下一家，治乱同之，岂视②外视，因和云：挐舟出海浪翻天，满载痴顽共一船。无计收帆风更急，那容一枕独安眠！

记禁烟公社演说③
（1880）

（光绪六年）九月初一日丙寅。为去岁开立禁烟公社之期，会集曾文正祠之浩园，公祭王船山先生。会者周幼庵、傅青余、朱宇恬、左锡九、黄子寿、邓弥之、韩勉吾、罗小垣、张力臣、唐鲁英、余佐卿、瞿子玖及意城共十四人，仍令僧丽云司点传梆。嵩焘为宣讲云："今日为去岁开设禁烟公社之期，已岁行一周矣。各处禁烟，亦微有成效。然昨阅《申报》，印度种烟部已议准印度五省增加种烟土地，盖西洋各国章程严密，多种一亩之烟，即加增一亩之税，皆派大员司之，须俟议准后乃能开种。近年湖南、江苏、山西、甘肃均经示禁，浙江、福建、广东不如此数省之认真，亦并经出示查禁。印度不惟不酌减种烟土地，乃反增加。西洋耳目周广，考求各处情事，均能得其隐微，是必已知中国愈禁烟而吸食者愈多，人心风俗，敝坏日甚，相与巧遁于法之外，无所顾忌。吾辈本意，亦非敢期遽有效也，且申明此义，训示各家子弟，使知稍有忌惮，以不致习为故常，推类以各及其亲戚朋友，能醒劝一二人，即一二人受其益。罗研生寓书相讥，谓必无益处，须申明道光时章程，严惩吸食者数人，庶稍知惧。嵩焘答言，此章程可以行之道光时，不能行之今日。盖道光时烟禁未开，国家殷富，人民乐业，吸食者皆属富户，并于私室隐密处，不敢声张也。今日烟禁已开，吸食者贫民多于富

---

① 选自《郭嵩焘日记》，第四卷，82 页。
② 视：疑作"容"。
③ 选自《郭嵩焘日记》，第四卷，87~90 页。

户，又一皆肆行无忌，虽有严法峻刑，亦穷于为用。要以本原处言之，则人心风俗之宜急讲也，决矣。宋儒苏文忠公之言：'国家所以存亡，在道德之浅深，而不在乎强与弱；历数所以长短，在风俗之厚薄，而不系乎富与贫。'若是者，强而无道德，富而无风俗，犹将不免于危乱。今吾民之弱极矣，而道德之消削亦愈甚；贫极矣，而风俗之偷薄亦愈深。此所以为可忧也。往在广东，州县不完钱粮者，县官募集兵勇，择一二强乡围攻之，以勒取兵费。嵩焘因示禁，务追求其钱粮，不准私取兵费。会得龙川县禀报，有强乡劫掠饷银一案。急发兵助攻，而已乘间胁取兵费，拦助〔阻〕省兵。遂即具疏劾之。司道为之乞恩，云此广东积习然也，百姓以自祖父无完粮事，愿缴兵费，而不乐居完粮之名，州县又以完纳钱粮须给照，须改〔解〕省，而兵费皆入私囊，故亦愿收兵费而不乐有完粮之实。嵩焘答言：诸君视积习为固然，某则视为必不可宽假。乡人有殴父者，其家积世殴父，曰：是其家积习然也。某于此必不可容，须是督令改化而后已。是以风俗之美恶，全系之人心。人心苟善，风俗无弗善者；人心苟敝，风俗亦无弗敝者。嵩焘以为吾辈家居，政教之得失，纪纲法度之修废，皆非所能与闻，独于人心风俗，吾辈当同任其责。其道无他，苟有益于人心风俗，必力行之；苟于有害人心风俗，亦必力求反之。悬此以为之的，必有起而相应者。只如诗礼读书之家，稍能自给，其妇女必皆能自立，而男子终身无玷者鲜矣。非皆妇女之德胜于男子也，妇女稍不自立，即亲族耻之，无颜以求存于人世。男子出入无甚羞辱，则固安之。人心之积为风俗，即此可得其梗概。今日吾辈之集，多有谓其无益者，且或更相訾笑。要知吾辈原不必求一时之益，只求于人心风俗稍能挽回一二，庶几渐次推广，以幸免于危乱。此实今日立社之旨也。"左锡九申讲云："禁烟虽不必概行禁绝，要是为益不小。如中丞禁开烟馆，亦尝有贫户吸烟者，私室相邀吸食，然固不敢公行无忌。平常考试时三五成群，游戏烟馆，因之相习为非，至今此风无有也，即其所以保全者多矣。"嵩焘原讲云："今日西洋之祸，实肇始于吸烟，积久相沿，变故繁生。如近时伊犁一案，则尤意外之衅矣，处置稍不如法，势将激而交兵。嵩焘乞病家居，不能上参末议，有数节应达之中丞者，诸君宜急往陈之。闻俄人有爱谛美敦电报，相迫已甚，办法至此而遂穷矣。事机顺遂，近在咫尺。闻顷已奉谕旨催鲍春霆军门募勇急进，所派营官将领皆已启行，而余勇散布省城，急资弹压。闻中丞已定期初四日巡阅沅、常诸郡军政，虽属大典，要之具文而已。揆之事理缓急，万无此时出省远适之理。辰、沅相距千余里，道路阻隔，谕旨或别有调遣，缓急无所请命，于事势关系尤巨。急应援引两次上谕，奏明俟洋务定议后，补行巡阅。此时应办事件尽多，略言之有三要。俄人无论交战与否，必有应赔兵费，势将派之各省。湖南穷窘倍其他省，然固不能不早料理自度，尽力为之，能及多少之数，当以时奏闻备用。鲍春霆所募营勇，皆楚人也，而饷源无所出，虽奉旨由户部筹画，然恐事端重大，未必能有余力之。或当前敌，或竟罢兵，撤遣回省，湖南于义皆不能坐视，亦应早为之备。又近年人心浮动，盗贼肆行，鲍春霆开募湖南不过数千人，而应募者无穷，省城亦应稍有稽查。曾文正公原办省团章程，急宜一筹举行。现在城团总办刘定夫观察，尚属贤能，而承办团练，在官则裴樾岑观察，在绅则李仲云、周栗西、俞鹤皋，皆有经理之责，能稍实心实力，督率各散绅为之，其效可以立见。此皆宜上言中丞，及时举办者也。"于是公定瞿子玖上告中丞，黄子寿上告方伯，张力臣上告廉访，嵩焘亦就余佐卿处为书与中丞，属子玖面达。

读晁景迁传[①]
（1880）

（光绪六年九月）初五日。偶阅《晁景迁传》，见所载上言十事条目：一曰祇德，二曰法祖，三曰辨国疑，四曰归利于民，五曰复民之职，六曰不用兵，七曰士得自致于学，八曰广言路，九曰贵多士，十曰无欲速、无好名高。最切中今日情事。景迁名说之，元丰中进士，所言皆指注荆公之失，以纠正绍述诸公。《宋史》不为景迁列传，所言十事，未见其书，而切至中理。或谓："平日持议，贬斥言官。景迁云广言路，亦取之。何也？"曰："所为贵言路者，为能祛壅蔽而通下情也。宋明以来，条陈得失，倒乱是非，徒以眩惑朝廷，而民气壅遏滋甚，是以恶之。无他，其学识固不足以知天下古今得失，而侥幸一言以邀取声名，其心先不可问，更不必问其言之当否也。诚能直陈君德，勤恤民隐，以自道其所学，亦何恶于言路哉。"

---

① 选自《郭嵩焘日记》，第四卷，91页。

论大禹铸鼎象物^①
（1880）

（光绪六年九月）初九日。张力臣约为重九之会，与朱禹田及予与意城为主人，邀集傅青余、邓弥之、邓葆之、左锡九、黄子寿、黄子襄、罗小垣、瞿子玖、孙君诒、余佐卿同诣定王台，还饮于浩园。张力臣乃以齿痛不至，瞿子玖、黄子襄亦不至，傅青余又以家祭先归。因相与同诣傅青余宅，登所构巢经阁，其下荷花万顷，亦城中一胜境也。是夕饮次，予因论大禹铸鼎象物，左氏《传》谓其百物为备，使民知神奸，盖即《易系辞》所谓精气为物，游魂为变，以知鬼神情状者。郑子产言：鬼有所归，乃不为厉，吾为之归也。是即鬼神之情状也。知其情状，乃可以为之备。左氏《传》言：入川泽山林，不逢不若，惟能知其情状故也。吾湘如左锡九，能透澈辨知洋情。使能推明其说，令乡人皆知之，其庶几免于洋祸乎！黄子寿因言：知鬼神之情状，即一切明透而无所惧于其心；尝见军营抚降贼数十万人，一人指挥安插，立时即定，惟知其为降人也，而气足以慑之，则皆退而听命。吾谓此理无乎不通。范雎为秦画远交近攻之策，秦遂以并六国。最先当其锋者，韩魏也。使齐楚诸大国能知秦人之用心，相与翼蔽韩魏，以枝梧秦人，即秦人吞并六国之心，无自而行其计。今欧罗巴各国力助土耳其以当俄人，即此义也。齐楚于此各怀私心，亦且侵削韩魏以自利，秦人乃乘间抵巇，鲸吞蚕食，举六国而次第剪除之。惟不知鬼神之情状，而魑魅罔两层见叠出于其心。左氏《传》之引《书》曰："兼弱攻昧，启乱侮亡。"知六国之受攻惟其昧也，其于鬼神之情状亦思过半矣。

论学问本原在立身制行^②
（1881）

（光绪七年）八月初一日庚申。思贤讲舍学规中原有会讲一条，以值天气炎热，初遭国讳，继以子妇之戚，至是始告知左长卿，邀集潘学海、夏瓶仙、李杜生、陈子潄、左绍明、邓觐秋、黄荃生、何梅阁、殷

翰卿、吴子荫、江竺仙、罗巨生及经笙、荇农十四人及罗栯卿，至大厅会讲。发端言：诸生聚处已近半年，间一相见问所疑，并随事为言，未及论学之旨，所立章程会讲一节，亦讫今未及举行，是以今日邀集一讲。读书必自经始，读经书必自训诂始，学问本原，必由于此。要之，训诂考订，著书名家，学中之一艺耳。其本原在立身制行。圣人立为学校之制，示以立身制行，其义安在？盖以天地生人，当使之各尽其道。得其道则治，不得其道则乱。圣人不能遍治也，聚天下之贤且能者，使涵咏诗书之中，有以通其变而达其微，庶几缮性以修其身，推而行之以治天下，而后生人之道立，即天地之为道亦相与维持于不敝。古贤言为学先立乎其大，语本孟子。所以谓之大者，心为五官之主，万事之宰也。而君子之所以为学，亦正须于大处着眼。程子所谓大其心使开阔，正以学问规模，须是展放得大，庶足以尽天下之理。张子《西铭》不可不读，直看得天下一家，物我同类，为吾人自有之责，而其工夫自在后半篇，一一归宿到身心上。"于时保之"，开通后半篇之旨，而以"践形惟肖"绾合前后。知化穷神，存心养性，不愧屋漏，践形之实功也。如此方觉得此道之在吾身如此之大，如此之重。学人资质只有两途：曰高明，曰沉潜。而圣人却为之狂狷①两字；并是病痛，圣人却是见人须有病乃有治法，特描摹出此二字。狂者进取，已是看透第一层道理，自己便出担当，不是如今人一味恃才陵藉。三代而下，狂者恰是不易得，只能狷者一流。以狂者入道，亦须是有狷者质性。孟子固曰："人有不为也，而后可以有为。"此意恰是要紧。孟子言扩充二字，最足以警发人心，如言"人能充无欲害人之心"、"人能充无穿窬之心"。害人及穿窬，吾辈断不存此念。然或一言而阻人为善之心，一行而使人尤而效之，其害人甚矣。至于仕宦临民，所关利害尤大。若穿窬之心，推之尤无穷极。孟子亦言"以言馅之"、"以不言馅之"，皆穿窬之类。充此一念，吾辈之犯此岂少哉。天地生人，与吾之生原是一气感召。不从己身上结实推求，则是人身与吾身相隔数十重，于天地大本大原处从何推测？今日人心风俗流极败坏，至于此极，吾辈正当分任其责。孟子言："吾为此惧。闲先圣之道。"孟子于此实不能不怀惧。春秋战国之世，王者之迹已息。孟子于此时得禹、汤、文、武之君，犹可反而之三代，过是而无可为矣。孟子之惧，实见得三代圣人之迹，至此将废灭无余。吾辈处

---

① 狂狷：《广韵》：狂，病也；《说文》：狷，褊也。

今时，眼见人心风俗敝坏日甚，亦岂能不怀惧！所以挽回人心风俗，从何处入手？直须自从身心上检理一番，今且勿深论，只此日读经史，即是立身制行之准则。程子云：主一之谓敬，无适之谓一。日读此经，即将此心收敛到此书上，反复寻求其义理而涵咏之。极之起坐动履，皆须有一定准则。读书在此，即立身制行亦在此，只此一件工夫。今且问人心风俗所以日坏，其本源何在？在人心不肯向学而已。试看国初诸老，是何等气象；乾隆中叶何等气象；道光、咸丰以后何等气象。正气日微，人心风俗亦愈益坏，无可改移。近日人心风俗之坏，其本源又在何等？在不安分而已。只如今读书者，舍读书本业而求局务；百工技艺，亦各舍其本艺而求营务。富者日求益富，在官者日求高官美仕而无有已时。直将一世之人心，鼓荡得如潮之涌，如火之腾，如何平伏得下。吾辈且先自平伏其心。今日读书，便安分做今日的事；明日就馆，便安分做明日的事。但使自己的心平伏得下，随所在而皆有自尽的分。天地间生计，皆是天地间人营求。越驰骛向外，越求丰饶，越无自足之望。人人存怀此心，世界何由得静？吾且愿诸人先从此打透一关，乃可向上求进。左长卿亦举"舜其大孝"一章以证《西铭》，举"君子食无求饱"章以证安分二字之义，相与揖让而退。

在思贤讲舍演讲风俗人心[①]
（1882）

（光绪八年正月）廿一日。据《楚宝》考知为屈子生日，与张笠臣约集同社会讲思贤讲舍，致祭屈子，至者十一人：熊鹤村、傅青余、左锡九、黄子寿、余佐卿、彭畯伍、朱次江、曾重伯。予为宣讲云：《礼》称冠、昏、丧、祭、乡相见。窃疑冠、昏、丧、祭，并礼之大者；乡饮酒之礼，于义无取。据《周礼》"党正以礼属民，饮酒于序，以正齿位"之文，知此即养老之礼，其间升降揖让、进退周旋之节，尊贤尚齿之义，凡所以善人心、厚风俗，其义亦隐寓于此。今时学校不修，一切礼仪具文亦无存余，人生自少至老，日在怠惰放肆之中，未尝稍有约束。天下滔滔，万方一概，于是群相习为放辟邪侈，莫知为非。鸦片烟之流毒，其源皆自怠惰放肆中来。禁烟公社之立，纠合同志，训饬子弟，而

---

① 选自《郭嵩焘日记》，第四卷，255～257 页。

申之以会讲，正欲发明此义，使各怀震动恪恭之心，自不至流为此等败类。从古圣贤，皆成于戒慎恐惧。吾辈以中才而涉末流之世，内度之身，外度之人，忧勤惕厉，无有穷期，将为约束子弟，以推及其乡，必自检束其身始。初意思贤讲舍应得王壬秋主讲，为其学问文章，高出一世，又善开发人，使知向学之方。而其讥贬宋学、放溢礼法之外，亦恐足以贻误人心风俗。方谋与之约法，使从艰辛敛退用功，以冀其成就之广大。自《湘军志》一书出，乡人皆为不平，其势不能定议。须知天下事及之后知，履之后艰，各人成就一番功业，视之无甚奇也，而皆由艰难磨炼，出生入死，几经阅历，而后成此功名。轻易谈论，尚不能尽出曲折，岂宜更诬蔑之！道德文章，推极于圣贤境界，亦尽无穷。若恃其才气之优，偃然自足，遂以文字玩弄一切，是其倒乱是非，足使元黄异色，天下何赖有此。古人言史才须兼才、学、识三者。如此只是识不足也。吾湘近年尽知向学，所望于壬秋者甚巨，而终至此席不能相属，吾尤以疚于心。然要知此等气习，学者切须慎防之。正虑才与学皆不能逮，而先务为放言高论，睥睨一切，风俗人心，因之日益偷薄，亦可危惧。吾是以推论之，使各知所警惕。熊鹤村申讲云：禁烟公社专为约束子弟起见，然道理广博，却从何处着手。但看今人，大患有二，一曰私，一曰偏。私者，人心之盘结深固不可解，而又以其偏济之，其弊遂至无穷。私起于人心之欲，大率相同，而其偏处，往往缘于学问，是尤人所宜戒者。去私去偏，而后见理明，见理明而后律身涉世，自有归宿处，正须于此用约束之功。意城原讲云：凡人身病痛，未有不由于名利者。以学问文章助其名利之私，其贻患尤大。若论圣贤事业，推究一层，又有一层境界，正是无止境。朱子自言，年逾七十，所言又胜前时。正使孔子之圣，年至八十、九十，其造诣〔诣〕亦当日进。所以吾辈兢兢业业，更无可放纵之时。凡所以立社之本，正须彼此相为发明劝勉，以求各自尽而已。

记曾国荃论自强[①]
（1882）

（光绪八年三月）廿一日。检广东奏稿六本交朱香荪。闻彭雪芹宫

---

① 选自《郭嵩焘日记》，第四卷，274 页。

保至，急往见，而探言今午已泊靳家河，大约明日大早至，即上坡，以免酬应之烦。因过曾沅浦宫保、陈舫仙谈。沅老论自强二字之义，须重看"自"字。朝廷但一意自强，天下已焕然改观，非舍己而责之督抚也。督抚一意自强，一省已焕然改观，非舍己而求之将帅也。故曰：为仁由己。今廷臣纷纷言自强之计，皆呓语耳。诚求自强，蠲弃铁甲船与炮台而废兵不用，而所以强者固在也。天下事只是一以贯之，二则无可自名。既云筹办边防，又云安边弭衅，只此便为二。一心可以理万事，二其心不可处一事。故曰：一者诚也，二则先已不诚。沅老此言绝精。

论中西谋利之别^①
（1882）

（光绪八年六月）十六日。奇热不可耐。周昌辅来此作竟日谈，与论义利之辨，因及本朝士大夫无不经营生计，其风自闽、粤、江、浙沿海各省开之，浸及于京师，盖亦西洋风气之流溢中国者也。中国言义，虚文而已，其实朝野上下之心无一不骛于利，至于越礼反常而不顾。西洋言利，却自有义在，《易》曰："利物足以和义。"凡非义之所在，固不足为利也。是以骛其实则两全，骛其名则徒以粉饰作伪，其终必两失之。近来于此看得分明，不似向时之拘牵文义也。

论四民之业^②
（1882）

（光绪八年）九月初一日甲申。诣船山祠行礼。会者十一人：熊鹤村、傅青余、李次青、黄子寿、王壬秋、左长卿、彭稷初、任禹田、朱次江及予兄弟。意城仍行宣讲之仪。吾为开讲，言公社开立四年，自去年以来，逝者三人，周幼庵之盛德长者，李仲云之声誉，余佐卿之英年俊才，皆不易得。余人惟黄子寿、朱禹田两家子弟，循循礼法，读书能文，辉光日新，最足欣慕。近日张笠臣以其子牵涉盐务新引，万人指目，几无以自立。鄙人却有所见道理须发明者。四民各有恒业，始见

① 选自《郭嵩焘日记》，第四卷，297～298 页。
② 选自《郭嵩焘日记》，第四卷，318～320 页。

《管子》书。而《考工记》言，国有六职：坐而论道，谓之王公；坐〔作〕而行之，谓之士大夫；审曲面势，以饬五材，以辨民器，谓之百工；通四方之珍异以资之，谓之商旅；饬力以长地材，谓之农夫；治丝麻以成之，谓之妇工。四民至与王公并论，而兼及妇工。王后亲织元纮，公侯之夫人加之以纮綖，自庶士以下，皆衣其夫。尽男妇无敢闲旷废业者。《大雅》之诗曰："妇无宫事，休其蚕织。"为褒姒言之，非谓周衰并妇功皆废也。《皋陶谟》叙禹自言："濬畎浍距川，暨益〔稷〕播奏，树〔庶〕艰食鲜食，贸迁有无化居。"并农工商三者，圣人皆自任之。三代学校之制，七岁而入小岁〔学〕，十五入大学，至二十成丁；任为士者，修士之业，任为农工商者，修农工商之业。四民各有所归，而学亦终不废。孟子言舜发畎亩之中，农也；傅说举于版筑，工也；胶鬲举于鱼盐，商也；管夷吾举于士，以罪系而用之。然《史记》固言管仲少时尝与鲍叔贾。孙叔敖之举海，百里奚之举市，盖皆商也。四民虽各有业，而德民①名立，则亦委国而任之。汉世去古未远，其规模尚存，如朱买臣之负薪，梁鸿之赁春，兒宽游太学，遂为诸生都养，皆处之泰然。公孙宏举贤良文学，不中第，遂归，牧豕海上。式卜〔卜式〕亦归牧羊，无所嫌也。至唐尚文学，而士始贵，绝远农工商之上。至明发明性理之学，以贤圣自任，而士愈贵。然而士愈贵，而为士者愈多，而人心风俗亦遂愈趋愈下，其终尽天下为游食无业之人，而使四民者皆失其业。是以圣贤生于今日，必务重四民之业，尽天下之人纳之四民之中。即吾辈教家亦然。子弟材质高下，当使各有本业，必不可使无业游食而以士为名。孟子曰："民为贵。"民者，四民之各有职业者也。四民之外，不得谓之民。少时读《汉书》，见高帝困辱贾人，有市籍者重征之，不使任仕宦。窃心以为疑。其后读贾生《治安策》及《史记·货殖传》，所称计然、白圭、郭纵、乌倮之属，皆奇特非常之才，而富商大贾之奢僭，至晚周已莫可穷诘。盖三代学校，至战国而尽绝，士皆失其养，如《论语》所叙长沮、桀溺、荷蓧、荷蓧之丈人，皆一时奇士，而其时学校犹存，是以成其才而定其志。战国学校既废，而士之负才积学者，一不得其所养，遂流而为游说以干时，处则为任侠，其愿者为商贾，而用其心计以趋时规利，奴仆生产，上拟王侯。高帝并天下，不能兴复学校，以整齐天下人心，而务以力胜之，于是隆孝弟力田之科，而

---

① 民：疑作"成"。

屈辱商贾，而其力卒无以相胜。至于今日，而商贾之权势，所至交通大吏，而农民受役于有土之家，下比奴仆。儒生之言，犹袭汉初之说，重农务本而薄视商贾，是谓名与实两不相应。然详汉时屈抑商贾之令，正谓其挟术专利，役使平民，不知有信义耳。至于今日，而商贾营利，专恃信义以济之，非有信义，则人莫不①顾。而士大夫专尚虚浮，以规时好，无知有信义者。苟守信义，相与见谓迂远不达事情，终亦无能自立。盖商贾营利之心，至一倍二倍而止矣。《诗》曰："如贾三倍"，言其极也。士大夫所至，动求十倍百倍之利，是张笠臣之失，不在营商，而在以士大夫之本领营商贾之利。窃观西洋以商贾为本计，通国无不②闲；中国重士而轻视农工商三者，乃至一家一邑之中，有职业者不逮百分之一，闲民居其九而又过之，民安得不穷？国安得不弱？所以尽人吸食鸦片，始由闲民之多，而终一出于懒惰苟偷，并食力者皆以吸食鸦片为固然而不知愧，公社开立四年，不能望其有益，而吾意中却未尝不求益。至于今日，乃觉悲叹之意多，而希冀之心少。其故有三。当初设立公社，原以劝善规过为义，须使社中多为利国便民之事。今此盐务加引，乃使一省承其害，而无有劝阻之者，则是劝善规过之谊未至也，此可叹者一。左相一开茶引，一增鸦片烟税，一加盐引，耗散湘人财力，动逾百万。初闻增鸦片烟税，竟相与居积，亏折至数百万，犹谓武人富厚，不知礼义，宜有此也，继乃闻士大夫亦多有之，则是开立禁烟公社，曾不足以警动一时之人心，而以屯积鸦片烟为利，尚为从前所未有，此可叹者二。初开禁烟公社，同社诸公无不踊跃，以约周笠西、俞鹤皋，则皆辞，尝叹言人心识量各别，或求济世利人，或求自守，皆其识量然也。今此一举而使人言沸腾，乡人坐承其累，则亦何以自解？此可叹者三。是以鄙心郁郁数月，以为劝善规恶，一有未尽，社中宜分任其咎，而鄙人之咎为尤深。敬请诸公一发其蒙而释其义。

论讲学宗旨③
（1883）

（光绪九年二月）十一日。彭丽生定巳刻思贤讲舍开馆。朱宇田、

---

① 不：疑作"之"。
② 不：疑作"一"。
③ 选自《郭嵩焘日记》，第四卷，364～366 页。

李次青、张笠臣、凌问樵四首士均未至省，因往一送馆，随就于桐轩一谈。回至浩园，傅青余、朱次江小坐，以事他适。公社会讲者：熊鹤生、彭丽生、王壬秋、左长卿、罗小垣、黄望之及予七人而已。予因论公社创立五年，人事变迁，老成多至凋谢，言之痛心。而此公社实亦未见有益，所以守而弗失，正以此理须待发明，使后生晚进知有此一段议论，积久自有益处。尝论《周礼》以九两系邦国之民。两者，相为对待，即此以知彼，因彼以证我。盖天之生万物，惟人最灵，灵则必不能相安无事。圣人熟体人情，知人心之灵，必使有所倚附系属，以达其生而遂其性。方以类群〔聚〕，物以群分，圣人因而用之以成化，多方为之联属。曰牧以地得民，封建之所由始也。曰长以贵得民，六官之长皆能致民。曰师以贤得民，大司乐及师氏保氏之属，并有教道国子之责，以致邦国之民。曰儒以道得民，大司乐合国之子弟，而使有德有道者教焉，所谓儒也；周之衰，而孔、孟氏继作，而儒益尊。曰宗以族得民，宗法所由立也。曰主以利得民，则工艺之事，饬伐八材，阜通货贿，为利源所自出。曰吏以治得民，自卿大夫以下，比闾族党，皆能以礼属民，而射饮之事兴。曰友以任得民，则以文会友之事也。曰薮以富得民，山衡林麓，擅地以为居积之资，其力皆能役属其民，圣人亦遂任之以广其利，而使四民之业有所归。而后王者养民之政，分而属之于人，以联合之，而国本斯固。秦汉以来，举九者所以系民而尽废之，以成乎泮涣乖违之天下，至于兄弟亲戚不相保，乡里不相恤。独孔、孟氏斯文一脉之流传，犹略有存者。汉世经生弟子相从受业，动数千人。唐文[①]一变而为文章，如韩退之泰山北斗，天下宗仰，李翱、张藉〔籍〕之徒，皆附之以立名天下。至程、朱出而道益尊，信从者益众。历元至明，数百年相袭以成风俗。国家治经之儒，旷越汉、唐以上，而前代讲学之风至是而尽废，遂使天下之民一无所系属。奸民之雄者，乃假会堂为名，私立名目，以相勾结。《书》曰：“天降下民，作之君，作之师。”君、师二者，一不足以联属其民，乃相奖以急入于邪，亦势之所必趋也。乾隆以后，各县皆立书院，学校为最盛。而一以利诱之，于学问源流本末，全失所以为教，直使败坏人心风俗，有损无益。所以创立校经堂、思贤讲舍，求一挽学校之陋。而此禁烟公社亦遂相附以行，期使贤士大夫及后进聪明之士共相讲习，以窥知圣人立学之旨，因以系属人

---

① 文：疑作“世”。

心，使骛于学。不敢希儒者以道得民之盛，亦庶几齐合人心，使不至于涣散，略存古人以文会友之义。

论君臣之义①

（1883）

（光绪九年二月）廿七日。大南风。八十里，至湘阴，始及巳刻也。致黄子寿、黄石珊、唐曦城、竹虚、邓子勋、吴晴研、萧子远、唐桂生各信，并于风浪中急遽为之，竟不意终日为人忙迫如此，可笑之至。魏郑公疏论待大臣以礼云："处之衡轴，为任重矣。而信之未笃，则人或自疑。人或自疑，则心怀苟且。心怀苟且，则节义不立。节义不立，则名教不兴。名教不兴，而可以固太平之基，保七百之祚，未之有也。夫委大臣以大体，责小臣以小事，为国之常也。今委之以职，则重大臣而轻小臣。至于有事，则信小臣而疑大臣。信其所轻，疑其所重，欲求致治，其可得乎？任以大官，求其细过，刀笔之吏，顺旨承风，舞文弄法，曲成其罪。自陈也，则以为心不伏辜；不言也，则以为所犯皆实。进退维谷，莫能自名，则苟求免祸。大臣苟免，则谲诈萌生。谲诈萌生，则矫伪成俗。待之不尽诚信，何以责其忠恕哉！臣或有失，君亦未为得也。夫上之不信于下，必以为下无可信矣，若必下无可信，则上亦有可疑矣。上下相疑，不可以言至理矣。"又言："国家重惜功臣，不念旧恶，但宽于大事，忽②于小罪，临时责怒，未免爱憎之心。君严其禁，臣或犯之。况上启其源，下必有甚。川壅而溃，其伤必多。欲使凡百黎元，何所措其手足！此则君开一源，下生百端之变，无不乱者也。"此疏所言，多切中今日情事，廷臣无知此义者矣。

议君德与臣道③

（1883）

（光绪九年四月）十二日。邓双坡、彭丽生过谈，相与述近事，多可慨叹。范文正言："人主纳远大之谋，久而成王道；纳浅近之议，久

---

① 选自《郭嵩焘日记》，第四卷，369～370 页。

② 据《贞观政要》，"忽"应作"急"。

③ 选自《郭嵩焘日记》，第四卷，383～384 页。

而成乱政。刑法之吏言丝毫之重轻，钱谷之司举锱铢之利病，往往谓之急务，应响而行。或有言政教之源流，议风俗之厚薄，陈圣贤之事业，论文武之得失，往往谓之迂说，废而不行。岂朝廷薄远大之谋，好浅末之议哉?"最切中今日情事。彭龟年疏言："匡衡上言元帝：治性之道，审己之所当戒而齐之以义，然后中和之化应，巧伪之徒不敢比周之〔而〕望进。夫治性系于人主，而衡乃及巧伪之徒。盖正直之人，知君性之偏则以为惧，从而救正之；巧伪之人，知君性之偏则以为喜，从而逢迎之。近日进退人才之际，惟伤于太急，言急则难信，行急则难久，令急则难从，政急则难及。察其黜陟先后，若有成画，操纵取舍，若有机数。伤急之中，又损陛下质直之性，臣恐有巧伪之徒误陛下也。"真德秀疏言："在廷之士，有劝陛下以亲近端良、不讳己过者，必君子也；不惟听受之，又当奖擢。有劝陛下以疑忌人言、恶闻阙失者，必小人也；不惟拒绝之，又当摈斥之。"今时朝政，惜无以此言上达者。

论人心、风俗与气节[①]
（1883）

（光绪九年）九月初一日戊寅。接郑陶斋、陈子澹、张崑生、周昌辅、罗楚卿各信。曾慕陶、曾霖生过谈。是日致祭船山祠，就便一开社讲，到者熊鹤村、彭丽生、傅青余、凌问樵、韩勔吾、左长卿、李次青、龙研仙、黄望之、朱耻江凡十一人。嵩焘宣讲，言开设此会四年，以禁烟为名，亦期相与讲求持身涉世之方，亦明知其无益，姑存此规模，以待贤者之兴。数年以来，亦觉人心风俗，日趋凉薄，然亦勉强相安。自增加盐引，受累繁多，生计日益萧条。密察人心之偷敝，亦竟穷于思议。今年山东、直隶水灾，奉天雨灾，江南里下河一带水灾，广东风灾，南洋楮达地陷之灾，《申报》所载，穷[②]见叠出。湖南去岁歉收，今年便觉饥荒，又兼以虫荒、水荒，然亦竟得中稔，较之各省灾荒，固为胜之。此为可幸，亦最为可惧，以人心风俗尚不能及山东、直隶、奉天一带之纯朴，而反幸邀天眷，此尤当猛省者。自古世道之乱，原本人心风俗，而其患皆起于士大夫。吾亦自觉数年以来，德业未尝有进，且

---

① 选自《郭嵩焘日记》，第四卷，415~417页。
② 穷：疑作"层"。

岌岌有日退之势。张子云："士君子处治朝则德日进，处乱朝则德日退。"此亦自然之理。用此展转以自趋于乱，吾辈士君子之责，亦何辞以自解？所以汲汲望君等之相与维持之。彭丽生言：窃观今日人士之敝①，莫甚于无耻，尤莫甚于好利，其终归于放肆。晋人以清谈致乱，其时犹知崇尚名节，顾惜清议。今则一世〔切〕不顾。自乾嘉以来，学者一意诋毁宋儒，直将作人的规模，毁坏净尽。人心风俗，安得不坏？嵩焘复言：丽生所论三弊，深中今日学者隐微，而无耻为尤可惧。孟子云："耻之于人大矣。"孔子论士，发端便说"行己有耻"。此语包罗最广。如宗族称孝，乡党称弟，尚属其次。尚有心，自然不敢不孝，不敢不弟。耻者，动于心之不自安也。人生大弊，只坐好利。要须是有耻，则利中多少层节，自然推勘分明。是以耻之一字，于人士尤为吃紧。放纵与利与两途〔放纵与好利两途〕，然其归宿则一。一念之无耻，可以无所忌惮，无所顾惜。此三语足当今世士人顶门一针，吾特一与申明。熊鹤村、彭丽生因极论张幼樵之文章气节，议者犹或非之，心为之不平。嵩焘谓幼樵聪明而优于才，其志节正待养成。朝廷所以用之，则全失其宜，直是纵令讦告。进退大臣，视其一言，其权势之煊赫，至于倾动朝野。所以然者，以李兰生为之奥援耳。自古岂有居显要之地，与政府交相结纳，而可云气节者乎？韩勖吾因言京师议论，谓其在翰院与张振轩世兄交密，谋以军务邀求保举，张振轩因奏请帮办军务。恭邸以翰林近臣，不当奏调为言，张幼樵乃大惧，谋之张伯潜。伯潜以为必一参劾张振轩，乃可以解释人言，因请以擅调近臣议处直督。京师知此者，皆心非之。嵩焘谓勿论其他，只肃毅伯相为幼樵添设问津书院名目，岁致千二百金，幼樵坐受此脩数年，既转副宪，乃推以荐之黄再同。以一翰林，坐受地方大臣千二百金之干金，徒以其为权要人也，曲意罗张〔张罗〕之，而竟腼然受之不辞。既以副宪居风宪之地，不宜受此无名之惠，辞之可也，又举以属之黄再同。此有二义：再同亦有梗直之名，幼樵欲与共享此利，以为此义取也，无不可受也，是强与同污也。且以明肃毅此举，并非为渠而设。若荐之他人，肃毅必不肯允，而与黄子寿数十年至交，以属之再同，肃毅必不肯违异。是使与者受者皆甘心受其笼络，此小人心计之尤巧者也。吾直不敢以谓然。张幼樵首参李肃毅，卞诵生首参曾文正，皆以此上邀朝廷之眷，即此可以定其为人矣。君子

成人之美，如幼樵之才，犹能崇尚名节，亦今时士大夫所难。独苦李兰生无大臣之才识，而一意援引之，使行其刻薄矫激，以成一时操切之政，关系实非浅鲜。非知道之君子，谁与辨之？乃击鼓而罢。是日诸生听讲者：刘若华、陈子潽、李子韶、张鹤臣、刘静生、萧叔衡，凡六人。

演讲禁烟公社宗旨①
（1884）

（光绪十年）九月初一日壬寅。微雨。诣船山祠行礼。接周步瀛及玉舲二信。周癸生枉过，步瀛属令面求一书抵曾沅浦宫保，恐无所益。未刻，为禁烟公社一会讲，集者熊鹤村、周定轩、龙研生、朱次江及子潽五人而已。并邀周瀛士、姚彦嘉二人一会讲。吾言所以立社之意，以道光初鸦片烟始行，百姓生计日就凋敝，人心风俗亦日趋浇漓。道光之季，倡为禁烟之议，天下遂致大乱，为害之烈至此。相与立此社，以为约束子弟、劝戒亲友之资。至今五年，人事之迁流运会，风尚之日趋于污下，但见有坏处，并不见有好处。即同社诸君，死者数人，在远不能合并者又数人。存者且相率引避，较之前数年人怀欣冀之心，今皆无之。尝窃论圣人修《春秋》，期以斡旋世运。而自《春秋》成，一变而为战国，三代礼乐政教荡然无存，然独赖孔氏之言，稍存文武之大法，使后人有所考览。值昏浊之世，必将有善气之一动而留贻人心，此亦天地自然之机，圣人之道德功用，收束三代以前之局，实关天地之大运，未易窥量其用心，要其义无以逾此。诚果得数人维持其间，斡旋补救，使其道施显于世，而天下以治，否则存其说天地之间，俟后人之修明之。斯道之显晦，虽圣人亦莫能自主也。大抵人心随世俗为趋尚，王纲不立，学校不修，此理不明于世，而世俗相沿之议论从风而靡，莫有能辨知其得失者。如西洋自汉通中国，莅唐而由海道通市，历今千余年，未尝有异也。而洋布及时辰表沾被中国，未尝不利赖之。所最为害中国者，鸦片烟而已。今人相与沉溺鸦片烟之中，而侈口诃骂洋人，竟莫测其何以为名。故吾人读书论世，首在明理。理明，自然随事可以理处，消患未萌。今纷纷无识之议论，盈堂盈室，朝廷为之茫然，封疆大吏及

---

① 选自《郭嵩焘日记》，第四卷，502～504 页。

当事者亦皆茫然，其原皆发于读书纵横之言，则学校不修之道①也。因与熊鹤村、姚彦嘉反复辨明此义。是日主办者王直斋茂才，朱宇田所令经理讲舍者也。

演讲人心风俗②
（1886）

（光绪十二年）九月初一日辛卯。早雨，日出郁热。致祭船山祠。首事傅青余、俞鹤皋、陈程初并早至。陶少云、朱次江亦至。午刻至者，张子容、熊鹤村、任禹田、曾重伯及子潇。通李佐周及吾，凡十二人。少云以是日宴客，不与公社之会。少云、鹤皋，并此次新列名者也。吾为开讲云："禁烟公社之起，原约每月一会，至言格论，互相印证，足资取益，亦可稍遂朋友谈宴之乐。继又恐其太烦，定为每季一会。旋又减至春秋二会。而自己卯至今，每会到者加少。去春一会，已两次不复举行。今任禹田既自京归，张子容又来省，特为两君开此一会。冀闻名论，以无负立社之本意。"张子容申讲云："在乡曾有讲约为乡人示禁。一曰勤。士农工商，皆少一勤字不得，只如士不耕而食，不织而衣，出门则有舆马，试问何德足以堪之？所以自解者，君子劳心而已。而又终日嬉遨，或至欺陵攘夺，横行乡里，乡人拭目以伺其倾败，其能久安享乎？世途逼侧，生计愈穷，商人既无所得利，为农工者不足以自赡，则思改而他营，终日奔驰，转益穷困，何如各就其本业，益加勤勉，兼日力而为之。几见能勤苦者衣食尚有不足乎？一曰俭。俭之义甚广，今不具论。人生五十以上，亲友为寿文颂之，必云如何俭约，如何不乱要钱，如何分惠亲党。及死而求为墓志，或竟称其奢侈，则必大怒。颂妇人者必谓如何主持中馈，如何赞助其夫以治其家，如何宽恕，若曰宫粉胭脂，修饰仪注，衣服必四幅云，首饰必珠翠，见者亦益大怒。一切求为奢丽，而又乐使人诵其节俭，此又何心乎？一曰禁止鸦片烟。鸦片烟之害，尽人知之。所以成瘾，则积渐为之也。只如见人吸食鸦片烟，相就吸一口，自谓无害也，明日又吸一口，后日又吸一口，或稍拒之，则将曰昨日已吸矣，今吸一口何妨。如此，欲不成瘾不可得

---

① 道：疑作"故"。
② 选自《郭嵩焘日记》，第四卷，652～654 页。

矣。须是斩斩截截，百口劝之，终不一吸，人将曰是真能不吸烟者，亦不复劝之，即所保全大矣。须是忍定此一口气，省得后来无数懊悔。一曰安分。生平着鞋，但用羽毛，不用缎子。或问之，曰：缲丝必兼蚕煮之，数百条生命，以当一履，心诚有不忍也。今见工役下贱皆缎鞋，即此一端，二十前年〔年前〕所未有也。未经粤寇以前，人心犹为质朴。经乱以来，日益加侈。吾力持此议以行之，一乡人心犹有知警者。有侄女适田家，寄宫扇求书，函责之曰：妇人主中馈，宫扇岂扇火之物乎？却还之，因言吾家妇女有持此者，吾当自受罚。乡人相称必曰老爷。此二字何可当？犹之称老父也，试问所行足当此否？不足当此而安然受之，即折福多矣。一曰息争。鸟雀相聚则斗，鸡亦然，犬牛亦然。凡斗者，横行之物也。人之生也直，故无斗。树木亦无斗。其有斗者，心之横出而不审之于理也，是自侪于禽兽者也。所为议约甚长，略举此数端可以厕入公社讲约者，未知有当一二否？"吾又为原讲曰："子容居乡，躬行实践，非徒以言感人也，而所言深入膝理。人生斯世，与人为类者也，必求有益于人。乡人耳目见闻，未甚沉溺，易于导之为善。至城居者，视乡人为亢矣，气习相沿，至久而益难反，强使为善而亦不能从也。故乐集诸贤，以稍发明其义。或有一二人闻而知感，则此一二人已受益矣。大率生世有两大害。一曰好利。极天下之人未有不好此者，然一喻于利，终身为小人之归矣，须是审度一义字。一曰好胜。万种争端，起于好胜，极其量遂以乱天下，戕贼人民以求一逞。人心一念之微，感召天地鬼神，以成祸福治乱。天人感应之理，非有二物，只是一气。如今日乍冷乍热，三四十年前为童子时，岁或一见之，未为常也，近年竟成常局。此由人心乍水乍火，乍寒乍热，通彻于此。天地乖戾之气，皆人之气为之也。以天地原是积气而成，人生其间，充满流动，感气独多。天地者，受裁于人者也，如何能与人别异？要之，阴阳消长之理，虽当剥极之时，而微阳潜伏于下，以为来复之机。民彝物则之理具于人心者，即潜伏之微阳也。吾辈当养此微阳，以待天心之复。世运风俗转移之机，动于人心一念之悔。人心之复，即天心之由所〔所由〕复也。君子视其心与天心相应，视天下之人心与吾心相应，是以不敢不自重，以求稍有益于世也。"

奏疏

请置战舰练水师疏代[1]

奏为请置战舰、练水师以资堵剿，恭折仰祈圣鉴事。

窃惟行军之法，因敌制胜。阻山寨之险者，直扼其要害；兼水陆之势者，先破其舟船。粤匪自湖北、安徽转陷江南，沿途掳掠民船，已逾数十万艘。自九江以下，江路一千数百里，尽以资贼，多或百数十船，少或一二船，往来停泊，无敢阻难。江南扬、镇等处，皆两面凭江，并力攻围，而贼得水陆救护，以牵制兵力。故欲克复三城，必筹肃清江面之法；欲肃清江面，必破贼船；欲破贼船，必先制造战船以备攻击。贼船出没无常，乘风急趋，一日可数百里。官兵既无舟楫之利，哨探不能施，防御无所用，是以其势日益猖獗。使早制备战船，多安炮位，调广东、闽、浙水师营兵以截江路，而大营兵勇分堵三城，与水营声势联络，以四扼其分窜之路，兼施堵剿之力，断彼接济之途，未尝不可克期奏绩。

向荣、琦善曾请调雇民船为剿贼之用，不思船户非习战之人，一闻贼至，张皇失措，官兵不能遽绳以法。若贼用民船，劫之以威，稍违指挥，即行杀戮。故以民船击贼船，我先不能得力，而贼之奔突自如；以战船击贼船，贼既不能整齐，而我之冲击有势。剿贼之略，无急于斯。

论者徒谓贼势方炽，制船购炮，有缓不济急之势。不知贼据三城，已逾六月，未闻战胜攻取，坐收旦夕之效。长江天堑，尽为所据。苟非分扼江险，虽劲兵良将无可施其力，防堵攻剿，势且两穷。即其窜扰江西，两月有余，官兵屡挫其锋，而不能及时扑灭者，良由贼船过多，既可资以策应营盘，复可借以掳掠粮食，如前分扰瑞州、丰城，而无船可以追剿，转扰饶州，而无船可以堵截，虽屡经设法焚烧其船，而诸多不能应手。

臣愚以为宜饬四川、湖北、湖南各督抚制备战船百余只，一以广东拖罟为式，每船计可载兵五十名；饬广东督抚购备夷炮五百斤、三百斤者合千余尊，以奉到饬旨之日起，克期三月，一例齐备，陆续放至武昌，以备调遣。此三月之中，力能破贼，即以此项分布沿江水师各营。

---

① 选自杨坚校补：《郭嵩焘奏稿》，1~2页，长沙，岳麓书社，1983。

盖用近日水师战船，有名无实，一经调拨，无从应付，得此分布，为益日多。且贼众数万，掳船万余，纵使败衄而乘船远遁，沿江一带必受其扰，搜捕余匪，不能不资船为用，与其贻悔于他日，何如急筹于今日。

窃计每船以千金之费准之，约船百只，银十万两；每炮一百余银准之，约炮千尊，亦需银十余万两。除官办外，宜劝谕绅商捐办，并照捐输新例，酌减三成议叙。总以广为预备，迅速蒇事为务。俟战船炮位刻日造齐，然后调集闽、浙、广东水师营兵，兼雇广东水勇，扼守江险。以剿则相机冲击，而力有余；以堵则依营据险，为势亦壮。其于战剿之方，未必无补万一。

愚昧之见，是否有当，伏乞皇上训示施行。谨奏。

此咸丰三年癸丑江西代江忠烈公所具疏稿，盖其时江路为贼所踞，官兵无一船之用，嵩焘至江西，力陈之忠烈公，忠烈公大喜曰："在营两年，未闻此言。"即令嵩焘具稿。因携短烛，就窗际为之，即日缮发。张石卿制府时督两湖，依此数造船二十号，曾文正公赴衡州，以造备水军自任，遂以成肃清江路之功，实由此疏发其端也。自记。

各省抽厘济饷历著成效谨就管见
所及备溯源流熟筹利弊疏[①]

奏为各省抽厘济饷历著成效，谨就管见所及，备溯源流，熟筹利弊，详细胪陈，仰祈圣鉴事。

窃维国家承平日久，营兵废弛已极。广西贼初起，调集山、陕、滇、黔边兵，谓必优于腹地，均因日久无功，以次撤归。嗣后各省筹办防剿，专务募勇，而营兵亦时就地调拨，始终不能一得其力。自古行军皆由调拨，近时则一出于召募，此用兵之一变局也。军务初起，朝廷颁发帑金，动辄数百万，或由户部运解，或由邻省协拨，军营安坐以待支放。师久而财日匮，东南各省，蹂躏无遗，户部之解款，邻省之协饷，力皆不能自顾。偶一办理防堵捕剿土匪，左支右绌，无可为计。其势又不能坐听其决裂。艰窘如广西、贵州，亦须经营筹画，自求生理。湖南经理得宜，则竟以一省之力，支拄数省，此又筹饷之一变局也。用兵既久，筹饷之难倍于筹兵。饷裕则兵强，饷匮则虽有兵而不能恃以御侮。

---

① 选自杨坚校补：《郭嵩焘奏稿》，126～132 页。

总计十余年以来，筹饷之方，名目繁多，其大要不过二端：一曰捐输，一曰厘金。

捐输起自汉卜式出私财佐军，流极于宋、明之季，而有搜括之令。国家开捐纳之例，导之以仕进，取之有节，劝之有方，巨富厚赏，立致荣显，中下之户，亦乐有以自效，为法优矣。而数行之，则民怨官烦，而法亦敝，故捐输可以救一时之急，而不可为经久之规。

厘金之制，盖缘始周官之廛布、纵布。以杜子春注意推之，廛布者，当如今之坐厘；纵布者，当如今之行厘。而自周以前，商贾之征，数倍农民。后世水陆钞关，额设极少，税课亦极轻。此非徒以优商也，王者节宜天地之宜，田赋所入，以制国用有余，商贾聚散无恒居，盈虚无定势，官吏易缘为奸，故常弛其征以便民。军兴用繁，则百税并举。遂古以来，国用之需，无不取给百姓。王安石窃《周官》之意，以扰承平无事之民，君子所深恶。至于艰难筹饷，而一切苟且之政行，其势自迫于不容已。四民惟农、商二者为有常业，不取之商，即取之农。农民务本而生计微，商民逐末而利源厚，轻重之宜，亦易知也。

今之厘金，与汉之算缗、唐之除官钱、宋之经制头子钱异名而同实。汉、唐之世所谓算缗诸法者，皆取之商贾之本钱，故又有告缗、手实诸法，以穷其根柢。其余百货，更加以税。史册所纪，令烦法密，所以括民财者甚至。然汉、唐、宋取之民者多而为利反少，今取之民者约而为利反多者何也？汉、唐之制，为定法以督之州县而已。督之州县，则吏胥之搏噬益繁，而终无实际。为定法则商贾之丰俭或相倍蓰，或相千万，而不能不著为课额，派之州县。通都巨镇，可以倍征而徒饱私橐；山城僻壤，并无贸易而亦须取盈。又或于正供之外，科以杂差，故为扰也。今之厘金，惟不限以科则，不拘以程式，一依唐臣刘晏之法，引用士人，因地制宜，犹得任人不任法之意。臣请历言之。所谓不限以科则者何也？上海厘金抽收之法异于江北，安徽异于江西，湖北异于湖南。货行之通滞，商情之顺逆，惟其所便，而不以相强。上海厘金抽收最重，以次推及广东，不逮十分之一，不能比而同也。甚至一省之货，此轻而彼重，一厂之设，此疏而彼密。惟无科则，而后事事乃稍可以核实，可以便民。所谓不拘以程式者何也？凡商船经过之通津，有卡厂行厘；货物囤积之巨镇，有门市坐厘，其大较也。间有支津汊港，绕越偷漏，则又添设分卡；小镇毗连大镇，或至居奇，则又添设分局，皆随时酌量办理。一省扼要处所不过三四，办法亦因加密，其余稍宽其法，设局多者不过一二十处，或通数府县无一卡局，或小镇举办而大镇反未及举办。推而至于各省，或办或不办，或办之有效，或竟无效，一听督抚之自为经理，均无一定之程式强之以必行。是以用兵十五年，被扰亦十余省，其势岌岌不可终日，而募民以为兵，因地以筹饷，士安于家，农安于野，商贾亦相与安于市。督抚大吏，委任一二员绅举之而裕如。自汉以来言利之秕政，未有优于今日之厘金者也。

言者徒曰"病商"。周、秦以来，天下大利归于商贾。汉兴而力加之困辱，诚恶其专利也。历周至明，士大夫无为商贾者，取之虐而无所惜。本朝稍宠异商贾，士大夫亦多出于其途，利厚而权亦重。厘捐所取于其岁入之赢余，百分中纳其一二，以今制准之汉、唐、宋、明以前，诚不足为病。又凡完善省分，群以保护商贾为言。其筹办厘金者，大率兵燹之后，盗贼出没之乡，商民交困，警报频闻。湖南北巨贾皆籍隶川陕，使稍有病于商，亦岂能强其间关跋涉，转侧兵戈之地，自投完纳，毫无避就？是言病商者既未考古，又未知今，徒为商贾争锱铢之利以代护其私，亦稍惑矣。

或又曰"扰民"。厘金按货计捐，丝毫皆出之平民，人所知也。富民日费钱数千，以厘计之，当捐钱数十；中人之家日费钱数百，捐钱数枚而已。按户责捐，是为口税，为户税，唐宋之制所以为扰也。准之日用之需，则固可蹙缩节省，以求相济，而不见为累。百姓难与图始。创法之初，动多阻挠，其或至滋事者，则又无艺之顽民，乘风狡逞，意图劫掠，商贾不任受也，捕治一二人而已帖然。开办既久，从无抗违厘金之案，亦足见商情民俗之利病从违矣。且一意营私，以免厘为得计者，商人之同情；一端偶逞，以抗官为能事者，奸民之恒态。若因一二抗厘之案，遂据以为扰民，则闹漕抗粮，江浙成为积习，拒捕殴官，闽广视若固然。苟求民情之顺悦，不顾政体之陵夷，将并钱粮而不征，舍盗贼而不治乎？势固不能也。

或又曰"中饱之弊太深"。天下无一事不坏于中饱，而惟厘金之中饱为最轻。盖凡中饱者，必一切惟所侵渔。厘捐以数人而理一厂，以数厂而治一事，总局司其出纳，藩司核其成数，上而督抚制之，下而州县制之，众注之耳目皆得指其是非，纳厘之商民亦不甘听其含混。纵云中饱，盖亦无几。自古有治人无治法，苟得其人，虽秕政亦无所扰；苟非其人，则缓征、蠲赈及一切保甲、社仓之美政皆足以滋弊端。督抚切己之经营，自愈于旁观之臆度。各省办理厘捐号为中饱者，广东为最，江北次之，无他，惟无章程而已矣。江北之中饱在官绅道员，郭礼图一加整顿而弊立除。广东之中饱在商贾深固纠结，较难断禁，稍与清厘，盖亦把持之意多，而侵蚀者有数可纪。惟任员绅而不任之地方官，既不能盘踞为奸，又无差胥为之爪牙，故为弊轻而去弊也亦易。若以绅员办理厘捐支销薪水言之，则尤非事实。绅员之贤者多不乐任事，或由督抚延请，或由奏派，勉强从事，其中材皆足以自谋衣食，用其力以筹饷急公，月给薪水数十两，少或数两，此何关国计之盈虚？而相与痛心疾首，实不能容，尤惑之甚矣。

或又曰"休养之政宜讲"。臣前在江苏、浙江，见其地把持厘捐，辨论纷繁，讫不能举行。被兵以后，周历松、太各属，常数十里无人烟。上海办理厘金岁常数百万，而地方独完，商贾转盛。湖南支持数省，专恃厘金接济，亦未闻民气致有销耗。贼势如虎狼水火，不急筹拯救之术，而曰且始安坐休息，果足为休息乎？厘捐所以独为良法，正以商贾赢余之利取之无伤，而得以其间与民休息也。其取之约而法均，行之简而情亲，尤得筹饷之妙用。汉法二缗而一算；算者，口出钱百二十。二缗一算，每钱千取六十。唐之除陌钱、宋之经总制钱，皆千钱取百。湖南酌定厘捐章程，大率每钱千令捐一十、二十，最为轻减。上海盖将倍焉。广东则不及其半，故曰取约。按货估值，计钱抽厘，本厚者出多，息微者出少，人各效其力，无邀免者，故曰法均。汉、唐、宋课商之法，名目至不可穷纪，今总其名为厘捐，故曰行简。任之绅员，与商贾朝夕相见，利害盈虚，可以互相参证，不胁以官威，亦不督以成法，故曰情亲。所以行之数年而无弊者，存乎用法之人，而法亦稍良矣。必欲从征之士枵腹荷戈，近寇之区开关延贼而后为休养，正恐古人所谓休养者不如是也。

近见金陵克复以后，言事者动请停止厘金，或请酌量裁撤卡局。不知言停止者，既别无筹饷之法可以斟酌盈虚，言酌量裁撤者，亦未尝考究各省办法轻重疏密原自不同，万不能尽一省之水陆市镇概行举办。一隅之见难与辨论，而民情各私其财，各专其利，自古为然，但闻筹饷之说而已多阻难，一闻停撤之言而更加附会。湖南所以稍能尽利，专恃地方绅士主持正论者为多，商贾百姓，不敢有所异同。苟以天下为心，则事势之艰难，百姓之情伪，亦当稍具权衡。奖之以忠孝，使佐公家之急，劝谕百端，犹不能一应；既有停撤之议，远近传述，群起为难。是徒据一二人之私论，上以眩惑朝廷之听，下以鼓动愚民之气，使有所借口以遂其背公营利之私，以之处平世而犹为伤化，以之奖衰俗而适以长奸。

臣窃以为国家爱民，当规其大者远者。近年以来减苏松浮粮，豁免江西摊赔款项，军务报销不归部核；此数者，实皆汉、唐以来未有之德政，以是振励天下之人心，攘除寇乱，蔚成中兴之业，惟其所规者大而所及者远也。现在江南巨寇虽已荡平，余匪尚数十万人麇聚江西闽粤之交。筹兵筹饷，势处万难。商民计厘缴课，本属些微；军需累少成多，借资补救。官不得已而与民争利，言事者又欲私商贾以与官争利，而所据以为言者大率影响附会，于民生利弊实未尝深加考究。自宋以来，议论繁多，凡言利者皆不容于公论，故敛怨以为私，君子之所戒，而固为小人之所趋。至于敛怨为公，则贤愚同所兢兢。军兴十余年，自江、皖、两湖外，筹办厘捐，亦未有能尽利者。下之结怨百姓，上之得罪清议。一言捐而朘削聚敛之名已先无以自解。一二办事省分，迫不得已，艰苦经营，粗有成效，言者又取道路无稽之议论而急毁之，徒使地方官事事掣肘，敛怨盖深，筹饷益绌，瞻顾周章，进退两无所据。是朝廷爱民尚为虚语，而地方公事已先受其实害，所关于风俗人心尤大。

夫不念民物丰啬之原而动以言利为事者，陋也；不顾时局艰难之寄而仅以不言利为名高者，尤君子之所慎也。《易》曰："何以守位曰人，何以聚人曰财。"三代王者理财之道，酌盈剂虚，裁成辅相之义精矣，而曰生之者众，有所以生之者也，曰为之者疾，有所以为之者也。读古人之书、闻一二人之言而妄思兴利，不顾民生之休戚，事势之顺逆，无论为公为私，而皆谓之陋。读古人之书、闻一二人之言而遂欲据之以为名，古今得失之宜未接于目，天下利病之数不关于心，仅以邀流俗之誉，使办事者无所措手，故宜慎也。

臣于古今事变、名臣大儒奏疏论撰之文，皆曾考求得失，究知其本末，决非敢言利以病民者。而身当其位，事处其难，稍求有益于国，无害于民，仍惟厘捐为尚可以行久。不敢不一据实直陈，发明其义。伏乞皇上天恩，诸言停止捐输、厘金者，概予留中，使不至传播，庶斯民浮动之气，不至挟朝命以图与官相抗。俟天下无紧急之军需，直省无积欠之兵饷，户部无竭蹶挪移之苦况，而后断自宸衷，尽罢各省厘捐。惠商而商实受其惠，无焚掠之忧；便民而民真得其便，无荡析之警。乃永以培养元气，涵濡圣泽，天下幸甚。

愚昧之见，是否有当，伏乞皇太后皇上圣鉴训示。谨奏。

（同治三年）

请酌量变通督抚同城一条疏①

奏为国家设官，如督抚同城一条，急宜酌量变通，谨就微臣阅历所及，推论其源流而究明其得失，恭折奏祈圣鉴事。

窃查明永乐初浔、桂、柳三府蛮乱，遣给事中雷填巡抚广西，为巡抚之名所自始。景泰三年，浔、梧瑶乱，廷议以两广宜协济应援，乃设总督。是总督、巡抚二者，皆肇端于两粤。终明之世，以十三布政使为定员，而总督、巡抚或分或并，或设或罢，大率与兵事相终始。成化以后，建置日繁，如京东北一路有蓟辽总督、宣大总督，又有顺天巡抚、永平巡抚、保定巡抚、辽东巡抚、宣府巡抚、大同巡抚、天津巡抚、密云巡抚，开府相望。然考其时督抚驻扎地方，从无同城者。保定添设总督，而保定巡抚别驻真定；宣大分设巡抚，而宣大总督别驻阳和。至两广督抚沿革，其初分设巡抚，而后改设总督。天顺二年，遣右佥都御史叶盛巡抚两广，则又稍易其名。成化元年，又以总督兼巡抚。嘉靖中，添设广东巡抚，总督只兼巡抚广西，由梧州移驻肇庆。隆庆三年，又添设广西巡抚，总督改兼巡抚广东。是两广总督、巡抚，明时亦未尝兼设。

国朝以来，总督、巡抚，著为定制。中间小有裁并，而视明世纷更变易，规模固远胜矣。其督抚同驻会城者三，曰福建，曰湖广，曰云南。本不同城而移驻会城，遂成定例者一，曰两广。推原立法之始，地方吏治归各省巡抚经理，听节制于总督，而总督专主兵。是以河南、山东、山西专设巡抚，即不复设提督，为不欲使武臣主兵，而巡抚又不得统辖提督，故为巡抚兼衔。直隶、四川、甘肃专设总督，仍兼巡抚衔，大致以兵事归总督，以民事归巡抚，此国家定制也。而巡抚例归总督节制，督抚同城，巡抚无敢自专者。于是一切大政，悉听总督主持，又各开幕府、行文书，不能如六部尚书、侍郎同治一事也，而参差杌陧之意常多。

道光之季，两广蕴孽已深。叛匪一起，乱民从之如归，蔓延遍及东南，而皖豫之捻匪、陕甘之回匪乘之以逞，为乱者皆民也。则各省抚臣之失职多矣。额设营兵，多或六七万人，少亦万余人，竟不得一兵之用。镇将参游，循资超擢任为将帅者，更无一人。所用以转战者皆勇也，而兵为虚设。积久又益加累，岁糜钱粮千余万，相与处之怡然，则各省督

---

① 选自杨坚校补：《郭嵩焘奏稿》，330～333页。

臣之失职尤甚矣。而自军兴以来，江忠源、胡林翼、罗泽南、李续宾及今刘长佑、曾国荃、刘坤一、刘岳昭等，皆以司道主兵，或积功至督抚。兵权日分，总督仅守虚名。而例定分年查阅营伍，考核将弁，均系总督专政，出巡之日为多，两省情形亦资周览。军兴数年，此典竟废。

同治元年，兵部议奏御史陈廷经变通营制一折，奉旨："江苏、浙江、安徽、江西、陕西、湖南、广西、贵州等省各镇协武职升迁调补，暂由巡抚办理。千总以下，径由巡抚咨拔报部。所有校阅营伍、考核将弁，并本省筹办防剿，即专责成巡抚经理。其总督兼辖省分，军政考核着径由巡抚就近著考，会同具题。至巡抚同城者，仍照旧章办理等因，钦此。"因查一省千余里之地，能考求其利病，周知其情状，已难其人，至于兼辖省分，原不过奉行文书，周旋应付，稍求整顿，隔阂必多。所以议归巡抚经理，盖亦穷而必变之势也。而与总督分省之巡抚，军政民事一听主裁；与总督同城之巡抚，军政既不得与闻，民事又须受成总督。一则虚列其衔，一则两操其柄，是从前督抚同城，名存而实去者，仅一巡抚；自顷数年，则督抚之名实两乖，而巡抚乃尤为失职。臣请悉其得失利病，为我皇上一陈之。

传曰："天下之动，贞乎一者也。"惟其一也，故能齐百姓之耳目，而定属吏之从违。宋置监州，而兵以弱。明置巡按，而政以嚣。知道者惜之，然于政之所出，犹未有分也。督抚同城，爱憎好恶之异情，宽严缓急之异用，同为君子，而意见各持，同为小人，而诪张倍出。如举一人也，此誉之，彼毁之，则是非淆，劾一人也，此远之，彼近之，则趋避易。徒令司道以下，茫然莫知适从，其君子逡巡进退以求两无所忤，其小人居间以遂其私。国家定制，钱粮及升调员缺总之藩司，刑案总之臬司，督抚专任其成，本不易有所设施，而又水火交攻，戈矛互进，是皇上设官以求治也，而督抚同城乃万无可言治。今使一县而置两令，一郡而置两守，必不能以安矣，此理势之固然者也。

臣自道光二十七年通籍，假归过武昌，目悉吏治之偷，气习之深，心忧其将乱。其后五年而乱作。前后督抚，殉难三人，伏诛二人，被劾四人。赖胡林翼开立规模，风气为之稍变。云南之乱，则既成矣。前督臣张亮基，每言及前抚臣徐之铭牵掣情形，辄至慨叹。而各直省吏治人心之敝，闽粤为尤甚。细究其由来，数十年瞻顾因循，酿乱保奸，实以督抚同城之故。以言其事既如彼，以言其效又如此。历来同城督抚，互怀猜忌，相为敌雠，独于公事，一切雍容坐视，以求免于嫌怨。承平日久，循例守职，亦庶几可以寡过。处多事之时，承积疲之俗，而多所牵制，苟安无事，以谓之和衷，朝廷独焉赖之？自古中材多而贤人少，皇上委任疆吏，但使中材，足以自守，其间一二贤者，弛张以时，自可相维于不敝。督抚同城，则贤者永不得有为，中材亦因以自废。此臣所谓急宜变通者也。

近年云南督抚，皆浮寄境外，一无凭借。臣愚以为云贵总督一缺，宜暂停罢，责成巡抚剿贼，以一事权。其闽浙、两广总督，则或援照明制，兼并一员。福建情形，臣不能知其详。广东，督抚两标及两署书吏分别裁并，营政、吏治、关税、盐务四者未尝不可整饬。权分则情多乖，责专则事易集，不独于地方补益甚巨，其裨于国家之经费亦必多矣。臣伏见明臣韩雍在两广总督任内疏言：两广地大事殷，请裁总督，东西各设巡抚。当时立见施行。韩雍请分其责于两省。今臣请重其任于专城，义取因时，事亦同揆。至于国朝督抚之沿革，如河东总督、偏沅巡抚，时有废置，即咸丰九年裁撤南河总督一缺，断自宸衷，期使大臣无旷官虚设之员，天下亦同受其利益，用意至为深远。臣抚粤两年，于地方利弊源流，知之颇悉，怀此欲陈久矣，以虑语言稍涉直切，或疑其有他意，是以欲言复止。今旦夕交卸，以切身之阅历，求及时之变通，用敢推明得失利病之原，上备圣明采择。可否仰邀皇上天恩，饬军机大臣、吏部、兵部会议，并抄发臣折，交各督抚公同核议，以求妥善之处，伏乞圣鉴施行。谨奏。

（同治五年）

条议海防事宜[①]

伏闻总理各国事务衙门练兵、制器、造船、用人、理财、持久六条

[①] 选自杨坚校补：《郭嵩焘奏稿》，339～347页。是书有注如下：按条议系于光绪元年三月二十一日总理各国事务衙门奕䜣等奏折内抄录进呈，奏折说："……窃臣衙门于本年二月二十七日，准军机处交片内开：'本日军机大臣面奉慈安端裕康庆皇太后、慈禧端佑康颐皇太后懿旨，本日醇亲王奕譞奏遵议海防事宜、礼亲王世铎等奏会议筹办海防、通政使司通政使于凌辰奏陈管见、大理寺少卿王家璧奏会议海防未获尽言另行详议具奏，并刑部左侍郎黄钰前奏条陈海防事宜各折片，着总理各国事务王大臣一并妥议具奏，钦此。钦遵办理。'臣等正核议间，据福建按察使郭嵩焘将条议海防事宜，缮具清单呈阅。臣等公同阅看，所议三宜四条，语有可采。且该员前在署广东巡抚任内亦有与洋人交涉事件，中外情形，夙有体会，非比空言。拟请将该员所议归入王大臣各奏内，同备查核。谨抄录该员海防事宜条议一件，恭呈御览。……"同日奉旨："着归入会议海防各折内一并妥议具奏，钦此！"

之议，私心叹服，以为海防之大用具备于此，其间节要及各省议复情形，皆不能详，略闻其义，在明立条目，令沿海举行以求自强而已。窃闻古人之言曰："度所能行为之，是以指数珍肴不足以果腹，图画宫室不足以庇身。"方今国计空虚，人民凋敝，其势不能兴大役、动大众；沿海七省九千里之地，贸易往来，安堵无事，亦无征召外兵屯防之理。故夫筹防之宜有三：曰因地，曰因时，曰因人。

何谓因地？有地势，有地气；势有险易，气有强弱。今险要之地足以控扼全省，如山东之烟台，江苏之上海，浙江之招宝山，福建之厦门，广东之香港、澳门皆已为洋人擅其利矣。其沿海民气之强弱，相去悬绝，未可强同。略而言之，广东一省可强可富，江苏、浙江可富而不能强，盛京、山东、直隶可强而不能富。一省海岸或数百里，或数千里，防堵事宜，更历数百千年而未有穷期，其不能以一切之术、一成之式，通贫富强弱而督使行之明矣。故曰因地。

何谓因时？时宜劳而逸之，时宜逸而劳之，时宜缓而急之，时宜急而缓之，皆谓之失时。今海疆绥谧，民商乐业，可云无事矣。而不测之忧，触焉而即发，多方之变，应焉而不穷。书曰："制治于未乱，保邦于未危。"况忧且危如是，谓之无事奚可乎？虽然，时之应有常、有变，而功之施有本、有末。时处乎变，则从其变之数以治其末而匡救之，而本有不暇顾矣。时际乎常，则审其常之理以探其本而厘正之，而末有不足言矣。天下之患，在吏治不修，纪纲废弛，民气郁塞，盗贼横行，岂为海上强敌莫之能支？一方告饥而已虞束手，一夫称乱而相顾哗然。窃以为方今之急，无时无地不宜自强，而行之必有其本，施之必有其方。本者何？正朝廷以正百官，大小之吏择人而任之，则本立矣。方者何？求富与强之所在而导民以从之，因民之利而为之制，斯利国之方也。闽粤风气强于他省，乃使其强在民而不在官，在盗贼而不在守法之士绅，倒行逆施莫之挽救。江浙财赋之邦，经乱已十余年，而土田之开垦无多，或七八成，或仅及五六成。皖南积尸填塞山谷，至今未尽收掩，田卒污莱而不能辟，人民离散而不能归，此皆宜上苤朝廷之虞及时以求效者。故曰因时。

何谓因人？直隶拱卫神京，天津一口尤为左海之门户，形势积重，远甚他省。李鸿章布置水陆各营，控制海洋，屏蔽京师，自非他省所能一律办理者。至于西北，利病之所在尤宜斟酌古今之宜，推求理势之归，以预为之计。俄罗斯踞有伊犁已历数年，恐未易言收复。而喀什噶尔、乌鲁木齐通及回八城，或僭立一国，或踞城与官军相持，事久则变益生，师老财匮则收功益难。左宗棠无督师出关之责，而在甘日久，中外大局尚能研究，宜令体察各城情形，何者宜明画疆界与俄人定约，何者宜急收复，用兵若干人，刻期若干日，调何路之师，转何路之饷，以及将弁之高下，用兵之缓急，统筹全局，先定方略，委任而责成功。尤须有精力强辨出使绝域之才，以理折服俄人，而杜其煽惑，然后可以审量用兵之机宜，朝廷明诏颁行诸将，乃有所据依，以求轻重缓急之序。左宗棠亦必不敢苟且瞻徇，为无根之辞，以上渎朝廷之听。此在察其事之变与其人之才任之而已。故曰因人。

舍此三者，盖亦别无制胜之术，求速之方。嵩焘推求中外情势所以异同与所宜为法戒者，谨就愚见所及，约为四条，论次其得失，以备采择：

一曰急通官商之情。西洋立国，在广开口岸，资商贾转运，因收其税以济国用，是以国家大政，商贾无不与闻者。嵩焘前署广东巡抚，与英领事罗伯逊等商制造轮船之方，罗伯逊言西洋机器，惟舟车外轮机器最巨，各国多者不过数具，国主不能备，则富商备之，国主兵船亦多假商人机器用焉。丁韪良亦言英人铁路通至缅甸，俄人铁路通至伊犁，皆商人为之。往闻粤商伍怡和为弥利坚开修铁路，费至巨万。其伍怡和、吴建章及籍隶宁波之胡塘、杨坊，号称巨富，皆有轮船，经营贸易遍及西洋诸国。惟深自隐讳，以与洋商比附为利。国家制法防范愈密，则商人之比附亦愈深。何也？利之所趋，虚文有所不能制也。窃谓造船、制器当师洋人之所利以利民，其法在令沿海商人广开机器局。试言其利约有三焉，轮船入中国，而上海之沙船、宁波之钓船、广东之红单船全失其利。侵寻而及内江，自汉口以下，各船废业者逾半。使商民皆能制备轮船以分其利，则国家之受益已多，其利一。制备机器，必沿海商人为之，出入海道，经营贸易，有计较利害之心，有保全身家之计，因而有考览洋人所以为得失之资。是中国多一船即多一船之益，各海岸多一船亦即多一船之防，其利二。使诸商人与洋人皆有交际往来之素，或遇事变歧出，则居间者多而谋所以解散之亦易为力。盖洋人皆有保护商贾之心，而于地方官多所扞格，此即因其意之所向而利导之者也，其利三。近天津招商局亦略得此意，然其法在招致商人，而商人与官积不相信，多怀疑不敢应，固不如使商人自制之情得而理顺也。使官专其事而烦费日甚，库款之支发日穷，使商人公其利而造船日多，各海岸之声势自壮，此皆理势之显见者。积久而利自倍，收效亦自远矣。

二曰通筹公私之利。洋人通商口岸，自新加坡至五印度，各口皆有兵船屯驻以防意外之变，兼备海盗，亦使数万里之海岸声势自相联络。惟其以保护商贾为心，故能资商贾之力以养兵。中国通商各口，商贾云集，徒以上下之情太隔，彼此不相顾恤，是以中国税则轻于洋人数倍，而多方偷漏以求幸免，洋人乃独专其利。近数年各省添置轮船，设管驾官司之，亦与商人声息判然不相通。闻西洋各国置备兵船，多或数百，少或数十，商贾轮船必数倍之，贫富强弱之势即于此分。近年各海口轮船合计亦二十余号，而一切由官经理，其势不能与商贾争利，故有轮船支销经费之烦，而尚未得轮船之利。窃谓各海口官商制造轮船，宜略仿宋元遗制，设市舶司领之，而稍变通其法，官商各船，一体运载货物，由货舶司掌其籍，岁稽官船所入支销工食，而以其赢余为修理油洗之费，庶添一船有一船之利，而后可以经历久远，相持于不敝。其市舶司由商人公举，督抚考其声名，察其才能檄委之，咨其名于总理各国事务衙门，三年一更易，而量授以官。洋人本以商贾之利与中国相交接，正当廓然处以大公，而使商人应之，明示天下所以与洋人交接之意，尽人皆得与其议而持其变，无所庸其隐秘。盖所考求者洋人之法，即宜通知洋人立法之意，行之以渐，持之以久，尤恃官民上下通筹，合力为之，非独沿海筹防然也。如西班牙略买人口，皆由通商各口装运出洋，所载动数百千人，停泊收买亦数十日。但使各口设一市舶司经理船政事宜，地近则耳目易周，职专则稽考自密，必不至如从前之漫无觉察矣。

三曰兼顾水陆之防。东南防海大势，相持于海外曰兵船，相拒于口岸曰炮台，其大略也。而各口洋船、洋楼，纵横布列，乃反在内地。西北边防所恃兵力而已，藩篱之固尚无议及者。较而论之，沿海各口环集数十国，而英、法、弥三国互为主盟，其利分而其势散，必无敢公然发难者。西北则俄人已踞伊犁，西南则英人亦渐通缅甸，其力皆有所专注，而西南之祸稍纾，西北之势相持而未有所定，则祸且日棘。故主东南海防者则谓宜缓西北，主西北边防者又谓宜缓东南。是皆持之有故，言之成理，而以愚见度之，其隐忧皆积而日深有未可偏重者，体察俄人伊犁情形，而可以得其故矣。洋人之利在通商，无觊觎中国土地之心。而其蓄谋在求日进而有功，故每得一荒岛，则急进而开垦之，每得一口岸，则急进而经营之。伊犁之乱，值中国兵力不能远及，俄人于是坐收以为利，而乌鲁木齐、喀什噶尔通及回八城，俄人未尝须臾忘也。中国举兵征讨，则亦坐视而不与争。此其行之有其渐，蓄之有其机，西洋各国皆然。略就所知言之，上海一口，英人主盟；宁波一口，法人主盟。粤匪之乱骤起，各口商人惊惶失措，相为救护，而上海一口被难而幸获保全者数万人，百姓亦且与洋人相习，其观衅乘隙之心必不后于俄人。是以中国百年治安，英、俄各国亦必百年无事，此可以理势决者，何也？西洋诸国之法，非积憾以求一泄无肯构兵者。而南洋诸岛数十，中国不能经营，洋人皆坐而收之。所得口岸与所开辟诸岛，因势乘便，据以为利。其势求进而不已，而其蓄谋甚约，其收功甚逸。凡中国煤山、金矿及宝气生聚之方，皆其所心营而目注者也。窃以为中国与洋人交涉，当先究知其国政、军政之得失，商情之利病，而后可以师其用兵制器之方，以求积渐之功。如今各口设立机器局及遣中国子弟赴西洋学习其法度、程式，皆积渐之功，收效数十年之后者。其行之之本则在乎审轻重之势，明曲直之机，求通变之才，务真实之用。西洋之法，通国士民一出于学，律法、军政、船政下及工艺，皆由学升进而专习之，而惟任将及出使各国，必国人公推以重其选。窃观汉诏求使绝国与将相并重，西洋犹存此意。是二者皆据理势之要，持安危之机，所宜慎选而专用之者也。能通知洋人之情而后可以应变，能博考洋人之法而后可以审机。非但造船、制器专意西洋新法以治海防者之宜急求也。

四曰先明本末之序。自汉以来，中国全盛之世，边患相寻常若不及，而终宴然无事。及衰且乱，则必纪纲法度先弛于上，然后贤人隐伏，民俗日偷，而边患乘之。故夫政教之及人本也，防边末也，而边防一事，又有其本末存焉。敬绎六条之议：如练兵、制器、造船、理财，数者皆末也；至言其本，则用人而已矣。练兵、制器、造船，非财不能举办。理财之方，尽于二者，曰开源，曰节流。节流者，省无用之烦费以归有用者也。此皆疆吏应为之事，不待临事张皇而多为之制。其造船、制器，购用西洋机器推而演之，但令经费充盈，渐次求精，其事非难，所难者练兵耳。为中国之人心习尚渐渍已深，合官与民而皆怀一苟且之心，无能与持久也。自经寇乱，名臣良将接踵于时，能以律行师、以权济变者有矣，然从无能统驭额设之兵以立功名者。其间或易一将而局遂变，或更一时而气已衰。何者？用其方新之机而不能得其持久之力也。沿海设防非能旦夕奏功者，各口练兵又非能召募集事者。传曰："有治人无治法。"法尽于一时，而求人之效可以持至数十百年之久，诚得其人而任之，一切之政皆可举而行也；不得其人而任之，已成之功、已安之民，亦无与善其后，殆未可持此以建非常之业者也。窃观天下大患，一曰因循粉饰以求免过，一曰优容纵弛以求寡怨。粉饰工则得失利病全不能明，纵弛久则贤否是非更无从辨，故求人才，尤以挽回积习为先。朝廷念念以培养人才为心，邪正公私较然不能掩，则士大夫之精神自振，而吏治之功效亦必月异而岁不同。人民日就乂安，边疆自臻绥谧，必然之应也。至于将弁之才，州县之吏，天下自不乏人，疆吏求之有余，非朝廷求才者所急也。

以上四条，皆本源之计，积渐之功，非旦夕所能为力；而欲循用西洋之法以求日进富强，未有能舍此而可收效一时者也。

窃闻总税务司赫德之言曰："中国大要有二：其一曰内事，其二曰外防。内事非外人所敢置议，外防有边防、有海防，吾所陈者海防一事而已。"其意盖欲以西洋之规模，施之中国，而以海防引其端。然西洋驰聚海道七万余里，如出入庭户，穷思极虑以求其速，此岂中国所能及者？其通商遍及诸岛国，又由中国西南以达缅甸，船政、军政皆与商贾相因依，收其课税以资保卫，又岂中国所能及者？嵩焘窃谓西洋立国有本有末，其本在朝廷政教，其末在商贾，造船、制器，相辅以益其强，又末中之一节也。故欲先通商贾之气以立循用西法之基，所谓其本未遑而姑务其末者。论者徒曰西洋气势如虎将噬，当求自备以制之。抑不知洋人蚕食诸国，阳开阴阖以收其利，从无攻城掠地之事。普法两国之构兵，积愤以求一逞，而终不利其土地。其在中国，如附骨之疽，攻之不能去也；如狐蛓之凭于人，执而求之，又不可得也，虎之噬人，其去人固远矣，不得以此为比。诚使竭中国之力，造一铁甲船及各兵船，布置海口，遂可以操中国之胜算，而杜海外之觊觎，亦何惮而不为之？而以西洋聚精会神擅强数十百年之术，强中国一日行之而遽责其抗衡，据一时之议以尽各海口之变，果足恃乎，果不足恃乎？此所不敢知也。

天下国家之大，犹之人身也，强者力负千钧而弱者不能，强者日行百里而弱者不能，则姑疏通百脉之气，宣导六府之滞，使其神日舒而力亦日有增长，自可渐进于强。若骤立之法程以课其负千钧行百里，如是以求自强，适恐足以自敝，孙子之言曰："知己知彼。"知彼力之所及，意之所属，则必有以待之；知我势之能及与否、理之能胜与否，则亦必求所以自处。彼之所长，循而习之，我之所短，改而修之。去弊求速，立志求坚，任贤求专，收功求缓，自处之道如是而已。自古国家大利之所在，皆成于渐而起于微，断无一蹴而即臻强盛之理。经费出入，国有常制，科敛以应一时之需，竭蹶经营而求自强，家国生民必有承其害者，其势亦万难持久。礼运之言曰："行之以礼而弗安之以乐，犹获而弗食也；安之以乐而弗达于顺，犹食而弗肥也。"获而食，人力之所及也；食而肥，非人力之所及也。圣人之功至于礼乐而极矣，犹待积久以达于顺而后其效成焉，此岂可以骤期者！而终言肥之实功，亦不过曰大臣法，小臣廉，官职相序，君臣相正，要归于自治而已矣。以中国之大，土田之广，因地之利，皆可使富也，用民之力，皆可使强也，即吾之所以自治也。舍富强之本图，而怀欲速之心以急责之海上，将谓造船、制器用其一旦之功，遂可转弱为强，其余皆可不问，恐无此理。造船、制器，沿海诸省当任其功，各海口机器局亦当渐穷其巧，而求所以自强之术固自有其本末条理，非数言所能尽。其与洋人相接，言者争持战、守、和三说，其实三者俱无可言，惟在讲求应付之方而已。各海口之设险自守，又岂可一日稍废不讲哉？

所议六条，如李鸿章、左宗棠为国重臣，有防边之责，所处又当紧要重地，诚有不得辞者，非尽沿海诸臣之力所能胜也。

（光绪元年）

奏参岑毓英不谙事理酿成
戕杀英官重案折附上谕[①]

署兵部左侍郎郭嵩焘奏为特参酿成事端之抚臣，请旨先交部复议事。

窃臣考《周礼》一书，百官之职，皆有事于宾旅，而大宗伯以宾礼亲邦国，列之军、嘉二礼之上。行人所司之飨食、掌客所供之牲牢，至优至渥。六官所掌诸典礼，无若是之详者。环人、行夫送迎宾客，一以礼将之。未尝不叹三代圣王享国长久，其源皆在于此。何也？远方宾客，万里之情毕达，邦国之事宜、生民之疾苦，巨细自得以上闻。春秋

---

① 选自杨坚校补：《郭嵩焘奏稿》，347～349 页。

列国以礼相接，文辞斐然，其立国或远在唐虞之前。秦汉以来，此礼日废，国祚之久长亦远不及三代。

我朝深仁厚泽，经列圣之培养，一以爱民恤下为心。圣祖、世宗、高宗以至仁至明之德，权衡天下，登之上理。臣历考史册，唐、虞、三代之隆若可仿佛，而万不能继世承一百七八十年若是之悠久。顷年以来，西洋诸国环集中土，事故繁多，乃稍讲求三代宾客之礼，而其强兵富国之术，尚学兴艺之方，与其所以通民情而立国本者，实多可以取法。洋人又乐与中国讲求，助之兴利，以蕲至富强。此正列圣在天之灵所以佑启国家，相与激发，以立亿万年无穷之基者也。而士大夫蔽于见闻，不考古今之宜，不察理势之变，习为高论，过相诋毁，以至屡生事端，激成其怒。

近日云南蛮允一案，抚臣岑毓英举动乖方。臣在闽臬任内，屡接云南信报，多云云南抚臣岑毓英探知英官柏郎带有缅兵入境，檄饬腾越厅镇防备，腾越厅镇又檄饬南甸一带土兵练勇防备，辗转相承，浮言滋起，以致无故杀毙翻译官马嘉理一员，贸焉构难，全失该抚檄饬防备之本意。岑毓英意存掩护，又不查明肆杀情由，据实奏报，而一诿其罪于野人。臣远隔万里，细心探考，终亦不能知其详，而据所闻情形，与岑毓英奏报实远不相符。臣查岑毓英有大功于云南，总兵杨玉科、参将李珍国均属股肱将帅之选，一言贻误，至于逞凶，并杨玉科、李珍国亦牵连案内，日夜忧惧，以寒功臣之心，而违议功之典，臣实悼之。推原其故，皆缘岑毓英以肃清云南全省之功，自恃强武，并不一研考事理，深求善处之方。封疆大臣与国同休戚，尤非士大夫虚持议论者可比。责以酿成事端之咎，该抚复何辞以自解？应请饬下李瀚章查明臣所闻情节，据实推求，期使功罪各不相掩，以服洋人之心，并请旨将岑毓英先后酿成事端之处，交部严加议处，以为恃虚骄之气而不务沉心观理考察详情以贻累国家者戒。

臣蒙被圣恩，饬在总理衙门行走，事理之得失，天下之利病，臣皆与有咎责。有所见闻，不敢缄默。若俟之入署供职之日，一切事件均应会商，未宜专折奏事，用敢于奉旨后先将数月以来访求云南滋事情形，具折参劾。谨奏。

光绪元年十一月初八日奉上谕军机大臣等："郭嵩焘特参酿成事端之抚臣，请旨严惩一折，据称马嘉理被戕一案，岑毓英意存祖护，归罪野人，并不查明实情奏报，亦不研求事理，详筹善处之方①。着李瀚章查明复奏。"

（光绪元年）

请以王夫之从祀文庙疏②

窃查咸丰十年闰三月大学士军机大臣遵旨定议：从祀文庙，以阐明圣学、传授道统为断。国初儒臣如陆陇其、汤斌、孙奇逢、张履祥、陆世仪，均经先后从祀。理学名儒，极一时之盛。近见河南学臣费延厘奏请汉儒刘德及原任礼部尚书臣张伯行从祀，陕西学臣吴大澂奏请王建常从祀，皆为表章儒先，矜式学校起见。

我朝经学昌明，远胜前代，而暗然自修，精深博大，罕有能及衡阳王夫之者。夫之为明举人，笃守程朱，任道甚勇。值明季之乱，隐居著书。康熙时，学臣潘耒进呈其书，曰《周易裨疏》，曰《书经裨疏》，曰《书经引义》，曰《诗经裨疏》，曰《春秋裨疏》，曰《春秋家说》，皆采入四库全书。《国史·儒林列传》称其神契张载《正蒙》之说，演为《思问录》内外二篇，所著经说，言必徵实，义必切理，持论明通，确有据依。亦可想见其学之深邃。而其他经史论说数十种，未经采取甚多。其尤精者《周易内传》、《读四书大全》，实能窥见圣贤之用心而发明其精蕴，足补朱子之义所未备。生平践履笃实，造次必依礼法，发强刚毅，大节憬然。张献忠据衡州，闻夫之积学高行，索之甚急，踪迹得其父为质。夫之引刀毁割肢体几遍，异往易父。献忠见其创甚，释之，父子皆得脱。更荏吴三桂之乱，避地深山，流离转徙，读书讲道，未尝暂辍，卒能洁身自全。艰贞之节、纯实之操，一由其读书养气之功，涵

---

① 据《清德宗实录》卷十四，这一句后面的文字是："等语。此案前据岑毓英奏报，业经拿获凶犯，提解到省，听候讯办。现在李瀚章谅早到滇，着即详细推求，秉公研讯，岑毓英有无掩护情事，并据实查明，总期持平办理，免滋借口。着将现办情形迅速奏报，以慰廑系。原折着抄给阅看。将此由六百里密谕知之。"

② 选自杨坚校补：《郭嵩焘奏稿》，351～352 页。是书本疏录自朱克敬著《瞑庵杂识》卷之二，并有注如下：按朱与郭嵩焘为同时人，且与郭晚年相契。《郭嵩焘日记》中记与朱唱和饮宴之处甚多，并有朱假观奏稿之记载。《瞑庵杂识》为笔记体著作，专记时事、人物、掌故佚闻，其卷二之最后一则，记郭嵩焘奏请以王夫之从祀文庙，经礼部议驳事，文中即备录此疏。

养体验，深造自得，动合经权。尤于陆王学术之辨，析之至精，防之至严，卓然一出于正，惟以扶世翼教为心。

臣在籍时，主讲城南书院，于宋儒张栻祠旁，为夫之建立私祠，率诸生习礼其中，群怀感激奋兴之意。东河督臣曾国荃，在鄂抚任内汇刻其遗书四百余卷，而所未刻犹多。自朱子讲明道学，其精且博，惟夫之为能恍怫。而湖南自周子敦颐后，从无办过从祀成案，至今未敢陈请。臣以为各直省请祀乡贤，例由本籍督抚臣具题请祀，名宦例由服官省分督抚臣具题。至于从祀文庙盛典，其责专在礼臣。如王夫之学行精粹，以之从祀两庑，实足以光盛典而式士林。应恳天恩饬下湖南抚臣、湖南学臣查开王夫之学行本末事实具奏，并将曾国荃所刻夫之经说及《张子正蒙注》、《思问录》讲明性理之书移送礼部，仍饬部臣会同九卿集议，于表章理学儒臣以光圣化，所裨实多。臣仰荷天恩，权摄礼官，有议礼之责，谨据所知上陈。

（光绪二年）

办理洋务宜以理势情三者持平
处理折附乾隆四十一年上谕①

出使英国大臣郭嵩焘奏为办理洋务机宜不越理、势、情三者，宜一切持平处理，使中外诸臣不生异议事。

窃惟圣祖绥定区宇，规模远大。其时俄罗斯、准噶尔皆用敌礼相接，而于准噶尔之暴虐则征之，于俄罗斯始终书问款待，与通情好，审时度事，一出至诚。自道光之季办理洋务，圣虑深长，酌古准今，曲示周旋，权衡至当。中外诸臣，无能仰窥此意，相为猜议。其实洋人于中国未尝不尊崇结纳，而以富强相期，要在知所以处置之法而已。大学士直隶督臣李鸿章、两江督臣沈葆桢、福建抚臣丁日昌于西学求之至勤，行之至力，诚有见于立国之深谋至计，而其处置洋务亦即能深中窍要。故臣以为洋人之情在于通商，沿海居民谙习西洋语言文字，多能知之，洋人之势极于富强，天下臣民皆能知之，而不足与办理洋务，则明理审几之才固不易得也。知情与势，而后有以处人，猜疑之见自不生于其心。知理而后有以自处，即矜张无实之言亦不屑出于其口。是以办理洋务非

---

① 选自杨坚校补：《郭嵩焘奏稿》，352～355 页。

有他长也，言忠信、行笃敬以立其礼，深求古今之变、熟察中外之宜以致其用，轻重缓急，权度在心，随事折衷，使就绳尺。能知处理洋务，以之纪纲万事，经营国计，必皆裕如矣。窃以为中国办理洋务三十年，议论纷繁，至今未息，朝廷亦为之瞻顾避就，若以为迫不得已与之交接，一切谋所以掩护之，是以气日靡而无识者之议论亦日嚣，甚非所以昭示天下，为制国之经，以立久远无穷之基者也。

臣查西洋行政，分内政外政二者，其体制皆称丞相，若唐之两省、宋之两府，略分事任，而计议施行，一皆通筹合办。所谓外政府，即今总理衙门是也。同为军国重计，必不可生歧视。此等上关朝廷本原大政，非臣下所敢置议。至于与洋人交接，必不可持掩护之见，以滋异议。其应行者约有数端：

一、凡洋务，颁发上谕应一体发抄，使其利病得失，天下晓然咸喻其旨。其与各国交接无间，既可释天下之疑，即有参差，亦得以考览其事之原委而辨知其情伪，以存是非之公而息人言之幻。其必应行一也。

一、洋人沿海通商，内达长江以及江西、安徽、湖北，今又议通商云南，而由宜昌以窥四川。山、陕各边，俄人出入以为常。河南、四川、贵州各省，交涉教案，无处无之。必通知洋务，而后能据理处断，使中外人民交听其约束，否则顾盼周章，茫无主见，其始一意猜嫌，其终必至受其挟制而贻累无穷。臣见各省处置洋案，无有一二能合机宜者，专恃朝廷核实推求。不独封疆大吏，举动得失不宜漠视，下及道府州县，亦当以洋务为课最，分别功过赏罚，使不致任意贻误。其必应行者二也。

一、洋人以通商为义。凡商情之利病、国计之盈虚，办理通商口岸者皆应详知。臣在总理衙门，见湖北添开宜昌一口，议归江汉关道兼管，既非其所属地，相隔又千余里，而责成兼管，亦由道府无能通知商务，遂至相与惶惑如此。臣愚以为应令荆宜施道驻扎宜昌，并列为关道，请旨简放。云南通商关系尤为重大，商情、国计均应深求。而凡保举关道之员，亦应责成研习各国通商条约，随时考查，以资历练。其必应行者三也。

一、出使各国，有保举派充者，亦有宜简派二三品大员者，应著为定例：凡内廷走各员，及有各项紧要差使、年逾五十之二三品堂官，无庸开列，其余一例开送，听候简派。庶使人人视为平常差使，无敢设法规避，而亦不能不相与考求洋务，以备任使，免致故为高论，一唱百和，茫无知晓。其必应行者四也。

一、凡交涉洋案，宜一准例案办理。例案所不载，亦当推合案情，比照成例，示以大公。各省交涉洋务，动辄积成衅端，但使据事明发上谕，应议处者议处，应宽免者宽免，中外帖然，孰敢不心服？廷臣持之愈坚，则洋人之嚣张愈甚，外间之议论亦愈烦。此次滇案，累及国家添开口岸，加给恤银，而岑毓英始终未一议处。臣过天津，李鸿章见示云南抄案，自岑毓英开缺回籍，一切底蕴毕出，有甚骇人听闻者。使非烟台通融定议，恐穷于办法。而臣此次出京，威妥玛以前往谢过为辞，逼迫百端，又复驰至上海，以相催促。凡臣今日之辱，未尝不为辱国，而实缘免一岑毓英议处之故，此亦足证其得失矣。其必应行者五也。

臣恭查乾隆四十一年广东抚臣李质颖以讯结洋商债项咨部备案，经部臣奏驳。其时绝无生衅端倪，而圣谕煌煌，直举近数十年办理洋务情形洞烛几先，而所处置至精至当，允协人心天理之公。圣人与天合德，大公至正，规模具在，谨录呈御览，亦足窥见圣德之深宏，至情至理，更无所容其掩护。应恳密敕军机大臣、总理衙门查照办理，所以处置洋务事宜必加周密，而所以保全国体亦必多矣。臣于洋务绝无所知，恭读列祖实录，准以汉唐以来交涉中外事迹，而有以辨知其利病得失，于世俗议论略无所动于心，而冀幸以其昏愚稍裨国家之万一。谨奏。

光绪二年十月二十七日奉旨："该衙门知道。单片并发。"

（光绪二年）

拟销假论洋务疏①

奏为微臣假期将满，遵旨带病销假，谨就所知洋务情形，恭折具陈，仰祈圣鉴事。

窃臣因病两次乞假回籍，渥荷天恩，优赏假期。于时滇案办理已有端倪，而臣病久未瘳，分当求退。五月二十四日英使威妥玛贸然出京，

---

① 选自杨坚校补：《郭嵩焘奏稿》，357～362 页。是书有注如下：原载《郭侍郎奏疏》卷十二。末有"自记"云："嵩焘时方求免出洋，以事势且棘，谋遂以身任之，先具一疏销差，论次办理洋务源流本末，以求解于人言。刑部司员刘锡鸿守争三日，遏抑其疏，使不得上。……至上海复补陈之，则事机已去，言之不足动听矣。"《郭嵩焘日记》光绪二年闰五月廿六日记有刘锡鸿过谈，"具折示之，乃至愤切以争"的事。因此，此疏实际上并未奏呈，而"至上海复补陈之"的，就是前面的《办理洋务宜以理势情三者持平处理折》。

滇案未能议结，臣岂遽能置身事外，自应勉强支持，暂请销假。而现在办理洋务机宜，有可一言其略者。

伏查夷狄为患中国，自古皆然，所以控御之方，战、守、和三者而已。彼其侵扰有常，所以其盛衰有定势，因时制变，应之有余。洋人以通商为义，环列各海口，深入长江数千里，借衅生端，以求便利，名为外忧，而负嵎实在内地；名为敌国，而构祸不出邦交。故臣以为今日之洋务，战、守、和三者俱无可言。何以言之？凡战有二，曰攻剿之师，曰应敌之师。西洋各国远隔数万里，中国不能往攻明矣，而如洋人练兵制器之精，其君臣相与讲求，日新月异，未尝稍息，而独不肯轻易用兵，其视通商各口皆其利薮，意尤护惜之。彼不言战，何为迫使战乎？凡和有三，曰定岁币之等差，曰议聘使之礼节，曰辨称号之崇卑。洋人通商二十余年，从未较论及此。咸丰七年广东用兵，而上海、宁波通商如故。次年天津用兵，即广东通商亦复如故。其苛索兵费，但以为因此用兵，兵费即取偿于此。始终通商而已。每一滋事，增加口岸，遍据要害，所争莫大于是，更不能以和论。至于守之为义，由皇古至于今日，由天下至于一家，莫能废也。中国沿海九千余里，大小百数十口，虎门、大沽，并称天险。道光二十五年三口通商以后，洋务办理已有成局，增修虎门炮台为善后之计，费至数百万。咸丰七年洋人直入，一毁无余。咸丰九年天津防堵，极良将劲兵、高垒巨炮之用，终亦不能持久。至于广东展转贻误，而有宁波之失；金陵展转贻误，而有镇江之失。延及咸丰七年，广东省城为洋人袭入，扰及天津，洋务遂至穷于办理。此其成迹，亦略可睹矣。今且遍及内地，设立公使驻扎京师，曾无藩篱之隔。故臣以为守者经国之常略，而非目前防海之胜算也。

窃谓办理洋务，一言以蔽之曰：讲求应付之方而已矣。应付之方，不越理、势二者。势者，人与我共之者也。有彼所必争之势，有我所必争之势，权其轻重，时其缓急，先使事理了然于心。彼之所必争，不能不应也；彼所必争，而亦我之所必争，又所万不能应者也。宜应者许之更无迟疑，不宜应者拒之亦更无屈挠，斯之谓势。理者，所以自处者也。自古中外交兵，先审曲直。势足而理固不能违，势不足而别无可恃，尤恃理以折之。伏见列朝平定准噶尔、布鲁特方略，以至仁诛暴逆，而坦然一示以诚，招携怀柔，委曲深至。乾隆二十九年西疆乌什之叛，办事大臣苏诚已戕于贼，追咎肇衅之由，谴及其子孙。嘉庆二十五年回疆之变，参赞大臣斌静经回民控诉，逮问治罪。道光二十九年甘肃诱杀撒拉番民，亦经控诉，逮问督臣琦善。所属回、番各部，拊循理处，务使持平，惟恐一夫称屈，允为列圣控制中外之成规。深求古今得失之故，熟察彼此因应之宜，斯之谓理。臣惟洋人之强，与其逼处中国为害之深，远过于前代。而其借端陵藉，乘衅要求，中国与之相处，其情事亦绝异于前代。处之得其法，其于各口税务及学馆教习及练兵制器诸大端，洋人相与经营赞画，未尝稍有猜忌；处之不得其法，则议论繁多，变故滋生，往往小事酿成大事，易事变成难事，以致贻累无穷。

窃见办理洋务三十年，中外诸臣一袭南宋以后之议论，以和为辱，以战为高，积成数百年气习。其自北宋以前，上推至汉、唐，绥边应敌，深谋远略，载在史册，未尝省览。洋人情势，尤所茫然，无能推测其底蕴而窥知其究竟。朝廷设立总理衙门专办洋务，亦不能不内惜人言，周章顾盼，无敢直截办理。臣以愚庸，为众论所诟讥，何敢再有陈奏！然窃计今时关系天下利病，无过于洋务。直隶督臣李鸿章、两江督臣沈葆桢、福建抚臣丁日昌练习洋务至精至博，用能力求富强之术，而于交涉洋务亦皆深得体要，维持保全。如臣才识短乏，而自道光二十二年办理洋务，据所见闻，证以前代事迹，深有悟于中外交接之义，沛然不疑于心。疾病昏愚，无能自效，而其理固有可言者，谨就今日办理洋务机宜，略具四条，可以见之施行，伏候圣明采择。

一、国家设立军机处，为出政之所，中外事机，悉归裁定。咸丰十一年总理衙门之设，一仿军机处章程，遂与军机处并立。其时恭亲王实司总理，可以专制，兼因交涉洋务，多持正义，不愿与闻。今已办理十余年矣。察看西洋大势，总理衙门当遂为国家定制。颁发上谕及一切处置事宜，不能不归军机处。军机大臣未经奉派总理衙门行走，茫然莫知其原委，是非得失，无从推求。臣愚以为军机大臣皆应兼总理衙门衔名，庶几讨论情势，通筹熟计，以期有所裨益。

一、西洋通商向止广东一口，嗣是沿海开口以及奉天，内达江西、湖北。法兰西分踞安南，与广西接壤。俄罗斯出入西北各口，遍及陕甘及山西。英吉利又议云南通商。其四川、贵州、河南交涉教案，层见叠出。目前无洋务交涉，独湖南一省耳。必能谙悉洋情，办理始能裕如。于此稍有惶惑，一视若荆棘之在其身，其始过持正论，其后展转翻异，迷惑必多。故今日人才，以通知洋务为尤要。自与洋人通商以来，事变数出，多因华洋交涉案件争辩纷纭，而办理归结处总在讹索赔款，广开口岸，此其命意之所在，无知预防者，动辄积嫌生衅，激成事端，展转以资其挟制，而使遂其欲。推原其故，由地方官不知洋情，既以构衅为能，而多加之粉饰，又以了案为屈，而更益以推延。似此情形，施之民间讼案，含忍受冤，即亦无辞，施之洋人，必至多生事故。故臣以为考求洋务亦无他义，通知事理而已矣。汉诏出使绝国与将相并重，当时所急者不过折冲樽俎一日之间，实不逮西洋关系紧要之万一。伏愿皇上考揽人才，勤求方略，期使中外诸臣勿存薄视远人之心，以洞知其得失利病之原，忍辱负重，刻自砥砺，以激厉士大夫之心，而奖成士民奋发有为之气，外筹应接之术，内立富强之基，在朝廷一念之斡旋而已。

一、驻扎西洋公使，万非今日急务。其间惟美利坚之金山，中国流寓数万人；左近咇噜及西班牙所属之古巴，兼有招工事宜，足资办理。此外各国全无凭借，而恃数万里外之使臣，因事与之辨争，事理稍有虚饰，困辱立见。即有能者，亦徒以有用之才，虚弃之无用之地。将来海道开通，中国商人能赴各国设立行栈，有可经理之事，渐次选派大员，充当公使驻扎，自不可少。此时出使通好，委无关系。而既经奉派出使英国，各国相沿为例，正虑此后出使岁必加多。臣以为考求洋务，中外诸臣必宜留意，而出使则尽人可以差遣。窃计各部、寺、院二三品以下堂官，类能谙悉体制，讲求应对。朝廷以息事安人为心，奉命出使，谁敢不尽力。应请以后选派使臣，依照常例，由礼部开列二三品以下堂官年岁不满五十者，听候钦派，亦与寻常出使同等，期使廷臣相习为故常，不至意存轻重，而于洋情事势，亦不能不加研考，以求备国家缓急之用，其为裨益必多矣。

一、西洋公法，通商各国悉依本国法度。中国刑例，有万非西洋所能行者。当时定议条约，未能仿照刑部例案，酌添通商事例，以致会审公所一依西洋法度以资听断。中国一切无可据之势，惟当廓然示以大公。凡租界滋事，依洋法办理；州县地方滋事，依中法办理。其视洋民犹中国之民，视办理洋案亦犹办理中国之案，先期化除畛域之见，以存中国一视同仁之体。其间交涉洋务上谕奏折，应发抄者概行发抄，使天下晓然知事理之平；其有委曲周旋，亦能窥见朝廷之用心，以知事理之得失，非独以释士民之疑，亦足以折服洋人之气矣。

以上四条，于办理洋务要略未能详及，而先务通知古今之宜，以求应变之术，熟览中外之势，以息人言之嚣，自可渐次讲求控御之方，推行富强之计。要求其归理、势二者，深筹远揽，无以逾焉者也。有宋大儒程颐论事必折表一是，其言当时朝廷有五不可及，一曰至诚待敌国。

夫能以诚信待人，人亦必以诚信应之，以猜疑待人，人亦即以猜疑应之，此理无或爽者。方今时势艰难，财力支绌，洋案多一反覆，即国家多伤一分元气。维持国体，全在先事防维。事端一出，补救无从，此后更难与处。臣久病衰颓，委无材用足应国家之急，断不敢希图以言语效用，供人指摘。审量洋情事势，则实有确不可易者。冒昧上陈，言辞拙直，不胜战慄陨越之至。所有现在办理洋务情形，谨就所知缮折具陈，伏乞皇太后皇上圣鉴训示。谨奏。

按：是时英国公使威妥玛出都，廷旨令直都节相李公、江督沈公与议毙毙马加理一案，皆未有以应也。嵩焘时方求免出洋，以事势且棘，谋遂以身任之，先具一疏销差，论次办理洋务源流本末，以求解于人言。刑部司员刘锡鸿守争三日，遮遏其疏，使不得上。后乃知威使至上海，力请用兵，为英廷所斥，展转属之节相李公，至烟台会议。使如嵩焘之请，以朝命径赴上海，就商办理，则其势更顺，而转旋之机更捷。刘锡鸿百计营求，充当随员，是时京师议论横决，枢府匆能辨也，恐此疏上，多触枢府忌讳，即渠随同出洋亦觉减色，用其自私自利之心，一以强悍行之。小人之无忌惮，亦复何所不至。乃使区区任事之心为所阻遏，无能自明，深悔为其所卖。至上海复补陈之，则事机已去，言之不足动听矣。自记。

（光绪二年）

请禁止鸦片折附上谕[①]

出使英国大臣郭嵩焘、副使刘锡鸿奏为鸦片烟为害中国，西洋设立公会，相劝禁止贩运，急应由中国设法办理事。

窃查西洋通市广东，已越千年，从无侵扰。明季利玛窦游历中国，历国朝汤若望、南怀仁继之。适我圣祖讲求天文、算学，得与燕游侍从。亲王及诸大臣亦时咨访所学，相待以宾友。及我高宗召见马格立特，准行西洋礼，至今西洋人士言之，犹相与敬叹。其人类皆多学好礼，于中国历无嫌怨。道光二十年议禁鸦片烟，遂至失和，辗转相寻，以有今日。是西洋与中国构怨之源，实自鸦片烟始。推原祸端，创巨痛深，宜如何疾首蹙额，相为禁戒，以示无忘国耻之义。而就臣等耳目所及言之，自道光时定立鸦片烟罪名，设法严禁，官吏奉行不能如法，但借以为差役讹诈之资，始终未惩办一人。所定罪名，亦苦太重，遂至相与玩视。咸丰九年议开鸦片烟之禁，而于在官人员与应试士子及营兵，仍不准其吸食，则但视为具文，无知有禁令者。因查鸦片烟之禁，始自雍正时。其初但充药品，贩运内地，所恃政教修明，官吏称职，民间懔懔畏法，无敢吸食。至道光初而其风始炽，浸寻由印度传至云南，而南土具矣。辗转传至四川，而有川土。及传至甘肃，而有西土。由是而至贵州，由是而至陕西、山西。一二十年来，废田而种罂粟，岁益浸广，而西洋贩运中国亦逐渐增多。足见开种日繁，即吸食者日众，势将尽中国之人皆至失其生理，槁项黄馘，奄奄仅存，无异残废。西洋人士知鸦片烟为害之烈，与中国受害之深也，相与设为公会，广劝禁止栽种贩卖。臣至伦敦，其地世爵夏弗斯伯里及议政院绅士马克斯求尔德及教士里格、丹拿、毕士等五十余人，相就论此，义形于色。其议政院阿什伯里遍游各国，所至风土人情，照相记之。而于中国，为男女僵卧吸食鸦片烟之象，以取笑乐。臣甚愧之！

　　窃以为禁止鸦片烟不在繁为禁令，在先养士大夫之廉耻，而其要尤在官之稽查督察，使不能有所宽假。宜先示限三年，责成督抚分饬州县，多制戒烟方药，施散劝谕，以满三年为期。逾期不能戒者，官吏参革，生监举人褫斥，其官不举发同罪。凡文武应试士子，例具五童互结，宜以鸦片烟为首禁，容隐者一并除名。童生吸食鸦片烟，皆先停考试。滥保入场者，廪保坐黜。廪生吸食鸦片烟，皆先停止。保人滥保者，教官亦坐黜。至于三年期满，学校中不准复有吸食鸦片烟者。用以激励士民之心，而作其气，亦在使知所耻而已。

　　其川、滇、甘、陕各省栽种罂粟，则必以课吏为先。臣闻种罂粟一亩，所出视农田数倍，工力又复减省。州县之添设陋规，私收鸦片烟土税，亦数倍于常赋。官民皆有所利，以至四处蔓延，积久而种罂粟者男妇相率吸食，不能如印度所出烟土严禁其民吸食也。因以积成偷惰之性，饮食费用，虚耗日多，遂使田赋常供，亦多不能输纳，卒致官民交困，而夺民食之需，以空仓廪之藏。广种罂粟，流毒无穷，岂复能有自存之理！因查雍正年间谕饬广东禁止栽种甘蔗，谆谆以民食为忧。甘蔗制造糖食，日用所需，圣心犹隐虑之，何况鸦片烟为贻害国家之具。其产出印度，而与南洋附近之暹罗、东洋之日本，皆有厉禁，民间无吸食鸦片烟者。独中国贩运销行，每年课税至数千万，为英国入款一大宗。而其地士绅会议，犹谓烟土贻毒中国，引以为咎，倡言禁止。中国人民肆行吸食，略无悔悟，其势非严督抚处分以督率州县，不能望有转旋。伏乞皇上坚以持之，宽以期之，以三年之期，责成各省学政整顿学校，责成各省督抚整顿属官，而于栽种罂粟，又须由督抚责成州县，劝谕绅民，整顿所属地方，观摩渐化，更需以二十年之期，尽民人而变革之，求实效而不为虚语，务力行而不责近功。其道无他，在疏通民气而已矣。

窃见西洋各国，官民一心，急使远戍而不以为苦，烦征厚敛而不以为苛。所以然者，为无不通之情故也。中国民情常苦隔阂，利病好恶之私，州县能体及者鲜矣。累积而至督抚，则益旷远不相及。自古言善政者，必以勤恤民隐为先。仰窥列圣之成谟，严以察吏，宽以驭民，于民情尤加曲体。雍正时，民间疾痛疴痒，曲折毕达，莫能壅隔。是以其时无不除之弊，无不行之政。臣以为禁止鸦片烟，当使教化转移之意多，防禁操切之术少。使天下臣民喻知此意，自有不敢不禁，不忍不禁者。存乎皇上一心之运用，中外人心无不响从。

臣等正月内接据粤绅唐德俊等禀称咨请总理衙门转奏。其后屡见英国士绅力陈鸦片烟之害，发于至诚，又复会集多人，陈述此义。又接粤绅桂文灿、温清溪等二禀。人心向善之机，想亦列圣在天之灵所默鉴。是以不敢不据实缕陈，并就臣等知识所及，略陈办法，以期实有裨益。无任悚息屏营之至。谨奏。

光绪三年四月初二日奉旨寄郭嵩焘："据奏鸦片烟为害中国，请饬禁止一折，已谕令各省将军督抚办理矣。自鸦片烟贩入中国以来，贻害无穷，自宜设法禁止。惟欲禁吸食，必先阻止贩运。现在西洋既经设立公会，劝禁栽种贩卖，诚为善举。即着郭嵩焘与英国官员妥为筹商。果使外洋烟土不入内地，则中国栽种罂粟之风不难自行禁止，而吸食亦可永绝。并着该大臣认真商议。"

（光绪三年）

请饬总署会商驻京公使严订
神甫资格以免发生教案片①

　　再，西洋传教一节，最为中国人民所深嫉。近年河南、福建、安徽、四川教案叠出，甚至与居民互相仇杀，地方办理多未如法，正以西洋行教本末未能周知故也。臣等查天主教创自摩西，耶稣基督始立教名。数百年而阿剌伯回教兴。又千余年，路得演立西教，而耶苏教兴。希腊为西洋文字之祖，亦缘饰基督之教为希腊教，其原皆出于摩西。各教教规互异，而礼拜、诵经、敬奉天神实同。天主教传自犹太，而盛行于罗马，西洋奉之以为教皇，实在各教之先，愤各教之互起争胜也，遂一以行教为业，求使人宗主其教，以示广大。积久而奉耶苏教者亦仿而行焉。盖西洋立教，各有宗主。德、义、日近罗马，皆习天主教。德、瑞以西至英、美，皆习耶苏教。土耳其以东习回教。俄国最北，自习希腊教。截然各立界限。或君民异教，强使从之，辄至滋生事端。如土耳其本天主教地，而习回教，各部时有叛者。然同在一城之中，建立礼拜堂必归一教，无相搀乱。独中国圣人之教，广大精微，不立疆域。是以佛教衍于汉初，天主教、回教传于唐世。唐初大秦国阿罗本来献经像，因是立大秦寺，而有景教流行中国碑。寺僧景净云，其教起自拂箖，则正摩西生长之犹太也。所奉袄神，即天主教。其时佛教方盛行，洋教传入中国，信从者鲜。至明季利玛窦东来，徐光启舍宅为天主教堂，其教始遍行天下。国初犹准洋人营建天主教堂，而禁民人入教，所以然者，由洋人建天主教堂，中国人民从之，于义为无取也。是以雍正初，并天主教堂而禁之，而回教礼拜堂不禁，则以自为教与强人民以从教，其事不同耳。然自明传至今百余年矣，未闻民人与为仇憾，窃揆摩西立诚之旨，禁人之欲，劝人之善，与圣教初无参差也。咸丰九年，始开天主教，以护教为名，恃其权力以纵庇之，于是作奸犯科，一倚教堂为抗官之具。至有身犯重罪，入教以求庇者；有与人为仇，依附教士以逞其毒者。府县厅镇，凡有建天主教堂者，地方辄不能安其生，而教士之势乃张，其为祸乃至无穷。川、黔两省，此害尤烈。是以各省人民，一闻天主教堂之名，莫不怀愤，思与为仇，诚有以取之也。

---

　　① 选自杨坚校补：《郭嵩焘奏稿》，369～371 页。

臣等以为各种教士传习异教之国，西洋所必不能行者也。中国不禁异教，可以勉强行之。纵教民为奸恶，动辄挟制地方，枉法宽容以屈抑良民，亦现立之条约所必不能行者也。急应设法补救，以求与人民相安。窃计西洋与中国通商三十余年，情形事务，渐已熟悉，应先除去彼此猜嫌之见，坦然一示以公。伏恳皇上通饬各省督抚明定章程，晓谕所属地方：一应教民人等，无得歧视；各州县交涉教案，一一据理为断，稍有徇庇，立予参办；并各知照天主堂教士，以行教所以劝善，非以保奸，以此招揽百姓之深怨，反躬必所不安，以此违失主教之本旨，即耶苏天主亦必不许；西洋有西洋律法，中国有中国律法，苟为洋人，应依洋律处理，苟为中国人，应依中国律处理，不得因习天主教稍分轻重。抑臣在西洋所见，教士传习天主教谓之神甫，传习耶苏教谓之牧师，其人类皆博学多能，勤勤向善。凡传教中国者，皆神甫也。而闻其传教以人数多少为课最，是以广立神甫，四处招延盗贼奸民，能招致多人，即授以神甫之名，所收奸民愈多，则良民愈以为耻，稍有知者，皆远避之。是以传教二十年，所立神甫，徒为中国所贱恶，而自辱其神甫之名。加之无赖奸民，听其指嗾，以与地方为仇，亦恐为西洋各国所羞称。并恳饬下总理衙门会商驻京公使，斟酌妥议：必系传教信士，确守教规，不至恣行奸恶，始准充当神甫，移送其名于府县，准其接见；教民稍有违犯，责成神甫禁饬，庶使所在地方昭然于教堂劝善防恶之心，自不至多生嫌怨。若无故干犯教堂，地方官亦得按例惩办，责成赔修。其与百姓为仇者，但能照案轻重处理，不得托辞赔修以相诘难。臣等为各省教案交涉繁杂起见，是否有当，伏乞圣鉴。谨奏。

光绪三年四月初八日旨："该衙门知道。"

（光绪三年）

续陈禁止鸦片事宜折附上谕[1]

出使英国大臣郭嵩焘奏为禁止鸦片烟应行事宜，谨补陈数条，上备

---

[1] 选自杨坚校补：《郭嵩焘奏稿》，377～381 页。是书有注如下：按此折即《郭侍郎奏疏》卷十二中之《请禁鸦片烟第二疏》。惟后一文中有叙山西巡抚鲍源深禁种罂粟，为州县所欺蒙一段六十余字，为本折所无，或系郭氏后来编集时自己增入，或系《清季外交史料》纂辑者王希隐之漏抄，今于注中录出备参。又本折有个别文字于事未协，或于义难通，恐为《清季外交史料》之抄误或刊误，今亦据《郭侍郎奏疏》是正，而于注中表出之。

采择事。

窃臣光绪三年二月初八日具奏设法禁止鸦片烟一折，至今未奉批谕。窃惟国家兴利除弊，关系重大，未敢轻议整顿。鸦片烟为害中国五六十年，通计各省士民陷溺其中，率十之四五①，其害日广，其毒亦日深。道光十九年特诏严禁，遂至激成海疆之祸，而吸食者愈多。至咸丰九年，例禁已开，更无顾忌。臣于此时复为禁止鸦片烟之议，人皆知其难行，而臣揆之事理，验之人心，顾独以为至易。盖使国家严立科条，责成地方官禁之，徒以扰累百姓，其终必至愈禁而愈开；使民人自为禁制，以奖励其廉耻而激发其天良，则动于诏旨一二言而人心自振，积弊亦将自除。此臣熟筹深计而决知其必然者也。谨就愚见所及略具数条，敬为皇上陈之。

一曰权衡人情以定限制之期。臣前折议禁鸦片烟以清理学校为先，所有文武职官及举贡士绅，一例示限三年，自属一定不移之章程。而其中情节实各不同，有因治病吸食者，有年逾五十，精力已衰，不能骤戒者。惟当责成地方官清厘整饬，万不可搜剔窥伺，反②开揭告之风。其绅民五十以上，已至垂暮之年，亦可无庸示禁。盖此次议禁之意，在严绝其将来，不在追咎其既往，庶几人心不至惊惶。即督抚大吏因病吸食，亦可无忧反噬。朝廷但有察觉，无难处办。至于学校出身之阶，正本清源，端在于是，自府县试互结，即须以鸦片烟为首禁，应纂入《学政全书》，万不宜丝毫宽假。此权衡人情之大端也。

二曰严禁栽种以除蔓延之害。臣前折叙述陕、甘、云、贵、山西、四川等省栽种罂粟情形，沿西数千里之地，日肆蔓延，而江苏之徐州、浙江之台州亦皆种植罂粟，有徐土、台土之名，而一皆销行内地。是各省多栽一亩罂粟，即民间多增一亩之害端，国家亦多废一亩之生产。③非得督抚臣深体朝廷之用心，切实推求，断绝根株，万不得有所裨益。此严禁栽种之大端也。

三曰严防讹诈以除胥吏之扰。朝廷明示例禁，督抚下其令于州县，州县即授其权于书差，乘势苛扰，得贿包庇，且有不胜言者。又自咸丰

① 五：本折原无此字，据《郭侍郎奏疏》增。
② 反：本折原作"及"，据《郭侍郎奏疏》改。
③ 《郭侍郎奏疏·请禁鸦片烟第二疏》此句后尚有一段如下："臣在京师闻山西抚臣鲍源深请禁栽种罂粟，出省阅兵，各州县先期拔去驿路两旁罂粟一二亩，改种禾麦，相传为笑。近年吏治废弛日甚，欺诬粉饰，莫知其非。"

年间开鸦片烟之禁，旋禁旋开，又旋加禁，亦复无此政体。臣之愚见，以为当时开禁仅及民商，官绅仍照旧禁止。是今日之议禁，与咸丰时之开禁，用意正属相同，而一以劝戒为义，则差役之骚扰不能不先示严禁。但有因事生风，借戒烟为名肆行讹诈，应听民人呈控，交涉书差者立行严惩，交涉地方官者亦立予严参。总期使民间实受禁烟之利，而不至虚贻禁烟之害。此严防胥吏之大端也。

四曰选派绅员以重稽查之责。近年广东设立劝禁鸦片烟会，臣常嘉其用心之善，然出自民间私议，有劝导之功而无董率之责，其势不足以振发人心。应饬各省督抚臣举派在籍公正知事体绅员一二人，使专司示禁鸦片烟之责，以次责成各府州县及学官，各举派总办一人、帮办二三人，仍由府绅总其成，以达于省绅，而稽考其成效；亦不必设立公局，开支经费，但由地方官及绅民捐资广制戒烟方药，分散四乡，责成各族族长稽查一族，各乡乡长稽查一乡，督抚即因以推知州县之奉行与否，及各府县绅员之得力与否，一除粉饰之心，而坦然示以大公，恻然推以至诚，绅民未有不感动踊跃，自为禁制者。此举派稽查之大端也。

五曰明定章程以示劝惩之义。窃查鸦片烟之盛行，在道光中叶以后，风俗人心，因之日趋于浇薄，水旱盗贼，相承而起，贻患至今。是鸦片烟之为害，不独耗竭财力，戕贼民命，实为国家治乱之一大关键。是以道光中设为厉禁严刑，原属惩奸之要义，立法并无稍过。惟当纪纲废弛、风俗颓败之余，法令愈严，推行愈多梗塞。不能不以整齐之令，寓诸从容劝导之中。而人心狃法已甚，其骤难禁革之积弊，尤应明定章程，以使知利病之切身而自求变计。其法即取贩卖鸦片烟之利，以为禁烟之资。凡遇贩鸦片烟土者，无论城村市镇，概准厘税加征五倍，永不停免，亦责成绅员互相稽查，一由厘局征收，而酌提为制方药之费。其各省栽种罂粟者，亦皆示限严禁，各视土地所宜，责令改种五谷。其田土有多寡，又有承佃及自耕之分，逾期不改种，二十亩以上酌提一半充公，承佃者出自业户之意，全数充公，出自佃户之意，责成更佃，不遵办者亦全数充公；二十亩以下，勒限惩责。其充公之田，各就其乡添设小学及各善举，由地方官督饬办理。有侵食者，亦听呈控惩办。此明定章程之大端也。

六曰禁革烟馆以绝传染之害。鸦片烟为害之烈，尤莫甚于烟馆。无艺平民及子弟之无管束者，无不从烟馆吸食，以至积而成瘾，其害亦人所共知。而不能禁革者，在官之耳目不能敌书差之包庇也。闻两江督臣沈葆桢严禁烟馆，皆相率移至城外。以沈葆桢切实认真，其力亦不过周①及城内而已。非责成各处绅士自相稽查，万不能有实际。而非督抚及地方官实求整饬，不能除弊。然除弊尤以察吏为先。在京各城司坊等官，在外各州县巡检典史，能不以收受陋规为事，禁革烟馆即亦非难。此严禁传染之大端也。

伏查国家兴利除弊，大抵交涉部务，应由部臣制其准驳之权。其有违犯禁令，亦应由部臣添议科条，编入则例。此次禁止鸦片烟，先及官绅士子，本属从来未开之禁，无庸另立专条。其禁止栽种罂粟及开设烟馆，尤屡见之奏案，明示例禁。至于州县差役之讹诈，按律处办已自有余，并无庸酌增条例。各海口征收洋土税则照旧办理，或另立章程，税厘并征，酌量增加，均可及时开办，听从贩运，与此次议禁大旨，全无妨碍。俟奉有禁办明文，臣即照会英国外部，渐次禁止栽种贩运。此时开办之始，惟当从容涵泳，宽以二十年之期，先官而后民，先士子而后及于百姓，一以渐摩劝戒为义，明示以朝廷爱养民力、援拯陷溺之苦心，力除苛扰，与天下相感以诚。其大要尤在责成各省绅士自立章程，切实劝导，求实效而不务虚文，求真有益百姓而不专假官势以责近功。人心具有天良，无不可感动禁革者。伏乞天恩明下臣章，饬各督抚臣虚心核议，实力举行，天下幸甚。谨奏。

光绪三年八月十三日奉上谕："郭嵩焘奏续陈禁止鸦片事宜一折，已有旨令各省将军督抚酌度办理。兹览所奏，自系未经接奉前旨，着抄给一分寄往。另折片奏英人照会调处喀什噶尔事宜等语。新疆军务，业将土鲁番城攻克，安集延逆酋帕夏自毙，剿办甚为得手。该侍郎所奏各情，已谕令左宗棠酌办矣。"

（光绪三年）

请纂成通商则例折②

出使英国大臣郭嵩焘奏为各口通商事宜急应纂成通商则例一书，以

---

① 周：本折原作"用"，据《郭侍郎奏疏》改。

② 选自杨坚校补：《郭嵩焘奏稿》，381～384 页。

资信守事。

　　窃查道光二十二年五口通商以来，迄今三十六年。咸丰十年增加十口。光绪二年又增加五口。沿海九千余里，内达长江五千余里，交涉日广，情事日繁，仅恃通商条约为交接之准，而条约定自洋人，专详通商事例，于诸口情状皆所未详，每遇中外人民交涉事件，轻重缓急，无可依循。是以历年办理洋案，各口领事与各地方官交互抵难，辗转避就，无一能持平处断者。推原其故，由中国律例与各国相距太远，又无能究知西洋律法，遇有辩论事故，无例案之可援，观望周章，动为所持。

　　因查西洋通商，起于隋唐之世，已历一千五六百年。初开广州一口。宋、明以后，添开福州、宁波二口。明又分别西洋、南洋，各归一口。其时办理通商，并无建立埠头房屋，是以各口增减分合，中国能自操其权。而自通商至今，未尝一日停罢。今口岸繁开，民商屯集。窃度西洋通商之局，一成而不可易。三十年来办理洋案，艰烦冗剧，棘手万分。盖由西洋以通商为制国之经，各国相沿章程，守而弗失，大略相同。中国本无通商成案，一切屈意为之，所定条约，苟且敷衍，应付一时，未尝为经久之计。自始通商，即分别各国民商归领事官管理，地方官权利尽失，而于条约所载，地方官又多忽视，不甚究心，使洋人据为口实，于是并条约所有之权利皆失之。情事变迁日甚，中国办理洋案日益迷离悃恍，无所适从。前岁总税务司赫德承议租界免厘一节，稍能窥见本原，通筹全局，于其中分析商情、交际、词讼三者，实为中外相接紧要关键，允宜明定章程，廓然示以大公，不独以释中国之猜疑，亦且使各口地方官晓然于朝廷用法持平，明慎公恕，遇事有所率循，庶不至以周章顾虑，滋生事端。

　　臣愚于例案无所知晓，略就所见，推举二端。盖有已失之既往者，有补救于将来者。窃闻理藩院办理蒙古各盟案件，以圈禁代流徙，以罚赎代笞杖。西洋立法，大者拘系，小者罚赎，与此例正同。各口通商之始，倘能明示此例，援照西洋公法，通商各口民商一听地方官管束，则此三十年内，枝节不至繁生，国家体制亦当赖以保全。此失之既往者也。天津毁拆教堂，伤毙领事，云南戕害翻译官，凶犯应抵罪，失察之地方官亦应议处，其事本可立结，徒以中外例案迥异，地方官稍有迟回，遂至反复争持，贻累国家，无有穷期。使当时颁有通商则例，各国戕毙中国人民，与中国戕毙各国人民作何问拟，戕毙职官作何问拟，地方官知情故纵作何问拟，使犯者明知而不至故蹈，朝廷按律拟罪而亦不至游移，此所急宜补救将来者也。

臣顷奉旨辩论镇江趸船一案，经再次照会外部，至今未据核议。其前后两届公使，以保护商民为义，力足相持。因查各国海口皆有船坞码头，无行商自置趸船之事。所定条例有云：修理船坞码头，察得某船必须挪移，理船厅知会，三日内移开，如有违延，该船主应行议罚。又云：各项船只不遵理船厅分示，听将该船绳索松割，铁链打碎，代为移泊，一切使费出自该船主各等语。中国于此全未定立章程，商民肆意抗拒，更历三年之久，无词以相诘难，一切任从所为，不得已就其国辩论，听候外部核议。是不独交涉通商事件无有准则权衡，万不足以经久，其于两国相交，体制关系亦颇巨。

臣窃以为赫德前议三条内，与各国交际及词讼，其原一由于通商而至。洋人到处，与中国人民错居，交涉纷繁，决非通商条约所能尽其事例。一遇民商牵涉案件，窥探揣合，舍己从人，徒滋议论之烦，终无准拟之例。诚惧口岸日开，事端日剧，为累亦将日大。应恳敕下总理衙门参核各国所定通商律法，分别条款，纂辑通商则例一书，择派章京内实任户部、刑部司员二人，另请通知西洋律法二人，专司编纂之责，仍饬总税务司及南北洋大臣参酌，由总理衙门审定，颁发各省，并刊刻简明事例，略叙大纲，颁送各国驻京公使，庶一切办理洋案有所依据，免致遇事张皇，推宕留难，多生枝节。区区愚忧，冒昧上渎，诚知无裨高深，然独居深念，洋务所关，莫要于此，不敢以愚见所及，避而不言。无任悚息屏营之至。谨奏。

光绪三年八月二十七日奉旨："该衙门议奏。"

（光绪三年）

新嘉坡设立领事片[①]

再，臣奉准总理衙门光绪二年八月十三日具奏出使经费一折，内开总领事及正副领事名目，诚以各口设立领事官，与出使事例同条共贯。臣随查明英国属地新嘉坡等处，中国流寓经商人民共计数十万人，应分

---

① 选自杨坚校补：《郭嵩焘奏稿》，384～386 页。

别设立领事，以资弹压，于是年九月十五日具奏。旋于十月二十八日道出新嘉坡，见广东人道员胡璇泽，为其地人民所推服，数年前广属人民与各属互斗，亦经胡璇泽解散，英国官商皆倚信之。臣以新嘉坡领事非胡璇泽无可充承者，经照会英国外部，计逾五月之久，至六月初始得复文。臣即札知胡璇泽妥议章程。窃查中国设立领事情形，与各国绝异，其本末利病，有须一详陈者。

西洋各国以通商为制国之本，广开口岸，设立领事，保护商民，与国政相为经纬，官商之意常亲。中国通商之利一无经营，其民人经商各国，或逾数世，或历数年，与中国声息全隔，派员经理，其势尤格而不入。窃揆所以设立领事之义，约有二端。一曰保护商民，远如秘鲁、古巴之招工，近如南洋、日国所辖之吕宋，荷兰所辖之婆罗洲、噶罗巴、苏门答腊，本无定立章程，其政又近于苛虐，商民间有屈抑，常苦无所控诉。是以各处民商闻有遣派公使之信，延首跂望，深盼得一领事，与为维持。揆之民情，实所心愿。此一端也。一曰弹压稽查，如日本之横滨、大阪各口，中国流寓民商，本出有户口年貌等费，改归中国派员办理，事理更顺。美国之金山、英国之南洋各埠头，接待中国人民，视同一例。美国则盼中国自行管辖，英国则务使中国人民归其管辖，用心稍异，而相待一皆从优。领事照约稍联中国之谊，稽查弹压，别无繁难，准之事势，亦所易为。此一端也。

臣愚以为此时设立领事，取从民愿而已，毫无当于国计。是以领事之名可立，领事之费必不可多。因查各口民商盼望保护，皆愿凑集领事经费。英国古巴领事吉乐福乞假回国，言闻中国工民筹办领事经费，无不乐从。吕宋等处人言略同。其专恃以弹压者，但择其地绅商有资望者为之，于户口年貌册费内筹备需用款目，由使臣假以事权，俾得尽其调处之益。一切开支，应从减省。近年以来遣使各国，需用浩繁。就臣所处言之，糜费实多，而求可以裨益国家实少。徒使福建船政局、上海机器局需用经费，无从拨给，几至停工。若更听从各使臣设立领事，开报薪水，以有用之经费，资无名之支销，于国计无裨丝毫，于经理各国事宜亦万不能持久。是今日多一豪举，更历数年亦必多一贻累。诚惧公私交困，进退两穷。在臣谋国之愚忧，尤不能不长虑却顾，以为经久之计者也。应恳敕下总理衙门另行核议。臣之愚虑，实早及此，是以在新嘉坡谕知胡璇泽，但允发给开办经费，应支薪水听从筹画报销。胡璇泽亦欣然允从。惟交涉东西两洋事宜，必应明定章程，俾归画一，尤不宜有畸轻畸重之分，听令彼此参差，丰约互形，以资口实，则所损尤大。至所派胡璇泽充当新嘉坡领事，其南洋各埠头应否分设领事，臣皆未能自悉，应令胡璇泽切实考求，报明办理，即饬作为南洋总领事，一切事宜分别申报各国使臣，仍统归南北洋大臣及两广总督臣就近经理，并乞恩准施行。所有设立新嘉坡领事情形，因经费艰难，另行核议之处，谨附片陈明。谨奏。

光绪三年八月二十七日奉旨："该衙门议奏。"

（光绪三年）

请派员赴万国刑罚监牢会片①

再，据瑞典国使臣爱达华达摆柏照会内称：整理万国刑罚监牢会今年在比利时国都城伯鲁赛尔会议。明年八月在瑞典都斯多克火恩会议，应由其国预先通告各国；并称瑞典主极盼中国国家派员往赴此会，乞将此情转奏各等因。臣因查询此会之缘始，盖前八十年间，英国有名侯尔德者，遍历各处监牢，备悉其苦况，言之国家，定更制度，以次及法、奥、德、俄诸国，一皆献议仿行。于是西洋各国公立此会，互相维持。臣去岁过香港、新嘉坡，遍视其系囚处，整齐清洁，叹为尽善。至伦敦，往观茉敦威拉监牢，收系一千六百余人，规模尤极阔大。大致以年分久暂定罪名轻重，而一皆制以教养之经。凡所收系，课以工艺，使其出而皆可以谋生，尤服其用意之深厚。至是始知其发端自侯尔德，而因以公会为名，相与益致其情。度其会议，必多有可纪者。臣现奉使英国，距瑞典国为近，应由臣处奏派一人前往。谨先将该使臣照会大旨，陈请圣裁。应如何办理之处，当俟奉旨后开具参赞以下衔名，听候简派一员，届时前赴瑞典国，以资与各国会议。理合附片陈明。谨奏。

光绪三年八月二十七日奉旨："该衙门议奏。"

（光绪三年）

---

① 选自杨坚校补：《郭嵩焘奏稿》，386 页。

办理洋务横被构陷折[①]

出使英国大臣郭嵩焘奏为办理洋务横被构陷，沥情上陈事。

窃臣见道光以来办理洋务，变故迭生，诚有使人痛心疾首，不能暂释者。历考三十余年情事，亦由不能尽知洋务底蕴，往往以平易可了之事，积而为艰难生衅之端，致使挟其狡强之气，乘隙思逞。嫉愤愈深，即其构衅亦愈烈。急应于此推考事理，以求应付之方，而以其余闲兴利劝学，驯致富强，则国本固而处置一切事务皆得其理，可使俯首屏气，以听约束。前岁奉命出使，因念国家创举，肇始自臣。顷十余年，沿海通商九千里，内达长江三四千里，云南沿西边界亦渐次通商，交涉日益繁多。诚虑事变日生，即臣出使数万里，亦徒受其轻简。公私兼计，惶惧实深。是以遇事稍一陈其所见，以期据理求胜。《传》曰："惟礼可以御侮。"臣之梼昧，妄意如此，而为一时诟毁所集，约有三端：

一、请将云南抚臣岑毓英交部议处。封疆大吏于中外交涉事宜不能先事预防，致成衅端，例应议处。体察滇案情形，但一议处岑毓英，则诸事皆可据理折之，不至过为要挟。臣所以敢犯一时之诟谪而不辞者，自度捐弃一身无谓之声名，以求解朝廷之隐忧，于事实确有把握也。

一、请六部堂官与洋人周旋不宜专投名帖一节。系奉旨办理事件，正宜借此考览洋情，推求事要。其不愿与周旋，自持正论，两不相妨。若定议专报名帖，其中有未一见洋人者，且有干犯名义之嫌，而洋人所要求固不在名帖也，势必函诘总理衙门，又将穷于为答。是以劝令一二人前往接见，以免重生议论。

一、自上海启行沿途日记。臣自通籍三十余年，日皆有记，凡闻一善言，见一善行，必谨录之，亦用以自箴砭，期使言动皆可以告人。此次沿途见闻所及，及与诸随员谈论，录次其稍有关系者，诚念使臣之责，在宣布国家之意，通之与国，亦审察与国之情，达之朝廷，其间爱恶攻取，轻重缓急，皆可以知所从违，万不宜稍有虚饰。至于中外交接事宜，洋人一一著之新报，委曲详尽，多臣所未悉。日记略陈事理，尤

---

① 选自杨坚校补：《郭嵩焘奏稿》，387～389 页。

无所避忌。录呈总理衙门，实属觇国之要义，为臣职所当为。同文馆检字刷印，借以传示考求洋务者，固非臣所及知。

两年以来，为此三端，诬蔑讪议不遗余力，臣亦无从置辨。去年京师编造联语，以"何必去父母之邦"相诮责。家乡士子，直诘臣以不修高洁之行，蒙耻受辱，周旋洋人，至欲毁其家室。臣勉辞差委，上既违君父之命，推求事理，又只为毁谤之归。沥血呕心，时自伤哽。近闻编修何金寿参折内直谓大清无此臣子，是视臣罪为天地所不容，万古所不赦。仰荷圣恩，不加严遣，而臣区区老病之身，奔走四万里，负辱就瞑，何辞以解于人世？闻其所据为罪状者，在指摘日记中"并不得以和论"一语。窃查西洋通商已历一千四百余年，与历代匈奴、鲜卑、突厥、契丹为害中国，情形绝异，始终不越通商之局。国家当一力讲求应接之术，战、守、和三者俱无足言，而仍以自求富强为之本。臣此言实屡见之论奏，不自日记始。溯查臣通籍道光中，年逾六十，亦稍知读书观理。内直南斋，外任巡抚，屡蒙先朝简用。学问阅历，皆无足言，而自问耿耿此心，无一念不求裨益大局。遭值时艰，于国家得失利病，臣亦不能不引为咎责，参劾诟辱，所不敢避。何金寿至文致其言词，陵蔑攻击，竟似有意媒孽。副使刘锡鸿因据何金寿一折，取日记所录，一一傅致其罪。自臣在京师，与何金寿往来交好，此奏必不可少。是其交通情状，悍然一无隐讳，而使国家处置洋务，终至无所适从，即臣亦万无可图效之地。辗转寻思，实莫测其用心。此皆由臣德薄能鲜，知人不明，莅事多暗，于洋务本无知晓，轻率议论，以致动干忌讳，万口交谪，蒙被圣恩，无能仰酬万一，而一念之愚，求益反损，乃使一生名节，毁灭无余。私心痛悼，无可滗拔。诚惧卒被众口铄金之冤，以伤朝廷委任之明。臣之病势，又日增剧。不敢不缕具梗概，沥陈于圣主之前。其刘锡鸿任性妄为各款，经臣另折参奏。此次副使刘锡鸿、编修何金寿勾通构陷情形，应否交部议处，伏候圣裁。九死孤臣，惶迫上诉，无任战慄陨越之至。谨奏。

光绪三年十月三十日，军机大臣奉旨。钦此。

俄人构患已深遵议补救之方折附上谕[1]

前兵部左侍郎郭嵩焘奏为俄人构患已深，当筹补救之方，遵旨直陈所见事。

窃臣恭读光绪五年十二月初四日上谕："此次会议事件，中外臣工及在籍大臣如有所见，均可据实直陈"等因。查前左都御史臣崇厚在俄定立条约十八款，不察山川扼要之形胜，不明中外交接之事宜，种种贻误，无可追悔，然西洋各国遣派使臣，相与议定条约，原应由各国核准施行。是此案准驳之权仍制自朝廷。所遣派驻扎各国使臣，但系两国交涉事件，应责成料理。总理衙门但一谕饬驻俄公使转俄国外部：伊犁条约暂难核准，权听俄兵驻扎伊犁，以俟续议。俄人虽甚猖獗，亦不能违越万国公法，以求狂逞。只此权应之一法，可以稍戢俄人之志，即在我亦稍有以自处。臣谨将前后情事，为我皇上分别陈之。

一曰收还伊犁应由甘督核议。乾隆年间戡定准、回各部，设立各城驻扎兵弁，外设屯卡，与各属部画分疆界。百余年来，哈萨克、布鲁特诸部日以衰微，其地多为俄人侵占，又西灭浩罕诸部，与西域壤地紧相毗连。而自回疆叛乱，二十余年，屯卡毁弃殆尽。即令俄人缴还伊犁一城，清理疆界，极费推求。陕甘督臣左宗棠平日讲求地理之学，经营西域，已逾十年，形胜险要，悉能详知，万非数万里外遣一使臣可以凭空定议之事，臣所谓收还伊犁应由甘督核议者此也。

二曰遣使议还伊犁当径赴伊犁会办。俄人占据伊犁时，但以保护疆界民商为言，原约中国平定西域，仍行退还，是收还伊犁，并无他虑，惟虑俄人索取兵费太多，此须至伊犁相度情形，乃可置议。左宗棠以战功平定西域，不肯居赎回伊犁之名。拣派大员会议，着紧亦专在此，无舍伊犁而径赴俄会议之理。即令议办已有端绪，应遣使赴俄定约，亦必须由肃州取道伊犁，兼与左宗棠商定一切。臣在伦敦，闻日本遣使恩倭摩的赴俄议换[2]库页一岛，即所称虾夷岛也，在该岛争持多年，乃遣使

---

① 选自杨坚校补：《郭嵩焘奏稿》，393～398 页。是书有注如下：按此折即《郭侍郎奏疏》卷十二中之《论俄事疏》。该疏题下尚有小字夹注云："直隶总督肃毅伯李代进。"本折中有个别之字，于义难通，显系抄误或刊误，今据《郭侍郎奏疏》更正。

② 换：本折原作"据"，据《郭侍郎奏疏》改。

赴俄计议，其使臣即由库页岛径达黑龙江，取道伊犁，绕乌拉岭赴俄，为其水陆交通，险隘形胜及其兵力所注，非身亲考览无由知也。俄酋高福满驻扎伊犁，兼统浩罕诸部，其与崇厚议还伊犁，于二万里外调高福满回国会办。此在中国关系绝大，而在俄人则进退皆利，无关得失之数，而其任劳核实如此。臣所谓遣使议还伊犁当径赴伊犁会办者此也。

三曰直截议驳伊犁条约，当暂听从驻扎，其势万不能急速收还。臣查天山南北两路所以号称肥饶者，正以河道纵横，灌输便利之故。俄人所据西伯利部一万余里，并属荒寒之地，近年侵夺塔什干、浩罕诸部，蓄意经营。前岁见俄国新报，言其提督斯哲威尔探寻巴米尔朗格拉湖一带，报称喀拉库拉湖至阿克苏有通长不绝河源，深入俄国荒漠之地，为历来人迹所未到，举国相为庆幸。其睨视西域，蓄谋已深。伊犁一城，尤为饶沃。自伊犁河以南曰哈尔海图，产铜；曰沙拉特和齐，产铅。其北山曰空鄂尔峨博，产煤；曰辟里箐，产金；曰索果，产铁。往时河南有铜厂、铅厂，并近距特克斯河，而办理不甚如法。山北煤、铁各厂，则尚未开采。西洋人群视为上腴之地。伊犁所属九城，专以驻兵弁。此膏腴并在河南。山北西至霍果斯，亦设有一城，距伊犁不逾百里，所设额尔格齐齐罕诸卡，皆在五百里以外。今划分霍尔果斯河属之俄人，则伊犁一河已截去四之三，而五百里之屯卡皆弃置之矣。画分特克斯河属之俄人，则旧设铜、铅各厂亦与俄人共之，而特克斯河横亘天山以北，其南直接库车、拜城，声气皆至阻隔。所设屯卡，直达特克斯河源，皆弃置之矣。塔尔巴哈台距伊犁东北尚在千里以外，闻亦有划归俄人之地。以一城孤悬如寄，尽割置其膏腴之地，名为收还伊犁，而实弃之。此时置议，较之从前，其难万倍。当据万国公法，由国家径行议驳，无可再行商办之理。以此时捐弃伊犁，与收还伊犁，其势并处于两穷。惟有申明权听驻扎，以杜其狡逞之心，而仍谕以从缓计议，稍留为后图，庶自处于有余之地，而亦有余地以处俄人。臣所谓直截议驳伊犁条约，暂听俄人驻扎者此也。

四曰驻扎英、法两国公使，不宜遣使俄国。西洋各国互相联络，各视其国势缓急轻重，与其恩怨，以为权衡。数百年来，攻伐兼并，事变百出，而目前大势，则英、法两国为私交，俄、德两国为私交。德与法仇憾方深，英与俄尤为累世积怨。其心意所向背，即其喜怒好恶，亦皆随之转移。臣尝论英、法共一公使，俄、德亦当共一公使。凡为公使驻扎，非但以虚名通两国之好而已，实有维持国体之责，与商办事件之权。遣使会议当在伊犁，而其难通之情与其两不相下之势，则由驻俄公使达之俄国朝廷，以持其平而分其责。此亦万国公法所当准情据理，通论其节要者。似此加派使臣，改议已定条约，恐徒资俄人口实，以肆行其挟制之术。俄国新报已言伊犁条约由英播弄翻悔，亦可窥见其用心矣。臣所谓驻扎英、法两国公使不宜遣使俄国者此也。

五曰定议崇厚罪名于例本无专条，亦当稍准万国公法行之。臣查崇厚贻误国家，原情定罪，无可宽免。然推其致误之由，一在不明地势之险要，如霍尔果斯河近距伊犁，特克斯河截分南北两路，均详在图志，平时略无考览，俄人口讲指画，乃直资其玩弄。一在不辨事理之轻重，其心意所注，专在伊犁一城，则视其种种要求，皆若无甚关系，而惟惧收还伊犁之稍有变更。一在心慑洋人之强而丧其所守。臣奉使出洋时，以崇厚曾使巴黎，就询西洋各国情形，但言其船炮之精，兵力之厚，以为可畏。崇厚名为知洋务，徒知其可畏而已，是知其势而不知其理，于处办洋务终无所得于其心也。一在力持敷衍之计而忘其贻害。臣在巴黎与崇厚相见，询以使俄机宜，仅言伊犁重地，岂能不收回。颇心怪其视事之易，而亦见其但以收回伊犁为名，于国事之利病、洋情之变易，皆在所不计。故常谓与西洋交接，亦当稍求通悉古今事宜、中外情势，而后可以应变。是以崇厚之罪，人能知之而能言之，而当定议条约之时，崇厚不能知也，携带参赞、随员亦皆不能知也。置身数万里之遥，一切情势略无知晓，惟有听俄人之恫喝欺诬，拱手承诺而已。朝廷以议驳条约加罪使臣，是于定约之国明示决绝，而益资俄人口实，使之反有辞以行其要挟。崇厚殷实有余，宜责令报捐充饷赎罪，而无急加刑以激俄人之怒，即各国公论亦且援之以助成俄人之势。臣所谓定议崇厚名当稍准万国公法行者此也。

六曰廷臣主战只是一隅之见，似宜斟酌理势之平，求所以自处，而无急言用兵。臣查西洋构患以来，凡三次用兵：广东因禁烟，宁波、天津因换约，皆由疆臣处置失宜，以致贻患日深，积久而益穷于为计。然其时中外之势，本甚悬绝，一切底蕴，两不相知，徒激于廷臣之议论，愤然求一战之效。至今日而信使交通，准情理处，自有余裕。俄人之狡焉思逞，又万非比英、法各国专以通商为事。衅端一开，构难将至无穷。国家用兵三十年，财殚民穷，情见势绌，较道光、咸丰时，气象又当远逊。俄人蚕食诸回部，拓土开疆，环中国万余里，水陆均须设防，力实有所不及。即使俄人侵扰边界，犹当据理折之，不足与交兵角胜，何况以伊犁一城，遣使与之定议，准驳应由朝廷，纵彼以兵力要挟，亦可准度事势之宜，从容辩证，何为贸然耀兵力以构衅端，取快廷臣之议论？臣所谓廷臣主战只是一隅之见者此也。

窃以为国家办理洋务，当以了事为义，不当以生衅构兵为名。名之所趋，积重难返，虽稍知其情状，亦为一时气焰所慑而不敢有异同。臣之愚昧，直以为今日之急务固不在此。应恳天恩饬令驻俄使臣转达俄国外部，以伊犁一城为天山南北两路关键，中国必待收还，而此次崇厚所定条约万难核准，所有俄兵驻扎伊犁，应暂毋庸撤退。从前喀什噶尔曾经与俄通商，应否照旧举行之处，由陕甘督臣左宗棠与俄国督兵大臣会商核办，以期妥善，无得轻易率请用兵，致失两国交谊。开诚布公，正辞明辩，责成督臣妥为经理，或冀幸挽回于万一。以后与俄人交涉，亦可于此稍得其端倪。关系大局，实非浅鲜。

臣以庸愚，奉使无状，万口交谪，无地自容，积年以来，心气销耗，疾病日增，里居逾岁，足迹未尝一出门户。自分衰病余生，无复犬马图效之望，而轸念时艰，重以崇厚之昏庸，贻误多端，几至无可补救。臣于洋务粗有所识，知一时公论，于此必多触牾，然求之事理，征之史策，准之国家之利病，验之各国之从违，允宜及早断行，以免多生枝节，为时愈久，议论愈烦，则益难于处理。是以不敢避诟讥而终甘缄默，谨略献其愚忱，上备圣明采择。谨奏。

光绪六年四月初五日奉上谕："本日据郭嵩焘奏俄人构患当筹补救之方一折，不为无见。前经总理衙门奏明，将俄国约章分别可行、不可行，咨行曾纪泽遵照妥办，原就已定之约，权衡利害，以为辩论改议之地。第思俄人贪得无厌，能否就我范围，殊不可必。此时若遽责其交还伊犁全境，而于分界、通商各节未能悉如所愿，操之太蹙，易启衅端，若徒往返辩论，亦恐久无成议。曾纪泽前往俄国，当先将原议交收伊犁各节关系中国利害，碍难核准之故，据理告知，看其如何答复。如彼以条约不允，不能交还伊犁，亦只可暂时缓议，两作罢论。但须相机引导，归宿到此，即可暂作了局。惟不可先露此意，转致得步进步，别有要求。至旧约分界、通商事宜及应修约章，本与交收伊犁之事不相干涉，俟事定之后，当再令左宗棠及总理衙门分别办理，此意亦可向俄人告知也。郭嵩焘折着摘抄给与阅看。"

（光绪六年）

法扰越南宜循理处置折①

前兵部侍郎郭嵩焘奏为法兰西滋扰安南，求其症结所在，循理处置，不宜遽构兵端事。

窃臣光绪二年在总理衙门，见法人特拉格来游历暹罗、南掌、缅甸，以达云南、四川，记载详明，由福建抚臣翻译咨送，臣但见其游历南掌一册，内言南掌通中国有三路，一循湄江而上，出缅甸，通云南；一出湄江右支囊呼河，通云南；一出安南东京两界间，通广西。知其心怃英人通商腾越，蓄意争胜。云南地产之厚，尤西人所艳称也，是以考通云南之路尤急。其后日本毁琉球，法人因乘势与安南构衅，以为开通富良江之计。盖西人以通商为利，尤善蹈瑕抵罅，据为程式。与安南议论相持两年，而其经营发难，实在乙亥、丙子之交。其指定蒙自口岸，尤擅云南之胜，以其地饶沃平衍，水陆交通，北距云南省城，西距普洱，道里适均，实远出腾越之上。其用意愈深，其求成之心必愈坚。

臣愚以为宜由朝廷权衡利病轻重，应否准与通商，定计于事先。设官置防，使足以资控御，庶不至如沿海情形，令西人操通商之权，屈中国以从之。其或定计不与通商，亦当熟筹因应之宜，深审理势之归，有所据以制其胜，期收折冲樽俎之功。西洋各国因事辩争，有相持数年而始定者，即不得已而用兵，亦反复筹商，迟久始决。从未闻贸然发议称兵，以相尝试。就安南事势言之，当有救援弹压之师，不当有防堵之师，明知非利害所系故也。若论云南通商，事势所争，尤在议论，决不在于用兵。

臣因考自古经国之计，专务招徕商贾，无以闭关绝市为义者。《汉书·西域传》称罽宾惟利贾市；安息临妫水，商贾车船行旁国；康居欲买市为利；大宛善贾市，争分铢，市易乃得所欲。班史不载边关市易，而于四国发其例，是以《后汉书》言武帝开通西域，商胡贩客，日款于塞下。《唐书》：开元盛时，东至高丽，南至真腊，西至波斯、吐蕃、坚昆，北至突厥、契丹、靺鞨，谓之八番，税西域商胡以

---

① 选自杨坚校补：《郭嵩焘奏稿》，399～401 页。是书有注如下：按此折即《郭侍郎奏疏》卷十二中之《论法事疏》。该疏题下尚有小字夹注云："两江总督恪靖侯左代进。"

供四镇。当时通商之利，盖可想见。《明史》谓唐、宋以来，行以茶易马法，用制羌戎。是以宋世熙、河、秦、洮，皆设茶务，不以寇掠攻守废市易。明设三市舶司：宁波通日本，泉州通琉球，广州通西洋诸国。交趾、云南，皆设市舶提举司，始终未闻以市易滋乱。其后罢宁波市舶，日本海贾往来自如，转相寇乱，海上遂无宁日，见之《明史·食货志》，可以推知其利病。至于国朝，控制夷狄之法尤为旷越前代。康熙初，与俄罗斯议定疆界，听其贸易不禁。俄商络绎往来京师。三十二年，定三年一来京贸易，而库伦仍听互市。雍正五年，设沿边卡伦，始移市务于卡伦外之恰克图，距库伦且至千里，而罢京师贸易，相沿至今。其后节次割分边界，由额尔古纳河东至混同江，横约二千余里；由乌苏里河南至图们江，纵约千余里，由恰克图西至乌梁海，绕出葱岭，纵横各数千里，犹恃恰克图通商界限，由额尔古纳河东经黑龙江以达松花江，西尽唐努山以南，界画井然，不虞侵占。诚令塔尔巴以北、伊犁以西，当时设有通商市务，必能相与保全，以资守卫。臣历考古今事势，益信《明史》言驭边之要，以互市通夷情，使法禁有所施，省戍守费，诚为有利无弊。而如恰克图展至库伦千里以外，尤其效之彰明较著者也。今沿海通商十三口，长江以上通商五口，云南通商一口，俄罗斯出入西北各口，并通行无阻。区区蒙自一口，无关中国要害。通筹始终，总揽全局，必有能辨知其得失者。至于用兵之费，筹饷之烦，与其贸焉而起，贸焉而止，及不幸而出于战，赔缴兵费之累，中外诸臣皆能深知。徒以眩于南宋以后之议论，不务考求古今事局，以上窥列祖经营抚绥之略，明通公溥，坦然以诚相示，而用其一隅之见，附和清议，苟求见恕于人言。以是办理洋务四十余年，始终不得要领，而坐受人言之挟制。方今时势艰难，民困财殚，国计、吏治、人心、风俗，本源之地，所忧实多。汲汲补救，犹惧不给，无故自生衅端，屡资烦费，诚谓非宜。

臣老病余生，气息奄然，无所顾忌，又尝蒙被圣恩，备员总署，稍能周知中外情形，以理自信，实见法人通商蒙自，宜以时迎机理喻，使受约束，不宜率尔称兵，终至无以善其后而滋累无穷。用敢披沥愚忱，冒昧上陈，冀荷圣意垂察，不胜战慄陨越之至。谨奏。

（光绪八年）

因法事条陈时政疏^①

缮呈直隶总督肃毅伯李
两江总督恪靖侯左代进

　　奏为西洋构患已深，宜急与理处，不宜与交兵，谨推陈本末始终之数，以明得失之机，恭折仰祈圣鉴事。

　　窃查西洋之通中国，肇始西汉，海道通商，则原于隋唐之交，历今千数百年。至道光年间，鸦片烟行于中国，始有禁烟之议，办理参差，激成衅端。嗣是而有定海、宁波之变，又有镇江之变，又有广东省城之变，又有天津之变。再四交兵，或极一时之兵力，縻费饷需累巨万，终至增加通商口岸，索赔兵费，前后五十年中，反复相寻，如出一辙。盖西洋以通商为义，自始开国至今千八百余年，兵力愈练愈强，制造愈习愈精，通商口岸亦愈推愈广。外蕃各国，盛衰强弱，或数十年数百年一变，惟西洋一主通商，历久不变。其占踞地方，远至数万里，皆以通商为名，初无穷兵之心，而数反数复，必因衅以逞兵；亦并无争地之心，而屡战屡进，即乘势以掠地。南洋各岛侵占殆遍，无不由此，是以交涉西洋通商事宜，可以理屈，万不可以力争；可以诚信相孚，万不可以虚伪相饰；可以借其力以图自强，万不可恃其强以求一逞。

　　臣尝论西洋要求事件，轻重大小，变幻百端，一据理折衷，无不可了，一战则必不易了。以彼所求者通商耳，其蓄谋或在数十年之前，其作势尝自处万全之地，每至张大其辞，以相要挟。而其与中国相去数万里，用兵之费又数倍于中国，本不能轻易言战，其志又不过通商为利，非有仇憾积于其心。察其不轻言战，诘难往复，固有余地以自处，而求各得其利。因其不轻言战而激使狂逞，则为害必多。一经交兵，所用兵费终谋取偿，此亦西洋各国互相钳制之义，直无辞以拒之。或竟受惩创，扬帆以去，各省海口不能撤防，一年二年，又必复至，或遂恣意横行，为祸且将愈烈。西洋各国交兵，或十年二十年，每战炮火交轰，亦至数日不息。近年如普法战迹，记载甚详。中国沿海八九千里，果何以堪之？此臣所以谓西洋各国环集，中国无可战之机，无可战之势，直亦无可战之理。

---

　　① 选自杨坚校补：《郭嵩焘奏稿》，404～411 页。

法夷屡与越南私立条约，专为通商云南起见。自英人通商腾越，尤怀争先恐后之心，见之特拉格尔探地记，其蓄意早深。据万国公法，驻扎各国公使，专务保护人民，料理通好事宜，遇有争辩大端，必另遣使与议，以所争辩有允不允，不允即应辞归，公使不能辞归，故并不使与议，勉强与议，彼亦决不相信。法夷构衅越南，应遣使法都，并应遣使西贡，察机观变，而未能遣使。其滋扰越南，一发端西贡，而西贡地方，中国人民三十余万，应设领事经理，而未能早设。此等紧要机宜，皆已坐失。法夷初意西贡驻兵五百人，横行越南有余，经刘永福横出截击，彼亦惊出意外，进退两难，可以乘势定议，而又失此机会。中外诸臣，本无谙知洋务者，惟仰窥朝廷意旨，愤起言战；疆臣主兵，又狃于军营报仗虚张声势之故习，一以虚怯出之，讳败言功，从无一语徵实。臣不敢申言胜负得失之故，但就今日用兵利害言之。法夷滋扰越南，未及中国也。廷臣倡言主战，拒之于桑台，拒之于北宁，彼至则我兵先退，彼退又以克复报闻。法夷敛兵退守，不进攻保胜而至天津议讲，是其意本不求战也。自谅山一加掩击，而祸遂成。嗣是而攻鸡笼，伤亡数百人；又攻马尾，伤亡数千人；又转攻鸡笼，伤亡亦数百人。迫使戕贼人民，其害一。马尾船厂建置机器，所费累数百万，每制造兵船一艘，多或百数十万，少亦数十万。一战而毁弃净尽，所耗至一二千万。徒自毁伤其仅有之轮船与制造机器，以供言者之一快，其害二。西洋通商各口岸，中国富商大贾辐辏其中，转输营运，赖以不匮。二三年来，边衅既开，西洋各商收回成本，停止贸易，沿海商贾倾毁无余，元气大伤，百姓相与转徙流离，一日数惊，莫保其生，商贾受累尤甚。是直自为扰也，其害三。比年水旱饥馑，公私库藏皆至耗竭，寻常无事，各省入款多不敷出，而观今日征调之烦，召募之广，视咸丰年间讨平寇乱，用兵又更加多。耀军于无可施之地，求战于不相应之敌，沿海数千里，处处设防，徒以自敝其力，而无复有终极，其害四。

汉臣魏相之言曰："救乱诛暴，谓之义兵；敌加于己，不得已而起，谓之应兵；争恨小故，不忍愤怒，谓之忿兵；恃国家之大，矜人民之众，欲见威于敌，谓之骄兵。"忿兵、骄兵，古人以为大戒。中外诸臣袭南宋以后议论，反据之以为名，抑不知南宋诸臣议论与其行事之得失，载在史册。韩侂胄一用兵而宋以不振，贾似道再用兵而宋熠矣。以议论争胜而不能推求古今之利病与人事之当否，其弊遂至于此！

臣闻自古攘外必先安内。西洋占踞口岸，深入腹地，并无攘外之可言。所急应讲求者，安内而已。而使干戈四扰，边境驿骚，攘外安内，两无所据。应恳皇上天恩，明降谕旨，令总理衙门大臣亲诣英、美、俄三国使署，会同理处，平其曲直，以息兵安民，保全大局。而为今日根本大计，关系人心国脉，尤有切要者四端，敬为皇太后皇上陈之。

一、进退大臣太轻。凡为大臣，皆积资累劳，身负重寄，平日志行才略，朝廷考求有素，浅深得失，无不周知。自非权奸能上蔽朝廷耳目，必待言官发其罪状，取快一时人心，即不当以薄物细故，指发隐微之过，以至上伤国体，下寒任事者之心。《传》曰："敬大臣。"孟子以责君尧舜为敬其君，则是敬大臣者亦直责以伊周之事。敬之愈至，则责之愈深。若视其大臣日在猜嫌之中，而使疏远小臣揭发其阴私，指摘其小过，以矜激直，庙堂之上，荆棘丛生，大臣救过不遑，互相交结，各顾其私，为害反甚。晋臣王弼犹言："不疑于物，物亦诚焉；不私于物，物亦公焉。"未有致疑于人，而能尽人之力者。大臣稍有廉耻，亦惟引身以避贤路而已，于国家果何利乎？人才只有此数，大臣不可信，岂有小臣反可信之理？徒相率为绞讦，希指邀荣，以求美仕，其于人心风俗，所关尤巨，圣明之世，岂宜有此！

一、听信太杂。自宋儒以崇奖言路为义，数百年来，优待言官，奉为故事。臣愚以为言官之职，匡正朝廷过失，诋斥权奸。凡为权奸者，必其能巧相结纳以中人主之心者也。终始以正君为义。故自唐宋以来，皆名之曰谏官，拾遗补阙，使朝廷无过举，而后可以谓之忠直。然自宋之盛时，君子小人互相攻讦，喧哄盈廷。至于南宋，争和争战，陈义愈正，持论愈嚣。明之季世，则将帅主兵，进退机宜亦自言官操之，两朝以至大乱。此非言官之害，言官任意嚣张，不称其职之害也。粤匪经乱以来，民困未苏，吏治未清，纪纲法度，日益废弛。承衰敝之俗，行操切之政，未有能善其后者。三四年来，言官毛举细故，见事生风，大率因睚眦之小怨，用影响疑似之传闻，胪列入告。朝廷遣使四出，驿站之骚扰，州县之供给，已不胜其惫，而又内顾言官之意旨，经营傅会，以定爱书。朝廷用是以求通民隐，而民隐愈蔽；求申冤抑，而冤抑愈深，则亦言官无能读书通知事理，徒用苛察讦告，窥求影射以为直也。所苛求者一言一事之微，而所关国家大局固已巨矣。其甚者，疆吏之贤否，藩臬之迁擢，皆取决言官一疏，断行不疑。太阿倒持，尤乖政体。迄于今日，吏治日偷，民生彫敝，所在愁叹，而言官所陈，但举虚文小节，未尝深念民生休戚与朝廷措置之宜，崇奖太过，徒长虚诬，实为害政。

一、进用人才太骤。《虞书》舜禹相戒之辞微矣，而独断言之曰："无稽之言勿听，弗询之谋勿庸"，诚知言之不足取信也。故曰：国君进贤，如不得已。若因一言之有当圣心，遽资倚任，加之显擢，群怀希幸，相率效尤，倚托攘斥夷狄之美名，人挟一疏，急求荣进。追至事任已属，变故骤兴，迁就仓皇，周章失措。流俗无知，摘其章疏告示，传以为笑。朝廷培养人才，文章志节，皆所取资，期使观理日深，练事日熟，庶足备遗大投艰之选。奖进一二虚浮之言，以助其恣睢，而使人怀觊觎，群言淆乱，实为可惜。恭亲王精明仁恕，小心敬畏，于洋务尤所深谙，远出一时廷臣之上，而不敢以己见理处，一切付之公论，洋人皆服其诚。屡经事变，卒能从容镇定，消弭祸端。闻其罢退，无不咨嗟叹息，追论其贤。足知言官连章论劾，实不知有天下大计，徒眩于诸臣进用之骤，探求朝廷意向，欲因以立名也。臣伏见文宗即位之初，盗贼纵横，东南涂炭，而又事变迭乘，天下岌岌。文宗惟一守之以定静，持之以坚忍，群臣奉职，无有疑难，用能当大故而不惑，平大乱而不摇。值时事艰危之际，尤当为天下了事，不当为天下生事。静默简约，察吏安民，期以培养国家元气，无使伤损。议论多一分虚浮，而国事日坏；官吏多一分操切，而民气日伤。政令纷更，黜陟予夺易于反掌，徒使贤者气沮，而狂惑喜事之人日益骄横，在于今日，尤谓非宜。

一、用兵太失权衡。窃观汉唐名臣，史传所载疏论，皆以谏止征讨为义，从无敢有倡言用兵者。南宋之世，假复仇为名，而言始嚣。嗣是八九百年，相与以用兵主战为常谈。然南宋时议论虽嚣，而主战者犹将帅也。至明则将帅持重不敢战，而言官迫之使战。乃至封疆大吏，亦承望言官风旨，动为主战之说，上希朝廷嘉奖，下邀流俗无知之称誉。老子之言曰："佳兵者不祥之器，不得已而用之。"汉文帝于南越寇边，犹遣使喻意，以多杀士卒，伤良将吏为戒，所以为圣人之仁。凡可以不用兵而言用兵者，是乐杀也。故曰：人发杀机，天地反复。甚可惧也。西洋立国，专务通商，其兵愈强，而愈不轻言战。即此次通商云南，始终以计画经营，先与越南定立议约，屡经改订，事端显见，与未通商以前西洋事势一无见闻，情形迥异，无难据理辨争，折服其心。即以通商论，沿海以达长江，开立口岸十四五处，又远及琼州、台湾。云南之腾越，亦已与英人通商。何惜蒙自一口？云南货物与越南交易，西及暹罗、南掌、老挝诸国，从未设立税关。刘永福占住保胜，收其税利，即中国出入各国之通津也。多开蒙自一口，即多收一口之税，实为有利于国，无损于民。从汉至今二千余年，凡与四夷外蕃互市之地，从未滋生事端，正以利源所在，彼此均怀顾惜，以是能久远相保也。彼所议者商务，廷臣所争者用兵，臣实不解所谓。道光盛时，关天培、杨芳皆百战名将，不足以资一战。至咸丰时，科尔沁亲王僧格林沁及乐善、史椿荣，尤为宿将知兵，亦不足守一口。以彼兵力之强，亦实不愿开衅中国，何为激之使逞？闻兵以义动，未闻挟愤以求侥幸一胜者也。国家办理洋务，必求通知洋务之人。北洋大臣李鸿章、南洋大臣曾国荃，并能晓畅戎机，周知各国情事，朝廷责以了处洋务，指挥奠定有余。必督之使战，而使浮薄少年高谈阔论，陵压其上，欲恃语言纵横为制伏外夷之略，以宣宗、文宗两朝圣人艰苦经营，踌躇审顾不欲轻试者，诸臣乃毅然任之不疑，不顾事机之顺逆，不计饷源之盈绌，则亦虚憍之议论积成习尚，贻累天下国家之尤者也。

以上四条，臣因目前洋务急须料理收束，因推论洋务之原始，实由廷臣议论繁多，眩惑圣聪，以为有可倚信，而其实陈奏之辞多而办事之心少，主战之文胜而用兵之术疏。万口纷嚣，昌言于公廷；挈眷远徙，仓皇于私室。外间一切情形，从无有敢上达者。风会所趋，莫知为非。

臣窃以为与西洋交兵，百胜不足为喜，数败亦不足为忧。其患终不过苛索兵费，多占口岸，甚则侵据沿海地方，不必遽为害内地。而至用兵日久，中国力先不支，所忧方大。臣又窃观天下大势，可忧者二。一曰水旱饥馑。近年山西大旱，各省劝捐助赈，相沿为例。直隶、山东水灾，亦仿照办理。臣出使英国，英人赈助山西，亦集资至二十余万。一省有灾，四处环起相援，则无虑水旱之频仍也。一曰寇乱。自长江创立水师，淮军留屯又二万人，缓急有可倚恃。经乱以来，各省亦皆有防军以备不虞，则无虑盗贼之窃发也。方今所患，独有洋务。西洋兵力之强，制造之精，从古未有，而各国环列，互相钳制，又其志专在通商，即有需索，皆可据理驳诘。故尝以谓今日洋务，战守和三者皆无可言，惟在随事应付而已。应付得其宜，可保数百千年无事，一失其宜，即无事转为有事，小事酿成大事。得其宜则制造与练兵可用洋人之力，而洋人之心亦服，语言既省，国体亦尊。一失其宜，徒以长洋人之气，而所处日穷。五十年来，每一用兵，即国家多损一分元气，前事可为殷鉴。目前大势，但无海疆之衅，水旱寇乱，皆无足虞，一经构衅，而此二者相缘以起，直无以为善后之计。所争甚微，所系至巨。必欲用其衰敝之余，力求多于两朝圣人之功绩，臣未敢信谓然也。臣衰且病，旦夕不能自保，顾念时事艰难，法夷占据越南之西贡，经历多年，植基已固，边衅既开，用兵直未有止境，诚宜速与理处，下顾民生，为万世根本之计。窃度中外诸臣，知此义者既少，即知之亦无敢上陈，臣是以不敢自惜其余生，剀切陈之，无任战栗陨越之至。伏乞皇太后皇上圣鉴。谨奏。

嵩焘论洋务，数犯天下之不韪，侃侃言之，一无顾忌，非独自信能通知洋情而已。其自南宋以前，上推至北宋，又上推至汉唐，又上推至三代，源流本末，利病得失，皆颇窥见一二。下视明以来议论，不顾国势之强弱，不论事理之顺逆，袭取南宋诸君子之唾余，侈口言战，自诩忠愤，若蚊蚋之纷扰于吾前，不足一与校论，惟见之明，是以能言之无忌也。此疏兼论当时情事，又自具有深意。盖若张幼樵、陈伯潜诸人，才望清俊，敦尚志节，自亦一时人才，在今尤不易得，使之谙习外事，增长其识见，以养成其才，足备国家缓急之用。朝无明理之大臣，见其侈口谈论，惊顾愕眙，至举诸臣进退，取决于其一言，积为虚诬浮薄之习，又用其虚憍之气，谓足资以御外侮，终至一毁无余，不独称兵构衅，贻祸天下，即亦非所以作成人才之义。诸所陈论，但举其大要而已。时诸臣亦尚未议处，故亦不敢论及之。自记。

（光绪十年）

论河务疏①

奏为黄河南徙，泛滥洪泽湖，浸成入江之势，审量大局，谨拟分道疏浚，以图补救，恭折仰祈圣鉴事。

窃查四渎分自禹时，河、济北流，江、淮南注。水性原各不同，河与济相出入，江与淮相出入，而必使分道注海，河性尤疾，则又播为九河，使分流以杀其怒。历汉而河合济，为害始烈，山东数百里之地，溃决相仍。历宋而河合淮，为害益剧，河南、江北，数千里皆受其患，大势逐渐南趋，兼受诸水以助其湍悍之性。汉平当言：考经义，治水有"决河深川，无堤防壅塞"之文，宜博求能浚川疏河者。然自汉数百年间，穿渠行水，遍于诸郡，而于河之为害巨者，未闻有疏浚之功。自是二千余年，惟以堤防为御河之策，堤日益高，河日益横。独元贾鲁治白

---

① 　选自杨坚校补：《郭嵩焘奏稿》，412～415 页。

茅决口,绝汴河诸水,引河行四百六十余里,出凹里以复旧河故道。其因旧水故渠疏浚者,十之八九;开一河相接引,十之一二,谓之生地。生地开深二丈许。旧水故渠,加疏瀹而已,率不过数尺,数月而竣工。以是推之,黄河经行之处,用人力疏浚者难为功,别开一河以引其流,反易为力。自道光之季,河决铜瓦厢,泛滥数百里入大清河,迄今四十年,填淤日甚,其势不能强塞决口以导使逆行。旧河故道,又皆淤塞。水性就下,不能不漫及淮、颍。往时河入淮则益导淮南行,今又薄淮而入洪泽湖,遂恐夺淮入海,又更挟淮以入江,江南财赋之邦,所忧甚大。

窃意今日治河之法,当考求贾鲁河遗迹,引归旧河故道,开广疏深,使足有容。铜瓦厢以东亦开一河引归大清河,使南北分流能全挽使顺流入海,可保数十年无河患。即稍分其势,以不至全力注淮,亦为今日救急之要义。应恳饬下南北洋大臣、东豫两抚及河督,通筹全局,审量地势高下、工役繁省,或仍导使北行;或乘其南趋之势,引归旧河故道;或应南北分疏,当以何道为正流,何道为支流。然后分别地段,刻期开浚,委任责成。先使河有所归,乃可言及堵筑之功。

值国家艰难,物力凋敝,尤应设法经营,期使军民通力合作,以应一时之急,而济经费之穷。宜饬两江督臣调江南防兵万余人,起清江浦以达云梯关,数百里督使开挖。以二百余人分任数里为一段,选派哨弁监工,每一营官督理二三段,仍其月饷,量给辛食,遣州县以下一员司支放,一洗河员积习,使工役有数可稽。清江浦以上至兰仪旧河故道,别开引河,以达石桥决口,令绅民分承其役,募被灾难民,按营制部勒,分段开浚,仍听募捐助工,因即以工代赈。自决口以北,径铜瓦厢以达寿张,因漫河故道浚深开广,亦令绅民分段助工,募被灾难民以工代赈。其大清河东北达牡蛎觜,饬山东抚臣调防兵万余人分段开浚。大清河经流水源尚旺,天津开河机器施行水中,可以调取应用。其开浚引河及新旧黄河,则须人力与机器兼施。宜博考西洋开河机器及疏挖消土之方,分派工员、营兵及绅民等,各按地段,承领工役,一举并作,竭数月之力,开通南北两河道,引河归流,以免泛滥,庶几一劳而稍获数十年之利。

江南善士严佑之、施少钦、陈祝平等,募捐施赈,力大愿宏,劳苦经营,数十年不倦,使之分段经理工程,仍听募捐代赈,所领经费必无虚耗,工程亦必稍能核实。江南财赋之地,逼近河患,士民忧惧,但闻严佑之等经手开工,以泄河患,必能踊跃捐助,不待劝募。盖乐善之心与其求免祸灾之心相济而成，人情事势，可以推见。

仍恳明谕各督抚臣通筹熟计，屏除意见，期使军民人等同怀救灾纾难之心，至诚恻怛，以答天变，开浚堵筑，通力合办，庶使工程尽归实际，亦可限立期程，以求迅速葳功。东南大局，幸获保全，允为国家无疆之福。愚昧之见，是否有当，伏乞圣鉴训示施行。谨奏。

初意南北分疏，北流仍归大清河，南流舍云梯关一口无可容纳。嗣见翁叔平、潘伯寅两尚书疏请开浚大通河，引黄河入潮河，以达灌河海口，取径较直，因潮河故道开广浚深，亦易为力。旋接陈右铭信，谓引河由宿迁西北出刘老涧，绝中运河，入六塘河，以达灌河海口，其下即黑水洋也，为海口最深处。所议与两尚书议合。裴樾岑星使亦以为言。嗣见淮安殷子南黄河议，其时黄河北徙决侯家林堤，灌入南阳湖以至微山湖，入中运河，即议开宽刘老涧口门，引黄河由六塘河入海，正以黄河灌入微山湖，舍六塘河无可宣泄也。诸君谙知淮南北情形，意在蠲淮北两县地以保全淮南，其议甚备。所虑黄河之为害，人皆知之，郑州河决，山东人力请规复南河故道，惟惧其北行。其由北灌入微山湖，淮北实受其害。引使出六塘河，所谓因势而利导之者也。今已南入洪泽湖，而使越旧河而北以出六塘河，沭阳人必力持之，为距河绝远，引而注之六塘河以使承其灾，淮北数县人民必皆所不愿也。近闻谭心可述张屺堂之言：黄河入海，惟云梯关一口可以开浚，山东各口皆成芦荡，疏浚之力无可施，云梯关淤高数丈，然决之可使深，瀹之可使通，所谓为其事必有其功也。张屺堂深谙河务情形，所言为得其实用。所塞决河糜费之半，全力开浚河道，必已早著成效。区区之意，以谓今日天下大患，尤在观望周章，莫肯身任，须待朝廷至诚恻怛，诏谕江南皖豫绅士，急筹引河入海之路，竭官民之力为之，必有闻风响应者。先求汰除河员气习，以规图实效，又何功之不可成也。自记。

（光绪十三年）

诗文集

宋儒订正古易考

汉儒传《易》，费氏为得其正。郑康成氏注费氏易，其传最显。然析传附经，实始郑氏。

迨王辅嗣《易注》出，尽取彖、象之辞系诸卦、爻之下，则又因郑注而变《易》自汉以来相传之本。唐《正义》行，易注专宗王氏，汉学尽废。李鼎祚《周注集解》所录三十五家，汉得九家，仍用王氏本，采录其注释之文，以存其义。学者遂不知有《周易》古本。宋熙宁中，吕大防考订旧文，作《周易古经》二卷。嗣是晁说之有《录古周易》，薛季宣有《古文周易》，程迥有《古周易考》，李焘有《周易古经》，吴仁杰有《古周易》，所述各有异同。其后吕伯恭氏订正《古周易》，分上下经二卷，十翼十卷，通十二卷，为之音训。朱子《本义》即取以为式，以还古本《周易》之旧。宋儒考古之勤，信非唐贤所能及也。

《易》之为书，象、数而已矣。观变于阴阳而生象，参天两地而倚数，是故数之用存乎象中。圣人象、传，发明象、数之义，专就阴阳、往来、上下言之，足以尽《易》之变矣。汉儒言《易》，各为创说。义外求象，象外求数，而于圣人所以消息阴阳之用，以察人事之宜，而尽万物之变，曾不一及焉。是故汉儒传经之功，惟《易》多失其义。

王伯厚氏搜辑康成氏易说，为《郑氏易》，异文古训，稍见于篇，而尤有取于互体之义。虞仲翔氏明《易》消息，其取象亦多以互体，足以备《易》象之一义。二家之书，终不可废。

《易》经秦火，独为完书。汉儒既未尽究其义，又改易其篇第。然则治经者，喜新奇而趋简便，盖亦自汉然也。

读《论语》二则

往读《论语》："父在观其志，父没观其行，三年无改于父之道，可谓孝矣。"求之不得其义。父之道果是耶，终身无改可也，何必三年；果非耶，知而改之，善述人之事者也，何待三年。及历观汉、唐以来之治，讫于今日，喟然曰："呜呼！是言也，尽万世之变而无以逾焉者也。"

三代之制，传于今者鲜矣。由汉、唐以下，沿而行之，可以知其所授；由汉、唐而上，追而溯之，可以知其所承。嗣君初立，颁诏天下，推恩大赦，谓之新政。其大臣为先世废黜者，起用之；倚信者，罢之。下至一州一县之长，无论孰为贤否，凡所至，必务力反前政以为名。左氏于《春秋》卫文公、晋悼公具其事，《史记·秦纪》著录尤详，知此东周以后皆然矣。圣人亦知后世王者，其道不足与持久也。善政少而不肖之政常多，不能以无改也。而以是微动其不忍之心，曰苟无急求相胜而已。则忠厚之留于人心已多，而天下之政，亦不至畸轻畸重以急骛于纷也。他日又曰：孟庄子之孝也，其他可能也；其不改父之臣与父之政，是难能也。可以知其立言之旨矣。

故曰父在观其志，志吾定也；曰父没观其行，行吾自足也。志定，则为美为恶固已辨而知之；行自足，则为得为失皆将化而裁之。而惟其心不忍于其父，而依之以为道。善者显而庸焉，不善默而存焉，尽此而已矣。至于三年而行已著，改不改又无论矣。汲汲焉以改父之道为名，彼诚忍也与哉？而人相与由之，习而安焉，无或疑也，盖数千年于兹也。求以明圣人之教，其奚能也。

孟子曰："圣人，人伦之至也"；"舜尽事亲之道，而瞽瞍厎豫，天下之为父子者定"。圣人躬行之，与其著之事与言，其道一也。

孔子值卫出公时，以正名为先。自春秋以来二千年，无达其义者，则亦终未知夫所正者何名也。哀公二年，卫灵公卒，出公即位。晋赵鞅纳世子蒯聩于戚，卫石曼姑帅师围戚。《公羊》为之说，曰：启曼姑受命灵公立辄，曼姑之义可以拒蒯聩，不以父命辞王父命也。《谷梁》为之说，曰：纳者何？内弗受也，以辄不受父之命，受之王父也。信父而辞王父，则是不尊王父也。其弗受，以尊王父也。是时所争者，卫也。辄君卫，则蒯聩不得入；蒯聩入卫，则辄不得为君。而辄之立，灵公实命之。赵鞅纳蒯聩，亦不能正其名，而以计入之于戚。是以当时论者，并以蒯聩为不当入，而于辄有恕辞焉。

王者创业垂统，以下逮诸侯，道其常而已。不幸而出于变，反复相寻以求其安，必积之久而后定。惟圣人为能制权。天时人事之穷，以道贞胜而有以通其变，后世守之为常法。圣人于其时创而行之，则权道也。然则圣人之言正名，无他，正父子之名而已。一正父子之名，则蒯聩之入，为父之受养于子，而非以交兵。即迎蒯聩而立之，亦为子之奉父，而非以争国。肃宗监国灵武，而奉上皇入居南内，天下晏然不疑。圣人为之，必更有反经合道以兴起人心者。

出公十二年，蒯聩终入卫，而辄奔鲁。蒯聩旋亦失国。公子班师、公子起更起为君，卫国大乱，凡四年，而出公复入。则使孔子之道行，正父子之名以昭示天下，而天下之为君臣者亦定。故曰人伦之至。凡为人伦者，于是取则也。

惜乎子路不知问，而夫子之云正名者，并其事与言，而皆莫能详焉。亦后儒之所宜深思隐叹者矣。

读《孟子》

《孟子》曰："人不足与适也，政不足闲也。惟大人为能格君心之非。"夫使其君昵比匪人，亟行乱政，坐视而莫之救，而曰格其心之非，君心之非，乌从辨之。然且曰：誉望足以弭其邪心，容止足以销其逸志。彼其用人行政，彰彰者如是，而何誉望容止之足以相慑哉？

呜呼！孟子之言至矣。君心之非，非能虚拟其然也，必实有所存。汉武帝之用桑宏羊、孔仅而行均输之政也，征讨、巡行、宫室之取给也。唐德宗之用窦参、裴延龄，而建琼林、大盈二库也，所好利也。宋神宗之用王安石行新法也，志不忘幽燕也。辨君心之非者，亦辨之所用之人、所行之政而已矣。神宗初立，文潞公方为宰相，上以理财为急，责宰相以养兵备边，留意节财，潞公不能辨也。毕仲游上书温公：安石以兴作之说动人主，患财之不足也。为今之策，当大举天下之计，深明出入之数，以诸路所积之钱谷一归地官，使天子晓然知天下之余于财。温公不能辨也。明道程子，自安石用事，未尝一语及于功利。夫神宗之言功利，则亦当世之急务矣。太宗谋任曹翰取幽燕，赵普沮之，则急储封椿以待子孙之兴，然卒无益。神宗之心犹是也。贤如程子，不能辨也。

夫能辨知其心之非而格之，人与政之得失皆可言也。不能辨知其心之非而格之，人与政之得失无可言也。无能胜其私与欲，而持之也益坚，未有幸而听焉者也。神宗之心，贤者之心也。其所为非，易格也。然且不能。彼伊、周之赞成君德者何如哉。

文中子论

唐书《艺文志》录王通《中说》，其书自唐已传。而杜淹叙《文中子世家》，言所著书都为八十卷。薛收为其碣铭，亦称其续《诗》《书》、正礼乐、修《元经》、赞《易》，皆不及其《中说》。以是疑《中说》伪托，并文中子亦无其人。其书引唐世名臣杜如晦、房元龄、魏徵之徒，皆其门人，多可疑者。然杨炯为《王勃集》序，明称为文中子之孙。而文中子之弟王绩，以高节名，其《述论》亦言文中子讲道白牛之溪，门人程氏、薛氏退省于松下，论《易》。薛收、杜淹为文中子门人，见之诸家论著，诚无可疑。薛收以大业十三年归唐，正当文中子卒年。杜淹大业末为御史中丞，年辈远在文中子上。薛收碣铭载文中子卒年三十二，《中说·立命篇》贾琼称文中子年十五为人师，陈留王孝逸白首北面。是其年尚不逮颜渊，而当孔子志学之年，其学固已成矣。此又可疑也。

观文中子书，一依附孔子。薛收亦云：周道竭而孔子兴，隋风丧而夫子出。今其书独《元经》在，起晋惠帝太熙之初，讫于陈亡，以拟《春秋》，视扬雄《太元》、《法言》而尤僭矣。《隋书》无传，意其广己造大，门人私相标异，不必为当时所重，亦以其年未及壮，道未充而业未光也。

《中说》之成，由其子福畤为之。其言亦必文中子所著录，而福畤加之傅会。如云杨素言政而不及化，苏夔言声而不及雅，李德林言文而不及理。语自可味。而言杨素、苏夔、李德林请见而有忧色，则福畤之傅会也。自宋阮逸表章是书，晁公武、洪容斋、王深甯，各大据史传以证其诬。洪氏遂以《中说》出自阮逸。程子独谓其中格言有过荀、扬，而疑其为隐君子，世人得其议论，附会成书。就杜淹、薛收所述征之，文中子才高而志充，动自比孔子，至欲缀辑六代策命颂赞之文，以续《诗》《书》。《诗》《书》非可续者，则所见之颠也。其隐居教授，议论流传，足成一家之言。

盖文中子即卒数十年，《中说》始出。王福畤、王勃仍世能文，重相炫饰。福畤所述关朗之占《易》，唐太宗之论礼乐，及《中说》之传自杜淹，而以《隋书》不为立传，录王绩与陈叔达书，归咎长孙无忌之怨王珪。陈叔达撰《隋书》，王绩从借《隋纪》，云亡兄芮城著《隋书》未终毕。芮城者，文中子之兄也。叔达答书亦及文中子《元经》，似不为其门人，亦与所录王绩书差异。当唐初元，文学未甚显也。言理者亦缺焉。福畤及勃世有大名，可以惟所附益。凡言房元龄、魏徵诸人之假借倚讬者，皆其类也。

《礼记质疑》自序

　　咸丰壬子，避乱山中，有终焉之志。读船山《礼记章句》，寻其义旨，将合《大学》、《中庸》章句为一书，以还《戴记》之旧，所得经义为多，鄙心窃独好之，有疑则标识简端，乃益求之注疏，讨论其源流得失，积久而疑愈多。于是求之《仪礼》、《周官》经，推测其立言之旨，凡《戴记》所录，皆发明二经之义趣者也。二经所未具，亦常推广而补明之。而其文或参差互见，或繁复相抵，或引其一端而辞有偏胜，或殊其旨要而义实兼通。其言列国时事，多与左氏异同，要以发明《春秋》之义例，以著礼之大经。诚欲上考古礼，必此之为涂径也。而拘牵文义交午扞格亦多矣。

　　《汉书·儒林传》言后仓说《礼》数万言，号曰《后氏曲台记》，以授梁戴德、戴圣、沛庆普。窃疑《礼记》之名，缘始曲台。而《艺文志》《礼》十三家，《记》百三十一篇，《曲台后仓》九篇，注谓行礼射曲台，后仓为记。而河间献王自得《礼记》古文献之。《隋书·经籍志》谓献王得仲尼弟子后学者所记一百三十一篇，即据《汉志》为说，而言刘向增为二百十四篇，戴德、戴圣各有删合，未知其言所本。郑著《礼记目录》，皆见之刘向《别录》。似戴氏传经稍先于刘向，谓戴氏删定刘向之书，恐未然也。《艺文志》称孔安国献古经五十六篇，今《大戴礼书》有《诸侯迁庙》、《衅庙》、《投壶》、《公符》诸篇，皆《仪礼》逸文，疑出安国所献。曲台专记射礼，今《射义》一篇，与《仪礼·乡射》记文异，想出《曲台记》也。后仓所传，东汉庆氏学最显。《曹褒传》言：自其父充持《庆氏礼》，褒又传《礼》四十九篇，庆氏学遂行于世。是《庆氏礼》四十九篇与《小戴》同也。《桥元传》其七世祖仁，从戴德学，著《礼记章句》四十九篇，号曰桥君学。《艺文志》称大戴授琅邪徐良，小戴授梁桥仁，而仁本传明言从戴德学，是大戴礼四十九篇，亦与《小戴》同也。后汉董钧亦习《庆氏礼》，而钧传论郑君本习《小戴》，后以古经校之，取其义长者为郑氏学，又注《小戴礼记》四十九篇，是郑君于三家之书，会通抉择，始注而传之，于《礼》为颛门之学，而用心尤勤。其考论典章制度，及古今文声音训诂，流传至今，学者得知所归。宋世儒者研求义理，时有违反。而于三代典礼，兼综毕贯，山涵海纳，终不能有易也。

　　然自汉氏传经，具有家法，而实各立新义，未尝拘守旧说。是以王子雍、李钦仲之徒，以善贾、马之学，寻难郑义。其中得失，盖亦参半。然固各持一义，不必强而同之。要如郑君传经之功，所谓百世之师者也。盖孔子后千有余年，而郑君出，由宋以前言《礼》者受范焉。又千余年，而朱子出，由元以至于今言《礼》者受范焉。政教所趋，人心所向，凡所著书与其行礼之实，确守而尊事之，莫敢违越。而独《礼经》之传授，持之有本。其异于郑说者，终无几也。

　　国朝诸儒，创立汉学、宋学之名，援其说以诋程朱。而郑学乃大显。讨论研习之深，精义之发于人心，亦足上挬前贤矣。而援引傅会，屈经以从其说者，盖亦多也。嵩焘区区时有疑义，一准之《经》以校注之，有合与否，不敢意为从违。窃论《礼》者征实之书，天下万世人事之所从出也。得其意而万事可以理，不得其意则恐展转以自牾者多也。程子有言：得于辞不达其意有矣，未有不得于辞，而能通其意者也。蒙于《经》沉潜反复，于其辞也，稍得其二三焉。由其辞以求其意，又幸庶几其一得也。伏读钦定《礼记义疏》，实言《礼》者之圭臬，所录宋儒之说为独多。惟其斟酌古今以求当于理，有宋诸子之所长也。嵩焘于此亦时有会悟焉。《戴记》一书，发明《礼经》之意，周秦间儒者为之，其言非甚深也。而其义蕴，拓之而愈闳，析之而愈繁，汉魏以来儒者有不能竟其绪焉。即《经》以求之，而后儒所以为离合得失，可循考而知也。嵩焘于此粗涉其藩篱，所以乐发其疑，将徐竢其有悟焉，庶以求益也。成书二十余年，夺于仕宦，老病乞休，又迫人事。既乖夙昔求进之心，又自忖年衰学俭，志意销落，无由增益其所不能，束置高阁久矣。益吾祭酒强取授梓，起诸荒废之中，俾跻论述之末，用备言《礼》者之一说而已。知我罪我，吾无辨焉。时光绪十有六年，岁在庚寅，夏六月朔日。

《大学章句质疑》序

朱子辑《四书》，首列《大学》，为于其中分经、传，而以谓经者孔子之言，尊之以冠于《论语》之前。自言于《大学》用功最久，见于《或问》。其答门人书：《中庸》前人论说多，时有差舛，驳难不易，不如《大学》从未有著录。是以编次《大学》，因程子考定之本，更加纂辑，使章句相为附属。盖非独详其文义而已。躬行而实有得焉，足以穷其节目而究其精微也。元世定为科举甲令，学者尊其说八百余年。其要义所系，尤在格物致知一传。攻之者，亦用是为射者之的。姚江之说行，聚讼纷纭，讫明之终，其说交胜。而朱子切己之学，循序渐进之功，于学者为有据依。老师大儒，笃信谨守，无敢失坠。雍、乾之交，朴学日昌，博闻强力，实事求是。凡言性理者，屏不得与于学。于是风气又一变矣。乃至并《大学》、《中庸》之书蔑视之，以为《礼运》、《学记》之支言绪论。要其义蕴之闳深，研之而愈出，析之而愈精。郑注《礼记》之文具在，视章句所发明，岂足校其毫厘分寸哉！

嵩焘于朱子之书，沉潜有年，而知圣人尽性以尽人物之性，统于明德、新民二者，而其道一裕之学。学者致知、诚意，极于修身止矣。致知之道广，而具于心者约；诚意之功严，而尽天下之事固无不包也。格物者，致知之事也。物者何，心身、家国、天下是也。格物之事何，所以正之、修之、齐之、治之、平之者是也。格者，至也，穷极物之理而不遗。格者，又明有所止也，揆度物之情而不逾其则。知此则《大学》一书完具无缺。数百年之辨争，盖皆求之于外，而于中之要领有未究也。用其书以求朱子之学，深味而力行之可也。强《大学》之书以从朱子，比类而附之，循章以求之，则亦徒见其陵越而已。

当朱子时，陆子寿氏谓《论语·孟子集注》纯实精清洁，传世之书，而疑《大学》、《中庸》为未至。嵩焘心契其说，而谓朱子之言理，后人无能有易也。而求之过密，析之过纷，可以言学而不可以释《经》。稍因朱子《章句》，就《经》以求其义，而后此《经》之微言大谊以明，即朱子之言，惟其所以附丽之而精神愈出。尊《经》也，亦即所以尊朱子也。时光绪十六年夏，六月朔日。

《中庸章句质疑》序

《汉书·艺文志》，《中庸说》二篇，颜师古注《礼记·中庸》一篇，盖此之流。《中庸》附之于《礼》，子思著书之本旨。《汉志》别录之，必尚在《礼记》百三十一篇之外。《隋书·经籍志》有宋戴颙《中庸传》二卷，梁武帝《中庸疏》一卷、《中庸义》五卷，实始为《中庸》解义，与《礼记》本别行。宋仁宗时，范文正公取以授张子，而其书始显。其后，司马温公为《中庸、大学解义》，又为《广义》，犹循《礼记》次序，编《大学》之前。《大学》一书，程子始表章之，而温公实发其端。《中庸》一书，则自汉以来，儒者多能明其义，而其辨之明而析之精，亦始自程子。而朱子所以阐发疏通之，其功尤深，而其旨盖尤微矣。

嵩焘少读是书，亦时有疑义。君臣、父子、兄弟、夫妇、朋友之为达道，尽人所知也。知、仁、勇之为达德，尽人所能言也。然何以行之？一生知安行数者之分为达德言也，所以行之。又何义也？《中庸》于此三者，言之详矣。《章句》又稍分次第，而于勇之一德，若有忽视焉，则益疑所谓达德不当复有参差也。涉历世故积岁已多，值世变之殷烦，考古人之成迹，乃知圣人开物成务，所为过化存神者，非有异术也。知足以知之，仁足以裕之，勇足以行之，而积诚以循乎自然之节为时措之宜，则几于化矣。故夫知、仁、勇者，所以为行道之资也。知此而《中庸》全书之言，必可瞭然无疑也。

圣人之道，其迹存乎名物象数之末，而其精究乎天人。精者，未易以言传也。循乎名物象数，而得其秩叙之节，而礼行焉。又益以讲习讨论之功，而学兴焉。其传之人而见之于其书者，名物象数之迹而已。积累之久，而得其精微。于是而有成德之君子，用其躬行实践之效，以鼓舞整齐天下，而人知圣贤之可学而至，奋起而赓续之，而天下之言学者，纷然出于一涂。一不由此，谓之杂学，既久而其说浸微，又返而求之名物象数，以是为实学。天下又靡然从之，以成乎风会。循实以求之，考求名物象数，其制行必皆卓绝。言性理者，兼综博览，通知古今之变，亦岂不由学问之深哉？而各据其一端以相胜，亦皆足以自成其说，以务张其所学。其倡为是言者，实亦有转移天下之力。而君子之为学，求得于心而已，必能不从乎风会，以与为波流，而后可言自立。

朱子《中庸章句》序言与石氏《辑略》并行，又为《或问》以通其说。《辑略》者，采辑二程子与程门诸贤所为《中庸》之说也。《章句》一宗程子，而其言亦有异同。嵩焘所疑，又与《章句》微有异同。百川学海，大小曲折，随其流衍，薪至于海而已。读《中庸》者，能知知、仁、勇三者之所以行，其于圣贤成己成物之功，亦足窥其崖略矣。光绪十有六年，夏六月朔日。

王实丞《四书疑言》序

《汉书·儒林传》博士讲授，独有五经。赵邠乡言文帝广游学之路，《论语》、《孟子》皆置博士，旋亦罢。盖五经之文，深博无涯涘，诸儒得以所传受为家法。《论语》、《孟子》质直简易，是以何平叔注《论语》，集孔、马诸儒之说，及赵注《孟子》，大都即文以明义而已。名物训诂，庸有略焉。及朱子《集注》出，而后圣贤微言大义，有以究其实而观其深。故尝以谓诸经传注，列在学官，历世不能易。而其义蕴之精纯，阐发之完密，无有若朱子《四书注》者。然吾观朱子书，与张南轩商定《论语解》，所纠百数十事，反复辩证，互有从违。圣贤之言，各随所领悟以求得其意旨，原不能强同。善夫东谷郑氏之言曰：二程、横渠、杨、谢诸公，发明《论语》之义至矣，谓有功《论语》则可，谓《论语》之义备见于诸公之书则不可。是以西山真氏论郑氏之学出于伊洛，而持说颇异。盖朱子当时与其学异同如此。国朝乾、嘉以来，标立汉学、宋学之名，以所得训诂古义，寻求义理之所归。其言深当经旨，多所发明。而用是以求胜程、朱之说，凡所著论，直以《大学》、《中庸》还之《戴记》，不名四子书。然自汉贾逵氏以《中庸》、《大学》并出子思，其言与《论语》、《孟子》足以相证，而义亦足相成。《汉志》载《曾子》十八篇，今见之《大戴记》者，未若《中庸》、《大学》之纯粹也。则以四子书名经，犁然有当于人心，数百年莫能废矣。

王君实丞为《四书疑言》十卷，专求之义理以所疑于朱子之说。积数十年之精力，穷思博览，章求其旨，句采其义，以薪合于圣贤之言。

假令生朱子之世质疑请益，其未有合者，朱子必更发明之，以畅其义；其有合者，亦必忻然受而纳之。此理之在人心，析之而愈精，研之而愈出。故凡事造始之难，循其途径、依其义类而扩充之，所得或加于前。虽朱子亦以是望之后之人。必挟是以求胜，非僭则妄，而遂谓一切守儒先之说，不待反求诸心，是亦惑也。

大江自蕲黄折而西，以受湖、汉九水，其间山水瑰特，舒翕淳洄，涵而后肆，而一收揽四至之奇，取足于内，无假外求。旁薄乎人文，演迤乎学士大夫之心。是以江西学者治经与文务心得，耻为随同之言，争新立异，以矜所尚。岂非其山水之藏，洩之有不尽者乎？实丞所疑，近人亦多言之。既无依仿，亦不复有所引避。意在证明经旨，而异同有弗计焉。傥亦所谓内自足而无资于其外者耶？即其言以求通朱子之学，亦足互相备也。时光绪九年，岁次癸未，夏六月。

《绥边徵实》序

尧、舜、三代封域可考见者，盖莫远于唐，莫狭于周。古之有天下，因朝会之国奠定之而已。其不与朝会者，王者不相强也。而屏之为夷狄，非有划然中外之分也。

司马迁言黄帝北逐荤粥。《匈奴传》又称其先夏后氏之苗裔，曰淳维。乐彦《括地志》：汤放桀于鸣条，其子獯鬻避居北野，中国谓之匈奴。獯鬻即荤粥，其原始于黄帝时，桀子亦君其国。历周又为猃狁。懿王时，猃狁侵暴及泾阳，遂为夷狄深入中国之始。战国之世，燕、赵世有边患。赵筑长城，自代至阴山下，傍高阙为塞；燕亦筑长城，自造阳至襄平。秦并天下，筑长城，渡河，盖亦循燕、赵之旧。而西北因河为塞。自是以后，中国地逾万里，而边防战守之略益繁矣。

善夫班氏之论曰：圣王制御蛮夷，来则惩而御之，去则备而守之。其慕义贡献则接之以礼，羁縻不绝，而常使曲在彼。自唐刘贶述武指驳班氏之失，以谓详而未尽。后世儒者，袭用其说，务为夸诞。而后汉、唐控御夷狄之大略，绝于天下者，七百余年。

新莽时，严尤论御匈奴无得上策者，周得中策，汉得下策，秦无策焉。刘贶反之，以为周得上策，秦得中策，汉得下策。周世猃狁未至疆盛，畎戎之难，平王东迁，遂丧成周，安得有策哉？持论者徒曰间隔华夷，无穷兵而已。然不欲穷之于秦、汉疆盛之时，而乃欲穷之于靖康、绍兴积弱之日，此又何说也。班氏之言曰：搢绅之儒，则守和亲；介胄之士，则言征伐。董仲舒大儒，魏相名臣，皆搢绅之儒也。南宋之初，言战者一出于搢绅，而韩世忠、岳飞之流，独断断然能以战自效。继是而文吏高谈战略，武夫将帅屏息待命，神沮气丧，功实乖矣。是以宋、明之世，议论多可观者，而要务力反班氏之言，常使曲在我。晋太始中，西河郭钦请及平吴之威，徙南匈奴杂胡塞外，最为要略。盖汉之失计，莫甚于处匈奴西河、美稷。平吴之初，谋臣武士之略，其机可用也。过此而固不能矣。唐世因之，令回鹘屯沙苑，留族太原，列舍云、朔间，而不知惩。

书生之言，竞其虚而不务详其实，持其末而不务竟其原。于是论次秦、汉以来，下迄于明，边防战守之宜，著其得失。其于历代成败之迹，折中一是，不系功过。而兴衰治乱之大原，因是可以推见。命曰《绥边徵实》。徵实者，所以砭南宋以后虚文无实之弊也。后有君子以览观也。

《罪言存略》小引

嵩焘年二十而烟禁兴，天下纷然议海防。明年，定海失守；又明年，和议成；又五年而有《金陵条约》。又十二年而有《天津条约》。又二年，定约于京师。又十七年而有《烟台条约》。凡三十七八年，事变繁矣。

当庚子、辛丑间，亲见浙江海防之失，相与愤然言战守机宜，自谓忠义之气不可遏抑。癸卯馆辰州，见张晓峰太守，语禁烟事本末。恍然悟自古边患之兴，皆由措理失宜，无可易者。嗣是读书观史，乃稍能窥知其节要，而辨正其得失。久之，益见南宋以后之议论，与北宋以前判然为二。然自是成败利钝之迹，亦略可睹矣。间语洋务，则往往摘发于事前，而其后皆验。于是有谓嵩焘能知洋务者。其时于泰西政教风俗所以致富强，茫无所知，所持独理而已。癸亥秋，权抚粤东，就所知与处断事理之当否。则凡洋人所要求，皆可以理格之，其所抗阻，又皆可以礼通之，乃稍以自信。退而语诸人，一皆扞格而不能入，矜张傲睨而不能与深求。盖南宋以来诸儒之议论，锢蔽于人心七八百年，未易骤化也。衰病颓唐，出使海外，群怀世人欲杀之心，两湖人士指斥尤力。亦竟不知所持何义，所据以为罪者何事。至摘取其一二言，深文周内，傅会以申其说，取快流俗。穷论洋人之入中国，为患已深，夫岂虚憍之议论、嚣张之意气所能攘而斥之者。但幸多得一二人通知其情伪，谙习其利病，即多一应变之术。端拱而坐收其效，以使奔走效顺有余，非徒以保全国体、利安生民而已。

奉使两年，处置事理盖繁，要皆一时一事之利，无当安危大计。稍检奏议、书说，详论洋务机宜数通，刊而存之。为夫乡里士大夫群据以为罪言，命曰《罪言存略》。质诸一二至好，以通其蔽而广其益，亦不敢望诸人人能喻知此理也。时己卯夏六月。

《十家骈文汇编》序

文章缘始，取资根柢。品事类情，理体毕呈。流派区分，轨辙斯异。

寻求两汉之作，树干为骨，错综经纬，辅之以辞。非博揽无以厚其藏，非精思无以析其理。异制繁兴，摛辞无二，六代波流，渐趋繁缛。遂乃排比为工，陶染为富。至唐四杰出，华赡丰靡，无复余蕴。杨雄氏已言：今之学者，非但为之华藻，又从而绣其鞶帨。盖世愈降，而文亦愈靡矣。昌黎氏起而振之，抗两汉而原本六经，创为古文之名。六代文体，判分为二。夫诚有涵濡六经之功，斯为美矣。而舍铅华以求倩盼，去纂组而习委它，劳逸差分，丰约殊旨，俗学虚枵，波荡以从之。则矫之于古者，抑亦转而就衰之徵乎？

国朝文治昌明，旷越前代。骈俪之文，跨徐、庾而追潘、陆。陶冶性情，杼柚尺素为不乏矣。全椒吴氏八家骈文之选，萃一代之俊雄，汇斯文之渊海，牢笼百态，藻缋群伦，鼓铎以齐声容，膏馥足资津逮。其所甄录，渊源师友。前徽未沫，或叹遗珠；来轸方遒，多能踵武。益吾祭酒继之，有十家骈文之刻，以此诸贤，方轨前哲，鳞翼附凑，风云回薄，未易低昂。综其辞翰，弥复翚然。发思古之幽情，撷承平之雅奏。燥湿殊节，同倚徽弦之张；方圆并施，推本椎轮之始。所谓礼堂法器，见者神倾；正始元音，闻之意远者也。

祭酒精力智能，陵趋今古。于经辑《续经解》若干卷，《南菁书院丛书》若干卷；于古文辑《续古文辞类纂》若干卷。又以其余力，辑刻此编。九方堙之识骏足，无取判其骊皇。钟子期之辨琴音，岂待言其抗坠。但以致远之资，质文兼综；中声之契，愚知同忻。量古为程，取则不远。

追思冠年，与周荇农侍郎、孙芝房待读，同为骈俪之文。二子者，高驾远踪，蹑迹古人，自具形制。每惭蹇步，莫或肖之。今所缺者芝房之文，而所存亦极一时之隽矣。比诸子桓之感，应、刘都为一集，亦取彦和之论，庄、宋先标六观。岂徒礼体性之陶镕，实亦心声之酬献也矣。光绪十有五年，岁次己丑，夏五月。

重刻瞿唐来氏《周易集注》序

圣人序《易》，专论贞、悔两象，而以刚柔、上下、往来，明消息盈虚之理。故《易》之为象，必寓于卦画。

自汉孟氏以卦候阴阳言《易》，而《易》沦为术数之学。康成传《费氏易》而论卦气爻犹所值，独孟氏之支流也。隋唐以后，王注行而汉学微，至宋而又有图象之说。治《易》者，各据所学，相为刺讥。而汉儒言象仅存者，郑氏之互体、虞氏之消息、荀氏之升降，各明一义，而因爻命象，引而伸之，触类而长之，固亦无以逾此矣。

明瞿唐来氏，伏居讲《易》，冥心独悟，比附卦爻以求其义。其于错综升降之说，亦兼取邵子图象发明之。而其言《易》象，曰中爻，即郑氏之互体也；曰错、曰综、曰爻变，即虞氏之旁通也；曰占中，即荀氏之逸象也。曰卦情、曰卦画、曰大象，则圣人言之详矣，而汉儒言象者顾反略焉。来氏汇集诸家之言，旁推交通，曲尽其变，其于《易》之取象，不既兼全而大备矣乎。

夫《易》者何？阴阳而已矣。圣人错综阴阳之数，以尽事物之变。用舍、进退、动静、语默、得丧、穷通，因乎时义以消息天地之大用，而四时鬼神莫能违焉。所以前民用而吉凶与之同患，圣人之神固然也，而必于象与数示之机。汉儒言象，皆有所受，而取义固殊。蒙尝疑虞氏之《易》，凡文与字皆依象而立，疑若矜心作意于其间，而于圣人情见乎辞之旨，反有所不达。来氏辨虞氏卦变之非，而推衍其爻词之尽于象者，益详且密。其取与舍，固自成一家之言。而于近世儒者发挥《易》象之说，亦足以畅其义而广其辞，诚为有裨于学者。

刘馨室观察，以吾楚于此书流传未广，刻之长沙。盖古言《易》

者，明理则废象，取象则失辞。来氏兼述之。循是而求焉，以窥《易》之精蕴，而推知汉学之源流。有不能舍象以求义者，斯亦《易》学之津梁也。

《古微堂诗集》序

默深先生喜经世之略，其为学淹博贯通，无所不窥，而务出己意，耻蹈袭前人。人知其以经济名世，不知其能诗。而先生之诗，顾最夥游山诗，山水草木之奇丽，云烟之变幻，瀹然喷起于纸上，奇情诡趣，奔赴交会。盖先生之心，平视唐宋以来作者，负才以与之角，将以极古今文字之变，自发其嵚崎历落之气。每有所作，奇古峭厉，倏忽变化，不可端倪。又深入佛理，清转华妙，超悟尘表。而其脉络之输委，文辞之映合，一出于温纯质实，无有幽深扞格使人疑眩者。其于古诗人冲夷秀旷，宏逸入神，诚有不足。然岂先生之所屑意哉！

先生所著书，流传海内，人知宝贵之。而其诗之奇伟，无能言者。邹君深藏其全稿，嵩焘以为宜梓而行之，以公诸世。季深欣然以付梓人，而属序于予。天地之生才无穷，而文章之变，日新月盛，有非古人所能限者。此亦以见斯文之广大，而豪杰伟人出于其间，随所得之大小浅深，树立椠椠，以自殊异。诗可以观，其谓是矣。

张小野《梦因阁诗集》序

吾友王太常之方言曰：凡人心感物而动，凝而为天地，散而为事物，荡而为忧乐哀思，敛而为性情文章，议论有不能宣者，惟诗能通之。其言伟矣。然非博觉古今之事变，周知民物之情伪，以自理其性情，而纳之温厚和平，则诗之为道，人皆得托焉以宣其郁，而流极于泛滥淫泆，而风教以微。

沅陵张小野与吾少同举于乡，而小野方充是科选拔贡生，文采风流伏一世。与之交，情深而文明，悱恻而芬芳。盖有得于诗人之深者，而未尝甚肆力于诗。已而小野官中书数年，用外简选授广东和平县，历治钜邑，越海至南澳，声迹烂然起矣。以目疾乞归，遂病盲，掌教虞溪书院，与诸生论文讲艺。耳聆口授，若不知其盲。予固已奇之。既乃汇次所为诗寄予，属序而刊之，则其平生足迹交游，及意所感触，怨郁而不自得者，一皆寓于是，以蕲合于诗人之旨。其性情之温厚，得于天者然耶。呜乎！天将以其盲也，故使自放焉而讬之以宣其郁也。

孔子论诗，以达于政，专对四方为义。夫必古今之事变熟于中，而政以通焉；民物之情伪衷于要，而言以昌焉。唐宋以来，诗人之滥而诗教之微，为其貌强而词袭，不学而以戾于古也。小野善词令，政成有声，方及中岁而病废。夫孰知其反而讬之诗，日进于业，以有传也。吾是以重悲其志也。

《熊云渠先生时文》序

自明以帖括取士，悉天下之聪明才智，习为对偶声律之文猎取科名。一二豪杰伟人，研穷经史，泰然有悟于身心性命之旨，以窥人情物理、治乱得失之原，及其生平忠孝大节昭著，呈露文字之间。思之而其人若揭，味之而其旨弥深，而其间侥倖一日之获变，迷惑怊恍以求所谓对偶声律，无与于文章之本末者，亦时有焉。

轶将近数十年，文字之道日微，迷惑怊恍盈天下。苟能为对偶声律，齿未毁而出取科名，犹掇之也。世亦莫相非者。熊云渠先生治帖括之学六十年，自吾为童子时，先资政公数为言：先生年稍先，立名尤早。盖先公甫就学，而先生已屡试冠其曹，名藉甚，而卒困于省试。泊吾通籍归，先生犹逐队童子军也。其子姪多已成名，则禁制先生，使不得与试。先生闻试期至，旁皇顾望，或抱其文以泣。年八十矣，志气不以少衰。今年春，录次其所为应试文示吾，曰："是果不足于今人耶？虽然，吾无待于今而犹有望于后也。子为我序而传之。"读其文，其义法往往近于古人；其对偶声律，视世之猎取科名者，亦未有以让也。国家取士之途，至今日而尤宽矣。岁附入学籍者几三千人，取径于对偶声律，其道相若也。独塞其遇于先生，岂其义法犹近于古人，宜独远于今人若是耶？使夫从之读先生之文者，以为义法远于今人，悼叹而嗟惜之，则亦司文柄者之过也。

唐悫慎公《省身日课》序

道光甲辰、乙巳间，谒镜海先生京师，见所著《省事日课》。因论君子三戒之义：与时盛衰者气也，其心驰骛三者之中，不与时盛衰也，惟克治深者，其初若拒坚敌，以强力胜之，久而涣然能辨其非，又久而夷然无所撄于其心，默自省念，七十年于此三者幸知免也。

当时以先生道充学裕，必有殊异，而所言平易如此。退而读其《日课》之文，乃知先生之学之积，惟在日用行习之间。辨之明而守之严，虽极语默之微，辞受取与之节，以道权衡，较其毫厘分寸，一有出入，即于事有违，而心之获戾滋多。曰省身云尔者，极万事万物之变，皆约而反之一身。其析义之精，与其审事之当，自先生视之，一皆切近于吾身，而天下事物之待理者，求之一身而固无待于外也。宋、明以来，语录之书皆各有其心得。而理道本无二，趋行亦皆有涂辙无纷歧。故常若其言之有因袭。先生用以省身，由其体验所及，与所读书应事交相印证，以是居之安而资之深，自然浃于人心。深求其立言之旨，益信其言之切而味之深也。

是书始刻之金陵，凡四卷，板燬于兵。晚年续编九卷，其孙绳武、绍武检其遗稿，又汇次为一卷，通为十四卷，授之梓。盖自兵燹之余，流离转徙之中，皆其省身之实功，无间于须臾，至属纩而后已。生平所著书甚多，而勤一生之心力以自证其所得，其为学之笃，与其德之所由成，皆于是书徵之。绍武兄弟按辑审订，使其书终以有传，稍存先生学行之梗概，裨益后学，亦可谓有后也矣。丁亥夏五月。

黄海华先生《玩灵集遗诗》序

诗内原于性情，外通于政事。情感物而机应焉，而文之以言辞；声成文而音生焉，而申之以咏叹。皇古以前文无传，传者独古歌谣，犹可推见其世以知其治。是以文字之原，肇始于诗。《周官》以乐德乐语教国子兴导讽诵，诗之节也。盖自周世文盛之时，苾身课政，以诗为衡，善恶贞淫于是见焉。而因以为法戒。则诗者，为学始终条理之事也。由汉以来，学士大夫，下至委巷草野，莫不能诗。世愈变，文愈焕，而辞愈滥。得乎性情之际挚盖少，通知古今治乱之原以措之事，抑又少焉。然则诗教愈昌，而所以名诗之旨，或将愈远而愈晦矣乎？

海华先生，两湖诗人之杰出者也。始游京师，官国子助教，以诗名京师，嗣为同知湖南，南士能诗者，无敢与先生比并，则以诗名湖南。其后官宝庆、官永州，屡摄县事，典郡。凡为利于民者，靡弗举也；为病于吾民者，靡弗历鞫而正也。于是又益称先生能吏，不徒为诗者。夫苟知诗之旨，则康成氏所云源流清浊之所处，风化气泽之所及，一依于诗。迄于异世，诵而闻者犹辨知之。妍媸得失之在身，形之为咏歌，沿之为兴革，谓诗与政之有歧分焉，非知诗者也。先生诗手自审订，刊行者若干卷，人知贵而重之矣。晚年以老乞休，大吏重倚君，不允所请。先生因吏为隐，徜徉容与又十余年，裒辑所为诗四卷，曰《玩灵集》以自寓其意。

嵩焘识先生久矣。自海外归，尊酒唱和，得数与焉。读其诗，惓怀明旧，感伤时事，无苟作者，而一出于性情之正。所言皆有以内得于心，曲折以尽其意，其旁薄郁结，又若极其才力所极而内自愁焉，常任意余其辞。即嵩焘崎岖海外，言之若甚有不适者，每为旁皇与起，不能自己。然则先生为人与其行政之美，其自得于诗也深矣。嗣君幼海刺史，谨踵刻之，附先生前集之后。嵩焘为发明诗之为道之所由成，以见古今诗人弥纶天地而不敝者，其必有合于是者也。光绪十有四年，岁在戊子，春二月。

《小琅环园诗集》 序

咸丰丁未，嵩焘以进士入翰林，于时年二十九，所与偕就馆选，往往齿少于予。嘉定张君东墅，年尤少，文尤高。其家固饶也，东墅罄所有挥霍无所惜，益自豪于诗酒。其为诗瑰奇绮丽，渊乎其若思，沛乎其无穷。予即多其才而壮其志气，又快君履境之丰，足以发其文。以为若东墅者，天之所笃厚者也。

已而兵事起，天下扰乱。东墅以知府待阙湖南，所为诗益多，名亦益盛，而稍稍忧贫。虽甚豪，其心意常若有郁结，不得发摅。即屡典大郡，得尽其志。东墅一意孤行，沉敏有制。凡诸举错，视事当否，不顾上官喜怒。益务为延揽，高才秀士，括而有之，与为磨砻。赡给新旧无依者，一竭其心力所至，无丝毫顾虑。以是贫日甚，而其志意亦稍摧落矣。

晚乃晋阶为观察使，厨居邸舍。供或时缺乏，而所资养及推食以食常数十百人，亦或相对不能举餐。东墅夷然不为念，与人为质剂，有得则徵歌命酒，号召宾客，赋诗极欢。既尽，亦辄已，终不知有人世忧患事。

君即不得于时，视今世所为固不屑意。益自愤，而诗益进为宏肆沉郁，自负一时作者。方君少时，知君者，谓宜贵显，有名于世。虽君亦不自度其迍邅若此也。然使君驰骋功名之会，不必能积久以自得于诗。抑稍持盈而取约焉。自处充然有余，不为贫累也。而君自适其意，无择于人，无挠于物，日契契焉取人之艰厄孤嫠以私之己，而忘其身之劳与所施之有穷也。庄生之言曰：其为人也太多，其自为也太少。是岂有乐于忧思匡维，终其身而无悔耶？吾诚以是悲之。惟其不骛于竞驰以自得于所好。此君之所以贤，而诗之所以独至也与？

东墅既卒，江夏黄海华都转、义宁陈右铭观察，及其门人瞿子玖学士，相与醵归君之丧。武进刘咏如太守，独任刊君遗诗。然则君穷于时而将有不穷于后世，终以得之友朋之力。君其可以无憾！

蛰存《罗华山馆遗集》序

《传》曰："诵《诗》三百，授之以政，不达；使于四方，不能专对。虽多奚为。"然则《诗》之义，上通于政教，而下尽人事之变。酌其行之宜，而劝惩立焉；极其言之文，而情伪通焉。盖非徒敷文玩辞理性情而已。有唐诗人，如杜甫、元结、白居易，用其忠国爱民之心，经纬物变，牢笼百态，独有《诗》教之遗焉。

吾弟蛰存，自少通敏，喜立事。凡人世善恶贞淫、忻忧愉戚，必务剖析条理之，不与时相汨混。其于友朋故旧，困穷阨限，一引而纳之其身，情相恤而惠相周也。而其为言，极事理之曲折，昭德塞违以即乎人心之安。虽有忿争纠纷，得君言立解。是以终身汲汲赴人之急，不自宽假。人以是贤君之为，而益叹美其才。君尤自负其诗，每有作，反复驰骤，昭宣鬯朗，一如其为人。敷陈利病，罔弗达也；指发幽微，罔弗应也。圣人之言：诗通于政而给于言。君又用其所得于心者，形为咏歌，衍为言论，所以推行，固有本末乎。其致之用也，犹圣人之旨也。

顾念吾兄弟三人，皆稍能读书求有用之学。吾性卞急，于时多忤。意城稍能通方矣，而怀敛退之心，履贞介之节，终不肯一自试其用。君独以才自喜，乐以其心与力推而致之于人，而亦终身望见仕宦戛戛然去之。其施也不遒，其欲以公之人，终亦阏而不流。情性固然耶？无亦有不达其志，而因以自沮耶？当同治之初，天下蒸蒸向治，道固昌矣。君于是时，亦思奋而求效。夫君子之于世，固求有以自达。折冲尊俎，与其效命疆场等耳。不能达而强之政。既从政矣，而固多方遏抑之，使不得达。君子诚惧乎此也。《诗》曰：终其永怀，又窘阴雨。君惟知之，而终不以一试，其斯可与言《诗》矣乎！

君所为诗，无定本。既卒，其子龙允、寅伯检君遗箧，衰得若干首，而择其文之可传者附焉，谋梓以行于世。吾悲夫圣人言《诗》之意，未足概于今之人也，是以重为君悲也。时光绪十年，岁在甲申，冬十有一月。

彭笙陔《明史论略》序

自唐刘知幾著《史通》辨史法得失，而史论兴。所论者，史法也。其间政治醇浇之分，人物贤奸之辨，史固备录之。读史者循而求得之，无竢著录。若东阳葛氏《涉史随笔》，崇安胡氏《读史管见》，或因古人之事传以己意，或逞一己之辨求胜前人，是非褒贬，多失其平。自明以来，论说益繁，大率不外此二者。独船山王氏《通鉴论》、《宋论》，通古今之变，尽事理之宜。其论事与人，务穷析其精微，而其言不过乎则。嵩焘尝欲综论元、明二代之史，以附船山之后，而未敢据也。

新化彭笙陔著《明史论略》六卷，首论十六帝以挈其纲，次举一代大经大典，或比而合之，或分而列之，以曲尽其义类。通论八十余篇，彰往而察来，微显而阐幽，要一出之和平，不为诡激峭深之论。而其言凿凿，足以尽事变而资法戒。庶几史论之贯通有根柢者。尝论明季之乱基于嘉靖，为其摧折士大夫之气过深，而怙私自蔽持之过力，有骄盈之心而无震动恪恭之意，贼盗水旱不上闻而恩不下究，然自谓能以力屈服一世之人心，此明之所以侵寻涣散以趋于危亡也。彭君于有明一代事迹，受成于心，断制权衡，不差尺寸。因附论明世兴亡之机，弁之简端，以见怙私自蔽发于人主一日之心，而贻祸数十年之后，无可收拾，有如影响，其取类广大，而为戒深也。后有览者，可以思焉。

丁冠西《中西闻见录选编》序

《周礼》小行人，掌邦国之礼籍，其民利害与其礼俗政教之顺逆，及有暴乱、札凶与康乐、和亲、安平，各为一书。每国辨异之，以周知天下之故。而内史掌读四方之事书，外史掌四方之志，又一系其事于史官。其于诸国之纪录，至周备矣。于是设为怀方氏以致四方之民，为合方氏以达四方之道路，为训方氏以道四方之政事与其上下之志。所以通其财利、同其好善者，求之不厌其详，引而导之不嫌其曲至也。而又有土训，道地图以诏地事，道地慝以辨地物；诵训，道方志以诏观事，道方慝以诏辟忌。凡国之封域与其物产，及其政教人民之美可法而恶可为劝慝者，莫不编为成书，垂示天下，无有能逃于闻见之外，以自宽假者。

近欧洲诸国，得此意以为日报，沿海书馆仿行其法。杂取民间轶事，傅会传播，以广异闻。冠西先生汇集日报之善者，辑为《中西闻见录》一书，萃日报为月报，甫十余月而罢，自以搜讨之勤，而惧流传之不能广也。又汇集其善者，为《中西闻见录选编》，而以所得推步之方、博物之旨，附列其中。

夫西学之借根方，代传为东方法，中国人所谓立天元也。西人用之，锲而不已，其法日新，而中国至今为绝学。冠西主讲同文馆，始用以为教，汲汲焉勤诲而不倦。自明季利玛窦倡西学于中国，近伟勒亚力所著书尤精，冠西遂讲明而传习之。三人者相望数百年，号为博览，而冠西之功尤伟矣。是编乃其著书之一种，观所著录，未尝不以所学诏之人人，而其大旨要归于劝善规过。用心之勤笃如此。戴圣之言曰：其为人也，壮不撰述，老不传授，亦可谓无艺之民矣。冠西贤哉，抑何所艺之精，而教之详且尽也。嵩焘老病衰残，因冠西追思戴氏无艺之言，自以愧悚。为扬其义于简端，昭示天下学者，俾知西学之渊源，皆三代之教之所有事。而冠西之为人，为足任道艺相勖之资，为尤难能也。

龙皞丞 《坚白斋遗集》 序

闻之《易》曰：修辞立其诚。非特辞之修而应以诚也。忠信之积，立诚于先。而传之辞以究其指归；校其分寸毫厘，以明人事之得失，及古今制度损益、人才高下，准诸圣人之经，以求当于吾心所得之理，循乎道之序，以应乎事之宜。古之云修辞，如是而已。

龙君皞丞，少与湘潭王壬秋、武冈邓弥之、葆之倡为古学，摈弃今世为诗文者，推源汉、魏以上溯周、秦。壬秋、弥之各极其才力所致，变化开阖，出入神鬼。而君幽渺淡泊，深自敛抑，其才气纳之冲虚，颓然若相忘于人世。而诸君皆折折节下之，语其文以为非今世有也。然君志节卓荦，见于行，施于有政，发扬蹈厉，颉颃古人。所至有光气，非若枯槁寂寞之为者。久与之处，及考之生平，沉潜乎经术，涵咏乎性情，一由其积累深厚，安而行之，无有矫饰矜张于其间。则宜其文高古纯懿称其人也。所谓立其诚者非耶？君诗古今体皆五书，而文独长于论事，所存稿皆其自定。病且呕，授嵩焘为序。君即殁，而诗文存者益贵重。于是为合而序之，属君弟霁生、芝生，与君子璋刊行。

楚以南固多奇杰非常之材，而文学独阒弗彰。自顷二十年，人文蔚兴，日新月异，实君与壬秋、弥之诸君发其端。而君颇独以吏事自效。既病痹归乡，两足重着不移四五年。而君固不废学，尤孜孜以奖掖后进为心。充君之才，极君之志，文章道德之归，诚无有过之者也。读其诗与文，想见其人，而知有以主乎其先者。古之君子，所以传至于今，为修辞者示之准，其道如是。读君文者，可以自得焉。

陈右铭观察赠别诗序

有地千余里，大川巨防，周秦及汉唐环观胜迹，抚临而纳之宇下。又于其时行治河堤，考览禹迹，以究知历代疏防得失，为天子奠安元元，游观适于心目，功业施于国家。右铭观察被诏分巡河北漳、卫、怀之地，实兼得之。

夫水之性，犹民也，大禹顺之。战国以还堤而防之，久之而激荡横溢，尽失其性。能者敝精为之，制一时而已。从而顺之，其道无由。观察所治河，实当济派东流入河处。济水湍悍，既入而河势益横，遂为兖冀诸州受河患之始。其北漳、卫二水皆大川，泛滥于渤海。岁潦则流溢，浩瀚弥迤；旱又无所资以宣洩。自魏时从荥阳下引河为鸿沟，通曹、卫，而渠引漳水溉邺以富河内，多在今观察所治地。水性迁移，而陵谷高下之势亦随以变，循故道求之，不可得也。善治民者，防其害，以有董劝之方；善治水者，收其利，以有蓄洩之术。望古以证今，因利而善道。观察往历辰、沅，通民情，兴水利，为有儒者之效。吾见其所治益大而功益盛，由河北诸州以溉之天下无穷也。

嵩焘既前为序以赠观察之行，而导楚人之思。张君笠臣又相率为诗歌褒美，敷陈赓飏而推大之。嵩焘亦为诗以附诸君之后，又推其意，叙之简端。亦以明夫诗之作，盖非徒为讴歌颂祷之私也。

赵君靖《悔初集》序

往与赵振卿同年，以诗相切劘。间出其弟君靖诗商订得失，每得吾言，委弃己意以从所指授，更为之无稍吝。与其兄振卿蹑迹古作者，穷追力践，俛焉日有孳孳，吾甚畏之，而与君靖始终不及一见。

咸丰戊午、己未间，吾居京师，君靖馆予家，与吾弟意城唱和尤勤。振卿已前卒，而吾老病废诗，私念君靖久处乡里，憔悴专一，其所为必有大过人者，而固不一求读其诗、考知其进境为何如，则予之颟放亦可知矣。其后君靖举壬戌乡试，选授慈利学官。学官职清简，慈利当澧水上源，娄水自西会于城下，亦山水环聚处也。君靖于此意甚娱，诗亦益多。

未几，君靖死，其兄斐卿出其诗，曰《悔初集》者，属序而刊行之。余尝语振卿，古人云：诗皆有余于诗之外，其志气郁结，终已不得发撼，一寄之于诗。及其成名，则必尝致精以尽其变，侵寻渐渍以研其几，而后可以诣深造微，从容自得。昌黎之言曰：用功深者，其收名也远。振卿甚韪余言。一日尽捐弃去其旧作，充然自悟。观君靖所以自名其集，及自述其存诗之旨，犹振卿意也。

赵氏一门群从皆能诗。振卿出入苏、陆之间，无意与古人较长，自然卓出于时。君靖诗比和事实、驰骋议论不及振卿之超逸，而沉实过之。二人者，乃皆不及中寿以使各尽其所长，诚亦吾楚诗人之厄，非赵氏之私痛已也。然读君靖诗，穷极妍巧，而不越求之质实，则亦足尽诗人之能事矣。

金眉生《烟雨寻鸥图卷》序

嘉兴鸳鸯湖上故有烟雨楼，吴越时钱氏所建。下晌湖波，迷漫千里，荡若无际，于雨景尤宜。余往来嘉兴，再登其上。始年二十时，客游极山水之胜，与句容唐鲁泉、长安李薇生酬壁为诗，慷慨嬉，沉雄壮历，不可一世。丙辰再游阳湖，周癹甫与焉。于时镇江陷贼四年，王师急征讨，鼓鼙之声相闻。两人者，凭阑欷歔，无复向者登临赋诗之乐。前后十余年间，江山之观未始有异，而人事变于外，忧乐应于心。山川草木亦如是寓焉而发其悲忧愉佚之情，未有爽焉者。

金眉生都转以所作《烟雨寻鸥图》征序于予。同治乙丑，王少鹤通政来自京师，眉生招同陈芰裳太史泛舟为鸳湖之游，相与寻烟雨楼故址。少鹤为赋木兰花慢词，芰裳、眉生继之，因为图以纪盛。盖与余丙辰之游相距又十年。所谓烟雨楼者，蔓草荒芜，不可复寻。三人者，以高才负时重望，而诎于仕宦。其于身世之际，凄凉感叹，殆过于予。而观所为词，抚景流连。其词甚悲，而意反若有余。乱离之后，诚不意复有今日，追思往事，遂如梦寐，而江山吟啸犹及。此三数人者，一时健在。三君子之情，与予及癹甫向者之情，固未始不同也。

往者相国曾公与巴陵吴南屏舍人游莫愁湖，赋诗有云：黄金可成河可塞，惟有好怀不易开。曾公以身负天下之重，终日忧而不见有可乐。即欲寻求古人遗迹从容凭吊，亦有不能。然则三君子萧闲放适，自得于湖山之外，以悲以喜，惟意所向，且有非曾公所能及者。读三君子之辞，使我神游三茅五茸之间，悽然以思，而益慨然以叹也。

募修上林寺小引

　　佛法入中国，垂三千年。所言明心见性之旨，与吾道相为异同。今之僧众，罕有传焉。独其所为戒律，其徒固世守之，有非吾儒所能及者。彼教中神通衍为北宗，其于生死来去、神鬼怪秘，诚若有以尽其变。为人所敬信，则今喇嘛僧是也。为僧众者，因缘附会，舍其真实而求权应，而南宗之传亦微。要其象教之设，与禅真之所栖止，盛衰兴废，历时百变。固尝有人焉持其后，教以延而弗绝。

　　上林寺者，唐戒灵禅师演法之所也。递传至康熙初，懋功禅师实昌其绪，而布政使郎公因其寺基恢廓而崇大之，遂为会垣名刹，十方接引，饭僧常数百人。而其后侵寻为刊刻官书之所。僧寮阗然莫庇其生，寺亦颓废逾半，多治为民居。剑州李公来为布政使，檄书吏还诸寺僧。于是西枝和尚实住持斯寺，感李公之加惠，重启法门，建戒律。既乃顾瞻寺宇，喟然曰：是寺重修于郎公又二百年，敝坏不治，且日蹙矣。佛殿之存者，栋桷摧朽，架木枝柱，又十余年于兹。今传次在予，而令是寺及予身而圮，无以赞益李公之德而永其延，厥咎滋大。谋博徵同志，式宏佛教，葺而新之，属嵩焘为之引。

　　异时会垣上林、渌潭、开福三寺，为僧众聚集之区，居者有所安，行者有所庇，法教普焉，志愿宏焉。渌潭、开福寺基仅存，独上林寺犹为丛林，不宜更就倾颓，使戒灵一钵之传迄今而就荒也。夫彼教所以觉悟愚民，常有所偏胜。

　　晋、梁以来，释、老代兴，及今而俱衰微，则耶稣之强民以崇事者兴焉。佛之教日引如召其徒修而行之，其传有所归，而其流有所止。使人知其为教，犹不逾乎心性，以无急折而入于耶稣也。倪亦吾儒之志也与。

重刻《历代循吏传》序

　　雍正初，高安朱文端公、漳浦蔡文勤公，有史传三编之刻，曰《名儒》、曰《名臣》、曰《循吏》。其《循吏传》则南靖张君福昶所编也。

并录始于汉，讫元而止。时明史未有成书，不及录也。上元徐君子元重刻所编《循吏传》，而取《明史·循吏》补所未备。亦仿原书，每传系以论发明之，而属嵩焘审定。

窃惟迁史传循吏，叙述孙叔敖、子产、公仪休诸人，皆列国名卿也。班史承之，列龚黄循吏。东汉以后，官较崇而名迹较著，皆自为传。终身沦滞郡县，始以循吏名焉。汉宣帝之言曰："与我共天下者，其良二千石乎！"积县而为郡，积郡而为天下，为天子分任牧民之责，一言一动，百姓身受其利病，无能避而去之。其与民之亲也，是非得失无以掩人之耳目。是以自古得民心者，尤莫多于郡县之吏。春秋列国，犹今郡县也。迁史之传循吏，以为其意专主于爱民约己以敦化善俗，为益者大也，后世无以加焉。唐、宋之世，莅仕必经宰县，循迹为多，而以功绩昭著史册，一州一邑之蒙其泽，未足盈称其量也。是以传循吏者，其名或不显，其事又皆平易近人，非有奇技异能，读史者无所感发兴起。南靖张君尽取历代书史循吏传，简汰修饰，多所芟节，而于一二功迹显见。位至列卿宰辅，而遗爱犹存夫一郡一邑，皆录入之。其所增损，不能尽明其义例，而尤多所脱遗。要其用意，凡有疵瑕不足为劝戒，悉屏不录，盖亦崇实务完之义也。

徐君以诸生从军，游宦吾楚，心有得于是书，重刊行之，而增益《明史·循吏》。其志趣之所存，将蹑古人而从之，而以是示之准，非苟焉以文著录者。然吾观明之有天下，惩元之弊，急通民情。郡县吏贤否，百姓皆能以上达，朝廷亦因之为黜陟。循吏著在国史，亦用此以为常例，有保留至二十年三十年，以类附名者尤繁，饰名要誉或不免焉，非有实政不足录也。而若周文襄之抚吴，朱恭简之督粤，黄忠襄之按交址，林恭肃之宣政江西，皆所谓遗爱在人者也。至于况钟之任苏州，林锦之莅广东，佥事宜在循吏，以名显自为传。而儒林中若吕柟、邵宝、潘府、唐伯元，在官政绩并表，表著显于时，宜以次录入。

呜呼！吏道之敝久矣。循是以求之，推以及人，而拊循绥定之，由一县一郡溉之天下以莅中国而抚四夷可也。富强云乎哉！嵩焘为加厘正，附诸历代循吏之后，以成徐君之志，而上窥文端、文勤二公之用心，庶以无愧云。光绪十年甲申岁，冬十月。

书《海国图志》后

邵阳魏氏所辑《海国图志》，初为六十卷，盖当道光二十二年，和议初定之时。至咸丰二年，又取诸家论述，及海防以来章奏，汇为一百卷。魏氏著论，独篇首筹边四论。其诸国沿革形胜，皆取证元、明以来记载及泰西人论述，而于广东构兵情形见之章奏者，亦皆不录，示不敢及时事之义。盖自汉武帝通西域，皆由玉门关以达葱岭，无出海道者。历唐始有市舶以通西蕃易市，而终莫辨其疆域远近分合。元时招徕诸国贡献，记载始繁。讫明，倭夷沿海为寇，而战事起。然其讨论各国风土，多得之传闻恍佛，而如《坤舆图记》、《职方外纪》，传自泰西，人亦稍得其实。近时泰西游历所及，皆有著录，益精且博矣。

魏氏此书征引浩繁，亦间有参差失实。要其大旨，在考览形势、通知洋情，以为应敌制胜之资。其论以互市议款，及师夷人长技以制夷，言之始通商之日，无不笑且骇者。历十余年，而其言皆验。读书多而见事明，反复相寻，而理势之所趋，终必循其径而至焉。此亦自然之数也。而其议论乃以卓绝天下，亦岂非学问之效然与？

然当时构衅以禁烟之故，所忌者英吉利。遂欲联合俄罗斯、佛兰西、弥利坚以规海攻之法，则犹囿于一时之见，而未能通筹全局以规洋情之离合浅深。至论朝鲜、琉球与海防无涉，不著之于篇，又乌知今日之边患尤在俄罗斯。琉球且折而入于日本。朝鲜介处俄、倭之间，尤为大势所必争也哉。《传》曰：知己知彼。知彼者，知其情之所注与势力所极，以考求其强弱之由，而推极其顺逆得失之机。知己者，知吾所以应之，不独胜负之数决之已也。缓急轻重，一随其时与事之宜，内审之心，以静持之。夫非有异术也，明理而已矣。魏氏之言曰：同一御敌，而知其形与不知其形，利害相百焉；同一款敌，而知其情与不知其情，利害相百焉。诚为至论。及观泰西人论中国船步：辽河小孤山为最，镇海次之，福山又次之，以为水深无礁石，又四山环合，不受风涛之险。及论旅顺口：渤海数千里门户，中间通舟仅及数十里，两艘扼之，可以断其出入之路。泰西人构患天津，必先守旅顺口。此中国形势之显见者，泰西人知之，中国顾反不知，抑又何也？

《名贤手札》跋后

　　自古风会气运之成，盖莫不由人焉。曾文正公以道德风义倡天下，名贤硕德蔚起湖湘间，电发飚举，斯亦千载一时之会也。校其事功，则辉润六合；挹其言论，则霡霂寸心。

　　子瀚居父丧，辑刻诸贤与其父往还手札。兵事之始终，人才之隐见，本末粗具，焕乎可观。盖曾文正公善诙谈；胡文忠公益之以谐谑；恪靖左侯独喜自负，尝自署葛亮，泊意城治军事，相与谓之老亮、新亮。周寿山中丞丁巳病武昌，自顾身为僧，而嵩焘为南岳老僧，相见痛哭。既愈，言其状。于是胡文忠公又谓嵩焘南岳长老。

　　曾文正公名知人，而胡文忠公汲善立贤，惟日不足。将非仁为己任，道远弥历者乎？胡文忠公尝谓骆文忠公：萧何举曹参，诸葛公举费祎、董允，古人经世宏务，非独私其身而已，盍早图之。其勤勤于嵩焘，意盖有所属也。夫用舍之端，君子所以存其诚也。审己量力以全，吾素于心自慊也。而益重悲胡文忠公之用心功名之际，各视其志意所存，诚亦有幸不幸。而如诸贤，宏兼济之量以纾倒悬之会，功足以成，言足以兴。岂易言哉！岂易言哉！

《诵芬书屋文集》序

　　予年十七，与同年生吴君西乔读书仰高书院。西乔为文劲悍，锋芒逼人，予心畏之。西乔亦独以予为畏友。其年予补弟子员，西乔报罢，发愤归，键户读书。逾年，见其文，大惊。西乔曰：吾比年出入于《史》、《汉》，沉潜于诸子百家之文，自谓有得也。予闻内惭，乃益研精覃虑，伏而读、仰而思，得文二十余篇。西乔见之，亦大惊。持示钟君情田。情田叹曰：百年无此作矣。情田，邑名宿，老于文律，于人鲜所许可。闻之亦窃自喜。予年未冠，邑人士谬谓能时文，由西乔、情田两君发之也。予与西乔先后成进士，情田独抑郁以终。老而幕游，益肆力于诗古文辞。其卒也又后西乔。予悲二君之才，显晦出处不同，而其诗与文皆有以自立，又一皆未竟其施，终其所就，未始不同也。

　　情田殁数年，嗣君仰提衰辑所为古文辞，曰《诵芬书屋集》者示予，属为之序。悲夫！情田足不出里巷，其所考订阐扬，多关系一邑人文风化，其文有不可泯者。而予独念少时与情田相见，讨论文事，未尝不以古人相许与。二十年来，士之能文蕲进于古者，益无多矣，岂独乾嘉盛时不可见？即吾一身，而世运之升降殊焉。序其文而益怀老成凋谢之悲也。

《湘阴县图志》序

嵩焘编次《湘阴县图志》，凡图之属六，凡表之属十一，凡志之属十二，凡传之属三。其文繁者，辄析为上下卷，通三十四卷。既成而谨序其略，曰：天下者，郡县之积也。由汉以来，公府属曹班职任官，县皆具焉。兵防选举文武之资，以及土田方物，萃而输之京师，县皆给焉。校其地则古诸侯也。受其要，会其成，临御万里而纳之畿内，若百骸手足之附丽于一身。是故郡县得其理，而天下治矣；郡县失其理，推而至于天下犹是也，而大乱以生。礼仪、政化、人心、风俗、树艺、隄防、疏浚、营造，若有事，若无事，大致同也。利者兴之，害者除之，知其分数，权其缓急。知周天下者，可以理天下；知周一县者，可以理一县。大致同也。自宋元徽中立县，至今千四五百年，几经治乱，远无所征。自南宋始为县志，至今六七百年，几经治乱，人文政教存者五六。由今日上溯南宋，又上溯立县之初，因文考事，推见其由，又十有二三也。及吾身之粗有所知，追求千数百年因革损益之宜，举而措之三代，其涂径可循，其文辞训诂，殽然各别，犁然而各有当于心。盖孔子曰："坤乾之义，夏时之等，吾以是观之。"即今不为纂述，而后将益茫然也。礼乐之灿著，法度之际修明，圣清至矣。惩前而毖后，鉴古以知今，规模于是焉备，法守于是焉资。斯志也，体例无以逾于今人，而论撰殊焉。后有君子览观而切究之，可以得其指要矣。时光绪六年，几次庚辰，夏六月。

例　言

同治戊辰，中丞景东刘公主修《湖南通志》，县志亦肇始于是时。图说表志，草创略具，李辅堂方伯指为改变旧志规模，贻书相诟，用是辍业至于五稔，稍授黄石珊大令编定之。会奉诏北行，未及授梓。私念此书援古证今，颇资考览，蠲弃可惜。又七年，归自海外，蒙被圣恩，得以病免。闭门却埽，居多暇日，乃稍理其篇目，条其次第，刊而存之。推明成书之始末，发凡起例，以谂来哲。

宋淳祐中，知县事胡公修《湘阴图志》，为县志所自始。自班书创为《地理志》，下逮北宋之世，乃遍及一州一县，其名多曰图经。《周官》职方氏，掌天下之图，以掌天下之地，辨其人民与其财用。萧何入关，收秦图书，以知天下阨塞户口。言地理者，必资于图。州县地志之名图经，山水、方域，于是焉详。故亦或曰图记，或曰图志。图以为经，志以为纬。隋唐相沿，志地之书皆然也。元、明以后，踵事增华，专详人物事迹，而舆图反在所略。即历古图志之书，亦皆散佚失传。唐书《艺文志》载《元和郡县图志》五十四卷，每篇皆有图。至宋淳熙时，程大昌已跋称图亡，独有志存。后之志地者，无敢以图名，亦势然也。此《志》于方域广输之数，椭圜衺长、犬牙相入之形，并于图详之。题曰图志，非独以上溯隋唐地志之原，亦纪实也。

班书志艺文，以《山海经》入之形法。山水方域，成形于地而受气于天。气之感也，以形测纵横之度，以应分至之节，制沟封之势，以参城郭之宜，皆于形求之。图者，图其形也。《禹贡》九江，纷如聚众。自宋胡氏旦始正名洞庭，而历来称九江道县境者，澬、湘二水而已。其实九江之名，当视其经流入湖以为之准。洞庭吐纳群水，其入湖之口在湘阴县境凡六，而以湘水为之纲。曰汨、曰罗、曰湄，在湘水东；曰澬、曰泚，在湘水西。水道迁移，非复故迹。而入湖之口，著之图籍者，犹可辨知其由来。凡为图目六：经纬以会天位；总图以正地域；图城郭以明四境之统宗；图古城以揽历代之形胜；图水道以证诸水分合出入之数；图二十九局地势以综一方封域之全，而极古今人事之变。首图者，以著图志所由名也。通为五卷，四境分图，不分二十五里，而分二十九局。里数岐出，展转推移，益有参差。今依二十九局四境所至案方立图，各为一卷云。

桓谭称《史记》年表旁行斜上，并效《周谱》。表亦图也。图随地势为方圆，而表体方立准。故图以纪地，表以纪事、纪人。一县之事，沿革为大。湘阴故与罗并建。梁陈以后，凡两建州，一建郡，又广建诸县，皆在罗地。湘阴亦割罗与益阳、湘西三县地。而《水经注》称磊石山西对县城口，是即所割罗地也。《通典》：重华城亦名虞舜古城，在沅江县东。舜南巡涉湘，重华置县，必近距湘。宋时尚未置县，所割益阳县地，当西及重华古城。宋书《州郡志》：吴太平二年，分长沙西部都尉地,立衡阳郡,兼置湘西县。宋即移郡治湘西。《九域志》:湘西故城,在湘潭县南一百二十里。是距刘宋湘阴县城远至四百五十里。当时增立郡县,不应割地四百里外。《元和郡县志》:长沙西北七十里,故尉城,孙权使程普为西部都尉,建城于此。西部都尉地,实界湘阴西境。知宋时徒衡阳郡治湘西,亦当更有建置也。赖《齐书·王僧虔传》叙及湘阴立县缘始,知湘西、益阳犬牙相错,当时皆与湘阴毗连,临湘县地,尽于湘水以东,不及湘西也。此关分地置县之大者。故继之以沿革表。

湘阴,南北通衢,自元设水陆二驿,垂四百年。至国朝初,裁水驿,专置陆驿,而水程之四达者,亦与陆程相准,非独以辨知疆里而已。封域广轮之数,关津阨要之防,皆可以于此得其机要。故疆域表次之。

南服荒远,历代巡幸所不及。而《史记·五帝纪》登熊湘南巡者凡二,足证三代以前幅员广廓,而后乃愈陋也。是以终汉世,长沙为下湿贫国,分封建侯,比诸迁谪。晋、宋以后建置湘州,郡县日增,规模渐拓,封建亦稍繁焉。而历年千余,邑人士无膺五等之封者。明宣德中,赠夏原吉汤阴伯,则以耆臣宿德宠其名,非关罪之典。咸丰初元,兵事起,恪靖侯以元功膺懋赏,莅伯而侯。人事之流传,人物声明之昭灼,诚莫大于是。故巡幸、封建、世爵诸表又次之。

地志体例经始于北宋,至南宋而始备。唐以前地志,纪山川、方域、物产而已。《太平寰宇记》始著人物,《吴郡图经》兼及牧守。至乾道《临安志》而后科举、军营咸备。县有令长一县之事,经纬系焉。汉制以丞赞治,以尉典兵,文武之用未分也。历唐曰镇、曰戍,宋曰寨,犹统于令,而加兵钤马辖之名。元、明以来,乃始判分为二。凡有事于县者,不可偏废也。故职官表及武职官表又次之。

宋以前,地志与人物皆各为书,或曰先贤传,或曰耆旧记,其纪科举又别为登科记。其后方志之书因援其例,备录而详述之。唐之季世,长沙刘蜕一登科而有天荒之嘲。人文简略,盖可想见。至宋而湘阴一县登科者踵相接也。自唐设科,名目繁多,因是有科目之称。汉世统名之选举。州郡辟除贤良对策,亦稍异常选。登朝莅仕,其途杂出,至以武功列名荐剡,一皆选举之歧分者也。凡生存者不入人物表,惟选举依类列名,无分存没。故选举表又次之。

《后汉》传人物,视班书严谨有法度,所循用班书之旧,《儒林》而已。《文苑》、《独行》、《方术》、《逸民》，皆创为之名，而附以《列女》。后世史家无能逾越。然《列女传》创自刘向，实当西汉之世，其源流固已远矣。人物品目，随事命名，列女行谊成就亦然。凡生存者不入表，惟节妇苦节幽真，稍宽其例，但及岁者皆入之。故又次之以人物表、列女表。

《周礼》小史奠世系，其源肇于《禹贡》之锡土姓。唐宋以来，系土著之户于郡县，即《国语》工史书世之遗法也。《魏书·官氏志》、《唐书·宰相世系表》，犹存谱谍之略，使后世得以窥知其家世源流。历代方志之书，常璩《华阳国志》表及大姓。费著《蜀中世族谱》，兼详宗派。国于天地，必有与立。世家大族，所以立县之基也。观其人物之隆替，风俗之盛衰厚薄，可以推知一县之始终。科名仕宦稍有闻者，皆追溯其由来。而一邑之著姓，瞭然如指诸掌。故又次之以氏族表。

《禹贡》道山与道水同功，皆明其起讫之由。至《山海经》表山望，而推其首曰某山，以达某山之尾。太史公曰：中国山川东北流，其维首在陇、蜀，尾没于勃、碣。凡山皆有脉络，而首尾具焉。论山水大势，皆起于西北，而极于东南。《说文》：阴，水之南，山之北也。《穀梁传》曰：水北为阳，山南为阴。阳者气之散，阴者气之聚。水之出也，散聚而纳之一川；山之出也，聚散而分之群阜。故水以所出处为阳，山以所止处为阳。《山海经》之叙山也，皆辨其阴阳与其上下，山水所以相表里也。地志之书，但表山名，不详山之脉络，以为近于堪舆家之言，是并《禹贡》亦讥也。古者建国，以山水标地望。山水之在县中，风土人物于是基焉。故继志山。

郦道元《水经注》最称精博。其叙湘水，尤莫详于湘阴一县。至今可以推寻者，曰高口水、曰上鼻浦、曰下鼻浦、曰陵子潭、曰锡水、曰望屯浦、曰三阳径、曰门径口、曰黄陵水、曰太湖、曰白沙戍、曰东町口、曰罗渊、曰汨罗口，其于地道无征，旧志不能叙录，曰玉池口、曰东湖、曰三谿水、曰大对水、曰决湖、曰西陂、曰苟导径，皆不详所在。湘阴东湖，上承玉池山水。旧志亦据《水经注》为言，而郦道元自称玉水东南流，注锡浦，谓之玉池口，锡水又东北，东湖水注之，谓之三阳径。则所谓玉水，玉照山之水东南流者是也。东湖之玉池口，当为今横岭湖，南会锡江，为锡浦，东出锹港，为望屯浦。名之东湖者，玉水东流汇为湖。今东湖以在县治东为名。宋以前未立县治，不得有东湖之名。就今地道纵横曲折，证以郦氏所述，无一不巧合，而后知古图籍之精，其纂述为有据依也。其有误者，混汨于罗，以东町口属之潙水，而失湄水之委，又併汨、罗为一，而夺潙水之名以与汨，并失罗水之源。高口别为一水，源出益阳东南。益阳西北则资水经流也。东径三里桥，与高水相出入，又东径高口，与湘水相出入。郦氏以高水止于陵子潭，自陵子口以下皆属之湘水，则高口一水，源流并失。此志于县境山水，穷搜极讨，允足补《水经》之缺，而发先儒之覆。故次志水。

唐陆广微《吴地记》详及茶盐酒课，不及土田。元丰《九域志》备载户口、土贡，而亦不及地粮。地志之列赋役，肇始南宋以后，然自宋、元，赋役之制，举其成数而已，其详莫得闻也。由明世赋法推之，知历代相承习为苛烦。至国朝而始埽荡廓清，一归于简要。是以明世田赋之额，征解之数，自康熙初始修志时，其法已有变更。雍、乾以后，併丁于地，归奇于整，旧制无复存者。而田制三等之科，起解部寺诸名目之烦，仍而载之，不敢擅变。盖其名去而其额之存于籍者，犹沿明世之遗也。淳祐志当详及宋世赋法，元修《古罗志》遂除宋籍。迄明成化、嘉靖二志，又废元典。赖今田额，一循明世黄册，其品目具存。古今因革之宜，得失损益之故，后之考求赋法者，于是取征也。故又次以赋役志。

《史记·河渠书》叙元光以后通渭，引汾，穿洛，通褒斜之道，于是用事者争言水利。朔方、河西、酒泉引河，关中引堵水，汝南、九江引淮，东海引钜定，泰山下引汶水，此西汉富强之业所由开也。吴、楚边荒，言水利者弗及焉。《唐书·地理志》东南陂湖水利备载无遗，实兼《河渠》一志，而亦不及洞庭以南。吴、楚水利甲天下，朱长文《吴郡图经》独著治水一门，可云卓识。雍、乾之世，水利繁兴，家给人足，号称极盛。其后陵夷衰微，失水之利，而多承其害。儒生俗吏不达时务，无能言其利病者。有宋之世，开浚洞庭湖直河，置斗门溉田。今犹可以推知其遗迹。水性就下而喜深，不务度地势之宜，勤求疏浚蓄洩之法，引水以畅其流，而创为弃地与水之说。日取民田荡平之，扰愈甚，水亦愈横。君子于此蠡然伤焉。故又次以水利志。

《周官》六职，实为礼经。三代政教所以纳民轨物，无一不本于礼。汉、魏以降，古礼废亡，始各因事为仪注。至唐开元礼出，而后五礼备焉。一州一邑通行之典礼，一皆政教之源也。宋陈氏祥道创为《礼书》，稍因仪文度数之末，以窥见制礼之精义。国朝江氏《礼书纲目》、秦氏《五礼通考》乃始灿然集礼之大成，下至士民，皆能行之，而能言之。

有宋方志体例具备，独不及典礼。以为典礼通行郡国者，非一县之私也。然一县所有事，准之天下，大端具矣。即其中祀典一门，或为通祀，或为专祀，则亦时有参差，阙而弗纪，庸非歉与？故又次以典礼志。

学校至宋而始盛，方志之纪学校，亦至宋而始详。然宋时科举、学校犹分二途，历元、明至今，而后尽敛天下之人才，彬然一出于学校。《史记·儒林传》叙论称：读功令，至广历学官之路，未尝不废书而叹也。盖其端肇始西汉盛时，其时县有学，乡有校，斯云盛矣。而使天下之人奔走功令以希进取，则亦学校之所由衰也。南宋太学之嚣，至于劫持朝政，以议论簧鼓一世，其害延及数百年。明兴，优儒重士，厚其饩，崇其礼，独禁使不得上书言事，以卧碑钤束之，而后士习乃徐轨于正。三代礼乐涵濡教化之功，历久而不敝，所以为不可及也。自宋立学，垂至于今八百余年，其间事迹繁矣。汇而记之，盛衰得失之原，盖可睹也。故又次以学校志。

地志之系于湖南，而其传又最久。如盛宏之《荆州记》、罗含《湘中记》、今其文犹有存者，所记山水而已，而亦间及物产。王存《九域志》自序独称：镇戍城堡之名，山泽虞衡之利，皆谨志之。所在土贡，则即物产之表著者也。古志专及地利，不详人事，大率以简要为宗。湘阴一隅之地，兼有《周官》山林、川泽、邱陵、原隰之全。物产无甚丰者，亦颇皆有之。繁为搜讨，无取苟略，亦多识之一助也。故又次以物产志。

方志、城坊、亭馆、桥道、冢墓皆有纪，其类则工事也。今制工部四司：营缮司所掌，曰坛庙、曰城垣、曰公廨；虞衡司所掌，曰器用；都水司所掌，曰水利、曰桥梁；屯田司所掌，曰坟茔。皆县志所有事也。水利所关为钜，别有志。坛庙入之典礼。城坊、桥渡、冢墓、器用，各纪一事，其文不繁，而皆隶之工部。推至一县之微，皆有事于营造者也。故又次以营造志。

隋世立输籍之法，而团以名；宋世行保甲之令，而保以名。郑氏康成注《礼记·檀弓》：保，县邑小城。注《月令》：小城曰保。后世因谓之城堡，乡村聚落置守望，皆曰保。湘阴旧分二十五里，领三百一十八团。而里分参差，不相接续，甚或畸零出入，无从定其方位。咸丰初，举行团保之法，乃因四境地势分置二十九功。而里名之散隶于各团者，仍依都图册之遗，记其里数，以符旧制，非独山水地势寻其脉络、辨其方域，瞭然易见，实亦今时政纪所从出也。故又次以团保志。

方志之纪事，见于《吴郡图经》。盖自汉、魏，下及隋、唐，纪地、纪人各为专书。宋初地志始合著焉。地与人交相辉映，而人事经纬于其间，自然相因之势也。湘阴兵事之始，见《春秋传》：楚师济于罗汭。六代纷争，湘州地处上游，叛乱频仍。讫于五季之世，南唐与楚争併岳州，皆以湘阴一县为之冲。国初，残明及三藩之变，被兵尤久。攻守缓急之宜，形胜阨塞之方，因时变易。推原一千余年之事势，其大旨可览而知也。故又次以兵事志。

《汉书》志五行，详录伏氏《洪范》传说及其占应。历代史书循用其名。《洪范》庶征，本与五事相应。自京房、刘向专以阴阳灾异附会五行，贻小术破道之讥。刘知幾已力诋之，而用以纪灾祥，使各以类相从。史家体例，取则于是，莫能废也。宋、元以来，方志品目日繁，无及灾祥者，至明乃始有之。志者史例，史家所录，无庸阙焉。水旱札瘥，或千里同占，或一县异纪。一方之休咎，而天人应征之理，及时补救之方，所关至大，不可以无纪也。故又次以灾祥志。

班氏创为《艺文志》，总叙书六略三十八种，五百九十六家。证以隋书《经籍志》、唐书《艺文志》，则班史所著录，其存者亦无几矣。而搜辑乃益加繁。历明又散佚逾半，独赖存其篇目，足以推知当时艺术之多方，源流之异轨。今一依《艺文志》体例，分别经、史、子、集，凡旧志所著录，仍而载之，续有收入，必实见其书，校其篇第与其叙论，但有成集，无分存没，并录存之。所收诗集尤多。《沅湘耆旧集》选录各诗，非有成集，一置不录。其自成一集，即诗不尽工，备载无遗。意取征实，不复铨次其高下。官修书列首，明有尊也。碑版金石之文，古方志，皆加意搜求，备录之，而列次其年代焉，附诸别集之后。故终之以艺文志。

自宋方志录职官，或曰秩官，或曰官治，必皆治行可纪者。惟高似孙《剡录》，既为官治志矣，又附以令丞簿尉题名，稍铨次其姓名焉。职官表所录，则亦题名之类也。湘阴历唐以来，人文简陋，宦迹无能言者。有宋之世，兴贤育才，文质彬然，贤良之吏为多矣，邑人士亦稍兴起于学。故夫政教之留贻，亦赖人贤相与尸祝之。史迁传循吏，所谓破觚为圜、斫雕为朴，大抵务以德化民，不贵武健。衰敝之俗，诈伪滋生，又恃方略威严，禁奸止邪，以为称职。然而晚近愚民抵法之多，教之不修也。是非、善恶、邪正之分，较然其不相掩，则民知教。苟无混淆枉惑民心而已，何必威严在？于今日，兵戈水旱，更迭相乘，财殚民穷，生计萧然。整齐教化之功，涵育维持之术，君子于此尤所究心焉。宽严异施，文武交济，要之以爱民为本。由宋至今，存心利物，为功一邑，代不乏人。故复为名宦传。

湘阴立县盖六百年，而后邓秘阁以文章称。又三百余年，而后夏忠靖以功业显。然秘阁《玉池集》已无传，《忠靖集》历四五百年，尚行于世。至国朝，周宁朔、徐严镇之文，李梅生太史、吴柸台孝廉之诗，实远过《玉池集》。左恪靖之事功，又几驾忠靖而上之。风会日开，人文斯盛，亦时然也。此志表章乡里诸贤，几无余蕴。《艺文志》搜辑诗草百余种，而《儒林》、《文苑》各表，必实有传书，名实相副。其诸文章、声誉有可表见，入之《学行》，稍示区别。诗稿入《艺文志》而不列表者，盖亦多也。又于其中摘取志行卓卓，足以历世而传后者，征求先哲轶行，下及士女，于此稍存微旨。故又为人物传凡三卷。

罗含《湘中记》：屈潭之左玉笥山，屈原之放，栖于此山而作《九歌》。迄今二千余年，相沿以为屈原宅。《离骚》、《九歌》、《九章》、《天问》、《招魂》，盖皆作于南迁以后，录《楚辞》可也，径取以冠人物之首，则不可。周、秦以前，远而难证，得一屈子，历汉、唐数百千年，无庚续以起者，已觉不伦，况明明为迁谪者乎？彭襄毅实出自湘阴，而入兰州卫籍，已历数传，《明史》列传亦不著其本籍。屈子已列湘阴祀典，不待铺陈。襄毅一代伟人，由湘阴外徙，著之彭氏《谱》，《沅湘耆旧集》亦录其诗，而不敢援旧志列之人物，以纪实也。

《水经注》：黄水又西流入于湘，谓之黄陵口。昔王子山有隽才，年二十而得恶梦，作《梦赋》，二十一溺死湘浦，即斯川矣。张华《博物志》：王文考从父师叔到泰山，就鲍子真学算，到鲁赋灵光殿，归渡湘，溺死。据《后汉书·王逸传》，南郡宜城人，子延寿，字文考，注文考一字子山。因考《灵光殿赋》叙云：客自南鄙，观艺于鲁。李善《文选》注：南鄙，荆州。南郡本荆州治。子山自鲁归南郡，不应远渡湘水。又称客自南鄙，不言家世南鄙，而言客，尤非事也。疑南鄙正谓长沙郡地，子山流寓长沙，是以自鲁归而渡湘，道所必经也。李注于此实有未审。至于洛阳吊屈之文，颖川闵屈之赋，杜陵《青草》、《白沙》之什，昌黎《江口》、《湘中》之篇，并在县境。《山谷集》所谓湖湘间小白花，为定名山攀者，正亦县境也。旧志亦或列之流寓，其实一道县境而已，无烦援引附会。子山之客南鄙，据张茂先所述，尚为有征。今并以义无可附，概从阙如。

旧志人物未著录，别加搜讨，于各表中注明有传者，皆杂采他书，得其事迹，未遑编次也。历年久远，旧征书籍多至散佚，又性善忘，老而弥甚，追思茫然，无复踪影，对之浩叹而已。凡若此者，悉仍其旧，以待补辑。至于编辑人物，采精撷华，黄石珊已有定本。芟繁取要，因文见义，稍有厘定，而无能意为增减。惟于郭氏纪录稍详，为其知之谂也。要取其志行不苟，流俗足资矜式，无敢滥及。

方志者，史之一体，凡史家叙录之文，方志皆得具焉。然史纪一代之事，方志自立县以来，历时绵远，但使事迹有可推求，不宜稍有遗阙。马迁之史详于秦汉，班固之书备于哀平。事近者易为征，代远者难为纪，亦势然也。而或以为求切今人之用，赋役、兵防诸大端，但详今制，竟废旧典，将使千余年之事迹，隐而不章，后世何所取征焉？故尝疑方志善本，惟尚简括，近于以文相高，非所以备掌故也。有明之世，康氏《武功志》、韩氏《朝邑志》，文成七篇，辞不盈万，专详义法，无待侈陈。是书之旨，事必溯其源而不敢有苟略，语必详其实而不肯有游移。文虽近于伤繁，而义必衷诸至当。纂辑不逾三年，更历十四年之久，乃始授之梓人。分事任劳者：寻求山水地道则熊漱芳寿征，罗麓生鉴考；核名物则虞恺仲绍南；编次世族人物则黄石珊世崇；分别绘图则新化晏圭斋启镇、邹子翼世诒；而卒经理刊行者，长沙饶葆丞国瑞。考古征实，勒为成书，嵩焘亦不敢辞焉。书成而熊漱芳、虞恺仲已前卒，不及见矣。前后知县事者，丹阳于公、梁山唐公、萧山丁公、新喻胡公、如皋冒公、平度孙公、山阴潘公、贵筑姜公。于桐轩、胡秋樵、冒篠山三大令，稍与闻志事之略。迄姜昆山大令乃成书。姜公通知政要，勤恤民隐，于时为良吏。是书乃幸际其时告成，是亦私心所自喜者也。

《三礼通释》序

先王制礼，所以经纬人伦、宣昭政化，而寓其用于仪文度数之繁。自朝庙、燕飨之大，器用、服食之微，皆为之取象于天，因财于地，类别人物，节理性情。其精意流行于人心，而其繁缛之文、广博之用，散见礼经。

自汉诸儒，各以所传授为传注。郑氏之学出于马融，而与融异义。其注《周官》，多存杜子春、郑兴、郑众三家注，而于卫宏、贾逵礼说，亦兼采焉。故郑氏于《礼》集其成，又考正《礼》图，存古遗制，为功甚伟。魏王肃喜贾、马之说，多与郑异。晋董景道又依郑义，著《礼通论》。其后贺玚、皇侃、熊安生之义疏，沈重之《礼义》，褚辉之《礼疏》，于诸儒互有发明。迨唐贾公彦《仪礼》、《周礼》二疏，孔颖达《礼记》疏，表章郑学，号为详明。而诸家之书行世者亦鲜，言《礼》者独宗郑氏。其合三礼著论者，则宋何承天《礼论》、梁崔灵恩《三礼义宗》、北魏刘献之《三礼大义》、隋元延明《三礼宗略》、唐王恭《三礼义证》。至宋陈祥道《礼书》，始攻驳郑氏。朱子有志于考订礼经，撰《仪礼经传通解》，多存其大体，制度品物非所详也。其丧、祭二礼，以属黄氏幹为《续通解》，杨氏复继之为《仪礼图解》，而后礼制稍备焉。

盖自郑氏为礼图，而隋《经籍志》有《三礼图》九卷，云郑元及阮湛等撰。《唐志》有张镒《三礼图》九卷，夏侯伏朗《三礼图》十二卷。宋初聂崇义采唐张镒等旧图凡六册，考正《三礼图》，朱子讥其非古制。然当时张昭、尹拙等已有驳正，其后陆佃撰《礼象》十五卷，取秘府所藏古遗器改订旧图。《明史》著录者，有刘绩《三礼图》、王应电《周礼图说》。二家之义，古人传经皆有图，而礼制尤兼图为说。考古者鉴焉。去古日远，而诸儒订正同异乃更加详，亦岂非考证久而益精与？然自陈祥道撰《礼书》一百五十卷，解释名物，更绘其象。而后三礼之书与图合行，实唐、宋以来言礼者之总略。

侯官林芗谿教授博学多通，尤邃于三礼，为《三礼通释》二百八十卷，穷天地之纪，述人道之用。因礼书、制度、仪文诸儒所辨证者，参合比引，究其旨归。书例略依陈氏《礼书》，而持论各别。为图者五十卷。兼取宋以来图说，旁采林之奇、郑景炎、项安世、王廷相诸家分图，使足与经相考订。而于国朝诸儒万氏斯大、张氏尔岐、江氏永、凌氏廷堪、任氏启运、林氏乔荫、任氏太椿所著录，凡于《礼》有发明，广为采摭。而于其师陈氏寿祺授受渊源，订定尤至，一以表章郑学为义，参考诸儒之说，纠正其失。盖三礼之学，至国朝而极盛。教授研精郑学，以所心得辨析诸家同异，以汇成三礼之全，斯可谓宏达精揽者也。咸丰二年，教授以其书进呈，赐官。讫十余年，未授之梓。毛寄云尚书商为刊行之，稍得读其论略，窥见其著书之旨。《汉书·艺文志》：帝王质文，世有损益。至周，曲为之防，事为之制。班氏之论伟矣，而非礼之原也。三代王者之治，无一不依于礼。将使习其器而通其意，用其文以致其情，神而化之，使民宜之。战国诸侯逾越制度，减去其籍，独赖一二儒者网罗散佚、授辑遗闻，诵而传之，而后王者制礼之精意，代有人焉维持于不敝。虽有阙略，而其存固已多矣。教授是书，继陈氏《礼书》而起，又岂徒以表章郑学云尔哉。

复张竹汀

奉书具论刑部事宜，所陈三弊，精确明畅，深中机要。善哉足下之言，能及此者罕矣。

仆常以谓天下之大患，在士大夫之无识。自汉崔实、荀悦袭申韩之论，以严为尚，论治者多主其说。肃尚书因之以求起积弊于衰靡之世，于是一变为操切之政。而其是非得失，与古今所以救弊扶衰之宜，士大夫莫能辨也。任司寇者，承风扬波，效指挥奔走，求如汉时持廷尉之平者，无有人焉。相习久而亦遂视为固然。

去岁，东抚动以小故连章举劾，王壬秋因咎我曰："朝廷望君为鹰鹯，而君海上不劾一人，所以败也。"予曰："此乃所以为笱仙也。壬秋何足以知之。"凡仁与勇，生于识。故三达德以知为先。足下之言，庶几近之。芝生尚书尚为近情理，有何疑惧？即阻于上台，力争之可也。虽然，足下之言及此，则吾恐功名富贵之涂，难乎其言通利也。可叹！可叹！上陈尚书一械，略论此事，试取观之，必于足下之意有合也。

上陈尚书

奉赐书，恭悉回銮之请，已有转机。阁下造膝之言，所以启沃圣心者至矣。某窃窥朝廷之意，谂知内忧外讧艰难之状，而兼为廷臣议论所持。塞外之行，观望迁延，用心至隐。阁下一言而消释圣心之疑，乃使人君举动得有所据依，以解于天下后世。大臣谋国之忠，通古今理势之大，而运量于一心，非持一端之议论者所能及也。时事至今日，转移非易。肃尚书之才美矣，其用心在起积弊而振兴之，亦可谓勤矣。

　　某在京三年，推求国家致弊之由，在以例文相涂饰，而事皆内溃，非宽之失，蒯颟之失也。宽者，宣圣之明训，国家积累之至仁，乌可轻议哉。今一切以为宽，而以严治之。究所举发者，仍然例文之涂饰也。于所事之利病原委与所以救弊者，未尝讲也。是以诏狱日繁而锢弊滋甚，徒使武夫悍卒乘势罔利，以凌藉搢绅，明世之秭政见矣。某窃独忧之。向者之宽，与今日之严，其为蒯颟一也。蒯颟而宽，犹足养和平以为维系人心之本。蒯颟而出之以严，而弊不可胜言矣。毋亦稍宽假例文，以求理财行政之实效，天下事其犹可为乎？

　　故某以为省繁刑而崇实政，为今日之急务。阁下倘谓然否。自古豪杰有为之才，所以运量天下者，岂有他术哉？以诚应物，以实行政而已。窃观今日司农之理财，每创一制，多类诬罔百姓而诱取其财者，数变章程以相眩惑。以此经国，未敢信谓善策也。因阁下之言，略论及之，不自知其愚陋，伏增惶悚。

再与笏山

　　昨复一书，颇有陈说。盖足下所患，信心太过，视事太易，任人太轻，而新进喜事之言太易入也。仆心实隐虑之。近得玉班书，言与足下形迹甚疏，而其遇事自用，人皆用以为疑。壬秋盖尝主是说矣。意者有中于壬秋之言，而思一试之战阵耶。

　　往在京师，尝以壬秋学识过人语之足下，意不谓然也。以壬秋之才之学，与之往返谈论，为益甚多。其有偏颇处，择而从焉，非为害也。至于军旅大事，当择老成谙练，深悉机宜者，就而求益。而足下之于壬秋，论学则远之，论事则反亲而信之。称此而求，则吾弟所以取法于人，与其所以用人者，吾虑其背道而驰也。君子之学，必远乎流俗，而必不可远道。壬秋力求绝俗，而无一不与道忤，往往有甘同流俗之见以畔道者。是足下但论文章，友之可也，师之可也，至与辨人才之优绌、语事理之是非，其言一入，如饮狂药，将使东西迷方，元黄异色，颠沛蹉失而不可追悔。独奈何反用其言以自求迷乱哉？

　　吾之望于足下大矣，恐一任事而先失众人之望，故剀切言之。严陵之告君房，犹有怀仁辅义、阿庚取容之戒。仆局外人，于足下谔谔不倦如此，亦窃比古人之义。实恃足下好善取友，乐闻尽言，一肆其狂瞽之论。不罪！不罪！

复方子听

奉书，美哉文也。其识趣之高远，当于古人求之，非复今人所有。即仆亦不料足下所诣精进如是也。

西夷本末，粤人多能知之。以久习而知其情伪耳。仆则衡之以理，审之以天下之大势，而其情亦莫能遁焉。所由与粤人异也。来书论西夷之祸，原本好利，至精至当。岂惟万历之秕政，钩求珍异，以有澳门之留哉？非李督之汙纵，亦未敢轻视中国；非琦、耆二相之贪私，夷祸犹少戢也。利者，合公私上下而奔趋之，良可悼叹。然是说也，根本之论，而非救时之策也。辟之病瘔者，曰食积然也。由是而禁其食，而病益烈。至于交关互市，遍于中土，其为病也大矣，不必其亡人国也。逼处相陵以哜人之戕，庸有瘳乎？

夷人初至天津，中国之体外夷之情，事机之成败得失，理势之强弱，所关甚大。君子之所从容审量、精思秘运，以绥定天下于无形者。至前岁而斡旋之略，已无所施。讬之语言，以求挽回一二大者。不效，则相与画定章程以要之久远。此仆之所见及也。京师论者，咎仆以议和。笑应之曰：宋、金和也，有遣使朝聘之烦，有岁币之扰。诸君亦知战为何事，和为何名乎？世人所见，大都如此，可笑也。

足下所见伟矣。其论汉、唐之事，则多未允。自古夷狄盛强，未有不为中国患者。因时审势以应之可矣。班孟坚《匈奴传》赞论此甚详，后世无能易此者也。武帝用王恢计，伏兵马邑以要匈奴，而谋泄，匈奴侵暴益甚。此为失矣。而因是以城朔方，取河南地为障塞，岁出兵击匈奴，使之远遁，则亦若天之启之。至宣帝时，而呼韩邪以降，终汉之世无边患。以文帝之每饭不忘匈奴，使处武帝之后，规模必更远。则使光武当武帝之时，起陇西上郡云中至右北平，侵掠无已。亦岂能闭关绝约，从容养息，以安保无事哉？北单于求和亲，臧宫、马武上书请诛，光武却之是也，而犹博考廷臣，议酬答之宜。以光武之明圣，处就款之虏，洋慎如此。此则非后世之所能及也。唐氏初起，臣事突厥，史多讳言之。便桥之盟，群臣皆欲进战。太宗以为，为国之道，安静为务，彼或惧而修德。结怨于我，为患不细。今我卷甲韬戈，陷以玉帛，凶顽骄恣，必自此始，破之必矣。其后四年，遂灭突厥。帝王之神略，操纵在心，此为难及。太宗之失，乃在北灭薛延陀，西定高昌、吐谷浑，东征高句丽，专务穷兵威远耳。然贞观之世，吐蕃服顺，终为唐患，得失亦可见矣。因足下论述四君优劣，聊一言之。

尝论中国之控御夷狄，太上以德（周武王、成王是也，后世无能行之），其次以略（汉唐之事是也），其次以威（汉武帝于匈奴，唐太宗于突厥诸国是也），其次以恩（汉之于西域，唐之于回纥、吐蕃，北宋之于契丹是也）。而信与义贯乎四者之中而不能外。光武之为君，三代后无能及者。其抚单于，却西域都护之请，则亦时会之适然耳。举光武以为后世法可也，而遂以为筹边之全策，则犹经生之论，而非通达古今时势之言也。秦皇之北筑长城，功莫伟焉。彼所以乱天下者多矣，岂蒙恬之为罪哉？贾山、庄忌小儒之言，君子不取也。

所著《绥边征实》以砭南宋以来士大夫习为虚词，而数千年是非得失、利病治乱之实迹，遂无知者。物穷则变，变则通。朝廷无人，则草野著书者之事。事有成败，理有得失，不相掩也。今天下能辨此者，舍我而谁哉？亭林大儒，岂能方比？要以一事之特见，即为大儒之言，不必尽从。处极弱之势，无可据之理，又于外夷情形懵然不知考究，而思以诈胜。仆再三陈辨，则怀憾而力倾之。僧邸所为，延夷祸于无穷，岂徒曰羁縻之而得，邀击之而遂失哉？君子立身处世，以识为本。司马德操之言曰：儒生俗吏，不谙时务。俗吏无论也。读书而不为儒生之见所囿，则识远矣。愿足下勉之。

以劳生回粤之便，取来书所言一复论之。恃相知深，不我笑耳。

上沈尚书

去腊赐书，六月始由咏之宫保递到。缠绵悱恻，读之感喟。兼蒙赐寄五言长篇，沉郁而有超迈之气。起法在李翰林，犹为高唱，不多得也。中间叙次感慨，波澜壮阔，与书中所言相表里。阁下所见之精卓，人无及者。往在京师，值夷务之初起，辨论至二三年，惟阁下言之独允也。天下事，一理而已。理得而后揣之以情，揆之以势，乃以平天下之险阻而无难。汉、唐以来，控御夷狄之规模，有得有失，而理、势、情三者，必稍能辨其大概，然后可以制一时之胜，而图数十年之安。南宋以后，议论胜而士大夫之气嚣，此道遂绝于天下数百年。天下大势之功效，亦略可睹矣。

阁下之言曰：一诚可使豚鱼格。根本之言也，而大略出其中，岂惟制夷然哉？以宰天下，以育群生，胥是道耳。昔贤谓天下解事人少。天津之役，山东之行，伤心久矣。君子之所谓解事者，是非得失之几；世俗之所谓解事者，祸福荣辱之末。与世俗人相处，足以消弭道心，锢蔽知识。某之于此，不可一日居也，久矣。因阁下之言，聊敢一发其略耳。

某于涤生、咏之两公，旧交至谊，值所处艰难险阻，义当一往视。而窥宫保之意，必欲以仕进相强，遂忍不一往。比宫保之病方剧，时事益艰，深为天下忧之。

南楚偏隅，乃为今日四战之冲。人才销于外，财力耗于内。比年旱潦交至，殆哉岌岌。而在东南，犹为四境安全。江、广搢绅之家，避兵者纷集。阁下必遣子姪辈谋一家居，附省百里倚山处尽可为谋。其果为安土，则所不敢知也。

澄怀诸公，牢落可念，王丞相新亭之言，正须为诸公进一解耳。

复何镜海

承示近日读《易》以穷天下之变，读《论语》以求性道之归，论学论治备于是矣。因《易》而及老氏，又旁及诸道家言，诵其精妙，不异儒宗。又引老氏与《论语》并称，此足下贤智之过也。老氏之清静不为物先，能使人徼功、喜事、乐杀之念冥然不留于心。然其为术，在于测天人之机，与物相轧，而阴以求胜。善用之，则为子房之超然物表；不善用之，则为何晏、王衍之清谈，辟睨一切，以机智相竞。去夏曾录取老氏粹语，得数十条，多可为治心应事之助。其于圣学未尝无合者，其本原固不同也。

《黄庭经》、《参同契》曾读之而不得其解，友人陈季牧最好《参同契》，谓实约《周易》之旨以成书。间举以问季牧，曰：房中八家之密旨也。予曰："若然，则神仙家流也，与老氏清静之旨异矣，而附之《周易》，吾弗知也。"自王弼以老氏之旨注《易》后，遂有程大昌《周易通言》。此正吾儒之所宜辨者。不观其大旨，而但取语言之近似者，以为得《易》之辞，以为合于孔氏以约之义。吾未见《周易》、孔氏之学，可以合于老氏者也。

复潘伯寅

顷唐义渠方伯递到赐书，盖由江蓉舫中翰带至武昌者。循诵往复，蔚矣其文，缱绻绸缪，循循善诱，感愧何已。嵩焘节行志事两无所成，槁木其形，支离其德，谓宜贤达所见屏弃。乃蒙盛谊勤勤，若闵其愚，而奖进其所不及。嵩焘岂敢自匿于知己之前哉？

汉世重高行，至宋而犹有隐士之征。近数百年，无闻斯举。廉诘退让，世守高节者，世亦不甚贵之。嵩焘仕效一官，名闻于朝，固非隐者。居京师三年，默察当世之事势，深求古人之行谊，常用怃然。内自循省，古人成一事、立一名，摧之、折之、困之、辱之，艰难持久而后效。气挫而志愈坚，道诎而心愈隐，劳不成绩，忠不见录，而行愈安。凡此者，皆非浅薄所能及也。往者亦信君子之道，志乎古，必戾乎今。苟行之而心安，斯可矣。成败毁誉，在所不计。然即当事，则事有所不可择，名有所不可居。为大臣者，躬自任之，无所于悔。

嵩焘区区一官，进而在位，无益于邱山；退而野处，无损于培塿。何为俯仰逶迤，丛诟纳尤以不得自适哉？先皇于小臣知遇至深，苟被召命，义无可辞。今此愿毕矣。湘乡相国视师久，嵩焘常在戎幕而不一奏请，知非鄙意之所存也。江忠烈、罗忠节皆生平至交，令与武夫游客，营营求进，何遽不富贵？必俟垂老退休，起而应人之求。知者之所笑，抑亦愚者之所訾也。

来书较论所从之优劣，君子之出处，内断之心，而外揆之义。姜肱、袁闳避陈蕃之辟，杨龟山应蔡京之征，君子不以为忤。为仁由己，而由人哉？僧邸负时誉，为流俗人所趋仰。居幕府屈辱，而得失之大者，数有谏争，于道未有砭也。其终也不以不得于僧邸而怀去志。胡文忠病时，自忧不起，遂欲以鄂事相属，随同办理皖鄂军务一疏，其引也。嵩焘谋往一视其疾，闻此中止。盖自揣才力不足以继文忠，又望浅名微，人所不服。要之，此数者，皆末也。我固不得往也。未有豪杰自爱，诱之以美利，而遽冀非分之获，舍己以从者也。自念生平去就，或毁之，或誉之，而皆无当于鄙心。既已通籍，为人臣子，艰苦患难岂得辞哉？值其时，处其地，惟所自致而已矣。

老病侵寻，精力日减，环视天下，达官显仕，接踵相望，奚所不足，而欲以鄙人附益之。天下之乱，积成于无识。故为才者有矣，而学难；学矣，而识难。且欲养吾志焉，为仕为隐，惟天所命。魏桓、申屠蟠、林逋之所得于心，吾不知其际也。然且不欲以是为程。因赐书之意谆谆，一发其所志。王定甫尝疑鄙人轻有所就，鄙人所谓荐之不起、招之不至者，乌有是哉。时相见示并告之。

与李少荃中丞

六月十六日敬奉赐缄。猥以愚陋之资，过蒙擢拔，使与被朝命之荣，持节巡漕，举之牛口之下，加之百姓之上。在古贤者，犹以为荣。嵩焘何人，宠邀异数。知深能浅，雅量陶成，捫臆扪心，惟增感悚。然区区愚忧，有不敢不以上达者。

凡治事以才，而运才以气。嵩焘之才，人知其不足矣。多病迍邅，精气销耗，至于旦所经营，未晡已忘，心所注措，出言屡误。两事并集，缓急只益其仓皇；群宾在门，迎饯亦为之颠倒。值时事艰难之际，自揣疲苶，终无裨益。是以决计引退，期于内不失己、外不失人。今年且老矣，奚取于世而怀观望。此精力之乏，不足与任事者一也。

赋性褊迫，少所容纳。一言忤意，抵牾求胜；一事乖方，椎心自激。史称许慈、胡潜好为忿争，初以辞义相难，终以刀杖相屈。此在浅薄，往往同之。又嫉恶太深，立言太快。以之自守差为无害于人，岂足以综人物之参差、揽倚伏之要最。此质性之隘，不足与处世者二也。

往者尝奉使命，治事海上矣。以为朝廷忧思急遽，岂复能有所择以为名。而任事太深，则同官侧目；立言太峻，则群小惊疑。卒至名实交颣，心迹两晦。私心自计位下名微，进退绰如，可以从吾所好。故袁阆与陈蕃异势，其位定也；魏舒与张咏异情，其事殊也。显晦者，君子之时；所以制显晦之用者，君子之道。嵩焘之所以自处，则亦审矣。此志事之分，不足与审几者三也。

人之才质各有所限，束发受书，以为天下事皆可意为裁量，惟兵事变化呼吸，所不敢任耳。今之仕宦，大率与兵事终始。参军、长史既异古职，制置、转运尽为闲曹。无一旅之师以相颉颃，则亦焉用此匏瓜之系为哉？嵩焘惟自知其不足，是以在军五年，涉仕十稔，不敢求进一阶、兼摄一职。岂有就枯之禾，反希荣于霜露；垂秃之鹙，乃争饰于毛羽。此才品之异，不足与其功者四也。兼是四者，焉所取斯？诚恐大人骂言之雅，徒累虚声。知赏之深，或乖时用，用敢直陈所志，冀荷矜全。谨当请示中堂，乞情解职，再行具详上达耳。

与曾沅甫

奉别五月二十九日赐书，过蒙垂注殷拳，以忝附同寮，渥加宠饰。奖藉之殷，期许之雅，有逾涯量。拊膺扪臆，惭感交深。

少荃中丞欲见以一官历练，其意甚厚，而自揣非所能堪。假令精神稍足自给，则此十年中巳[已]立功勋致通显，何求弗获，必俟衰老且病，蹑人之迹而从之，贸贸焉自以为荣。知者所弗尚，抑亦愚者所弗为也。吾楚人才之在今日盛矣。苟能军无不将帅者，苟能事无不轩冕者。空山一老，从容谈笑，抵掌卿相，自视亦颇不薄。奚必竭楚泽之蒲以为葅，罄湘山之竹以为楗哉。且君子之仕也，行其道也。道足以济世，摩顶为之而不为过；道足以自靖，鞠躬将之而不为迂。使此命出自朝廷，无可言者。少荃中丞果视鄙人之才为足以定乱，鄙人之望为足以匡时否也？松柏在山而草不殖，烛火向日而光不耀。江南之乱已亟，而文谋武略汇聚一时。尽鄙人之知虑，无裨于邱山；效鄙人之才能，无加于走卒。徒使与诸贤齐列，效其分寸毫厘，其无当也审矣。

来书谓鄙人稍能通知事务，可以赞益中丞，是也。然兄所知，知其理而已。天下藉藉，与为义愤，而无当于理，则鄙人为优。既更历何、薛二公之迁就，重以吴公之阿谀，岂复能裁之以礼，以使范我驰驱哉？自南宋以来，议论猥繁，而控御夷狄之道绝于天下者五百余年。贤者惟知引身以避之而已。中堂负天下之重，且不欲与之交涉。鄙人空山偃蹇，何为强与其事以滋天下非笑？诸国领事微甚，亦与督抚均礼。其视道员，草芥耳。何所求于今之世，涉海以营一官，资夷人之菲薄。如必以仕宦相迫，上者募千人为一军，附大营自效；其次中堂左右，品碁谈笑；余非所能堪也。因来书之意勤勤，故略及之。

金陵之围甚锐，其要在通运道，宿重兵后路。日盼大功之成，使吾辈得所倚恃，以自休息瞻仰，如何？

致笙陔叔

奉书。懿然有道之言，伏读钦感。而于情事容有未详者，不敢不一竭其愚。

在粤三年，所得惟养廉及韶关经费，外无别款。岁用万余金，取给经费。养廉数千，所余无多。至于仆从规费，已多裁革，馈遗一无所受，此人所共知。姪之节省，由于性生。出客公服，间有添补；居常衣服，一袭家居之旧，未尝更制。日食上下一例。玩好什物，除置买书籍外，未尝浪费一文。以故所存尚二万金。（黄莘翁言粤抚万不敷用，彼用度自丰，不可为训。）去岁费至万余金，岁租已过一千，可以传遗子孙。住屋亦尽敩，而地势迫隘。架屋山唇若巢然，当前去水，一泻数十丈，万不可久居。意城为置饶姓一庄，原为屋基，而惮于营造。吾甚怨之。议合三四年之力，筹备二千金，置一住屋，及吾身为之。其地基直十丈，横不过十余丈。较之意城见住屋，合塘基计之，横直皆短数丈。试问从何起造大屋？身为督抚，岁支养廉良亦不薄，何嫌何疑，而畏人訾议。一身服食起居，而多怀顾忌，罔道干誉，此吾所素耻。居官居乡，一以直道行之。所信此心此理而已，不顾人喜怨，非敢为崛强也，性自定尔。往在军中数年，未尝添置升斗之田，而人动曰所获盈万。吾弗辨也。每岁资助亲友，较多于存与，不以人议吾之富，遂怀顾忌也。近年劳、李居室，吾倾囊置备其地基，力亦弗给。彼尚无所瞻顾，而吾十丈之屋，乃反怀瞻顾乎？必自谢曰：吾无一钱。左季高（在军日以此为言）、沈幼丹（江抚归装四万金而以买字为生），皆为此语，吾弗屑也。老叔之意美矣，而情事则非。他日来乡，当自悉耳。

义学之设，意亦良美。然约以千金，则断不敷。取效于一蒙师之力，则又断无此易事。盖设学必建立学馆，创始已难，而子弟所取法者，父兄之德艺耳。吾族身列胶庠者多矣，果何一为足取法者哉。先生所训者空言，父兄所行者实事。其不足相胜明矣。吾家所守砭砭，亦恃诸弟皆贤耳。子姪辈已兢兢不敢保其往。自计三四年后，无所效用于世，当遂博求后进贤者教育之。贫者资以衣食，富者亦取其修金焉，庶几有兴起者。环顾族人，尚未敢有振兴之望也。捐宗祠银一千，苦无所交纳。年来田屋绝昂，未易置买庄业，欲置一试馆亦不可得。若用以设义学，则此一款预备久矣。惟所以命之。姪意求一经理此费者尚无其人，敢遂望有济耶？

伦敦致李伯相

二月初八日寄上第三信，想尘钧鉴。

此间政教风俗，气象日新。推求其立国本末，其始君民争政，交相屠戮，大乱数十百年，至若尔日而后定，初非有至德善教累积之久也。百余年来，其官民相与讲求国政，白〔自〕其君行之，蒸蒸日臻于上理。至今君主以贤明称。人心风俗，进而益善。计其富强之业，实始自乾隆以后。火轮船创始乾隆，初未甚以为利也。至嘉庆六年，始用以行海内。又因其法创为火轮车，起自嘉庆十八年。其后益讲求电气之学，由吸铁机器转递书信，至道光十八年始设电报于其国都，渐推而远，同治四年乃达印度。自道光二十年与中国构兵，火轮船遂至粤东。咸丰十年再构兵，而电报径由印度至上海矣。其开创才数十年，乘中国之衰敝，七万里一瞬而至，然亦足见天地之气机一发不可遏。中国士大夫自怙其私，以求遏抑天地之机，未有能胜者也。

来此数月，实见火轮车之便利，三四百里往返仅及半日。其地士绅力以中国宜修造火轮车相就劝勉，且谓英国富强实基于此。其始亦相与疑阻，即以初抵伦敦，苏士阿摩登海口言之：往来车运，用马三万余匹，虑妨其生计也，迨车路开通，用马乃至六七万匹，盖以道途便利，贸易日繁，火轮车止出一道，相距数十里以下来就火轮车者，用马逾多也。去冬道上海，见格致书院藏一火轮车道图，由印度直通云南，一出临安以东趋广州，一出楚雄以北趋四川以达汉口；又由广州循岭以出湖南而会于汉口，乃由南京至镇江，东出上海，又东出宁波，北出天津，以达京师。见之怪咤，谓云南甫通商，即筹及火轮车路也。及来伦敦，得此图，知已出自十余年前。凡其蓄意之所至，无不至也。印度火轮车才及阿萨密，其通中国，分山南北两道：北道由阿萨密直抵依拉袜底河，南道绕出缅甸，折而东北，以会于依拉袜底河而达蛮允。大率云南通商一二年后，两处铁路所必兴修者。日本公使见语云："天地自然之利，西人能发出之。彼为其难，吾为其易。岂宜更自坐废！中国土地之广，人民之众，各国所心羡也。闻至今一无振作，极为可惜！"嵩焘报然，无以为答。

前岁入都，本意推求古今事宜，辨其异同得失。自隋、唐之世与西洋通商，已历千数百年，因鸦片烟之禁而构难，以次增加各海口，内达长江，其势日逼，其患日深。宜究明其本末，条具其所以致富强之实而发明其用心，而后中国所以自处与其所以处人者，皆可以知其节要。谋勒为一书，上之总署，颁行天下学校，以解士大夫之惑。朝廷所以周旋远人之心，固自有其远者大者，当使臣民喻知之，以为此义明，即国家亿世之长基可操券而定也。道天津，亦尝为中堂陈之。及至京师，折于喧嚣之议论，嗫不得发。

窃谓中国人心有万不可解者。西洋为害之烈，莫甚于鸦片烟。英国士绅亦自耻其以害人者为构衅中国之具也，力谋所以禁绝之。中国士大夫甘心陷溺，恬不为悔。数十年国家之耻，耗竭财力，毒害生民，无一人引为疚心。钟表玩具，家皆有之，呢绒洋布之属，遍及穷荒僻壤；江浙风俗，至于舍国家钱币而专行使洋钱，且昂其价，漠然无知其非者。一闻修造铁路、电报，痛心疾首，群起阻难，至有以见洋人机器为公愤者。曾劼刚以家讳乘坐南京小轮船至长沙，官绅起而大哗，数年不息。是甘心承人之害以使朘吾之脂膏，而挟全力自塞其利源。蒙不知其何心也！办理洋务三十年，疆吏全无知晓，而以挟持朝廷曰公论，朝廷亦因而奖饰之曰公论。呜呼，天下之民气郁塞壅遏，无能上达久矣，而用其嚣张无识之气，鼓动游民，以求一逞，官吏又从而导引之。宋之弱，明之亡，皆此嚣张无识者为之也。嵩焘，楚人也，生长愚顽之乡，又未一习商贾，与洋人相近。盖尝读书观理，历考古今事变而得之。于举世哗笑之中，求所以为保邦制国之经，以自立于不敝。沛然言之，略无顾忌。而始终一不相谅，窜身七万里之外，未及两月，一参再参。亦遂幡然自悔其初心，不敢复有陈论。而见闻所及，有必应陈之中堂者：

日本在英国学习技艺二百余人，各海口皆有之，而在伦敦者九十人。嵩焘所见二十余人，皆能英语。有名长冈良芝助者，故诸侯也，自治一国，今降为世爵，亦在此学习律法。其户部尚书恩娄叶欧摹，至奉使讲求经制出入，谋尽仿效行之。所立电报信局，亦在伦敦学习有成即设局办理。而学兵法者甚少。盖兵者，末也，各种创制皆立国之本也。中堂方主兵，故专意考求兵法。愚见所及，各省营制万无可整顿之理，募勇又非能常也。西洋此数十年中无忧构兵，直可以理势决者。考求伦敦募兵之法，皆先使读书、通知兵法，而后入选。遣医士相其血脉胆气筋骨坚强，而后教之跳跃，次第尽枪炮技艺之能事，乃编入伍，其根柢厚矣。此岂中国所能行者！一身之技，无能及远，正虑殚千金以学屠龙，技成无所用之。嵩焘欲令李丹崖携带出洋之官学生改习相度煤铁及炼冶诸法，及兴修铁路及电学，以求实用。仍饬各省督抚多选少年才俊，资其费用，先至天津、上海、福建各机器局考求仪式，通知语言文字，而后遣赴外洋，各就才质所近，分途研习。各机器局亦当添设教师二三人，以待来者。但须一引其端，庶冀人心之知所趋向也。此间有斯谛文森者，亦言各国铁路多所创造，尤勤勤焉劝中国之急为之。谨将所拟节略上呈。抑嵩焘之意，以为事事须洋人为之，必不可常也，当先令中国人通晓其法。挨及国隶阿非利加，其修造铁路，先遣人赴英国练习，而后依仿行之。此最可法。伏乞钧示，以凭与李丹崖会商办理。

窃以为方今治国之要，其应行者多端，而莫切于急图内治以立富强之基。如此二者，可以立国千年而不敝，其为利之远且大者不具论也，其浅而易见者有二利：中国幅员逾万里，邮传远者数十日乃达，声气常苦隔绝，二者行万里犹庭户也，骤有水旱盗贼，朝发夕闻，则无虑有奸民窃发称乱者，此一利也。中国官民之势悬隔太甚，又益相与掩蔽朝廷耳目，以便其私，是以民气常郁结不得上达。二者行，富民皆得自效以供国家之用，即群怀踊跃之心，而道路所经，如人身血脉自然流通，政治美恶无能自掩，则无虑有贪吏遏抑民气为奸利者，此又一利也。三代盛时，不过曰吏效其职、民输其情而已，其道固无以加此也。

论者徒谓洋人机器所至，有害地方风水。其说大谬。修造铁路、电报必于驿道，皆平地面为之，无所凿毁。至于机器开煤，吸水以求深也，煤质愈深愈佳。中国开煤务旁通，洋人开煤务深入。同一开采，浅深一也，有何妨碍？即以湖南地产言之，铁矿多在宝庆，煤矿多在衡州，而科名人物以此二郡为独盛。湘潭石潭产煤，世家巨族多出其地。湘乡产煤无处无之，功名爵禄尤称极盛。世人一哄之议论，无与发其蒙者，何不近据事实徵之？中国百姓，自为之而自利之，无故群起而相阻难。数十年后，洋人所至逐渐兴修，其势足以相制，其利又足以啖奸豪滋事者，役使之以为用，则使权利一归于洋人，而中国无以自立。《传》曰："天之生此民也，使先知觉后知，使先觉觉后觉也。"先知先觉之任，必朝廷大臣任之。是以政教明则士大夫之议论自息，亦在朝廷断行之而已。

至于国家根本大计，度今之时，量今之力，有难以一二举行者。而切要者数端，无关根本大计，而要为诸政之所从出。不先务此，虽有良法美意日起以图功，亦终归于无济：

一曰禁止鸦片烟。原鸦片烟之禁实自雍正时，其始供药品而已。赖政教修明，官吏奉法，民间无敢吸食者。至道光中，其风始炽。嵩焘少时尚未闻此，于时物力丰厚，家给人足，百姓守法惟谨。追后鸦片烟之害兴，而世风日变，水旱盗贼相承以起。即今日洋祸之烈，实始自禁鸦片烟。而金田贼首，亦因海防散勇啸聚山谷，驯至大乱。是此鸦片烟不独戕贼民生，耗竭财力，实亦为导乱之原。洋人至今引为大咎，中国反习而安之。窃以为鸦片烟之害不除，诸事一无可为。而求其禁止之方，有至简而易行者。其法在先官而后民，先士子而后及于百姓。一用劝导之术，而以刑罚济其穷。其用法亦惟动其廉耻之心而激使自立。宽以二十年之期，必可保其禁绝，不至稍有贻患。嵩焘前折已详言之，无可易者。此一事也。

一曰开垦江浙荒土。初闻洋人惟务商贾之利，于农田不甚经营也，至是始知其不然。其通商专务富民，所税茶、酒及烟数者而已，余皆无税。岁计商贾赢余而估其所获之利，约八十分取一。住房、器物，计租取税，略如中国之户税。岁入三百磅〔镑〕以下者不税。其所得宝星及他表记泐之用器有税。畜犬以上有税。并出常税之外。国家经制所入，一取之地税。其勤地力至矣。往见陈文恭公巡抚陕西、河南，专意农事，兴修水利溉田，在湖南教民耕种，诸法悉备，可为知本计者。江浙经乱后，距今十二三年，荒秽之田未垦者仍多。百姓惮于疏辟之勤而自惜其力，州县苦于奏销之累而并没其名，荒者听其芜莱，垦者亦相为隐匿。宜亦户部所应经营，督抚所应劝导者。此又一事也。

一曰喀什噶尔之地宜割与雅谷刊。氐、羌数叛酒泉，光武仍其君长，赐以印绶。吐谷浑徙浩亹河，郭元振请即其所置之。边要密迩，义取羁縻，无所顾惜。至于汉建校尉，唐置都护，远逾万里，近或数千，降胡杂虏，因叛袭封以为故事，无足比论。惟喀什噶尔之地逼近安集延，其势不能筑葱岭为长城以遮遏之。浩罕诸部并于俄罗斯，回部余民乘喀什噶尔之乱袭据其地，犹慑中国之威而思托为附庸。去岁威妥玛代为之请。嵩焘谓当俯顺其心，与为约誓，令缴还各城。但得一镇守乌鲁木齐之大臣，信义威望足以相服，可保百年无事。若徒恃兵力攻取，旷日持久，耗费无已。幸而克捷，而回部余民必走投俄罗斯以相比附，构兵纵掠，终岁骚动，徒使俄人乘间坐享其利而中国承其敝，未知所以善其后也。夫经国者务筹久远，主兵者惟取进攻，是以弃地之议不能出之将帅也，惟恃朝廷权衡缓急轻重，秉成算以宣示机宜，而后将帅之威伸而朝廷之恩乃深入远人之心，使之俯首而听约束。故以谓威妥玛之代请，实机会之不可失者。此又一事也。

一曰伊犁一城宜与俄人定约，以垂久远。英、俄两国势足相敌，而英人务拓地以兴利，俄人务袭土以开疆。无端乘乱袭据伊犁，此其志在掠地而已。窃度新疆事定，令俄人交付伊犁一城，必尚多烦议论。西洋公法，无乘乱据人土地之例。势且要求兵费，责以收赎，而非有巨款足厌其心，知其必不能允也。故莫如反其道而行之，不责其减价而赎之我，而责其准所赎价交易而鬻之彼。如日本库页一荒岛犹欲全据之，必不肯轻易退还伊犁明矣。与其含胡悬宕以生其戎心，莫如明与定约，画疆分界，可保数十年之安。必不得已，收回黑龙江以西地与之互易，亦尚有名可据。此又一事也。

一曰停止各省厘捐。嵩焘于厘捐筹饷知之甚明，行之甚力。湖南开办厘捐，实一力赞成之。在粤东陈复厘捐情形，援古证今，自谓能得其要领。然凡为筹捐，以筹饷也，原非国家经制。军务告竣十余年，迄今不议停止，则非事矣。且法久则弊生，各省本无急需，相与视为闲款，不甚措意，是以办理日久，收数日微，骤有军务，筹画饷糈，踵事循章，习为故常，将更无可施力，尤两敝之道也。前岁因滇案，议停租界厘捐，是专为洋人免厘，何异驱鱼而致之渊，驱雀而纳之丛？不独有失民商之心，其伤国体实甚。意谓宜及时停免各省厘捐，租界免厘一节自应删除，并与立约：因事筹饷不在此例。而如福建之茶、浙江之丝及凡物产之在其地者，应收土税以备地方之用，不与厘捐同免。此皆可据理以求胜者。旧时茶税每箱八两，五口通商骤减至二两五钱。曾与赫总税司言之，渠意亦谓如此各省自有之利尚可设法另议，无并土税不准完纳之理。中国自有之利，操纵宜出之朝廷。蒙于此事极有不安于心者。此又一事也。

嵩焘本奉使海外，凡中外交涉事件，稍有所见，例得上闻，怀欲陈之久矣，徒念京师蒙被口语，侧身天地，至无所容，朝廷亦不能不采纳人言，加之贱简，又甫出洋，屡见参案，更不敢有所陈论，自取愆尤。独念中堂为国重臣，中外得失利病所关，宜廑盛虑。区区所陈，准时度势，略举其切要者。措之而得行之，又至简而易，非徒为高远难行之言，以自快其议论者。往与宝相论今时洋务；中堂能见其大，丁禹生能致其精，沈幼丹能尽其实，其余在位诸公，竟无知者。宝相笑谓嵩焘既精且大。嵩焘答言：岂惟不敢望精且大，生平学问皆在虚处，无致实之功，其距幼丹尚远；虽然，考古证今，知其大要，由汉、唐推之三代经国怀远之略，与今日所以异同损益之宜，独有以知其深。窃以为南宋以来，此义绝于天下者七百余年，此则区区所独自信而无敢多让者也。惟中堂采择上陈，推而行之，所以裨益国家必多矣。

致沈幼丹制军

书械往复，思仰无穷，敬谂福躬近益康和。东南保障，天意实呵护之，冬寒日臻，诸想佳善，祷祝无量。

嵩焘此行，有类悬的以资弹射，于心亦无咎悔，独于办理洋务机宜，颇谓粗有所见，而终一不能自达。且至援引无赖，逼处凭陵，挟戈矛求逞。非独薄德无能，以自贻戚。人心之变幻，不足生其廉耻而发其蒙塞。然且曰：是固可以邀一时之名，以希无穷之获也。然则人世尚可与共居，而艰难尚可与求共济耶？用是毅然求退，谨引避之而已。

窃论今时办理洋务，一曰求制胜之术。其大本大原处不敢遽言也，稍清理其节目，以求所以自立，涂饰一时耳目，固亦有乘机立断之方，有循序渐进之略。期之三年五年以达数十年之久，吾曹心力犹及为之。然非有力求振兴之资，震荡昭苏，扩充积累，终亦无济。二曰了事。一切政教风俗，皆不敢言变更，而苟幸一时之无事，则所以了事之方，熟思而审处之，勤求而力行之，亦迫不容缓矣。其大要亦有三：分别功过以为用人之程，讨论得失以为制事之准，熟览中外情势以为应付之方。如是而后可与言了事。三曰敷衍。事至而不暇深求其理，物来而不及逆制其萌，几于坐困矣。如是则且随宜敷衍。然而情伪利病之间，缓急轻重之势，稍有不明，则愈敷衍而愈至坐困。所谓敷衍者，审事以处之，度情以应之，使无求逞而已。非待召衅启侮，陵跞要挟，而后与言敷衍也。嵩焘于是三者，亦常勉行之而勉言之，自谓有效矣。而挤排缘于所暗，诟辱积于盈廷，必使其志事倾毁无余而后已。

古礼废亡，学术不明，其所由来者久矣。嵩焘读书涉世垂四十年，实见人才、国势关系本原大计，莫急于学。而自秦、汉以来，学校之不修，二千余年流极败坏，以至今日。《周官》成均教国子之法统于大司乐。所陈之物象，所肄之仪法，由本朝上推至历代，旁及四夷，校其升降隆杀，其于礼、乐二者，明其体而达其用，穷其源而析其流，尽古今之变而备人事之宜，此其大经矣。而其为教，本之于心曰六德，被之于身曰六行，施之于事曰六艺，又皆有其浅深次第之用，而一要之于成。汉武帝广厉学官，著为功令，一以利诱进之。于是三代学校之制荡焉无存。其高者务为虚文，而于本之心、被之身者，既有所不暇，及其下者，于古人游于艺之文，又一皆薄视之，以为无与于大道，而不屑为。是以终日读书为学，而不知其何事，意以为苟习为虚文以取科名富贵，即学之事毕矣。至泰西而见三代学校之制，犹有一二存者。大抵规模整肃，讨论精详，而一皆致之实用，不为虚文。宜先就通商口岸开设学馆，求为徵实致用之学。略举其义：一曰分堂以立为学之程，二曰计时以示用功之准，三曰明定规则以使有依循，四曰分别去留以使知劝戒。行之有效，渐次推广至各省以达县乡，期以广益学校之制，通其变而济其穷。

体察天下大势，与西洋交涉已成终古不易之局。彼方一切取成于学，逼处环伺以相诘难，而我贸贸焉无以应之，实亦吾辈之大耻。往与何愿船部郎论洋务，深中肯綮。问以曾涉历洋务乎，曰："未也。经史传记、先儒百家之言，昭著灿列，奚待涉历而知之。"嵩焘惊叹其言，以为极古今之变，不越此理而已。苟通其理，万事万物无弗通者。其后周旋士大夫，见所言能徵之实，其于读书观理所得必多矣。是以办理洋务四十年，知者绝少，无他，不学故也。此实今时之要务，而未可一日视为缓图者也。

至于嵩焘之遭诟谤，尤以两湖为甚。惟其所见愈狭，而所持之论乃愈坚。曾文正在天津诚有过者，乃在不明立科条，分别从教者之良莠，以使百姓与教民两无猜嫌。至其办理教案，则亦天理人情之至矣。而津人毁之，湖南人尤相与毁之。询以津事始末，无能知者。道之不明，而意气之激以不得其平，则亦何词不可逞，何罪不可诬哉。如曾文正功德在天下，立身制行卓卓如是，而犹为议论所集。于嵩焘何有。虽然，文正公为天下了事，声名之美恶，不当复顾。嵩焘并无了事之权，徒欲发明其义，为天下任谤，以使在事者有所藉手以行其意，而终以不相谅。悠悠终古，谁与明之？文正公处于不能退之势，则以进为义。嵩焘处于不能进之处，则以退为义。各行其心之所安而已。

病体益衰，精力短乏，尤不堪事任。外度之世，内度之身，自计已审。若徒以人言而已，生世不过百年，百年以后，此身与言者之口俱尽，功名无显于时，道德无闻于身，谁复能举其名姓者。区区一时之毁誉，其独飘风，须臾变灭，良亦无足计耳。

复姚彦嘉

奉手示，知已由家而金陵，而又返家。幼帅所论，皆在意中，而非鄙心之所存也。

鄙人区区，与阁下所守，实远不同。阁下无官守、无职司，泛然同于流俗，于国家之休戚固无与也。所知洋务亦但得之见闻，而非有深识远虑，通知古今之变，而究观其始终。鄙人常论办理洋务之节要三：上焉者力求富强之术，殚思竭虑，与之驰骋，行之一日，而可收效数年数十年之后，当事者不乐为也。其势亦必不能。何也？凡为富强，必有其本。人心风俗政教之积，其本也。以今日之人心风俗而求富强，果有当焉？否耶。贤如幼帅，于此亦未能深察也。其次则用今之法，行今之政，苟取循分，自尽而已，则亦必求知所以循分自尽者为何事，而行之何先。如今日吏治之瞀乱，欲无整饬，得乎？民生之凋弊，欲无存恤，得乎？吏事固必求理矣，民气固必求通矣。朝廷持是以课之疆吏，疆吏持是以课之所司，钦钦焉求所以治国而理民。悉洋务一切废罢不讲，而洋务自理，何也？吾之所为诚有以服其心也。洋人之与吾民亦类也，未有能自理其民，而不能理洋务者也。苟求富强，其用有大于是者矣，而亦必以是为之程，此则尽吾人之才智而皆可希冀者也。其下则并此不能为。吏治之媮敝如故也，民气之壅塞如故也，而彼眈眈环视之洋人，亦必求所以应之。应之维何？曰理而已矣。审吾所据之理，必有道以通之；审彼所据之理，必有辞以折之。常使理足于己，而后感之以诚，守之以信，明之以公，竭一人之力，控制指麾，而无不如意，则亦可以求数十百年之安。能是三者，浅深各有所得，而其效立见；不能是三者，则万无以自立。鄙人知之明，守之定，而悯士大夫之狂惑昏迷，日趋于危乱而莫之恤也。正辞而明谕之，意曰：苟令在位者知之，则所以安民弭乱之术，举而措之裕如也。吾心所据之理有余，安坐以应人之变，而必无有困辱折挠若以前之为者，此可以理决也。尽如今人所持茫昧之公义，一变而五口，再变而十三口，再变而浸淫二十余口，深入长江三千余里，置官四川、云南，环中国而踞其要害。阁下试思之，能堪此公义之三辱四辱乎。

阁下相从海外，日见吾所辨争，而幸有当者，何尝稍有假借，以不得申其志，而从未敢怀轻视之心。以吾心实见其不可轻视。而考览其学校、风俗，益恬然内自怀愧。身为大臣，读书观理且六十年，事任所属，智虑所及，于国家安危利害所关尤剧。南宋以来，无知此义者。由北宋以前上推至唐至汉，议论奚若，事功奚若，与今日所以为异同又奚若。在位者不知考求，无论士民。鄙心常引以为大咎。阁下乃欲使我嗫嚅忄叚，苟顺士大夫之意，以訾诟洋人为容悦，疑误天下，非惟不屑为也，实亦不忍。疾病归家，闭门却埽，不见一人，即来书所示，抑扬反复，规合时论以免疑谤，亦并无所用之。

湖南又有殴击洋人之案，自办理洋务四十年，每一阻拒洋人，则开一衅端，至于广东禁使入城，而洋祸乃烈；云南禁使入关，因而狙击之，而中外遣使之局乃成。抑思洋人之游历也，有条约；其指名游历也，有照会。一切假朝命行之，而至今相承不悟。是以义愤阻拒洋人，而先已违背诏旨：夫且无以自解，又何辞以解于洋人。则亦在官者积惯成习，不明事理之过也。如昨洋人至湖南，以鬻书为名，书非货也，而既云鬻书，则亦与通商为例。湖南非通商口岸，当据条约，禁使不得停留。鬻书游历，非所禁也。京师重地，驻扎各国公使。云南通商后，环中国万余里之地，来往出入若坦途然。湖南何所据以为名，而禁之不使至。洋人行教者遍天下，一着中国衣冠，便无禁阻。德国里士叨分矿学书，尽湖南六十三州县矿产皆详著之。是不惟游历，且到处推求考验。无知禁阻者，是何足当一笑。但使在位者稍明此理，即民心贴然矣。惟其敩然无所统一也，是以相与哗然，卒莫辨其是非得失之所在。

来书谓常郡人闻西洋好处则大怒，一闻诟诃则喜，谓夷狄应尔。引此为喻，是将使天下之人长此终古，一无省悟。试即今时事局思之，果有益乎，果无益乎？三代盛时，圣人政教所及，中土一隅而已，湖南、江浙皆蛮夷也。至汉而南达交阯，东径乐浪，皆为郡县，而匈奴、乌桓、西羌为戎狄。历元至本朝，匈奴、西羌故地尽隶版图，而朝鲜、安南又为要荒属国。是所谓戎狄者，但据礼乐政教所及言之。其不服中国礼乐政教，而以寇钞为事，谓之夷狄。为其倏盛倏衰，环起以立国者，宜以中国为宗也。非谓尽地球纵横九万里，皆为夷狄，独中土一隅，不问其政教风俗何若，可以陵驾而出其上也。今人与奴隶、盗贼同席坐，则惭且怒；审知其非奴隶、盗贼也，即惭与怒立释。故于此辨之必明，乃得所以自处与处人之道。阁下据此为俯顺人心之证，蒙不敢谓然也。

西洋为祸之烈莫如洋烟，而相与以行教为事。二者迥异，而固中国人心所深恶者。蒙以为泰西之教，其精微处远不逮中国圣人。故足以惑庸愚，而不能以惑上智。士大夫诚恶之，惟当禁吾民使不从教。为家长者，约束其家；为乡长者，约束其乡。其权在我，于彼传教之人不足校也。至于洋烟之为害，其宜禁也决矣。不独民俗之穷，人心风俗之敝，始于洋烟。自西洋通商中国千余年，其国势日益强，通商之国亦日益多，从未尝以无理求逞。道光之季与中国构难，其祸实原于此，此所谓乱本也。士大夫语及洋人则大憾，见洋人机器所以致富强者则益憾，独于洋烟甘心吸嗜，岂尽民之无良哉？在官者狃于所习，蔽于所闻，全无开导督禁之方故也。

曩在京师，吴江相国相戒不谈洋务，而鄙人之谈如故。至于谤讟刺讥遍于士大夫，汹汹然不可向迩，鄙人之谈如故，诚见洋过祸已成，与中国交接往来，亦遂为一定之局。冀幸多得一人通晓洋务，即少生一衅端。圣躬冲龄，政在大臣，瞻顾尤多。遇有洋务，亦可少一喧嚣争哄，以滋朝廷之游移。在我之理常伸，即在彼之气自馁。宋、明之季之议论，在当时已为不揣情势，施之今日，尤为不伦。诚当引以为鉴戒，不当反据以相崇奖，误国贻羞而不知悟也。身当其任，不能不虑及大局以求所以自效。一日去位，与耕牧为伍，亦直无足与谈。请阁下勿疑。

刘锡鸿，一诪张为幻之小人，何足与校。然其中消息绝大，以于鄙人壮贼太甚。所营求者声名富贵也，至于贻误大局而始终有以自立，即鄙人万无可以自立之势。疾病衰颓，尚复何求。冷暖痛痒，虽至戚，关念勤勤，不能尽相喻也。

致李傅相

十月中领奉钧械，慰论殷拳，伏读增感。以方闭门养疴，谢免人事，未敢以乡里琐屑之言上尘听览，数月不一通报，跂仰滋深。

顷由伦敦录示使俄条约，并知英法各国日相与讥嘲訾笑。地山于洋务本无知晓，京师就询使法情形，无能一言其窾要；巴黎相见，一意矜张，庞然自大。询及往使方略，漫无筹画，但云伊犁重地岂能不收回。颇心讶其言之易。朝廷以当艰烦之任，而收折冲尊俎之效，早度其无所成，而固不料其昏诞一至于此。通观十六条中，地山勉强相持者四字，曰官不代赔。此语亦具有原委，地山所见，固止此也，余则一听俄人之恣肆，直举天下全势倾而与之，并捐及蒙古地方听俄商贸易，不与收税。为所欲得者，伊犁一城，其他利病非所计也。而霍尔果斯河近距伊犁城，其西屯卡相望。伊犁河北流割分三之二，又南绕出特克斯河，横截天山之北。其南库车、拜城皆得反临而拊其背，南北两路为之中梗，又北侵塔尔巴哈台之境。伊犁一城孤悬而属之中国，试问地山何以为守。且不但此也。伊犁人民听入俄籍，是不有其人也；俄人听置房产，是不有其地也。即所收回伊犁一城，亦全操之俄人掌握，以坐受其制。嘉峪关以西非复中国所能抚御，又开南北两道，尽踞中国形胜阨塞，以攘取商民之利，恣其纵横出入。地山何所急迫而倾泻为之。四十年办理洋务，同此一轨，而地山之自取辱，贻害国家尤甚。

尝论使臣之职，在保护人民及所属地，辨论维持，尤在国体。何子莪之驻扎日本，反至废琉球为县，鄙心深用为疑。此其于轻重缓急之机，必有乖违失其理者。或高而抗，或卑而俯，其失均也。嵩焘在上海闻日本之耗，即上言总署，请先明谕使臣，至其外部辨论，使有以自处。盖琉球废，使臣进退两穷，无可自立之势。得此始有名可居。然后加派使臣专理琉球一事，准照万国公法存立小国之义，会同各国驻日公使议之，必能使之折服。即有抗拒，中国亦足以自解说以无疚于心，而申大义于天下。前后两上书言之，计无加于是者。望轻言微，不蒙采录，顷复有愚见私贡之中堂，请以尊旨商之总署，或幸一邀听纳。欧州四大国，英、法为邻，俄、德为邻，应以两公使兼摄，记在伦敦曾为中堂言之。使臣专主两国交涉事宜，事端大小轻重，但以常道处之，无庸震矜于其间。西洋治行学问必务求实，非可以虚名假借。朝廷一以了事为义，则人才自见。

窃度今日使才，尚无能及李丹崖者，使当时幸用此言，必无今日之辱。仍当及此时迅派李丹崖兼充驻俄公使，谕以中国注意收回伊犁，而顷议订条约诸未妥善，不能照准。伊犁地方应暂听俄兵驻扎，从缓计议。近来喀什噶尔曾经通商，自应变通办理。应由甘督与俄国督兵大臣会商，勘核具奏，并谕左相以南北两路新复各城善后章程均未定议，应暂归甘肃节制，以一事权。

窃以为收回伊犁事宜，必应与左相深筹熟计，俾无遗悔。定虑于事前，则易为言；补救于事后，则难为力。其与俄人计议，一责之使臣，李丹崖随机应变，亦尚有余。伊犁或弃或否，朝廷内断之于心，俾使臣资之以为准，则此时挽回补救，视未经订约以前难易悬绝，然尚非无可措手者，在朝廷权衡处置而已。

往在伦敦，论使臣赴俄当径取道伊犁，览察山川形胜以知其节要，乃能置议。南北两路边界屯卡，经乱以来毁弃殆尽，无藩篱之隔。疆界远近尚待推察，自非通知古今之变，熟筹控制之宜，具有深心学识，良未易当此任。即不然，亦当一赴甘肃与左相计议，以为应付之准，断非可贸然一行，取决茫昧之中者。又英法两国皆值换约之期，而相与坐视，不一置议，其意竢俄人定约后，踵起以行，其要挟之术，尤非中国所能胜也。是不独为辱而已，且至贻祸无穷。

闻左相意主用兵，并请驻扎哈密以资调度。左相疆臣主兵，正不可无此议。京师言者据之以为名，东征日本，西拒俄人，驰骋议论，藉助声势。嵩焘以为兵者不得已而用之，苟可以已，用兵何为。自古用兵先审曲直。无故授人口实，遂激其怒以求逞，在我已属无名，推极于用兵，亦当竭情尽虑，先为之程，以蓄积其势，审求事变，坚持一意，以理自处。圣贤之当事任，无以易此。近复闻廷旨议处。而饬九卿翰詹科道会议。嵩焘乞病以来，于时事无所省问，未知究竟何如，或亦周咨博采之一义。然窃以此宜断自朝廷，无所资于人言之喧哄。今时士大夫知洋务者绝少，纷纭无据之言，徒足眩惑听闻，以资外人非笑，于事毫无裨益。

生平于洋务不敢及其大者远者，所以存之于心，宣之于言，惟在了事。衰病日深，气索心灰，近患目疾尤剧，并读书之功亦废，何敢妄及时事以炫其愚。耿耿愚忱，不自揆度。凤蒙中堂谬许为知言，如古井波澜，有搅其中，辄激而动。亦幸中堂维持启道，垂鉴鄙言，采择陈之，无任瞻跂。

复曾沅甫宫保

日前见《申报》，聆悉督师山海关之命。旁皇顾望，以为所处有甚难者。盖以义言之，君父之忧，臣子所不容避。如公至性耿耿，闻召而必赴，而以事言之，则此次用兵全失机要，理与势二者两无可居，而以守山海关为名，则视关外为瓯脱也。京师诸公，侥幸一战，驰骋议论以为戏耳。顷由玉阶中丞递到赐书并折片各件，部署一切，详审精密。具见老臣谋国之忠，而审时度势，语皆征实，无一字虚假，知其练事之深也。循诵书辞，温厚谦抑，蔼然有道之言，挹之而无穷，味之而弥深。公于军务高矣显矣，临望远矣，非游、夏所能赞辞，垂询刍荛，惟有悚惕。谨略就目前洋务，贡其所知之一二，上备省览。

俄人于中国情势，知之稔矣。一战而获利无穷，一日不战必不能定议。是以调集水陆各军，几于竭情为之。往时天津会集各国之师，汽轮不逾十艘，今据《申报》已至三四十艘。珲春俄兵至者万人，厚集其势以求一逞，而立言且以保全和好为义，讬之各国，求免崇地山之罪，反若出于恭顺者。此所谓兵机也。中国不能辨而藉助廷臣哗嚣之辞，谓可以虚声慑之。征兵转饷取办临时，有识者皆知忧之，而廷臣竟无一知者。曹刿之策齐也，先问何以战，而闻鲁君察狱以情之言，乃曰："忠之属也，可以一战。"于是而知左氏之知兵也。知兵必知学。悲哉！士大夫之无学也。嵩焘谨献呈四策，无当公之高深也，而亦可备一说。

往在伦敦，闻西洋构兵中国，皆先经画。辽河口即所谓大孤港也，德使巴兰德屡请通商于此，据谓中国泊船第一海口。其外即旅港，实为渤海之门户，扼截南北要冲，一二大汽轮船据守有余。嵩焘两为合淝伯相陈之，而不敢献议据守，审知轮船兵力之不足也。应先期会商英法两国，讬以保护中国民商，先据此口，再声明中国万不乐与俄人构衅，不忍民商之受害也。如此各国幸从，则中国随同各国与俄人分据其要害，而使南北两路海道不至阻截，或有万一之幸。此一说也。

吉林、黑龙江并设将军，为辽东藩蔽，所属城皆关系紧要，岂能不规画防守。政府诸公不遑计也。试问俄兵至山海关，天下事尚堪问乎？

应先与合淝伯相会奏，辽东，国家根本重地，三姓、宁古塔并吉林外蔽，须先相度地势轻重、所以筹防之策，与交兵后或胜或负应付之方，豫计其利病得失，明示机宜，俾知所以自处，免至临事周章，贻误日深。此又一说也。

山海关诚为京师门户，然边墙处处可毁而入，水陆之防又繁。奉天之筹及，金州厅、熊岳、盖平是矣。而锦州之大小凌河及宁远河尤关形胜。自关以西，永平、天津海口鳞次，北塘一口，则庚申之变英人所从取道也。窃度俄人大势，必扼辽河以阻截南北海道，而驻兵珲春，侵扰松花江，或至挫衄，而后扰及各海口。盖平、熊岳良非今日要防。以逼近通商口岸，与各国同其利害者，俄人不敢逞也。嵩焘意谓宜多求通悉俄国语言文字及其情势，近则求之天津、上海，远则求之哈克图、库伦，仍须兼通汉文者。俄兵所至，必遣使诘其来意，兼备相机转圜之用。此又一说也。

节次与西洋定立条约，皆一交兵即增加数倍，元气因之大伤。谓更涉四十余年，当知所鉴戒矣。政府诸公亦多能辨之，徒劫于纷嚣之议论，张皇四顾，变而加厉。嵩焘所以独排群议而不顾者，非能勇也。生平读书观理，颇能窥知三代政教源流本末。汉、唐以后规模、局势，得失安在，所以终能自立者安在？下视南宋以下诸贤之议论，犹蚊蚋之集于污渠，不屑较量也。是以屡上言洋务当以了事为义，不当以生衅构兵为名。公与合淝伯相，元功宿将，为时柱石，与衮衮诸公无事嚣争、有警卷席而逃者，所处不同。不与俄人相接，则亦非力所及也。或竟与对垒，当延致各国领事与之约决不交兵。崇地山所定条约，斟酌可与者，毅然与之，以一身为天下任谤，而所保全绝大。天下万世之声名，任诸悠悠者取之，无足措意。此又一说也。

此四说皆人所不敢言，而顾言之无忌者，蹇蹇老臣。常有取于张江陵之言，愿身化稿荐，任人溲溺其上，终教人凭以安寝而已。

抑嵩焘尤有虑者，近年竭天下全力以供左军。俄衅一开，四处征调，左军饷源遂断。而合淝伯相一军，取给江南厘饷，既交兵，各国必停互市，厘饷亦缺。鲍军无指定之饷，一意向前，不顾后虑。新募市井游民，无复纪律，尤惧无以善其后。此次回家，所见风俗人心，已成江河日下之势。十余年酝酿，功效乃见于今日。吏治罢敝，盗贼横行，士民犯上无等，官吏一切纵之，专意苛害良民。玉帅稍求整饬，而积习已深，不能骤变也。稍有知者，群怀忧乱之心。即各省大势，亦皆略同。公试念今时事局，可更开边衅乎？无故遣使往议而遽愤然以兵相临，自处已属无名。顷见钞传劫刚电报云：俄国外部言，据万国公法，条约尽容改订，而遽重罪使臣，增兵设防，实所未闻，不能不怀憾。嵩焘春间一疏已前陈之，其时俄船尚无至者，急发电报往谕，犹可遏其狡谋，而苦为政府所格。不特此也，往在伦敦，共诉英、法函一公使，俄、德亦当共一公使。诚令李丹崖出使俄国，何至有此辱，亦使刘锡鸿之凶悖，译署稍能裁之以正，不过相假借，嵩焘老病余生，捐弃海外，亦不至乞归。使俄一役，劫刚任之有余。凡此皆关俄事机要，无知辨者矣。

京师极口诟詈崇地山，所言良是。劫刚则竟谓无错处。彼诚能知其甘苦，然竟谓崇地山无过，则不可也。在西洋两年，每因事诣外部，具一公牍，翻译动逾数日，仍须由所识英人斟酌，证其讹缺，所议事必先与翻译反复申论，使其领悟，犹时有误传者。崇地山之精细，自不能及鄙人。俄人据伊犁后，岁常遣十余辈采道里形势，笔之于书，举国传诵之，妇人孺子皆能言其山川险要。地山茫然未有知也。俄人又蓄意甚坚，持论甚强，以地山辈当之，其气先折，其言亦馁，取辱固宜。窃度今时能不为崇地山者，劫刚及李丹崖外尚无其人。陈俪秋与西班牙在京师定立《古巴条约》，已为洋人所笑。出洋年余，尚未能一赴西班牙都城。何子峩出使日本，坐使其废灭琉球。两君名知洋务，而刚柔轻重一失其理，遂至辱国，皆与地山为类。今亦无能辨此者。

地山贸焉任之，士大夫贸焉讥之，其谬同也。必欲追究其由来，则左相之宜任咎也，决矣。收还伊犁，与从前缴还定海、缴还宁波及广东省城，情形绝异。彼所据一城，与其国土悬绝不相属，一缴还而无余事矣。伊犁直西一路北径塔尔巴哈台，南极天山，约长千五百里，而距所设屯卡约五百里，哈萨克、布鲁特属部辖地又约数百里，今皆并入于俄。是此千五百里分界之地，画疆定壤，头绪纷烦，非左相无能任者。俄人在京师但以给还兵费为言，所持独此而已，并不能他有所求。左相即欲取还伊犁以为功，又乐居赎取之名，乃以诱之朝廷而不复考求情势之当否、事理之顺逆，方且傪然主战，用其骄溢之气，鼓动一时议论，以攘取天下之大名。朝廷亦遂深恃之，以为砥柱西土有余也。窃虑俄兵一动，喀什噶尔三面当兵，左军已不能支，遑论其他。一念务名之私，贻害天下国家，泰然不以为悔，以是为忠，吾决不取。言者集矢合沜伯相，而歌诵左相弗衰，历代名册毁誉失实者多矣，能辨知其是非得失，尤难其人，无古今一也。

周子之言几微矣，曰：动而未形有无之间，几也。莅事之初，有审几之明；及事变之歧出，又有赴几之智。一得其几而万险胥平，一失其几丛脞百出，咫尺皆荆棘也。天下万事尽然。西洋相逼日深，不容稍有虚假，是以为祸尤烈。《易》曰：君子上交不谄，下交不渎，其知几乎。往尝读《易》而疑之，几者动之微，不谄与渎，奚以云知几也。及今阅历世故，而后知圣人立言之精也。就上交言之，莫尊于朝廷；就下交言之，莫远于海外。惟无谄与渎，而后旷观极览，超然富贵、声名之外，而深究其机宜。故曰：知微知彰，知柔知刚。知几者，无他，知此而已矣。王荆公用兵西夏，伊川言之痛切，至谓今日即取人一城一国，有何功名。盖当北宋盛时，竭韩、范之力，犹不足取胜银、夏一隅，兵力之敝乏久矣。伊川不忍直言，惟务息事安民，而以无端动兵为大戒。此所谓知几也。西洋辽远，本无穷兵之心，而因事求利，日构日深，斡旋之机允宜豫，视公与合淝伯相审量出之而已。

嵩焘老病颓唐，眷念时事，私忧窃叹，未尝稍释。因书一竭其愚忧，亦以发明中外相接事宜，其理不能越此。至于此身艰难屈抑，浩然有以自得，求勿疑其有所怨郁也。

致李伯相

二月递呈一椷，思蒙钧鉴。

前闻有督办滇粤三省军务之命，知越南事必益棘，而不能测其详。《申报》屡及法兵调发情形，似挟全力注之，盖越南在其掌握久矣。西法凡用兵，交涉各国利病，必先期定议，或相助，或否。权度其宜，无敢擅发。其利病专属一国，诸国不得与闻。越南交涉，专在中国，而始终未一考求万国公法，以筹自处之方。凡驻扎各国公使，以通好而已。有小议论，例得参决；至所关大故，必专遣使议之，不以烦公使。盖所议有成与否，从违去就之机，取决一时，不使公使为其难，所以全交也。嵩焘于日本及法夷，皆请遣使往议，盖亦西法然也。

法人之欲通商云南，蓄意已深，而谋开通越南之东京以取捷径，其意又不欲明言。藉事生端，以与越南构衅，越南不达其本旨，贸然应之，其告急中国之辞，法人能探知其详，中国又无以应。法人自度其力足以兼併越南而无后患，先收取其东京，创开铁路以逼云南，不待交兵、会议，而通商之局已成。法人筹之熟矣。往时西人滋扰中国，用兵不满万人。其侵据越南西贡，才及千人。而闻此次调兵万五千人之多，非但规取东京而已。沿富良江而西以至保胜，为越南一巨镇，久为刘永福所据，皆将袭而有之，以收其利，而留为屯防之兵，以与中国相持。至是而中国之大患乃成。嵩焘十余年来，干冒众人议论，以求处置西人之方，诚知二十年后，必有承其累者，及早为之，或可豫消其萌而杀其势。以彼上下一心揣摩天下大势，而凯其利，诚无意于中国土地，而因利乘便，或更激而成之以恣其毒，亦人人意中所共窥及者也。

窃以为处置西洋，始终无战法。彼其意在通商，即以通商应之，暂缓越南之议，先与驻京公使明言通商章程，使电报本国，仍由朝廷遣专使巴黎，定云南通商之局，而由中堂发使西贡，调停解说，平越法之争。事经数变，而所处愈难。及今与议，方之去秋疏陈时，其难不啻百倍。然与其征兵转饷以从危，曷若豫探其情而发其覆，以理持之。孙子曰："未战而庙算胜者，得算多也。"故曰不战而屈人之兵。又曰："知己知彼。"法人之意在通商，而我必迫之使出于战，是无算也。彼发兵万五千人，军伍器械备具于平日，而用兵之费动至数百千万，取给不穷。今欲悉索敝赋，召募无业游食之民以与相持，是不知彼也。用兵三十余年，聚而为勇，散而为盗，蔓延天下，隐患方深，重以水旱频仍，吏治媮敝，盗贼满野，民不聊生，而于是时急开边衅，募勇以资防堵，旷日逾时，而耗敝不可支矣。幸而得解，旋募而旋散之，所募之勇游荡无所归，乘饥困之民以逞，是导乱也，其弊又坐不知已。其精微者不敢言，略言其粗者，则亦岌岌无自立之势矣。

中堂国家柱石，受命不辞，义之正也。然其职在主战，责成疆吏有余，奈何以一将之任，使奔走万里之外？一以兵戎相见，一切议论举无可施。西法为将者，任战而已。进退机宜，主之国家；权衡缓急轻重以顾全大局，主之公使。窃窥法人之意，未必遽犯云南。中堂拥此数万之众，安所施其力而用其谋。兼滇、粤三省情形迥不相同，云南通商蒙自，去岁正月已见文报，是其心意久注所必争者。粤西土薄民浮，西洋固不措意。至于粤东，沿海通商，即与诸国会议，准其封口，亦决不至率尔相侵。沅甫宫保宿将知兵，留意民生国计，于洋务尤能观其深，自议海防经年，绝未一铺张入告，嵩焘以是服其量。而闻诸人言，枢府以滇督擐甲厉兵，而粤督处之泰然，数有訾议，是以属中堂以专征之任，又述京师议论所以属之中堂，仍以议和，非求战也。其意若以为中堂专主和者，天下大事坏败决裂，皆坐无识。诚不意办理洋务五十年，士大夫所见终止于是，可慨也。要知天下大计，岂能听诸无识之一二人颠倒迷惑，而不一疏理其节目，条议其得失，务定诸任事之初，以求无悔于后。审量枢府之意，非必乐出于战。正坐南宋以来，以战为名高，有所蔽而不悟耳。伏乞中堂定计于事先，无竢其敝而始求补救之术。以滇事任之滇督，檄粤兵且无出关，专务保疆自固，揭法人之隐，正名通商，先为朝廷解其惑。函告法国公使，俾相就会议。达观昭旷之外，坦然以诚相喻。外间知洋务者，稍优于京师，皆知以战为不宜。较南宋时议论固稍异矣。正不必枢府主战者之果为名高也。然闻云南又有戕毙教主之案，高阳必援引岑公，为取快一时之计，则亦终无如何矣。故曰：天也，人力且安施哉！

嵩焘屡怀欲陈而计中堂所见实已知其深，无待鄙言，言之亦只以为罪。荏苒逾月终不能自默，实以所忧者大，故言之愈切，惟有惶悚。

致李傅相

去腊二十六日接奉钧椷，知前两椷并蒙赐鉴。所以屡渎尊严，诚知中堂所处之难，而群言淆乱，终恃中堂一语折衷。区区愚忧，深望排群议而障狂澜，使天下蒙其帲荫，利赖无穷。继见《申报》偻计法兵调至越南二万余人，彼其所费侈矣，未易与平议也。自是不敢复有言。往在京师，陈说恭邸：洋患至今日无可补救，急求应付之方，可以尊国体、安边圉，为中国之利，其大要在知所务而已。是故与洋人周旋，可以理喻而不可以力诎，可以情遣而尤不可以坐置不理。

窃论中国之大患二：一曰寇乱，一曰水旱灾荒。自粤逆荡平，水陆防兵，气势完固，应变有余，则无忧盗贼之窃发也。威毅曾公倡振山西，天下响应，救灾恤邻之义，远及西洋，转输络绎。去岁直东水灾，相承为例，互相扶持，则无忧水旱之频仍也。今时所患，独在西洋。而西洋行事，其发谋常在数年数十年之前，而后乘衅以求逞，犹不遽言兵也。挟其所争之势，曲折比附以为名，常使其气足以自伸，以求必得所欲。是以先事有豫筹之略，临变有必审之几。以彼之强，每一用兵，迟回审顾久而后发，则知其志之犹有所慑，而名足与相维也。故可以理喻也。《汉书·西域传》称其利贾市，争分铢，商贾车船行旁国。历今二千余年，诸国疆域日廓，兵力日强，而一以贾市为利，未尝称乱中国。自唐防边之费，惟收西域胡商之税以供四镇；至宋迄明，因有市舶司之设，中国亦岁收其利。通市之久，遂以广开口岸，声息毕通。顷数十年，汽轮车船夺天地造化之奇，横行江海，无与为敌。而究其意之所极，贾市为利而已。其阴谋广虑，囊括四海，而其造端必以通商。迎其机而利导之，即祸有所止，而所得之奇巧，转而为我用，故可以情遣也。嵩焘实见办理洋务无可开衅之理。国势之盈诎，兵力之强弱，非所论也。但无洋祸，寇乱饥荒皆不足惧。一有西洋之衅，则此二者之忧，乃倍于平时。兵竭于外，财殚于中，未有能善其后者。其中苛索兵费以求通商，仍不越初议，而国体所伤实多。相持过久，则必有失地之虞。凡此事理之显见，苦言者不能知耳。

近有二事稍心通其意，当为中堂一陈之。见劼刚上总署书，力诋李丹崖之言让出北宁、兴化二城，其持议甚正。丹崖于此，诚未曙然。然法人何以为此言？假令中国竟允其请，法人将遂卷甲以退乎？抑更端以求逞乎？其必求开通蒙自，决矣，是徒自为反复也。盖法人之心逆知中国之必不能见允，而姑试言之以观其衅。劼刚与丹崖皆在其玩弄计数之中，未易以得失论也。上海英领事上言江督，请代守舟山。恪靖置不答。或曰：此英人之诡谋，不答宜也。或曰：此意在保护商民，中国又与国也，西法有相代守之义，不答非宜。然中国外海三岛，以琼州、台湾为最要。舟山距法兵甚远，英人何为虑及之？彼其意盖曰滇、粤之兵相持久，琼州孤悬海外，法人将谋袭夺之。日本蓄意台湾久矣，亦必乘势以动，用以相警觉云尔。使二国而果出此，英人亦将挟有舟山以争胜。凡彼之言，皆通筹熟计以豫为之程者也。与洋人相处，无推诚之心，则扞格必多；无审几之明，则迷惑滋甚。此不必其意之果然，然能知此，乃得所以相处之义。

劼刚又上中堂书，发八难以推明主战之说，其言足以歆动今时士大夫，而于中外情势，盖全失之。今不暇究论其他。其云法人议论参差，怠于持久，反复申说，所言皆是也。法人君党凡三，民党亦三，议论视他国尤繁。然至于用兵，先由议院定议，尽一国之臣民皆无异言，而后筹定兵费以为调兵之数，或增调，或旷日迟久，则又再筹。《申报》所载，始筹八百万法郎，继又筹二千万法郎，皆国人公定之，无所谓参差也。且凡所言，挈短量长，皆以势论。其视今日，固优于道光盛时。今之将帅，果优于杨果勇、僧忠武？劼刚侈然言之，一二主兵者亦泰然任之，斯亦足以廉顽立懦矣。然而洋务之兴且五十年，其情之所由起，与其力之所终极，一断以理而折冲有余，奚以势论哉。劼刚意在规合时人之论，以求一日之名耳。出使通好，于职司不当主战，而其言如此；南洋同主洋务，其立异又如此。于是中堂之心乃愈隐，而所处亦愈穷矣。然劼刚亦有恳切之言，而枢府不能辨。见其《电报类编》，去岁四月电寄总署，言自前岁四月，陈辨公牍，无一复者，燕会公使，亦不知会。其言以为诸所议论，出自公使之意，非朝廷本旨，而峻拒之，请另遣使与议。此则法人初发议时所必应调处者，万国公法发明其义甚详。所争中朝属国，彼犹专使就中国辨议，而漠不为应，即此已足激成其怒。西洋相交，有春秋列国之风，使命所系尤重，国家一切简视之，苟取应付而已。此所以失也。

自有洋务以来，士大夫高视阔论，以考求洋情为耻，见有知洋务者，又虚为之名，曰此足应时须矣，阳誉之而心益薄视之。然就嵩焘所见，凡名为知洋务者，粗知其情势而已，无通知其本末者。由三代递推至秦汉以下，利病奚若，所以为异同奚若。经史传记之言具在，观其会通以辨其得失，而后知两汉承三代以后之规模一变，唐、宋规模又一变，元、明以来规模又一变，而外人所以凭陵中国，局势亦变而日奇。嵩焘请为之说，曰夷狄之民，与吾民同也。趋义避害同，喜谀恶直同，舍逆取顺同，求达其志而不乐阻遏其气同。贤者以理折衷，可以利之顺之，亦未尝不可直言之，因而阻遏之。取足于理，强者亦可使退听。吾民之于官吏，父兄也。即有屈抑，忍受而已，不能心受，谓之乱民。夷狄弱者，奴隶也。鞭之挞之可也。强者议视友朋，但能以理相处，一有萎屈，愤然而起，祸福荣辱立见。是故洋务者，治国平天下之一端也。其所以为用各异，而其用同。能教化整齐其民，以控御夷狄，固沛然有余矣。

嵩焘非能知洋务者，独知其理耳。法人滋扰越南以求通商蒙自，诚使用兵而遂止其通商，为之可也。用兵而耗敝国家，多偿兵费，终以通商，何为也哉。此非势也，理也。抑使用兵而能保全越南，为之可也。用兵以速其亡，有可持之议论而不能宣也，有可乘之事机而不能赴也。贸然构衅以为名高，而不顾其后，何为也哉。此非势也，亦理也。嵩焘所以谓无可开衅之理是也。尤以谓今日之大患，不在西洋，而在募勇之太多。彼其注意在云南，严云南边防，以粤西辅之，而调集水陆之师，扼守琼州，以防意外之变，此所不可缓者。耗敝财力以穷海防，适足资洋人之一嚄。闻鄂督急治江防，增修炮台，为戏而已矣。如信以为宜防，非独不明洋情也，亦未达兵略。知其无益，而用以相涂饰，亦岂大臣之用心哉。盐法至今日，坏乱极矣。增引愈多，私销愈充，官盐愈滞。于此增加盐价以事江防，又两敝之术也。是未用兵，而民商先困。两年以来，富商大贾倾毁无余，利害之及民者如此。即国家可知，苦言者皆不能知耳。至今越南大局全坏，人心亦渐知悔祸矣。急以此时敛兵滇境，发使诘问倾覆越南之意，滇督任之，竢相往复，而后上闻，专使议之，幸不终出于战。然非滇督所能任也，要其义固不越此。

嵩焘坚持此义三十余年，无有掩饰瞻顾，所言本末皆得之读书观理，与今之谈洋务者异也。骂讥笑侮，一切听之。惟中堂为能垂谅。窃独以为洋务当通筹全局，非可枝枝节节。苟偅目前即有胜负，不足为忧喜，用敢竭尽其底蕴言之。但能知此，亦足息群言之嚣，而不至贻事后之悔矣。

再致李傅相

前递呈一椷，畅论洋务本末，计当上达钧鉴。顷庞省三中丞宣述尊旨，以洋患日棘，命嵩焘以所知备陈方略。承命惶悚。如嵩焘之愚，直无所知晓，何足以上塞明问。晋臣卞壶之言："诸公高语宏通，而壶专执鄙吝。"今中外诸公力张挞伐之威，销沮惶惧，嵩焘一人而已，宜为时论所不容。中堂独有意乎其言，俯赐垂谅。谨汇次前后情事，期解一时之纷，而不必遂见施行，略相发明，以备一义。

去腊奉钧谕，桑台既失，议撤北宁之防，于体势全失，此不可之甚者。然用中国之兵以守北宁，果何以善其后？均之失体也。宜择其轻者就之，求所以自处，谓当敛兵滇粤边境，固守疆圉，无勤远略。诣商潘琴轩中丞，并录呈寄，复彭雪芹宫保、李次青二书，专言粤防者，互证其得失。琴轩中丞以为将来归宿应如此，此时非所宜言。会见《申报》法兵调至者二万余人，度其所费已多，尤未易置议也，遂亦不敢复有言。

迨及北宁失守，粤军全溃，远近惶然，钧谕虑其乘胜苟索兵费，此岂待深计哉。极法人兵力之所及,征求兵费,择地通商而已。急与料处,赔费必多。不及此时为之,将恐有失地之忧,而赔费弥甚。嵩焘前书陈论其要,略谓当敛兵保境,发使诘问法酋所以倾毁越南之意。中朝使臣在法都极力斡旋,未蒙宣示本旨。今当一与核议,以全两国大局。竢相往复,而后上闻,简派专使议之。军事百变,缓急轻重相距悬绝,而遣使与议,始终止此一义。至于今日,而索赔兵费决矣。然自我发之,犹可据理以相争,其气或可稍杀。自彼发之,则一言出而已,无可改移。使滇督能明此义,力与维持,尚足稍全国体,于既毁之后,而固知其不能也。朝廷一取虚侨之气以与经营洋务,不务拣求人才。办理洋务五十年,诚不宜有此。

往与左相书,辨其一劳永逸之说。以为值水旱频仍、民穷财竭之时,而倡为此论,以急开边衅歆动朝廷。西洋积强已数百年,而慎言战,创定万国公法以互相禁制,每一用兵,或数年,或十数年,必分胜负乃已。故可以理折而不可以力争也。御之得其道,足与共享其逸,一劳则恐永不能逸。左相老臣,在军借用洋款千余万,创设船局及机器,糜之洋人者亦数百万,于洋务为最习,而有此言,非其智之不足也,趋时之念胜也。謇謇老臣,但知据理为言而已,不知有趋时也。其戒左相位高望崇,为国柱石,总揽天下全局,与言官不当事任有别,则亦恳切之至矣。惟其知之明,是以忧之深而言之切。

耿耿私忧,尤以为此次与法人构衅,各国皆深咎法人,而相推相激,乃使各国以中国挫衂为快,又见中国兵力如此,国体全失,各国环伺生心,所忧方大。而今日切近之患,尤在募勇太多,糜费太剧,耗竭已穷之财力,以供喜事邀功者一言之快。自营办海防,西商提取存款,名都巨贾倾毁无余,东南困敝尤甚。吏治不修,盗贼满野,将何以为善后之计哉。

凤闻在官议论,以为二十年后必有洋祸,幸及中堂元功硕德,主持大计,犹足息人言之嚣。深忧此后边衅一开,祸必烈于往昔。诚不意当中堂之身,而使衰病余生料及二十年后者,竟亲见之。滥居总署数月,而知洋务决不宜与闻,诚忧所处之难也。伏处穷荒,每一念及时事,发愤太息,四顾茫然。荷承中堂下问,聊一发其所怀,无任悚息。

致彭宫保

腊月二十五日，接奉冬月二十八日赐书。筹画精详，神谋独运，而其忧深思远，力求实济，尤征平昔蕴蓄之闳深，非复今人所能庶几。

然嵩焘独有深忧者，法人滋扰越南以求通商滇境。当事不务探求其情，以理开谕之，贸焉与之构兵，而于地势军情，又多不能考究，不独急沿海之防，且更督及江防。闻鄂省亦议建筑炮台，徒霸上之儿戏而已。以势度之，云南边境必不能免侵扰。其余各省海防，皆为虚设。独琼州一岛，孤悬海外，极可危惧。为其径西一面数百里，与越南仅隔一海港。法人轮船出入安阳口，东距儋州，隔海相望。其南由昌化、感恩以达崖州，并界越南。南定既为法人所踞，自神符海口以北，轮船肆行无阻。粤东无一轮船之可恃，孤守琼州海口，其势已难持久。又况兵力分守各海口，尚虞不给。法人踞有越南，必谋袭琼州以为辅车相依之势。粤东边事乃大坏。嵩焘以为，方今要务，在严守琼州。宜急咨北洋大臣添派铁甲兵船防护，而厚集兵力以应之。

尊示据探报，宜泰之役有日本兵数千人，疑所传之非实。嵩焘于此尤怀深惧。盖日本蓄意台湾久矣，与法人合谋，资之兵力。心知法人踞有越南，与中国相持，其患必及琼州。于时日本亦必乘法人之求逞，经营台湾。去腊英领事照会江督，请以兵助守舟山。恪靖置不答。英人之心，犹日本之心也。恪靖于洋务全不一考求应付之方，似此关键，所争非细。

麾下居省调度。各海口均有责成，似以琼州为尤急。而其地瘴气为人所畏，儋耳以南瘴气更甚，万非老年所堪。惟宜遣将命师，未宜自恃忠勇，亲临前敌。虎门炮台向称天险，既经用兵，增炮设防，势不容缓。然香港数十里港路，两岸皆属英人。英人不与合谋，法人必不能越香港以犯虎门，似虎门以内之重重设防，尚可从缓。

值民穷财乏之时，开此衅端，本谓非宜。滇粤三省，增加新募之勇各数十营。沿海皆奉旨设防，乃至内江增筑炮台，上及鄂省之田家镇。窃疑枢府诸公非独不知洋情也，实亦未睹行军之要略。嵩焘区区日夜忧惧，揣度洋祸必及滇境，若更有牴牾，琼州、台湾、定海必承其害。各国环起相陵，且至无以自立。尤以为内地切近之患，不在洋人，而在招勇之太多，诚忧饷项之无从取给也。法人尚在迟回，能稍委曲以求纾近祸，犹可稍养滇南之威，导使通商，以餍其欲。

窃论洋患已成，圣人生于今日，亦无能攘而去之。其机要全在应付之当否。诚得其要，可保数百年无事，否则其祸亦立见。办理洋务五十年，仅见前岁用兵朝鲜最得机要，余皆失之。以为振帅必深明此义，而于法人之扰越南，迷乱已甚。鄙心尤用茫然。默察枢府之心，必不肯遣使一与平议。既蓄意求决一战，亦必考求洋情以审量战事之始终，非可愤然倾天下以图一逞也。嵩焘于此亦有数说。一曰敛兵保胜以固滇南门户。以法夷深忌刘永福，保胜为所旧距之地，藉其力以遮遏法人，而驻重兵蒙自，为与议通商善后之计。一曰固守滇粤边界。镇南、保胜两关以北皆中国边境，所应设防，慎无轻言出关。即粤东虎门亦然。所用以拒敌者，必在第一层关隘也。一曰严守琼州、台湾，以防意外之变。西洋用兵，不轻涉险。刘永福不能固守，其患专在滇南；刘永福能固守，则患必旁及，此亦必然之势。一曰拣练精兵以济实用。西洋侵扰中国，凡数用兵，其终皆索赔兵费、通商而止。今亦犹是也，而情势则远不同。能力扼边要，一关足以制其深入，即自守有余；不能则急与议息兵。是以虎门设防，用兵贵合不贵分。若枝枝节节为之，终至退守一城，则必有失地之患。盖中国通商口岸已无可再增，而乘积敝之余，用其积轻之势，可以无所顾忌。此又必然之势也。

孙武之言战也，曰知己知彼。所谓知彼者，知其国势之强弱，知其人才之能否，知其势之所极与其计画之所从出，而后可以总揽全局，以决胜负之机。韩信攻赵，知广武君之计用与不用；魏武知袁绍之不能袭许，又知刘表之不能袭邺，则可谓知其深矣。知敌之深，乃益有余地以自处。西洋之患亟矣，中外诸公懵焉莫测其所由，先无以自处。主战愈力，自处愈穷。一将之能而偃然恃以为安，一战之胜而嘎然据以为喜。以当小敌不足，况若西洋之气方盛而势方强者乎。彼固无求倾中国之心，何为激之使狂逞也？

今时独合肥伯相能知洋务，而以位高望重，不敢与枢府异同，遂为议论所持。嵩焘自问读书观理，稍能窥知三代圣人控制夷狄之大用，伏处田野，无所顾畏，于此屡具疏言之，亦以直陈之麾下，幸冀有所采纳。不敢自外，诚无任惶悚激切之至。

复李次青

腊月初八日寄呈一缄，数日乃奉尊械，略悉彼中情事。又数日复奉雪帅械，言之益详。而于尊械所叙数事，不能无疑，亦以见公于洋务终未有明也。

赵充国策西羌为患中国，必先解仇合约，结联他种，与汉相拒。西洋节次构兵皆然，独法人侵扰越南，以求通商滇境，最为英人所忌。粤东愚民焚毁沙面洋房，英人至今隐忍不言，彼诚不乐与法人相比以构患中国，而忧中国之反激之，以是竟不一置议。西洋以行商为国计，其势必不能竟已也。将俟法人通商事定，苟索兵费，彼亦乘之以索赔房费。来书谓其不能交出凶犯，遂亦无词，此大误也。彼所谓凶犯，过失杀人而已。以中国律论之，拟罪不过流徒。振帅据以难英人，鄙心为之失笑。在官者如此，蚩蚩之民何论焉。

雪帅屏绝洋人，不与一见，粤人颇以失望。以粤中奸民狂逞，而士大夫类能谙悉洋情。各口通商凡十余国，其构衅者法人耳，犹恃各国主持公议，而于其中经营调处斡旋之法。雪帅一律拒之，则是为法人合党联交，使聚而谋我。负一时之盛气，乃使其理反不足自申，诚为非计。西洋之入中国，诚为天地一大变。其气机甚远，得其道而顺用之，亦足为中国之利。而五十年来，办理洋务，日趋歧左。正坐一二贤者，高视阔论，专习南宋以后嚣张之习，由北宋以前上推至汉、唐，规模事迹，且不暇讨论，无论三代。是以其局愈蹙，其势亦愈穷。贤如雪帅，亦为此种议论所蔽惑，无暇达观昭旷之外。嵩焘于此急言遽论，略无瞻顾，非能独犯清议也。

三代圣人抚绥中外，宽之以情，隆之以礼，其言具在。而在今日，尤为安危利病之大几。《易》曰：君子居其室出其言，善则千里之外应之，不善则千里之外违之。其应与违，皆吾民也，犹能相为反复。洋人眈眈环视，其应也尤捷，其动而有违也，遂亦无可补救。以言乎远，则相距数万里；以言乎近，则咫尺也。君子于此知敬慎与，故曰：枢机之发，荣辱之主也。

窃虑雪帅气太盛、语太轻，此所以关荣辱，乃在天下国家。深愿在事诸公之熟筹而深计之也。

致曾宫保

月前递呈二书，想蒙赐览，其时适奉全权大臣之命，而观所颁诏旨，但欲逼使一战而已。一切强制以不得有，为私心忧疑，谋遂具疏论之。又念前屡具疏，由南北洋转进，今事势丛脞如此，南北洋处危疑之地，值盘错之时，嵩焘所陈，又似比合南北洋之旨，以折群议之非，于议未宜代进。拊膺踌躇之日多矣，略为恪靖发其义，知其负强使气，不可以庄语，稍以平易出之，未敢显著纠正其失。

古人有言曰：目短于自见，故以镜鉴形；智短于自知，故以道正己。身失道，则无以知迷惑。今时士大夫无知道者，循声附影，希望朝廷意旨以求诡合，顽然自讬于敢言，日趋于迷惑而不知悟，度其用心，岂果有见于今日兵力之强，足资一战，而必不可不一示威外人乎？希时道谀而已矣。尝记宋儒刘元甫之言，仕有三耻：相时而为道，希俗而为功，饰义而为名。古之君子以为耻，今之君子矜张自肆，泰然任之。学术之不明，人才风俗之媮，天下之敝所由基也。

初谓法人必扰及琼台诸岛，顷接鄂信，福建马尾已交兵。船厂，轮船之所集也。是其故有三：一、毁灭机器根本之地；一、福建租界在南台，于各国商局无损；一、天津始定简明条约，即有专办福建海防之命。彼亦寻声而至耳。充法人之志，驻兵以胁求通商、苛索兵费而止。即诸言事者，亦谓无甚害也。而当民穷财殚之时，黩兵无已，国家何以堪之。

自顷数年，商贾任贸迁者倾毁无余，富室存储俱至荡然，而又毁及招商一局。尽长江数百里利源，举以委之洋人，中国不复过问，岂复有能自立之势？傅相于此具有苦心，然亦失计甚矣。朝廷任信少年，希图荣利，一二狂瞽之言以疏忌大臣，其害遂至不可究诘。非愚直如老臣，不敢言亦不能言，而无由痛哭陈辞，以幸当时之一悟。至于今日，而遂无可言矣。

致李傅相

去腊领奉钧械，仰窥经国之远谟，受成于心，无与发明，而后知大臣经纬天地具有本末。訾议之，与其铺张傅会之，均无当于高深之旨。

鄂中新政，稍闻其略。于湘事专主开采煤铁、购置机器，而急行轮船，凿通宝庆滩河以资转运。又欲为两湖总建书院，依仿广雅规模。其发扬蹈厉为能有豪杰之风，而所行亦实切要便民。独其为富强之计，则固未尝就中外情势参稽互证，以辨其缓急轻重之宜也。

泰西富强之业，资之民商，而其治国之经，务用其技巧通致数万里，货物遍及南洋诸岛屿，权衡出入之数，期使其国所出之产，销路多而及远，其人民趋事兴工，日增富实，无有穷困不自存者。国家用其全力护持之，岁计其所需以为取民之制，大兵大役皆百姓任之，而取裁于议政院。其国家与其人民交相维系，并心一力以利为程。所以为富强者，民商厚积其势以拱卫国家。国大者数千里，小者一二百里，莫不皆然。中国官民之气隔阂太甚，言富强者视以为国家之本计与百姓无涉，百姓又各怀挟私意觊其利而侵冒之，其持议论者又各讼言其不利而阻挠之。一闻集股开办，远近闻风者，皆得挟一说以起而与为难矣。数十年来，举行矿务讫无成效，盖由此也。要之，国家大计，必先立其本，其见为富强之效者，未也。本者何，纪纲法度、人心风俗是也。无其本而言富强，只益其侵耗而已。贤者于此固当慎之。

湖南山地本无官业，尺寸皆有主者。果为利所在，百姓尽能经营，无待官与开采。其开采而复得佳矿，兼须吸水，则必用机器。凡用机器，必西人为之，中人多不能尽其法。此时宜广开西学馆，使稍服习其业，知其所以为利。庶冀人心所趋，自求之而自通之，日久必能收其效。盖所用机器，亦须各就地势利用何等机器，层累以求。贸焉而以机器往，愚者惊扰，即有知者亦莫辨其所以为用，遂恐虚糜无实。即此末中之一事，亦自有其本存焉。而百姓之为利与所以求利国家，又自有本末次第。今将尽天下矿产而开通之，如明万历时遣使四出，其利病得失诚有不同，而为扰民一也。自公为之，徒资烦费；自商人集股为之，则亦商人之利而已。富强之说果何赖乎？且以西法为名，一切务为泰侈。士民失业者，亦皆引领以望，环集以求薪食。为利多少不能计，而所用常数倍，又不能如泰西人之持久也。山薮自然之利，皆王政所先。汉、唐盛时，亦尝究心于此，其后听民为之。如泰西制法之新奇，国家用以兴修水利，创置器械，推行之各省，竦民之择而从焉可也，不足上烦大府之经画。

抑又有甚异者，轮船之为便利，天下所共知也。愚劣如湘人，亦习焉而知其利。是以十年以前，阻难在士绅；十年以来，阻难专在官。凡三次呈请，涂公一阻之，卞公再阻之。前岁以中堂传示夔帅之意，嵩焘始一任之。闻者皆各欣然。甫一集议，集赀至二万余。李黼堂以一书阻难，其言绝迂，夔帅不谓然也。嵩焘恶其为鸮音，急避之。亦以每岁行轮不过七八月，湖路上下滩，水率深四五尺，水落则一二尺，夏秋水涨亦或数丈，而未可常恃。内湖行轮，只能以吃水四五尺为度。其势不能运货，即人数亦不能多。既有异议，良亦不乐任此。去腊以朝命，又一议及之，具呈重申前议。在事者犹据李黼堂之言为定论，力持之，亦不悟行否当察看民情地势，不能以臆断也。尝笑轮船至内湖，府道以上凡有行必调取轮船，独不准百姓置造。然且曰：将以顺民情也。问何以知民情，所据者独一不达时务之李黼堂。岂具呈之数十人皆非民耶？亦皆非其情耶？五十年办理洋务，在官所见如此，而谓西法可行、富强可期，殆非所敢知也。内湖轮船终须开办，固亦不待阻禁矣。独惜嵩焘之力不能任此耳。

致李傅相

前奉五月赐械，以孙本谋日谋北行，带呈一书。而事局屡变，凡三易书，致所急待上陈者，反更濡延。

伏处荒山，见闻疏陋，独于天时人事，深观默相，粗能辨知其因革缓急之宜。窃独以为中堂创兴铁路，试行之津，通数百里，为深得机要。尽泰西富强之业，非中国所能骤期也，而固不可不通其义而引其端。所兴造者数百里之地，经费犹可取给也。行旅往来，日无停轨，计尚可得一二厘之息，庶冀远近知其便利，仿而行之，渐次推广。泰西铁路，公司通及十余国，皆渐积以成。而行之一段，即收一段之利。公司皆得为之分任其功而总计其息。所收货税，各国自有经理，而铁路通任之公司。未闻一举营治数千里，估费数千万，示期八年，为此无端厓之计画者。然且曰：是将以求富强也。乌在其为富强哉？自取穷困而已矣。数千里之远，宜开铁路几道，车几辆，添设栈行几所，均未暇计。北道诸水湍疾，泥沙俱下，水涨则车路尽没，又浮沙不受杵。按里估费，参差百出，势难画一，均所弗论，独就创修经费论之，惟借贷洋款为最可恃。而泰西计息以六厘为率，千万之息，月须六万，三千万之数，计息八年已逾千万。泰西集股之法，按股品息而已。然在本国，至五六厘，已为厚息。今且未知所收利息几何，而先坐耗千余万之息，从何取赢以求善其后乎？数千里之地，百货之转输，商贾之贸迁，可偻指计也。造端宏大，浮费百出，重以委员薪水之糜费，任事者之中饱，所借洋款无从筹给，势将以所修之铁路准折之洋人，为累将至无穷。

香帅大言炎炎，读者心折。嵩焘视其文，无一语可为据依。横渠论学，分别闻见之知、心性之知。虽圣人何尝不假闻见以益其知。而闻见之知，终是隔膜。香帅于闻见之知，粗为近之，惜其于事理未达者多也。京师士大夫于津通铁路訾议甚力，而于香帅一疏，折而服之，无敢议及者，且勿论其他。四十里之通州，曰密迩神京。卢沟桥距京尤近，反不为逼乎？天津，通商口岸，汉口之通商，独无虑乎？见小而忘大，虑近而失远，人言愦愦如此，良可笑叹。要知其可虑者，固皆无足虑者也。嵩焘所虑者，独谓国家物力未足以堪之，将谋为富强之计，所费过钜，收效尤难，非经国之义也。泰西富强，具有本末。所置一切机器，恃以利用致远，则末中之末也。今将习其末而徐探其本，但宜小试，而决不宜大举。故谓津通铁路，惟中堂能断行之，亦惟中堂能知其妙用，非沿海言洋务者所能辨也。香帅铁路之议，以三千余里为程，筹备经费，勘估道路，事前之烦费已不可胜计，其势亦决不能行。幸而八年之久，铁路告成，事变且益繁多，未睹其利而先见其害，又可豫计而决知其然也。中堂于此宜熟思审处，未宜傅会成之。

陆务观在蜀，于丈人观道院见青城山道人，言为国家致太平与长生不老皆不易言，且当守国使不乱，以待奇才之出，卫生使不夭，以须异人之至。不乱不夭，不得异术，惟谨而已。每思此言，而知有宋人才皆未见及此。

窃论富强者，三代以下太平之盛轨也。今时风俗颓敝，盗贼肆行，水旱频仍，官工交困，岌岌忧乱之不遑，而轻言富强乎？国于天地必有与立，岂有百姓困穷而国家自求富强之理？西人以通商为义，本无仇害中国之心。五六十年来，枢府诸公不一研求事理、考览人才，悬一防堵之名，莫辨其缓急轻重。一责以防剿，虚求之而虚应之。一转盼间，又悬一富强之名，索之杳茫冥昧之中，以意揣其然，何为者也。

前书论吴清卿一疏，自谓有见而多未达其旨。窃以为天下大政，总之枢府。枢府得其人,即万事理;如不得其人,各以所存之志、所处之时与地求自靖焉可也。读海军衙门奏驳香帅各条,至为精透,亦见香帅所言之失实也。如此可云:考求西法,而顾未能考求中国之情势;知其利,而不知所以利。嵩焘以为轮船、电报必宜通行,铁路暂必不能行。无已,则小试之,徐徐推广之,庶无大失也。故深以谓香帅此疏为乱天下之本。苦京师诸公鲜知此义者,颠倒惶惑,议论纷歧,贻误国家。心窃悼之。

曾重伯告知:薛叔芸曾以嵩焘《使西记程》入告,仰蒙圣人垂询,颇用为疑。此书略载海道情形,于洋务得失无所发明,未知叔芸何取于是。徐思之,书中论处置洋务事宜,略有二三段,多朝廷所未闻。叔芸用是以相启沃,于此益知叔芸有心人也。其书进呈与否,于嵩焘无所加损。初议至西洋每月当成日记一册,呈达总署,可以讨论西洋事宜,竭所知为之。得何金寿一参,一切蠲弃,不复编录,此欲可惜耳。

致黎莼斋

奉别十年,中间一再通问,云天旷隔,怀想百端,倾写无由。

阁下两次持节海东,遗经传记,搜求古本,讨论宏富。大雅闳达,好古多能,莫与伦比。而亦见古籍之流传,荒弃之中土,而存留海外,足资稽考。盖有司失其官,而学在四夷,已早发尼宣之叹。伯言目论之士,乌足知之。近所辑刻几何。幸求惠赐刊本,发皇耳目。通使各国十五六年,诚无多裨益。而搢绅士大夫纷咻啴呓,渐以醒寤,议论日平。外人亦日弛其猜防要挟之术,以通情好。此其转移无形之中,今人不能尽喻也。而独阁下表章载籍,颂扬赞美,溢于观听,比绩量功,冠绝一时。

尝论阴阳消长之机,否泰治乱,交互乘除,自古为然。方始命使时,迫于外人之求请,非国家本怀也。而实中外交涉机之所自开。嵩焘疏庸迂拙,无所知晓。而自西洋肇乱广南,考求其本末,证以古今事局,又益寝馈三代及周、秦以来流极变通之势,常若有所省悟。下视汉、唐二千余年,苟能推知利病得失之所在,以求安国庇民,必其于圣贤言论与其所以存心有合者也。其乱也反是。故自未通籍以前,即自信能知洋务,以语诸人,动见诋毁。兵凶战危,圣人不得已用之。自唐以前史册所录，皆谏止用兵，无言战者。南宋诸君子奖成此一段议论，哆口扬目，祸人家国，懵然莫知其非。追思构衅之初，宣宗忧勤惕厉，所以戒谕在事诸臣，真所谓圣人之量也。当时诸臣，无能体会。其后天津之役，盈廷哗然以战为名，文宗独以战为非宜。嵩焘时官京师，获读谕旨，尤服圣人之仁。窃意其时枢府大臣，稍能谙知洋务，安坐绥定之有余，而非文宗深谋远识，处以静镇，一时在廷虚愦之气，延祸生民，尚不知所究竟。此又千百年后读史者所不能明，而小臣于所目悉稍辨知之。故于开端奉使西洋，颇谓朝廷用人为不虚，区区才力，亦尚能堪之。而于其时力举一刘锡鸿充当随员，枢府遽以副使任之。一意傅会京师议论，以嵩焘为的，自负能攘斥夷狄，深文周内，以相齮龁。不独区区一生原力无所施用，乃使仰天欷歔，发愤呕血，志气为之销磨，才智聪明亦为之遏塞。自古平陂倚伏之几，相乘迭见，诚有然者，而未若刘锡鸿发之暴而施之悖谬至于此也。出使者，今人所薄视，自以不屑为者也。而亦竟有假之以为名，以投时好，正恐道光以前之人心尚未有此。使当时在廷诸公稍悉洋务能如今日，则刘锡鸿之言，尚不足以惑众。使阁下阅历之深、见理之明能如今日，亦必有以匡正之，使不至增长其顽悖。于此又见天人感应之机，所伏至微，所发至烈，而在廷纷扰之辨争，波动风靡。其初峻拒之，其后又眩乱颠倒而争趋之，佹从佹违，反复变幻。以此处中外之交，终知无有会同翕伏之望也。

抑又闻君子之行道也，必有以振厉天下之人心而使之服，柔和生人之气而使之驯，而后不疑于所行。自宋以来，尽人能文章、善议论，无论为君子、为小人，与其有知、无知，皆能用其一隅之见，校论短长，攻剖是非，不能辨也。辨之愈力，攻之者亦愈横。是以君子闻恶声至则避之。避之者，所以静生人之气，而存养此心之太和也。嵩焘不敢一二与人辨，则惟有卷怀以退、安身以崇德，以求没齿无闻焉已耳。

去秋与傅相论铁路事宜，傅相以为知言，而谓所见正亦如此。京师皆以是蔽过傅相，此又以见任事之难。而大臣为国经谋远计，攻击之，与其铺张附和之，一皆失其本旨。而其议论混淆，是非倒乱，终使所事无一能成。如今日铁路，虚縻已甚，亦岂能有成功之望哉？天下之事，眩惑于议论，而终以耗国病民，盖常有之。得一二办事之才，诚不易矣。办事而又能解事之尤难也。

答黄性田论学校三变

三代学校之留贻，更历春秋、战国而荡然无复存矣。孔孟于其时急起修明之，是以三代学校，至孔子而一变。为其道不能行之天下，则与其门弟子私相讨论。太史公言：适鲁观孔子庙堂，车服、礼器、三代法物具备。及《戴记》所载，论三代礼教甚详，而一纳之于学，以为化民成俗之本。《中庸》所谓："成己，仁也；成物，知也。性之德也。"此孔孟之所以为学也。至汉而又一变。太史公言，读功令至广厉学官之路，为之废书而叹。但悬学校之名，导之仕进而已，无所谓学也。

学校之变，尽此二者。章句之儒，各有发明。宋儒出而言理独精，培养人才亦独盛，其功在学校，而于学校不足言变也。孔子实始以身任师道，无与为敌者。孟子兴而有杨墨，宋儒出而有朱陆异同。显树之敌以争胜。至今日而标立汉学、宋学之名，假实事求是之说，推求度数、训诂，以攻击程朱，而宋学亦微矣，并不能与为敌。要其实，则所谓记问之学也，亦不足言变也。

与友人论仿行西法

西人富强之业，诚不越矿务及汽轮舟车数者。然其致富强，固自有在。审知彼我情势之异，而又有其可以通行者，使缓急轻重之理先得于吾心，而后可与考求西法。

即以湖南矿产言之，所在皆民业，无官山。湘水以西，由湘潭、湘乡以达衡、宝，径西至沅靖，湘水以东，由醴、攸以达郴、桂。煤铁各矿，无地无之，矿户多于西洋以数十倍计，恰无以是致富者。亦有虚縻数百千缗，不得矿产，或阻水而止。天地自然之利，百姓皆能经营，不必官为督率。若径由官开采，则将强夺民业，烦扰百端，百姓岂能顺从？而在官者之烦费，又不知所纪极，为利无几，而所损耗必愈多。若仍督民为之，则亦百姓之利而已。国家何恃以为富强之基乎？

中国与西洋情势相距绝远，不能悉数，请一言其略。凡矿产，愈深愈佳，西洋开矿常至四五十人，必藉机器以济人力之穷，其用无他，用以吸水、用以转运而已。开矿取土，皆人力也，是以机器有利无弊，用机器愈精，则资人力愈多。此中国之人相与蔽惑，深言极论而莫能喻者也。中国言地学者，最重山脉，争执甚坚，而人心之忮刻百出不穷，士绅有势力则忮忌加甚。故凡矿户自治其私，亦皆习而安之，一闻有集股开办，万目睽睽，必不能容，悉力倾之而后已。以保全山脉为言，亦律法所必禁也。士绅既假律法以相难，在工执役者又相与乘势侵冒，耗散滋多。一经委员主办，视为公家之利，恣意侵蚀，益无所惜。此又中国之人相为猜忌诬罔，深言极论而莫能喻者也。人情习于故常而震于所创见，西洋亦然。而但有能开利源，国家必力助成之，委曲使人共喻，人亦不疑其专利也。获利既厚，输税国家亦常丰。中国不然，其初尽力阻挠，而官不问及；稍得利，群起而争为之，互相侵夺，官亦不问。西洋用以裕民富国，中国为之，徒滋百姓之矫诬以坏乱风俗。此又中国之人相为臆揣冥行，深言极论而莫能喻者也。西洋为利，如矿务，专主一事，则专任之。舟车行远及开设汇行，若古之交子务、会子务，自国家下及民商，通任之公司。其初各以其力，视都会所在，行之一二百里，推行渐广，道路渐通，力不足以相摄也，乃置公司领之，国家亦时有所收受，或补所未备。公司通计其资本，相与品息。即国家钱币制造出入，一由公司总其成，交互维持，不相疑忌。无书吏之句稽，无工役之侵牟。此又中国之人相为眩惑猜疑，深言极论而莫能喻者也。

凡此中外情势之异，由来久远，以成风俗，未易强同。而其间闻有必应引其端而资其利，可以便民，可以备乱，可以通远近之气，而又行之甚易，历久而必无弊，则轮船、电报是也。往时绅民相与阻难，近十余年，阻难专在官。然窃见在官来往上下必以轮船，湘人仕外者亦然，而独严禁绅民制造。然则西洋汲汲以求便民，中国适与相反。所用以仿行西法以求富强者，未知果何义也。

窃论富强者，秦、汉以来治平之盛轨，常数百年一见，其源由政教修明、风俗纯厚，百姓家给人足乐于趋公，以成国家磐固之基，而后富强可言也。施行本末，具有次第，然不待取法西洋，而端本足民，则西洋与中国同也。国于天地，必有与立，亦岂有百姓困穷而国家自求富强之理？今言富强者，一视为国家本计，与百姓无与。抑不知西洋之富专在民，不在国家也。数百年来，开通海道，尽诸岛国之利括取之，其基已厚矣。而治矿务日益精，五金出产之利、制备器具日益丰，又创为汽轮舟车，驰行数万里以利转运，觑天下之利以为利，故能富也。中国舟车之利，不出其域中，而又禁百姓使不得有兴造，用其锱铢搜取之财力，强开铁路于尘沙数千里无可筑基之地，以通南北数府县之气，未知其利果安在也。其烦费过多，开通道路过远，终必不能望有成功，且勿论矣。

致瞿鸿禨信三通

（一）

子玖①仁弟大人阁下②：

前承典学浙江之信，名邦盛业，庆慰无量。两奉赐书，兼荷渥颁珍食，值征镯旁午之时，百吏环趋，部署勤劬，而远及空山一叟，垂注殷殷，分其治事之心，非独情谊之隆，精力沛然，肆应靡遗，足徵福泽所及之远，老怀弥以增愧耳。东南坛坫，阁下与益吾分踞其胜，扶质立干，飞翘振英，庶几乾嘉人文之盛，再见今日。国祚昌明，征兆于是，岂惟吾楚乡邦之庆而已。秋闱后补试余存各郡，冬寒告臻，诸想佳善，惟深钦祝。嵩焘自四月屏迹乡庄，秋中始能一归，旋赴攸经营卜居之计。龙研仙为置一宅，极不合法，当别筹之。喜其民俗纯厚，于朴拙之性为最宜，而栖徙亦良不易。吾楚历事已深人心，亦略知公谊，诚令骆相及恽次山中丞尚在，即无曾文正公绥定东南之略，用以自保诚亦有余。而十余年来造乱方未有已，识者皆心忧之。海防彻营以后，寇盗横行，省城竟漠不闻。昨道湘潭，先夕盗劫县城二家，伤十余人，毙二人。至攸亦然，相距亦仅数日。衡山樟树港冯小航所遇盗踪尤奇，冯君有智术，当时掩获一人，讯知琼州彻勇数十人合谋行劫，县研得其状，责而释之，惊问何意？曰以盗上闻，驳诘百端，徒取累耳。又不敢久羁，以生后患。诚不意十余年来，吏治媮敝至此。朝廷不问之大吏，而苛求州县，庸有当乎！嵩焘尝论用兵之议，耗敝财力，以自生衅，此亦一端也。窃观今人议论仍踵前失，而益务发皇之。因记陆务观述青城山上官道人，年九十，见人辄笑而不言。一日见之丈人观道院，忽自言养生之术曰：为国家致太和，与长生不老，皆非常人所能，且当守国使不

---

① 子玖：即瞿鸿禨（1850—1918），字子玖，号止庵，晚号西岩老人，湖南善化人。

② 选自上海图书馆历史文献研究所编：《历史文献》，第 7 辑，120～121 页，上海，上海古籍出版社，2011。

乱，以待奇才之出；卫生使不夭，以须异人之至。不乱不夭，皆不待异术，惟谨而已。放翁大喜，从而叩之。又复自承喑不能言矣。彼其所见，高出南宋诸君子之上，庶几知本者，宜其不乐有言也。富强者，秦汉以来所称太平之盛轨也。勤求吏治，抚辑人民，实为太平之基。惟此之为谨，而后能守国使不乱。以耀兵为强，以朘削为富，鄙心终有疑焉。疑此之为其于谓富强者有济与否？未可知也。譬之为家，聚群子弟之无行者，不责之立身守约，而责之求富，其言虽工，果足信乎？鄙人所为旁皇四顾，闻富强之说而益滋惧也。环顾一时人才，可与言此者，亦无多矣。

寄示《汉事会最》，搜采二京掌故，为类书之别种，谨当钞存一分，以便寄交舍姪。昨得其南京来信，汉口所患，尚未全退，欲及冬寒时一归休养，未知究竟如何？顷自攸赴县，过家小住，闻子潜兄言，有赴浙便足，略书奉谢。敬颂台安。愚兄嵩焘顿首。十月初六日。

（光绪十一年）

（二）

子玖仁弟大人阁下[①]：

领奉台械，猥以衰老七十之年，渥蒙记注殷拳，宠颁珍贶。集庄史为联，乃适得生平读书旨趣，虽不能至，心向往之。仰荷名语之褒嘉，厚谊荣施，光被无穷。敬谂辀轩所蒞，业光道泰，誉望益隆，无任钦忭。

嵩焘顷岁以来，起居服食尚幸如旧，而精气销歇已甚，寻常酬酢或至惝恍失次，忘其所为，良由衰疾使然，抑亦治心养气之功多有未逮，遂并耳目手足不相管摄。杜子美所谓静求元精理，浩荡难倚赖。衰惫之俗皆然也。颇笑今时士大夫攘斥夷狄，不遗余力，迨闻有富强之说，又争言西法，一切谋仿行之。近日规复钱法之议，通饬各省购用机器，广开鼓铸，其言美矣，而不知非力所及也。鼓铸停废六七十年矣，往时州县杂款尽解藩库，不入奏销，岁费十余万金，可以得数万缗之用。即有烦费，而力足取给。自道光以来，州县正款且有亏缺，何论杂款？藩库无可支销，并鼓铸之费无所出，且以六斤余之铜铸钱一千，铜价已逾一千之数，铸钱者一局，销毁者尽一省，所用之铜器皆优为之，是以数十年来民间所行用皆私铸也。蒙尝论钱法之敝，无甚于中国，安南、高丽犹将胜之。以彼尚有银条相权为用，而所行使之鹅眼钱犹一例也。方今民穷财殚，所急者钱谷二者而已。而钱法由国家制之，当使费钱一千，

---

① 　选自上海图书馆历史文献研究所编：《历史文献》，第 7 辑，129～131 页。

可得二千之用，然后出钱多，圜法自然流通，亦足以胜私铸之利，使其权一操之国家，未易轻言规复旧制也。当十钱用以支饷，三十余年尽改而为制钱，每年应支之饷且及十倍，力果能给乎，否乎？今言富强者，动曰急行西法，抑知西人所以富强，果安在乎？彼其制备机器，动数十万金，数年之间无有利也。其规模已定，流行已广，而后计息，多亦不过分厘，所以为利者，由是以远，百年、数百年，利源为独长也。而自始计息时先取一成之利输之国家，所以为公私两利。窃譬之一家，然必其父兄督率其子弟，勤俭务正业，而后可以为兴家创业之基。其为之有效，守之有常，犹不可保要使不为放辟邪侈，则亦足以保家。富强者，秦汉以来，郅治之盛轨，优游驯致数十百年，幸而及之，未有人心风俗流极败坏，而可与言富强者也。今之诋斥西人，与其言富强者，皆眩于一日之闻见，随之以转移，所以为言不同，而蔽同也。因见申报而有感于一身衰惫之徵，聊为阁下一言之。《汉事会最》一书，检置箧中，待便寄还。癸叟夫人赴浙，嵩焘久居讲舍，濒行始知之，茫然不复记忆，盖凡事之颓废，大率如此，当存之傅青老处，以凭坿寄。近以半月失睡，眼疾大作，昏蒙尤甚。三四十年来，于此颇加保护，虽至老病，不甚为累。前冬目力大减，不复能辨小书，至是昏痛加剧，即此一书亦数息乃成。老景逼人，可畏之甚。手此申谢。敬请台安。愚兄嵩焘顿首。三月廿日。

（光绪十三年）

（三）

子玖仁弟大人阁下[①]：

去夏劼刚通侯命孙本谋就北闱试，奉上一缄，以事迁延，涉冬乃行。鄙意殊不然前缄，亦未致书。逾月再奉赐书并示有感五律，浑含坚卓，托慨遥深，汇陈时事，与所以垂戒，能举其大，为得少陵之神，言者谓当时自许稷契之旨具见于诗，固非虚语。嵩焘有与傅相论铁路书，回书谓所言深中其意，而以所谓干路者为不易行。往年数与傅相论海防机宜，尚记其一缄云："无与主持国是，虽处局中，如在局外，但能自就其知力所及，仿行西法，储养一二人才而已。"每思此言，为之慨叹。远近论者以是蔽过傅相，亦岂足尽傅相之心哉！尝笑自古言经国之计，能尽古今之变，述明哲之规，而不能审量当时事势与其才力能行与否？言之愈精，其去事理愈远。论人亦然。曩读船山书，辟申韩之说，极论

诸葛公不当用此为治。窃疑诸葛公生扰攘之世，值群雄并起争逐之时，仓猝以就功名，所自命者管乐，而其量固远矣。岂能以三代王政期之。其后从政粤东，稍求自试。涉历二十余年以来，言事者毛举多端，为综核名实之说，而后慨然叹息。思船山之言，盖亲见万历以后头会以其敛用操切之术，以求挽虚诬锢蔽之习，繁刑峻法，而狡伪者执法脱免，良善反罹其咎，愈益不当其罪，坐使人心解散，国计销靡，以迄于乱，是以言之痛切如此。处末流之世，纪纲法度废弛久矣，人心变幻百出，日益不可穷诘，于此当益勤求吏治，培养国脉，静以俟之，宽以容之，力求保国安民，使不至困乱无告，则犹可庶几也。袭世俗之见，剽窃一二古人之言，目击时事之日非，立言陈计谓可稍图补救，尤君子之所慎也。家居却埽，不闻时政得失。惟自数年前，广开言路，见诸言事者，穷极厘捐之弊，屡烦诏旨督责，窃独以为国家人才之乏，一至于此，良可浩叹。国家经费所入，自初盛时常留有宽余，以示宽假，取足以养欲给求。承平日久，侵冒日多，各关课税及钱粮正供所入，浮收常倍于经制，至有数倍而不止者。通计国家取民之经，惟厘捐侵耗最少，如四川之夔州、江南之五河，委员所得常一二万，为厘差之至优者。然岁收至三四十万，是犹二十分之一也。其间贪黩亏挪，由督抚用人之失当，岂章程之咎哉？要之厘捐亏挪准校经制常人之侵耗相距甚远，而收数固为至多，国家岂患少此岁入二十分之赢余，以资人之生计，而使各效其力。且厘捐之起，本由乾隆以后商人营建会馆，筹画公款，取之甚约而不劳，积之甚厚而有继。自顷军兴，遂用其法以筹饷，实为历古未有之创举。唐刘士安转运江淮所任使，多收人士有干能者，史称其通壅滞，任才能，富国而不劳于民。夫苟以常法行之，所在皆壅滞也。刘士安绾利权惟在引用士人，广储耳目，使远近之气常通，是以获美利，而人无厌苦。彼其所职在转运，犹国家经制也，而不惜烦费，以求举所职，国家终以享其利。厘捐为军兴以来权宜之计，不领于经费，又皆亲见其倚办军需，收荡平克复之功，裨益国家甚厚。言事者不知何所忮忌，悉力攻毁之。每下一苛求督责之令，则弊端日增，而收数亦日减。当事者群怀苛刻以绳其下，人心懔懔自危，相与粉饰掩护，以求寡过，所在巡丁役夫横行而无忌，此区区十余年所目悉而心伤者。枢部诸大臣生长承平之世，积资以至高位，本末得失宜所不能知，部书利用报销之名，为罔利之资。言事者从而助之，悉人士月得数缗、数十缗之薪食尽攘而夺之，以求快于心，使天下侧足而立。故尝以谓发此议者非言官之罪，吾辈不明学术，不达事理，持议论者之罪也。王壬秋博学多能，每与言此，辄为举司马德操之言：儒生俗吏不达时务。俗吏一时在官者，儒生则君辈也。究其旨多出于忮忌之私，以为吾不屑为此，天下亦安用此曹为也。由宋以来，以言语祸天下若此类者固多也。自去冬来由邸钞奉读谕旨，数举祖宗成法，怀勤勤求治之心，额手叹伏，诵圣人之明，及读裁并各局谕旨，叹曰此由枢府未究古今情事，惑蔽于人言以有此也。以厘捐归藩司，以保甲归臬司，以督销归盐道，所省局员薪俸支销皆可数纪，归并各署势将假手书役，其为侵冒岂可胜言。自古治天下大计在急通民情而已。至于筹饷下及民商，尤须体量商情，使人信从，而后欺蒙偷漏之弊少。局员专司其事，研求体察，决去壅蔽，犹虞不及，司道大员职任繁重，日行公牍已费摒挡，又深居宫府，属吏已罕见其面，奔走给使令者门役耳、书差耳。令有不便，且至无所控诉，而又使之持筹握算，与商民争锱铢之利，非独自塞其利源，其伤政体实甚。本朝立国规模与前代异。前代州县皆有库储，如南漕一款，皆存留州县备用者也，一切主之自官，百姓纳课税供使役，其势常至隔阂；国朝州县多资绅民之力，列入祀典坛庙无一不归民修，官民之气常通，是以深仁厚泽洽于人心，亦由民气易以上达故也。举办厘捐，引用士绅，本刘士安成法，良亦国家风会致然。历观前代史册，军兴用烦为转饷之计，设法征求，多立名目。其法虽较今日厘捐为烦，而所取亦未必加丰，乃至焦头烂额，转徙逃亡，怨咨载路。盖州县之横征，差役之苛求，壅蔽深而侵牟者多矣。厘捐之兴三十余年，大乱已平，相仍不废，诚因各省有留防之军，有协拨之饷，不能不资取给，实亦其用法简便，民俗习而安焉，不如前代之扰乱不可以终日也。设局用一委员，日与商民相见，稽核既周，交纳尤便。所以能通壅滞，良由此也。奈何悋一委员之薪食，假手书役以益其壅滞，为此纤啬之计乎。无已则并各局裁彻之，不能利国，而犹足以便民，以各保其私利。若仍存厘捐督销之责，而尽去其实，决知所收远不能逮今日，徒使商民困于书役，流离耗敝，相与怨咨，以从前代之稗政，其失计也甚矣。至于盐务之有督销，尤与厘捐迥异。厘捐局用有常，而收数赢绌不齐，少一支销，即多一解款。盐务专以所销引钬为程，国课在其中，局用杂款亦在其中，取之商人所得之赢余，随所销额引缴纳，多销一引，即多得一引之经费，少销一引，亦只能计引完课，不能以所收之经费填补额课也。是以厘捐、督销、局用同取之商民，而督销、局用尤与国家经制毫不相涉。必裁去局员，谁与任督销之贾者？曾文正公初议招商，举行票引。嵩焘时为运司上言，盐务以引地为纲领，军兴以来，两湖引地为川、粤各私占踞，从何收复？今当先为收复口岸之计，如各府县城及各市镇商贾汇集之所，必有销盐市肆，多或数十百处，少亦数处，督使销行引盐，此易辨而知也。但使口岸不能屯积私盐，即票引可期畅行，而引地自复。惟须所在以一官督之。文正公复书极以谓然。惟云收复口岸四字未能见之公牍，当仿其意行之。此督销局之名所由起也。凡经设立督销局，皆行引盐，无局者，皆私盐也。嵩焘屡言之督销局总办，并以开局经费为虑，不敢多设。通计湖南分局，不过十余，湖北、江西各设三四局而已。窃谓司农经国计者正当责成督销，不宜为商人惜此经费，以取坐困，而反日责以裁局员、减薪水。抑不知此经费果国家经制乎？抑出自销行额引之商人乎？盐务国家大利，当细心体察，挈其要领，鼓舞商人为之，见小惜费，经营一家生计且犹不足，而可以言国家大计乎？嵩焘任运司一月，时票引尚未举行，即各场竈并利行私销与清理收课银三十余万，加于盛时，故凡国家所恃以理财者，急求择人而已。未闻朝出一令，夕发一议，束缚办事者手足，而能稍有裨益者也。嵩焘自以无才，不敢过求仕官，去岁一病数月，精力衰颓，于人事无所介意，而自初通籍已历四朝，身在江湖，而常系心君国之重，欲以此意上陈，以非职分所及，不敢自贡其愚于同时在事诸君子，又未宜以一隅之见，妄有干渎，特私以质之阁下。枢府如孙、许两公及翁尚书、潘尚书、曾侍郎皆知言者，乞以此说详陈之，以希万一之有斡旋补救。其在下持议论者，尤不可不使知此义也。敬颂台安。

愚兄嵩焘顿首。开春五日。

（光绪十六年）

致金安清

眉生①仁兄大人阁下②：

七月廿八日接奉赐书，犹五月卅日书也。前械言曾补录《食笥斋遗

---

① 眉生：金安清，字眉生，浙江嘉善人。
② 选自上海图书馆历史文献研究所编：《历史文献》，第 15 辑，172～175 页，上海，上海古籍出版社，2011。

集》题辞，至今未奉到。六月十八日由胡万昌寄呈一械，并《潜园杂俎》刻本，计期已逾四十日，想达台览。蒙示诗文各稿，读之惟恐其尽。定陵大勋录序，不独关系一朝掌故，其显扬遗烈，使一代政治得失及前世所以兴亡，穷而必变，变而必通，一览而尽。其要秘曾侯克复金陵一奏亦略言之，此外知者盖鲜。嵩焘以戊午冬入直南斋，数月之中，五蒙召对。考览人才，详察军情，颇谓尧独忧之，禹益无能为功，所以卒成中兴之业，十年之中守之定而居之安，其植基为甚固也。即洋务一节，两朝圣人见之至明，独苦枢府诸公都无智识，廷臣交哄，有口斯庞，相与观望周章，透过于上，人才国是视康熙时相去本远，操纵机宜多有未尽，要其为心固即圣祖之心也。僧邸驻防天津迫于群议，非上意。嵩焘在津防，自正月至五月，亲见寄谕十七道，但令僧邸迎出外海，晓谕改由北塘进京，所定条规一无悔异，此直出上意，非枢府所能参与。僧邸坚不一晓谕，忽出不意，击沉其二船，圣心为之数月不怿。僧邸始命嵩焘面为陈说，蒙谕云："国家艰难，至今日不宜再有边衅，归语僧格林沁，慎固边防，朝廷仍以讲和为义，必不能和，亦惟有战而已。"至是，始奉嘉奖之命。通计前后三十年，洋人流毒中国，始于林文忠，成于僧邸，而天下至今歌诵，盖自南宋以议论争胜，八百余年，中外相交接之宜所以奠定，国家无能知者，宜其然也。嵩焘始奉命赴津，曾一论洋务情形，谓圣祖平定罗刹方略，即今日程式，圣祖召见荷兰商人在京师者，使之通书，其时俄罗斯与中国声气太隔，故假荷兰以通之。今恰克图通商二百年，能俄语者必多，江、浙、闽、广沿海通商地方，于西洋各国语言文字多能通晓，宜令黑龙江将军及各督抚各举一二人，以四译馆一官处之，稍优其廪气，遇有疑难，可因以考求夷情，以推知措理之宜。圣心为之大动，手授三王此折，令与军机大臣会商，卒无成议，则道光三十年端拱守文，无人才留遗之故也。（后设立同文馆，乃出驻京公使之意，其端由鄙人发之。）是以嵩焘供奉内廷为日无多，而深怀昌黎有君无臣之叹。阁下论夷务，弟生平所最服膺，宽严缓急，为用不一，而皆曲中肯綮。今时洋务勉强支吾，善计者亦仅得其末之一端，天下未有无本而能推行其末者，建中探本论至矣。苟得其本，宽严缓急，无施而不宜，故能语此者难也。致湘乡、合肥两相国书力陈主战之非，两公于夷务粗得其恍惚，未能深悉，至于主战之不易则固深知之矣。惟其位高望重，顾惜清议太过，托为此言，以求厌服众心耳。尝笑办理夷务三十年，战、和两字，从无人解得。战有二，曰攻伐之师，曰应敌之师，舍此无战法。今将责以攻伐乎？七万里之国，都大海以外之轮船，非吾力所及也。责以应敌乎？广东一攻而覆其城，天津一炮而隳其防，谁与应敌者？其后长驱以入京师，敛兵息马，未尝言战，吾何从与之战哉！和有二：曰遣使聘问，曰岁币，舍此无和之可言。今之苛索兵费，犹是以力相制，并非解兵结好。尤奇者，广东辱及疆吏，而通商如故，天津兵戈相接者两年，而各口通商亦如故。用兵无名，据此为和尤觉无谓，然则今之夷务以何为名？曰在彼为要求，在我为应付。要求者无厌，而必有其情，应付者无恒，而务循其理，情与理两得，则几矣。不审于要求与应付二者之宜否，纷纷言战、言和，何为者哉？夷人未入京师以前，尽有控制之法，而颠倒迷乱以至今日，其术亦穷矣。直须力求本计，朝政清明，疆吏尽职，一日不懈于政则一日安。尊意筹洋中策可以因陋就简为之，非也。有其本，而后可与议富强；无其本，虽有富强之策，谁与推行之？一疆吏之勉尽其职，庸足多乎？其势又固不能行也。林海岩亦奇士，存此议以备一说可矣，无识者或竟取而行之，其不为韩节夫、贾师宪几希。尊书谓洋务、盐务并有论说，而盐议未蒙寄示。盐务实筹饷大宗，鄂人得川私之利，公私取给，护之甚至，犹人情也。湘人两无所利，又益减其税，以招徕为名，所收不逮从前十分之一，使蓄其有余，以与淮纲相胜，而坐致困穷。平原智术所及，穷于思议，大约力排公论，以为生平经济力量莫大于是，其他皆非所知。末流之世，人才大率如此，不如此不足以致乱，则亦必不宜于今。湖南水旱虫荒皆兼有之，然不为灾，谷价尤消减，意者人以酿乱为心，天亦应之，姑蓄其势以有待耶！鄙心忧危，罔或释然。铜山、阳湖两公一时并逝，楚人士闻之，莫不悲痛者。日来接悻世兄赴告之书，于悻公加惠吾楚，与楚人所以追思悻公，不一及之，岂意有所避耶？楚人正拟为两公并建一祠，具呈大府，以闻于朝，兼祀之名宦。承寄示湘乡奏稿，得此亦可据以立言。湘乡不为乞恩而语长心重，使其恩出自朝廷，正所以推重悻公，石田乡里之谊，岂能膈膜视之。悻公行述，拟与意城分叙，在楚抚任内，意城实从事左右，能知其曲折。尊书尚未寄乡，一二日无便，当专送耳。大诗有宜和者，衰老病废，不乐构思，容缓和寄。广东又有烧毁教堂之案，士民愤然一逞，终使朝廷承其患。谣言初起，但出一示，凡被毒人民，报官验明，立与查办，则流言不禁自息。此与天津案正同，世人尽为天津府县称冤，吾谓此其罪应尔，即是此义独不能为世俗人言耳。复请台安，不尽驰系。弟嵩焘顿首。

顷书将成，续接七月十六日一书，后半即答此书之意。八月朔日灯次。

送朱肯甫学使还朝序

士敝于俗学久矣。其所习，务外为美观，而检治其身与心，无有也。其所为学，役聪明驰骋文字之间，而通知古今治乱之源，与民物所以相维系，无有也。师儒用之以为教，有司循之以为政，贤且能者敷张文饰以为容悦，以成乎矫诬浮敝之天下。学之不修，岂小故哉？

朱公肯甫视学湖南，心有闵焉。轨士于正，发奸摘伏，无所容假；遴才于学，一艺之长，必甄录之。其将行也，倡立校经堂，谋尽除一切课试之法，选取高才之士向学者，环集而董劝之，磨砻乎世事、沉酣乎经术，务以兴贤育才、整齐学校为心。自宋以来，尽敛天下才俊，纳之于学，于古所为一道德、同风俗者，若将近之。终其所以为教，课试之以文而已。其间老师大儒，自以所学为教，启佑人才、风俗，渐摩变革，常称盛焉，即今书院之制也。国家当乾隆盛时，诏天下尽立书院，辅学校之不足，规制大备，可云极盛。独怪其时，圣人在上，人文蔚兴，在廷在位者类能通经致用，而无能考求宋贤遗规，胥人士而达之古，一取科举程式被之书院，视若帖括取科名外，无有学问者。仪征阮文达公，于浙建立诂经精舍，于粤建立学海堂，一时人士渐知有朴学。直省大吏，稍稍仿效行之。其为法，但月一课试，非有优游餍饫之功、涵濡讲习之益，是以人才终无由上希乎古。忆始受学，数十年间，习闻湖南督学贤者祁文端公、刘韫斋中丞、张海门侍读，而于其中厉威严，有课士之实功，独昆明钱公。且及百年，而后得公，又益为之兴学。观其意，将谋进湖南人士，远希有宋盛时，不止若阮文达公于浙于粤之为者。

衰老且病，于时事无所关与，莫能出一言相赞益。于其将行，窃愿有言，诚惧夫后之人不达公立法之本指，仍取资课试之法，相奖为具文，而终道之于利禄也。于是乎书。

送陈右铭赴任河北道序

闻之《记》曰：知、仁、勇三者，天下之达德。夫此三者，各有执以成名，而谓之达德，何哉？德者，载道以行者也。其必皆有足于己，而后沛然行乎道而不疑。故夫执一端以为应事之准，诚若异于流俗，而其轻重缓急得失之间，有过不及之差，则亦无由推而放之，以应乎时措之宜。三代以上人才所以盛，学素修而行素豫故也。

吾始闻陈君右铭之贤，就而与之言，则所知多他人所不知。及历之事，又见其渊然悱恻之发，求当于物而后已。其行之也，甚果以决。久之，而君所治事，群湖南之人信而服之；又久之，承望君之名，则亦莫不顺而从之。所谓知、仁、勇三者，学素修而行素豫也。聆其言，侃侃然以达；察其行，熙熙然以和。坦乎其心而不怍也，充乎其气而不慑也。

光绪庚辰之春，诏求人才，大臣多以其名应。于是特命分巡河北，行治河堤数百里，任重而位尊，名高而眷深。而君习湖南久，其行也，心若有不自释。湖南之人亦茫然于君之将去此也。天下之需人急矣，非独湖南之人为然，由河北以至天下皆然。而观于今之人，知者几何，仁且勇者几何。苟得其人，必良吏也。而能至者鲜。能至而未备要之于道，必未有闻焉耳。学之不修、德之不足，违于天下，民将安赖？而君之去人远矣。则宜湖南之人流连咏慕，旁皇太息于君之行也。然天子方知君，且知君之德于湖南也，堪大臣之任以拯斯民之阨，湖南之人将终受庇焉。于其行，为之序以期之。

相国曾公六十寿序代

相国曾公领畿辅之三年，实惟同治九年，吏法民绥，家弦户讴。朝廷以公六十生辰，颁瑞玉而赐厘焉。于是中外百司执事，下讫民庶，皆曰公为国家柱石，以覆育生民，至于今十有八年，疑公寿已及耋。今睹天子之诏，实始六十，所以保乂我皇家，其永有赖。相与鞠脼歌吟，风驰雷动，万口欢腾。如冕者，何能出一辞以赞扬公之盛德哉。

虽然，冕之获私于公，有不能已于言者。冕官江南，闻公入翰林，天下称其学行，以为文学侍从之选无逾公已。而冕以事被逮京师，谒公邸第，则望益崇，学益进，知为理学名臣矣。及粤寇起，公以忧归，有诏起公于家治军旅，慨然以澄清天下为己任，而后知其豪杰伟人。冕于公盖进而益窥其深。而自咸丰初元，左景乔舍人自京师归，述公言，谓：冕可属大事。冕闻甚惊，以为侍公日浅，何遽相期待如此。其后数以兵事见公，从容语冕：往昔就逮京师，人言汹汹，闻者顾冕眙，而君言笑怡然，以知君气定而神完也。至是始悟左舍人之言，原出于是。冕与沅甫宫保以师出袁州，解吉安之围。公时在南昌，喜甚。后尝谓冕："君何自赏识吾、沅甫？"冕答言："沅甫国士，不难知，正不知沅甫何自赏识冕。"公阔达知人，一时贤士，甄别无遗。而冕以一见获公知。自顾衰颓，从公兄弟间规画天下大局，望见崖略，蒙一言以自壮，于公之私义不能忘，而亦确知天下毁誉是非无足介意者，此所得于公之深也。

史称张苍年九十为汉名相，文潞公平章军国重事，年八十四，至使夷狄望见之，惊为天人。然其功业文章皆无闻。公体性坚强，年寿上过二公。今称寿方始，无足为异。而自汉置丞相二千余年，德业文章兼备一身，未有若公之盛者也。冕幸获以其私率先乡人发扬蹈厉、赓导盛业，将以上继《崧高》、《生民》诸诗，传美无穷。乃歌以侑觞曰：

圣清万祀，中挺名世，披山涤川，反乱为治。万邦是宪，天子是毗，载张其阀，风示四夷。以跻仁寿，薄海一轨，公寿初基，恂恂甲子。尊罍既设，钟鼓既陈，帝赉尔年，百祀千春。

送李申甫方伯西归序

同乎俗者违乎道，由乎道者忤乎俗，古今类然也。夫使其道不容于天下，憔悴枯槁，终老牖下，而其心泰然有余，舍俗以从道可也。而或事任所集，名望所归，百姓环而待治。趋走之吏，数百千人，刑赏出其喜怒，舒敛由其操舍。以道则格而不入，以俗则荡而无归。是果何从哉？古之君子求尽乎道者，尽乎理之宜焉而已。宜于己，弗宜于人，非道也。张乖崖讽寇平仲以不学无术。术者，路也，左焉右焉而皆有以自达者也。极天下之艰难险阻，以求其通；察人心之曲折纠纷，以尽其变。行乎刚毅，而自遂其刚毅焉；行乎廉让，而自遂其廉让焉。君子惟得乎此，是以其道用之而不穷，而介焉不与俗相混。

虽然，君子于此非有人之见者存也。庄生之言曰：形莫若就，心莫若和。就不欲入，和不欲出。入焉而将与物靡，出焉而终与世戾。如是而悬一俗以较其从违，其去道也滋远。君子之求尽乎道，求所以自尽而已。尽乎道而身安，而俗亦随之以化，如是而后全也。

申甫方伯来藩吾楚三年，遭谤以行。人曰：方伯由乎道以远于俗，不容而去，宜也。夫为君子者，苟无悖于道焉，斯已矣，俗之宜不宜弗论也，而心乎天下国家，又有进于是者焉。方伯行矣。古者朋友之别，以言相赠处。窃愿窥原以是为献，要诸方伯之再出，而有以一宏斯言也。

送陈右铭廉访序

国家席承平之业，高官美仕一出于科举。迄于军兴，崇奖武功，负剑提戈，收一战之效，名尤高，仕尤显。其间用科举之资，赴功名之会，驯至封疆节钺，肩项相望。而亦有志节、声名，人望所归，几显用矣。而遭回郁塞，若或沮之，施焉而未闳，耀焉而未光，若吾右铭廉访，天下想望其为人，而又重惜其遇也。

廉访始就乡举，值粤寇起，集团兵捍卫乡里，克复义宁州城，于是言者皆以谓廉访知兵。其后金陵余寇窜据江西，擒其酋，蹙贼广东蠭平之，益用武功以知府需次湖南，与平贵州苗乱，擢道员。盖廉访积资至监司，一以平贼功，而固未尝习孙吴之书，总将帅之任。其自视经营天下，蓄之方寸而发于事业，以曲当于人心，固自其素定也。艰难盘错，应机立断，独喜自负。沈文肃公巡抚江南，奇其才，事有疑，必咨而后行。曾文正公尤许其有济时之略。嵩焘自海外归，始相见甚欢。每过，抵掌谈论，以澄清自期，视人世显荣富贵夷然不以屑意。于是益信其才之宏而蓄之远也。简授河北道，擢浙江臬司。闻其在河北，创置治经书院，修沁河诸坝，以资蓄洩，杀黄河之势。在浙治盗尤有声。谓若廉访可为有救时之具，而尝惜吾湘未一与被其泽。而廉访居湘久，尤与湘人习。既解官，就家长沙，以为心所适也。因念数十年来，新建夏公需次湖南，最称贤能，惠施至今，湘人多能道之。廉访后夏公二十余年，名声又偃其上，皆江西人也。夏公一任盐法道，未久迁官。廉访于省城未有职任，其政绩多在辰沅，而湘人啧啧称道，乃在绥宁治匪一事。盖数十百年犷悍嚣陵之气，官吏束手无策，廉访就其地求得干才一二人，授方略，令各清其族，捕治数十人，不逾月而民气为之一变，至今贴然诵廉访之遗爱也。

尝与廉访论从政所宜，以为莫易湖南。今遂稍申其志。其于吾湘设施必益宏远，为其心所宿契，而湘人信服之尤深也。及河决郑州，高阳李公任治河，奏起廉访。至则不任受事，独居幕府备议论。既治河有成绩，而李公去，亦遂戛然以归。河南巡抚倪公追叙其劳，为枢府所持。廉访诚自远于荣利，而人亦因其自远而远之。以此叹当国大臣无审量天下大势、考揽人才之知略，一用其绳尺，苛求小节，播弃非常杰出之才，无与扬诩昭苏之，斯亦天下之大忧也。

今天子亲政，稍用疆臣之言，征求有名绩者，将加之简畀，而廉访首膺是选。庶冀朝廷遂及时用之，俾其蕴蓄得一发摅，必有以济时之艰危，而使生人受其福。夫豪杰伟人，乘国家危急之日，以功业著。此必待其功之成而始见也。而先事之筹防，与人才之所资以备用，必存乎当国者用心之明而通、公而普，则所祷祝以求，又不独在廉访，而在一二能知廉访者。固将于廉访之此行卜之也。

刘韫斋中丞八十寿序

自古贤圣过人之才，非能甚异乎人也。固必有当于人之心，而其心亦自以得当于天下，行焉而不疑。其于人也，无不达之情，人之承事左右，与其瞻视数千里之外，亦各自输其情，塙然若有所资以为信。以施之政，则和以平；以验之物，则诚以信。非有钩距发摘之术，而无敢玩以事；非有崖岸峻绝之行，而无敢干以私。所以为大过人者，岂待自矜饰绝远于人以求异哉？

韫斋先生始视学湖南，甄才而拔尤，黜浮而崇实，人心翕然知所归矣。未几，奉命来抚，承花县骆文忠公、阳湖恽公、合淝李公之后，吏事修明，人民乐业，益务为宽裕敦博，绥之安而动之和。于时东南兵事底定，而贵州苗乱且三十年。湖南屡发兵讨之，殚财用，烦征调。先生至，为易置将帅，委任而责成功。以其余间招贡院基地，葺岳麓、城南两书院之刓敝者而新之。士欢于学，民讴于衢，幸得有所倚恃以睎成平之业，而忽蒙内召之命。先生笑曰：吾安湘人，湘亦不吾疚也，且老而求息焉，卜筑以家于湘。迨今二十年，志虑日聪，精气日强，见者相望以为人瑞，而尤快道德之光华，荫庇湘人之日长也。

自军兴以来，湖南以一隅之力，支拄天下，前创后因，循途践辙，诛锄荒类，纳之太和。至先生而始讫其成。然骆文忠公之功，讫于湖南，涵濡酝酿十有余年，惟能久耳。先生无久道之化，无盘错之施，独以其德量开诚布公，餍饫人心，历久而不能渝。其视先生，流寓为旅人，与其在官，皆若父兄、师保之相亲相慕，倾心倒意，毕陈于前。先生亦自忘其崇高，抑然以与为欢洽也。独怪先生德器凝然，守之定，行之安，不与时为浮湛，为朝廷倚信，而一夺于人言，再中于飞语，上意姑以应言者之口未遽相弃也，而先生之志亦稍损矣。使用其二十年之精力，绥辑湖南而煦噢之，盗贼屏息，民俗纯厚，可计数定也。意者损益盈虚，与时消息，绥定天下之功，成于湖南者，必不可长保耶？而先生得以其宽闲之年为颐养之资，顾视湖南人民之欣戚，朝夕见闻，用相慰荐。湘人延颈跂踵以祝难老，亦先生之所闻而欣快者也。

先生质厚温雅，喜怒不形于色。敫历中外四十年，无姬滕之侍，无货币之储。退休于所莅官之地，门人集资置田宅，相协厥居。圣人言君子之戒三，综先生生平，无一之累其心焉。哲孙湘士、理卿，同岁举于乡，继起蒸蒸，有光门阀。而湘人咏歌颂祷，独谓其两历湖南，讫其去官，始终一节，于身无隐情，于人无愧辞，通德类情以成乎矗矗，为有不可忘者在也。荀子曰：平易近人，人必亲之。人知先生德量不可及，而所以大过人者，重关洞开，明目达聪，无有障蔽，其尤在平易乎？

嵩焘忝为后进，去处进退亦略相同。始归自粤东，适先生莅湘，日或一再就见，先生坦然无所疑。嵩焘亦未尝以形迹自疏外，吏民见者亦知先生相与之诚，无有异议。及退而旅居，嵩焘奉使海外，于先生七十之寿，未一跻堂称祝。今岁丁亥为先生八十寿辰，嵩焘亦年七十矣。犹鞲鞠脰，进一觞为寿，良亦一时盛事。于是首为颂辞，以道湘人之忱。其辞曰：

涉湘典学，激扬后尘，再徯来苏，华毂朱轮。公来熙熙，业光道泰，一言委官，百城失赖。振湮疏滞，肇始骆公，公会其成，畅宣德风。披诚纳物，谁怼谁忮，利口兴讹，蛮言害治。诏令还朝，公曰予休，不忍湘人，偕钓偕游。二纪留骖，八旬晋弇，与颂巷歌，以介纯毆。岂惟年寿，保界山河，比德量功，孰与公多！愿祝期颐，添筹益算，敬致颂辞，协声笙琯。

李筱荃尚书六十寿序

国家敦庞博大，乂安无外，必有元功硕辅，恢张门阀，为国屏翰。汉之平、韦，唐之裴、苏，奋迹中业，比响联声，蔚为名族，功施烂然。至国朝而昆山徐氏、太仓王氏、桐城张氏之门望辉映一时。际昌熙之运，赴功名之会，弛张趋舍，希世宏务。顾未有挺不朽之业，树非常之功，文武兼资，匡时斡运，若今合淝之盛者。

今合淝尚书李公，实为相国肃毅伯之兄。起家文学，兄弟任将帅，高官厚秩，萃于一堂，子姪相继为翰林，而太夫人固健在，光荣显耀，实迈今古。所辖两行省，三千余里之地，与肃毅伯南北相望，岳立巍巍，天下仰之为宗臣，而楚人之倚公也，饮食有祝，居游有讴。编户外民，怨怒窘穷，悲忧困郁，无所得直，恃公申理。朝廷亦知楚人之有利赖也，畀之重，任之久且专。虽公之视楚人，一若其子弟家人之效，奔走而供指使者，忘其尊，而近之、戚之，人亦忘公之尊而相与归附之。于是公之任两湖，前后十有六年矣。庚辰秋七月为公六十揽揆之辰，嵩焘忝为部民，习公之政，而乐导指楚人之所以相维系者，以永其祝祷之思，而为之辞曰：

国有重臣，连圻并建，不宁惟楚，万邦是宪。析疆限域，时政纠纷，视所兼辖，理乱弗闻。惟公勋绩，人倚为重，氓獠万里，瞻依与共。公身之系，天下安危，载歌纯毆，以歊其私。

李次青六十寿序

儒者负文武才略，其志意又伟远。尝欲为天子牧民戡乱，赫然著大勋劳顾。或时势交阻，颠踣困穷，卒不得一行其志，此殆非天之所以厚之也。其或性情冲夷，脱然荣利之外，而事会牵迫，遂至驰驱戎马，膺至艰大任。虽天下乂安，名位昌显，而鞅掌王事，仍不得一日少休。此似天之厚之，而实非所以厚之也。若平江李君次青，天之所以处之殆厚矣哉。

君少负干才，又勤苦力学，多知古今沿革损益之宜，慷慨激昂，喜任事。从张振之府丞溉奉天，揽边关形胜，陪都锁钥之重。以关东天下根本，朴厚纯古，蓄积至深。而东南民气彫敝，悍健椎埋为奸，乱机数动，慨然怀澄清天下之思。会曾文正视师长沙，君上兵事数千言，而隐其名。文正公大韪之，求其人不可得，笑语君曰："是非李君莫办矣。"遂留参军事。甫出师，岳州水陆诸营未集，而贼大至，陆军溃。文正公简料水师退保长沙，自以召募成军且一年，不足资一战，拊膺太息。君奋曰："无忧，军虽溃，而塔智亭、罗罗山幸未与。杨厚庵、彭雪芹治水军，足可倚恃。"指左右侍立诸将弁曰：此一辈人支持天下有余。于时侍者黄昌期、鲍春霆，方以武弁为亲兵也。文正公亦恃君言为壮。其后塔忠武、罗忠节立功名天下，而百战以殄巨寇，肃清海表，卒出此数君之力。天下尤以此服君之知人。

君在军久，亦思奋起立功名，不乐以文章自见。创立平江勇营，以兵事始终。然诸军卷甲急趋，乘贼之懈，君辄不与。而艰难困厄、危苦支拄，居常以身任之。今肃毅伯合淝相国尝论君，谓为李广数奇。君亦以数保孤城，抗遏强敌，名闻天下，皆指望之以为不可及云。一为按察使，两为布政使，晚出平贵州苗寨，功尤钜。而君一切弃置不顾，浩然解组以归。塔忠武亦尝谓君有儒略，当以文章高天下。君在贵州军营，集国朝名臣耆旧事迹，为《国朝先正事略》，识者谓为一代人物朝章典故所系，而其文高雅纯悫，比之欧阳文忠公《五代史记》亦无愧焉。文正公学行武功震耀一时，君从事最久，受知亦最深，规模气象，仿佛近之，亦惟其文之足自显著，以扬于无穷也。

今年秋为君六十寿辰，太夫人方健在，君引《礼》不称老之义，却乡人祝祷之词。嵩焘独谓君以六十之年奉亲致养，为生人之至欢。而太夫人之视君，少而立文名、壮而以事功显，忽忽六十，而以优游林泉文史自娱以娱其亲，则尤古今人传为盛美懿行，称述无穷者，安可以无纪也。嵩焘亦获从文正公游，自兵事起，几三十年，今存者独李伯相、杨督部、彭侍郎，落落数人，而或出或处，名迹各异。君独以栖迟林麓，奉亲著书，极孝友文章之乐，为诸公所不能逮。然则天之所以处君者诚厚哉。夫君既善以自处，而天所以待之者又甚厚无穷，则其所以流传今之人，固不仅在区区事功之一末也已。

志城五十寿序

往胡文忠公论吾兄弟之才，以谓意城视吾优矣，志城又益优。尝笑曰：君家兄弟，后者累而上，若汲长孺之积薪也。然吾兄弟皆自守耿介，未肯一规仕进，吾以菲才，遭时窃位，实权开府，赞戎政。意城出入曾文正公、骆文忠公幕府，削平寇乱，不受官，天下高其节。而君足不逾里阓，名不交诸侯，晚乃以转饷贵州进一阶。三人者相与浮沉，独君始终一节，不渝其志。自兵事起，布衣起徒步，操尺寸之管，凭借权力，致身节钺，肩相摩、踵相接也。吾兄弟是时多已通籍，退然引避之。其尤贵且显者一二人，君实与同时举事，于家常自负其才。谓是挟智任术，短长纵横，吾不屑为也，则益气陵其上。其人忮忌，内慑吾兄弟名位气力足与抗，以参是益嗛君，然每语未尝不多君之才也。

君既一切无所取求于世，益刮去崖岸角圭，以善施和众。乡里争者息之，嶢者平之。与齐民杂居无所厌。亲姻故旧贫者，推寒送燠，权量有无多寡，躬自拊循之。其规人缓急而与计长久，甚于利病之切其身也。以困苦急难告者，日常交足户外。君顾嗛曰："吾不及与之谋，而烦吾告也。"是以君名在乡里闲［间］为独著。

夫圣贤汲汲天下之利病，非自侈其知之能谋、力之能任也，其心有不得已者焉，而将藉手以胥致之康乐。及进筹夫一官之任、一泽之施，又若有甚难而不肯一苟就者。贤人君子之用心，宜如是也。吾三人之志与其所学，大抵皆同。而吾屡进用，屡不得行其志以去。意城不求用于世矣，而功益多、名益显。君顾寂然无所表见于时。人世所谓才者，其奚以为也？而不才如吾，天将不甚爱惜焉，而使一涉仕宦，以与今世士大夫比耶？胡文忠公幸在，又将何说以处此也？

抑吾闻之：凡物郁积久，则其发也光而施也远。君与意城诸子皆才能取科名仕宦，而君善病，及暇自调适以葆其生，终其所得为多也。天之命夫才也，施之身与逮及其子孙均也。今年十月，为君五十生辰。意城方就养浙江，而吾官京师，以病求归。先为是文，寄意城书之，以为君寿。三人者之生平，有同有异，有离有合，而其志趣之所及，皆非今世有也。而相守以至老寿，此又岂易得耶？吾诚不敢以贵且显者之乐而易此也。

曾文正公墓志

同治十有一年二月，武英殿大学士总督两江曾公薨于位。天子震悼，赠太傅，谥文正，命儒臣撰赐祭文、墓碑以葬。公子纪泽、纪鸿以铭墓之文属之刘公蓉。未及葬而刘公薨。检其遗书，得所为铭辞，而前叙缺焉。于是嵩焘涕泣，承刘公之意而序之。

公讳国藩，字伯涵，号涤生，湘乡人。咸丰初，寇发广西一隅之地，所至糜烂。盗踞金陵十四年，尽蹂江浙两省地，披而有之。公以侍郎奉母丧归，起乡里讨贼，奋其占毕之儒、粗耰之民，荡长江万里，蹙贼蹜之。天下复睹乂安，民用苏息。已而合淝李公平捻逆于鬲津，湘阴左公殄回乱于关陇，皆用公荐擢，席其遗规，遂藏成功。于时江以南构乱尤深，公再督两江，嘘枯剪莠，煦濡群萌。孤嫠有养，儒宿有归，渐摩淳涵，纳之太和。故公功在天下，而江南之于公，若引之以为己私。

公始为翰林，穷极程朱性道之蕴，博考名物，熟精礼典，以为圣人经世宰物，纲维万事，无他，礼而已矣。浇风可使之醇，敝俗可使之兴，而其精微具存于古圣贤之文章。故其为学，因文以证道。尝言：载道者身也，而致远者文。天地民物之大，典章制度之繁，惟文能达而传之。俛焉日有孳孳，以求信于心而当于古。其平居抗心希古，以美教化、育人才为己任，而尤以知人名天下，一见能辨其才之高下与其人之贤否。蒙古塔齐布公、新宁江忠烈公源、衡阳彭公玉麟、善化杨公岳斌，或从末弁及诸生，奖拔为名臣。其于左公宗棠趣向不同，而奇左公智术，以公义相取，遂以显闻。即受公一顾，争自琢磨砥砺，敦尚名节，在军必立事功，在官为循吏，曰："吾不忍负曾公。"而公敛退虚抑，勤求己过，日夜忧危，如不克胜。自初仕及当天下重任，始终一节，未尝有所宽假。及其临大敌、定大难，从容审顾，徐厝之安，一无疑惧。此公道德勋名被于天下，施之万世，而其意量之闳深，终莫得而罄其用而窥其藏也。

公以戊戌科进士，改翰林，又明年，授检讨，五转至礼部侍郎。文宗即位，求言。公疏陈本原至计，天下惊叹，以为唐、宋名臣所不及。

典试江西，未至，丁母忧。会广西贼围长沙，命帮办湖南团练，治军长沙，又治水师衡州。武昌再陷，命督师东征，再克之。转战江西，丁父忧归。上即位，授大学士，总督两江，节制三省。而公弟太子少保威毅伯国荃以一军特起，复金陵，天子嘉劳，锡[赐]公一等毅勇侯，晋太子太保，旋调直肃总督，复调两江。

公生于嘉庆十六年辛未岁十月十一日，薨于同治十一年壬申岁二月初四日，年六十有二。曾祖竟希，祖玉屏，父麟书。自祖若父，皆名德耆寿，及见公为侍郎，受封光禄大夫，妣皆一品夫人，天下荣之。配欧阳夫人。子纪泽，户部郎中，袭一等毅勇侯；纪鸿，赏举人。女四人：一适袁氏，江苏松江府知府芳瑛之子；一适罗氏，浙江宁绍台道追赠巡抚忠节公之子；一适员外郎郭刚基，嵩焘之冢子也；一字聂氏。孙三人：广钧，举人；广镕，六部员外郎；广铨，六部主事。年皆幼，朝廷推恩，赏官有差。

公识量恢闳，望而知其伟人。生平趋舍是非，求信诸心，不与人为去就。一言一事，研核无遗，尤务规其大而见其远。始出治军讨贼，以东南大势在江险，不宜尽弛与贼，力请以水师自效。为钦差大臣，建三路进攻以规江浙两省之议。讨捻逆河南，建合四省之力蹙贼一隅之议。皆策之始受事之日，其后成功，一如公言。在军戈铤楼橹，短长尺度，躬自省量，无或苟者。荣辱得失，无关其心，而未尝一念不周乎天下、一事不尽乎民隐。《传》曰："为仁由己。"公无愧焉。公学行功业，具见国史本传及合肥李公所撰神道碑，不复论著。著其生平志节关系天下之大者，揭于公之墓，而系以刘公之铭。

陈母李太夫人墓志铭

太夫人李氏，处士大嵘女，世为义宁州人。年十七，妇于陈氏，及事舅与姑。而舅年最高，承事最久。舅心安之，每语赠公："汝有孝妇，无以我为虑。"赠公亦尝语人："圣人之言曰：终身可行，其恕乎？吾妇其近之矣。"以是施于家，孚于人人，推其致孝于舅姑者，以仁其宗族乡党，下逮臧获。视所推惠，皆若其子弟然；督课其子弟，又若严师然。

当道光之季，天下繁富，以侈靡相高。李氏故钜族，亲党问遗丰厚，太夫人常裁之以礼，曰："吾求其有继也。"其后十余年，东南乱作，赠公治团保卫其乡里，以劳卒。太夫人则罄家督子弟从军讨贼，曰："此何时乎，汝曹尽一日之力，宜有一日之效。"其子右铭观察，果用才能显于时，有名。

光绪元年，右铭官辰沅道，治镇筸。镇筸，新设之凤凰厅也，为苗防重镇，地硗瘠，军米转自旁县。城北临江，所谓乌巢江也。沱江、白江二水自西合流，抵城下，名西门江，水湍激，巨石离离蹲立，截行舟，使不得上。陈文恭公巡抚湖南，谋疏浚之，不果。右铭度水势远近，凿石通渠，罄俸入万金，犹不足，以告太夫人。太夫人喜曰："是地方久远之利，未宜以难自阻计。即吾日食所需，节缩以给用，累少为多，功幸完。"右铭于是毅然任之。自泸溪北通沅水，舟楫辐辏城下，兵民大欢，于是而知太夫人明敏断决，识道理，当时贤士大夫或罕能之。所以能贞于德，光于有家，施益宏而意量常无穷也。

太夫人生于某年月日，卒于某年月日，年七十八，累封至太夫人。子三：长树年，四川某官；次观瑞，早世；次即右铭，咸丰辛亥科举人，湖南候补道，加布政司衔。女某某。孙某某。曾孙某某。

右铭既卜地平江县之金坪，奉太夫人以葬，以于嵩焘凤好也，习知太夫人之贤，来请铭。铭曰：

天岳盘盘，山水所都，蕴真孕灵，磅礴扶余。幽宫隩区，是营是宅，弥亿千年，以竢有德。曷云天相？惟德之恒，造家延后，于传有征。累哀以荣，是曰贤母，镌石埋铭，用诏永久。

岳麓书院碑记

古者立学，详于邦国而统于君师。比、闾、州、党、庠序之教，皆各以其长董之。降及汉、唐，学校之制仅存，立教之意微矣。至宋而书院兴，然后诸大儒者起任师儒之责，以修明礼教之遗，相沿至今而不能废。盖圣人所以尽性而尽人之性者，非能作而致之而已，必将有诗书礼乐之文以游其心于高明之域，升降揖让之节以驯服其耳目手足于和雅之规。而其为教，又在反而求之彝伦日用，而要而致之于中正仁义。使其性之所发，无过不及之差；心之所存，无有奇淫邪僻之为害者。是以萃夫民之秀者，习而游也，沉潜而餍饫焉，岂以是奖之为利哉！而百司之事，于是裕焉而待理；天下国家之任，于是取求焉而不匮于用。人才之成，学校之效，所从来远矣。

汉兴，广厉学官，以文学掌故为利禄之阶，则司马迁非之。而其时齐鲁诸儒习礼孔氏之堂，陈车服礼器，考仪者习其容，治经者传其义，尚有以自得者。嗣是诸经并立于学，传习者少，师儒之道益衰。于是始有书院，会天下之学者，以道相承，以业相劝规，济学校之穷而广师儒之益。君子之学之大防有必辨者，义利而已矣。尽天下之学一出于科举，其所谓书院者，亦以是为程，泛然不知圣人之教，与其所以学者之为何事，是岂立学之本意然哉。

岳麓书院，肇始宋初。有四书院之名，而吾楚岳麓与石鼓并列其间。守臣刘忠肃公、真文忠公次第修明，南轩张氏及予朱子实躬教诱之。七八百年间，湖湘人文日盛，而未闻有大儒名德相踵以起。今相国曾公以道德文章为时归仰，起乡兵讨贼，一时任将帅若江忠烈、罗忠节、李忠武诸公，乃多出宿学，卓然以扶翼名教、砥节砺行为心。意将有人焉起任斯文之责者，以相维于兵革摧残之余。同治七年，中丞刘公閟书院前毁于兵，有意振新之。方伯李公发帑金四万，属郡人士成君果道、黄君国瑞、陈君乃澥、丁君敏忠，视讲堂斋舍之就倾圮者，除旧布新，益广前规。凡在学者，感发奋兴，乐书院之有成，相与泐其事于碑。方南宋时，有朱、张为之师，而士之学行犹闭而未光也。元、明以来，人文稍盛矣，抑又无与作兴之。今二公者，为政知所本如此，其为道与教，又益绝远于俗。而吾楚忠孝廉能隆然以起，有向学之资，其将有明天人之分、通古今之宜，以大兴起于学者乎？于是举也，又始基之矣。

船山祠碑记

自有宋濂溪周子倡明道学，程子、朱子继起修明之，于是圣贤修己治人之大法灿然昭著于天下，学者知所宗仰。然六七百年来，老师大儒缵承弗绝，终无有卓然能继五子之业者。吾楚幸得周子开其先，而自南宋至今，两庑之祀相望于学，独吾楚无之。意必有其人焉，而承学之士无能讲明而推大之，使其道沛然施显于世。若吾船山王先生者，岂非其人哉！

先生生明之季，下逮国朝，抗节不仕。躬涉乱离，易简以知险阻，通德达情，既诚以明。而其学一出于刚严，闳深肃括，纪纲秩然。尤心契横渠张子之书，治《易》与《礼》，发明先圣微旨，多诸儒所不逮，于四子书研析尤精，盖先生生平穷极佛老之蕴，知其与吾道所以异同，于陆王学术之辨尤致严焉。其所得于圣贤之精，一皆其践履体验之余，自然而怵于人心。至其辨析名物，研求训诂，于国朝诸儒所谓朴学者，皆若有以导其源，而固先生之绪余也。

先生所著书，存者六十八种，都三百四十七卷；书逸者又十三种。始刻之衡阳者四种；善化贺耦耕先生刻之贵阳又二种；新化邓湘皋先生刻之湘潭别为二十种，旋毁于兵。湘乡曾沅浦宫保刻之武昌，合五十八种，二百八十二卷。凡历二百余年，而其书始大显。

邓先生始谋建祠衡阳之故居，不果行。窃尝以为有宋诸儒之崇祀，类由门弟子私祀于所讲学地及所莅仕之州邑，既久而弥光。先生伏处穷山，无朋友之讨论，无门弟子之推崇。潜德阒行，慨然以斯道自任，无所求知于人。其书晚出，天下之士皆知贵之，吾楚或不能举其名。盖其遇视有宋诸儒为尤艰，而心尤隐矣。

同治庚午，嵩焘掌教城南书院，始言之中丞刘公，为建祠南轩祠之旁。而成君果道、罗君世琨实先后董其役。将使吾楚之士知有先生之学，求其书读之，以推知诸儒得失，而于斯道盛衰之由、国家治乱之故，皆能默契于心。又将有人焉光大先生之业，以上溯五子之传，确然有以知先生之学非元、明以后诸儒所能及也。偿亦先生之遗意也与？

聂仲芳心斋跋

《庄子·人间世》篇有心斋之文，而曰："惟道集虚。虚者，心斋也。"夫斋之言齐也，洁齐其心，是谓心斋。非使其心虚而不受，物不能使之洁齐，故曰"惟道集虚"。魏晋以来，燕居之室名斋，即取洁齐之意。仲芳观察揭所居曰心斋。人生大要，莫如治心。持身应事及当大任，皆以一心为之准则。言心而万事万物具其中，可谓持其本矣。庄生，知道者，放言自恣，而精微固存。仲芳自得于心斋之义，与明世言心学者固有异也。

铁路议

泰西汽轮车起于乾隆之季，初犹未敢行远也。各择所便为之，得利焉则纳税于官。其驰走数百里赴利，乃集会为公司以董其事。久之，纵横交互，建造日繁，始合并而纳之官，连为一总公司。又久之而通各国为一公司。是以泰西形势互相入亦互相维。国大兵强，遂以称雄天下，国小者亦皆所凭恃以自立。盖铁路之兴不及数十年，而秦西之富强乃益盛。浸寻而至印度，浸寻而至兴安岭以南，日本亦通行之国中，其势且日相逼。虽使尧舜生于今日，必急取泰西之法推而行之，不能一日缓也。

虽然，为是者有本有末，知其本而后可以论事之当否，知其末而后可以计利之盈绌。本者何？人心风俗而已矣。末者何？通工商之业，立富强之基，凡皆以为利也。人心厚、风俗纯，则本治；公私两得其利，则末治。请言其本：中国商贾，凤称山、陕。山、陕人之智术不能望江、浙，其权算不能及江西、湖广，而世守商贾之业，惟其性朴而心实也。性不朴则浮伪百出，心不实则侵盗滋多。浮伪侵盗盈于天下，朋友不相顾，父子兄弟不相保，而欲以揽天下之计，权四方之利，谁可与持久者？彼其长驾远御之略，又非校量尺寸者所能任也。才愈大则术愈工，术愈工则只以营私，而不足以溥公利、任大谋。比俗之人，踵而行焉，莫之省也。此本之失也。又请言其末：泰西人计利远，每举一事，倾资百万不顾，而期之数年数十年之后，愈久而其利愈博，而终未有举无名之费为苟且之计而不计利者。中土计利则忘其害，计害则遗其利。较利之多少而起应焉，课利之迟速而争趋焉。朝为其事，而夕责其功，无远计也。而假之公者，又辄以为国家不言财利、不问有无，资人之取求而干没之，急其私不顾其公，图其始不究其终。苟得一身之利而止矣，苟得一日之利而止矣。是以百为而百无成。此末之失也。本失则凡所与谋者为诈为虞而无固心；末失则凡所为计者侥得侥失而无恒守。本末俱失，而可与为国家久远之利乎？凡利之所在，国家与民共之，而又相与忘之，斯所以为大公也。民与民争则扰，上与民相匿则溃，扰者势有不能行，溃者情有所不能交达也。

今行汽轮车必造铁路，则请先言铁路之利害。铁路南北直达数千里，其间东西驰骛，车马络绎，无有止息，而汽轮车之发瞬息百里。泰西东西交驰之道皆置栅门，有电报以司启闭，然且有横出铁路之中，相触击为齑粉者，彼此不相咎也。中土一鸡一犬之蹂践，议论繁滋，有司已穷于讯断。其尤甚者，铁路之通利可以一日千里，而必两轮相辅，左右锲铁路，附着以行。投石若坚木当车路，车碾坚而有逾寸之悬，则轮无附着，左右偏强偏弱而行不利，不利则倾，从而外驰焉则横决，火力猛则暴裂。一汽轮连车数十，莫之御也，而方寸之后石败之。豫东马贼，一日踔百余里，以剽掠为生，方寸之石，取之道途皆是也，则虑掀车覆辙之日相寻也。故曰：铍滑嵬琐，不可与兴大工；弛易龋差，不可与言同利。尽国家之利，囊括以举之，委输以糜之，相与以兴修铁路，为名而已。百姓无奔走效事之忧，官民无乐利与同之愿。正恐铁路之兴，非可旦夕期也。

铁路后议

泰西遍国皆机器也，中国无能效之。其必宜效者二：一曰电报，一曰汽轮车。盖中国幅员万里，驿路远者经月乃达，骤有水旱之灾、盗贼窃发之事，利病缓急在须臾之间，而所以应之常在数月之后。有电报则信息通，有汽轮车则转运速，可以处堂户而坐制万里之外。是二者之宜行也，无待再计决也。

虽然，泰西立国之势与百姓共之。国家有所举废，百姓皆与其议；百姓有所为利害，国家皆与赞其成而防其患。汽轮车之起，皆百姓之自为利也。自数十里、数百里以达数千万里，通及泰西十余国，其国家与其人民交相比倚，合而同之。民有利则归之国家，国家有利则任之人民。是以事举而力常有继，费烦而用常有余。

夫权天下之势，非一都一邑之能取资也；转百货之利，非一舟一车之能任载也。今殚国家之利兴修铁路，所治不过一路，所经营不过一二千里，而计所核销之数，视所用数常相百也。是其意将以为利也，而但见其费，未睹其利。又一切行以官法，有所费则国家承之，得利则归中饱。积久无所为利焉，而费滋烦，于是乎心倦而气益馁。泰西通一国之利以为利，日推日广，行之久，遂以为富强之基。中国竭府库之储以为利，利未兴而害先见焉，将并所已有之成功而弃之。何则力有所不能济，势有所不能周，是其为利终无几也。

电报者通所治行省之气，有事则急先知之，可以国家之力任之者也。汽轮车者，有事则征兵转饷，莫之或阻，无事以通商贾之有无，非能专以国家之力任之者也。汽轮车之起当乾隆之季，电报之起在道光之季，用此以横行天下，战必胜，攻必取，诚有以致之，尽泰西十余国比合以尽其利者也。土尔机、波斯附近泰西，而制法各别。电报起才三四十年，皆能行之，汽轮车在电报之前，至今土尔机、波斯诸国未之能行也。此亦理势自然之数也。

和张笠臣人日对雪

一冬晴暖气全收，片片飞花恰转眸。
试就鹈鹕谈冷暖，莫凭螟蛄问春秋。
数番荡漾真无奈，半舞低昂如有求。
抖擞精神作人日，果然天意为神州。

戏书小像

傲慢疏慵不失真，惟余老态托传神。
流传百代千龄后，定识人间有此人。

世人欲杀定为才，迂拙频遭反噬来。
学问半通官半显，一生怀抱几曾开。

玉池老人自叙

吾年逾七十，精力衰耗已极，疾病颠连累月逾时，自度无长视久生之理，诸子诸孙幼弱不谙人事，恐一旦委沟壑，一切应行事宜，茫然莫知所措及。吾年之未尽，预为之程式，使有所循守，不敢求丰，亦不敢过示俭约，要及吾分而止。一二亲友，或有以为宜稍从丰者，是使吾有越分之讥，吾子孙又有违及教令之咎，幸明理之君子为谕止之。

吾年二十五馆辰州，为吾父母治辰杉棺二具，时父母年始四十七八也。吾自粤东归，始自治棺，年逾五十矣。其后言湛甫见赠楠木一兜，匠者谓可治一棺，乃更为之。是棺具有加于先处远矣。其余敛具自矢递减先入一等。以吾位侍郎，不能不袭朝服，已早自制备，用功绸加以画绘衣凡七袭，用旧袍褂取与吾身相习，裹衣皆然，不别制新衣，含用碎玉一方，朝珠用檀香木，此外皆不得纳入吾棺。

吾父母皆用丝绵敛，下至子妇皆然，此饰终第一要义。吾亦当仿行之。七星板下，湘俗用石灰，吾父母并同省城用石膏，子妇在省城，亦用石膏。吾当仍用石灰，以从先人之后。或谓石灰于逝者不宜，吾既施之父母矣，不能有改易也。

东汉最重气谊，父丧致客车数千辆，著之史册，以为美谈。然子孙以荣其亲可矣，于逝者何加裨也。吾素寡酬应，年来朋旧彫落，往来知好尤少，学行声名无关时俗轻重，无庸讣告亲友，以滋唁问之烦。三日成服，传知本家及一二至亲，并于灵前行礼，其他亲友概不通报，徒使诸老辈奔走来临，相与叹息，以重吾心之咎，于事为非宜也。

官至二品以上，例须具呈抚部据情入奏，为一品官，应有饰终典礼，或加恩赐谥。二品官亦时邀旷典，要视其生平所树立，或有劳迹可以希恩，或朝眷素优，并应由本省奏报。吾自分不敢希冀及此，除子孙呈报丁忧外，无庸另行呈报，以滋公牍之烦。

往尝械告曾文正公，吾人生世要为天下不可少之人才算全德，要为一家所可少之人才算全福，此语惟文正公足以当之，吾则反是。乞病家居，终老无休息之日，常与家人约，子孙学问有成列名科甲，有年世寅好之谊，行讣受吊，一听所为。若徒以吾曾任仕宦，义当受吊，则吾自问生无德于人，没无闻于世，七十生辰，劳亲友馈遗致贺，此心常怀耿耿，岂可更劳亲友之吊问！除照常例敛殡，一依湘俗，每七日一祭奠，焚楮锭，满七营葬，或就期安葬，先后定日，一随所宜，不散计，不开堂，亲友枉祭，随时留一饭可也。

大清会典参考古礼为之，丧礼尤多沿古义，惟初祭、大祭为今制，仪制稍繁。民间沿之为家奠，士丧礼朝夕奠，外有朔望殷奠。盖士大夫三月而葬，则殷奠为多也。今葬皆择日，迟速靡常，惟能随葬期为家奠而已。古今礼不相袭，亦势为之也。今更为依七祭奠，通已葬未葬言之，情所宜尽，义所应为，不必尽依世俗通行之礼也。

今世于丧礼烦费为多，动引孟子之言君子不以天下俭其亲，孟子之言自为棺椁附身之物言之，未尝及宾客筵席之盛、铺陈事物之繁。今当于出殡前二日行家奠礼，前一日题主，择子弟辈能书者为之，删除一切繁文，而仍准今之礼酌时之宜庶为心安理得。

延僧诵经，谓之超荐，实无所取义。至沿释氏道场之名演之以儒礼，尤为悖礼。一应纸扎争奇斗巧，烦费无谓。吾于释氏之说，亦颇能知其大意，而深不喜为福田利益之说，妇女辈持此说者，当以正义谕之。

自少奔走衣食，中年以后，又经兵乱，出入军幕，蒙被国恩。生平所以自命必求有益国计民生，而尤以抱道自重为心，未尝敢稍自贬损，而在官无友朋之助，门人子弟亦无相从闻知其本末者，子孙皆幼无所知。郑康成有言："今我不述，后生何闻哉？"略就经乱以来四十年事，稍掇其大要，庶使区区一生行谊稍存其崖略，其有能表而传之亦听之后世子孙，非吾所敢知也。

吾自通籍后，连丁父母忧，又值粤匪之乱，遂不复以仕宦为意，而于经营国计、保卫地方无敢稍释于心，始终未一任事，而在湖南筹兵筹饷，一皆发端自鄙人。曾文正公始出，提用经费，支绌百端，因议劝捐，曾文正公意难之。乃以商之益阳周寿山、宁乡廖子城，皆允诺，自请一行。甫及一月，捐得十余万金，文正公大喜。黄南坡任铸炮，私设厘局常德。嵩焘以为此筹饷之一大端，言之骆文忠公开办通省厘捐。自长江梗塞，淮盐不至，因请借行粤盐，为粤督所持，又请淮盐假道浙江、江西，为浙抚所持。会嵩焘赴援江西，途遇贩盐者，经历贼卡，节节收税。出示所存税单，曰此即厘捐章程也。急寓书湖南开办盐厘，乃稍添设各卡局。曾文正公办理军务，终赖此三项以济军食，而湖南亦恃此以为富强之基，支柱东南数省。张石卿中丞初募湘勇，令罗忠节公、王壮武公各立一营。曾文正公用之清办土匪，旋令朱石翘率以赴援江西。嵩焘以江忠烈公在围，同赴援。至即从忠烈公住章江门城楼，每获贼，就城楼研讯。时城外仅文孝庙一贼垒，广数十亩，问驻兵几何，曰不驻一兵。官兵攻垒，调队站墙而已。问何故，曰垒只三面濒江，一面无墙，人皆舟居。问贼船几何，曰十余万。因告忠烈公，自贼东下，驰突长江，惟所侵踞，官兵无一船应之，非急治水师不足以应敌。忠烈公大激赏，即属嵩焘具疏稿上之。推求广东兵船，曰长龙，曰快蟹，大者曰拖罟。列次三项名目，请湖南、湖北、四川任造船，广东任购炮，此长江水师之议所由始也。曾文正公因以造船自任，移驻衡州。嵩焘归，谒文正公衡州，商定营制，立水陆各十营，湘军之兴亦自此始。数为文正公言黄南坡干济才，且历事多，宜召与商议。文正召至衡州，令阅视水陆各营，告曰：陆营粗有把握，水师不能逆计也。南坡报曰：以某观之，陆营不如水师之可恃。省城设立各营，规模略同，未足制胜，水师独开一局面，度贼船必不能及，可以任战。惟长江港汊纷歧，师船迟重不能转侧。江南水师有所谓三板者，每营必得十余号，以资逻巡港汊。文正公急令每营添置三板十艘。至岳州与贼战，专用三板，于是长龙诸船尽变而为三板，酌留数艘，安老营坐镇。盖兵事初起，兵、饷二者多由嵩焘创议开办，此皆实事之可纪者。

曾文正公典试江西，奉太夫人讳，南归。时贼方围长沙，文正公旋奉旨帮办团练。解围后，嵩焘驰吊文正公家。至湘乡县城，朱石翘方为县宰，为发官夫两班，凡百二十里，用夜半抵文正公宅，则已具疏力辞，并缄致张石卿中丞力陈不能出之义，专使赴省，束装将行矣。嵩焘力止之，不可，乃以力保桑梓之谊言之。太翁召语文正公，以嵩焘之言为正，即时收回所具疏，定计赴省。其后鄂督以总兵樊燮呈诉湘抚，具奏牵及左文襄。钱萍江副宪典试湖北，即交查办，严责左文襄归案审讯。嵩焘时入直南书房，以为左君去，湖南无与支持，必至倾覆东南，大局不复可问。同直潘伯寅尚书，悉用其语入奏。奉旨左某是否仍应回湖南巡抚衙门办理事件，抑应饬令带兵之处，着曾某查明复奏。文正公遂奏，令募勇专任浙事，不复就讯湖北。文正、文襄一时元勋，发端一由鄙人。乙亥秋，由闽臬内召，道天津，与合肥李傅相言及此，傅相惊曰："吾之出，亦由君，君忆之乎？"嵩焘茫然不能应。傅相曰："文正公驻师祁门，皖南失陷，劾李次青，吾力争不能得，愤然求去。文正公以吾简放延肇道，宜赴官，立遣之行。时沈文肃家居，缄询福建情形，复书言闽事糜烂，君至徒自枉其才耳，力止之。嗒然回合肥，不复有他望矣。会接嵩焘书，力言此时崛起草茅，必有因依，试念今日之天下，舍曾公谁可因依者，即有拂意，终须赖之以立功名。仍劝令投曾公。读之怦然有动于心，乃复往祁门从文正公。"三人者中兴元辅也，其出任将相，一由嵩焘为之枢纽，亦一奇也。

吾与刘霞仙中丞在文正公幕，文正公酌定各员薪水，专谕内银钱所陈季牧，云：郭、刘与己身同，惟所支用，不为限制。而吾与霞老数年中未尝支用一钱，亦与文正公约：奔走效力，皆所不辞，惟不乐仕宦，不专任事，不求保。文正公如其言，始终不一论荐。陈隽臣中丞常言：在文正公幕，惟此三人无私利之心，而卒皆至巡抚。隽臣本有战绩，亦屡得保，其从事文正公纪功叙劳，皆所不及，而合肥傅相、骆文忠、胡文忠、李勇毅各有论奏。卒蒙朝廷特简，吾与霞仙中丞二人而已。

吾于洋务，考求其本末，与历来办理得失，证之史传以辨知其异同，自谓有得于心。不独汉唐以来边防夷狄之患能知其节要，即三代以上规模，亦稍能窥测及之。咸丰九年，办理天津洋务，京师议论螳沸。初闻吾言，群相怪愕，后乃大服者屡矣。而终无一能省悟所见。

宣宗、文宗两朝圣人，一二手谕处论洋情，廓然正大之言，敛手钦服，而廷臣眩于众多之猜辨，无能有所赞益，窃心悼之。科尔沁僧亲王办理天津海防，回京度岁，一日在朝房就询嵩焘，东豫捻匪、天津海防二者办理孰宜。答言：捻匪腹心之患，办理一日有一日之功；洋人以通商为义，当讲求应付之方，不当与称兵。海防无功可言，无效可纪，不宜任。僧邸默然。其后至天津，有所匡益，必蒙驳斥。至于上说贴一十有七次，大致以为今时意在狙击，苟欲击之，必先自循理。循理而胜，保无后患；循理而败，亦不至于有悔。为书数策，终不能用。其后官江苏粮道，崇地山宫保遣知州黄惠连持普鲁斯和约至上海互换，天津与旧相识，一日过，谈及僧王，惠连言僧王于嵩焘咨嗟叹息，钦若神明。惊问其故，曰：北塘溃败，诸军尽散，惠连探知僧王沿边趋永平府，徒步追从之，衣履尽失，每过一县得银二三两充旅食。出古北口，见僧邸立营处寥寥数百人，幕府随员无一留者，乃告护卫通报，僧王闻即趋出，见惠连问曰："何为狼狈至此？"遂大哭，呼左右速命水与澡洗，即时送具衣履靴帽，并银二百两，连发使速之，因上谒僧王。见即问曰："翰林郭君，去岁从吾，吾愧无以对之。其初击洋人，人皆歌颂，独力争以为不可。其后炮石如雨之中，无肯来营者，又独渠一人驰至。见利不趋，见难不避，天下安有此人！吾深愧当时之不能相察也。"嗣是，每见必及之。其事却深有难言者，虽嵩焘自言之，亦不能尽其说也。

在天津防次，奉命清查山东沿海税务，又命僧亲王就营员内酌派数人充当随员。僧王方致愤于十七说帖之争，不派随员，而派章邱李某会办。某深结僧王左右为私，人来约必缓数日，不肯偕行，深知其心不可测，必为害。自恃此心可以对诸天地神人，求有裨国计而已，亦不一顾畏之。所至清查出入款目，提出谷米豆麦归地方官经理以资津贴。凡分八大口，附近各小口，由各大口派员经理，每岁可得税银二百余万。烟台一口，与东抚会商，先行试办。时方隆冬，每日犹得二三千金。留三日，征及万金，方用以自慰。而李某已飞报僧王，以擅行开办奏参矣。其事不足深论，而虚费两月搜讨之功。各海口情形，一一具载，并文移书檄，及所定章程，凡七巨册。两次焚疏告天，忍苦耐寒，尽成一梦。十二月二十八日回京复命。次年元旦朝会，许滇生师趋就嵩焘，劳曰："国家一百余年，充钦差者，才得君一人。"嵩焘惶恐，言："本不足当钦差之名。"滇生师曰："奉命查办谓非钦差得乎？吾弟方宰掖县，能言其详，知君不住公馆，不受饮食，历来钦差所未闻也。"

建昌陈子鹤尚书有权贵之名，而其留心时局，甄拔人才，实远出诸贤之上。嵩焘之援江西，尚书方忧居，奉命办理团防，同居围城两月有余，朝夕会议，相待至为优渥。又五年，至京师，常共往来。一日诣尚书，适有客数人在坐，谈洋务，一意主战。嵩焘笑曰："洋务一办便了，必与言战，终无了期。"闻者默然。顷之客散，尚书引予就僻处告曰："适言洋务，不战易了，一战便不能了，其言至有理，我能会其意，然不可公言之，以招人指摘。"予不能用其言，而心感之。嗣见冯鲁川言：在刑部多年，专意办案，不屑回堂，堂官讫无知者。陈公任刑部，有疑案，特召询之，加倚任焉，自觉精神为之一振。及权兵部，李眉生在部，亦加异视，相与诵言其贤。乃悟流俗悠悠之议论，专持一见，不足据也。予自京师乞病归，尚书方验漕天津，闻而大戚，屡书属少留，候回京一见。予不敢从也。甫行两月，而有天津之变，车驾巡幸热河，尚书被诏护行。逾年大丧，郑王、怡王皆赐自尽，尚书亦遭戕。盖其时郑王、怡王、肃相执朝权，汉员被诏，仅尚书一人，言路据以为党论，劾及之。嵩焘南归稍缓一两月，天津兵溃，嵩焘前言皆验，尚书必邀致之，使并入党祸。尚书机警，能测洋务之必有变，而不能测及圣躬。白香山诗云："祸福茫茫未可期，大都早退似先知。"嵩焘之不与党祸，早退之力也。既以自慰，亦重为尚书悲也。

嵩焘官苏松粮道，由合肥傅相保奏，而愧未能为傅相尽锱铢分寸之力。仅及两月，擢两淮运使，运使专城经理盐务，无同官之牵掣，稍得自效其力。是时运库支款仅南台月饷两万，协济皖抚月饷一万，岁支三十六万金。前任乔鹤侪中丞移交库储不及四万，而积欠南台饷银至四五月，皖饷从无解款，应解江督匦费，亦积欠三四月。嵩焘在任一月，南台欠饷一例解清，皖饷支解一万。时皖抚唐义渠中丞驻临淮关，闻其缺米，又为运米三千石，江督匦费一并解清。江南大营支运营盐，黄南坡办理米盐互易，预支湘盐，并随时应付。移交许次苏，尚存库储二十余万金。其得力在初到任，详请各营配盐必由运司掣验，以为夺商人之利以充营饷则可，藉营饷为名以乱监法则不可。李昭寿为运行私盐一大宗，拦截其盐，连巨舰充公。以此二事，配销大畅，一月收数竟为全盛时所不及。旋奉署理粤抚之命，并饬由海道赴任。时驻节泰州，转由扬州赴上海。富重庵将军就见舟次，言："久不能跪拜，见公不能不拜谢。此军无福能得久任运使，庶可一获饱餐。此后听朝廷简任何人，求如今日之成效，决知其不能矣。"

初任粤抚，方在盛年，体气原极虚弱，而精力尚足，未尝敢以第二流人自处。其于国计民生，稍有关系，随时整理，不能备记。其经营大局，或数月，或经年，而总收其全效，略可分别言之。

一各江水师。初至粤东，盗贼充斥，各江水师林立，支销巨万，莫可穷诘。粤东驿站皆由水路，几于寸寸荆棘。一日沈玉遂来见，询其出身，故从杨厚庵宫保，充水师哨官，改归陆营。因令仿三板船式制造十号，守东江口之石龙。石龙，东江巨镇也。东接惠、潮，南达嘉、应，盗案或数日一见，或一日数见。东江故有师船三十余号，皆盗艘也。招使充巡船，月给口粮，又不能以时发给，与盗相比为害。因戒沈玉遂专责以防守石龙。凡两月余，石龙无报盗案者。已而报称攻破一匪村，获盗首六七人，威声大著。因召询："东江师船三十余号，能收辑之乎？"曰："能。"问："有何把握？"曰："初时各船弁盛气相抗，近今相见慴伏听命，以是知其能也。"于是哀集其船，录用其人，各设一哨官领之。船有敝坏，悉与拆毁，于是合得师船三十余号，东江千余里通行无阻。次及北江，从前所用师船皆雇之民人，每船月需船价数十金。至是皆改用官船，案［按］地段责成缉捕。卫军门佐邦年七十余，言来往此江五十余年，日怀戒心，至今乃获坦然高卧。又次及西江，又次及省河。所谓六门缉私者，皆红单大船，每船月支船价二百金，为督辕专政，不敢遽及也久。乃商令抚标右营游击尚宗懋经理，尽敛其船归官。至是各江巡缉，无一非官船，岁省饷需数十万。巡缉有程，弁勇有数，将官以次皆能用命，盗贼随以止息。凡此皆出一心之运用，无有能知之而能言之者矣。

一筹饷。粤东地大物博，足以立富强之基，而相与坐困。劳文毅初办厘捐，得七十万金。曾文正公请以粤厘济饷，奏派晏同甫副宪专办，亦只得七十万。粤东贸易皆仕宦之家为之，坐厘不能办也，所办行厘又皆士绅包揽，分别设卡稽查，商旅不胜其扰，又一皆督辕主之。嵩焘展转筹商，始获裁汰各卡归并一局办理，遽增至一百四十余万。粮库经乱后，荡无存储，乃借作筹饷库，令粮道司之。凡厘盐捐输，及房捐，及沙田捐，及船捐，领于经费者，皆归司库。其不领于经费及诸罚款，乃归筹饷库。一二年中，亦积至二百余万。支发军饷，赖以取给。比解任，司道来见，嵩焘笑问晏公："办理厘捐，毁局几何？"曰："无数。最著者七大局皆焚局，殴伤委员，劫去银钱。"又问："劳文毅时毁局几何？"曰："更多。"问："自我抵粤后，有无毁局事？"司道瞠目相顾良久，应曰："无有也。"嵩焘乃告之曰："两年中，言官奏参厘捐凡数见，尚书全公亦论及之，可谓嚣矣。然却无敢毁局者，此由鄙人一心之运用，诸君不能辨也。"

至粤数日，英领事照会，以香山人经理洋行，骗去银二十余万，咨查三年之久，讫不为理，至于愤责。当以照会复之，言此条约所载，由地方官查办，而来文无理过甚，实所未喻。随严檄香山县拿解省垣，并令广州府缄告香山县，限期一月，限满即撤任，另委查办。十余日无信，而领事已有照会来谢，并自承冒昧无理，求赐宽恕。盖县捕急，即自往香港料理也。逾日，又有法领事照会，以徐闻县教师庇一巨盗，县申之府，府又申之司，教师亦随至。乃以一照会严谕之，申明条约，晓以大义。已而南海县来见，言教师见此照会，即日上船回雷州。嗣是，两年无一照会至。即以事来求，但称得一言分示足矣，不敢以公文上呈，致滋批答。亦缘至粤三四月后，有令必行，无敢以虚文相蒙者，洋人能知之悉也。其处置洋务，以理求胜，略可纪者数端：一、前督黄寿臣勒派伍怡和捐银六十万，李星衢、华樵云代之设法，以立据贷之洋商为辞。历任各督允与筹还，并为具奏。至是军饷紧迫，洋商骤相追索甚急，为会商三四次，以理晓譬之。于是抵除伍怡和积欠在官四十余万，所余分数年摊还。一、荷兰互换条约，奉旨交办。比交条约，则另缮一分，但有洋文无汉文，争持一日之久，允再请示本国。逾三月始至，其使臣礜大何文拱手言，以此区区，两次劳动，心实不安。本为互换条约，必应如此办理，因与各国换约皆未交到原文，至相承为之，多此一周折，请勿为罪。一、伪王侯管胜踞镇江，镇江克复，侯管胜挟其资财至香港，为金陵贼接济军火，又蓄红单船数艇，出没海岛，劫掠商民。有陈某者以军功保总兵，其兄贸易镇江，陷于贼。镇江克复，乃逃归。一日至香港，途遇侯管胜，稍就所居探之，令其弟报闻，求照会香港索取。予曰："此不可以索取也。"召陈某示以机宜，阅数日，香港竟执侯管胜以献。盖办理洋务五十余年，未有之创举也。缘侯管胜行劫海中，香港亦有被其害者，令陈某邀集被害者连控之，迫令献之官，遂果如所料也。此等又须稍明洋情乃能为之。

督辕主兵，幕友门役据为利薮。每次保奏，节外生枝。鄙人时有驳正，终莫能究其底蕴也。咸丰四年，粤民全省称乱，州县皆至沦陷。节次围攻省城，省城募勇自保，城以外不能过问。州县有殉难者，有失守后会集绅民募勇克复者，亦有能保守城池者。省城无一兵之援巢，无一饷之接济，惟具报克复城池，批饬择尤保奖而已。凡九十一厅、州、县，已累及百余案。又十余年中，请奖之案亦约数十百起，一皆阁置不问。屡言之粤督毛寄云，不敢任也，乃自请为清理。于是毛公尽将请奖之案移交，乃分东江、北江、西江及省城，及前后各杂案，分五起具奏。每起或多至七八十案。先行知州县，有已故者，有已出仕历显官者，分别移奖其子孙。其劳绩显著，虽已出仕，仍照现历之官阶加保，凡数月而毕。未尝私添一名，滥保一人，自问可以对粤中绅民，而从无一言及之，亦竟无知之者。

汉阳叶相督粤声名极盛，朝廷眷顾亦极隆，而自诩所得全在静镇。咸丰四年，全省构乱，州县日报失守，讫不为动，惟募勇万人自备，围攻省城一加堵御而已。粤人亦相与诵其度量，卒用此术施之洋人，遂至溃败决裂以陨其身，贻误国家。而其用财之汰与人之滥，一皆不可为训。粤中库储极丰，例无拨济外省之款。海关库常存数百万，运库、司库各百余万，粮道库亦数十万。咸丰四年，保守省城募勇万人，支销库储净尽，乃至尽诸公项存典生息者，悉数提用。下至数千金之公款，一无存留。嵩焘在粤，当军务倥偬之中，偶因桑园围堤工紧急，查知堤工生息银十余万，早经提用，乃急归还五万。因推及粤华羊城书院膏火生息银，各归还数万。其后署藩司方子箴以军饷日急，请借洋款，因诘之曰："洋款何时归还？"曰："六个月。"复诘之曰："此六个月中军务能急了乎？"曰："不能。"曰："如此则是为六个月后添一累也。我自一力筹画，无劳诸君着虑。"因复正告之曰："吾在粤两年，自问行政无多，而为前任检理荒秽，数倍于新政。其视一官去留略无关念，而在此一日，期尽一日之力，终使后人享我之成利而不稍遗之累。耿耿此心，自喻之，亦惟能自勉之而已。"

在粤处置洋务，无不迎机立解。常谓开谕洋人易，开谕百姓难。以洋人能循理路，士民之狂逞者，无理路之可循也。至粤数日，奉寄谕，令宣示潮州百姓，应听洋人入城。检查案卷，潮民不听洋人入城，相持已数年矣。每奉总署咨照，派府道大员查办，累十余次，终格不行。会惠潮道凤君物故，委张寿荃署任，始令据理宣示，已允坚领事入城矣。以小住三日为期，及入城往拜府县，皆不纳，并先将外栅封闭，坚领事遂执意不肯出城。既逾三日之期，潮民遍出长条，言道署容纳洋人，约期往焚其署。张寿荃大惧，诡称府县请令往见，径送下河。坚领事大怒，电报驻京公使，言骗令入城以摧辱之。朝廷即派粤督瑞公驰赴办理。合肥傅相又奏请丁禹生中丞会办。两公皆不敢往，于是丁禹生乃举已革臬司李某往办。鄙人展转开谕，皆不能悟。乃告瑞公，请召集潮绅至省，吾自晓谕之。亦深知诸君于洋务无所通晓，又皆不达事理，非鄙人无足理此者。檄示张寿荃资送潮绅之城居者，但为巨绅，悉数资遣来省。寿荃故得潮人之心，资送至十余人。鄙人先令藩司印刷通商条约十余帙，人给一帙，谕之曰：“通商条约所载，皆奉谕旨允行，如有抗违即是违旨。君等详加披阅。条约所不载，以理拒之；条约所载，不得不俯从。往岁叶相任粤督，拒洋人入城，遂至省城失陷，身为夷虏。实为丁巳之年，距今乙丑才及九年，潮民奈何效之？彼能攻省城，岂不能攻潮州一城乎？”潮绅唯唯而退，嗣是无异议者。时鄙人已奉解任之信，承办此役，又系粤督，而必力任之，所谓其愚不可及，亦素性然也。（当时巡通李永亮，年六十余，语诸仆从此段议论。闻者心目为开，潮绅人人观忻感激，以语丁禹生。禹生击节曰：字字沁人心脾，后两说尤深中潮人要害，不能不俯首听命矣。）李某至潮，即日定议。府道大员十余次不能决，一革职之臬司至即定议，果操何术以致此？李某、丁禹生、吴赞臣均以此致巡抚，而鄙人罢官归矣。后至京师，偶举以语宝佩蘅相国，相与怃然。窃谓此等皆有自然之节奏，而人不知，亦私幸此举顾全国体不小。

在粤以军饷紧急，添办各种捐输，均至十分阻难。而吾始终以理谕行，亦遂相安无事。忽一日纷传香港渡船捐输，滋扰及缉捕局。私念缉捕局与捐输何涉，亦未见局员禀报，急传问之，则厘局巡船向结怨渡船，是日途次相遇，群呼击之，巡船管带官舍船避至缉捕局，船人逐追至缉捕局，拔其立枪数杆以去。粤督及司道相与惊猜，谣言四播。吾置不理，而追求滋事者益急。一日接城团局禀报，言渡船停止运货，竟有私行运货为众渡船所劫者。予闻始稍动心，因饬城团局员与尚宗懋亲往查考，则渡船以东莞船最多，亦最强，此次所指办者东莞船也。船人皆赀本丰厚，不能不怀惧。而与巡船滋事，实西樵渡船，非东莞渡船，而相与容隐不敢举发。是日适有西樵渡船赴香港，为东莞船邀截，谓滋事者西樵船，而嫁祸东莞船，向之理论，言不能与解说，即不准其运货，并无停止运货之事。赖鄙人稍知粤民情状，兼恃有三江新设炮船，足资控制，不为谣言所动，而后可以从容考察。乃令城团局员谕知各渡船，缴回立枪，并自捆送滋事水手，责打示惩，即与宽释，皆欣然听从。后数月解官归，沿江民船香烛鞭爆护送，呈进酒肴。有在船头拜叩者，询之，西樵船民也。始悟官民隔阂已甚，民俗又喜造谣生谤，一经考察，全无踪影。苦在官者平日骄蹇自恣，临事又一意恟惧，漫无考察，相与激成事变，而懵然莫知其由。若此类者固多也。（当时滋扰缉捕局而不及渡船捐输局，此理甚明。而司道等相与恟惧播散谣言，即此亦见国家人才之乏耳。)

生平受合肥傅相之惠最多,而无能报之,其他踪迹所莅尚幸无疚心之处。在僧邸天津军营数月,未支口分,亦遂不复补支。任运司依照前章,每月支银一千。书吏白言:从前收数不及匣费一千之数,令以收至十余倍之多,以匣费论,亦当得万余金,尽可照章支取。嵩焘叹言:"凡行事当使后人有所循守,此月收数之多,偶然之数也。即令久任,未必此后尽能如此。支用过多,后人援此为例,则是由我阶之厉也。仍只支用一千。在广东五月四日交卸,韶关四月经费及节费,并归后任。幕友请檄取之,予笑曰:"是将与鸡鹜争食乎?"未尝一过问也。(以彼初四日抵香港,即传谕接印。于是中军先取印至行台候之,甫下车即拜印,是所争正在此,吾岂屑与计较哉。)出使西洋三年,一切用费皆自支销,所开报者薪水、房租两款而已。生平辞受取与之节,颇自谓能准之以义,用此内省于心,尚觉可以无愧。

自少以文札应幕,于例案稍能通晓,而绝不喜幕友之拘文牵义,尤心恶其营私。至粤探知旧幕不厌人心,尽辞去之,自行批发一切。至两月之久,始延刑名、钱谷各一人,令之检查案牍、考核题本而已,文檄皆由亲裁。在运司任一月,竟无幕友办理,一切更自裕如,为所职专在盐务,得以尽心于此也。其后任闽臬,向例两幕友,吾只用一人。追闻张子衡接任闽臬,举向例告之,以为吾此举恐不足效。随以语幕友潘君,潘君笑曰:"未知张公勤能能及公否,诚若公也,一人已觉清闲,否则两人且不足。"问何故,曰:"闽中控案繁多,每月六告期,已不暇给兼六次。衙参美开手折,详列案由以凭询,及时登答。公皆无之,控案经自批发为多,其直断处,吾辈所不能及,亦足增长识见。是以在公处,清闲为独多也。"因颂言鄙人精习律例,吾谓律例所不能知,所知独理而已。亦由鄙人宦情素澹,无承迎上司、希荣见好之心,故能任意坦率如此。

生平与人共事,动辄牴牾,而为属员,必蒙优注,正以无争名见好揽权之心,人亦不甚忌之。共事则权势相敌,遇事据理言之,反见以为求胜也。始从合肥傅相,相待之优,不待言矣。至闽谒王补帆中丞,时方奉命驻扎台湾。甫见,言:日夜盼君至,商议复奏。予为据理陈之,中丞极以谓然。属拟奏稿,为即拟呈,其议始定。逾数日,李子和制使与丹国洋人定议,开设电报,由厦门达省。奉总署驳诘,制使随与翻异,为洋人所持。一日衙参,制使忧甚,属嵩焘与议。嵩焘心知其难,因请设法商办,不敢奉札。甫回署,檄委随至,与会议两次,洋人竟允缓办，缴还议单，亦非初意所及料也。制使大喜，为具折保奏。旋奉旨出使伦敦，在闽仅及两月也。嗣丁禹生抚闽，枉书言：来闽得睹政绩，度越一切，使人心目为开。复书自陈：在闽日浅，未办一事，未行一政，为何有此虚诬之奖励，无从仰窥其旨。禹生回言：每有控案，钞录各批，但经指斥必穷究其底蕴，事理昭著，情弊显然，读之使人心折，并非有虚诬也。

遣使驻扎西洋，发端自嵩焘，距今十余年。所以遣使之意，当时讫无知者。西洋之通使，专为修好，处理寻常交涉事件。遇有办争疑难，别遣使任之。为事有从违，即荣辱系焉。公使终年驻扎，恐难以相处也。是以遣使，尽人能任之。国家办理洋务，从不一审求通知洋务之人。颠倒迷误，多生事端。独于遣使珍重拣择，所谓本末俱失者也。当初遣使时，廷臣皆视此为大辱。李子和制使、冯展云学使正言切论，以阻其行。嵩焘答言："数万里程途避而不任，更有艰巨，谁与任之？"沈文定公常称嵩焘在西洋，处办事件皆极妥善。不知所处办者，本皆易了之事，不足言劳。所恃见理稍明，常以数语定议，不至多费唇舌。凡见以为难者，皆不能知洋务者也。

在伦敦时，接某日本书，极口诋斥倭人，其言略近理，不如刘锡鸿之狂悖，而见解正同。因为诸随员言某议论见量如此，必贻误国家。复书痛戒之，略言吾辈奉使海外，委曲以通和好。富郑公所谓主忧臣辱，正今日之事也。务一切细心体察，究知所以为利病得失。苟利于国，仿而行之；否者，置之。一存薄视慢侮之心，动作议论必有不能适宜者，非奉命出使之旨也。某复书陈谢，而仍以意气自负。吾于某之使日本，某之使俄，皆豫忧之。于日本之扰琉球，法人之扰越南，皆深究其情事，推明其利病，以求所以处置之法，陈奏至于再四，一为京师议论所持，茫然莫知所处。士大夫之嚣，肇始南宋时，由来亦久矣。

自少贫贱，常刻苦自励，衣服饮食不敢逾量。平常读书，于穷理克己工夫，不敢谓有所得，而粗浅克治，则少年时习惯，若性生焉。馆辰州，鳝鱼斤三十文，兼为去刺。仆人以十五钱购得鳝丝半斤，食而甘之，遂告仆人以后勿复为此。答曰："此其价极廉。"予曰："诚然，然于义有三不可。湘阴鳝鱼贵于肉价时，父母具在，每食必具肉，而鳝鱼岁不过一，再食而未有去骨者。我一人之享用，何为独优？顷食此，为增内疚，其不可一也。一食而戕贼多命，不可二也。方随事勉自刻励，每食厚味为必不宜，不可三也。"自是不再设。其后读书玉玲寺，携带马皮褥一铺，夜以护足，日间以充坐褥。一日晨起就坐，觉两髀寒甚，顾视未设坐褥，乃起并椅垫彻之。凡数日，亦不知有寒也。居讲舍，携带厨工徐姓，偶归家稍代司厨，家人皆诉詈之。予曰："从我经年，司烹饪实有不足，而从未一加谴责。今一食已不能容，口腹之欲可胜穷乎？"盖其克治忍耐，至老犹然，由少年习惯故也。每举以训子孙，常宜勉思此言。

生平自信无害人之心，无忌刻人之心，无一意自私自利之心。自处不敢宽假，而论人常从恕。常谓廉者，君子所以自责，不宜以责人；惠者，君子所以自尽，不宜以望于人。故凡亲友周旋，惠及一人一家，皆常谊也，不足为善行。吾湘风气，士大夫罢官家居，皆深居养重，不交人事，视人世利病祸福，漠然不以动其心。嵩焘自知才薄力浅，尤不能为人谋。而视亲友，以事相持，纠结纷纭，乐与一疏剔之。视人冤抑，乐与一昭苏之。其人或至微，其事或至猥，亦不肯有傲忽。每处一事，必与赔钱，为感为怨，皆所不计。独有一事内慊于心，而乡里皆无知者。道光二十八年大荒，从父西清公主振务，从效奔走逾年。次年荒益甚，大宪委夏憩亭观察督振湘阴。至则城内水深数尺，仅存北门丰厚衙正二街不为水浸。饿民沿街塞途，不可以数计。观察至十余日，无从散发振牌，商议就五里墩二里驿路两旁，搭盖棚厂。购得芦席百余铺，赶搭十余厂，尚不足容千人。嵩焘日夜趋厂所，饥民数十环跪号呼。因据地与言，询问日间多于晚次，容留何处，多不敢以实告，再四问之，略言各家皆有小船一只，所居舟次也。问泊何处，何以绝无所闻，曰：北门外菜园相连数里，皆没于水。居民一皆他徙，小船丛集其中。北门地势最高，曲折达江，地势又最僻，故人无见之者。乃急询其姓名，并令举各团稍有才干者，记其名，且会于寒舍，驰告憩亭观察。于江次查点船数人数，散给振牌。令此十余人者自相纠察，一日而毕。次日即据以散振。先是城内每日毙二三十人，嗣是无道毙者。凡两月，水落，始令各归治田。水灾施振之方，亦可以备将来取法也。

通籍仕宦，本非高尚者。初因寇乱，不敢求仕。涉历稍深，外度之世，内度之身，自谓可以有为，而功令之习为虚诬，人心之积为险陂，迂直之性所必不堪，亦遂不能不以道自重。奉旨召用，必不敢辞。稍有抵牾，即时辞归，亦不敢有系恋。历仕数年，自觉耿耿此心，明可以对君父，幽可以质鬼神，而于地方百姓，常觉悲悯之意多，而不敢怀愤嫉之心。（丁禹生在粤，钞录鄙人文札及告示条规至两巨册。告言：在上海任内，遇粤人至者，问曰新中丞政迹何如，曰不相宜。曰贪乎，曰否。曰酷乎，曰否。然则何以不宜，曰操切。比年以来问之，曰是一好抚台。问何故，曰认真。吾以为操切、认真本同一心，大率坐求治太急耳。及见所行之政与其文告，直坐求治太缓，事事从根源上疏剔，人人所隐蔽一不使其自匿，未有不怨者。然却出之和平，无有大惩创，故亦怨而不怒。既久，吏治民心，日有转移，昭然知其用心，惟有相与感激。而遽去位，吾粤之不幸，抑亦公之不幸也。诚令在粤能及十年之久，可以贻数十百年之安。即暂留四五年，亦数十年之利也。似此苦心经营而不获收其成效，是以深相太息于公之去也。每思禹生之言，深怀感激，缱绻不能有忘。）然谓一生仕宦为足稍摅其志，则所惬心无几，而抱歉者多矣。即十余年家居所应办之事，应集之费，亦皆未能一酬其愿。正坐精力短乏，才又不能自给，为善之心终以自馁。要之一生成就，无能规及久远，正自无如何也。

出使西洋，无功效可纪，然所关系极不小。西洋立国，本末兼资。其君民上下同心，一力以求所以自立。正须推考其情势，究知其利病，遇有处办事件，即可略得其梗概。而其讲求邦交，蓄意见好，此风开自百余年之前。各国遣使互相驻扎，遂为国家一大政。自吾奉使伦敦，继之者陈俪秋使美利坚，某使日本，相随出洋。某君行径，鄙心未敢谓然也。其后刘锡鸿使德意志，则昏狂谬戾，乖忤百端，德人至今以为笑。所以然者，为仰承枢府意旨，动与洋人相持，以自明使臣之气骨。所谓气骨者，以理求胜，无所屈挠。迎合希宠以为气骨，而自处于无理，使外人失望如此，是无益而反有损矣。近年见闻日开，人心日平，视初时气象固远矣。然每见出使一二随员信札，仍意气自负，多怀贬斥之心。中土儒生虚侨之气，无可言者。然尽如此存心，以求裨益国家，固不可得矣。

一生读书行己，及稍涉仕宦，多受友朋之益，而于友朋多愧，未能自尽其力。然其倾诚待人，而受人反噬者，亦多有之。最不可解者，与某公至交三十年，一生为之尽力，自权粤抚，某公来书，自谓百战艰难，乃获开府，鄙人竟安坐得之。虽属戏言，然其忮心亦甚矣。嗣是一意相与为难，绝不晓其所谓。终以四折纠参，迫使去位而后已。意城在湖南寓书，告言某公力相倾轧，问有所闻否。鄙人尚责其不应听信浮言。迨奉解任之信，始知其四摺相逼之甚也。至刘锡鸿，则直阴贼险很，穷极鬼蜮。自问十余年所以待刘锡鸿，诚不应受此惨报。而区区一生，立身待人，何至忍相背叛若此类者之多也。因论世俗语人学问质行，动曰有来历，即释氏所谓前生因果也。然每念少年征逐，见朋辈中天分超绝，而终无所成，是谓有来历而无积累。积累者，积功累行，冥冥中所以厚植其基，根本盛大，而后发生始繁。然其建功立名，成就为巨，又自有因缘。若或使之，若或助之，随所至而机缘巧合，争相拥护，观面者景从，闻声者响附，三者合而后功成名立，其人生平亦幸称为完备。自问此生，谓无来历积累，不可，而所遇穷恶，交相毁败，以言因缘，固无有也。

某公四折奏参，其立言大都以不能筹饷相责。而吾自信以一人支柱大军月饷三四十万，皆出一身之筹画，实为有功无过。最后一折，专劾及潮州厘务。略言：广东厘捐办理不善，天下皆知臣驻军饶平，距潮州为近，士绅来见，询及厘捐，只得二万金。潮州地大物博，假使办理得法，每月尚不止两万金。今以一年收数尚不及一月之收数，即潮州一府论之，厘捐办理不善，不问可知，非得蒋益澧前往督办军务，兼理粮饷，万不能有起色。此蒋君简放广东巡抚之原委也。吾清理广东厘捐，视前收数加增逾倍。（晏同甫以督办厘捐接署总督，仍带督办厘捐衔。毛寄云仍而不改，吾勉强与毛公商量，得以稍行其志。然其收效已在一年后矣。甘苦经营，仅资某公一搏噬而已。）晏同甫专办厘捐，添设一例被毁，焚局劫财，不能惩办，徽去府县及委员而止。鄙人到任后，营办数月，如琼州府、廉州及惠州之河源，次第皆与添设，无敢滋事者。潮州距省太远，久成化外，不敢率意经营，直至张寿荃署惠潮道，始以任之。其时汪海洋大股已由漳州窜近粤边，军情警迫。语张寿荃，此项厘捐以资潮州防堵，省城不过问也。某公知潮州厘捐之少，而不知潮州开办之独迟。张寿荃固言：潮州绅民可以顺道，而不可强制。但邀允准，陆续犹可增加。贼势方急，而与绅民相持，此危道也。某公不察事理，不究情势，用其诡变陵跞之气，使朝廷耳目全蔽，以枉鄙人之志事。其言诬，其心亦太酷矣。区区一官，攘以与人无足校也。穷极诞诬以求必遂其志，而使无以自申，而后朋友之义以绝。

故事，粮道库无储款，而漕折银两积存日久，从无挪拨，亦至数十万。洋人入城以后，括取无遗，而粮库委之荆棘丛矣。吾为设筹饷局，令粮道郭毓麓司之，凡不领于经费及诸罚款，始入此库。两年中，月饷遇有缺乏，多取给此库以备支放。迨嘉应州军务告竣，仍积存二百余万金，资遣卓、方二镇营，动逾百万，而吾不及与闻矣。往在胡文忠营，闻公言：天下糜烂，岂能安坐而事礼让？当以吾一身任天下之谤，但得军饷稍给，吾身有何顾惜。每举以告某公，为文忠悲，亦重以自悲。某公于嵩焘在粤筹饷情形，亦能知其节要，而蓄意攘夺此席，畀之蒋君，不惜戈矛相向，任意诬蔑，以恣其排抵。乃使区区勉求自尽之功，实一力埽刮之，反据以为罪。呜呼！抑何酷也。其后刘锡鸿营求出洋，充当随员。知朱石翘与吾至交，讬之斡旋，石翘一力任之。吾谓刘锡鸿出洋有三不可：于洋务太无考究，一也；洋务水磨工夫，宜先化除意气，刘锡鸿矜张已甚，二也；其生平好刚而不达事理，三也。石翘告曰：已为言之，渠一切不事事稍备，朋友谈论而已。甫奉旨，即日畔异，其后展转有十款之奏，吾皆不能知也。比将归，始闻其略。一皆用其平日贪录镞刺之，故智穷形，尽相编造事实，巧相诬蔑。最后一条言：由候简运司而授闽臬，又由闽臬擢兵部左侍郎，朝廷何负于郭嵩焘，而终日怨望。闻之惶然汗下，是不独毁吾之功名，直尽其生平志事，与其为人，极力摧蔑之，横被之君父之前，关其口而夺之气，使无以自明。嵩焘因是决然不敢赴京矣。

杜公诗曰："文章千古事，得失寸心知。"凡莅官行己皆然。彼为不善者，直自冥其心，惟利己之为务而已，不务知其他。苟为明理之君子，得失必可以自喻。自问在官本无铺张求名之心，又不善自表著。当时事迹知者已少，又无子弟故旧能文章有学识者相随，可以发摅吾之志事。其一二见之日记中者，亦皆不能详。凡人身外踪影，流光四照，各有定量，无假人力。然根尘未断，则此根尘之积，流漫为语言，发皇为事业，各自有精气流行天地之间。因稍叙述其大凡，皆取其有关事局之大者，分条记之，使各备一义。至于居官治民，与处朋友，尽有随事料处，足资利益者，要皆职司所应尽，势力所能为。即有惬心适意之处，举不足言劳。其诸小节轶行，无关大局、利病、得失，则亦不胜记也。冀幸吾子孙，博求名德高文诸尊老赐之叙传志碑表，不嫌其多，其任举一二事赐之，小记亦足以存其人。盖生平志事湮郁多矣，吾亦无从申述。稍存此数十年之心迹，质之当世贤人君子，为文一加表章，下慰九原幽郁之思，以不至泯没生平。区区之用心，虽没之日，犹生之年，亦自可告无憾矣。

死生变幻本难把捉，往时精力尚强，一切默自忖度，未遽自馁也。今年一病半年，病浅证深，屡至濒于危殆。年逾七十，暮景日迫，正恐溘然一逝，更不必有征验。要之顺受全归，于人世为虚生，于吾身则亦无多遗憾，当与草木之荣落、逆旅之去来等量齐观，不必多生悲感，过事铺张。吾来踪不昧，能默自喻，而与世缘相结太浅。以我一生了我一生应尽之责而已。少时读张子全书，士君子处治朝，则德日进；处乱朝，则德日退。怃然有感于其言。程子所谓朋友相处，尤莫如相观，而善之意多，即是此义。及莅仕后，所见又微有进。末俗衰敝，矫矫自立颇难，其人大抵营私利负意气，惟意见之争，而于事理之当否、流弊之终极，竟一无考览。即所处置诸事，稍有牵涉，便觉语言多，而情事每多迂回。庄生之言曰："彼亦一是非，此亦一是非。"每窃自疑，竟莫知是非之果谁属也。交涉既久，体验渐深，则常愀然怀薄视之心。已而乃大悟，曰："张子所谓德日退者，其在斯乎！"夫至日怀薄视人之心，则德之退有不胜穷也。此所记专举事之有成者言之。其为同官所持，不能成与成而复变，概不具录。其与同官议论参差，与其艰难委曲，迟久乃获有成，一皆隐其言。为夫任事在我，而展转有弗达，由学识有未充也，无足与人校得失，稍自明其略如此。时在己丑九秋日，嵩焘病后自记。

吾自己丑后，谂知吾年衰迈，变故之起，多在仓卒，有应行纪录之事，辄条列之。庚寅再病，又补录数条。迄于今春，手自写定，未及半而病作，欲稍缓之，而恐人事已迫，来日将穷，勉强支持，日书数行。精力衰颓，控抟不及，每一执笔，讹误百端。盖吾一生未尝稍自暇逸，病甚而益皇然如恐不及稍存此区区心迹，不必议论识解之有足存与否也。

自曾祖父母以来，本为巨富。吾父与伯母分析时，已日趋虚乏，各得岁租数百石，每岁衣食足资取给。道光辛卯以后，连年大潦，所受皆围业也。坐是益困于水。吾年十八入邑庠则已。岁为奔走衣食之计，总是十余年，以馆为生，然其志终不在温饱。初游岳麓，与刘孟容中丞交莫逆，会曾文正公自京师就试，归道长沙，与刘孟容旧好，欣然联此，三人傫居公栈，尽数月之欢，怦怦然觉理解之渐见圆融，而神识之日增扬诩矣。其后，与江忠烈公、罗忠节公游从长沙，颇见启迪。此皆二十余年事也，已晓然知有名节之说，薄视人世功名富贵，而求所以自立。数十年出处进退，以及辞受取与，一皆准之以义，未尝稍自贬损，于人世议论毁誉，一无所动于其心。其初仕宦，即自誓不以不义之财留贻子孙。任巡抚及出使西洋，人视为利端，吾于照例开支之外，分毫不敢逾溢。在官视国家公款，每重于私款。私款或供朋友称贷，公款无迁就也。以是准之今人，多与鄙见违反，或至用相诟病，以是恍然。末俗之人心，必难以是，耿介之操强，时以求合。所以每出一自试，而即戛然乞归，正惟同志之难其人也。

生平学问文章，勉强可以自效，而皆不甚属意。惟思以吾所学，匡时正俗，利济生民，力不能逮也，而志气不为少衰。王少鹤通政归粤西，小驻长沙，见语云："吾辈已近暮年，急须料检生平志业，内愧之心，求所以信今而传后。而观君心志所属，仍在用世，兴事立功与希荣计利之心，发用不同，而为心之累同也。"吾悚然有惧于其言，而终不能一自克治。见闻所及，稍关利病得失，必反复推求其实。下至民间奸巧利弊，挟私求逞，引以为世道人心之忧，常至拊膺感愤，结塞于心，皆此用世之一念生于其心，发于其事，自然感触，而莫能自喻者也。追思老友王少鹤之言，深惭二十年无所长进，负此忠告。是以君子之学，首重治心也。

吾年七十，念两孙皆立家室，宜知稼穑艰难。而吾生平所立资产，仅能使子孙免于饥寒，不能使有赢余。亦当使各自历练，知所循守。又吾方在两宅，食用不能不任之两妇，恐以后分析必多缪辖。因及七十之年，核计产业，作五股品分，两子两孙各得一股，旧屋两栋。两妇分居已久，因为两孙添置一屋，住房略多于旧。吾之一股专事酬应，以省居酬应为烦，我自照常经理，不欲以累子孙也。每股得岁租乡斛六百石，存银二千，其畸零杂数，并先后典置各小庄，皆并入我一股。原约此股但有能经理，即存作公款。如不愿作公股，听从按股摊分可也。吾生平不乐为家训，以为子孙苟贤，凡先人所言皆家训也；如不能贤，终日提命之，漠然不顾，况此区区语言之糟粕乎？故此所属，皆以发明生平志事，并不及训诫子孙之言。要其为训诫，亦无有备于此者矣。

三代礼乐学校之遗，荡废无存，盖已起自战国时。于是根本之教，不行于朝廷，而一切苟且之政行焉。施之一家与所以被之天下皆是也。国家盛时，家给人足，人重犯法，则风俗常厚，而人心之诡变浇漓莫能革也。至于末流之世，相与为嗜利，无耻奇幻百出，士大夫公行之莫有知其非者。道敝民顽，所谓邪正是非，亦人人能言之。及其行之，一皆违反，无复戒慎，恐惧之生于其心。于此而求有以自立，难矣。下至声色之惑人，游荡之引人入胜，则凡世家子弟与其家业稍足自给，尤易于煽惑。无他，燕朋昵友交引于前，其党类繁，其语言工，一与为缘，而遂不胜其害也。是以学者有三闲之法：自誓此身不与匪人为比，闻声而远避之，是谓先几之闲；临事设法，毅然引去，是谓当事之闲；终日兢兢引以为大辱，是谓终身之闲。然而君子立身行己，固有本矣。本立而所行自轨于法，此不可以伪为也。未能及此，则常以二念自励，曰知耻，曰有忌惮。凡为不法，诡踪隐行，未尝不以为耻，何如守此一语？正用之使诸恶不能上干吾身，至于忌惮之为说，则君子所以成德，多由于此。《中庸》所谓：无忌惮之小人，苟为君子。则未有不以忌惮为义者矣。人生数十年，学问事功正须各求所以自立。日加提省，则此不肖之念自反而听命，非区区劝戒之能及也。其必应加劝戒者，则有一焉，鸦片烟而已矣。吾亦不愿多言。有犯此者，先请改姓，勿为吾子孙，可也。

生平有最奇异之梦境。丁巳、戊午之交，官京师，供职史馆，读《圣祖实录》，以不及生其时为私憾。尝论康熙、雍正、乾隆三朝，当国朝极盛时，上有圣明之君，美恶是非，鉴别分明，无从掩饰。但能勉力供职，朝廷皆能辨之。然雍正、乾隆时，人贤奋斗，各举其志，或稍拂朝廷意旨，立蒙谴责，多不及申辨。惟圣祖曲意陶成，期使人人输写其心意，而贤者有以自达。为之思慕无穷。自是三梦圣祖，或召对，或扈从在途，梦中惟沉吟咏叹圣量之宏。其后入直南斋，举以语治贝勒。治贝勒因问："所梦圣祖作何形状？"答言："西湖见圣祖，御容阔大，与梦中全别。长面瘦削，白须长六七寸。"治贝勒击节曰："君所见真圣祖也。往年见圣祖御容，良如君所谓阔大者。后奉旨承修奉天太庙工程，请见圣祖御容，瘦削多须，正如君所梦。盖晚年御容如此。君岂曾历圣祖朝之旧臣耶！"思慕所结通之梦寐，自信非偶然也。生平胆薄多惧人，夜不能独居一室。自粤东归，读书玉笴禅寺，设榻东轩，一仆随之，僧众皆居西院。每夜仆人就食西院，寂然不闻人声。窗外树影横斜，风声时作，则默自省一生所行，与在官举措，刑赏稍有一毫私意存于其中，鬼神皆得纠察之。遂觉此心泰然藉以自镇。庚辰岁，展墓湘潭，丛木桥原有庄屋一所，因改佃刘姓，住刘家大屋就宿焉。至则举宅惊惶，亦不知为何事。次晨有妇人推户入跪，求拯救。问何故，曰：为物祟不胜其扰。昨夜公至，竟夕安然，此必畏公矣。"为书《正气歌》一通畀之。其后，辛未葬周夫人侯家塅距墓，数十武侯家老屋颇有园林之胜，僦屋数楹，监修墓工。逾月墓成，归期近矣。侯氏子告言："公将去吾家，日夕汹惧，莫知所措。"问其故，曰："妇为物祟经年，前月议租始成，是夕园中花盆一例翻复，喧扰数日，砖石交下。公至一日，帖然。次日往启枢甫，行房中忽下巨石一方，自是扰愈甚。一夕语妇，汝家明日有事，吾不可居，当先去逾月再来。明日公果至，月余竟获安谧。所以举家皆日夜忧公之去也。"自少奔走衣食，涉历仕宦，既无承迎之才，性又迂直，为人简视多矣，亦从不敢与校意者。人见以为可欺侮，鬼神别有以鉴其心加异视焉，不与人世同其横逆，此又鬼神之情状与人异者也。因汇书之以志异。

湘阴文庙规模甲通省，大成殿前丹墀植桂二株，大皆合抱，甃以石台护之，宽广七八尺。丁未春三月，桂台满生赤芝。是科嵩焘馆选南归，谒江督李文恭公金陵，公言："此次馆选，来历甚大，圣庙为生灵芝。"嵩焘答言："上科乙巳，捷礼闱者三人，本科又两人，公适移督江南邑，运方昌，宜有是瑞。"公曰："不然，芝生在春三月，正当本科春闱，此为君也。诸人未足当之。"次年戊申大水，先光禄公经理，邑公以仰高书院被水，令院长及肄业生移驻诗礼堂，因得就观桂台灵芝，细纹重台，如云生浪涌，烂熳无极，万芝齐生，又似盘结萦绕结成一整芝，允为奇观。数日即为肄业生掘取以尽。嵩焘两遭大故，不及散馆，遂有壬子围城之变。湘阴兵燹以来，井里萧条，至无一殷实户。嵩焘四十余年疾病偃蹇，以至衰老，未知此芝之生，为祥为孽，莫能明也。

与曾文正公四十余年至交，其出任军旅，筹兵筹饷，所以赞佐之尤力。其后，请以刘孟容中丞，及李次青，及吾弟意城，从祀省城曾文正祠。一二老于军事者，极口感叹，以为宜称。盖曾文正公擢拔人才，文武吏至数千人，其以功建立专祠者，亦不下数十百人，此外皆可以从祀者也。而在湖南，皆无功效可纪。其后，一二为文正公优视，一皆晚进，分位不能相及。文正公始出，嵩焘实自其家敦劝，就道刘孟容，继至意城，适馆院署。当时创定规模，建立营制，由此数人发其端。其后，或自将兵，或代筹饷，一皆为文正公尽力。其性情道谊之契，亦实与诸人不同也。吾生平功名事业，甘居人后，未尝敢有营求。独念从祀文正公，与刘孟容诸人比例，尚幸无忝其一二关系大局，又似劳绩稍优，当以竢之异日之公论。庚寅冬，忽闻黄子襄、刘祝廷、陈德生以谭军门胜达，从祀文正祠，径行入主。询其由，则合肥傅相所奏请。要只大概言之，未尝及湖南省城，当时为劼刚嗣侯所阻。凡十余年，嗣侯卒，诸人乃赞成之。因查谭军门起自鲍武，襄霆营尚在湖北。溃军以后，最为晚出。是时湖北肃清久矣。其立功稍及江南，擢任直隶正定镇。合肥傅相牵连为请从祀，仅得行之直隶。湖南功迹不相涉，声名不相闻，以鲍武襄部落越无数等极，附祀曾文正祠，于报功之典无可言，而于命祀亦太亵矣。援此为例，以后从祀者何所底止？以同为有功之人不乐立异，而文正祠之附祀，于是渎乱已甚。区区从祀之初心，焕然不复敢有觊望矣。著之篇末，敬告亲友，弗为是议。盖凡众人所争竞者，君子之所必求引避者也。自揣功能誉望，亦未足膺此。谨守生平之志，愿勿使有溢量。斯理得而心亦安也。

自丑病后，始为遗言。庚寅病后，又补录数条。是岁十有一月归自湘阴，以草稿未易辨识，当以一册书之。辛卯开春，录及数十条而病作，日益沉笃，至不能握管。然日必数书之，每书或仅及数行。家人劝竢病愈。予曰："所以岌岌为此，正忧此病之不可愈也。"精神衰惫，十字九讹，只用浩叹。辛卯二月十三日，嵩焘记。

李玉生告言："闻诸杨商农，始出洋，设立新嘉坡领事，极有关系。言者至今歌诵，何为不一载？"予曰："出使西洋，京师士大夫所贱简，尚有何功效可纪。"故凡办理西洋事件，概未一载，惟时一发明其理而已。抑事更有难言者。新嘉坡南洋一岛，距中土为近，来往所必经，应设领事。西贡之应设领事倍甚新嘉坡，以本为安南属国，分地视新嘉坡加广，民人又数倍焉。法人横征暴敛，又非英人比也。吾自伦敦乞归，泊舟西贡两日，目悉其情状，见西贡官为言之，彼亦无以相难也。乃为上书总署，痛切言之，终至阻遏不行。越三年，遂有滋扰安南之变。使早设立领事，必可以稍杀其势，所系尤钜，并此等愈有疑难，愈须设法办理，然非今人之所能知也。吾在伦敦所见，东西两洋交涉，利害情形辄先事言之，以为关系国体，行之又至简易，不惮越职。言之而一不见纳。距今十余年，使命重叠，西洋情事，士大夫亦稍能谙知，不似从前之全无知晓。而已先之机会，不复可追；未来之事变，且将日伏日积，而不知所穷竟。鄙人之引为疚心者，多矣。于区区新嘉坡一领事何有哉？既以告玉生，谨志其略如此。三月二十日，嵩焘病中记。

附：先大夫自叙后述

先大夫自叙一卷，己丑、辛卯之际所条其生平志事，捐馆前八十日手自写定者也。自先伯子前卒，焯莹等皆晚出，未能悉知先大夫行事。迩来粗有知识，朝夕侍侧，则见其悲悯之意多，而欢娱之日少。盖先大夫抱道自重，人世通显富贵之境，一无所萌其歆羡，而蕴蓄于一心者，所施设亦未始或极其量。此自题小像所为有"一生怀抱几曾开"之叹也。泣读自叙，乃益觉其言之痛焉。仰窥自叙旨要，大略有四：一曰纪实。凡事系大局，其效在百年。当时若无知其运量者系焉，而事功之丕著，文告之聿昭，有勿赘也。一曰显志。凡孤行其意，功垂成而被摇夺志事不显于天下者系焉，而撰述或窃以为说，论说或见沮于同官有勿及也。一曰微言。凡藉舒其抑郁之思与明其立身之义者系焉，而待人接物之诚，家居日用之节，有勿录也。一曰家诫。凡丧居之仪、克己之大较系焉，而以冥顽如焯莹等，无能仰承先志，亦不屑谆谆谕戒也。则如焯莹等，尚何忍言，尚何忍言！顾念兵兴三十年，豪杰勃兴，先大夫穷不齐齿吴、罗，达不蹑踪曾、胡。忧谗畏讥，退而著书，而殷殷以时局为己忧，轮困胸中，莫能尽见诸行事，是大可悲也。读遗书及今所自叙，知其自伤有尤深矣。若是，其乌能不冀诸今世操人伦鉴负文名者有以张之耶！倘采择一二事著之篇，揭其苦心，俾后之夷考其人者，不或惑于当时之谣诼，先大夫之所大幸也。不然，著其行实，有以补自叙之缺略，则尤予小子之所深感焉。壬辰夏日，不肖子焯莹泣识。

郭嵩焘年谱简编

嘉庆二十三年戊寅（1818）一岁

三月初七日生于湖南湘阴县城西本宅。

道光十一年辛卯（1831）十四岁

从学于伯父家瑞；是年起，湘阴连逢大潦，田租无所出，郭家往往不能举食。

道光十五年乙未（1835）十八岁

就学于湘阴仰高书院；与弟昆焘同补博士弟子员；应恩科乡试，未第；夫人陈隆瑞来归。

道光十六年丙申（1836）十九岁

春，读书于长沙岳麓书院；与刘蓉、曾国藩订交。

道光十七年丁酉（1837）二十岁

二月至三月，与曾国藩、刘蓉会于长沙。八月，中式第二十四名举人。十月，偕宁乡赵璘赴京师。

道光十八年戊戌（1838）二十一岁

三月，会试报罢。八月，与曾国藩、凌玉垣南归。是年，长女长贞生。

道光十九年己亥（1839）二十二岁

十一月，随曾国藩北上，再赴京师。

道光二十年庚子（1840）二十三岁

正月十二日，自罗山经周家口抵开封，北入京师。

三月，二次会试，复报罢。

六月，护持曾国藩病。

九月，应新授浙江学政罗文俊聘，出京赴浙江。

道光二十一年辛丑（1841）二十四岁

是年，在浙江随学政罗文俊阅文，并筹鸦片战争战守事宜。

道光二十二年壬寅（1842）二十五岁

夏，离浙返湘。七月，与刘蓉会于长沙。

道光二十三年癸卯（1843）二十六岁

是年，馆辰州，与张晓峰（景垣）论禁烟事本末。

道光二十四年甲辰（1844）二十七岁

二月十六日，自湖南抵京师；十七日，曾国藩来访，久谈。

三月初九日，会试；十六日，会试毕；廿三日，与冯卓怀移居前门内碾儿胡同曾国藩新寓；廿八日，赴大挑，未得。

四月初九日，会试榜发，复落第。

六月廿七日，考教习。

七月初一日，考取教习；初七日，与冯树棠等在曾国藩寓请客。

八月，仲弟昆焘中举。

十月十五日，考金台书院；十六日，与冯卓怀、王柏心（子寿）在曾国藩寓谈。

是年，识唐鉴（字镜海，曾国藩师）。

道光二十五年乙巳（1845）二十八岁

二月初九日，与昆焘应恩科会试。

三月，刘蓉来书，再以务德体道相勉。

四月十一日，会试榜发，郭氏兄弟均落第。

五月，出京回湘，弟昆焘与冯卓怀同行。

是年，李鸿章入京会试，从学于曾国藩，郭氏识李鸿章。

道光二十六年丙午（1846）二十九岁

四月，赴江西吉安知府陈源兖幕。八月，陈源兖移官广信府，郭氏随行。十二月，自广信府返里，准备入都。

道光二十七年丁未（1847）三十岁

二月二十日，偕仲弟昆焘抵京师。

三月初九日，会试。

四月，会试榜发，中为贡士，仲弟昆焘未第。四月廿一日，殿试；廿五日，传胪，赐进士及第；廿八日，朝考，改翰林院庶吉士。

九月初九日，离京南归，曾国藩饯于卢沟桥。

是年秋，游苏州、金陵。

道光二十八年戊申（1848）三十一岁

二月，离武昌归湘。八月，与刘蓉会于长沙，相与纵谈天下，论古今人物。九月，与刘蓉、陈懿叔游南岳衡山。是年，随叔家彬办湘阴赈务。

道光二十九年己酉（1849）三十二岁

正月初四日，长子刚基生。五月，湘阴大水，助夏廷樾办理赈务。七月十六日，母张太夫人卒，年五十四。

道光三十年庚戌（1850）三十三岁

二月十六日，父春坊公卒，年五十七。是年，觇世变，与左宗棠为山居结邻之约，欲筑屋于湘阴东山之周磜岭。

文宗咸丰元年辛亥（1851）三十四岁

在家居丧，与县人举左宗棠应孝廉方正科，左未赴。

咸丰二年壬子（1852）三十五岁

三月十四日，葬父母于善化杨梅山。

八月，徙家邑之东山梓木洞，避寇乱，太平军围长沙。

十一月，携眷避乱于湘潭之石潭，不久复返梓木洞，始著《礼记质疑》。

十二月十五日，至湘乡，吊曾国藩母丧；廿一日，说曾国藩办理湖南团练。

咸丰三年癸丑（1853）三十六岁

三月，说曾国藩劝捐筹饷，亲赴益阳、宁乡，得十余万金。

五月，说湖南巡抚骆秉章开办通省厘捐。

六月，与夏廷樾、罗泽南率湘勇自长沙援南昌，致书骆秉章请开办粤淮盐厘。

七月十七日，与夏廷樾、朱孙贻、罗泽南率湘勇抵南昌，助江忠源共守；廿九日，与江忠源议置战船，练水师，先造木筏应急。

八月，代江忠源具奏请置战舰练水师，诏命四川、湖广等省，速制战船。

九月，随江忠源北援湖北；廿六日，别江忠源，返湘阴。

十月初九日，江忠源复书，告别后军务，并劝早日赴长沙助成曾国藩水师；廿二日，以援江西功，特授编修。

十二月，谒曾国藩于衡州，商定水陆营制。

是年，识陈孚恩。

咸丰四年甲寅（1854）三十七岁

正月，曾国藩复书，论水师招募。四月，湖南巡抚骆秉章从郭氏议，实行抽收厘金。七月，应曾国藩邀，与刘蓉自长沙到岳州，治饷湖南。是年，识刘坤一。

咸丰五年乙卯（1855）三十八岁

三月，自湖南至南昌，佐曾国藩幕。九月，王柏心来书，论武汉军事。十一月，奉曾国藩命赴浙江筹办盐务。

咸丰六年丙辰（1856）三十九岁

正月，偕周腾虎（弢甫）抵杭州。三月至四月，至苏州，与陈星焕相见，游上海、嘉兴。七月，自浙江返南昌。八月十二日，别曾国藩，离南昌返湘。

咸丰七年丁巳（1857）四十岁

三月，撰《湘阴郭氏家谱》序。五月，吊曾国藩父丧。夏，检录旧作各诗，收辑湘阴学署藏书，置之学经阁。十一月，离湘北上。十二月十八日，抵北京，寓善化会馆。

咸丰八年戊午（1858）四十一岁

正月，供职翰林院，读《圣祖实录》。

二月廿五日，致书江西布政使李桓，论江西军事。

三月十一日，复曾国藩书，论京师气象及时事，并告近况。

五月廿二日，李桓复书，称郭氏于江西军情"指证明确，千里如见"。

七月初六日，为长子刚基订婚于曾国藩第四女纪纯。

十二月初二日，召对，命入值南书房；初三日，再召对，郭氏盛称左宗棠之才；是月，与僧格林沁论夷务海防，不主对洋人称兵。

咸丰九年己未（1859）四十二岁

正月廿四日，奏陈海防与御夷之道；廿六日，随僧格林沁自京师赴天津，驻营大沽海口。

三月十五日，致书曾国藩，告以天津海防布置。

五月廿五日，僧格林沁大败英军于大沽，郭氏驰至。

六月初九日，随直隶总督恒福与美使华若翰（John E. Ward）会于北塘；廿四日，召对，面询僧格林沁筹划剿抚事宜，以为均属允当；是月，应户部尚书肃顺命，论盐法。

八月廿五日，以天津海防出力，赏花翎。

九月廿七日，诏命往烟台海口查办厘收事。

十月十五日，诏命查禁夷船私来烟台贸易。

十二月初七日，以在山东查办事件，未能妥协，诏命交部议处；十五日，内阁学士崇恩因郭氏参劾，降补太常少卿；廿八日，自山东回京复命，复入值南书房。

咸丰十年庚申（1860）四十三岁

正月初一日，元旦朝会，吏部尚书许乃普趋劳郭氏。

二月，与弟昆焘书，意甚郁郁。

三月，奏请回籍就医。

闰三月廿三日，大理寺少卿潘祖荫用郭氏言，奏保左宗棠。

四月，离京师南归。

五月廿四日，曾国藩自安徽东流黄石矶函告，派船赴湖北迎接，郭氏自汉阳舟次致书曾国藩，论江南军事及夷祸，以陈夫人病重，即启程回湘。

八月廿九日，英法军入北京，僧格林沁怀念郭氏。

十月，与京中知好信二十余通，汇寄兵部尚书陈孚恩分致。

是年，胡林翼多次致书郭昆焘，殷盼郭嵩焘来助，郭辞不赴；始撰《绥边徵实》，以砭虚文无实之弊。

咸丰十一年辛酉（1861）四十四岁

正月初八日，与曾国荃书，坚却胡林翼之邀；十六日，与胡林翼书，重申不敢拜命之义，并允一晤；复曾国藩书，论盐法及夷务，复京中友人书，论夷务。

二月，安徽巡抚李续宜奏调郭氏，辞不赴；复陈孚恩书，主省繁刑，崇实政，以救时弊。

是年春，复方子听书，论御夷应以信义。

五月初五日，陈氏夫人病卒，年四十三，生女未逾月。

六月初六日，李鸿章从郭氏言，复入曾国藩幕；是月，复兵部尚书沈兆霖书，谓控御夷狄须就理、势、情办之，而格之以诚。

七月十七日，文宗崩于热河。

八月廿六日，胡林翼卒于武昌。

是年秋，编纂《湖南忠义录》。

十月初六日，诏杀肃顺等。

十一月十一日，为感事诗，哭肃顺。

穆宗同治元年壬戌（1862）四十五岁

四月十八日，江苏巡抚李鸿章奏保郭氏司道实缺。

五月初七日，与曾国藩书，论派员会办广东厘金事，盛称汉武帝之用贾人；五月至六月，协办湖南教案。

七月，《绥边徵实》、《中庸质疑》皆粗具规模。

闰八月初，曾国荃致书论江苏减赋，劝毅然赴任，并来营中面晤；初九日，曾国藩饯别，郭是晚离安庆，乘轮船赴上海；十六日，接任苏松粮储道。

九月十九日，李鸿章奏称江苏军务正殷，需才甚急，请暂令郭氏毋庸回避，即以苏松粮道襄办军务；廿二日，与曾国藩书劝兼领通商大臣不宜另设；廿七日，李鸿章致书曾国藩，拟仍令郭氏兼管厘捐总局。

十一月廿四日，曾国藩复书，商裁撤通商大臣事；是月，与冯桂芬筹议苏松太减赋事。

同治二年癸亥（1863）四十六岁

二月，访吴云，论及苏松太减赋。

三月廿一日，诏授两淮盐运使；廿六日，曾国藩函商容闳出洋事。

四月初二日，与曾国藩书，论皖北军务及裁减苏松太粮赋浮额浮收；是月下旬，曾国荃致书，盼清查盐课弊端，接济江宁军饷。

六月十五日，抵江北仙女庙，履两淮盐运使任，拟复淮盐旧有引地，并重税川粤私盐；廿九日，诏赏三品顶戴，命署理广东巡抚。

七月初九日，曾国藩函商整顿盐务，并盼过安庆一晤；十三日，诏促由海道迅速赴粤，即与毛鸿宾将应办事宜逐一整理，军营及员弁兵团严加整饬；廿四日，奏陈广东大概情形，应先使军务稍振，民气稍回，再清厘吏治，兴利裕饷，奏请命帮办江北军务富明阿驰援皖北。

八月初九日，交卸两淮盐运使篆。

九月十一日，抵广州，接广东巡抚关防；十二日，继室钱氏大归；十三日，下劝捐之令，民间鼎沸；廿二日，与曾国荃书，告广东库藏空乏，并代购洋炮。

十月，曾国荃函告金陵军情，论广东厘捐，望济饷。

十一月初五日，诏命将广东劫盗重案变通办理；十四日，奉到十月廿七日严旨，催令与毛鸿宾赶解镇江协饷；十七日，李鸿章复书，盼郭氏治粤出以从容。

十二月十四日，诏命清查伍崇曜代筹银两，以免美国饶舌。

同治三年甲子（1864）四十七岁

正月廿八日，会毛鸿宾奏，伍崇曜筹借银两，应由其家属自行清理，如力难全偿，再由官帮同料理。

三月，请陈澧总核广东绘图事宜。

四月廿九日，与曾国荃书，解饷银五万两。

七月十一日，有人奏，江南遣散勇丁，回粤之后，纠众打劫，又该省督抚一味勒捐，富绅大贾纷纷逃匿死亡，民间憾之切骨，外国载之新闻，严旨命与毛鸿宾据实奏闻，并将散回勇丁设法安置；十八日，与毛鸿宾奏请饬曾国藩等兼守赣南，俾免贼踪入广东。

七月，会毛鸿宾奏请保奖剿办北路贼匪绅勇。

九月初四日，太平天国侍王李世贤占领广东镇平，拟下潮州，入海袭取台湾，郭遣舟师阻之；二十日，与荷兰使臣矶大何文换约未成。

十一月初二日，诏命与毛鸿宾交部议处；廿三日，与毛鸿宾同受革职留任处分。

十二月廿九日，派刘锡鸿等赴香港采买洋米，与毛鸿宾会札英国领事协助。

同治四年乙丑（1865）四十八岁

正月初二日，曾国藩复书劝勿轻于去就；初四日，英国领事罗伯逊申复，香港进出货物，地方官并不经营，委员购米，不便助成；十八日，李鸿章复书慰解。

三月十四日，诏命严防潮州、大埔、饶平等处，以防太平军入海，勾结洋盗。

四月廿五日，诏命查办土客案；廿八日，会瑞麟奏，拿获盘踞香港接济漳州李世贤之太平天国森王侯管胜。

是年春，与广州英国领事罗伯逊等商制造轮船之方。

五月末，上密筹大局疏，论剿捻军务，并请变通法例，用人行政，破格行之。

闰五月初三日，增防南雄，堵剿汪海洋部；初五日，左宗棠奏请调援闽淮军回苏，诏命左宗棠查明粤军是否会同攻克平和、诏安；廿一日，派署臬司郭祥瑞赴肇庆府属经理土客案。

六月初四日，与荷兰使臣换约。

七月，奏请开缺，奏陈广东军务之误并劾瑞麟，奏请命左宗棠督师。

八月廿一日，诏不准开缺，严行申饬，并命左宗棠将所陈各节，确切访查；三十日，诏命瑞麟驰赴潮州，按约办理中外交涉事件，瑞麟出省后，所有应办事宜，由郭氏妥为经理。

十月廿一日，札令择才品清优士子入学海堂肄业，并建书斋。

十一月初七日，会瑞麟奏，筹议暂借英款。

十二月初八日，答英国领事罗伯逊，移知英国商人停止开采琼州府昌化县黎峒山铜矿。

是年，诏命济饷各处；因围剿太平军余部事，与左宗棠交恶。

同治五年丙寅（1866）四十九岁

正月廿一日，严诏命将粤海关实在收税数目及蒙蔽情形，秉公确查；廿二日，曾国藩致书慰勉；廿三日，以嘉应收复，诏赏郭氏二品顶戴。

二月廿六日，诏命来京，另候简用，以蒋益澧为广东巡抚。

三月十一日，刘坤一复书，谓广东积弊已深，非旦夕所能更张，劝勿过急；廿九日，照会英领事罗伯逊请截留给还被卖出洋贫民。

三月，上保举实学人员疏，保举陈澧、邹伯奇等人。

四月初一日，奉到解任上谕；初十日，复陆心源书，论捐输之义；十二日，以剿匪有功，会瑞麟奏保道员衔刑部员外郎刘锡鸿；是月，奏请酌量变通督抚同城，奏请整顿广东地方风气，咨总署允准英人在南海县旧十三行地方建造码头。

五月初四日，交卸署理广东巡抚；初六日，陈澧、金锡龄、丁日昌、吴嘉善（子登）等数十人饯别郭，游荔湾，以诗文相赠。

十月廿四日，为长子刚基成婚。

同治六年丁卯（1867）五十岁

正月十一日，复授两淮盐运使。

四月初八日，与吴敏树、罗汝怀应刘蓉邀，同游洞庭湖之君山。

五月十八日，与曾国藩书，痛诋左宗棠，并抄录全案。

七月廿九日，准开两淮盐运使缺。

九月廿五日，长孙本含生，为长媳曾纪纯出。

十二月二十日，曾国藩复书，贺抱孙，并告剿捻军务，兼慨湖南省运。

同治七年戊辰（1868）五十一岁

七月初六日，曾国藩得郭氏信及《湘阴县志》稿十三卷。八月，恭亲王奕䜣推重郭氏，李鸿章请召用京秩。十二月初一日，湖南通志局开局。是年，长子刚基补县学生员。

同治八年己巳（1869）五十二岁

九月廿二日，与曾国藩书，论作新人才及楚运之衰。十二月初四日，长子刚基卒，年二十一；十八日，与曾国藩书，并刚基诗钞一本、赋一首、事略三纸、画一张，请为作墓志铭。

同治九年庚午（1870）五十三岁

正月，移居长沙，掌教城南书院。二月二十日，曾国藩复书，抄送刚基墓志铭稿。七月廿八日，与曾国藩书，再论办理天津教案。八月十五日，作《跋亡儿遗稿后》。十月初一日，与王闿运谈继室钱氏事；十三日，与王闿运论王夫之之学。十二月初七日，曾国藩接郭氏寄其子刚基所作诗二卷，临帖篆隶各一种。

同治十年辛未（1871）五十四岁

正月，与王闿运时相过往，论修志事，纵谈庄子，郭氏盛许为知言。四月，赠越南使臣阮有立等书、诗，与曾国荃时相过往。七月，《中西闻见录》创刊。

同治十一年壬申（1872）五十五岁

二月初四日，两江总督曾国藩卒，年六十二。五月十六日，偕杨岳斌迎曾国藩灵于累石山，与曾纪泽久谈。六月廿七日，与王闿运等论志事。七月十七日，王闿运致书，论墨学，并寄《墨子补注稿》。十二月初九日，李鸿章致书相慰，并论曾国藩配享事。是年，建思贤讲舍于长沙；与曾纪泽多次久谈。

同治十二年癸酉（1873）五十六岁

三月初九日，王闿运书告潘祖荫，称郭氏"颇寻礼学，时得聚讲"。十月初一日，刘蓉卒，年五十八。是年，著《礼记质疑》。

同治十三年甲戌（1874）五十七岁

二月，赴湘乡，吊刘蓉之丧，舟中校读曾文正公年谱及文钞。六月初八日，诏命与杨岳斌、曾国荃、丁日昌、鲍超、蒋益澧等来京陛见。十月，李元度等饯郭于长沙曾文正公祠，以郭行将北上；是月二十日，访曾纪泽，谈极久。十二月廿七日，抵长辛店，遇李鸿章，畅谈半日。

德宗光绪元年乙亥（1875）五十八岁

正月，抵京师，与曾国荃等寓法源寺；初六日，内阁学士翁同龢来访，未晤；初七日，访翁同龢；初九日，慈安、慈禧太后召见；是月，访同文馆总教习丁韪良。

二月初九日，诏授福建按察使。

三月，上书恭亲王奕䜣，条议海防事宜；是月廿一日，总署大臣奕䜣等奏上郭条议海防事宜书。

五月上旬，抵福州，与巡抚王凯泰商台湾善后事宜。

七月廿八日，诏命开缺，以侍郎候补，并命为出使英国钦差大臣，直隶候补道许钤身副之。

八月初八日，明诏以郭氏及许钤身充出使英国钦差大臣，应行随带人员并中国翻译官，著与李鸿章妥商拣派，沈葆桢等奏保郭督理船政；初九日，得出使之信，与沈葆桢商荐丁日昌督理船政；是月，交卸福建按察使。

九月，王闿运致书勗以专行己志，无徇时俗。

十一月初四日，诏命署兵部侍郎，并在总理各国事务衙门行走；初八日，奏参云南巡抚岑毓英；廿三日，访总税务司赫德，赫德劝早日赴英；廿四日，英使馆汉文正使梅辉立来见。

十二月初十日，谢鹏飞访梅辉立，转致郭愿与威妥玛晤谈之意，威妥玛过访未遇；十二日，答访威妥玛。

光绪二年丙子（1876）五十九岁

正月初一日，访赫德，论洋务；初十日，复沈葆桢书，论洋务；十三日，访户部侍郎翁同龢，论开煤铁及造铁路。

四月初一日，称病请假，回籍调理，谕旨赏假一月，毋庸回籍。

五月初一日，李慈铭惜郭出使；初二日，假满，复请回籍调理，谕旨再赏假两月。

闰五月末，带病销假，并草疏条陈办理洋务机宜。

七月初五日，诏准开去兵部侍郎署缺；十九日，召对，不允乞假回籍。

八月初二日，诏命署礼部左侍郎；十三日，诏命出使英国副使许钤身改充出使日本钦差大臣，总署奏定出使经费；十五日，诏命刑部员外郎刘锡鸿开缺，以五品京堂候补，并加三品衔，充出使英国副使；十六日，刘锡鸿面责郭；十七日，湖南乡试诸生会于长沙玉泉山，议毁上林寺及郭氏住宅；十九日，偕刘锡鸿访威妥玛；廿九日，李鸿章复书，商出使随员人选及学生出洋事。

九月十五日，与刘锡鸿陛辞，奏上出使酌带随员折单，并陈设立领事；十七日，总署奏定出使英国随员，诏命出使大臣将日记等咨送总署；十八日，访威妥玛，并至各国使馆辞行；十九日，至翁同龢处辞行；廿五日，自北京启程赴天津。

十月初五日，自天津抵上海；初七日，赵烈文致书，论出使之义；十一日，决定改乘英船，与刘锡鸿参观上海格致书院；十六日，上海英文《字林西报》论中国遣使意义，谓为中外关系之一大转变；十七日，自上海虹口登船，奏陈办理洋务机宜及应行五事，奏举何如璋、许景澄、薛福成等堪胜出使之任，奏请录用阎敬铭等，奏上出洋日期折；十八日，自上海启程；二十日，过汕头，遇英兵船；廿一日，至香港，总督铿尔狄遣中军迎至督署欢宴；廿八日，抵新加坡，晤英总督；廿九日，游洪家花园，并参观新加坡按察司署。

十一月初六日，抵锡兰高诺；初八日，与禧在明论荷兰英国藩部；十一日，读林乐知《中国关系略论》，记马格里述萨克敦岛；十二日，与马格里论西洋船主、商政；十三日，与刘和伯谈洋务；十四日，记马格里述西洋对待俘虏之道；十五日，抵亚丁；十八日，论中外交涉，记各国旗式；廿一日，游苏尔士，试乘火车；二十五日，与马格里论土耳其改国政；二十八日，记马耳他岛。

十二月初三日，抵奇巴答答，晤英总督聂庇尔，游炮台；初六日，论中西大势；初八日，抵伦敦；初九日，与刘锡鸿答拜威妥玛，并商呈递国书诵词稿，与刘锡鸿致书英外部丞相德尔比，请示诣见日期；初十日，伍廷芳来见；十一日，照会英外部丞相德尔比，请订觐见之期；十二日，威妥玛偕夫人来拜；十三日，戈登来拜，郭遣黎庶昌、德明、马格里往英外部送国书副本及呈递国书诵词；十四日，德尔比差人来拜；十七日，偕刘锡鸿答拜阿礼国、金登干、戈登等，命黎庶昌、刘孚翊、德明访伍廷芳，拟留充翻译或随员，不果；廿五日，觐见英女王，呈递国书；廿六日，英议政院开会，英女王亲临，郭等应邀前往祝贺；廿七日，拜英国各部院大臣及各国头二等公使；廿八日，续拜各国头二等公使及英国文武大员，开列随使官员丁役名册，咨送英外部，牛津大学汉文教习理雅格来见；三十日，理雅格来，论禁鸦片事；是月末，与英外部议论修约，威妥玛力拒。

光绪三年丁丑（1877）六十岁

正月初一日，恭拜圣牌，行三跪九叩礼，游蜡人馆，见林则徐及广州行商伍敦元像；初三日，发抵英都伦敦日期及呈递国书情形折，刘锡鸿奏请裁驻英副使；初四日，参观银行，晚赴女皇戏院观剧；初七日，电驻美副使容闳转伍廷芳，请速回英，已奉派为参赞；初八日，为英轮撞沉中国盐船上控事赴外部询问；十五日，与李鸿章书，论租界免厘、洋药厘税并征及修约事。

二月初一日，参观英国电报局和小学；初三日，英国禁鸦片烟会会友来见，论禁烟事；初八日，与刘锡鸿会奏，请禁鸦片，奏陈西洋传教本末，请与驻京公使妥议，预防流弊；初九日，参观英国不列颠博物馆；初十日，赴司柏的斯伍家茶会，观演试光学；十四日，参观英国皇家造币厂和英格兰银行；十六日，英国议绅布罗士来，论土耳其国政之失；十七日，诏授兵部侍郎；十九日，游伦敦塔；廿三日，参观英国监狱；廿七日，井上馨来谈，论改革日本户部弊政及中国宜效西法开矿；廿八日，参观英国工艺学校；廿九日，听英国学者讲热学；三十日，赴下议院听议事；是月末，与李鸿章书，论英国富强及应行各事。

三月初一日，观沙木大船厂为日本修造铁甲船下水；初五日，赴乌里治兵工厂观制造军火；初七日，六旬生日，威妥玛等来贺；十一日，听英国学者论天文；十三日，参观英国法院；十四日，听英国学者讲电学；十九日，观鲜花会；廿四日，记中外新报载各国炮船、炮兵；廿六日，参观铿新登博物院，李鸿章复书，论修约、设领、烟台条约批准、禁烟等事。

四月初二日，参观英国税务管理；十二日，游水晶宫，看烟火；十六日，赴地理学会晚宴，考察地理学会聚会；十八日，观英国赛马；十九日，记英国学者介绍矿石；廿一日，记化学知识；廿七日，赴水师提督何尔家茶会，观太阳报（日光通讯）。

五月初一日，重游英国博物院，观中国藏书；初六日，参观英国机器；初十日，参观英国御医馆；十二日，与两江总督沈葆桢书，论禁烟、圜法、博物院、喀什噶尔等事；十八日，陪巴西国王听音乐会；廿二日，参观英国农业机械厂；廿三日，参观格林威治天文台；廿六日，听英国学者谈矿物学；廿八日，访日本、波斯、土耳其三国公使，听土耳其公使谈国际形势有感。

六月初一日，李鸿章复书，论兴办煤铁矿与铁路、电线、禁烟、铸造洋钱等事之难行；初三日，参观铸炮厂和英国该尔斯医院；初四日，参观赛洋枪会；初五日，接两江总督一咨，知刘锡鸿改派德国正使；六月，奏请与喀什噶尔解和休兵，议定疆界，筹办善后事宜，以规国家久远之计，请命左宗棠体察情形，以制剿抚之宜；初九日，参观光学仪器；初十日，记日本公使述明治维新；十七日，述英国训练流浪儿童；二十日，参观英国人茶会。

七月初一日，参观英国洋枪局；初三日，述西洋活字印刷书籍；初五日，参观英国监狱；初七日，与日意格谈，语及派赴水兵师学习三人；初九日，参观甲敦炮台；十四日，记述西人种树之法；十六日，参观格尔林治矿厂等处；十八日，李鸿章复书，论出使人才；廿四日，游水族院；廿五日，记西人游英吉利海峡等事；廿八日，刘锡鸿与郭面争；廿九日，记印度宗教风俗。

八月十三日，参观何罗威监狱；廿五日，录西人卫生知识；廿七日，奏请纂辑通商则例，奏请派员赴整理万国刑罚监牢公会；是月，陈请销差，奏请办理洋务，横被构陷，请将刘锡鸿、何金寿议处。

九月初三日，与沈葆桢书，谓何金寿之参劾、刘锡鸿之构陷，均出李鸿藻授意，拟竭力求退；初五日，致书朱克敬论洋务；初九日，述西报论吴淞铁路等事；初十日，述电气电话；十二日，参观电气厂；十三日，述西人论环球人物；廿二日，访日本公使上野景范，询知所造铁甲船事宜，上野出示《官员名鉴》；廿八日，记日本公使述日本维新。

十月初三日，论英人治理香港事，奏参刘锡鸿，恳请撤回，并保举李凤苞（字丹崖）接署出使德国大臣；初五日，参观伦敦市政厅；初六日，与威妥玛论中国政治；初八日，述日本注重发挥领事之商业功能；十八日，记马格里述西方科学史；廿一日，述古希腊隐士事迹；廿四日，参观牛津大学；廿九日，述英国科学家。

十一月初五日，述张力臣论洋务；十八日，论英国政治；十九日，论西洋宗教；二十日，论古今变局与应对之方；廿五日，论日本外交应对有方；廿七日，述俄国彼得大帝变法图强。

十二月初八日，与曾国荃书，论王夫之从祀文庙事，兼告近况；十三日，评沈葆桢毁弃吴淞铁路；十七日，驻华法国公使商请总署派郭赴法国赛奇会；十八日，论泰西国政；廿一日，应李凤苞等约赴伯明翰观镀金行和钢笔行；廿三日，游伯明翰洋枪厂及学馆；廿八日，观德国克罗卜厂送李鸿章小火轮车机器。

是年，奏请在新加坡等地设立领事；交涉太古洋行趸船移泊案、盐船赔偿案。

光绪四年戊寅（1878）六十一岁

正月初一日，述严复谈西学；初四日，访威妥玛，谢助赈；十二日，赴斯伯得斯武得家茶会，遇英国博学名士；十三日，致书伦敦各大日报馆，谢英人助赈；廿一日，受命兼任出使法国钦差大臣；廿九日，与威妥玛议中国官场。

二月初二日，记西报述西洋各国勋章及文明程度、述西国治安与断案；初四日，与李凤苞述留德学生素质；初九日，述严复与张力臣西学观之分歧；十四日，述海德公园任人辩论；十九日，听英国学者谈声学。

三月初三日，论华北五省灾情；初四日，论英国两院制；初七日，听严复等述西学；初八日，与西人述被参缘由；十五日，参观英国火药机器局，上书总署求去，致书李鸿章斥刘锡鸿；廿一日，议俄国刑法；廿三日，与威妥玛谈洋务；廿四日，议论古今变局；廿九日，参观巴黎万国珍奇会。

四月初五日，向法总统递国书；初六日，拜驻法各国头二等公使及本国各部大员；十一日，游法国荣军院；十二日，游大会场；十八日，论英美工人罢工，论英国破格擢拔人才；十九日，记电话，记英人述太平洋岛屿情形；二十日，照会沙乃斯百里，指摘英领事问案不能持平，并请明示章程；廿一日，观英国舞会；廿八日，拟为如夫人（梁氏）印茶会请帖，德明持不可；廿九日，游格林威治学馆；三十日，新立万国公法会总办特威斯来拜。

五月初五日，论同治中兴人才特点；初六日，述德皇被刺与西人订婚礼；初八日，参观英国医学博物馆；十一日，与英人论中西进身路径；十二日，参观英国荔榛园花会，记英人北极探险；廿三日，读西报论中国赈灾事。

六月初二日，参观织线厂；初三日，奏报在法呈递国书情形，并请准因病销使差；初五日，游克虏伯机器局；初七日，游荷兰；初八日，游比利时；初九日，论西国研求道路治理；十六日，参观法国国立图书馆；廿五日，参观法国下水道与气球；廿八日，参观凡尔赛和三希学馆；三十日，与威妥玛讨论《烟台条约》。

七月初四日，与英国外相辩论《烟台条约》；十五日，应海部之约，随同英国君主（维多利亚女王）阅水师；二十日，承修吴淞铁路至中国者马克生来见，与论湖南对洋人情形，遣马建忠赴法兰西弗尔得万国公法会；廿一日，论西洋犯上作乱；廿三日，接马建忠信，述及至法兰克弗尔沿途情形。

八月初二日，记马建忠在巴黎政治学堂专习公法之肄业大纲；初三日，述德国军政等事；初七日，接总署电报，知已派曾纪泽为出使英国大臣；廿三日，论西方重视向他国学习；廿五日，评论中国禁止人民出国游历；廿七日，与巴兰德论中国洋务。

九月初一日，日本参赞见示《日本外史》等三种日本书；初五日，叹西人著书实政，考究中国矿产之精微；十六日，记与使馆同人赴照相馆照相；十八日，与赫德谈，欲仿西式改铸银铜钱；十九日至廿七日，游苏格兰。

十月廿五日，评意大利国主被刺事；是月，与沈葆桢书，论本原大计，莫急于学。

十一月初一日，述刘锡鸿奏参事；初四日，述刘锡鸿出洋事；初六日，分咨总署、南北洋大臣、出使大臣，驳斥刘锡鸿攻讦；初九日，接严复信，论中国形式，录西报论中国出使欧洲使臣；十五日，接出使俄国全权大臣崇厚来咨，调德明随同赴俄差遣；十七日，有感泰西照相等新法；十八日，与英外相沙乃斯百里论洋务；十九日，参观英国邮局；廿四日，论西国税收；廿五日，与马建忠讨论泰西天文学；廿九日，听罗清亭等谈留欧学生课程与才能。

十二月初一日，与崇厚谈，言英俄两国事势，中国于此有可斡旋之机；初四日，观西洋戏法；初六日，接罗丰禄等三人信，记罗丰禄论西学人才；初七日，偕马建忠至电报局观电报新法；初八日，偕马建忠等至画馆观画，记马相伯言贵州矿务；十五日，偕曾纪泽等拜法国外部大臣，叹出使以通知语言文字为第一要义；二十日，评俾斯麦行政；廿五日，辞别英国君主。

是年，交涉厦门渔民被戕案、华工免税案和英船华工案。

光绪五年己卯（1879）六十二岁

正月初四日，迎曾纪泽抵伦敦，即日交卸，辞别英国首相毕根斯由；初八日，偕曾纪泽拜沙乃斯百里；初十日，离伦敦归国；廿一日，记西人重视海洋学；廿七日，与西人论泰西政教风俗。

二月初一日，论泰西政治得失；初四日，与西人讨论脑相学；初七日，与傅兰雅论中国学习西学；十二日，与傅兰雅论英国殖民；十三日，与傅兰雅论中国人心偷敝；十四日，比较儒释耶三教；廿六日，论秦汉以后夷夏关系。

三月初四日，抵上海；二十日，与两江总督沈葆桢书，请其来上海晤美前总统葛兰达，并论中日琉球案。

闰三月十五日，回籍轮船受阻，十六日，记余佐卿谈洋务；十九日，与张力臣谈洋务本末；廿三日，自述能见洋务之大；廿七日，批评湖南官员办理洋务失当。

四月初二日，自述坚持谈洋务；初七日，与友人论谈洋务之亟；初九日，论湖南风俗。

五月初四日，述遭人揭帖诋毁事；初六日，论出使人才素质；廿五日，被人造谣招引洋人来湘；是月，作《史书纲领》序。

六月廿二日，由曾纪泽日记品评洋务人才；廿三日，论湖南官员；廿四日，与友人论为官之道；廿七日，论湖南风俗民情；是月，刊《罪言存略》。

七月初十日，论丁日昌素质，诏允乞休。

九月初六日，论人心风俗；初八日，遭匿名书攻击；初九日，与邓辅纶谒长沙贾公祠，登城南天心阁。

十二月廿二日，与王闿运谈崇厚误国；是月，与李鸿章书，论崇厚所订俄约之失与挽回补救之道。

光绪六年庚辰（1880）六十三岁

正月初八日，叔弟仑焘卒，年五十四；是月，拟创立禁烟公社，请王闿运主持清议，王谓首宜革厘金弊政。

二月初一日，上海《字林西报》著论盼朝廷善用郭氏；初二日，与王闿运论洋务法度；十八日，论与洋人周旋当以理相处。

三月十二日，曾国荃得郭氏书，论俄约之失，责在左宗棠。

四月初五日，奏陈俄约补救之方。

六月初七日，论禁烟宗旨；是月，撰《湘阴县图志》序例。

七月初八日，论立君为民。

八月廿二日，曾国荃自山西抵天津，得郭氏论俄事书；是月，致友人书，谓喀什噶尔万不能弃。

九月初一日，记禁烟公社演说；初九日，与友人论英俄情形；十一日，曾国荃抵山海关，致书论防守之难，盼和议有成。

光绪七年辛巳（1881）六十四岁

五月，长媳曾纪纯卒。

八月初一日，论学问本原在立身制行；初三日，刘坤一致书郭昆焘，谓郭氏宜主政总理衙门。

十一月，《湘阴县图志》刻竣，左宗棠来谢罪。

十二月初三日，王闿运赠所著《湘军志》；十八日，与王闿运等谈广东平洪寇余党事。

光绪八年壬午（1882）六十五岁

正月初九日，送《湘阴县图志》与易佩绅，附书论王闿运及《湘军志》；廿一日，在思贤讲舍演讲风俗人心；是月，商王闿运主讲思贤讲舍。

三月廿一日，记曾国荃论自强。

六月十六日，论中西谋利之别。

七月，奏陈法扰越南事宜循理处置，通商云南。

九月初一日，开禁烟会于长沙曾文正公祠，论四民之业。

十月廿九日，仲弟昆焘卒，年六十。

光绪九年癸未（1883）六十六岁

正月初九日，设春酒，坐中多谈盐务。

二月廿七日，论君臣之义。

四月十二日，议君德与臣道。

五月，与李鸿章书论法越事，力言不可用兵。

八月，左宗棠商请主持金陵钟山书院，未赴。

九月初一日，论人心、风俗与气节。

光绪十年甲申（1884）六十七岁

正月，与李鸿章书，谓洋人可理喻情遣，对法不可开衅，并咎曾纪泽之失；与彭玉麟书，申敛兵固守之义；与李元度书，论彭玉麟洋务应付之失。

五月，与瞿鸿禨书，论湖南防务。

九月初一日，演讲禁烟公社宗旨；是月，再奏陈法事，兼论时政。

十一月，编定仲弟昆焘遗集，作《萝华山馆遗集》序。

光绪十一年乙酉（1885）六十八岁

四月，主修《湖南省通志》成。

七月初一日，李鸿章向旗昌洋行收回招商局，拟以郭氏经理之；廿七日，左宗棠卒，年七十四。

九月，赴攸县，经营卜居。

十月初八日，复瞿鸿禨书，告近况并论富强；是月，与李鸿章书，论兴治海军之不当。

光绪十二年丙戌（1886）六十九岁

五月十三日，复瞿鸿禨书，论人心风俗。

六月十五日，王闿运开碧湖诗社，以暑热未赴。

七月初一日，复瞿鸿禨书，论海军、亲政、民食、士习；是月，举王闿运主讲思贤讲舍。

光绪十三年丁亥（1887）七十岁
三月二十日，复瞿鸿禨书，论钱法及富强之道。

五月十五日，王闿运代主讲思贤讲舍。

九月初六日，与瞿鸿禨书，论湖南士绅。

十月，代湖南巡抚卞宝弟拟河务疏稿，主分道疏浚。

是年，多次致书曾国荃、李鸿章、瞿鸿禨等人，论河务，劝李鸿章用西人治河。

光绪十四年戊子（1888）七十一岁
正月，致函曾国荃，论治河应推沙浚深。三月初三日，复瞿鸿禨书，续论河务及中枢偏抑湘人。四月初四日，王闿运来，谈河决事。

光绪十五年己丑（1889）七十二岁
正月初七日，与王闿运、瞿鸿禨等谈礼政。二月末，病作，至危。四月十八日，王闿运致书，论湖南行轮船事；廿六日，与瞿鸿禨书，告病情，兼论湘政。五月，作《十家骈文汇编》序。七月，与李鸿章书，论兴造铁路。九月初九日，自叙成。十二月，具呈湖南巡抚，重申湖南行轮船议。

光绪十六年庚寅（1890）七十三岁
正月初五日，与瞿鸿禨书，论治道与理财；十五日，与王闿运言湘水行船事；是月，与黎庶昌书，论出使洋务及引退之故。五月，与李鸿章书，评张之洞新政，兼论富强之道。六月初一日，作《礼记质疑》序、《大学章句质疑》序、《中庸章句质疑》序。八月，补录自叙数条，并处分产业。

光绪十七年辛卯（1891）七十四岁
正月，写遗言，未及半而咳病作。二月十三日，写定遗言，并撰后记。三月二十日，撰遗言续记，说明不办理西洋事件之故，时在病中。五月十六日，病剧。六月十三日，卒。七月廿二日，直隶总督李鸿章奏上先生学行政绩，请立传并请赐谥；廿五日，诏不准立传赐谥。九月初九日，葬于湘阴县东七十里老冲坡之飘峰。

后　记

　　郭嵩焘是近代史上光彩夺目、风姿特异的思想家。他既目光高远，开明通达，又不畏人言，勇于担当。这两方面特性集其一身，又主要生活在新旧冲突特别激烈的湖南，其悲剧性结局也就在所难免。这类人，是思想史研究的富矿，可供探索的空间很大。

　　在研究生学习期间，在先师陈旭麓先生指导下，我阅读过郭嵩焘的一些著作，以《论郭嵩焘》为题写了毕业论文，初涉郭嵩焘思想世界。毕业以后，又写过几篇与郭相关的论文，涉及洋务、外交与思想等方面。其后，随着四大本《郭嵩焘日记》的问世，郭嵩焘研究日益受到学术界重视，海内外研究郭嵩焘的佳作迭出，钟叔河、曾永玲、汪荣祖、王兴国等均有重要贡献。据悉，湖南有关部门正着手编辑出版《郭嵩焘全集》。可以预期，随着《郭嵩焘全集》的问世，郭嵩焘研究必然会呈现一新的气象。

　　本书从已经出版的《郭嵩焘日记》、《郭嵩焘奏稿》、《养知书屋诗集》、《养知书屋文集》以及上海图书馆编辑的《历史文献》中，选编能够比较全面反映郭嵩焘思想的文字，包括外交、经济、政治、军事、文化、社会等方面，体裁有日记、奏疏、书信与诗文。

　　本书内容由我选定，徐华博标点、校勘。导言、年谱由徐华博提供初稿，由我改定。中国人民大学出版社的王琬莹小姐对此书给予了热情的帮助，并审定文稿。谨向他们表示衷心的感谢！

编者

中国近代思想家文库

方东树、唐鉴卷	黄爱平、吴杰 编
包世臣卷	刘平、郑大华 主编
林则徐卷	杨国桢 编
姚莹卷	施立业 编
龚自珍卷	樊克政 编
魏源卷	夏剑钦 编
冯桂芬卷	熊月之 编
曾国藩卷	董丛林 编
左宗棠卷	杨东梁 编
洪秀全、洪仁玕卷	夏春涛 编
郭嵩焘卷	熊月之 编
李鸿章卷	翁飞 编
王韬卷	海青 编
张之洞卷	吴剑杰 编
杨仁山卷	何建明 编
薛福成卷	马忠文、任青 编
经元善卷	朱浒 编
沈家本卷	李欣荣 编
马相伯卷	李天纲 编
王先谦、叶德辉卷	王维江 编
郑观应卷	任智勇 编
黄遵宪卷	陈铮 编
皮锡瑞卷	吴仰湘 编
廖平卷	蒙默、蒙怀敬 编
严复卷	黄克武 编
夏震武卷	王波 编
陈炽卷	张登德 编
汤寿潜卷	汪林茂 编

辜鸿铭卷   黄兴涛   编

康有为卷   张荣华   编

宋育仁卷   王东杰   编

汪康年卷   汪林茂   编

宋恕卷   邱涛   编

夏曾佑卷   杨琥   编

谭嗣同卷   汤仁泽   编

吴稚晖卷   金以林   编

孙中山卷   张磊、张苹   编

蔡元培卷   欧阳哲生   编

章太炎卷   姜义华   编

吴雷川卷   何建明   编

金天翮、吕碧城、秋瑾、何震卷   夏晓虹   编

欧阳竟无卷   何建明   编

杨毓麟、陈天华、邹容卷   严昌洪、何广   编

梁启超卷   汤志钧   编

杜亚泉卷   周月峰   编

吴虞卷   罗志田、赵妍杰   编

张尔田、柳诒徵卷   孙文阁、张笑川   编

杨度卷   左玉河   编

王国维卷   彭林   编

邓实卷   王波   编

黄炎培卷   余子侠   编

胡汉民卷   陈红民、方勇   编

陈独秀卷   萧延中   编

陈撄宁卷   郭武   编

鲁迅卷   孙郁   编

章士钊卷   郭双林   编

宋教仁卷   郭汉民   编

蒋百里、杨杰卷   皮明勇、侯昂妤   编

江亢虎卷   汪佩伟   编

马一浮卷   吴光   编

刘师复卷   唐仕春   编

刘师培卷	李帆 编
朱执信卷	谷小水 编
周作人卷	孙郁 编
高一涵卷	郭双林 编
熊十力卷	郭齐勇 编
任鸿隽卷	樊洪业、潘涛、王勇忠 编
蒋梦麟卷	马勇、黄令坦 编
张东荪卷	左玉河 编
丁文江卷	宋广波 编
钱玄同卷	张荣华 编
张君劢卷	翁贺凯 编
赵紫宸卷	赵晓阳 编
李大钊卷	杨琥 编
太虚卷	何建明 编
李达卷	宋俭、宋镜明 编
张慰慈卷	黄兴涛、李源 编
晏阳初卷	宋恩荣 编
陶行知卷	余子侠 编
戴季陶卷	桑兵、朱凤林 编
胡适卷	耿云志 编
曾琦、李璜卷	田嵩燕 编
郭沫若卷	谢保成、魏红珊、潘素龙 编
卢作孚卷	王果 编
汤用彤卷	汤一介 编
吴耀宗卷	赵晓阳 编
顾颉刚卷	顾潮 编
张申府卷	雷颐 编
梁漱溟卷	王宗昱 编
恽代英卷	刘辉 编
金岳霖卷	王中江 编
冯友兰卷	李中华 编
刘咸炘卷	罗志田 编
傅斯年卷	欧阳哲生 编

罗家伦卷　　　　　　　　　　　张晓京　编
萧公权卷　　　　　　　　　　　张允起　编
常乃惪卷　　　　　　　　　　　查晓英　编
余家菊卷　　　　　　　余子侠、郑刚　编
瞿秋白卷　　　　　　　　　　　陈铁健　编
潘光旦卷　　　　　　　　　　　吕文浩　编
朱谦之卷　　　　　　　　　　　黄夏年　编
陶希圣卷　　　　　　　　　　　　陈峰　编
钱端升卷　　　　　　　　　　　孙宏云　编
王亚南卷　　　　　　　　　　　夏明方　编
黄文山卷　　　　　　　　　　　赵立彬　编
雷海宗、林同济卷　　　　江沛、刘忠良　编
贺麟卷　　　　　　　　　　　　高全喜　编
陈序经卷　　　　　　　　　　　　田彤　编
徐复观卷　　　　　　　　　　　干春松　编
巨赞卷　　　　　　　　　　　　黄夏年　编
唐君毅卷　　　　　　　　　　　　单波　编
牟宗三卷　　　　　　　　　　　王兴国　编
费孝通卷　　　　　　　　　　　吕文浩　编
殷海光卷　　　　　　　　　　　何卓恩　编

图书在版编目（CIP）数据

中国近代思想家文库. 郭嵩焘卷/熊月之编. —北京：中国人民大学出版社，2013.12
ISBN 978-7-300-18556-9

Ⅰ.①中⋯ Ⅱ.①熊⋯ Ⅲ.①思想史-研究-中国-近代 ②郭嵩焘（1818～1891）-思想评论 Ⅳ.①B250.5

中国版本图书馆 CIP 数据核字（2013）第 319618 号

中国近代思想家文库

郭嵩焘卷

熊月之 编

Guo Songtao Juan

出版发行	中国人民大学出版社			
社　　址	北京中关村大街 31 号		**邮政编码**	100080
电　　话	010 - 62511242（总编室）		010 - 62511770（质管部）	
	010 - 82501766（邮购部）		010 - 62514148（门市部）	
	010 - 62515195（发行公司）		010 - 62515275（盗版举报）	
网　　址	http://www.crup.com.cn			
经　　销	新华书店			
印　　刷	涿州市星河印刷有限公司			
开　　本	720 mm×1000 mm　1/16		**版　　次**	2014 年 6 月第 1 版
印　　张	28.5 插页 1		**印　　次**	2024 年 7 月第 3 次印刷
字　　数	443 000		**定　　价**	93.00 元